한일회담
일본외교문서 상세목록집 Ⅲ
-제4차 회담, 제5차 회담, 정치회담-

일러두기

• 이 책은 2020년도 동북아역사재단 기획연구 수행 결과물임(NAHF-2020-기획연구-10).

한일회담
자료총서 13

한일회담
일본외교문서 상세목록집 Ⅲ

- 제4차 회담, 제5차 회담, 정치회담 -

동북아역사재단 편

동북아역사재단
NORTHEAST ASIAN HISTORY FOUNDATION

발간사

한일관계에서 한일협정만큼 민감하고 논쟁적인 주제는 없을 것입니다. 한일 양국은 1951년 10월 국교정상화를 위한 회담을 시작하였습니다. 이후 회담은 13년 8개월에 걸쳐 중단과 재개를 되풀이하였고, 1965년 6월 한일 양국은 협정에 조인하였습니다. 한일회담은 해방 후 한일관계뿐만 아니라 한국현대사의 기본 틀을 만드는 과정이었습니다. 한일 양국이 최근 첨예하게 대립하는 근본 원인도 한일회담에 있다고 할 수 있습니다. 2018년 10월 30일 일제 강제동원 피해자 손해배상소송 판결과 2021년 1월 9일 일본군'위안부' 피해자 손해배상소송 판결은 1965년 한일협정이 지나간 과거가 아닌 현재진행형의 문제라는 사실을 확인시켰습니다.

한국정부와 법원은 1910년 강제병합조약은 원천 무효이고 반인도적 범죄에 대한 배상 문제는 1965년 한일청구권협정으로 해결되지 않았다고 주장합니다. 하지만 일본정부와 법원은 강제병합조약은 합법이고 청구권협정으로 모든 배상 문제가 해결되었다고 주장합니다. 한일협정에 대한 평가와 해석을 둘러싸고 이처럼 첨예하게 대립하는 근본 원인은 무엇일까요? 한일협정 해석을 둘러싼 갈등은 해결할 수 있는 것일까요?

이 문제들에 대한 해답을 찾기 위해서는 한일협정 조문 해석뿐만 아니라 협정이 어떤 과정을 거쳐 체결되었는지, 당시 양국 정부가 어떠한 역사인식과 전략을 토대로 협상하였는지를 한일회담 당시 관련 일차 자료에 근거하여 파악할 필요가 있습니다.

한일회담 외교문서가 공개된 것은 강제동원 피해자들이 2002년 한국정부를 상대로 문서공개요구소송을 한 것이 계기가 되었습니다. 강제동원 피해자들은 일본에서 제소한 소송에서 일본 법원이 1965년 청구권협정으로 모든 배상은 해결되었다는 판결을 내리자, 청구권협정에서 강제동원 피해자 문제가 어떻게 다루어졌는지 공개하라며 한국정부를 상대로 소송하였습니다. 이후 2004년 강제동원 피해자들이 승소하였고, 한국정부는 2005년 약 3만 5,000장의 문서를 공개하였습니다. 일본에서도 시민단체인 '일한회담문서 전면 공개를 요구하는 모임'이 문서공개를 요구하자, 일본정부는 2008~2015년까지 약 9만 장의 문서를 공개하였습니다.

동북아역사재단은 한일 양국에서 한일회담 외교문서가 공개된 이후 국민대학교 일본학 연구소와 협력하여 방대한 분량의 외교문서를 체계적으로 정리하는 작업을 해 왔습니다. 그 첫 작업으로 한국외교문서를 체계적으로 분류·해제한 『한일회담 외교문서 해제집』 5권을 2008년에 발간하였습니다. 이후에는 소송을 통해 추가로 공개된 문서를 포함한 일본외교문서 약 9만 장을 체계적으로 분류하여 그 결과물을 『한일회담 일본외교문서 상세목록집』 5권으로 발간하게 되었습니다. 한국외교문서 원본은 동북아역사재단 〈동북아역사넷〉(contents.nahf.or.kr)에 게재하였으며, 일본외교문서 원본도 올리는 중입니다. 그 외 미국 국무성 문서도 국사편찬위원회의 협력을 받아 〈동북아역사넷〉에 올렸습니다.

이렇게 외교문서의 원문을 제공하는 작업은 한일회담의 전모를 밝히는 데 크게 기여하고 있지만, 외교문서를 찾아보는 일반 대중과 연구자, 정책 입안자들이 필기체로 된 방대한 문서에서 필요한 자료를 찾아내는 것은 쉬운 일은 아닙니다. 이에 우리 재단은 국민과 학계, 관계 기관에서 한일회담 관련 자료를 폭넓게 활용할 수 있도록 한일회담 관련 핵심 문서를 자료총서로 발간하는 작업을 하고 있습니다. 이 자료총서가 한일회담의 전모를 파악하고 핵심 쟁점이 어떻게 논의되었는지를 이해하고 한일회담에 대한 객관적인 이해를 토대로 한국과 일본이 현재 직면한 문제를 해결하는 데 기여할 수 있기를 기대합니다. 나아가 앞으로 진행될 북일 국교정상화 관련 대응에도 도움이 될 수 있을 것입니다.

한일회담 자료총서 발간 작업은 연구자들과 활동가들의 열정적인 노력이 있었기에 시작할 수 있었습니다. 외교문서가 공개될 수 있도록 노력하신 많은 분들과 방대한 분량의 외교문서를 한 장 한 장 검토해 주신 분들께 감사를 드립니다.

2021년 10월

동북아역사재단 이사장

이영호

이 자료집은 일본정부가 2007년 3월 이후 6차례에 걸쳐 공개한 한일회담 관련 외교문서 약 6만 장을 효율적으로 이용하기 위해 만든 상세목록이다. 한일회담은 공식적으로는 1951년 10월 20일부터 1965년 6월 22일까지 개최되었다. 회담 주제는 기본관계, 청구권, 어업, 문화재 등 다방면에 걸쳐 있었다. 따라서 일본이 공개한 외교문서 6만 장에서 필요한 자료를 찾는 것은 쉬운 일이 아니다. 6만 장이라는 방대한 문서에 빠져 길을 잃지 않으려면 문서 전체를 파악할 수 있는 조감도와 상세지도가 필요하다. 이 자료집을 만든 목적은 여기에 있다.

일본정부가 한일회담 관련 외교문서를 공개하게 된 직접적인 계기는 한국정부의 한일회담 외교문서 전면 공개였다. 한국정부는 일제강점기 강제동원 피해자들이 제기한 한일회담 외교문서공개요구 소송에서 패소하자 2005년 1월 일부 문서를 공개했다. 그리고 문서 전체에 대한 면밀한 내부 검토 과정을 거쳐 8월에는 3만 5,354쪽이나 되는 문서를 전부 공개했다. 당시 노무현 정부가 고심 끝에 이러한 결단을 내리게 된 것은, 일정 기간이 경과한 후에는 공문서를 공개함으로써 국민의 알 권리를 충족시키는 것이 민주주의 원리에 부합한다는 원칙에 따른 것이었다. 나아가 일제강점기에 강제로 동원되었던 피해 당사자의 청구권과 보상 요구에 대해 정부 차원에서 성실하게 대응하겠다는 의지의 표명이기도 했다. 1975년 한국정부는 법률을 제정하여 강제동원 피해자에게 일부 보상 조치를 했다. 하지만 강제동원 피해자 보상 문제는 오늘날까지 한일 양국 정부에 숙제로 남아 있다. 노무현 정부는 문서공개 이후 위원회를 만들어 강제동원 피해자를 조사하고 추가적인 지원 조치를 취했다.

한국정부의 문서공개와 일련의 후속 조치는 국경을 넘어 일본 사회에도 큰 충격을 주었다. 2005년 12월 전후보상을 요구해 온 운동그룹과 연구자들이 중심이 되어 '일한회담 문서 전면 공개를 요구하는 모임'(이하, 모임)을 결성하였다. 이 모임이 중심이 되어 일본정부를 상대로 정보공개 소송을 제기하는 등 한일회담 관련 일본외교문서 공개를 촉구하는 운동을 전개했다. 이 모임은 2006년 4월 외무성을 방문하여 정보공개법에 따라 한일회담과 관련한 공문서의 공개를 정식으로 청구했다. 외무성은 2008년 5월까지는 모든 문서에 대한 개시를 결정하겠다고 회답했다. 그리고 2007년 11월 약 7,000장의 문서를 공개했다. 같은 해 12월 도쿄지방법원은 이 모임이 제기한 정보공개 소송에 대해 "청구로부터 1년 7개월이 지나도록 결론을 내지 않은 것은 국가의 무작위"라고 판결했다. 외무성은 개시 결정을 서두를 수밖에 없는 상황에 몰렸다. 외무성은 2008년 4월과 5월에 걸쳐 약 5만 2,000장의 외교문서 개시 결정을 내렸다. 모임은 먹칠로 처리하여 비공개한 부분에 대한 공개를 추가로 청구했다. 그 결과 비공개 부분이 새롭게 공개되기도 했다. 이번 목록에는 추가로 공개된 문서들의 상세내용도 포함되어 있다.

한일회담과 관련하여 현재까지 일본정부가 공개한 문서가 모든 외교문서를 한 장도 빼놓지 않고 총망라하고 있는지 확인할 길은 없다. 그러나 공개된 약 6만 장의 문서군은 그동안 외무성이 한일회담 관련 문서 파일로 분류하여 관리하고 있던 거의 전량에 해당하는 것으로 추정된다. 외무성은 법원의 판결에 따라 방대한 문서군을 단시일 내에 분류, 정리하여 공개할 수밖에 없었고 그 과정에서 부분적으로 문서의 누락이나 분류상의 오류가 있었을 가능성을 배제할 수는 없다. 문서에 부여된 일련번호도 외무성이 문서작성 시기나 문서주제와 관계없이 공개요청에 따라 순차적으로 공개하면서 붙인 것으로, 큰 의미가 없다. 회담별 위원회 회의록의 경우에도 6만 장 안에 섞여 있어 무엇이 누락되었는지 정확히 파악할 수 없다. 이 자료집을 발간하면서 문서를 가급적 작성 시기와 주제별로 정리해 본 결과, 일부 누락된 파일이 있었다. 다만 고의적으로 누락시켰다기보다는 급하게 공개하다 보니 문서 정리와 분류 과정에서 실수가 있었던 것으로 보인다.

주목할 점은 한국정부가 한 장의 문서도 빠짐없이 전면 공개한 것과는 달리, 일본정부는 총 6만 688장의 문서를 공개했지만 국익과 개인 프라이버시를 이유로 문서 내용 전체를 공개하지는 않았다는 점이다. 독도 관련 문서, 대장성과 외무성의 청구권 금액 산정 부분 비교표 및 내부 검토 자료가 아직도 공개되지 않고 있다. 이 중 23건은 전면 비공개였으나 모임이 소송을 통해 공개를 요구한 결과, 그 일부가 공개되기도 했다. 공개된 내용은 이 자료집에 반영했다.

한일회담과 1965년에 체결된 한일협정은 학문적으로도 실무적으로도 심층적이고도 다각적인 검토가 필요한 과제다. 14년에 걸친 한일 국교정상화 교섭의 실태에 대한 치밀한 검토는 해방 후 한일관계사는 물론이고 동아시아 냉전사와 탈식민화 과정을 객관적으로 파악하는 데도 많은 도움이 된다.

한일회담의 전 과정에 대한 실증적인 분석을 위해서는 한일 외교문서의 비교 검토가 필요하다. 특히 일본외교문서는 일본정부의 한반도 정책 및 한일회담의 개별 현안에 대한 일본정부 내부의 논의 현황이나 방침, 대책 등이 구체적으로 기술되어 있어 사료로서의 가치가 매우 높다. 한일 간 식민지 피해 처리 문제는 한일회담에서 포괄적으로 다뤄졌고 한일협정에 의해 마무리되었다고 할 수 있다. 따라서 좋든 싫든 한일과거사 문제와 관련한 쟁점의 파악은 한일회담과 한일협정에 대한 이해와 해석에서 출발할 수밖에 없다.

향후 재개될 가능성이 있는 북일 국교정상화 교섭의 진행 과정과 그 결과를 예측하고 파악하기 위해서도 한일회담과 한일협정에 대한 이해가 필요하다. 북일 국교정상화 교섭 과정에서 논의될 현안이 한일회담의 현안과 상당 부분 중복될 수밖에 없다는 점을 고려한다면 북일협상을 전망하고 이에 대한 대비책을 마련한다는 차원에서도 한일협정의 검토가 요구되고 있다.

이 자료집을 발간하는 데 많은 분들의 적극적인 지원과 헌신적인 노력이 있었다는 점을 밝혀 두고자 한다. 일본외교문서 입수에는 일본의 '일한회담 문서공개 요구모임' 관계자, 특히 이양수 선생님께서 많은 도움을 주셨다. 국민대학교 일본학연구소는 방대한 분량의 외교문서를 1차적으로 정리하고 상세목록을 작성해 주었다. 일본외교문서가 공개되어 분석을 시도하려 했을 때 선뜻 나서 주는 연구자나 연구소는 어디에도 없었다. 엄두도 못 낼만큼 엄청난 양의 외교문서를 한 장 한 장 검토하면서 분류하는 것은 상상할 수도 없을 만큼 지루한 작업이기 때문이다. 국민대 이원덕 교수님은 최근의 한일 과거사 문제가 이 협상과 협정에 기인하는 것이라는 점을 고려하면 한일회담 문서는 학문적으로도 정책적으로도 중요한 의미가 있다며 기꺼이 맡아 주셨다. 이원덕 교수님은 1994년 박사학위를 통해 사료에 근거한 한일회담 연구를 본격적으로 열어 주신 분이다. 『한일회담 일본외교문서 상세목록집』을 발간하면서 단어나 접속어의 의미까지도 이원덕 교수님과 논의하지 않을 수 없었다. 이 자리를 빌려 감사드린다. 이 외에도 지면의 제약으로 이름을 일일이 밝히지는 못하지만 10명 이상의 한일관계 전공자들이 헌신적으로 작업을 해 주셨다. 마지막으로 상세목록의 검수는 유의상 전 표기명칭대사님께서 해 주셨다. 엄청난 시간을 투여하지 않으면 안 되는 어려운 작업임에도 책임감을 갖고 작업해 주셨다. 유의상 전 대사는 한일관계를 담당했던 외교관이자 연구자이다. 외교관 경험이 없으면 도저히 파악할 수 없는 부분은 물론, 난해한 문장을 한 줄 한 줄 상세하게 검토해 주셨다. 재단에서도 많은 도움을 받았다. 무엇보다 일본외교문서에 대한 체계적인 정리와 분석 작업이 가능했던 것은 김용덕, 정재정, 김학준, 김호섭, 김도형 전 이사장님과 이영호 이사장님께서 이 작업의 중요성을 이해하고 적극적으로 지원해 주셨기 때문이다. 이 책이 완성되기까지 여러 우여곡절이 있었음을 고백하지 않을 수 없다. 남상구 연구정책실장님과 재단 도서발간 담당자의 도움이 없었다면 절대로 5권의 상세목록집이 발간될 수 없었다. 어떤 표현으로도 부족하지만 진심으로 도움이 컸음을 감히 밝히지 않을 수 없다.

마지막으로 이 자료집의 원고를 처음 본 순간부터 엄청난 양의 원고에 압도되어 도망가고 싶었음에도 끝까지 최선을 다해 준 출판 관계자 여러분들에게도 감사드린다.

이 책의 발간에 도움을 주신 모든 분께 이 자리를 빌려 다시 한번 감사드린다.

2021년 10월

조윤수 씀

차례

제1부 제4차 회담 기본관계위원회 훈령 및 관련 문건(1956~1960)

제2부 한국 관련 문건(1960~1961)

제3부 청구권 관련 자료(1954~1962)

제4부 문화재 문제 자료(1955~1959)

제5부 제4차 회담 청구권 및 문화재 소위원회 회의록(1958. 4. 15~1960. 4. 19)

제6부 제4차 회담 재일한국인 국적 및 처우 관련 검토자료

第7部 제4차 회담 재일한국인 법적지위 위원회 소위원회 회의록(1958. 5. 19~1959. 11. 2)

제8부 제4차 회담 어업 및 평화선 위원회 및 정부 훈령(1958. 7. 1~1958. 10. 2)

제9부 제4차 회담 선박소위원회 회의 및 훈령(1958. 6. 6~12. 16)

제10부 제5차 회담 본회의 훈령 및 예비교섭, 비공식회담 보고(1960. 4. 13~11. 19)

제11부 제5차 회담 예비회담 어업관계 회의록 및 훈령, 비공식회담 보고(1960~1961)

제12부 제5차 회담 예비회담 선박소위원회 회의록 및 관련 문서(1960. 11~1961. 3)

제13부 제5차 회담 예비회담 청구권 위원회 회의록 및 비공식회담(1960~1961)

제14부 제5차 회담 문화재소위원회 회의록(1960~1961)

제15부 제5차 회담 예비회담 법적지위 위원회 회의록 및 위원회 훈령, 비공식회담 보고 (1960~1961)

第16부 고사카 젠타로 외상의 한국 방문 (1960. 9)

第17부 자민당 의원단 한국 방문 (1961. 4)

第18부 박정희 의장 일본 방문 (1961. 11)

제19부 한일관계 관련 미일 협의

제20부 제6차 회담 예비교섭(1961. 1~10)

제21부 제1차 정치회담(1962. 3. 12~3. 17)

제22부 제2차 정치회담(1963. 7. 25~7. 31)

第23部 김종필 중앙정보부장 방일·방미(1962)

第24部 대표단 명부, 언론 동향, 외무성 월보

한일회담 일본외교문서 상세목록집 일러두기

1. 한일회담은 1951년 예비회담부터 1965년 제7차 회담까지 진행됨. 위원회별로 반드시 그 시기가 일치하는 것은 아니며 겹치는 부분이 존재함. 일본은 예비회담을 1차 회담으로 부를 때도 있으나 이 자료총서에서는 예비회담을 제1차 한일회담에서 분리함.

예비회담	1951. 10. 20~1952. 2. 27
1차 회담	1952. 2. 15~1952. 4. 25
2차 회담	1953. 4. 15~1953. 7. 23
3차 회담	1953. 10. 6~1953. 10. 21
4차 회담	1958. 4. 15~1960. 4. 15
5차 회담	1960. 10. 25~1961. 5. 16
6차 회담	1961. 10. 20~1964. 4. 6
7차 회담	1964. 12. 3~1965. 6. 22

2. 문서 정리

- 상세목록집은 일본 외무성이 공개한 문서파일번호를 그대로 사용함. 외무성 공개 문서 파일에는 여러 개의 문건이 존재함. 문서파일명이 대분류면 문서명은 소분류임.
- 문서는 기본적으로 문서파일의 작성 시기순으로 정리함(문서에 부여된 일련번호는 일본 외무성이

문서작성 시기나 문서 주제와 관계없이 공개요청에 따라 순차적으로 공개하면서 붙인 것으로 큰 의미가 없음).

• 하나의 문서 파일에는 여러 문서가 담긴 경우도 있고 한 개의 문서로 구성된 것도 있음. 이 자료집에서는 문서파일명이 대분류라면 문서명은 소분류로 분류함.

• 문서파일명에 포함된 문서는 외무성이 공개할 당시 편철한 순서대로 정리함.

3. 문서파일명이 없는 경우 내용을 고려하여 임의로 붙였으며 그 경우 ( )로 표시함.

• 문서명의 제목이 없는 경우에는 제목 없음으로 표시함.

4. 문서의 비밀등급은 표시에 따라 극비(極秘), 비(秘)로 구분하여 표기하였으며, 비밀등급이 표시되어 있지 않은 경우는 일반문서로 간주하여 일반으로 표기함. 영어로 confidential 또는 strictly confidential로 되어 있는 것은 극비로 표시함. 자료집과 같은 경우 표지에 극비가 표시되어 있으면 내용물도 극비로 보아야 할 것이나, 사료를 있는 그대로 소개한다는 의미에서 내용물에 비밀 표시가 없는 경우 일반으로 표기함.

5. 문서상에 기록된 '조선(朝鮮)'이라는 국호는 1945년 8월 15일 이후일 경우 '한국'으로 번역하였으며, 조선인(朝鮮人)은 문맥에 따라 가급적 '한국인' 또는 '한인'으로, 조총련계를 지칭할 경우에는 재일조선인으로 번역함.

6. 원문에 "일한○○○"으로 되어 있는 부분은 "한일○○○"로 번역함.

7. 일본 인명, 지명, 선박명 등은 가급적 훈독으로 표기하고 일본어 원문을 괄호 안에 표기함. 단, 선박명의 경우 한국 국적 선박은 일본어 훈독이 아닌 한국식 한자 읽기로 표기함.

8. 외국어(영어, 일본어 등)는 번역문, 원문(괄호)순으로 표기함.

9. 문서에는 문서 작성처가 기록되어 있지 않으나 어디서 작성되었는지가 확실한 경우에는 추정해서 표기함. 작성처가 애매한 경우 외무성으로 표기하였으나, 외무성이나 다른 성·청 중 어느 쪽이 작성한 것인지 불분명할 경우는 불명으로 표기함. 한국대표단 또는 주일

한국대표부에서 작성한 것이지만 일본어로 되어 있는 문서는 '한국대표부(일본 가역 또는 번역)'로 표기함.

10. 문서종류는 아래 기준으로 구분하여 표기함.

표기	내역
회의록	회의의사록, 의사요록, 회의록, 내부 사전협의 기록 등
면담록	형식을 갖추지 않은 간담 또는 면담 기록
회의 보고서	본회의에 보고하기 위하여 작성한 분과위원회 회의 결과 등
내부자료	회의록의 첨부물 형태로 작성된 참고자료, 대표단 명부, 양측 수석대표 인사말, 회의 시 발언, 의사 절차, 제안, 대국회 자료, 언론 논조 분석자료, 회담 경위, 일지 등을 정리한 문서 등
보도자료	보도자료, Press Release 등
연설문	각종 계기에 이루어진 연설 내용을 담은 문서
성명문	대외적으로 어떠한 내용을 발표하는 형식(statement)
담화문	대외적으로 어떠한 내용을 발표하는 형식
공동성명(공동발표문)	양국 간 회담 후 그 결과를 공동으로 발표하기 위하여 작성한 문서(Joint Communique)
공동성명문	회담 후 그 결과를 공동으로 발표하기 위해 작성한 성명문(Joint Statement)
기자회견록	기자회견의 내용을 정리한 문서
간행자료	출판물로 간행된 자료
설명자료	대외적으로 특정 내용을 설명하기 위해 작성한 자료
전문	외무성 본성과 재외공관 간, 또는 재외공관과 재외공관 간 전신으로 주고받은 문서
공문	외무성 본성과 재외공관 간에 전문 이외의 방식(파우치 편 전달 등)으로 주고받은 문서, 외무성과 다른 성 · 청 간 주고받은 문서, 각의 심의요청 문서, 각의 결정사항을 하달하는 문서, 연합국 최고사령부와 주한미군정청이 주고받은 문서 등
재가문서	상부의 결재를 받기 위해 작성한 내부문서
내부문서	인사 발령, 회의 소집 등 내부 회담을 위해 작성한 문서, 회의 지침, 방침 등 내부용으로 작성한 문서, 내부보고서, 출장보고서 등
외교공한	외무성과 한국대표단 또는 주일한국대표부(구상서 등), 외무성과 연합국 최고사령부(GHQ, SCAP), 한국대표부와 연합국 최고사령부 간에 주고받은 문서[구상서(Note Verbale) 포함], 국가 정상 간에 주고받은 친서, 국가 간의 공적인 내용의 전달을 위한 개인 명의 서한, 단 국가 정상 간 친서라 할지라도 개인적인 내용이 담긴 것은 서한으로 분류

서한	개인 명의로 주고받은 사적인 내용의 편지
조약	한일 간 체결을 위해 작성한 조약 문안
협정	한일 간 체결을 위해 작성한 협정 문안
협약	한일 간 체결된 조약의 한 종류
교환공문	협정 부속문서의 한 종류
합의의사록	협정 부속문서의 한 종류
의정서	협정 부속문서의 한 종류
협정 부속문서	형식이 확정되지 않은 협정 부속문서 문안
양해각서 또는 부속 양해서	양국 간의 합의사항을 기록한 외교문서의 한 종류(Memorandum of Understanding)
약정	양국 간 조약이나 협정보다 덜 중요한 사항에 관해 합의한 내용을 담은 외교문서의 한 종류
구두전달사항(oral statement)	중요성이 떨어지는 양국 간 합의사항을 정리하는 외교문서의 한 방식 (구두 전달)
합의사항	1965년 4월 3일 한일 간에 가서명한 청구권 문제, 어업 문제, 재일한국인 법적 지위 문제 해결 등을 위한 '합의사항'. 협정 체결의 모태가 됨.
비망록	외교당국 간에 어떠한 사항 또는 주장을 전달하기 위하여 취하는 한 방식(aide - memoire)
공동선언	국가 간에 합의된 내용을 발표하는 한 방식(Joint Declaration)
비공식문서(non - paper)	외교당국 간에 어떠한 사항 또는 주장을 전달하기 위하여 취하는 한 방식. 정식문서가 아니라고 해서 non - paper라고 칭함.
언급사항 문서(talking paper)	상대방에게 언급할 사항을 기록한 비공식 문서
진정서	민원인(진정인)이 정부 관청에 제출한 문서
청원서	민원인(진정인)이 정부 관청에 청원한 내용이 담긴 문서
법령	한일 양국의 법령, 연합국 최고사령부 지령(SCAPIN 등), 주한미군정청 법령 등
기타	위에 분류한 항목에 포함시키기에는 적절치 않은 문서

한일회담 일본외교문서 상세목록집의 이해를 돕기 위하여

이 자료집은 일본 외무성이 공개한 외교문서를 주제별, 작성 시기별로 정리한 것이다. 한일회담 한국외교문서와는 달리 일본외교문서는 일본 외무성이 자발적으로 공개한 것이 아니라 일본 내에서 활동하는 전후보상을 요구하는 시민단체의 노력으로 공개되었다.

일제강점기 강제동원 피해자들은 일본에서 소송을 제기했다. 일본 사법부는 피해자 배상 문제는 한일청구권 및 경제협력 협정에 의해 '완전하고 최종적으로 해결'되었다며 모든 소송을 기각시켰다. 한일협정에서 말하는 '최종적 해결'이란 무엇인지, 어떤 논의를 통해 이러한 논리가 만들어졌는지는 판도라의 상자에 갇혀 있었다. 이 판도라의 상자를 열고자 일본의 전후보상을 요구하는 시민단체가 중심이 되어 2005년 12월 '일한회담 문서 전면 공개를 요구하는 모임(日韓会談文書 · 全面公開を求める会: 이하 '요구하는 모임')이 결성되었다. '요구하는 모임'은 한일회담 외교문서공개소송을 제기하였고 마침내 일본 법원은 공개를 결정했다.

일본 외무성은 2007년 3월 1차 공개를 시작으로 2008년 제6차까지 약 6만 장을 공개했다. 그러나 여전히 공개하지 않은 부분이 다수 포함되어 있다. 공개하지 않은 문서는 일본 국내 정치에 파장을 일으킬 수 있는 내용, 청구권 금액 계산 내역, 궁내성(宮內省)과 도쿄박물관 한국관계 문화재 일람표, 데라우치(寺內)문고 관련 기록, 그리고 독도 관련 내용이다. 일본정부는 회담 초기 개인청구권을 2억 엔으로 상정했는데 계산 내역은 비공개다. 추가 소송을 통해 공개하지 않은 문서의 일부 혹은 전체가 공개되었다. 예를 들면 일본외교문서 376번은 처음에는 부분 공개였으나, 2013년 1월 전면 공개했다. 이것은 '요구하는 모임'의 지속적인 자료 공개 요청 소송의 성과다.

아래는 문서파일번호 376「일한관계 상정문답 미정고」의 2008년 비공개 문서와 2013년 전면 공개된 후의 문서를 비교한 것이다.

2008년

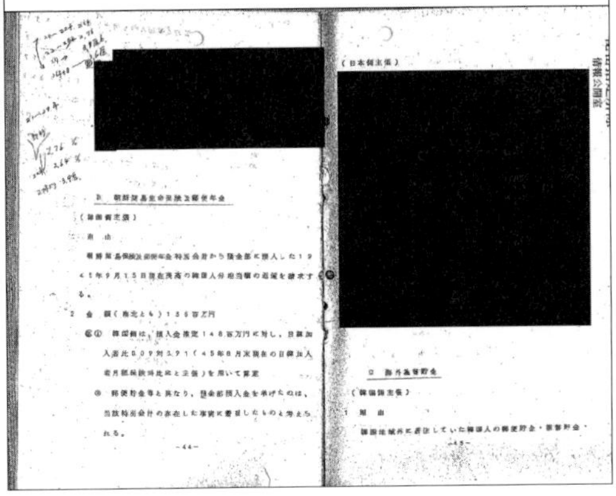

2013년

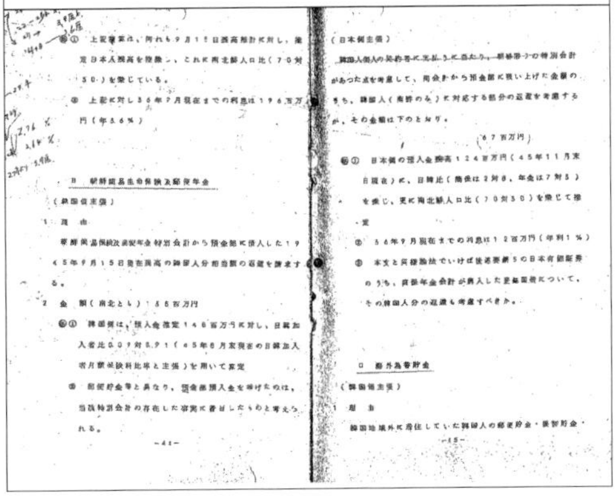

외무성이 공개한 파일을 보면 문서번호는 하나에 한 개의 문건이 들어 있는 경우, 다수의 문건이 포함된 경우가 있다. 또한 파일 안에 다른 이슈가 들어간 경우도 있는데 아마도 문서철을 작성할 때 잘못 들어간 것으로 보인다. 그러나 상세목록을 읽고 외무성 문서를 검색할 경우 원래 문서에 접근하기 쉽도록 하기 위해 그대로 두었다. 원문은 동북아역사재단의 〈동북아역사넷〉(contents.nahf.or.kr)이나 '요구하는 모임'의 홈페이지(http://www.f8.wx301.smilestart.ne.jp/)에서 확인할 수 있다. 일본 외교사료관에서도 열람할 수 있다. 다만, 이미 공개된 문서임에도 열람할 때마다 공개 청구를 해야 하고 복사할 경우 비용도 든다.

이 자료집에 들어가는 항목은 파일번호, 문서명, 작성연월일(발신일), 작성처(작성자), 내용, 주제어, 문서종류다. 파일번호는 외무성이 공개한 문서 순서이다. 일본외교문서는 정보공개 소송에서 일본정부가 패소한 결과 공개되었기 때문에 시간적 여유가 없어서인지 두서없이 공개되었다. 또한 비공개 부분을 새로 공개하면 공개한 순서대로 다시 외무성에서 번호를 붙이기 때문에 파일번호는 의미가 없다. 문서명은 원문서에 표기된 문서명을 그대로 사용하는 것을 원칙으로 했다. 다만 파일번호에 문서제목이 없는 것들이 적지 않기 때문에 그 경우에는 내용이나 발신자 정보에 따라 파일번호에 문서제목을 붙였다. 문서파일 안에 포함된 다수의 문건 중에도 문서제목이 없는 경우에는 별도로 문서제목을 붙이지 않았다. 문서종류는 일러두기에 상세하게 기술했으므로 참고하면 도움이 될 것이다. 작성연월일은 문서에 표기된 그대로 붙였으며, 문서에 기록되지 않은 경우에도 내용에서 날짜를 추정할 수 있으면 추정한 날짜를 표시했다. 날짜를 알 수 없는 경우에는 불명으로, 연도만 알 수 있는 경우에는 연도만 표시했다. 문서종류는 회의록, 보고서, 외교공한, 공문, 자료, 협정문으로 구분했다. 보고서는 사안을 자세하게 분석하거나 검토하기 위해 작성한 것이다. 외교공한은 일본이 연합국최고사령부(GHQ)나 한국과 주고받은 문서다. 한일회담은 한국과 일본 양자 간 교섭이었으나 미국 등 국제정세도 주요한 요소로 작용했다. 양국 정상이 주고받은 친서라도 '생일 축하' 등 사적인 내용은 서한으로 분류했다. 외무성과 각 성·청이 주고받은 문서는 공문으로 분류했다. 공문은 주로 각 성·청에서 한국과의 회담에 필요한 자료들을 제시한 것이다.

일본이 작성한 한일회담 각 이슈별 보고서에는 일본이 식민지 피해를 어떻게 인식했고 어떤 전략으로 한일회담을 추진했는지 드러나 있다. 일본정부는 청구권, 어업, 재일조선인 법적지위, 기본관계, 문화재 반환문제 교섭에 필요한 실증적인 자료를 모으고 분석했다. 한국의 독립 문제를 철저하게 일본 제국에서 한국이 '분리'하면서 발생한 문제로 보았다. 일본외교문서에는 한국이 주장한 일본의 식민지 지배에 대한 피해 보상과 청산 문제가 거론되지 않았다. 일본은 식민지와 종주국 간의 관계 설정에 대한 자료를 수집해 영토 분리 과정에서의 재산처리가 어떤 방식으로 이뤄지고 있는지를 분석할 뿐이다. 일본의 국제법상 '분리' 주장은 한 번도 바뀐 적이 없다. 이는 한일기본조약으로 귀결되었다.

외무성 관계자는 청구권, 어업, 문화재 문제 교섭과 관련하여 한국과의 교섭보다 오히려 대장성이나 수산청, 문부성과의 교섭이 더 어려웠다고 고백했다. 일본에서도 14년 동안 국회와 각 부서 사이에서 다양한 조정이 있었음을 보여 준다. 한일회담 교섭 과정에서 일본은 다양한 근거를 제시했고 한국의 주장을 반박하기 위해 사전에 내부적으로 치밀하게 협의했다. 일본외교문서에는 한일회담 교섭 과정에서 한국대표들이 어떻게 교섭했는지도 적나라하게 담겨 있다. 따라서 원문을 찾아 읽다 보면 상당히 불편한 내용과도 마주할 수 있다. 한일협정이 뒤틀린 한일관계의 기원이라는 점을 확인하는 것은 뼈아픈 일이다. 하지만 양국이 협정 체결을 위해 수많은 논의와 갈등을 거듭하면서 도출한 결론이 한일협정이라는 사실, 이 협정을 토대로 한일 양국이 발전적인 관계를 만들어 왔다는 점 역시 제대로 평가할 필요가 있다.

6만 장이라는 방대한 일본외교문서를 체계적으로 정리하고 해제한 이 자료집이 일본외교문서를 토대로 한 한일회담 연구에 기여하기를 기대한다.

제1부

제4차 회담 기본관계위원회 훈령 및 관련 문건 (1956~1960)

한일병합조약 폐기 문제
(日韓併合条約廃棄問題)

문서파일번호	1838
문서명	한일병합조약 폐기 문제(日韓併合条約廃棄問題)
작성연월일	1956. 11. 22
구분	제3~4차 회담 사이
세부항목	구 조약 및 협정의 무효 문제
작성처	외무성
매수	1
비밀등급	
문서종류	내부문서
공개구분	공개
내용	사회당 의원의 요구에 따라 작성한 한일병합조약 폐기 문제에 관한 외무성 견해. 한일 기본관계 수립과 관련한 문제에서 한국은 '일본과 구 대한제국 간에 체결된 모든 조약 또는 협정은 존재하지 않았다'는 내용을 기본조약에 포함시킬 것을 원하고 있으며, 이에 대해 일본은 '이러한 구 조약은 양국관계에 있어 무효'라고 주장, 양측 간에 합의가 이루어지지 않음.
주제어	기본관계, 구 조약 및 협정의 무효 문제

한국의 지위
(韓國の地位)

문서파일번호	770
작성연월일	1957. 1. 13
구분	제3~4차 회담 사이
세부항목	한국의 지위
작성처	외무성 조약국 제3과
매수	15
비밀등급	
문서종류	내부문서, 구상서
공개구분	공개
내용	한국을 독립국가로 승인하고 있는가 하는 문제와 일본에 한국의 외교기관이 설치되어 있는가에 관해 검토한 보고서 및 주일한국대표부 지위와 관련한 구상서
주제어	한국의 지위, 주일한국대표부의 지위, 기본관계

문서명	한국의 지위(韓國の地位) 1.일본은 한국을 독립국으로 승인할 것인가(一、わが国は韓国を独立国として承認しているかどうか) 2. 일본에서 한국외교기관의 소재(二、わが国における韓国外交機関の所在)

문서파일번호 770
작성연월일 1957. 1. 13
구분 제3~4차 회담 사이
세부항목 한국의 지위
작성처 외무성 조약국 제3과
매수 13
비밀등급 일반
문서종류 내부문서
공개구분 공개
내용 한국 지위에 대한 검토의견. 한국을 독립국가로 승인하고 있는가에 관해, 명시적으로 승인한 적은 없지만, 일본의 제반 국내법상에 대한민국이 명시되어 있는 경우가 많은 점으로 미루어 일본은 대한민국을 전면적으로 부인하고 있다고는 말할 수 없음. 주일한국대표부의 경우 연합군총사령부 파견의 지위가 1952년 4월 28일 평화조약 발효와 함께 소멸되었으나 그 이후에도 임시로 동일한 지위를 부여하고 있음.
주제어 기본관계

문서명	구상서(Note Verbale)

문서파일번호 770
작성연월일 1952. 4. 28
구분 제3~4차 회담 사이
세부항목 주일한국대표부 지위
작성처 주일한국대표부
매수 1
비밀등급 일반
문서종류 구상서
공개구분 공개
내용 대일평화조약 발효 후에도 잠정적으로 주일한국대표부의 지위를 인정해 달라고 요청하는 주일한국대표부 구상서(영문)(문서파일번호 760에 동일한 문서가 있음)
주제어 기본관계

문서명	구상서(Note Verbale)

문서파일번호	770
작성연월일	1952. 4. 28
구분	제3~4차 회담 사이
세부항목	주일한국대표부 지위
작성처	외무성 조약국 제3과
매수	1
비밀등급	일반
문서종류	구상서
공개구분	공개
내용	대일평화조약 발효 후에도 잠정적으로 주일한국대표부의 지위를 인정한다는 외무성의 구상서(영문)(문서파일번호 760에 동일한 문서가 있음)
주제어	기본관계

한일기본조약 및 의정서
(日韓基本条約及び議定書)

문서파일번호	1537
작성연월일	1958. 4. 21 - 1958. 4. 22
구분	제4차 회담
세부항목	한국정부 지위 및 승인 문제, 기본조약 및 의정서
작성처	외무성
매수	19
비밀등급	
문서종류	내부문서, 조약안
공개구분	공개
내용	한국정부의 지위에 대한 조약국의 검토의견 및 한일기본조약과 의정서(안) 모음
주제어	기본관계

문서명	한일교섭에 있어서 취해야 할 법률적 입장에 대해서(안) [日韓交渉において執るべき法律的立場について(案)]

문서파일번호	1537
작성연월일	1958. 4. 21
구분	제4차 회담
세부항목	한국정부의 지위
작성처	외무성 조약국 제1과
매수	2
비밀등급	일반
문서종류	내부문서
공개구분	공개
내용	한국정부의 지위 등 한일교섭에 있어 일본정부가 취해야 할 법률적 입장을 정리한 문서로 다음과 같은 내용이 담겨 있음. ① 한국정부는 한반도를 대표한다. ② 유엔결의는 한국정부를 한반도를 대표하는 정부로 인정한 것도 인정하지 않은 것도 아니다. ③ 일본은 한국(조선)의 독립을 승인한 평화조약 제2조 a에 따라 신국가를 설립하는 한국(조선)의 독립을 인정했다. ④ 일본은 한국대표부의 설치를 인정한 1952년 4월 28일의 교환공문에 의해 한국정부에 묵시적 승인을 부여한 것으로 생각된다. ⑤ 일본은 금후 한일회담에 의해 작성되는 기본관계조약에 따라 한국정부를 정식 승인하는 것이 된다. ⑥ 일본이 북한 지역과 관련한 청구권에 관해 한국정부와 협정을 체결하는 것은 대일평화조약 제4조 a)의 범위에 포함되지 않는다.
주제어	한국정부의 지위

문서명	일본에 의한 한국 및 한국정부의 승인에 대해서(안)[日韓交渉において執るべき法律的立場について(案)]

문서파일번호 1537
작성연월일 1958. 4. 22
구분 제4차 회담
세부항목 한국정부 승인
작성처 외무성 조약국 제1과
매수 2
비밀등급 극비
문서종류 내부문서
공개구분 공개
내용 한국정부의 승인문제 등에 관한 일본정부의 입장을 정리한 문서. 일본이 대일평화조약 제2조 a)에 의해 조선의 독립을 승인한 것은 대한민국의 승인을 의미하는 것이 아니라 조선이 일본의 주권으로부터 분리되어 이곳에 신국가가 형성되는 것을 승인한 것이며, 한국대표부 설치를 인정함으로써 한국정부를 묵시적으로 승인한 것임.
주제어 한국정부 승인

문서명	한일기본조약 및 의정서(제1안)[日韓基本条約及び議定書(第一案)]

문서파일번호 1537
작성연월일 1958. 4. 22
구분 제4차 회담
세부항목 기본조약 및 의정서
작성처 외무성 조약국
매수 7
비밀등급 극비
문서종류 조약안
공개구분 공개
내용 1958년 4월 22일 작성한 한일기본조약 및 의정서 제1안
주제어 기본관계

문서명	한일기본조약 및 의정서(제2안)[日韓基本条約及び議定書(第二案)]

문서파일번호	1537
작성연월일	1958. 4. 22
구분	제4차 회담
세부항목	기본조약 및 의정서
작성처	외무성 조약국
매수	8
비밀등급	극비
문서종류	조약안
공개구분	공개
내용	한일기본조약 및 의정서 제2안
주제어	기본관계

한일전면회담 기본관계위원회 회의 의사록 시안 등(日韓全面会談の基本関係委員会会議議事録思案等)

문서파일번호	1552
작성연월일	1959. 2. 25
구분	제4차 회담
세부항목	한일기본조약 시안 등
작성처	외무성 미야케 참사관
매수	11
비밀등급	
문서종류	내부문서, 조약안
공개구분	공개
내용	제4차 한일회담이 중단되어 있던 1959년 2월 25일 미야케 기지로 참사관이 내부적으로 준비한 기본관계위원회 의사록, 기본관계조약 제1조 문안, 교환공문 골자 시안 및 재일한인의 처우에 관한 양해안 등의 시안
주제어	기본관계, 재일한국인 처우

문서명	한일전면회담의 기본관계위원회 회의 의사록 시안(日韓全面会談の基本関係委員会会議議事録思案)

문서파일번호 1552
작성연월일 1959. 2. 25
구분 제4차 회담
세부항목 기본관계위원회 회의 의사록 시안
작성처 외무성 미야케 참사관
매수 3
비밀등급 극비
문서종류 내부문서
공개구분 공개
내용 제4차 한일회담이 중단되어 있던 1959년 2월 25일 미야케 기지로 참사관이 내부적으로 준비한 기본관계위원회 의사록. 한일 양국은 기본관계조약 제1조 문안(별첨 갑) 및 부속교환공문 시안(별첨 을)에 합의
주제어 기본관계

문서명	별첨 갑. 일본과 대한민국 간의 기본적 관계를 설정하는 조약 제1조의 안문(시안)[別紙 甲 日本國と大韓民國との間の基本的關係を設定する條約第一條の案文(試案)]

문서파일번호 1552
작성연월일 1959. 2. 25
구분 제4차 회담
세부항목 한일기본조약 시안 등
작성처 외무성 미야케 참사관
매수 1
비밀등급 일반
문서종류 조약(안)
공개구분 공개
내용 제4차 한일회담이 중단되어 있던 1959년 2월 25일 미야케 기지로 참사관이 내부적으로 준비한 기본관계조약 제1조 초안
주제어 기본관계

문서명	별첨 을. 한일 기본적 관계를 설정하는 조약의 부속 교환공문 일본 문안의 골자(시안)[別紙 乙 日韓基本的關係を設定うる條約の附屬交換公文日本側往簡案文の骨子(試案)]

문서파일번호 1552
작성연월일 1959. 2. 25
구분 제4차 회담
세부항목 한일기본조약 시안 등
작성처 외무성 미야케 참사관
매수 2
비밀등급 일반
문서종류 내부문서
공개구분 공개
내용 기본관계조약에 관한 부속 교환공문 일본 문안. 일본은 한국 국민의 복지를 위하여 경제원조를 공여한다는 내용이 포함되어 있음.
주제어 기본관계

문서명	재일한인의 대한민국 집단 귀환 및 일본국에 잔류하는 한인의 처우에 관한 잠정조치에 대한 한일 양해안(또는 한일공동성명문안)[在日韓人の大韓民國への集團歸還及び日本國に殘留する韓人の處遇に關する暫定措置についての日韓了解案又は日韓共同聲明案)]

문서파일번호 1552
작성연월일 1959. 2. 25
구분 제4차 회담
세부항목 재일한인 집단귀국 및 잔류한인의 처우에 관한 한일 양해안
작성처 외무성 미야케 참사관
매수 4
비밀등급 극비
문서종류 내부문서
공개구분 공개
내용 미야케 기지로 참사관이 작성한 재일한인 집단 귀국 및 잔류 한인의 처우에 관한 한일 양해안. 주요내용은 일본정부는 자유의지로 집단 귀국하는 한인에 숙박 등 편

의 제공, 재일한인의 돈. 기타 재산의 송금 및 반출은 양국 정부 협의에서 결정하는 대로 실행. 한국정부는 정치적 관계와 무관하게 귀환 희망자들을 인수, 귀국 재일 한인의 정착을 위한 편의 제공, 일본정부는 종전 전부터 계속 일본에 거주했고 금후에도 잔류를 희망하는 한인에 대해 영주권 부여

주제어 재일한국인 법적지위

대한민국 관할권의 한계
(大韓民国管轄権の限界)

문서파일번호	1839
작성연월일	1960. 10. 10 - 1960. 10. 27
구분	제4~5차 회담 사이
세부항목	한국의 법적지위, 관할권
작성처	외무성 조약국 법규과
매수	36
비밀등급	
문서종류	내부문서
공개구분	공개
내용	제5차 한일회담에 대비하여 기본관계 문제와 관련되는 한국의 법적지위, 관할권의 한계 등에 관한 검토의견이 기술된 문서 모음
주제어	한국의 법적지위, 관할권

문서명	대한민국 관할권의 한계(논의용 문제점)[大韓民国管轄権の限界(討議用問題点)]

문서파일번호 1839
작성연월일 1960. 10. 10
구분 제4~5차 회담 사이
세부항목 한국의 관할권
작성처 외무성 조약국 법규과
매수 11
비밀등급 극비
문서종류 내부문서
공개구분 공개
내용 기본관계 문제와 관련되는 한국의 법적지위, 관할권의 한계 등에 관한 1960년 10월 10일 자 검토의견서. 대일평화조약 제2조(a)에 대해 분리된 한반도에 신국가를 건설하는 것에 이의를 제기하지 않는다는 해석과 신국가로서 승인한다는 해석 두 가지로 구분하여 한국의 법적지위 문제를 정리
주제어 한국의 관할권

문서명	대한민국 관할권의 한계(논의용 문제점)[大韓民国管轄権の限界(討議用問題点)]

문서파일번호 1839
작성연월일 1960. 10. 20
구분 제4~5차 회담 사이
세부항목 한국의 관할권
작성처 외무성 조약국 법규과
매수 17
비밀등급 극비
문서종류 내부문서
공개구분 공개
내용 기본관계 문제와 관련되는 한국의 법적지위, 관할권의 한계 등에 관한 1960년 10월 20일 자 검토의견서. 대일평화조약 제2조(a)는 신 국가를 승인하는 의미를 가진다는 해석하에, 관할권의 지역적·시간적 한계와 관련된 문제를 검토. 한국 관할권의

시간적인 문제에 대해서는 포츠담선언 수락일인 1945년 8월 9일, 종전일인 1945년 8월 15일, 항복문서 조인일인 1945년 9월 2일, 대한민국 건국일인 1948년 8월 15일, 대일평화조약 발효일인 1952년 4월 28일, 한국의 유엔 가맹일, 기본관계조약 조인일 등으로 나누어 논점을 검토

주제어 한국의 관할권, 기본관계

문서명	대한민국 관할권의 한계(토의용 문제점 IV)[大韓民国管轄権の限界(討議用問題点IV)]

문서파일번호 1839

작성연월일 1960. 10. 27

구분 제4~5차 회담 사이

세부항목 한국의 관할권

작성처 외무성 조약국 법규과

매수 8

비밀등급 극비

문서종류 내부문서

공개구분 공개

내용 한국의 법적지위, 관할권의 한계 등에 관한 1960년 10월 27일 자 검토의견서. 기본관계 문제와 관련되는 한국의 법적지위에 대해 한국의 관할권은 유엔 결의 제195호의 범위에 한정되어 한반도 전역에 미친다는 명기는 피할 것, 시간적 범위는 1948년 8월 15일까지 소급하는 것을 인정할 것, 한국과 대한제국 간에는 아무런 법적 계승 관계가 없으므로 구 조약 무효 문제는 의미가 없다는 등의 입장이 담김.

주제어 한국의 관할권, 기본관계

한국의 지위 건(韓国の地位に関する件)

문서파일번호	1840
문서명	한국의 지위 건(韓国の地位に関する件)
작성연월일	1960. 10. 25
구분	제5차 회담
세부항목	한국의 법적지위, 관할권
작성처	외무성
매수	12
비밀등급	극비
문서종류	내부문서
공개구분	공개
내용	한국의 지위에 관한 검토의견서. 대일평화조약 제2조(a)는 한반도에 단일 국가의 승인을 요구하고 있으며, 따라서 한국은 정통정부로서 그 관할권은 법적으로 한반도 전역에 미치지만, 유효한 범위는 남한에 한정된다고 보아야 할 것이라는 견해와 그와 관련해서 청구권 문제 역시 조약상 일본과 한반도의 문제이지만, 실질적으로는 남한과 처리해야 한다는 내용 등이 담김.
주제어	한국의 관할권, 청구권 문제

제3국에 의한 한국 승인 건
(第三国による朝鮮の承認振りに関する件)

문서파일번호	1880
작성연월일	1960. 3. 10 - 1962. 9. 24
구분	제4차 회담
세부항목	한국 및 북한 승인국가
작성처	외무성, 재외공관장
매수	230
비밀등급	
문서종류	전문(電文), 공문
공개구분	공개
내용	한국, 북한과 중국(중화민국 또는 중공)에 대한 제3국의 승인 현황, 재외공관에 의한 조사 보고 전문, 공문 등 모음
주제어	한국 및 북한 승인

문서명	제3국에 의한 한국 승인에 관한 건(第三国による朝鮮の承認振りに関する件)

문서파일번호 1880
작성연월일 1960. 3. 10
구분 제4차 회담
세부항목 한국 및 북한 승인국가
작성처 외무성 북동아시아과
매수 15
비밀등급 극비
문서종류 내부문서
공개구분 공개
내용 제3국의 한국 및 북한 승인에 관하여 정리한 문서. 한국을 승인한 국가는 총 35개국, 북한을 승인한 국가는 11개국임. 한국 승인 국가를 ① 어떠한 제한 없이 승인 ② 미국 방식에 의한 승인(성명 방식) ③ 영국 방식에 의한 승인(서한 방식)으로 구분하고 이에 대한 설명 및 해당 국가들의 국명을 기술함. 한국 및 북한 승인국 일람표(1960년 2월 1일 현재)가 첨부됨.
주제어 한국 및 북한 승인

문서명	제3국에 의한 한국 승인 건의 부속자료(第三国による朝鮮の承認振りに関する件の付属資料)

문서파일번호 1880
작성연월일 1960. 3. 23
구분 제4차 회담
세부항목 한국 및 북한 승인국가
작성처 외무성 북동아시아과
매수 54
비밀등급 극비
문서종류 내부자료
공개구분 공개
내용 1960년 3월 10일 북동아과가 작성한 한국 및 북한을 승인한 국가에 대한 조사보고서의 부속자료. 각 승인 국가별로 승인대상(한국 또는 북한), 승인일자, 승인형식(공사관 설치에 의한 사실상의 승인 등), 관할권 관련 특기사항, 승인과 관련한 자료(외교공한, 성명문 등) 등 기술
주제어 한국 및 북한 승인

문서명	제3국에 의한 한국 및 중국 승인 조사 건(第三国による朝鮮及中国の承認振り調査の件)

문서파일번호 1880
작성연월일 1959. 11. 16
구분 제4차 회담
세부항목 한국 및 중공 승인 여부 조사 지시 전문
작성처 외무성 아시아국 총괄과
매수 5
비밀등급 비(秘)
문서종류 전문(電文)
공개구분 공개
내용 35개국 재외공관장에게 한국 및 중국의 승인에 관한 조사를 지시
주제어 한국 및 중국 승인

문서명	제3국에 의한 한국 및 중국 승인 조사 건(第三国による朝鮮及中国の承認ぶり調査の件)

문서파일번호 1880
작성연월일 1959. 11. 17
구분 제4차 회담
세부항목 한국 및 중국 승인 관련 주독일대사 보고
작성처 주서독대사
매수 1
비밀등급 비(秘)
문서종류 전문(電文)
공개구분 공개
내용 주서독대사의 한국 및 중국 승인에 대한 보고. 한국은 1957년 공사관 설치를 통해 승인, 중국은 타이완, 중공 공히 미승인
주제어 한국 및 중국 승인

문서명	제3국에 의한 한국 및 중국 승인 조사 건(第三国による朝鮮および中国の承認ぶり調査の件)

문서파일번호 1880
작성연월일 1959. 11. 21
구분 제4차 회담
세부항목 한국 및 중국 승인 관련 주태국대사 보고
작성처 주태국대사
매수 2
비밀등급 비(秘)
문서종류 전문(電文)
공개구분 공개
내용 주태국대사의 한국 및 중국 승인에 대한 보고. 한국은 1958년 10월 1일 단순 승인, 북한 미승인, 1946년 1월 23일 국부(國府) 승인, 중공 미승인
주제어 한국 및 중국 승인

문서명	제3국에 의한 한국 및 중국 승인 조사 건(第三国による朝鮮および中国の承認ぶり調査の件)

문서파일번호 1880
작성연월일 1959. 11. 18
구분 제4차 회담
세부항목 한국 및 중국 승인 관련 주베트남대사 보고
작성처 주남베트남 대사
매수 1
비밀등급 비(秘)
문서종류 전문(電文)
공개구분 공개
내용 주남베트남대사의 한국 및 중국 승인에 대한 보고. 남베트남의 경우 1955년 10월 국가 성립 시 한국과 국부를 승인
주제어 한국 및 중국 승인

문서명	제3국에 의한 한국 및 중국 승인 조사 건(第三国による朝鮮および中国の承認ぶり調査の件)

문서파일번호 1880
작성연월일 1959. 11. 18
구분 제4차 회담
세부항목 한국 및 중국 승인 관련 주칠레대사 보고
작성처 주칠레대사
매수 2
비밀등급 비(秘)
문서종류 전문(電文)
공개구분 공개
내용 주칠레대사의 한국 및 중국 승인에 대한 보고. 한국은 1949년 5월 27일 주미한국대사에 대한 공한을 통해 승인, 중화민국에 대해서는 1916년 2월 비준된 우호조약에 의해 승인
주제어 한국 및 중국 승인

문서명	제3국에 의한 한국 및 중국 승인 조사 건(第三国による朝鮮および中国の承認ぶり調査の件)

문서파일번호 1880
작성연월일 1959. 11. 18
구분 제4차 회담
세부항목 한국 및 중국 승인 관련 주벨기에대사 보고
작성처 주벨기에대사
매수 2
비밀등급 비(秘)
문서종류 전문(電文)
공개구분 공개
내용 주벨기에대사의 한국 및 중국 승인에 대한 보고. 한국 승인은 벨기에정부 측에 확인되는 대로 보고 예정, 중국은 국부를 승인
주제어 한국 및 중국 승인

문서명	제3국에 의한 한국 및 중국 승인 조사 건(第三国による朝鮮および中国の承認ぶり調査の件)

문서파일번호 1880
작성연월일 1959. 11. 20
구분 제4차 회담
세부항목 한국 및 중국 승인 관련 주벨기에대사 보고
작성처 주벨기에대사
매수 2
비밀등급 비(秘)
문서종류 전문(電文)
공개구분 공개
내용 주벨기에대사의 한국 및 중국 승인에 대한 추가 보고. 국부 승인과 관련 전 중국을 의미
주제어 한국 및 중국 승인

문서명	벨기에의 남한 승인 건(ベルギーの南鮮承認に関する件)

문서파일번호 1880
작성연월일 1959. 11. 20
구분 제4차 회담
세부항목 한국 및 중국 승인 관련 주벨기에대사 보고
작성처 주벨기에대사
매수 2
비밀등급 일반
문서종류 공문
공개구분 공개
내용 주벨기에대사의 한국 및 중국 승인에 대한 추가 보고 공문. 벨기에는 1949년 8월 15일 자 주미한국대사에 대한 공한, 동 8월 16일 자 한국대사의 공한(첨부)을 통해 한국 승인
주제어 한국 및 중국 승인

문서명	제3국에 의한 한국 및 중국 승인 조사 건(第三国による朝鮮および中国の承認ぶり調査の件)

문서파일번호	1880
작성연월일	1959. 12. 8
구분	제4차 회담
세부항목	한국 및 중국 승인 관련 주브라질대사 보고
작성처	주브라질대사
매수	1
비밀등급	극비
문서종류	전문(電文)
공개구분	공개
내용	주브라질대사의 한국 및 중국 승인에 대한 보고. 한국은 1949년 주미한국대사에 대한 공한으로 승인, 중화민국은 1911년 승인
주제어	한국 및 중국 승인

문서명	브라질의 대한민국 및 중화민국 승인 건(伯国の大韓民国及び中華民国承認に関する件)

문서파일번호	1880
작성연월일	1959. 12. 19
구분	제4차 회담
세부항목	한국 및 중국 승인 관련 주브라질대사 보고
작성처	주브라질대사
매수	6
비밀등급	일반
문서종류	공문
공개구분	공개
내용	주브라질대사의 한국 및 중국 승인에 대한 보고. 한국은 1949년 5월 27일 주미한국대사 앞 공한을 통해 승인. 브라질 외무성의 관련사실 통보 공한 첨부
주제어	한국 및 중국 승인

문서명	제3국에 의한 한국 및 중국 승인 조사 건(第三国による朝鮮および中国の承認ぶり調査の件)

문서파일번호 1880
작성연월일 1959. 12. 7
구분 제4차 회담
세부항목 한국 및 중국 승인 관련 주중화민국대사 보고
작성처 주중화민국대사
매수 1
비밀등급 비(秘)
문서종류 전문(電文)
공개구분 공개
내용 주중화민국대사의 한국 및 중국 승인에 대한 보고. 주재국 외교부 관계관에 따르면 한국은 간단한 성명 발표를 통해 승인했으며, 관련 문서 확인 후 다시 알려주겠다 함.
주제어 한국 및 중국 승인

문서명	제3국에 의한 한국 및 중국 승인 조사 건(第三国による朝鮮および中国の承認ぶり調査の件)

문서파일번호 1880
작성연월일 1959. 12. 9
구분 제4차 회담
세부항목 한국 및 중국 승인 관련 주중화민국대사 보고
작성처 주중화민국대사
매수 1
비밀등급 비(秘)
문서종류 전문(電文)
공개구분 공개
내용 주중화민국대사의 한국 및 중국 승인에 대한 추가 보고. 1948년 8월 12일 난징(南京)에서 외교부장이 성명 발표를 통해 한국 승인
주제어 한국 및 중국 승인

문서명	국부의 한국 승인 성명 송부 건(国府の韓国承認声明送付の件)

문서파일번호 1880
작성연월일 1959. 12. 10
구분 제4차 회담
세부항목 한국 및 중국 승인 관련 주중화민국대사 보고
작성처 주중화민국대사
매수 8
비밀등급 비(秘)
문서종류 공문
공개구분 공개
내용 주중화민국대사의 한국 승인 관련 추가보고 공문. 난징에서 발표된 성명, 언론 보도, 장제스(蔣介石)의 이승만 앞 축전 등이 첨부됨.
주제어 한국 및 중국 승인

문서명	국부의 한국 승인 건(国府による大韓民国の承認振りに関する件)

문서파일번호 1880
작성연월일 1959. 12. 22
구분 제4차 회담
세부항목 한국 승인 관련 주중화민국대사 앞 지시 공문
작성처 외무성 북동아시아과
매수 3
비밀등급 일반
문서종류 공문
공개구분 공개
내용 중화민국의 한국 승인 일자와 관련 재확인을 지시하는 본성의 중화민국대사 앞 공문 재가문서. 대사는 1948년 8월 12일 한국 승인으로 보고하였으나, 한국이 발간한 연감에는 1949년 1월 4일로 되어 있음. 미국의 경우도 1948년 8월 1일 한국정부를 승인한다는 전제하에 동국 정부와의 교섭을 위해 특사를 파견한다는 성명을 발표하였으며 1949년 1월 1일 정식 승인함.
주제어 한국 및 중국 승인

문서명	국부의 한국 승인 건(国府による大韓民国の承認振りに関する件)

문서파일번호 1880
작성연월일 1960. 1. 6
구분 제4차 회담
세부항목 한국 승인 관련 주중화민국대사 앞 지시 공문
작성처 외무성 북동아시아과
매수 4
비밀등급 일반
문서종류 공문
공개구분 공개
내용 1959년 12월 22일 주중화민국대사 앞 공문의 1960년 1월 6일 자 시행문서
주제어 한국 및 중국 승인

문서명	국부에 의한 대한민국의 정식 승인 건(国府に夜大韓民国の正式承認に関する件)

문서파일번호 1880
작성연월일 1960. 2. 10
구분 제4차 회담
세부항목 한국 승인 관련 주중화민국대사 보고
작성처 주중화민국대사
매수 11
비밀등급 일반
문서종류 공문
공개구분 공개
내용 중화민국의 한국 승인에 관해 재조사한 결과 및 관련 문서를 보고. 중화민국 외교부가 일본대사관에 대해 조사 결과를 통보하는 공한(1960년 1월 26일 자 일문 번역본 및 중문), 한국 승인에 대한 국부의 성명발표에 관한 언론 보도(1949년 1월 5일 자) 등이 첨부됨(중화민국 외교부의 공문은 대사관이 본성에 보고하는 공문 앞쪽에 첨부되어 있음).
주제어 한국 및 중국 승인

문서명	남한 또는 북한 및 국부 또는 중공 승인 건(南鮮又は北鮮及び国府又は中共の承認に関する件)

문서파일번호 1880
작성연월일 1959. 11. 20
구분 제4차 회담
세부항목 한국 및 중국 승인 관련 주미대사 보고
작성처 주미대사
매수 7
비밀등급 일반
문서종류 공문
공개구분 공개
내용 미국정부의 한국 승인 및 국부 승인에 관한 미국정부의 관련 문서를 송부. 1948년 8월 12일 자 미국무부의 성명, 관련 사실을 주미일본대사관에 통보하는 미국무부의 1959년 12월 15일 자 외교공한이 첨부됨.
주제어 한국 및 중국 승인

문서명	제3국에 의한 한국 및 중국 승인 조사 건(第三国による朝鮮および中国の承認ぶり調査の件)

문서파일번호 1880
작성연월일 1959. 11. 20
구분 제4차 회담
세부항목 한국 및 중국 승인 관련 주미대사 보고
작성처 주미대사
매수 4
비밀등급 비(秘)
문서종류 전문(電文)
공개구분 공개
내용 주미대사의 한국 및 중화민국 승인에 관한 조사 결과 보고. 미국정부의 1948년 8월 12일 자 성명(한국을 승인하기로 결정했다는 내용)은 1948년 12월 12일 유엔총회 결의 내용을 감안한다고 되어 있으므로, 한국의 관할권이 미치는 범위 내에 대한 승인으로 보아야 할 것임. 중화민국에 대해서도 그 영토는 타이완과 평후(澎湖)열도를 의미한다고 되어 있음.
주제어 한국 및 중국 승인

문서명	미국정부에 의한 대한민국 승인 건(米国政府による大韓民国の承認振りに関する件)

문서파일번호	1880
작성연월일	1959. 12. 14
구분	제4차 회담
세부항목	한국 및 중국 승인 관련 주미대사 보고
작성처	주미대사
매수	8
비밀등급	일반
문서종류	전문(電文)
공개구분	공개
내용	미국정부의 한국 승인 방식에 관한 주미대사의 보고. 1948년 8월 12일 미국무부의 성명(일문 번역본)이 첨부되어 있음.
주제어	한국 및 중국 승인

문서명	미국정부에 의한 대한민국 승인 건(米国政府による大韓民国の承認振りに関する件)

문서파일번호	1880
작성연월일	1959. 12. 23
구분	제4차 회담
세부항목	한국 및 중국 승인 관련 주미대사 보고
작성처	주미대사
매수	2
비밀등급	극비
문서종류	전문(電文)
공개구분	공개
내용	미국이 승인한 한국정부의 관할권 및 범위에 관한 주미대사 보고 공문. 사실상 한국의 통치하에 있는 남한 지역만을 염두에 두고 있는 미국정부에 대해 한국의 관할권 및 범위에 관해 문제를 제기할 경우, 한국정부와의 사이에 견해 차이가 발생할 우려가 있음. 미국정부로서는 본건 관련 입장을 명확히 한 바 없으며, 한국정부도 이에 관해 문제시한 바 없음.
주제어	한국 및 중국 승인

문서명	제3국에 의한 한국 및 중국 승인 조사 건(第三国による朝鮮および中国の承認ぶり調査の件)

문서파일번호 1880
작성연월일 1959. 11. 26
구분 제4차 회담
세부항목 한국 및 중국 승인 관련 주프랑스대사 보고
작성처 주프랑스대사
매수 2
비밀등급 비(秘)
문서종류 전문(電文)
공개구분 공개
내용 주프랑스대사의 한국 및 중화민국 승인에 관한 조사 결과 보고. 한국에 대해서는 1948년 12월 12일 유엔 결의에 포함된 권고에 의해 승인, 한국정부의 관할권 및 범위에 대해서는 관여할 여지가 없음. 중화민국에 대해서는 난징에 개설되었던 대사관을 단순히 타이페이에 이전한 것으로 간주하고 있음.
주제어 한국 및 중국 승인

문서명	제3국에 의한 한국 및 중국 승인 조사 건(第三国による朝鮮および中国の承認ぶり調査の件)

문서파일번호 1880
작성연월일 1959. 12. 7
구분 제4차 회담
세부항목 한국 및 중국 승인 관련 주오스트레일리아대사 보고
작성처 주오스트레일리아대사
매수 1
비밀등급 비(秘)
문서종류 전문(電文)
공개구분 공개
내용 주오스트레일리아대사의 한국 및 중국 승인에 대한 보고. 한국은 1949년 8월 15일 외상 성명 발표를 통해 승인
주제어 한국 및 중국 승인

문서명	제3국에 의한 한국 및 중국 승인 조사 건(第三国による朝鮮および中国の承認ぶり調査の件)

문서파일번호 1880
작성연월일 1959. 12. 7
구분 제4차 회담
세부항목 한국 및 중국 승인 관련 주오스트레일리아대사 보고
작성처 주오스트레일리아대사
매수 4
비밀등급 일반
문서종류 전문(電文)
공개구분 공개
내용 오스트레일리아 외상의 한국 승인에 관한 1949년 8월 15일 성명 문안(영문 및 일문 번역본)을 보고
주제어 한국 및 중국 승인

문서명	제3국에 의한 한국 및 중국 승인 조사 건(第三国による朝鮮および中国の承認ぶり調査の件)

문서파일번호 1880
작성연월일 1959. 11. 18
구분 제4차 회담
세부항목 한국 및 중국 승인 관련 주영국대사 보고
작성처 주영국대사
매수 2
비밀등급 비(秘)
문서종류 전문(電文)
공개구분 공개
내용 주영국대사의 한국 및 중국 승인에 대한 보고. 중공정부에 대해서는 외상의 공한을 통해 승인하고 1950년 1월 6일 공표함. 한국에 대해서는 별도문서 없이 1949년 1월 18일 승인함.
주제어 한국 및 중국 승인

문서명	제3국에 의한 한국 및 중국 승인 조사 건(第三国による朝鮮および中国の承認ぶり調査の件)

문서파일번호 1880
작성연월일 1959. 11. 18
구분 제4차 회담
세부항목 한국 및 중국 승인 관련 주영국대사 보고
작성처 주영국대사
매수 2
비밀등급 일반
문서종류 전문(電文)
공개구분 공개
내용 중공을 승인하는 영국 외상의 공한 문안(영문)을 송부
주제어 한국 및 중국 승인

문서명	영국의 대한민국 승인 조사 건(英国の大韓民国承認振り調査の件)

문서파일번호 1880
작성연월일 1959. 12. 3
구분 제4차 회담
세부항목 한국 승인 관련 주영국대사 앞 지시 전문
작성처 외무성 북동아시아과
매수 4
비밀등급 일반
문서종류 공문
공개구분 공개
내용 주영대사에게 보낸 공문. 영국이 한국을 승인할 때 서한을 보냈다는 1949년 1월 20일자 언론 보도가 있다면서 관련 사실 여부를 재조사하라고 지시
주제어 한국 및 중국 승인

문서명	영국의 대한민국 승인 조사 건(英国の大韓民国承認ぶり調査の件)

문서파일번호 1880
작성연월일 1959. 12. 23
구분 제4차 회담
세부항목 한국 승인 관련 주영국대사 보고
작성처 주영국대사
매수 2
비밀등급 비(秘)
문서종류 전문(電文)
공개구분 공개
내용 영국의 한국 승인 관련 본성 지시에 대한 주영국대사의 보고. 1949년 1월 18일 주서울 영국총영사가 임시대리대사(Charge d'Affaires)의 자격으로 한국에 공한을 보냈음. 공한에는 제한적 승인과 관련하여 한국정부는 북한에 대하여 어떠한 권한도 갖고 있지 않은 형태의 승인을 하게 되었지만, 영국으로서는 한국정부를 한반도에 있어서의 유일합법정부로 인정한다는 내용이 담겨 있다며, 이에 대해 한국이 이의제기를 했는지 여부는 기록에 없다 함.
주제어 한국 및 중국 승인

문서명	제3국에 의한 한국 및 중국 승인 조사 건(第三国による朝鮮および中国の承認ぶり調査の件)

문서파일번호 1880
작성연월일 1959. 11. 17
구분 제4차 회담
세부항목 한국 및 중국 승인 관련 주캐나다대사 보고
작성처 주캐나다대사
매수 1
비밀등급 비(秘)
문서종류 전문(電文)
공개구분 공개
내용 주캐나다대사의 한국 및 중국 승인에 대한 보고. 캐나다는 1949년 7월 14일 교환공문을 통해 한국을 승인했으며 관할구역은 자유선거가 이루어진 지역으로 되어 있음. 중국은 중공을 승인하지 않고 있으며, 국부가 타이완으로 옮긴 후에도 관할구역에 관한 어떠한 조치도 취하지 않고 있음.
주제어 한국 및 중국 승인

문서명	대한민국 승인에 관한 동국과 캐나다 간 교환공문 사본 송부 건(大韓民国承認に関する同国とカナダ間の交換公文写送付の件)

문서파일번호 1880
작성연월일 1959. 11. 19
구분 제4차 회담
세부항목 한국 및 중국 승인 관련 주캐나다대사 보고
작성처 주캐나다대사
매수 1
비밀등급 일반
문서종류 공문
공개구분 공개
내용 캐나다 정부의 한국 승인과 관련한 교환공문 사본을 송부. 교환공문이 문서에 첨부되어 있지 않음.
주제어 한국 및 중국 승인

문서명	제3국에 의한 한국 및 중국 승인 조사 건(第三国による朝鮮および中国の承認ぶり調査の件)

문서파일번호 1880
작성연월일 1959. 11. 19
구분 제4차 회담
세부항목 한국 및 중국 승인 관련 주뉴질랜드대사 보고
작성처 주뉴질랜드대사
매수 2
비밀등급 비(秘)
문서종류 전문(電文)
공개구분 공개
내용 주뉴질랜드대사의 한국 및 중국 승인에 대한 보고. 1949년 6월 20일 주미대사에의 공한 송부를 통해 한국을 승인함. 중국은 중화민국을 중국 전체에 관해 승인하고 있음.
주제어 한국 및 중국 승인

문서명	남한 등 승인 형식 건(南鮮等承認の形式に関する件)

문서파일번호	1880
작성연월일	1959. 11. 17
구분	제4차 회담
세부항목	한국 및 중국 승인 관련 주필리핀대사 보고
작성처	주필리핀대사
매수	1
비밀등급	일반
문서종류	공문
공개구분	공개
내용	키리노 필리핀 대통령이 이승만 대통령에게 보낸 서한을 송부. 서한은 첨부되어 있지 않음.
주제어	한국 및 중국 승인

문서명	제3국에 의한 한국 및 중국 승인 조사 건(第三国による朝鮮および中国の承認ぶり調査の件)

문서파일번호	1880
작성연월일	1959. 11. 17
구분	제4차 회담
세부항목	한국 및 중국 승인 관련 주필리핀대사 보고
작성처	주필리핀대사
매수	1
비밀등급	비(秘)
문서종류	전문(電文)
공개구분	공개
내용	주필리핀대사의 한국 및 중국 승인에 대한 보고. 필리핀정부는 1949년 3월 2일 키리노 대통령이 이승만 대통령에게 보낸 서한을 통해 한국을 승인함. 중국과 관련해서는 중화민국이 필리핀을 승인하고 있으므로 관련 문서는 없음.
주제어	한국 및 중국 승인

문서명	네덜란드 정부의 대한민국정부 및 중화인민공화국 승인에 관한 서한 사본 송부 건 (オランダ政府の大韓民国政府および中華人民共和国政府承認に関する書簡葺写送付の件)

문서파일번호	1880
작성연월일	1959. 11. 17
구분	제4차 회담
세부항목	한국 및 중국 승인 관련 주네덜란드대사 보고
작성처	주네덜란드대사
매수	1
비밀등급	일반
문서종류	공문
공개구분	공개
내용	한국 및 중공 승인과 관련한 공한 사본을 송부. 공한은 첨부되어 있지 않음.
주제어	한국 및 중국 승인

문서명	제3국에 의한 한국 및 중국 승인 조사 건(第三国による朝鮮および中国の承認ぶり調査の件)

문서파일번호	1880
작성연월일	1959. 11. 17
구분	제4차 회담
세부항목	한국 및 중국 승인 관련 주네덜란드대사 보고
작성처	주네덜란드대사
매수	1
비밀등급	일반
문서종류	전문(電文)
공개구분	공개
내용	주네덜란드대사의 한국 및 중국 승인에 대한 보고. 공한을 통해 한국과 중공을 승인하고 있지만 동 공한에는 관할권 및 범위 등에 관해서는 언급이 없음.
주제어	한국 및 중국 승인

문서명	제3국에 의한 한국 및 중국 승인 조사 건(第三国による朝鮮および中国の承認ぶり調査の件)

문서파일번호 1880
작성연월일 1959. 11. 18
구분 제4차 회담
세부항목 한국 및 중국 승인 관련 주스웨덴대사 보고
작성처 주스웨덴대사
매수 1
비밀등급 비(秘)
문서종류 전문(電文)
공개구분 공개
내용 주스웨덴대사의 한국 및 중국 승인에 대한 보고. 1950년 1월 14일 자 외상의 저우언라이 외상 앞 전보를 통해 중공 승인. 한국에 대해서는 1957년 유엔안보리에서 한국의 독립국 지위를 승인하는 내용의 스웨덴 대표 연설을 통해 승인함.
주제어 한국 및 중국 승인

문서명	제3국에 의한 한국 및 중국 승인 조사 건(第三国による朝鮮および中国の承認ぶり調査の件)

문서파일번호 1880
작성연월일 1959. 11. 18
구분 제4차 회담
세부항목 한국 및 중국 승인 관련 주스웨덴대사 보고
작성처 주스웨덴대사
매수 2
비밀등급 일반
문서종류 전문(電文)
공개구분 공개
내용 중공을 승인하는 스웨덴 외상의 저우언라이 외상 앞 공한을 송부
주제어 한국 및 중국 승인

문서명	제3국에 의한 한국 및 중국 승인 조사 건(第三国による朝鮮および中国の承認ぶり調査の件)

문서파일번호	1880
작성연월일	1959. 11. 20
구분	제4차 회담
세부항목	한국 및 중국 승인 관련 주스웨덴대사 보고
작성처	주스웨덴대사
매수	1
비밀등급	비(秘)
문서종류	전문(電文)
공개구분	공개
내용	한국의 독립국 지위를 승인하는 스웨덴 대표의 유엔안보리 연설문을 별전으로 송부
주제어	한국 및 중국 승인

문서명	제3국에 의한 한국 및 중국 승인 조사 건(第三国による朝鮮および中国の承認ぶり調査の件)

문서파일번호	1880
작성연월일	1959. 11. 20
구분	제4차 회담
세부항목	한국 및 중국 승인 관련 주스웨덴대사 보고
작성처	주스웨덴대사
매수	3
비밀등급	일반
문서종류	전문(電文)
공개구분	공개
내용	한국의 독립국 지위를 승인하는 스웨덴 대표의 유엔안보리 연설문을 송부. 연설문에 한국의 관할권과 관련해서는 현재 소유하는 영토에 한한다는 내용이 담김.
주제어	한국 및 중국 승인

문서명	제3국에 의한 한국 및 중국 승인 조사 건(第三国による朝鮮および中国の承認ぶり調査の件)

문서파일번호 1880
작성연월일 1959. 11. 18
구분 제4차 회담
세부항목 북한 및 중공 승인 관련 주소련대사 보고
작성처 주소련대사
매수 4
비밀등급 비(秘)
문서종류 전문(電文)
공개구분 공개
내용 주소련대사의 북한 및 중공 승인에 관한 보고. 북한의 김일성은 1948년 10월 8일 스탈린에게 공한을 보내 소련 및 북한의 외교관계 설정을 요청함. 이에 대해 스탈린은 1948년 10월 12일 자 답신을 통해 소련, 북한 간의 외교관계 설정, 대사교환 및 경제관계의 설정의 용의가 있음을 표명함. 동년 10월 16일 소련 최고회의간부회에서 주북한대사가 임명되었으며, 스탈린의 위 공한을 통해 북한을 승인한 것으로 인정됨. 중공에 대해서는 글로무이코 외무차관이 1949년 10월 2일 자 주은래 외상 앞 공한을 통해 승인함.
주제어 북한 및 중공 승인

문서명	중공 및 북한에 대한 소련 정부 승인 문서 송부 건(中共及び北鮮に対するソ連政府の承認文書送付に関する件)

문서파일번호 1880
작성연월일 1959. 11. 21
구분 제4차 회담
세부항목 북한 및 중공 승인 관련 주소련대사 보고
작성처 주소련대사
매수 3
비밀등급 일반
문서종류 공문
공개구분 공개
내용 소련·북한 외교관계 설정에 관한 1948년 10월 13일 자 AP통신 기사를 송부
주제어 북한 및 중공 승인

문서명	제3국에 의한 한국 및 중국 승인 조사 건(第三国による朝鮮および中国の承認ぶり調査の件)

문서파일번호 1880
작성연월일 1959. 11. 18
구분 제4차 회담
세부항목 북한 및 중공 승인 관련 주폴란드대사 보고
작성처 주폴란드대사
매수 5
비밀등급 비(秘)
문서종류 전문(電文)
공개구분 공개
내용 주폴란드대사의 중공 및 북한 승인에 관한 보고. 중공은 1949년 10월 5일 성명을 통해 중공과 외교관계 수립을 발표, 북한은 1948년 10월 17일 성명 발표를 통해 북한과 외교관계 수립을 발표함.
주제어 북한 및 중공 승인

문서명	중공 및 북한 승인관계 문서 건(中共及び北鮮承認に係る文書に関する件)

문서파일번호 1880
작성연월일 1959. 11. 19
구분 제4차 회담
세부항목 북한 및 중공 승인 관련 주폴란드대사 보고
작성처 주폴란드대사
매수 1
비밀등급 일반
문서종류 공문
공개구분 공개
내용 폴란드가 중공 및 북한 외교관계 수립에 관해 발표한 성명문(언론 기사)을 송부. 성명문은 첨부되어 있지 않음.
주제어 북한 및 중공 승인

문서명	제3국에 의한 한국 및 중국 승인 조사 건(第三国による朝鮮および中国の承認ぶり調査の件)

문서파일번호 1880
작성연월일 1959. 12. 9
구분 제4차 회담
세부항목 북한 및 중공 승인 관련 주체코슬로바키아대사 보고
작성처 주체코슬로바키아대사
매수 3
비밀등급 비(秘)
문서종류 전문(電文)
공개구분 공개
내용 주체코슬로바키아대사의 북한 및 중공 승인에 관한 보고. 1948년 10월 19일 체코정부는 북한정부를 승인할 것을 결정하고 신속히 외교 및 경제관계를 수립하기 위한 조치를 취하도록 외상이 명했다는 보도자료를 발표(승인일은 10월 21일), 중공에 대해서는 외상대리가 의회에서 중공정부와의 외교관계 수립 및 국민정부와의 단교에 관한 정부 의향을 표명하고 중공정부 및 국민정부 대표에 통보했다는 보도자료 발표(날짜는 명기되어있지 않음). 관할지역은 한반도 전체와 중국 전체로 되어 있음.
주제어 북한 및 중공 승인

문서명	중국 또는 한국 승인 방식에 관한 조사 건(中国又は朝鮮の承認方式に関し調査の件)

문서파일번호 1880
작성연월일 1959. 12. 12
구분 제4차 회담
세부항목 북한 및 중공 승인 관련 주체코슬로바키아대사 보고
작성처 주체코슬로바키아대사
매수 1
비밀등급 일반
문서종류 공문
공개구분 공개
내용 중공 및 북한을 승인하는 보도자료를 송부. 보도자료는 첨부되어 있지 않음.
주제어 북한 및 중공 승인

문서명	제3국에 의한 한국 및 중국 승인 조사 건(第三国による朝鮮および中国の承認ぶり調査の件)

문서파일번호 1880
작성연월일 1959. 11. 19
구분 제4차 회담
세부항목 한국 및 중국 승인 관련 주인도대사 보고
작성처 주인도대사
매수 2
비밀등급 비(秘)
문서종류 전문(電文)
공개구분 공개
내용 주인도대사의 한국 및 중국 승인에 관한 보고. 인도는 남북한 공히 승인하지 않고 있음. 중공은 1949년 12월 30일 승인함.
주제어 한국 및 중국 승인

문서명	제3국에 의한 한국 및 중국 승인 조사 건(第三国による朝鮮および中国の承認ぶり調査の件)

문서파일번호 1880
작성연월일 1959. 11. 18
구분 제4차 회담
세부항목 한국 및 중국 승인 관련 주파키스탄대사 보고
작성처 주파키스탄대사
매수 1
비밀등급 비(秘)
문서종류 전문(電文)
공개구분 공개
내용 주파키스탄대사의 한국 및 중국 승인에 관한 보고. 파키스탄은 남북한 공히 승인하지 않고 있음. 중공은 1950년 1월 5일 프레스 코뮈니케를 통해 승인 발표함.
주제어 한국 및 중국 승인

문서명	제3국에 의한 한국 및 중국 승인 조사 건(第三国による朝鮮および中国の承認ぶり調査の件)

문서파일번호 1880
작성연월일 1959. 11. 20
구분 제4차 회담
세부항목 한국 및 중국 승인 관련 주버마대사 보고
작성처 주버마대사
매수 2
비밀등급 비(秘)
문서종류 전문(電文)
공개구분 공개
내용 주버마대사의 한국 및 중국 승인에 관한 보고. 버마(현 미얀마)는 남북한 공히 승인하지 않고 있음. 중공은 1949년 12월 16일 전보로 승인을 통보함.
주제어 한국 및 중국 승인

문서명	한국총영사관 개설 및 동국 문화우호사절단의 양곤 방문 건(韓国総領事館の開設及び同国文化友好使節団の来緬に関する件)

문서파일번호 1880
작성연월일 1962. 9. 24
구분 제4차 회담
세부항목 한국 및 중국 승인 관련 주버마대사 보고
작성처 주버마대사
매수 4
비밀등급 비(秘)
문서종류 공문
공개구분 공개
내용 주양곤한국총영사관 개설에 따라 1962년 9월 9일 박준하 총영사가 부임했다는 소식과 1962년 9월 19~22일까지 한국문화사절단이 버마(현 미얀마) 양곤을 방문했다는 사실을 보고
주제어 양곤한국총영사관 개설

문서명	제3국에 의한 한국 및 중국 승인 조사 건(第三国による朝鮮および中国の承認ぶり調査の件)

문서파일번호 1880
작성연월일 1959. 11. 17
구분 제4차 회담
세부항목 한국 및 중국 승인 관련 주멕시코대사 보고
작성처 주멕시코대사
매수 1
비밀등급 비(秘)
문서종류 전문(電文)
공개구분 공개
내용 주멕시코대사의 한국 및 중국 승인에 관한 보고. 멕시코는 남북한 공히 승인하지 않고 있음. 중공도 승인하지 않고 국부와의 외교관계를 유지하고 있음.
주제어 한국 및 중국 승인

문서명	제3국에 의한 한국 및 중국 승인 조사 건(第三国による朝鮮および中国の承認ぶり調査の件)

문서파일번호 1880
작성연월일 1959. 11. 19
구분 제4차 회담
세부항목 한국 및 중국 승인 관련 주인도네시아대사 보고
작성처 주인도네시아대사
매수 1
비밀등급 비(秘)
문서종류 전문(電文)
공개구분 공개
내용 주인도네시아대사의 한국 및 중국 승인에 관한 보고. 인도네시아는 한반도에 대해서는 통일을 기다려 승인한다는 것이 기본방침으로 남북한 모두 승인하지 않고 있음. 중공에 대해서는 타이완을 포함하는 전 중국의 정통정부로 승인함.
주제어 한국 및 중국 승인

문서명	제3국에 의한 한국 및 중국 승인 조사 건(第三国による朝鮮および中国の承認ぶり調査の件)

문서파일번호 1880
작성연월일 1959. 11. 18
구분 제4차 회담
세부항목 한국 및 중국 승인 관련 주아르헨티나대사 보고
작성처 주아르헨티나대사
매수 2
비밀등급 비(秘)
문서종류 전문(電文)
공개구분 공개
내용 주아르헨티나대사의 한국 및 중국 승인에 관한 보고. 아르헨티나는 남북한, 중공 모두 승인하지 않고 있음.
주제어 한국 및 중국 승인

문서명	제3국에 의한 한국 및 중국 승인 조사 건(第三国による朝鮮および中国の承認ぶり調査の件)

문서파일번호 1880
작성연월일 1959. 11. 23
구분 제4차 회담
세부항목 한국 및 중국 승인 관련 주스위스대사 보고
작성처 주스위스대사
매수 1
비밀등급 비(秘)
문서종류 전문(電文)
공개구분 공개
내용 주스위스대사의 한국 및 중국 승인에 관한 보고. 스위스는 중공을 정식 승인함. 남북한에 대한 것은 보고내용에 없음.
주제어 한국 및 중국 승인

문서명	제3국에 의한 한국 및 중국 승인 조사 건(第三国による朝鮮および中国の承認ぶり調査の件)

문서파일번호 1880
작성연월일 1959. 11. 19
구분 제4차 회담
세부항목 한국 및 중국 승인 관련 주스리랑카대사 보고
작성처 주스리랑카대사
매수 1
비밀등급 비(秘)
문서종류 전문(電文)
공개구분 공개
내용 주스리랑카대사의 한국 및 중국 승인에 관한 보고. 스리랑카는 남북한에 대해서는 어떠한 승인도 하지 않고 있음. 중공에 대해서는 1950년 1월 7일 영연방제국과의 협의 결과 중공을 무조건 승인하고 국부와 단교함.
주제어 한국 및 중국 승인

문서명	제3국에 의한 한국 및 중국 승인 조사 건(第三国による朝鮮および中国の承認ぶり調査の件)

문서파일번호 1880
작성연월일 1959. 12. 3
구분 제4차 회담
세부항목 한국 및 중국 승인 관련 주이란대사 보고
작성처 주이란대사
매수 1
비밀등급 비(秘)
문서종류 전문(電文)
공개구분 공개
내용 주이란대사의 한국 및 중국 승인에 관한 보고. 이란은 남북한, 중공 모두 승인하지 않고 있음.
주제어 한국 및 중국 승인

문서명	제3국에 의한 한국 및 중국 승인 조사 건(第三国による朝鮮および中国の承認ぶり調査の件)

문서파일번호 1880
작성연월일 1959. 12. 13
구분 제4차 회담
세부항목 한국 및 중국 승인 관련 주이집트대사 보고
작성처 주이집트대사
매수 1
비밀등급 비(秘)
문서종류 전문(電文)
공개구분 공개
내용 주아랍연합공화국(이집트)대사의 한국 및 중국 승인에 관한 보고. 중공에 대해서는 1956년 외교관계를 수립하는 내용을 전달하였으며 승인과 관련된 특별선언 등은 한 바 없음. 남북한은 공히 승인하지 않고 있음.
주제어 한국 및 중국 승인

문서명	제3국에 의한 한국 및 중국 승인 조사 건(第三国による朝鮮および中国の承認ぶり調査の件)

문서파일번호 1880
작성연월일 1959. 12. 7
구분 제4차 회담
세부항목 한국 및 중국 승인 관련 주이집트대사 보고
작성처 주이집트대사
매수 1
비밀등급 비(秘)
문서종류 전문(電文)
공개구분 공개
내용 주아랍연합공화국(이집트)대사의 한국 및 중국 승인에 관한 추가 보고. 겸임국에 대한 조사 결과를 추후 보고하겠음.
주제어 한국 및 중국 승인

문서명	제3국에 의한 한국 및 중국 승인 조사 건(第三国による朝鮮および中国の承認ぶり調査の件)

문서파일번호 1880
작성연월일 1959. 12. 15
구분 제4차 회담
세부항목 한국 및 중국 승인 관련 주유고슬라비아대사 보고
작성처 주유고슬라비아대사
매수 2
비밀등급 비(秘)
문서종류 전문(電文)
공개구분 공개
내용 주유고슬라비아대사의 한국 및 중국 승인에 관한 보고. 유고는 중공을 1955년 1월 10일 승인함. 한반도에 대해서는 통일 또는 남북한의 유엔가입이 이루어질 때까지 승인에 관한 법적 의미가 담긴 성명 발표를 하지 않고 있음.
주제어 한국 및 중국 승인

문서명	제3국에 의한 한국 및 중국 승인 조사 건(第三国による朝鮮および中国の承認ぶり調査の件)

문서파일번호 1880
작성연월일 1959. 12. 17
구분 제4차 회담
세부항목 한국 및 중국 승인 관련 주유고슬라비아대사 보고
작성처 주유고슬라비아대사
매수 3
비밀등급 비(秘)
문서종류 전문(電文)
공개구분 공개
내용 주유고슬라비아대사의 한국 및 중국 승인에 관한 추가 보고. 유고는 1955년 1월 10일 중공과의 신임장 교환을 통해 상호 승인하였음.
주제어 한국 및 중국 승인

문서명	제3국에 의한 한국 및 중국 승인 조사 건(第三国による朝鮮および中国の承認ぶり調査の件)

문서파일번호 1880
작성연월일 1959. 12. 17
구분 제4차 회담
세부항목 한국 및 중국 승인 관련 주유고슬라비아대사 보고
작성처 주유고슬라비아대사
매수 1
비밀등급 일반
문서종류 공문
공개구분 공개
내용 주유고슬라비아대사의 한국 및 중국 승인에 관한 유고와 중공 간 교환한 문서를 송부하는 공문 첨부. 문서는 첨부되어 있지 않음.
주제어 한국 및 중국 승인

문서명	제3국에 의한 한국 및 중국 승인 조사 건(第三国による朝鮮および中国の承認ぶり調査の件)

문서파일번호 1880
작성연월일 1959. 12. 4
구분 제4차 회담
세부항목 한국 및 중국 승인 관련 조사 독촉 지시
작성처 외무성 북동아시아과
매수 3
비밀등급 일반
문서종류 전문(電文)
공개구분 공개
내용 9개국 공관장에게 한국 및 중국의 승인 조사 건을 조속 보고하라고 독촉
주제어 한국 및 중국 승인

문서명	제3국에 의한 한국 및 중국 승인 조사 건(第三国による朝鮮および中国の承認ぶり調査の件)

문서파일번호 1880
작성연월일 1959. 12. 7
구분 제4차 회담
세부항목 한국 및 중국 승인 관련 주이탈리아대사 보고
작성처 주이탈리아대사
매수 1
비밀등급 일반
문서종류 전문(電文)
공개구분 공개
내용 주이탈리아대사의 한국 및 중국 승인에 관한 보고. 아직 주재국 외무성으로부터 관련자료를 받지 못해 독촉하였다는 내용을 보고
주제어 한국 및 중국 승인

문서명	한국, 국부 등 승인한 문서 입수 건(韓国、国府等承認した文書入手方の件)

문서파일번호 1880
작성연월일 1959. 12. 9
구분 제4차 회담
세부항목 한국 및 중국 승인 관련 주터키대사 보고
작성처 주터키대사
매수 2
비밀등급 일반
문서종류 공문
공개구분 공개
내용 주터키대사의 한국 및 중국 승인에 관한 보고 공문. 주재국 사정상 아직 확답을 받지 못하였다면서 터키 외무성 제2국 극동담당과장은 자신이 아는 한 중국에 대해서는 1930년대에 국부를 승인하였으며, 한국정부 승인과 관련해서는 승인 시 어떠한 조건도 없었던 것으로 알고 있으나 서류 발견 시 다시 알려 주겠다고 하였음을 보고
주제어 한국 및 중국 승인

문서명	이탈리아의 대한민국정부 승인 시의 문서 건(イタリアの大韓民国政府承認の際の文書に関する件)

문서파일번호	1880
작성연월일	1960. 4. 19
구분	제4차 회담
세부항목	한국 및 중국 승인 관련 주이탈리아대사 보고
작성처	주이탈리아대사
매수	2
비밀등급	일반
문서종류	공문
공개구분	공개
내용	주이탈리아대사의 한국 및 중국 승인에 관한 보고. 한국에 대해서는 1956년 11월 외교관계를 개시하였으나 정식문서는 존재하지 않음.
주제어	한국 및 중국 승인

문서명	쿠바공화국의 북한 승인 건(キューバ共和国の北鮮承認に関する件)

문서파일번호	1880
작성연월일	1961. 2. 3
구분	제5차 회담
세부항목	북한 승인 관련 주쿠바대사 보고
작성처	주쿠바대사
매수	2
비밀등급	일반
문서종류	공문
공개구분	공개
내용	본성의 지시에 따른 주쿠바대사의 북한 승인에 관한 추가 보고. 앞선 1961년 1월 5일 보고 공문에서는 외무성 담당관의 견해로 북한과의 외교관계 수립으로 1949년 7월 18일 이루어진 한국 승인은 당연 취소된다고 하였으나, 당 공문에서는 외무성 총무국장의 견해를 인용, 북한 외교관계 수립이 한국 승인에 영향을 미치지 않는다고 보고
주제어	북한 승인

문서명	쿠바공화국의 북한 승인 건(キューバ共和国の北鮮承認に関する件)

문서파일번호 1880
작성연월일 1961. 1. 5
구분 제5차 회담
세부항목 북한 승인 관련 주쿠바대사 보고
작성처 주쿠바대사
매수 2
비밀등급 극비
문서종류 공문
공개구분 공개
내용 주쿠바대사의 북한 승인에 관한 보고 공문. 쿠바는 1960년 12월 6일 북한과 외교관계 설정 및 외교대표 교환 등에 관한 협정의 비준서를 교환함. 주재국 외무성 담당관은 북한 외교관계 수립으로 한국 승인은 당연 취소된다는 견해임.
주제어 북한 승인

문서명	쿠바 공화국의 북한 승인 건(キューバ共和国の北鮮承認に関する件)

문서파일번호 1880
작성연월일 1960. 12. 22
구분 제5차 회담
세부항목 북한 승인 관련 주쿠바대사 추가조사 지시
작성처 외무성 북동아시아과
매수 4
비밀등급 일반
문서종류 공문
공개구분 공개
내용 외무성이 주쿠바대사관에 보낸 공문. 쿠바·북한 간 외교관계 수립 관련, 협정문서에 관할권 명기 여부, 북한 외교관계 수립이 한국 승인에 영향을 미치는지에 관한 여부를 조사 보고하라고 지시. 1960년 12월 22일 공문이 기안되었으나 주쿠바대사관에 발송된 일자는 1961년 1월 6일로 되어 있음.
주제어 북한 승인

한일교섭 일본정부 입장에 대한 법률적 문제 검토(日韓交渉における日本政府の立場に関する法律上の問題点)

문서파일번호	1410
작성연월일	1960. 12. 1 - 1960. 12. 6
구분	제5차 회담
세부항목	
작성처	외무성 조약국 법규과
매수	35
비밀등급	
문서종류	내부문서
공개구분	공개
내용	한일교섭 관련 일본정부 입장에 관한 법률적 검토의견이 담긴 문서
주제어	한일교섭 일본정부 입장

문서명	한일교섭 일본정부의 입장에 관한 법률상의 문제점(논의용 자료)[日韓交渉における日本政府の立場に関する法律上の問題点(討議用資料)]

문서파일번호 1410
작성연월일 1960. 12. 1
구분 제5차 회담
세부항목 한일교섭 일본정부 입장에 대한 법률적 문제 검토, 한국의 관할권
작성처 외무성 조약국 법규과
매수 22
비밀등급 극비
문서종류 내부문서
공개구분 공개
내용 외무성이 한반도에서의 대한민국의 대표성에 대해 그 입장을 정리한 문서. 이 문서에서는 북한이란 사실상의 당국(authority)을 무시하지 않고 한국의 실효적 지배가 남한에만 한정된다는 입장을 취할 것을 주장하고 있음. 또 기본관계에 관해 유엔 결의 제195호를 조약 전문에 명시하는 구상이 구체화되어 있음. 그와 관련해서 청구권에 관해 대일평화조약 4조(a)에서 한국이 처리할 수 있는 영역은 남한만이나 실제 시정권하에 있지 않는 영역의 처리는 장래 이들 지역이 한국의 시정권에 들어갔을 때의 특별처리로 한다는 구상이 기술되어 있음.
주제어 한국의 관할권

문서명	한일교섭 일본정부의 입장에 관한 법률상의 문제점(日韓交渉における日本政府の立場に関する法律上の問題点)

문서파일번호 1410
작성연월일 1960. 12. 6
구분 제5차 회담
세부항목 일본정부 입장에 대한 법률적 문제 검토, 한국의 대표성 문제
작성처 외무성 조약국 법규과
매수 13
비밀등급 극비
문서종류 내부문서
공개구분 공개

내용 외무성이 한반도에서 대한민국의 대표성에 대한 입장을 검토한 문서. 유엔총회 결의 제195호가 기본관계 문제에 관련되는 표기로서 '합법정부(lawful government)'를 상용하고 있으나 '정통정부'라는 개념을 쓰지 않고 있는 점에 주목하여 향후 한국에 대해서는 '합법정부' 또는 '1948년 유엔 결의에서 인정되는 정통정부'로 할 필요가 있음.

주제어 한국의 대표성 문제

한일교섭의 일본정부의 입장에 관한 법률상의 문제점(논의용 자료)[日韓交渉における日本政府の立場に関する法律上の問題点(討議用資料)]

문서파일번호	1841
작성연월일	1960. 12. 1 - 1965. 1. 25
구분	제4~7차 회담
세부항목	한국의 법적지위, 관할권
작성처	
매수	49
비밀등급	
문서종류	내부문서, 내부자료
공개구분	공개
내용	한국의 법적지위 및 관련 현안에 관한 조약국 검토의견서 모음
주제어	한국의 법적지위, 관할권, 청구권, 재일한국인 법적지위

문서명	한일교섭에서 일본정부의 입장에 관한 법률상의 문제점(논의용 자료) [日韓交渉における日本政府の立場に関する法律上の問題点(討議用資料)]

문서파일번호 1841

작성연월일 1960. 12. 1

구분 제5차 회담

세부항목 한국의 법적지위

작성처 외무성 조약국 법규과

매수 23

비밀등급 극비

문서종류 내부문서

공개구분 공개

내용 한국의 지위, 즉 남북한 관계에 관한 검토의견을 기초로 기본관계, 청구권 문제, 재일한국인 법적지위 문제에서의 문제점 및 그에 대한 입장을 정리한 문서. 기본관계 문제 중 한국의 대표성 문제에 관해 조약에 1948년 12월의 유엔 결의 195(Ⅲ)을 삽입함으로써 일본정부는 한국이 유일한 합법정부이지만, 그 실효적인 지배는 남측에 한정된다는 입장을 취할 것, 대일평화조약 제2조(a)에 따라 한반도 독립 승인은 신 국가에 대한 승인을 준다는 해석을 취할 것, 대한민국과 대한제국 사이에는 아무런 법적 계속성이 없으므로 병합조약 무효 규정은 무의미하며, 병합조약의 효력을 가지지 않는다는 규정을 두는 것 자체도 한국의 계속성 주장을 지지하는 것이 되므로 위험하다는 내용이 기술됨. 한편 청구권 문제에 대해 대일평화조약 제4조(a)는 제21조 규정과 관련해서 정통정부로 인정하지 않는 북한과의 특별 처리를 의무화하고 있는 것이 아니라는 입장을 밝힘.

주제어 한국의 법적지위, 기본관계, 청구권, 재일한국인 법적지위

문서명	한국의 지위에 관한 보충 설명(韓国地位に関する補足説明)

문서파일번호	1841
작성연월일	1962. 3. 10
구분	제6차 회담
세부항목	한국의 법적지위
작성처	외무성 조약국 법규과
매수	2
비밀등급	비(秘)
문서종류	내부문서
공개구분	공개
내용	한국의 지위에 관한 보충설명이 기술된 문서. 유엔 결의 195(Ⅲ)에 따라 한국이 유일한 합법정부이지만, 행정권은 남한에 한정되어 있다는 내용이 담김. 문서 위쪽에 수기로 결국 '사용하지 않음'이라는 표시가 있음.
주제어	한국의 법적지위

문서명	1948년 유엔총회 결의 표결 내역(1948年國聯總會決議票決內譯)

문서파일번호	1841
작성연월일	1948. 12. 12
구분	한일회담 시작 전
세부항목	한국의 법적지위
작성처	외무성
매수	1
비밀등급	일반
문서종류	내부자료
공개구분	공개
내용	1948년 12월 12일 채택된 한국독립 문제에 관한 유엔총회 결의 제195호 표결 내역
주제어	한국독립에 관한 유엔 결의문

문서명	1948년 12월 12일 제3차 유엔총회에서 채택된 결의 195(III)-한국 독립 문제 (Resolution 195(III) adopted by the General Assembly at its Third Session on 12 December 1948- The problem of the independence of Korea)

문서파일번호	1841
작성연월일	1948. 12. 12
구분	한일회담 시작 전
세부항목	한국의 법적지위
작성처	외무성
매수	3
비밀등급	일반
문서종류	내부자료
공개구분	공개
내용	1948년 12월 12일 제3차 유엔총회에서 채택된 한국 독립 문제에 관한 유엔총회 결의 제195호(III) 내용(영문)
주제어	한국독립에 관한 유엔 결의문

문서명	1948년 12월 12일 제3총회 결의 195(III) 한국의 독립 문제[一九四八年十二月十二日第三總會決議195(III) 朝鮮の獨立問題]

문서파일번호	1841
작성연월일	1948. 12. 12
구분	한일회담 시작 전
세부항목	한국의 법적지위
작성처	외무성
매수	5
비밀등급	일반
문서종류	내부자료
공개구분	공개
내용	1948년 12월 12일 채택된 한국 독립 문제에 관한 제3차 유엔총회 결의 제195호(III) 내용(일문 번역본, 아래로 내려 쓴 글)
주제어	한국독립에 관한 유엔 결의문

문서명	1948년 12월 12일 제3총회 결의 195(III) 한국의 독립 문제[一九四八年十二月十二日第三總會決議195(III) 朝鮮の獨立問題]

문서파일번호	1841
작성연월일	1948. 12. 12
구분	한일회담 시작 전
세부항목	한국의 법적지위
작성처	외무성
매수	5
비밀등급	일반
문서종류	내부자료
공개구분	공개
내용	1948년 12월 12일 채택된 한국 독립 문제에 관한 제3차 유엔총회 결의 제195호(III) 내용(일문 번역본, 옆으로 쓴 글)
주제어	한국독립에 관한 유엔 결의문

문서명	대한민국의 법률상 지위 등에 관련된 약간의 문제점(大韓民国の法律上地位等に関連する若干の問題点)

문서파일번호	1841
작성연월일	1965. 1. 22
구분	제7차 회담
세부항목	한국의 법적지위
작성처	외무성
매수	5
비밀등급	비(秘)
문서종류	내부문서
공개구분	공개
내용	한국의 법률적 지위에 관한 문제를 검토한 내용이 담긴 문서. 한국의 지위와 관련된 사실관계, 국가 또는 정부 승인 문제, 한국의 영역, 남북통일 문제 등에 관한 검토 내용이 기술됨.
주제어	한국의 법적지위

문서명	대한민국의 법률상 지위 등에 관련된 약간의 문제점(大韓民国の法律上地位等に関連する若干の問題点)

문서파일번호	1841
작성연월일	1965. 1. 25
구분	제7차 회담
세부항목	한국의 법적지위
작성처	외무성
매수	5
비밀등급	비(秘)
문서종류	내부문서
공개구분	공개
내용	한국의 법률적 지위에 관한 문제를 검토한 내용이 담긴 문서. 1965년 1월 22일 자 문서와 내용이 거의 동일함.
주제어	한국의 법적지위

제2부

한국 관련 문건 (1960~1961)

한일교섭에 관한 한국 동정(1960년)
[日韓交渉に関する韓国動静(昭和35年)]

문서파일번호	286
작성연월일	1960. 3. 3 - 1960. 10. 26
구분	제4차 회담
세부항목	어업 관련 동향
작성처	외무성 북동아시아과
매수	10
비밀등급	
문서종류	내부문서
공개구분	일부비공개
내용	어업교섭 등과 관련, 주일한국대표부, 한국대표단 통화를 통해 파악한 내용을 기록한 문서
주제어	어업 관련 한국대표단 동향

문서명	한국대표부 동정 건(韓国代表部動静の件)

문서파일번호 286
작성연월일 1960. 3. 3
구분 제4차 회담
세부항목 어업 관련 동향
작성처 외무성 북동아시아과
매수 4
비밀등급 비(秘)
문서종류 내부문서
공개구분 일부비공개
내용 지철근 어업위 한국 위원이 조사목적으로 쓰시마(對馬島) 방문, 유진오 대표는 이세키 유지로 국장 등 일본과 접촉을 통해 일본의 입장을 잘 이해하게 되었다고 언급, 한국은 억류자 상호 석방에 대한 준비가 되어 있으며, 3월 15일 대통령선거 후에 실시하게 될 것이라고 언급함.
주제어 지철근 동정, 어업

문서명	한국 동정 건(韓国代表部動静の件)

문서파일번호 286
작성연월일 1960. 3. 9
구분 제4차 회담
세부항목 어업 관련 동향
작성처 외무성 북동아시아과
매수 3
비밀등급 극비
문서종류 내부문서
공개구분 공개
내용 민단 간부가 어업 관련 한국 동정에 관해 외무성에 전달한 이야기를 정리한 문서. 일본인어부 석방은 평화선 내에서 일본의 어업 자제가 전제임.
주제어 일본인어부 석방, 어업

문서명	지철근 어업위 대표의 동정에 대하여(池鉄根漁業委代表の動静について)

문서파일번호	286
작성연월일	1960. 10. 26
구분	제4차 회담
세부항목	어업 관련 동향
작성처	외무성 북동아시아과
매수	3
비밀등급	극비
문서종류	내부문서
공개구분	공개
내용	지철근 위원의 동정에 관한 한국 상사원의 언급 내용. 지 위원은 이승만 정권하에서 수산관계 공장, 선박 등을 타인명의로 소유한 문제 등 때문에 이 정권 붕괴 후 해무청 수산국장을 사임함.
주제어	지철근 동정, 어업

한국정변
(韓国政変)

문서파일번호	1878
작성연월일	1960. 5. 10 - 1962. 2. 9
구분	제4~5차 회담 사이, 제6차 회담
세부항목	한국정세
작성처	
매수	8
비밀등급	
문서종류	공문
공개구분	공개 또는 일부비공개
내용	한국정세에 관한 주홍콩총영사 및 주영국대사의 보고문서
주제어	한국정세

문서명	한국정변의 속사정에 관한 현지 영국통이 입수한 정보 등 보고 건(홍콩)(韓国政変の内情に関する現地英国筋の入手した情報など報告の件)

문서파일번호 1878
작성연월일 1960. 5. 10
구분 제4~5차 회담 사이
세부항목 한국정세 관련 주홍콩총영사 보고
작성처 주홍콩총영사
매수 6
비밀등급 극비
문서종류 공문
공개구분 일부비공개
내용 1960년 5월 4일 홍콩정청 맥르호즈(McLehose) 정치고문이 주홍콩 일본총영사관 직원에게 한국정세에 관해 언급한 내용을 보고. 한국 4·19 데모 배경에 주한미국대사의 암약이 있었음.
주제어 한국정세

문서명	주영 오노 대사가 고사카 대신에게 보낸 2월 9일 자 공신(在英大野大使発小坂大臣宛2月9日付公信)

문서파일번호 1878
작성연월일 1962. 2. 9
구분 제6차 회담
세부항목 한국정세 관련 주영국대사 보고
작성처 주영국대사
매수 2
비밀등급 극비
문서종류 공문
공개구분 공개
내용 1962년 2월 8일 영국 외무성 한국담당과장이 주영일본대사관 직원에게 한국정세에 관해 언급한 내용을 보고. 박정희 정권이 경제재건에 성공했다고는 할 수 없지만, 어느 정도 실적을 올림으로써 일단 안정되고 있으며 금년에 박 정권이 무너질 가능성은 없음.
주제어 한국정세

한국정변 후 한국정부가 채택한 대일 우호 완화 조치 건(이세키 국장 지시사항)[韓国政変以来韓国政府が採った対日友好緩和措置に関する件(伊関局長指示事項)]

문서파일번호	1406
문서명	한국정변 후 한국정부가 채택한 대일 우호 완화조치 건(이세키 국장 지시 사항)[韓国政変以来韓国政府が採った対日友好緩和措置に関する件(伊関局長指示事項)]
작성연월일	1960. 6. 13
구분	제4~5차 회담 사이
세부항목	한국 신정부의 대일 우호 조치
작성처	외무성 북동아시아과
매수	12
비밀등급	극비
문서종류	내부문서
공개구분	일부비공개
내용	이승만 정권 붕괴 후 수립된 한국의 신정부가 취한 대일정책을 정리한 문서. 한국의 정치적 우호 조치인 형기만료 어부 석방 송환, '이 라인' 주변 어선 불 나포 지시, 일본인 기자 한국 입국 허가, 상사원 입국 허가, 경제적 조치로 화력발전소 입찰자격 부여, ICA자금에 의한 물자구매 관련 대일 차별대우 철폐, 대일 수출입 제한 철폐 등에 관해 설명한 뒤, 신정부 수립 후 양국 간 무역실적 등 통계 수치를 제시함.
주제어	어부 석방, 일본기자 및 상사원 입국, 어선 나포 완화

마에다 북동아시아과장 한국 출장 보고
(前田長韓国出張報告)

문서파일번호	290
문서명	마에다 북동아시아과장 한국 출장 보고(前田長韓国出張報告)
작성연월일	1961. 8. 17
구분	제6차 회담
세부항목	마에다 북동아과장 한국 출장보고서
작성처	외무성 북동아시아과
매수	19
비밀등급	극비
문서종류	내부문서
공개구분	공개
내용	1961년 5월 16일 한국의 군사정변 이후 한국정세 파악차 8월 7~16일까지 방한한 마에다 도시카즈 북동아과장의 한국 출장보고서. 한국정세를 전반적으로 안정적이라고 평가함.
주제어	한국 출장보고서

최근 한일관계
(最近の日韓関係)

문서파일번호	368
문서명	최근의 한일관계(最近の日韓関係)
작성연월일	1961. 12. 12
구분	제6차 회담
세부항목	우야마·최영택 회담
작성처	외무성 우야마 심의관
매수	7
비밀등급	극비
문서종류	회의록
공개구분	공개
내용	최영택 주일대표부 참사관이 우야마 아쓰시(宇山厚) 심의관을 방문하여 이루어진 면담 기록. 최 참사관은 12월 21일 회의 종료, 명년 1월 16일 재개로 합의된 위원회별 회의 일정을 점검하고, 청구권위원회의 경우 제6항목까지의 심의를 마칠 수 있도록 12월 25일 시작 주에도 회의를 할 수 있기를 희망한다는 뜻을 전함. 이에 일본은 검토해 보겠다고 함. 박정희·이케다 회담(1961년 11월 12일) 후 회담 내용과 관련한 양국의 해석 차이 관련, 일본은 이로 인해 회담에 지장이 없도록 노력 중이라고 언급함. 이외에 한국 정치, 경제정세에 관해 논의함.
주제어	회담 일정, 박정희·이케다 정상회담, 한국정세

유태하 건에 관한 일지
(柳泰夏一件に関するクロノロジー)

문서파일번호	1412
작성연월일	1961. 1. 12 - 1961. 1. 27
구분	제5차 회담
세부항목	유태하 일본 체류 문제
작성처	외무성, 법무성 입국관리국
매수	8
비밀등급	
문서종류	내부문서
공개구분	공개
내용	장면 정권 수립 후 주일대사직에서 물러난 유태하 전 대사의 일본 체류자격 변경 등에 관한 일지 및 체류에 관한 설명이 기술된 문서
주제어	유태하 일본 체류 문제

문서명	유태하 1건에 관한 일지(柳泰夏一件に関するクロノロジー)

문서파일번호 1412
작성연월일 1961. 1. 12
구분 제5차 회담
세부항목 유태하 일본 체류 문제
작성처 외무성 북동아시아과
매수 3
비밀등급 극비
문서종류 내부문서
공개구분 공개
내용 1961년 4월 29일 주일대사직에서 사임한 후 여권 효력 상실, 미국 입국 비자 신청 거부 등에 관한 일지가 정리된 문서. 유태하의 영문 이력서가 첨부됨.
주제어 유태하 일본 체류 문제

문서명	유태하의 재류 문제에 관한 설명(柳泰夏の在留問題に関する説明)

문서파일번호 1412
작성연월일 1961. 1. 27
구분 제5차 회담
세부항목 유태하 일본 체류 문제
작성처 법무성 입국관리국 기획과
매수 5
비밀등급 극비
문서종류 내부문서
공개구분 공개
내용 유태하 전 주일대사의 대사직 사임 후 일본 체류 문제와 관련하여 입국관리국이 작성한 설명자료. 동인은 대사직 사임 후 체류기한인 1961년 1월 25일까지 출국하지 않고 체류기간의 갱신허가도 받지 못해 불법체류 신분이 되었으며, 출입국 관리령의 강제퇴거 절차가 개시된 상황임.
주제어 유태하 일본 체류 문제

2국 간 조약과 승인 관련
(二国間条約と承認との関連)

문서파일번호	1842
작성연월일	1961. 1. 25 - 1961. 2. 14
구분	제5차 회담
세부항목	2국 간 조약 체결과 승인의 문제
작성처	외무성 조약국 법규과
매수	32
비밀등급	
문서종류	내부문서, 내부자료
공개구분	공개
내용	미승인 정권과의 양국 간 조약 체결이 묵시적 국가 승인 또는 정부 승인의 한 방식이 된다는 원칙에 관해 검토한 내용과 선례 등을 담은 문서
주제어	국가 승인

문서명	2국 간 조약과 승인 관련(미정고)[2国間条約と承認との関連(未定稿)]

문서파일번호	1842
작성연월일	1961. 1. 25
구분	제5차 회담
세부항목	2국 간 조약 체결과 승인의 문제
작성처	외무성 조약국 법규과
매수	8
비밀등급	극비
문서종류	내부문서
공개구분	공개
내용	미승인 정권과의 양국 간 조약 체결이 묵시적 국가 승인 또는 정부 승인의 한 방식이 된다는 원칙에 관해 검토한 내용을 기술한 문서
주제어	양자 조약 체결과 국가 승인

문서명	제목 없음

문서파일번호	1842
작성연월일	1961. 1. 25
구분	제5차 회담
세부항목	2국 간 조약 체결과 승인의 문제
작성처	외무성 조약국 법규과
매수	5
비밀등급	일반
문서종류	내부자료
공개구분	공개
내용	'2국 간 조약과 승인 관련' 문서의 부속문서 1. 2국 간 조약 체결이 승인의 하나로 간주된다는 국제법학자들의 견해 모음
주제어	양자 조약 체결과 국가 승인

문서명	선례(先例)

문서파일번호	1842
작성연월일	1961. 1. 25
구분	제5차 회담
세부항목	2국 간 조약 체결과 승인의 문제
작성처	외무성 조약국 법규과
매수	16
비밀등급	일반
문서종류	내부자료
공개구분	공개
내용	'2국 간 조약과 승인 관련' 문서의 부속문서 2. 조약 체결을 승인으로 간주한 선례 모음
주제어	양자 조약체결과 국가승인

문서명	대한민국 승인 시기에 관하여(大韓民国承認の時期について)

문서파일번호	1842
작성연월일	1961. 2. 14
구분	제5차 회담
세부항목	2국 간 조약 체결과 승인의 문제
작성처	외무성 조약국 법규과
매수	3
비밀등급	비(秘)
문서종류	내부문서
공개구분	공개
내용	일본의 대한민국 승인 시기에 관해 정리한 내용이 담긴 문서. 1952년 4월 28일 샌프란시스코 대일평화조약 발효와 함께 한국에 대한 일본의 신 국가 승인 효과가 발생한 것으로 보고 있음.
주제어	일본의 한국 승인 시기

한일회담 건
(日韓会談に関する件)

문서파일번호	1413
문서명	한일회담 건(日韓会談に関する件)
작성연월일	1961. 4. 8
구분	제5차 회담
세부항목	한일회담 경과 및 향후 진행 계획
작성처	외무성 북동아시아과
매수	11
비밀등급	극비
문서종류	내부문서
공개구분	공개
내용	제5차 한일회담의 경과 및 금후 대처방침에 관해 정리한 내용이 담긴 문서. 1961년 4~5월까지 예비회담을 계속 진행하고, 6월부터 3개월간 하기 휴회 후 9~10월경 본회의를 개최, 고도의 정치적 관점에서 교섭을 단기간 진행하여 국교정상화를 이끌어 내는 방식이 가장 현실적임.
주제어	한일회담 경과 및 향후 진행 계획

최근 한국정세와 한일관계
(最近の韓国情勢と日韓関係)

문서파일번호	1414
문서명	최근의 한국정세와 한일관계(最近の韓国情勢と日韓関係)
작성연월일	1961. 4. 11
구분	제5차 회담
세부항목	한국정세 및 한일회담 대처방침
작성처	외무성 아시아국
매수	14
비밀등급	극비
문서종류	내부문서
공개구분	공개
내용	최근 한국정세, 한일회담 경위, 금후의 대처방침 등을 정리한 문서. 한국정세는 4월 위기설 등이 있으며 경제침체로 5~6월에도 안정되지 않을 것으로 전망함. 한일회담은 어려운 상황에 직면해 있는 장면내각이 회담 타결을 위한 최종 결정을 내리는 것은 무리이며, 한국 정치상황이 일단 안정되는 것을 보면서 9~10월경 본회담을 개최하는 방향으로 대처하는 것이 좋겠음.
주제어	한국정세 및 한일회담 대처방침

한국 혁명에 관한 약간의 법률적 문제점
(韓国の革命に関する若干の法律的問題点)

문서파일번호	1843
문서명	한국 혁명에 관한 약간의 법률적 문제점(韓国の革命に関する若干の法律的問題点)
작성연월일	1961. 5. 20
구분	제6차 회담 예비회담
세부항목	한국의 신정권 승인 문제
작성처	외무성 조약국 법규과
매수	10
비밀등급	극비
문서종류	내부문서
공개구분	공개
내용	1961년 5·16군사정변으로 수립된 한국의 신정권에 대한 승인 문제를 검토한 의견서
주제어	한국의 신정권 승인 문제

한일예비회담 재개의 경우 생길 수 있는 법률적 문제에 대해서(日韓予備会談再開の場合に生ずべき法律的問題について)

문서파일번호	1415
문서명	한일예비회담 재개의 경우 생길 수 있는 법률적 문제에 대해서(日韓予備会談再開の場合に生ずべき法律的問題について)
작성연월일	1961. 5. 31
구분	제6차 회담 예비회담
세부항목	한국 군사정변에 따른 한일회담 재개의 법률적 문제
작성처	외무성 조약국
매수	5
비밀등급	극비
문서종류	내부문서
공개구분	공개
내용	1961년 5월 16일 한국의 군사정변 때문에 한일회담을 재개해도 좋을지를 법률적으로 검토한 문서. 회담 재개 시 군사정권을 승인하는 효과와 관련해서는 문제 없을 것으로 판단, 현 군사정권과 예비회담을 개최하여 본회담을 준비하고 협정이 체결될 경우에도 후일 민간정부로 모든 것이 계승될 것이므로 특별히 문제가 없음.
주제어	한국 군사정권과의 한일회담 재개 문제

대한 긴급 경제원조 건
(対韓緊急経済援助に関する件)

문서파일번호	1354
작성연월일	1961. 6. 6 - 1961. 8. 15
구분	제6차 회담 예비회담
세부항목	대한국 긴급 경제원조
작성처	외무성
매수	9
비밀등급	
문서종류	내부문서
공개구분	공개
내용	한국에 대한 긴급 경제원조를 검토한 문서
주제어	대한국 긴급 경제원조

문서명	대한 긴급 경제원조 건(対韓緊急経済援助に関する件)

문서파일번호 1354
작성연월일 1961. 6. 6
구분 제6차 회담 예비회담
세부항목 대한국 긴급 경제원조
작성처 외무성 경제협력부
매수 3
비밀등급 극비
문서종류 내부문서
공개구분 공개
내용 한국에 대한 긴급 경제원조 검토 문서
주제어 대한국 긴급원조

문서명	대한 긴급 경제원조 건(対韓緊急経済援助に関する件)

문서파일번호 1354
작성연월일 1961. 8. 15
구분 제6차 회담 예비회담
세부항목 대한국 긴급 경제원조
작성처 외무성 북동아시아과
매수 6
비밀등급 극비
문서종류 공문
공개구분 공개
내용 한국에 대한 긴급 경제원조 문제에 관해 미, 영, 독, 이태리, 프랑스 주재 공관장에게 연락
주제어 대한국 긴급원조

한국 군사정변 원인
(韓国における軍事革命の原因)

문서파일번호	1416
작성연월일	1961. 6. 14
구분	제6차 회담 예비회담
세부항목	한국 군사정변에 관한 한국 홍보자료
작성처	외무성, 주일한국대표부
매수	22
비밀등급	
문서종류	내부문서, 내부자료
공개구분	공개
내용	1961년 6월 14일 주일한국대표부 박창준 참사관에게 전달받은 한국의 군사정변 원인에 관한 홍보자료 요지 일문 번역본 및 영문 원문
주제어	한국 군사정변

문서명	한국 군사정변 원인(요지)[韓国における軍事革命の原因(要旨)]

문서파일번호 1416
작성연월일 1961. 6. 14
구분 제6차 회담 예비회담
세부항목 한국 군사정변에 관한 한국 홍보자료
작성처 외무성 북동아시아과
매수 10
비밀등급 일반
문서종류 내부문서
공개구분 공개
내용 주일한국대표부 박창준 참사관에게 전달받은 한국의 군사정변 원인에 관한 홍보자료 요지 일문 번역본
주제어 한국 군사정변

문서명	한국 군사정변 원인(THE CAUSES OF THE MILITARY REVOLUTION IN KOREA)

문서파일번호 1416
작성연월일 1961. 6. 14
구분 제6차 회담 예비회담
세부항목 한국 군사정변에 관한 한국 홍보자료
작성처 주일한국대표부
매수 12
비밀등급 일반
문서종류 내부자료
공개구분 공개
내용 주일한국대표부 박창준 참사관에게 전달받은 한국의 군사정변 원인에 관한 홍보자료 영문본
주제어 한국 군사정변

이세키 국장·박 한국대표부 대표대리의 한국 정세에 관한 회담 요지(伊関局長、朴韓国代表部代表代理との韓国情勢に関する会談要旨)

문서파일번호	355
작성연월일	1961. 6. 24 - 1961. 7. 21
구분	제6차 회담 예비회담
세부항목	이세키·박창준 회담
작성처	외무성 북동아시아과
매수	14
비밀등급	일반
문서종류	회의록, 비공식문서(non - paper)
공개구분	공개
내용	1961년 6월 24일과 7월 21일에 개최된 이세키 유지로(伊関佑二郎) 아시아국장과 박창준 주일한국대표부 대표대리 회담 기록
주제어	한국정세, 주일한국대표부 신임대표 임명

문서명	한국정세 건(韓国情勢に関する件)

문서파일번호 355
작성연월일 1961. 6. 24
구분 제6차 회담 예비회담
세부항목 이세키 · 박창준 회담
작성처 외무성 북동아시아과
매수 7
비밀등급 극비
문서종류 회의록
공개구분 공개
내용 이세키 유지로 아시아국장과 박창준 주일한국대표부 대표대리(참사관) 회담 기록. 이세키 국장은 쿠데타 발생으로 지체되고 있는 일본어부들의 조기 석방을 요구함. 박 참사관은 쿠데타 이후 한국정세에 관해 설명하고, 군사정권의 시책에 대해 일반 국민들이 긍정적이라고 언급함.
주제어 한국정세

문서명	이세키 국장·박창준 한국대표부 대표대리 회담 요지(伊関局長, 朴昌俊韓国代表部代表代理会談要旨)

문서파일번호 355
작성연월일 1961. 7. 21
구분 제6차 회담 예비회담
세부항목 이세키 · 박창준 회담
작성처 외무성 북동아시아과
매수 2
비밀등급 극비
문서종류 회의록
공개구분 공개
내용 이세키 유지로 아시아국장과 박창준 주일한국대표부 대표대리(참사관) 회담 기록. 박 참사관은 이동환 공사의 대표부 대표 임명 및 7월말 부임에 관해 통보함. 마에다 도시카즈 과장의 방한 출장 건, 주한일본대표부 설치 문제 등에 관해 협의함.
주제어 신임 주일한국대표, 주한일본대표부 설치 문제

문서명	제목 없음

문서파일번호	355
작성연월일	1961. 6. 24
구분	제6차 회담 예비회담
세부항목	이세키 · 박창준 회담
작성처	외무성 북동아시아과
매수	5
비밀등급	극비
문서종류	비공식문서(non-paper)
공개구분	공개
내용	주한일본대표부 설치와 관련한 협의 경위 및 조기 설치를 희망하는 내용의 일본 비공식문서(non-paper)
주제어	주한일본대표부 설치문제

한일회담 진척상황
(日韓会談の進捗状況)

문서파일번호	1419
작성연월일	1961. 12. 1 - 1961. 12. 21
구분	제6차 회담
세부항목	한일회담 진척상황
작성처	외무성
비밀등급	
매수	13
문서종류	내부문서
공개구분	공개
내용	우라베 도시오 아시아국장대리가 해외출장 중인 이케다 하야토 총리, 고사카 젠타로 외상, 이세키 유지로 국장의 귀국에 맞추어 작성한 한일회담 진척상황에 관한 보고서 및 스기 미치스케 대표의 한국기자단 상대 서면 회견 자료
주제어	한일회담 진척상황

문서명	한일회담의 진척상황(이케다 총리, 고사카 외상, 이세키 국장의 귀국에 맞추어 우라베 국장대리가 작성한 것)[日韓会談の進捗状況(池田総理、小坂外相、伊関局長らの帰国に当たり、卜部局長代理が作成されたもの)]

문서파일번호 1419
작성연월일 1961. 12. 1
구분 제6차 회담
세부항목 한일회담 진척상황
작성처 외무성 우라베 국장대리
매수 5
비밀등급 극비
문서종류 내부문서
공개구분 공개
내용 우라베 도시오 아시아국장대리가 해외출장 중인 이케다 하야토 총리, 고사카 젠타로 외상, 이세키 유지로 국장의 귀국에 맞추어 작성한 한일회담 진척상황에 관한 보고서
주제어 청구권, 어업, 재일한국인 법적지위, 김종필 방일

문서명	제목 없음

문서파일번호 1419
작성연월일 1961. 12. 21
구분 제6차 회담
세부항목 한일회담 진척상황, 스기 대표의 한국기자 서면 질의 답변
작성처 외무성 북동아시아과
매수 8
비밀등급 일반
문서종류 내부문서
공개구분 공개
내용 스기 미치스케 일본 수석대표가 이케다 하야토 총리를 대신하여 한국기자들의 한일회담 관련 질문사항에 대해 회답을 주기로 하였음. 이케다 총리용으로 작성한 질문사항에 대한 회답 자료가 첨부되어 있음. 회답 문서에는 국교정상화 전망, 청구권 문제, 경제협력 문제, (이케다 총리의) 방한 문제, 한국 국민에 전하고 싶은 말 등에 관한 답변이 기술되어 있음.
주제어 스기 대표 한국기자 서면 질의 답변

우라베 참사관 한국 시찰 보고
(卜部参事官韓国視察報告)

문서파일번호	291
작성연월일	1961. 10. 9 - 1961. 10. 13
구분	제6차 회담
세부항목	우라베 참사관 한국 출장보고서
작성처	외무성 북동아시아과
매수	18
비밀등급	
문서종류	내부문서
공개구분	공개
내용	1961년 10월 9~13일까지 한국의 경제사정 파악을 위해 방한한 아시아국 우라베 참사관을 단장으로 하는 시찰단의 출장 결과보고서
주제어	한국경제 동향

문서명	우라베 참사관 한국 시찰 보고(卜部参事官韓国視察報告)

문서파일번호 291
작성연월일 1961. 10. 13
구분 제6차 회담
세부항목 우라베 참사관 한국 출장보고서
작성처 외무성 북동아시아과
매수 12
비밀등급 극비
문서종류 내부문서
공개구분 공개
내용 우라베 도시오 참사관의 한국 출장 공식 보고서. 한국의 경제사정, 혁명정권의 안정도, 혁명정권에 대한 국민의 지지 여부, 경제 재건에 대한 국민 의욕 등을 관찰, 보고함. 한국 경제는 실질성장률이 마이너스를 기록하는 등 매우 열악함. 박정희, 김종필(정보부장, 혁명기획자), 박임환(제1군단사령관) 3인의 결속이 단단해 보이며, 이들이 분열되지 않는 한 혁명정권의 기초는 안정적일 것임. 박정희는 머리가 좋고 양심적이며 결단이 빠르고 행정능력도 있는 것으로 평가함.
주제어 한국 경제동향

문서명	우라베 참사관 한국 출장보고 개요(卜部参事官韓国出張報告概要)

문서파일번호 291
작성연월일 1961. 10. 9
구분 제6차 회담
세부항목 우라베 참사관 한국 출장보고서
작성처 외무성 북동아시아과
매수 6
비밀등급 극비
문서종류 내부문서
공개구분 공개
내용 공식 출장보고서와 별도로 우라베 도시오 참사관이 외무성 아시아국장에게 보고한 내용을 정리한 문서. 한일회담 재개 관련, 스기 미치스케 일본 수석대표에 관한 문제[주한미대사관 그린 공사 면담을 통해 한국 입장 파악, 당초 한일 양측은 1961년 9월 20일 한일회담 재개를 합의했으나 일본이 경제계 인사인 스기를 수석대표로 임명하자 한국대표 허정을 이에 대등한 인사로 교체하고자 회담 재개가 늦어진 바 있음), 최고회의 내 대립설 등 정치상황, 방한 시찰단에 대한 한국의 대우('냉대' 수준으로 평가) 등 기술
주제어 한일회담 재개전망, 한국정세

제3부

청구권 관련 자료
(1954~1962)

한일 문제에 관한 대장성 의견
(日韓問題に関する大蔵省意見)

문서파일번호	659
문서명	한일 문제에 관한 대장성 의견(日韓問題に関する大蔵省意見)
작성연월일	1954. 6. 9
구분	제3~4차 회담 사이
세부항목	청구권 문제 대책
작성처	외무성 나카가와 국장
매수	8
비밀등급	극비
문서종류	내부문서
공개구분	공개
내용	외무성의 한일회담 재개 관련 성명안 등에 대해 1954년 6월 7일 대장성 이재국(理財局) 차장이 나카가와 아시아국장에게 의견[대장성은 청구권 처리가 어쩔 수 없다면 상호 포기로 하고(다른 재외재산 관계를 고려), 성명안에 대해서는 구보타 발언 가운데 표현이 적당하지 않은 것은 철회한다고 하고 구보타 발언 전체를 철회하지는 말자는 입장]을 제시함. 이에 대해 나카가와 국장은 상호 포기는 재한일본재산에 대한 일본의 청구권을 인정하는 것을 포함하고 있어 한국이 승인하기 곤란하고, 이번 제안은 청구권의 법리론적 해석에는 손대지 않고, 다만 반환하는 재산만을 언급하는 것이 실제적일 것이며. 구보타 발언을 일부만 수정하는 것은 곤란하다고 대응함.
주제어	청구권

재산청구권 문제 처리요령
(財産請求権問題処理要領)

문서파일번호	660
작성연월일	1955. 2. 10 - 1955. 12. 8
구분	제3~4차 회담 사이
세부항목	청구권 문제 체리 요령
작성처	외무성
매수	21
비밀등급	
문서종류	내부문서, 서한
공개구분	일부비공개
내용	청구권 문제 처리 입장 수립에 관한 문서모음
주제어	청구권

문서명	재산청구권 문제 처리요령(안)[財産請求権問題処理要領(案)]

문서파일번호 660
작성연월일 1955. 2. 10
구분 제3~4차 회담 사이
세부항목 청구권 문제 처리 요령
작성처 외무성
매수 3
비밀등급 일반
문서종류 내부문서
공개구분 공개
내용 한국에 일괄 인도하는 청구권 내용, 증빙서류에 대한 확인 및 처리 문제 등에 관한 입장을 정리
주제어 청구권

문서명	한일관계의 조정 건(日韓関係の調整に関する件)

문서파일번호 660
작성연월일 1955. 2. 24
구분 제3~4차 회담 사이
세부항목 청구권 문제 처리 요령
작성처 외무성
매수 2
비밀등급 일반
문서종류 내부문서
공개구분 공개
내용 한일교섭에 임하는 요령이 기술된 문서. 국적 처우, 재산청구권 문제, 어업, 선박 문제 관한 교섭을 실시하여 한일수호조약을 체결
주제어 재일한국인 법적지위, 청구권, 어업, 선박 반환, 한일수호조약

문서명	청구권 문제 처리요령안(請求權問題処理要領案)

문서파일번호 660
작성연월일 1955. 2. 24
구분 제3~4차 회담 사이
세부항목 청구권 문제 처리요령
작성처 외무성
매수 2
비밀등급 극비
문서종류 내부문서
공개구분 공개
내용 1955년 1월~3월까지 다니 마사유키(谷正之) 외무성 고문과 김용식의 비공식회담 개최 시 대장성에 제시한 청구권 문제 처리요령안. 청구권의 상호 포기 원칙하에 특정 요구에 대해서는 이를 지불할 용의가 있음을 한국에 제안함. 단, 한국 요구가 과다할 경우에는 평화조약 제4조 b)항을 재확인함.
주제어 청구권

문서명	청구권 문제 관계자협의회(請求權問題関係者協議会)

문서파일번호 660
작성연월일 1955. 3. 4
구분 제3~4차 회담 사이
세부항목 청구권 문제 관계 성청 협의
작성처 외무성
매수 7
비밀등급 일반
문서종류 내부문서
공개구분 공개
내용 청구권 관계자 협의회 참석자 등이 적힌 문서. 회의에 참석한 후생성, 대장성 관료들의 이름이 표기되어 있음.
주제어 청구권

문서명	한일관계 조정에 동반한 재산 및 청구권 처리에 대해서(日韓関係の調整に伴う財産及び請求権の処理について)

문서파일번호	660
작성연월일	1955. 4. 12
구분	제3~4차 회담 사이
세부항목	청구권 문제 처리요령, 대장성 견해
작성처	대장성 이재국장
매수	2
비밀등급	일반
문서종류	서한
공개구분	일부비공개
내용	대장성 사카타 다이지(阪田泰二) 이재국장이 재산 및 청구권 문제에 관한 외무성 아시아국장에게 보낸 서한. 청구권 문제의 처리에 관한 기본원칙을 정하기에 앞서 한국이 일본의 지불에 의해 만족할 만한 재산 및 청구권의 범위를 정하는 것이 필요함.
주제어	청구권

문서명	대한청구권 문제의 처리에 대해서(対韓請求権問題の処理について)

문서파일번호	660
작성연월일	1955. 12. 8
구분	제3~4차 회담 사이
세부항목	재한일본재산 처리에 관한 입장
작성처	외무성
매수	5
비밀등급	극비
문서종류	내부문서
공개구분	공개
내용	일본의 재한재산 청구권에 대한 입장을 정리한 문서. 한일교섭 교착의 가장 큰 원인을 재한일본재산 청구권 처리 문제로 봄. 청구권에 관한 한국과 일본 주장의 차이를 재정리하면서 미국 주장은 한국에 가깝다고 기술함. 외국 선례로 베르사유평화조약과 이탈리아평화조약은 재외재산을 상실한 자국민에게 보상을 실시하는 의무를 명기하고 있으나, 샌프란시스코평화조약에는 그런 조항이 없다는 점도 명기되어 있음.
주제어	청구권

대한청구권 문제의 처리에 대하여
(対韓請求権問題の処理について)

문서파일번호	1674
문서명	대한청구권 문제의 처리에 대하여(対韓請求権問題の処理について)
작성연월일	1955. 12. 8
구분	제3~4차 회담 사이
세부항목	재한일본재산에 대한 청구권 문제 처리방침
작성처	외무성
매수	5
비밀등급	극비
문서종류	내부문서
공개구분	공개
내용	일본의 재한일본재산 청구권 문제에 대한 처리 방침을 기술한 문서. 한국과 일본의 주장, 미국의 견해, 국내보상 문제 등에 관해 기술하고, 이 문제로 한일회담이 재개되지 못하고 있음을 감안하여 신속히 보상 문제에 관한 방침을 수립할 필요성이 있음을 강조함.
주제어	청구권

국제법에서 본 은행권 발행 채무 문제
(国際法から見た銀行券発行債務の問題)

문서파일번호	1590
문서명	국제법에서 본 은행권 발행 채무 문제(国際法から見た銀行券発行債務の問題)
작성연월일	1956. 2. 19
구분	제3~4차 회담 사이
세부항목	조선은행의 은행권 발행에 따른 채무 보상(배상) 의무
작성처	야마시타 야스오(山下康雄)
매수	12
비밀등급	일반
문서종류	내부자료
공개구분	공개
내용	폐쇄기관 조선은행의 의뢰로 야마시타 야스오(山下康雄) 나고야(名古屋)대학 교수가 일본정부 또는 조선은행 및 타이완은행이 은행권 발행 채무에 대해 보상 또는 배상의 의무를 부담하는가에 관해 작성한 의견서. 야마시타 교수는 일본정부 또는 조선은행 및 타이완은행이 은행권 발행 채무에 대해 최근의 국제관례상 보상 또는 배상의 의무를 지지 않는다고 주장함.
주제어	청구권

한국관계 자금 건
(朝鮮関係資金に関する件)

문서파일번호	1591
문서명	한국관계 자금 건(朝鮮関係資金に関する件)
작성연월일	1957. 2. 19
구분	제3~4차 회담 사이
세부항목	한국관계 자금 처리문제
작성처	외무성 아시아국 경제실 가쓰다(アジア局經濟室 勝田)
매수	10
비밀등급	
문서종류	내부문서
공개구분	공개
내용	대장성 관재국 외국재산과가 소관사항 축소로 인해 배상청으로부터 인계받아 관리해 온 한국관계 자금을 외무성에 이관하기를 희망해 왔다는 내용과 함께 동 자금에 관한 설명을 기술한 문서. 동 자금은 연합국총사령부가 1945~1946년 압수한 것으로 압수근거는 분명치 않으나 ① 한국인 색이 농후한 자금 ② 흥생회(興生会)* 관계 자금 ③ 조선총독부 관계자금 ④ 기타로 구분되며, 그 상세는 별지와 같다고 설명하고 있음. 단, 별지는 첨부되어 있지 않음.
주제어	청구권

* 1938년 일제강점기하에서 재일조선인들을 감시하고 통제하기 위해 일본정부가 만든 내선협화회(内鮮協和會)가 재편되어 구성된 것이 흥생회(興生会)임.

청구권에 관한 미국정부의 해석
(請求権に関する米政府の解釈)

문서파일번호	1592
작성연월일	1957. 2. 23 - 1957. 12. 31
구분	제3~4차 회담 사이
세부항목	대일평화조약 제4조에 대한 미국정부 견해
작성처	외무성, 대장성, 미국무부, 주일미국대사관
매수	28
비밀등급	
문서종류	내부문서
공개구분	공개
내용	한일청구권 해결에 관한 대일평화조약 제4조 해석에 대한 미국정부의 견해가 담긴 문서 모음
주제어	대일평화조약 제4조에 대한 해석

문서명	한국에 대한 청구권 문제에 관한 미국정부의 해석(韓国に対する請求権問題に関する合衆国政府の解釈について)

문서파일번호 1592
작성연월일 1957(월일 불명)
구분 제3~4차 회담 사이
세부항목 평화조약 제4조에 대한 미국정부 견해
작성처 외무성
매수 7
비밀등급 극비
문서종류 내부문서
공개구분 공개
내용 미국정부의 대일평화조약 제4조 해석에 관해 검토한 의견서. 미국정부의 해석을 취할 경우, 한국의 대일청구권에 대한 일본청구권 상쇄를 법률상의 권리로 주장할 수 있을지에 대해서는 의문이며, 구 위임통치지역에서 일본청구권도 당연히 소멸하게 됨. 국내보상 문제에 대해서는 평화조약에 의해 청구권을 포기했으므로 포기된 다른 청구권과 마찬가지로 특별한 문제가 발생하지 않음.
주제어 청구권, 대일평화조약 제4조 해석

문서명	한일 문제에 대해서(日韓問題について)

문서파일번호 1592
작성연월일 1957. 2. 23
구분 제3~4차 회담 사이
세부항목 대일평화조약 제4조에 대한 미국정부 견해
작성처 대장성
매수 2
비밀등급 극비
문서종류 내부문서
공개구분 공개
내용 평화조약 제4조에 관한 미국정부의 해석과 관련하여 1957년 7월 23일 히라타 케이치로(平田敬一郎) 대장성 차관이 오노 외무차관에게 전달한 의견서. 재산청구권에 대해 일본이 미국 해석을 인정하고 종래의 주장을 철회한다면, 한국만 청구권을 행사할 우려가 있음. 장래 한일회담에서 한국도 일본의 재산이 처분된 한도 내에서 그 청구권을 상실한다는 것을 확인시켜 둘 필요가 있음.
주제어 청구권, 대일평화조약 제4조 해석

문서명	(개정가역) 한일청구권 해결과 관련한 대일평화조약 제4조의 해석에 대한 미국정부의 견해 표명안[(改訂仮訳)日韓請求権解決に関し対日平和条約第四条の解釈に関するアメリカ合衆国政府の立場の表明案—]

문서파일번호 1592
작성연월일 1957(월일 불명)
구분 제3~4차 회담 사이
세부항목 대일평화조약 제4조에 대한 미국정부 견해
작성처 미국무부(일본 가역)
매수 4
비밀등급 극비
문서종류 내부문서
공개구분 공개
내용 미국이 1952년 4월 29일에 이어 두 번째로 밝힌 대일평화조약 제4조 해석에 관한 견해 표명서. 미국정부는 1952년 4월 29일의 해석(미국정부는 평화조약 제4조 b항 및 재한 미군정부의 관계지령 및 행위에 의해 한국 관할권 내에 있는 재산에 관해 일본국 및 일본국민이 보유하는 모든 권리, 근원과 이익은 박탈되었다는 견해를 가지고 있음. 따라서 미국정부의 견해에 의하면 모든 자산, 또는 그중에 포함된 이익에 대한 유효한 청구권은 일본이 주장할 수 없음. 그러나 일본이 대일평화조약 제4조 b항에 의해 유효하다고 인정된 자산의 처리는 미국정부의 견해에 따르면 동 조약 제4조 a항에 의해 규정된 협정을 고려해야 함)을 그대로 견지하고 있음을 언급하고, 이러한 해석을 하게 된 배경을 설명함.
주제어 청구권, 대일평화조약 제4조 해석

문서명	한일 청구권 문제 해결 관련, 대일평화조약 제4조 해석에 관한 미국의 견해 표명안(Draft Statement of U. S. Position on Interpretation of Article 4 of the Japanese Peace Treaty with Respect to Korean - Japanese Claims Settlement)

문서파일번호 1592
작성연월일 1957. 3. 20
구분 제3~4차 회담 사이
세부항목 대일평화조약 제4조에 대한 미국정부 견해
작성처 미국무부
매수 2
비밀등급 극비
문서종류 내부문서
공개구분 공개

내용	한일 청구권 해결과 관련한 대일평화조약 제4조의 해석에 대한 미국정부의 견해 표명안 영문본
주제어	청구권, 대일평화조약 제4조 해석

문서명	**한일청구권 문제 해결과 관련한 평화조약 제4조의 해석에 대한 미국의 생각에 관한 성명안**(日韓請求権問題解決に関し平和条約第四条の解釈に対する米国の考え方に関する声明案)

문서파일번호	1592
작성연월일	1957(월일 불명)
구분	제3~4차 회담 사이
세부항목	대일평화조약 제4조에 대한 미국정부 견해
작성처	미국무부(일본 가역)
매수	4
비밀등급	극비
문서종류	내부문서
공개구분	공개
내용	한일청구권 문제 해결 관련 평화조약 제4조의 해석에 대한 미국의 생각에 관한 성명안 일문 번역본. 문서의 제목이 앞의 문서와 약간 달라짐.
주제어	청구권, 대일평화조약 제4조 해석

문서명	**한일 청구권 문제 해결관련, 대일평화조약 제4조 해석에 관한 미국의 생각에 관한 성명안**(Draft Statement of U. S. Position on Interpretation of Article 4 of the Japanese Peace Treaty with Respect to Korean - Japanese Claims Settlement)

문서파일번호	1592
작성연월일	1957(월일 불명)
구분	제3~4차 회담 사이
세부항목	대일평화조약 제4조에 대한 미국정부 견해
작성처	미국무부
매수	2
비밀등급	극비
문서종류	내부문서
공개구분	공개
내용	한일청구권 문제 해결 관련 평화조약 제4조의 해석에 대한 미국의 생각에 관한 성명안 영문본
주제어	청구권, 대일평화조약 제4조 해석

문서명	(가역) 한일청구권 해결과 관련한 일본국과의 평화조약 제4조의 해석에 대한 미국 견해 표명[(仮訳)日韓請求権の解決に関する日本国との平和条約第四条の解釈についてのアメリカ合衆国の見解の表明]

문서파일번호 1592
작성연월일 1957. 12. 31
구분 제3~4차 회담 사이
세부항목 대일평화조약 제4조에 대한 미국정부 견해
작성처 미국무부(일본 가역)
매수 4
비밀등급 극비
문서종류 내부문서
공개구분 공개
내용 미국정부가 주일미국대사관을 통해 공식적으로 일본정부에 전달한 한일청구권 문제 해결과 관련한 대일평화조약 제4조의 해석에 대한 미국의 견해 표명 문서 일문 번역본
주제어 청구권, 대일평화조약 제4조 해석

문서명	제목 없음

문서파일번호 1592
작성연월일 1957. 12. 31
구분 제3~4차 회담 사이
세부항목 대일평화조약 제4조에 대한 미국정부 견해
작성처 주일미국대사관
매수 3
비밀등급 극비
문서종류 구상서
공개구분 공개
내용 미국정부가 주일미국대사관의 구상서 형식을 갖추어 공식적으로 일본정부에 전달한 한일청구권 문제 해결과 관련한 대일평화조약 제4조의 해석에 대한 미국의 견해 표명 문서(영문)
주제어 청구권, 대일평화조약 제4조 해석

미국 견해에 대한 학자의 견해
(米国見解に対する学者の見解)

문서파일번호	1593
작성연월일	1957(월일 불명)
구분	제3~4차 회담 사이
세부항목	대일평화조약 제4조 미국 해석에 대한 일본 학자 견해
작성처	다오카 요이치(田岡良一) 등
매수	49
비밀등급	
문서종류	내부자료
내용	평화조약 제4조의 미국 해석에 대한 일본 학자들의 검토의견 모음
주제어	대일평화조약 제4조 미국 해석에 대한 일본 학자 견해

문서명	1952년 4월 29일 한국대사에게 보낸 미 국무성의 통첩 및 이에 추가된 미 국무성의 주석에 대한 고찰(一九五二年四月二十九日付韓國大使宛の美國務省の通牒及びこれい付加されたる美國務省の註釋に對する考察)

문서파일번호 1593
작성연월일 1957(월일 불명)
구분 제3~4차 회담 사이
세부항목 대일평화조약 제4조 미국 해석에 대한 일본 학자 견해
작성처 다오카 요이치
매수 21
비밀등급 극비
문서종류 내부자료
공개구분 공개
내용 교토대학 다오카 요이치 교수의 대일평화조약 제4조 미국 해석에 대한 검토의견서. 재한일본재산에 대한 보상청구권 관련 일본의 입장은 대일평화조약 제4조 b)항이 존재하는 한 약할 수밖에 없음.
주제어 청구권, 대일평화조약 제4조 해석

문서명	평화조약 제4조의 해석(平和条約第四条の解釈)

문서파일번호 1593
작성연월일 1957(월일 불명)
구분 제3~4차 회담 사이
세부항목 대일평화조약 제4조 미국 해석에 대한 일본 학자 견해
작성처 야마시타 야스오(山下康雄)
매수 17
비밀등급 극비
문서종류 내부자료
공개구분 공개
내용 나고야(名古屋)대학 야마시타 야스오 교수의 평화조약 제4조 미국 해석에 대한 검토의견서. 미국의 견해를 한일 간 교섭의 양해사항으로 하거나 논의의 기초로 하는 것은 적당함.
주제어 청구권, 대일평화조약 제4조 해석

문서명	샌프란시스코 평화조약 제4조 b)항에 관하여(サンフランシスコ講和条約第四条D項について)

문서파일번호	1593
작성연월일	1957(월일 불명)
구분	제3~4차 회담 사이
세부항목	대일평화조약 제4조 미국 해석에 대한 일본 학자 견해
작성처	에가와 히데부미(江川英文), 다카노 유이치(高野雄一)
매수	11
비밀등급	극비
문서종류	내부자료
공개구분	공개
내용	도쿄대학 에가와 히데부미 교수와 다카노 유이치 교수의 대일평화조약 제4조 미국 해석에 대한 검토의견서. 미군정령의 '귀속(vest)' 행위로 인해 일본재산 일반이 귀속되었지만 최종적으로 권리를 박탈당한 것은 아니므로 일본에 그 재산의 가치에 해당하는 청구권을 인정해야 함.
주제어	청구권, 대일평화조약 제4조 해석

재산청구권 문제
(財産請求權問題)

문서파일번호	1594
작성연월일	1957. 3(일자 불명) - 1957. 7. 23
구분	제3~4차 회담 사이
세부항목	재산청구권 문제
작성처	외무성, 미국무부, 한국대표단
매수	37
비밀등급	
문서종류	내부자료, 내부문서
공개구분	일부비공개
내용	외무성 한일문제연구회 검토 용도로 작성한 재산청구권에 관한 자료집
주제어	재산청구권 문제

문서명	재산청구권 문제(財産請求權問題)

문서파일번호 1594
작성연월일 1957. 3(일자 불명)
구분 제3~4차 회담 사이
세부항목 재산청구권 문제
작성처 외무성 아시아국 제1과
매수 7
비밀등급 극비
문서종류 내부자료
공개구분 일부비공개
내용 외무성 한일문제연구회 검토 용도로 작성한 재산청구권에 관한 자료집. 일본은 대한 청구권의 포기를 생각해야 하고, 그렇게 될 경우, 한국 주장처럼 한국의 일방적인 청구권 요구가 될 것임. 한국은 제1, 2차 회담에서 청구권 항목을 제시했는데, 이들 항목은 영토 할양 혹은 분리 시의 선례에 비추어 법률적으로 충분히 검토해 대처할 필요 있음.
주제어 청구권

문서명	한일청구권의 해결과 관련한 일본국과의 평화조약 제4조 해석에 대한 미국 견해 표명안(Draft Statement of U. S. Position on Interpretation of Article 4 of the Japanese Peace Treaty with Respect to Korean - Japanese Claims Settlement)

문서파일번호 1594
작성연월일 1957. 3(일자 불명)
구분 제3~4차 회담 사이
세부항목 재산청구권 문제
작성처 미국무부
매수 2
비밀등급 극비
문서종류 내부자료
공개구분 공개
내용 청구권 해결 관련 대일평화조약 제4조의 해석에 관한 미국정부의 견해
주제어 청구권, 대일평화조약 제4조 미국 해석

문서명	한일 간 재산 및 청구권협정 요강 한국 제안(韓日間財産及び請求権協定要綱韓国側提案)

문서파일번호 1594
작성연월일 1952. 2. 21
구분 제3~4차 회담 사이
세부항목 재산청구권 문제
작성처 한국대표단(일본 가역)
매수 2
비밀등급 일반
문서종류 내부자료
공개구분 공개
내용 한국이 제1차 한일회담에서 제출했던 청구권 8 항목
주제어 청구권

문서명	1953년 5월 14일 협의에 관한 비망록(Aide - Memoire on Talking of the 14th May, 1953)

문서파일번호 1594
작성연월일 1953. 5. 14
구분 제3~4차 회담 사이
세부항목 재산청구권 문제
작성처 외무성
매수 1
비밀등급 극비
문서종류 내부자료
공개구분 공개
내용 한국이 제2차 한일회담에서 청구권 항목 관련 일본에 조회를 의뢰한 내용. 한국 국보, 역사적 기념물 반환청구와 관련한 목록 제시, 한국지도원판, 실측지도 및 해도 반환청구에 관한 목록 제시, 한국인 소유의 일본유가증권 상환, 그 밖의 처리 방법에 관한 일본의 의견 조회, 한국인 피징용 노동자에 대한 여러 미지불금 공탁분 자료에 대한 조회를 요청함. 동일한 내용이 수차례에 걸쳐 다른 문서에 포함되어 있음.
주제어 청구권

문서명	1953년 5월 23일 협의에 관한 비망록(Aide - Memoire on Talking of the 23rd May, 1953)

문서파일번호 1594
작성연월일 1953. 5. 23
구분 제3~4차 회담 사이
세부항목 재산청구권 문제
작성처 외무성
매수 2
비밀등급 일반
문서종류 내부자료
공개구분 공개
내용 한국이 제2차 한일회담에서 두 번째로 청구권 항목 관련 일본에 조회를 의뢰한 내용. 조선은행 등의 재일재산 실체 및 관리 상황의 조회, 태평양 전쟁 중의 한국인 피징용 노동자에 대한 미지급 임금 등의 조치에 관한 일본의 대책 등 청구권 문제와 관련한 10가지 항목에 대해 조회를 요청함.
주제어 청구권

문서명	1953년 5월 28일 협의에 관한 비망록(Aide - Memoire on Talking of the 28th May, 1953)

문서파일번호 1594
작성연월일 1953. 5. 28
구분 제3~4차 회담 사이
세부항목 재산청구권 문제
작성처 외무성
매수 5
비밀등급
문서종류 내부자료
공개구분 일부비공개
내용 한국이 제2차 한일회담에서 세 번째로 청구권 항목 관련 일본에 조회를 의뢰한 내용. 구 조선왕가 재산 한국국가 소유화 건 통지, 미지급 임금 및 일본 자료 조회 의뢰 등이 담겨 있음.
주제어 청구권

문서명	재산청구권 문제(개정판)[財産請求権問題 (訂正版)]

문서파일번호 1594
작성연월일 1957. 3(일자 불명)
구분 제3~4차 회담 사이
세부항목 재산청구권 문제
작성처 외무성 아시아국 제1과
매수 8
비밀등급 극비
문서종류 내부자료
공개구분 일부비공개
내용 재산청구권 문제 자료집 개정판
주제어 청구권

문서명	국가의 부분적 승인에서 공채무의 문제 - 한일 문제에 관하여 - (国家の部分的承認における公債務の問題—日韓問題について—)

문서파일번호 1594
작성연월일 1957. 7. 23
구분 제3~4차 회담 사이
세부항목 재산청구권 문제
작성처 외무성 조약3과
매수 10
비밀등급 극비
문서종류 내부문서
공개구분 공개
내용 국가의 부분적 승인 시 공채무의 문제를 한일관계에 적용하여 검토한 의견서. 공채무 승인과 관련해서는 '① 신구(新舊) 두 국가에 의해 분담되어야 한다. ② 일반적인 공채무는 비록 영토가 감소하더라도 구(舊) 국가에 의해 전면적으로 부담되어야 한다. ③ 공채무는 전부 구(舊) 국가에 의해 부담되며 승인은 되지 않는다' 라는 3가지 의견에 대해 검토함.
주제어 청구권

한일재산청구권에 관한 미국 견해 발표 건
(日韓財産請求権に関する米側見解発表に関する件)

문서파일번호	1475
문서명	한일재산청구권에 관한 미국 견해 발표 건(日韓財産請求権に関する米側見解発表に関する件)
작성연월일	1957. 1. 31
구분	제3~4차 회담 사이
세부항목	대일평화조약 제4조 미국 해석 대외공표 문제
작성처	외무성 하리가이(針谷)
매수	4
비밀등급	극비
문서종류	회의록
공개구분	일부비공개
내용	주일미대사관 ▬ 서기관이 하리가이(針谷正之) 과장을 방문, 대일평화조약 제4조 b항에 관한 미국 측 해석의 대외공표 문제에 관해 협의한 기록. ▬ 서기관이 가까운 시일 내에 미국 측 해석을 공표하고자 한다고 하자 하리가이 과장은 동 문제는 일본의 재한재산청구권 포기를 의미하므로 국내적으로 조정해야 할 문제가 많기 때문에 지금은 공표 시기가 아니라고 한 뒤 향후 공표 시기를 협의해 나가자고 함. 하리가이 과장이 공표는 한국 의향이 반영된 것이냐고 묻자 ▬ 서기관은 아니라고 답함.
주제어	청구권, 대일평화조약 제4조 미국 해석

한국인에 대한 은급 지불에 대해서
(韓国人に対する恩給の支払について)

문서파일번호	882
작성연월일	1957. 8. 2 - 1957. 9. 7
구분	제3~4차 회담 사이
세부항목	재일한국인에 대한 은급 지불 문제
작성처	총리부, 외무성
매수	5
비밀등급	
문서종류	공문
공개구분	공개
내용	재일한국인에 대한 은급 지급과 관련한 총리부 은급국장과 외무성 아시아국장의 왕복 공문
주제어	청구권, 재일한국인에 대한 은급

문서명	한국인에 대한 은급 지불에 대해서(韓国人に対する恩給の支給について)

문서파일번호 882
작성연월일 1957. 8. 2
구분 제3~4차 회담 사이
세부항목 재일한국인에 대한 은급 지불 문제
작성처 총리부 은급국장
매수 2
비밀등급 일반
문서종류 공문
공개구분 공개
내용 재일한국인에 대한 은급 지불 문제와 관련한 총리부 은급국장이 외무성 아시아국장에게 보낸 공문. 대일평화조약 참가 실패로 은급권이 상실되었지만, 재일한국인의 국적 상실 시까지의 미지불 은급의 지급에 대해서는 대일평화조약 제4조 a항 규정의 해석상 문제가 발생함.
주제어 청구권, 재일한국인에 대한 은급 지불 문제

문서명	재일한국인에 대한 은급 지급 건(在日韓国人に対する恩給の支給に関する件)

문서파일번호 882
작성연월일 1957. 9. 7
구분 제3~4차 회담 사이
세부항목 재일한국인에 대한 은급 지불 문제
작성처 외무성 아시아국장
매수 3
비밀등급 일반
문서종류 공문
공개구분 공개
내용 총리부 은급국장의 공문에 대한 아시아국장의 회신 공문. 재일한국인의 은급 미지불 은급의 처리에 대해서는 즉시 결정하지 않고 앞으로의 한일교섭 추이를 보고 결정하고자 함.
주제어 청구권, 재일한국인에 대한 은급 지불 문제

한일 재산청구권 문제 처리에서 검토를 필요로 하는 문제점(日韓財産請求権問題の処理にあたり検討を要する問題点)

문서파일번호	1599
작성연월일	1957. 10. 10 - 1958. 11. 17
구분	제3~4차 회담 사이, 제4차 회담
세부항목	청구권 문제 및 재일한국인 법적지위 문제에 대한 일본의 검토의견
작성처	외무성, 법무성 입국관리국
매수	18
비밀등급	
문서종류	내부문서, 내부자료
공개구분	일부비공개
내용	제4차 한일회담 기간 중 청구권 문제, 재일한국인 법적지위 문제와 관련하여 검토한 의견서와 관련 자료 모음
주제어	청구권, 재일한국인 법적지위

문서명	한일 재산청구권 문제 처리에서 검토를 필요로 하는 문제점(日韓財産請求権問題の処理にあたり検討を要する問題点)

문서파일번호 1599
작성연월일 1958. 11. 17
구분 제4차 회담
세부항목 청구권 문제에 대한 일본의 검토의견
작성처 외무성
매수 3
비밀등급 일반
문서종류 내부문서
공개구분 공개
내용 청구권 문제와 관련하여 검토가 필요한 사안들에 대한 의견서. 재한일본재산이 미군정령 제33호에 의해 재한미군정부에 귀속되게 되는가, 한국이 권리를 주장하고 있는 조선총독부의 재일재산의 반환, 조선은행권의 재일발행준비의 반환, 일본은행권 및 일본정부 지폐 대체금의 청산 등이 법리상 어느 정도 용인될 수 있는가 등의 문제가 제기될 수 있다고 판단함.
주제어 청구권

문서명	설명자료 1. 청구권에 대해서(説明資料その一 請求権について)

문서파일번호 1599
작성연월일 1958. 11. 7
구분 제4차 회담
세부항목 청구권 문제에 대한 일본의 검토의견
작성처 외무성
매수 2
비밀등급 일반
문서종류 내부문서
공개구분 일부비공개
내용 한국의 요구를 국제법상의 원칙에 의거하여 검토한 결과, 유효하다고 평가되는 액수를 표시한 문서이나, 먹칠로 인해 내용 파악이 불가능함(다음 쪽 비공개).
주제어 청구권

문서명	설명자료 3. 재일한국인의 국적 처우 문제에 관한 기본방침(안 2)[説明資料その三 在日朝鮮人の国籍處遇問題に関する基本方針(案2)]

문서파일번호 1599
작성연월일 1958. 5. 17
구분 제4차 회담
세부항목 재일한국인 국적 처우 문제 기본방침
작성처 법무성 입국관리국
매수 2
비밀등급 일반
문서종류 내부자료
공개구분 공개
내용 입국관리국이 제4차 한일회담을 앞두고 작성한 재일한국인의 국적 처우 문제에 관한 기본입장. '재일한국인의 대상은 태평양 전쟁 종료일부터 일본에 정주한 조선인으로 제한한다' 등 네 가지 기본방침이 기술됨.
주제어 재일한국인 법적지위

문서명	별첨1. 한국에 대한 채무 처리 시안[(別紙 一) 韓国に対する債務処理についての試案]

문서파일번호 1599
작성연월일 1958(월일 불명)
구분 제4차 회담
세부항목 청구권 문제에 대한 일본의 검토의견
작성처 외무성
매수 6
비밀등급
문서종류 내부자료
공개구분 일부비공개
내용 한국의 대일청구권 8항목 중, 제3항, 제4항, 제5항, 제6항, 제7항, 제8항 관련 문서이나 구체적인 수치는 먹칠이 되어 있어 내용 파악이 불가능함.
주제어 청구권

문서명	별첨2. 한국이 주장하는 대일청구권의 내용과 금액[(別紙 二) 韓国が主張している対日請求権の内容と金額]

문서파일번호	1599
작성연월일	1957. 10. 10
구분	제3~4차 회담 사이
세부항목	청구권 문제에 대한 일본의 검토의견
작성처	외무성
매수	5
비밀등급	일반
문서종류	내부자료
공개구분	일부비공개
내용	한국이 주장하는 대일청구권 내용과 금액이 정리됨.
주제어	청구권

한국에 대한 채무 관련 시안
(韓国に対する債務についての試案)

문서파일번호	1595
작성연월일	1957. 10. 10 - 1957. 12. 5
구분	제3~4차 회담 사이
세부항목	대한국 채무 처리 시안
작성처	외무성 아시아국 제1과
매수	8
비밀등급	
문서종류	내부문서
공개구분	일부비공개
내용	제4차 한일회담에 대비하여 작성한 한국에 대한 채무 처리 시안
주제어	청구권, 대한국 채무 처리

문서명	한국에 대한 채무 관련 시안(韓国に対する債務についての試案)

문서파일번호 1595
작성연월일 1957. 10. 10
구분 제3~4차 회담 사이
세부항목 대한국 채무 처리 시안
작성처 외무성 아시아국 제1과
매수 1
비밀등급 극비
문서종류 내부문서
공개구분 일부비공개
내용 제목만 보이고 내용은 먹칠이 되어 파악이 불가능함. 첫째 쪽 이하 4쪽은 비공개됨.
주제어 청구권, 대한국 채무 처리

문서명	한국에 대한 채무 관련 시안(韓国に対する債務についての試案)

문서파일번호 1595
작성연월일 1957. 12. 5
구분 제3~4차 회담 사이
세부항목 대한국 채무 처리 시안
작성처 외무성 아시아국 제1과
매수 7
비밀등급 극비
문서종류 내부문서
공개구분 일부비공개
내용 한국에 대한 채무 처리 시안으로, 항목을 제외한 대부분은 먹칠로 인해 내용 파악이 어려운 상태임. 이 문서를 토대로 1958년 7월 다카노(高野藤吉) 참사관이 재작성한 문서가 문서파일번호 1538에 포함되어 있음.
주제어 청구권, 대한국 채무 처리

제목 없음
(조선은행권과 일본은행권의 채무 검토의견서)

문서파일번호	1596
문서명	제목 없음
작성연월일	1957. 11. 15
구분	제3~4차 회담 사이
세부항목	조선은행권, 일은권
작성처	외무성 조약3과 히라이즈미 사무관
매수	3
비밀등급	일반
문서종류	내부문서
공개구분	공개
내용	조선은행권과 일본은행권 발행과 관련한 채무 문제에 대해 검토한 의견서. 은행권 발행과 관련한 채무는 대부분 국채로서 국가의 부분적 승인에 의해 신 독립국가가 부담해야 함.
주제어	청구권

한국의 대일청구권 건
(韓国側対日請求権に關する件)

문서파일번호	1597
작성연월일	1957. 12. 7
구분	제3~4차 회담 사이
세부항목	한국의 대일청구권
작성처	외무성
매수	5
비밀등급	
문서종류	내부문서, 내부자료
공개구분	일부비공개
내용	제4차 한일회담 재개를 앞두고 청구권 문제에 관해 검토한 의견서
주제어	청구권

문서명	한국의 대일청구권 문제 건(韓国側対日請求権問題に関する件)

문서파일번호 1597
작성연월일 1957. 12. 7
구분 제3~4차 회담 사이
세부항목 한국의 대일청구권
작성처 외무성
매수 4
비밀등급 극비
문서종류 내부문서
공개구분 일부비공개
내용 제4차 한일회담 재개를 앞두고 청구권 문제에 관해 검토한 의견서. 한국이 제1, 2차 한일회담을 통해 일본에 요구한 청구권 금액(337억 엔)을 제시하고, 대일평화조약 제4조에 관한 미국 해석에 따라 일본이 포기한 재한재산을 한국과의 협정 체결 시 반영할 경우에 그 금액이 얼마(먹칠로 비공개)가 되는지를 검토함.
주제어 청구권

문서명	제목 없음

문서파일번호 1597
작성연월일 1957(월일 불명)
구분 제3~4차 회담 사이
세부항목 한국의 대일청구권
작성처 외무성
매수 1
비밀등급 일반
문서종류 내부자료
공개구분 일부비공개
내용 한국이 1953년 한일회담에서 제시한 청구권 요강상의 금액. 제1~3항의 금액만 명기되고 나머지(9쪽)는 비공개
주제어 청구권

현안 대일청구권 경위 및 해결방침에 관한 참고자료(懸案対日請求権の経緯及び解決方針に関する参考資料)

문서파일번호	1600
작성연월일	1959. 1. 31 - 1959. 4. 20
구분	제4차 회담
세부항목	대일청구권
작성처	외무성
매수	83
비밀등급	
문서종류	내부자료
공개구분	일부비공개
내용	일본에 대한 각국의 청구권 현황을 정리한 자료집. 1959년 1월 31일 현재까지의 현황과 1959년 4월 20일 현재까지의 현황이 정리됨.
주제어	청구권

문서명	현안 대일청구권 경위 및 해결방침에 관한 참고자료(懸案対日請求権の経緯及び解決方針に関する参考資料)

문서파일번호 1600
작성연월일 1959. 1. 31
구분 제4차 회담
세부항목 대일청구권 경위 및 해결방침 참고자료
작성처 외무성 아시아국 총무참사관실
매수 77
비밀등급 극비
문서종류 내부자료
공개구분 일부비공개
내용 각국의 일본에 대한 청구권 현황을 정리한 자료집. 순배상 및 대일청구권 일람표를 통해 각국의 청구권 현황을 소개한 후, 항목별[전시 클레임, 특별 엔 채무, 대일평화조약 제18조 a관계(전쟁 전부터의 채무), 대일평화조약 제15조 및 일인(日印)평화조약 제5조 관계(연합국 재산), 기타 청구권]로 상세 경위 및 현황, 담당 부서 등을 상세히 기술함. 한국과의 청구권 문제는 기타 청구권 항목에 그간의 교섭 경위에 대한 기술과 함께 한국이 1952년 2월 21일 제시한 청구권 8항목이 수록되어 있음.
주제어 청구권

문서명	현안 대일청구권 문제의 현상(懸案対日請求権問題の現状)

문서파일번호 1600
작성연월일 1959. 4. 20
구분 제4차 회담
세부항목 대일청구권 문제의 현상
작성처 외무성 구아국 서구과
매수 6
비밀등급 극비
문서종류 내부자료
공개구분 일부비공개
내용 전후 각국으로부터 제기된 청구권 가운데 1959년 4월 현재까지 현안으로 남아 있는 청구권 현황(배상, 전시청구권, 특별 엔 채무, 전전채무, 연합국재산 보상반환, 기타)을 표로 정리한 자료. 한국은 기타에 속해 있음.
주제어 청구권

한일회담 청구권 문제의 문제점(안) 등
[日韓會談請求権問題の問題点(案)等]

문서파일번호	1598
작성연월일	1958. 3. 25 - 1958. 3. 31
구분	제3~4차 회담 사이
세부항목	청구권 문제에 대한 일본의 기본방침
작성처	외무성
매수	16
비밀등급	
주제어	청구권
문서종류	내부문서
공개구분	공개 또는 일부비공개
내용	제4차 한일회담 재개를 앞두고 청구권 문제에 대해 검토한 의견서

문서명	한일회담 청구권 문제의 문제점(안)[日韓会談請求権問題の問題点(案)]

문서파일번호 1598
작성연월일 1958. 3. 25
구분 제3~4차 회담 사이
세부항목 청구권 교섭과 관련한 문제점
작성처 외무성 조약국
매수 3
비밀등급 극비
문서종류 내부문서
공개구분 공개
내용 미국의 대일평화조약 제4조 해석 등 때문에 제기되는 한일회담 청구권 교섭 관련 문제점들을 검토한 문서. 남북한 문제, 미군정령 제33호가 미치는 범위(법인의 재일 재산 등), 평화조약 제4조 a항 '당국'의 개념 등이 열거됨.
주제어 청구권

문서명	재산권 문제에 관한 기본방침안(財産権問題に関する基本方針案)

문서파일번호 1598
작성연월일 1958. 3. 31
구분 제3~4차 회담 사이
세부항목 청구권 문제에 대한 일본의 기본방침
작성처 외무성
매수 4
비밀등급 극비
문서종류 내부문서
공개구분 일부비공개
내용 재산권 문제에 관한 검토의견서. 재산권 문제 논의는 대일평화조약 제4조의 범위에 한정하고, 한국은 한반도의 유일한 합법정부이지만 그 권력은 북한에 미치지 못하고 그 재산청구권도 전 한반도를 대표할 수 없음. 군령 제33호 및 1948년 9월의 한미재산협정의 효력은 현실적으로 남한에만 적용되고 현재 처리가 끝난 것에 한함. 청구권에 관한 한국의 제안(1952년 2월 21일 제출)은 ① 용인할 수 있는 것(먹칠) ② 용인할 수 없는 것(일본정부의 대 조선총독부 부채, 1945년 8월 9일 이후 한국에서 송금된 금의 반환, 1945년 8월 9일 현재 한국에 본점 또는 주요 사무소를 둔 법인의 일본재산 반환) ③ 연구가 필요한 것[(1) 지도, 원판, 지금, 지은 (2) 한국인이 가지고 있는 일본은행권 (3) 개인 간의 채권채무의 정리 (4) 한국인이 가지고 있는 일본 법인의 주식 또는 증권 (5) 재산권 또는 청구권에서 발생한 제 과실의 반환 (6) 반환 및 결제의 기한 등]으로 구분하여 검토해야 함.

주제어 청구권

문서명	배상 및 청구권 문제에 관한 교섭과 대립 정권의 존재에 대해서(賠償及び請求権問題に関する交渉と対立政権の存在について)

문서파일번호 1598

작성연월일 1958. 3. 25

구분 제3~4차 회담 사이

세부항목 한반도 통일정권의 청구권

작성처 외무성 조약국 제1과

매수 9

비밀등급 극비

문서종류 내부문서

공개구분 공개

내용 청구권 문제와 관련하여 한국의 관할권 문제를 검토한 의견서. 한반도와 베트남과 같이 분단된 국가의 경우 일본이 청구권 관련 조약을 체결한 국가(한반도의 경우 한국)의 관할권은 그 국가의 실효적 지배가 미치는 지역에 한정된다고 보아야 함. 통일정권이 한반도 전 지역을 실효적으로 지배하는 정부가 될 경우에는 한국정부와 일본정부 사이에 체결된 배상 및 청구권 문제에 관한 협정은 신정부에 의해서 당연히 승계되어야 한다는 정부의 승계에 관한 국제법상의 원칙을 따라야 할 것임.

주제어 청구권

소각 일은권
(燒却日銀券)

문서파일번호	1297
작성연월일	1958. 7. 29
구분	제4차 회담
세부항목	청구권
작성처	대장성 등
매수	21
비밀등급	
문서종류	내부자료
공개구분	공개
내용	종전 후 한국에서 진행된 일본은행권 소각*과 관련한 문서 모음
주제어	청구권, 일본은행권 소각 문제

* 일본은행권은 1946년 4월 및 1947년 11월 2회에 걸쳐 한국에서 주한미군정청의 명령으로 소각됨.

문서명	감정사항(鑑定事項)

문서파일번호 1297
작성연월일 1958. 7. 29
구분 제4차 회담
세부항목 소각 일본은행권 문제
작성처 대장성
매수 11
비밀등급 극비
문서종류 내부자료
공개구분 공개
내용 일본 패전 후 한국에서 진행된 일본은행권 소각과 관련하여 원 소유자의 청구가 있을 경우 일본은행은 신 일본은행권을 교부할 의무가 있는지를 감정(鑑定)사항으로 제시한 내용이 담긴 문서. 일본은행권 소각과 관련한 1946년, 1947년 문서들이 첨부됨(첨부된 문서는 1958년 7월 29일 대장성 외채과 사무관으로부터 수령한 자료라고 기록되어 있음).
주제어 청구권, 일본은행권 소각

문서명	제목 없음

문서파일번호 1297
작성연월일 1946. 4. 22
구분 한일회담 시작 전
세부항목 소각 일본은행권 문제
작성처 불명
매수 3
비밀등급 일반
문서종류 내부자료
공개구분 공개
내용 1958년 7월 29일 작성된 문서의 첨부물. 영문으로 작성된 일본은행권 소각 증명서. 1946년 4월 2일부터 4월 20일까지 서울의 조선은행과 엠지 출판사(M. G. Publishing House)에서 소각되었다는 내용과 소각된 은행권 액수가 기록됨(문서파일번호 374에 동일한 내용의 문서가 포함되어 있음).
주제어 청구권, 일본은행권 소각

문서명	조선은행과 일본은행 간 입출 내용(a, c Entries between Bank of Chosen and Bank of Japan)

문서파일번호 1297
작성연월일 1946. 5. 2
구분 한일회담 시작 전
세부항목 소각 일본은행권 문제
작성처 연합국 최고사령부 경제과학국(ESS GHQ*)
매수 2
비밀등급 비밀(confidential)
문서종류 공문
공개구분 공개
내용 1958년 7월 29일 작성된 문서의 첨부물. 연합국 최고사령부 경제과학국이 주한미군정청(USAMGK**)에 송부한 일본은행권 소각 관련 공문. 총 소각 금액과 1946년 4월 22일 소각이 입증되었다는 내용(영문)
주제어 청구권, 일본은행권 소각

문서명	일본은행 직원의 일본은행권 소각 감독 요청(Request for Bank of Japan Official to Supervise Destruction of Bank of Japan Notes)

문서파일번호 1297
작성연월일 1947. 9. 25
구분 한일회담 시작 전
세부항목 소각 일본은행권 문제
작성처 주한미군정청
매수 1
비밀등급 일반
문서종류 공문
공개구분 공개
내용 1958년 7월 29일 작성된 문서의 첨부물. 주한미군정청이 연합국 최고사령부에게

* Economic and Scientific Section, GHQ(General Headquarters)
** United States Army Military Government in Korea

보낸 영문 공문. 조선은행에 보관하고 있는 일본 내 변제 불가능한 일본은행권 처리를 위해 일본 은행 관계자의 한국 파견을 요청(문서파일번호 374에 동일한 문서가 포함되어 있음)

주제어 청구권, 일본은행권 소각

문서명	제목 없음

문서파일번호 1297
작성연월일 1947. 11. 14
구분 한일회담 시작 전
세부항목 소각 일본은행권 문제
작성처 불명
매수 4
비밀등급 일반
문서종류 내부자료
공개구분 공개
내용 1958년 7월 29일 작성된 문서의 첨부물. 영문으로 작성된 일본은행권 소각 증명서. 1947년 11월 8일부터 11월 14일까지 서울의 조선은행과 엠지 출판사(M.G. Publishing House)에서 소각되었다는 내용과 소각된 은행권 액수가 기록된 문서(문서파일번호 374에 동일한 내용의 문서가 포함되어 있음).
주제어 청구권, 일본은행권 소각

대한민국과 청구권 문제를 처리할 경우의 문제점(미정고)[大韓民国と請求権問題を処理する場合の問題点(未定稿)]

문서파일번호	1602
문서명	대한민국과 청구권 문제를 처리할 경우의 문제점(미정고)[大韓民国と請求権問題を処理する場合の問題点(未定稿)]
작성연월일	1960. 10. 21
구분	제4~5차 회담 사이
세부항목	청구권 문제 관련 한국의 관할권
작성처	외무성 가네마쓰 조약과장
매수	6
비밀등급	극비
문서종류	내부문서
공개구분	공개
내용	청구권 문제와 관련 가네마쓰 다케시(兼松武) 조약과장이 한국의 관할권에 관해 검토한 의견이 담긴 문서. 청구권 문제의 법적 근거가 된 대일평화조약 제4조 (a)의 해석에 관해 ① 한국을 한반도 전체에 대한 관할권을 가진 국가로 인정할 경우 ② 법적으로는 한반도 전체에 대한 관할권을 가지면서도 사실상 38도선 이남에만 한정되어 있다고 인정할 경우 ③ 유일한 합법정부이나 법적으로 관할권은 38도선 이남에 한정된다고 해석할 경우로 나누어 청구권 교섭 시 득실을 정리함.
주제어	청구권, 한국의 관할권

한일청구권 문제 해결에 관한 대일평화조약 제4조 해석에 대한 미국 견해(日韓請求問題解決に関する米国の見解)

문서파일번호	1352
작성연월일	1961. 2. 6 - 1961. 4. 25
구분	제5차 회담
세부항목	대일평화조약 제4조 해석에 관한 미국 견해
작성처	외무성, 주일미국대사관, 주미대사
매수	101
비밀등급	
문서종류	내부문서, 회의록, 외교공한, 합의의사록, 보도자료, 전문
공개구분	공개 또는 일부비공개
내용	대일평화조약 제4조 해석에 관한 미국의 견해 표명과 관련한 문서 모음
주제어	대일평화조약 제4조 해석에 관한 미국 견해

문서명	한일청구권 문제 해결에 관한 대일평화조약 제4조 해석에 대한 미국 견해 성명안 (日韓請求権問題解決に関し平和条約第四条の解釈に対する米国の考え方に関する声明案)

문서파일번호 1352
작성연월일 1961(월일 불명)
구분 제5차 회담
세부항목 대일평화조약 제4조 해석에 관한 미국 견해
작성처 외무성 북동아시아과
매수 4
비밀등급 극비
문서종류 내부문서
공개구분 공개
내용 재한일본인 재산 취득에 따른 일본의 대한청구권 보유 여부와 한국의 대일청구권 관련성에 대해 미국이 밝힌 견해(성명문)의 일본어 번역문서. 미국은 일본의 대한청구권이 소멸되었고 한국이 일본의 재산을 취득했다는 사실은 한국의 대일청구권과 관련성 있음을 밝힘으로써 청구권 교섭에 큰 영향을 줄 것임.
주제어 청구권, 대일평화조약 제4조 해석에 관한 미국 견해

문서명	일본 성명안(日本側声明案)

문서파일번호 1352
작성연월일 1961(월일 불명)
구분 제5차 회담
세부항목 한일회담 재개를 위한 일본 성명안
작성처 외무성 북동아시아과
매수 5
비밀등급 극비
문서종류 내부문서
공개구분 공개
내용 청구권 문제에 관해 일본정부가 구보타 발언 철회와 위의 미국 성명을 따를 것을 밝힌 성명안
주제어 한일회담 재개를 위한 일본 성명안

문서명	한일청구권에 관한 교섭(On Japan - Korea Claim Negotiations)

문서파일번호 1352
작성연월일 1961(월일 불명)
구분 제5차 회담
세부항목 주한미군 군정청령 제33호
작성처 외무성 북동아시아과
매수 5
비밀등급 극비
문서종류 내부문서
공개구분 공개
내용 일본의 청구권 문제에 관한 원칙적인 입장을 정리하고 있는 문서. 주한미군 군정청령 제33호의 효력이 남한에 한정되고 있다는 점, 군정청령 제33호가 한국의 일본인 재산의 취득과 대일청구권과 관련성이 있다는 점 등이 기술되어 있음.
주제어 청구권, 주한미군 군정청령 제33호

문서명	한일청구권에 관한 '미국의 견해 표명' 공표방식 관련 한국대표부에 요청 건 (日韓請求権に関する「米国の見解の表明」公表方につき韓国代表部に申入れの件)

문서파일번호 1352
작성연월일 1961. 2. 6
구분 제5차 회담
세부항목 대일평화조약 제4조 해석에 관한 미국 견해
작성처 외무성 북동아시아과
매수 7
비밀등급 극비
문서종류 회의록
공개구분 공개
내용 마에다 도시카즈 북동아과장이 한국대표부 문철순 참사관에게 '한일청구권 문제 해결에 관한 대일평화조약 제4조 해석에 대한 미국 견해' 공표와 관련한 협의를 요청한 내용이 기록된 문서. 동 견해 발표 문제에 대해 일본은 공표할 것을 주장한 데 대해 한국이 그것을 피하려고 함.
주제어 청구권, 대일평화조약 제4조 해석에 관한 미국 견해

문서명	한일청구권에 관한 '미국의 견해 표명' 공표 건(日韓請求権に関する「米国見解の表明」公表に関する件)

문서파일번호 1352
작성연월일 1961. 2. 15
구분 제5차 회담
세부항목 대일평화조약 제4조 해석에 관한 미국 견해
작성처 외무성 북동아시아과
매수 4
비밀등급 극비
문서종류 내부문서
공개구분 공개
내용 1961년 2월 14일 문철순 주일대표부 참사관이 마에다 도시카즈 북동아과장에게 '한일청구권 문제 해결에 관한 대일평화조약 제4조 해석에 대한 미국 견해' 공표에 관해 한국정부는 일본이 발표하기를 주장한다면 이에 절대적으로 반대하지는 않을 것이라는 의견을 전달
주제어 청구권, 대일평화조약 제4조 해석에 관한 미국 견해

문서명	청구권에 관한 '미국의 견해 표명' 공표 건(請求権に関する「米国の見解の表明」公表の件)

문서파일번호 1352
작성연월일 1961. 2. 16
구분 제5차 회담
세부항목 대일평화조약 제4조 해석에 관한 미국 견해
작성처 외무성 북동아시아과
매수 3
비밀등급 극비
문서종류 회의록
공개구분 공개
내용 마에다 도시카즈 북동아과장이 한국대표부 문철순 참사관에게 일본이 '미국의 견해 표명'을 공표할 수밖에 없다고 통보
주제어 청구권, 대일평화조약 제4조 해석에 관한 미국 견해

문서명	한일청구권 문제에 관한 '미국의 견해 표명' 공표 건(日韓請求権問題に関する「米国の見解の表明」公表の件)

문서파일번호 1352
작성연월일 1961. 2. 18
구분 제5차 회담
세부항목 대일평화조약 제4조 해석에 관한 미국 견해
작성처 외무성 북동아시아과
매수 3
비밀등급 극비
문서종류 회의록(전화)
공개구분 일부비공개
내용 마에다 도시카즈 북동아과장과 주일미국대사관 ▬ 서기관 전화 협의 기록. 미국은 '한일청구권 문제 해결에 관한 대일평화조약 제4조 해석에 대한 미국의 견해' 공표에 관해 한일이 협의하여 공표한다면 그에 반대하지 않겠다는 뜻을 전달함.
주제어 청구권, 대일평화조약 제4조 해석에 관한 미국 견해

문서명	한일청구권 문제에 관한 '미국의 견해 표명' 공표 건(日韓請求権に関する「米国の見解表明」公表に関する件)

문서파일번호 1352
작성연월일 1961. 2. 22
구분 제5차 회담
세부항목 대일평화조약 제4조 해석에 관한 미국 견해
작성처 외무성 북동아시아과
매수 4
비밀등급 극비
문서종류 회의록(전화)
공개구분 공개
내용 마에다 도시카즈 북동아과장과 주일한국대표부의 문철순 참사관이 '미국의 견해 표명' 공표에 관해 전화로 협의한 내용을 기록한 문서. 문 참사관은 한국은 '미국의 견해 표명'을 공표한다면 청구권에 관한 합의부분도 같이 공개하자는 입장이라고 전함. 그리고 한국에게 불리한 내용이 있어서 공표 안한 것이 아니라 쌍방의 합의하에 공표를 안했다는 입장을 취하도록 요구함.
주제어 청구권, 대일평화조약 제4조 해석에 관한 미국 견해

문서명	'미국의 해석' 요지(「アメリカの解釈」の要旨)

문서파일번호 1352
작성연월일 1961. 3. 8
구분 제5차 회담
세부항목 대일평화조약 제4조 해석에 관한 미국 견해
작성처 외무성 북동아시아과
매수 5
비밀등급 극비
문서종류 내부문서
공개구분 공개
내용 미국의 '한일청구권 문제 해결에 관한 대일평화조약 제4조 해석에 대한 견해' 공표에 즈음하여 나카가와 도루(中川融) 조약국장이 기자에게 설명하기 위해 만든 자료. 일본정부는 당초부터 재한일본인 재산에 대한 청구 요구는 무리라고 생각하고 있었으나 한국의 대일청구권이 방대한 것으로 예상되므로 이러한 주장을 펼쳤다는 설명이 직접적으로 나타나고 있는 점이 흥미로움.
주제어 청구권, 대일평화조약 제4조 해석에 관한 미국 견해

문서명	대일평화조약 제4조 해석에 관한 미국정부의 견해를 알리는 주일미국대사의 구상서(Note of the Ambassador of the United States Informing the Position of the Government of the United States on the Interpretation of Article 4 of the Treaty of Peace with Japan)

문서파일번호 1352
작성연월일 1957. 12. 31
구분 제5차 회담
세부항목 대일평화조약 제4조 해석에 관한 미국 견해
작성처 주일미국대사관
매수 2
비밀등급 극비
문서종류 구상서
공개구분 공개
내용 1961년 3월 8일 자 나카가와 조약국장 기자 설명자료 첨부1. 주일미국대사관이 '한일청구권 문제 해결에 관한 대일평화조약 제4조 해석에 대한 미국의 견해'를 일본에 통보하는 구상서
주제어 청구권, 대일평화조약 제4조 해석에 관한 미국 견해

문서명	1957년 12월 31일 일본 외상과 주일한국대표가 서명한 합의의사록 중 청구권 부문 발췌(Excerpt from the Agreed Minutes singed by the Japanese Minister for Foreign Affairs and the Chief of the Korean Mission on December 31 - the part pertaining to the Japanese - Korean Claims)

문서파일번호 1352
작성연월일 1957. 12. 31
구분 제5차 회담
세부항목 대일평화조약 제4조 해석에 관한 미국 견해
작성처 외무성 북동아시아과
매수 1
비밀등급 극비
문서종류 합의의사록
공개구분 공개
내용 1961년 3월 8일 자 나카가와 조약국장 기자 설명자료 첨부2. 1957년 12월 31일 한일 양국이 제4차 한일회담을 개최하기로 합의했을 때 조인한 합의의사록 중 '한일청구권 문제 해결에 관한 대일평화조약 제4조 해석에 대한 미국의 견해' 발췌 영문 문서. 동 합의에 따라 한일 양국은 위 미국 견해를 일본의 대한청구권이 소멸되었으나 일본인 재산의 취득이 한국의 대일청구권과 관련이 있다고 해석하는 것에 항의함.
주제어 청구권, 대일평화조약 제4조 해석에 관한 미국 견해

문서명	1957년 12월 31일 자 일본국 외무대신과 대한민국 대표부 대표 간에 합의된 의사록 중 청구권에 관한 부분(昭和32年12月31日付日本国外務大臣と大韓民国代表部代表との間に合意された議事録のうち請求権に関する部分)

문서파일번호 1352
작성연월일 1957. 12. 31
구분 제5차 회담
세부항목 한일회담 재개를 위한 합의의사록
작성처 외무성 북동아시아과
매수 2
비밀등급 극비
문서종류 합의의사록
공개구분 공개
내용 합의의사록 일문본
주제어 청구권, 한일회담 재개를 위한 합의의사록

문서명	대일평화조약 제4조의 해석에 관한 미국정부 견해를 전한 주일미국대사의 구상서[(訳文)平和条約第四条の解釈に関する米国政府の見解を伝えた在日米国大使の口上書]

문서파일번호 1352
작성연월일 1957. 12. 31
구분 제5차 회담
세부항목 대일평화조약 제4조 해석에 관한 미국 견해
작성처 외무성 북동아시아과
매수 4
비밀등급 극비
문서종류 구상서
공개구분 공개
내용 주일미국대사관의 '한일청구권 문제 해결에 관한 대일평화조약 제4조 해석에 대한 미국 견해' 구상서 일문 번역본
주제어 청구권, 대일평화조약 제4조 해석에 관한 미국 견해

문서명	'대일평화조약 제4조 해석에 관한 미국정부 견해를 전한 주일미국대사의 구상서' 및 1957년 12월 31일 자 일본국 외무대신과 대한민국 대표부 대표 간에 합의된 의사록 중 청구권에 관한 부분의 공표에 대하여(平和条約第四条の解釈に関する米国政府の見解を伝えた在日米国大使の口上書」および昭和三十二年十二月三十一日日付日本国外務大臣と大韓民国代表部代表との間に合意された議事録のうち請求権に関係する部分の公表について)

문서파일번호 1352
작성연월일 1961. 3. 9
구분 제5차 회담
세부항목 대일평화조약 제4조 해석에 관한 미국 견해
작성처 외무성 정보문화국
매수 2
비밀등급 일반
문서종류 보도자료
공개구분 공개
내용 청구권 관련 대일평화조약 제4조 해석에 관한 미국 견해를 대외에 공표하는 자료.

1957년 12월 31일 한일 간에 '대일평화조약 제4조의 해석에 관한 미국정부 견해를 전한 주일미국대사의 구상서'를 청구권 문제 교섭의 기초로 하기로 합의했지만 당분간 공표하지 말자는 제안이 있었음. 이후 1958년 3월 8일 제5차 한일회담 예비회담 청구권소위원회에서 구상서를 공표하기로 합의하고 이와 동시에 합의의사록 중 청구권에 관한 부분도 함께 발표하기로 합의함.

주제어 청구권, 대일평화조약 제4조 해석에 관한 미국 견해

문서명	'미국 해석'과 관련된 질문 대답집(「米国解釈」に関連する擬問擬答集)

문서파일번호 1352

작성연월일 1961. 3. 9

구분 제5차 회담

세부항목 대일평화조약 제4조 해석에 관한 미국 견해

작성처 외무성 북동아시아과

매수 31

비밀등급 극비

문서종류 내부문서

공개구분 공개

내용 '한일청구권 문제 해결에 관한 대일평화조약 제4조 해석에 대한 미국 견해' 공표에 따른 보도 기관 등의 예상질문에 대한 일본정부의 답변안. 다양한 논점들이 간결하게 정리되어 있어 동 견해 발표 이후의 일본의 청구권 문제에 대한 입장을 파악하는 데 도움이 됨. 특히 일본정부는 대일평화조약 제4조(b)에 따라 포기한 것은 외교보호권이며 각 재산 소유자 개인이 소송 등 청구권 주장을 하는 것까지 부정한 것이 아니라고 설명하고 있음.

주제어 청구권, 대일평화조약 제4조 해석에 관한 미국 견해

문서명	재한일본재산 처분에 관한 조회에 대해 주일미국대사관이 보내온 대답 건(在韓日本財産の処分に関する照会に対し在京米大使館より回答越しの件)

문서파일번호 1352
작성연월일 1961. 3. 16
구분 제5차 회담
세부항목 군정청령 제33호에 대한 법적 근거
작성처 외무성 북동아시아과
매수 9
비밀등급 극비
문서종류 회의록
공개구분 공개
내용 주일미국대사관 글라이스틴 서기관이 재한일본인 재산의 취득을 결정한 군정청령 제33호의 법적 근거 등 미국 입장을 마에다 도시카즈 과장에게 통보한 내용이 기록된 문서. 적대관계 종료 후 점령 지역의 일본인재산의 취득은 허용된다는 것이 미국의 입장이며, 군정청령 제33호는 그 지역의 일본인재산 이전을 통해 배상을 실시할 것을 결정한 '항복 후 최초의 대일기본정책' 등에 기초한 것임.
주제어 청구권, 군정청령 제33호에 대한 법적 근거

문서명	군령 33호의 법적 성격에 관한 미국정부 공식견해 조회 건(軍令第33号の法的性格に関し米政府公式見解照会の件)

문서파일번호 1352
작성연월일 1961. 3. 10
구분 제5차 회담
세부항목 군정청령 제33호에 대한 법적 근거, 주미대사 보고
작성처 주미대사
매수 2
비밀등급 극비
문서종류 전문(電文)
공개구분 공개
내용 주미대사의 군정청령 제33호의 법적 근거 및 국제법 준수 여부에 관한 중간보고. 법적 근거로서 '대일기본정책'의 배상조항과 제42절을 제시하고 있음.
주제어 청구권, 군정청령 제33호에 대한 법적 근거

문서명	군령 33호의 법적 성격에 관한 미국정부 공식견해 조회 건(軍令第33号の法的性格に関し米政府公式見解照会の件)

문서파일번호 1352
작성연월일 1961. 3. 11
구분 제5차 회담
세부항목 군정청령 제33호에 대한 법적 근거, 주미대사 보고
작성처 주미대사
매수 1
비밀등급 극비
문서종류 전문(電文)
공개구분 공개
내용 1961년 3월 10일 자 보고 전문에서 대일기본정책 제42절을 인용했다고 했는데 이는 한국의 민사 문제 기본에 관한 최초 지령(Basic Initial Directive for Civil Affairs in Korea)을 잘못 인용한 것이라고 보고
주제어 청구권, 군정청령 제33호에 대한 법적 근거

문서명	군령 제33호의 법적 성격에 관한 미국정부 공식견해 조회 건(軍令第33号の法的性格に関し米政府公式見解照会の件)

문서파일번호 1352
작성연월일 1961. 3. 18
구분 제5차 회담
세부항목 군정청령 제33호에 대한 법적 근거
작성처 외무성 북동아시아과
매수 4
비밀등급 극비
문서종류 전문(電文)
공개구분 공개
내용 1961년 3월 16일 자 주미대사 보고에 대해 외무성이 추가적으로 미국정부에 조회를 요청할 것을 지시. 그 내용 중 한국에 대한 배상을 위해 재한일본인 재산을 이전했다는 해석은 한국이 연합국이 아닌 점, 청구권 관련성에 부정적인 영향을 미칠 수 있다는 점, 한국에 이양한 근거가 명확하지 않다는 점 등의 문제가 생길 것임. 따라서 조선의 독립을 유효화한다는 취지에서 이루어진 점 등을 명확히 해 줄 것을 요구하는 점이 주목됨.
주제어 청구권, 군정청령 제33호에 대한 법적 근거

문서명	군령 제33호의 법적 성격에 관한 미국정부 공식견해 조회 건(軍令第33号の法的性格に関し米政府公式見解照会の件)

문서파일번호	1352
작성연월일	1961. 4. 25
구분	제5차 회담
세부항목	군정청령 제33호에 대한 법적 근거, 주미대사 보고
작성처	주미대사
매수	3
비밀등급	극비
문서종류	전문(電文)
공개구분	공개
내용	1961년 3월 18일 자 본성 지시에 따라 미국정부에 문의해서 받은 답신을 보고. 미국정부의 배상에 대한 언급은 점령군 권한의 일반원칙을 말한 것뿐임. 따라서 군정청령 제33호가 배상이 목적이 아니라는 점, 한국의 배상청구권을 전제로 한 것이 아니라는 점, 한국에 양도한 것은 한국의 독립 달성을 위해 일본과의 관계를 끊고, 한국을 경제적으로 부흥시키기 위한 것이라는 점 등이 기술됨.
주제어	청구권, 군정청령 제33호에 대한 법적 근거

청구권에 관한 일반적 문제점(제1고)
[請求権に関する一般的問題点(第1稿)]

문서파일번호	1349
문서명	청구권에 관한 일반적 문제점(제1고)[請求権に関する一般的問題点(第1稿)]
작성연월일	1961. 2. 6
구분	제5차 회담
세부항목	청구권에 관한 문제점
작성처	외무성 북동아시아과
매수	16
비밀등급	일반
문서종류	내부자료
공개구분	일부비공개
내용	제5차 한일회담 시 외무성의 청구권 문제에 관한 주된 논점과 입장을 정리한 문서. 먹칠, 문서 비공개 등으로 파악하기 어려운 부분이 있으나 대일평화조약 제4조(b)로 인해 재한일본인 재산 취득을 지시한 군정청령 제33호 자체를 인정했다는 점, 그에 따라 현실적으로 처리되지 않은 것에 대한 한국의 청구권을 인정해야 한다는 것을 시인하고 있었다는 점, 또 제33호의 소급에 대한 효력도 인정해야 한다고 한 점은 주목됨.
주제어	청구권

청구권 문제에 관한 대장성 협의회
(請求権問題に関する大蔵省との打合会)

문서파일번호	1350
작성연월일	1961. 2. 7 - 1961. 3. 13
구분	제5차 회담
세부항목	청구권 관련 외무성·대장성 협의회
작성처	외무성 북동아시아과
매수	57
비밀등급	
문서종류	회의록
공개구분	공개
내용	청구권 문제 관련 외무성과 대장성 간 협의회 제1~5회 회의기록
주제어	청구권

문서명	청구권 문제에 관한 대장성 협의회(제1회) [請求権問題に関する大蔵省との打合会(第1回)]

문서파일번호 1350
작성연월일 1961. 2. 7
구분 제5차 회담
세부항목 청구권 관련 외무성 · 대장성 제1회 협의회
작성처 외무성 북동아시아과
매수 15
비밀등급 극비
문서종류 회의록
공개구분 공개
내용 제5차 한일회담 청구권 교섭을 준비하면서 일본의 의견 통일을 도모하기 위해 개최한 회의기록. 그중 미군정청령 제33호에 있는 8. 9, 9. 25, 12. 6이라는 날짜에 관한 법적 해석, 적용 지역 범위, 한국에 대한 청구권 소멸 시기, 미국의 해석에 대한 견해 등이 논의대상이었음. 최종적인 입장이 도출되지는 않았음.
주제어 청구권

문서명	청구권 문제에 관한 외무·대장성 협의회(제1회) 의사요지[請求権問題に関する外務 · 大蔵打合会(第1回)議事要旨]

문서파일번호 1350
작성연월일 1961. 2. 7
구분 제5차 회담
세부항목 청구권 관련 외무성 · 대장성 제1회 협의회
작성처 외무성 북동아시아과
매수 11
비밀등급 극비
문서종류 회의록
공개구분 공개
내용 청구권 문제에 관한 외무성 · 대장성 협의회 제1회 회의 요지
주제어 청구권

문서명	청구권 문제에 관한 대장성 협의회(제2회)[請求権問題に関する大蔵省との打合会(第2回)]

문서파일번호 1350
작성연월일 1961. 2. 14
구분 제5차 회담
세부항목 청구권 관련 외무성 · 대장성 제2회 협의회
작성처 외무성 북동아시아과
매수 9
비밀등급 극비
문서종류 회의록
공개구분 공개
내용 제5차 한일회담 청구권 교섭에 대비한 외무성 · 대장성의 제2회 회의기록. 시기에 관해 9.2(항복문서 조인), 9.8(총독부와 미국이 조인한 날) 등을 추가적으로 검토, 미국 해석을 근거로 한일 양국의 청구권 상쇄를 이론적으로 검토.
주제어 청구권

문서명	청구권 문제에 관한 대장성 협의회(제3회)[請求権問題に関する大蔵省との打合会(第3回)]

문서파일번호 1350
작성연월일 1961. 2. 21
구분 제5차 회담
세부항목 청구권 관련 외무성 · 대장성 제3회 협의회
작성처 외무성 북동아시아과
매수 6
비밀등급 극비
문서종류 회의록
공개구분 공개
내용 제5차 한일회담 청구권 교섭대비 외무성 · 대장성 제3회 회의기록. 청구권 교섭의 진행방식에 관해 합의함. 한국 청구권 요강 8항목 중, 1항목부터 논의하고 한국의 설명과 일본의 질문 등을 거쳐 일본이 견해를 밝히는 것으로 되었음. 또 법률론을 다루지 않을 수 없으나 한국과의 마찰을 피하기 위해 비공식회담 등에서 사전에 그 취지를 밝히고 한국과 조정하는 방안이 협의됨.
주제어 청구권

문서명	청구권 문제에 관한 대장성 협의회(제4회)[請求権問題に関する大蔵省との打合会(第4回)]

문서파일번호 1350
작성연월일 1961. 2. 27
구분 제5차 회담
세부항목 청구권 관련 외무성 · 대장성 제4회 협의회
작성처 외무성 북동아시아과
매수 9
비밀등급 극비
문서종류 회의록
공개구분 공개
내용 제5차 한일회담 청구권 교섭대비 외무성 · 대장성 제4회 회의기록. 한국에 본사가 있는 일본재산 문제가 주로 논의됨. 일본은 점령군이 재일재산 청산을 지시한 것은 재일재산이 한국재산이 아님을 인식한 것이지만, 잔여 재산과 관련해 아무런 지시가 없으므로 이는 한국에 반환하는 것을 의도한 것이 아닌가라는 우려가 표명됨. 또한 군정청령 제33호의 불명 부분에 관해 미국에 조회하자는 의견이 나왔으나 외무성은 그 경우 일본에 불리한 답이 나올 가능성을 지적하며 부정적인 입장을 표명함.
주제어 청구권

문서명	청구권 문제에 관한 대장성 협의회(제5회)[請求権問題に関する大蔵省との打合会(第5回)]

문서파일번호 1350
작성연월일 1961. 3. 13
구분 제5차 회담
세부항목 청구권 관련 외무성 · 대장성 제5회 협의회
작성처 외무성 북동아시아과
매수 7
비밀등급 극비
문서종류 회의록
공개구분 공개
내용 제5차 한일회담 청구권 교섭대비 외무성 · 대장성 제5회 회의기록. 대한청구권 포기가 미국 견해에 따른 것인지 논의함. 외무성은 국내적으로 그것이 아니라고 설명하자는 입장을 밝힌 데 반해, 대장성은 미국 견해에 따라 바뀌었다고 하는 게 국회 설명, 한국에 대한 교섭력, 국내보상 의무 회피 등을 생각하면 유리하다는 견해를 피력함.
주제어 청구권

한국청구권 검토 참고자료
(韓国請求権検討参考資料)

문서파일번호	1348
작성연월일	1961. 2. 11 - 1961. 4. 10
구분	제5차 회담
세부항목	한국청구권 요강 검토의견
작성처	대장성 이재국 외채과
매수	92
비밀등급	
문서종류	내부문서
공개구분	공개 또는 일부비공개
내용	한국청구권 요강에 대한 대장성 외채과의 검토의견서 모음
주제어	청구권

문서명	한국청구권 검토 참고자료(미정고) 한국청구요강 2(조선총독부 관계) [韓国請求権検討参考資料(未定稿) 韓国請求要綱2(朝鮮総督府関係)]

문서파일번호 1348
작성연월일 1961. 2. 11
구분 제5차 회담
세부항목 한국청구권 요강 검토의견
작성처 대장성 이재국 외채과
매수 32
비밀등급 극비
문서종류 내부문서
공개구분 일부비공개
내용 한국의 대일청구요강 8항목 중 제2항 '총독부 관계'의 내용에 관해 세부항목별로 한국 요구의 취지를 정리한 후, 각 항목의 사실 관계를 조사, 정리한 문서. 상당 부분의 내용이 먹칠로 가려져 내용 파악이 어려움.
주제어 청구권

문서명	한국청구권 검토 참고자료(미정고) 요강3(내지 송금관계) [韓国請求権検討参考資料(未定稿) 要綱3(内地送金関係)]

문서파일번호 1348
작성연월일 1961. 2. 13
구분 제5차 회담
세부항목 한국청구권 요강 검토의견
작성처 대장성 이재국 외채과
매수 8
비밀등급 극비
문서종류 내부문서
공개구분 일부비공개
내용 한국의 대일청구요강 8항목 중 제3항 '내지 송금관계'의 내용에 관해 한국 요구의 취지를 정리한 후, 각 항목의 사실 관계를 설명하고 그 문제점을 정리한 문서
주제어 청구권

문서명	한국청구권 검토 참고자료(미정고) 요강4(한국본사 법인의 재일자산)[韓国請求権検討参考資料(未定稿)要綱4(韓国本社法人の在日資産)]

문서파일번호 1348
작성연월일 1961. 2. 22
구분 제5차 회담
세부항목 한국청구권 요강 검토의견
작성처 대장성 이재국 외채과
매수 17
비밀등급 극비
문서종류 내부문서
공개구분 일부비공개
내용 한국의 대일청구요강 8항목 중 제4항 '한국본사 법인의 재일재산'에 관한 한국 요구 근거, 사실관계 등을 정리한 문서. 많은 부분이 먹칠로 가려져 있으나 조선은행, 조선식산은행, 조선신탁회사, 조선금융조합연합회 등의 청산 과정이 드러남.
주제어 청구권

문서명	한국청구권 검토 참고자료(미정고) 요강 5(한국인의 대일채권)[韓国請求権検討参考資料(未定稿)要綱5(韓国人の対日債権)]

문서파일번호 1348
작성연월일 1961. 4. 10
구분 제5차 회담
세부항목 한국청구권 요강 검토의견
작성처 대장성 이재국 외채과
매수 22
비밀등급 극비
문서종류 내부문서
공개구분 일부비공개
내용 한국의 대일청구요강 8항목 중 제5항 '한국인의 대일채권'에 관해 세부항목별로 한국 요구 근거, 사실관계 등을 정리한 문서. 먹칠이 많아 파악하기 어려운 부분이 있으나 당시의 공사채, 일계통화 등을 설명하고 있음.
주제어 청구권

문서명	청구권 질문사항 작성용 자료(請求権質問事項作成用資料)

문서파일번호	1348
작성연월일	1961. 2. 28
구분	제5차 회담
세부항목	한국청구권 요강 검토의견
작성처	대장성 이재국 외채과
매수	9
비밀등급	극비
문서종류	내부문서
공개구분	공개
내용	한국 대일청구권에 관해 항목마다 용어, 내용, 구체적인 사실관계, 법률 등의 문제를 정리하고 한국에게 질문할 내용을 준비
주제어	청구권

문서명	한국청구요강에 대한 질문사항(韓国請求要綱に対する質問事項)

문서파일번호	1348
작성연월일	1961. 3. 15
구분	제5차 회담
세부항목	한국청구권 요강 검토의견
작성처	대장성 이재국 외채과
매수	4
비밀등급	극비
문서종류	내부문서
공개구분	공개
내용	한국 대일청구권에 관해 각 항목의 질문사항, 고려되어야 할 점, 관련자료로 나누어 정리한 내부 자료. 특히 동 자료에서는 제1항목인 지금(地金), 지은(地銀)에 관한 내용이 자세히 서술되어 있음.
주제어	청구권

한일 일반청구권 문제에 관한 약간의 법률적 문제점(日韓一般請求権問題に関する若干の法律的問題点)

문서파일번호	1351
문서명	한일 일반청구권 문제에 관한 약간의 법률적 문제점(日韓一般請求権問題に関する若干の法律的問題点)
작성연월일	1961. 3. 1
구분	제5차 회담
세부항목	청구권 문제의 법률적 문제점 검토
작성처	외무성 조약국 법규과
매수	27
비밀등급	극비
문서종류	내부문서
공개구분	공개
내용	청구권 문제에 관한 몇 가지 논점에 대해 조약국 법규과가 법적 해석을 정리한 내부문서. 구체적으로는 대일평화조약 제4조(b)에 따라 일본인 재산청구권이 소멸되었고, 군정청령 제33호는 일본 소재의 재산에는 효력을 미치지 않으며 동 법령에 있는 8월 9일은 일본인 재산임을 정한 날짜이며 9월 25일은 12월 6일 자로 미군정 소유하에 들어간 재산이 정식으로 미군정에 귀속된 날짜라는 견해를 취함. 또 대일평화조약 제4조에 관한 미국 해석에 대해 동 해석이 법률적으로 한일 간 상쇄를 뜻한다고 주장하는 것은 어려우나 교섭의 기술로서는 상쇄를 이용하는 것이 불가능하지 않음을 언급하고 있음.
주제어	청구권

한국에 주소지가 있는 법인의 재일재산에 대해서(미정고)[韓国に本拠を有した法人の在日財産について(未定稿)]

문서파일번호	1353
문서명	한국에 주소지가 있는 법인의 재일재산에 대해서(미정고)[韓国に本拠を有した法人の在日財産について(未定稿)]
작성연월일	1961. 4. 12
구분	제5차 회담
세부항목	한국에 본사를 갖고 있는 법인의 재일재산
작성처	외무성 조약국 법규과
매수	17
비밀등급	극비
문서종류	내부문서
공개구분	공개
내용	한국의 대일청구권 중 한국에 본사를 둔 기업의 재일재산의 취득 권리를 주장하는 한국 주장에 대응하기 위해 일본이 준비한 법적 해석 문서. 한국에 본사를 둔 회사의 일본인 보유 주식을 한국이 취득했다는 것은 인정되더라도 일본에 있는 재산까지 한국이 취득하는 권한은 없다는 것, 또 국가가 분리될 경우도 사유재산은 존중되어야 하므로 일본에 있는 사유재산이 한국의 취득 대상으로 될 여지는 없다는 견해를 정리
주제어	청구권

청구권 문제점 논의용 시안
(請求權問題点討議用試案)

문서파일번호	1355
문서명	청구권 문제점 논의용 시안(請求權問題点討議用試案)
작성연월일	1961. 9. 1
구분	제6차 회담 예비회담
세부항목	청구권 문제 논의용 시안
작성처	외무성 조약국 법규과
매수	1
비밀등급	일반
문서종류	내부문서
비공개구분	공개
내용	내용은 먹칠되어 있어 확인할 수 없음. 31쪽 비공개
주제어	청구권

한일청구권 문제
(日韓請求權問題)

문서파일번호	1356
작성연월일	1961. 8. 28 - 1961. 9. 4
구분	제6차 회담 예비회담
세부항목	청구권 문제 검토
작성처	
매수	14
비밀등급	
문서종류	내부문서, 내부자료
공개구분	공개 또는 일부비공개
내용	한일청구권 문제에 관한 검토의견서 모음
주제어	청구권

문서명	한일청구권 문제(日韓請求權問題)

문서파일번호	1356
작성연월일	1961. 9. 4
구분	제6차 회담 예비회담
세부항목	청구권 문제 검토
작성처	외무성 우라베
매수	9
비밀등급	극비
문서종류	내부문서
공개구분	일부비공개
내용	한일청구권 문제에 관해 우라베 도시오(卜部敏男) 참사관이 정리한 문서. 1953년 대장성은 한국 요구 중 한국인 전몰자 조의금과 징용자 임금 및 조의금 등에 대해 약 ○○엔으로 추정함. 또한 대장성은 일본이 조선에 남긴 기업자산과 개인자산은 약 ○○엔으로 추정함(숫자 먹칠). 한국청구권 요구에 대해 북한의 존재, 미군정청령 제33호, 대일평화조약 제4조 a항의 해석 등 3가지 법률적 문제를 검토
주제어	청구권

문서명	(가역) 한국의 대일청구요강(개략설명)[(仮訳) 韓国の対日請求要綱(概略説明)]

문서파일번호	1356
작성연월일	1961. 9. 4
구분	제6차 회담 예비회담
세부항목	청구권 문제 검토
작성처	한국대표단, 외무성
매수	4
비밀등급	극비
문서종류	내부자료
공개구분	공개
내용	한국의 대일청구요강에 관한 개략적인 설명이 담긴 문서. 한국은 조선은행을 통해 반출된 지금과 지은의 반환과 45년 8월 9일 현재 일본정부의 대조선총독부 채무의

변제, 8월 9일 이후 한국에서 송금한 금괴 반환 등을 요구함. 또한 한국법인과 자연인의 일본 내 일본국채, 공채, 일본은행권, 피징용 한국인 임금 미지급금, 보상금 등 기타 청구권 변제를 요구함.

주제어 청구권

문서명	한일청구권 문제 시안(日韓請求権問題試案)

문서파일번호 1356
작성연월일 1960. 8. 28
구분 제6차 회담 예비회담
세부항목 청구권 문제 검토
작성처 외무성 우라베
매수 1
비밀등급 극비
문서종류 내부문서
비공개구분 공개
내용 제목만 보이고 내용은 먹칠로 가려짐. 8쪽 비공개
주제어 청구권

한국에 대한 경제협력에 대해서
(韓国に対する経済協力について)

문서파일번호	1357
문서명	한국에 대한 경제협력에 대해서(韓国に対する経済協力について)
작성연월일	1961. 9. 5
구분	제6차 회담 예비회담
세부항목	대한 경제협력
작성처	외무성 경제협력부 정책과
매수	10
비밀등급	극비
문서종류	내부문서
공개구분	일부비공개
내용	한국의 군사정변 이후 한국에 대한 경제협력 문제를 검토한 내용이 담긴 문서
주제어	대한 경제협력

제5차 한일회담에서의 청구권 논의
(第5次日韓会議における請求權討議)

문서파일번호	1358
작성연월일	1961. 5(일자 불명) - 1961. 9. 5
구분	제6차 회담 예비회담
세부항목	한국의 청구권 8항목
작성처	외무성 북동아시아과
매수	47
비밀등급	
문서종류	내부자료, 내부문서
공개구분	공개 또는 일부비공개
내용	제5차 한일회담에서의 한국 청구권 8항목에 대한 논의 초록 및 관련 논의기록, 개산(槪算) 내용이 담긴 문서
주제어	청구권

문서명	제5차 한일회담 한국청구권 8항목 논의 초록(第5次日韓会談における韓国請求权8項目の討議抄録)

문서파일번호 1358
작성연월일 1961. 9. 5
구분 제6차 회담 예비회담
세부항목 한국의 대일청구요강 8항목
작성처 외무성 북동아시아과
매수 17
비밀등급 일반
문서종류 내부자료
공개구분 공개
내용 제5차 한일회담 한국 대일청구요강 8항목에 대한 논의 초록. 한국이 청구하고 있는 것은 1909년~1945년 조선은행을 통해 빠져 나간 지금과 지은, 1945년 8월 9일 일본정부에 대한 조선총독부 채권, 1945년 8월 9일 이후 송금된 금원의 반환, 1945년 8월 9일 현재 한국의 지사 지점 및 출장소 등 법인의 재일재산, 한국법인에 대한 미수금 등임.
주제어 청구권

문서명	제5차 청구권 기록(第5次請求权記錄)

문서파일번호 1358
작성연월일 1961. 5(일자 불명)
구분 제6차 회담 예비회담
세부항목 한국의 대일청구요강 8항목
작성처 외무성 북동아시아과
매수 18
비밀등급 일반
문서종류 내부문서
공개구분 공개
내용 제5차 한일회담 청구권 문제 교섭 경과가 정리된 문서
주제어 청구권

문서명	제5차 청구권 개산(第5次請求权概算)

문서파일번호	1358
작성연월일	1961. 5(일자 불명)
구분	제6차 회담 예비회담
세부항목	한국의 대일청구요강 8항목
작성처	외무성 북동아시아과
매수	12
비밀등급	일반
문서종류	내부문서
공개구분	일부비공개
내용	제5차 한일회담에서 한국이 요구한 청구 8개 항목의 금액을 개산(概算)한 내용이 담긴 문서. 상당부분이 먹칠로 가려져 내용 파악이 어려움. 1945년 8월 9일 이후 한국 내 은행에서 인출된 예금액 금액은 ○○(먹칠)임. 부동산 금액은 ○○(먹칠)임. 1945년 8월 9일 이후 송금된 금원의 반환에 대한 일본의 개산액은 ○○(먹칠)임.
주제어	청구권

한일청구권 문제에 관한 외무성·대장성 협의회 요록(日韓請求権問題に関する外務省·大蔵省打合せ会要録)

문서파일번호	1359
문서명	한일청구권 문제에 관한 외무성·대장성 협의회 요록(日韓請求権問題に関する外務省·大蔵省打合せ会要録)
작성연월일	1961. 9. 8
구분	제6차 회담 예비회담
세부항목	청구권 관련 외무성·대장성 내부협의회
작성처	외무성 북동아시아과
매수	19
비밀등급	극비
문서종류	회의록
공개구분	일부비공개
내용	제6차 한일회담을 앞두고 일본의 교섭 당사자들 간에 개최된 청구권 문제에 관한 내부협의 기록. 우선 김유택 방일 시 한국이 8억 달러 요구를 비공식으로 제시했으나 일본은 금액을 제시하지 않았음이 보고되었음. 다음으로 제6차 회담의 회의 진행 방법이 논의되었으며 '한일청구권 문제 시안'이 제시되었음. 그 취지는 개인청구권은 각 개인에 지불한다는 것, 그와 관련해서 은급, 피징용 노무자의 대상자 수에 관해 한일 간에 견해 차이가 존재하고 있다는 것 등이 논의되었음. 그 후 개인청구권을 지불한다면 한국으로부터 자료를 받아야 하지만 그것이 어려운 것이 아닌가라는 전망이 나온 후 일단 개인청구권 문제를 계속 검토하는 것으로 합의됨.
주제어	청구권

한일청구권 해결 방책에 대해서
(日韓請求権解決方策について)

문서파일번호	1360
작성연월일	1961. 9. 14
구분	제6차 회담 예비회담
세부항목	청구권 문제 해결방식
작성처	외무성
매수	14
비밀등급	
문서종류	내부문서
공개구분	일부비공개
내용	제6차 한일회담을 앞두고 청구권 문제 해결방책에 관해 정리한 문서
주제어	청구권

문서명	한일청구권 해결 방책에 대해서(日韓請求权解決方策について)

문서파일번호 1360
작성연월일 1961. 9. 14
구분 제6차 회담 예비회담
세부항목 청구권 문제 해결방식, 동남아 국가에 대한 배상 선례
작성처 외무성
매수 3
비밀등급 극비
문서종류 내부문서
공개구분 공개
내용 동남아시아 여러 국가의 배상 선례를 정리한 문서. 버마의 경우 배상 2억 달러 및 경제협력 5천만 달러, 필리핀은 배상 5억 5천만 달러 및 경제협력 2억 5천만 달러, 인도네시아는 배상 2억 2,308만 달러, 누적채무상계 1억 7,691만 달러 및 경제개발차관 4억 달러를 베트남은 배상 3,900달러와 차관 750만 달러 및 경제개발차관 910만 달러를 지급하기로 함.
주제어 청구권

문서명	한일청구권 해결 방식에 대해서(日韓請求□解決方式について)

문서파일번호 1360
작성연월일 1961. 9. 14
구분 제6차 회담 예비회담
세부항목 청구권 문제 해결방식
작성처 외무성
매수 11
비밀등급 극비
문서종류 내부문서
공개구분 일부비공개
내용 우체국예금, 간이보험, 연금, 전쟁에 따른 피징용자 보상, 징용인 대일정부 은급, 8월 9일 이후 내지송금, 재외회사 관계자금 등에 대해 조사한 내용이 담겨 있으나 금액은 먹칠이 되어 있음.
주제어 청구권

한일청구권 문제 시안
(日韓請求權問題試案)

문서파일번호	1361
작성연월일	1961. 9. 12 - 1961. 9. 26
구분	제6차 회담 예비회담
세부항목	청구권 문제 해결시안
작성처	
매수	31
비밀등급	
문서종류	내부문서
공개구분	공개
내용	제6차 한일회담 청구권 교섭을 앞두고 검토한 내용을 담은 문서
주제어	청구권

문서명	한일청구권 문제 시안(日韓請求權問題試案)

문서파일번호 1361
작성연월일 1961. 9. 26
구분 제6차 회담 예비회담
세부항목 청구권 문제 시안
작성처 외무성 북동아시아과
매수 19
비밀등급 극비
문서종류 내부문서
공개구분 공개
내용 제6차 한일회담 청구권 교섭을 앞두고 한국이 요구한 대일청구요강 8항목 중 제1항 지금 등의 반환, 제2항 총독부 채무, 제3항 한국에서 송금된 금액 반환, 제4항 한국의 재일재산 및 제5항 채권, 은행권, 피징용 노무자 미수금 등에 대한 입장을 정리한 문서. 동 문서는 9월 26일 자로 되어 있으나 동 시안에 대한 조약국 코멘트가 9월 12일 자로 된 것을 감안하면 나중에 정식으로 정리된 문서임.
주제어 청구권

문서명	'한일청구권 문제 시안'에 대한 코멘트(「日韓請求權問題試案」に対するコメント)

문서파일번호 1361
작성연월일 1961. 9. 12
구분 제6차 회담 예비회담
세부항목 청구권 문제 시안
작성처 외무성 조약국 법규과
매수 12
비밀등급 일반
문서종류 내부문서
공개구분 공개
내용 외무성 북동아시아과가 작성한 '한일청구권 문제 시안'에 대해 항목별로 법규과가 법적 검토를 한 내용이 담긴 문서
주제어 청구권

한일청구권 문제 관계 각 성 내부협의회
(日韓請求権問題関係各省打合会)

문서파일번호	1362
작성연월일	1961. 10. 4 - 1961. 10. 12
구분	제6차 회담 예비회담
세부항목	청구권 문제 관계 성 내부협의회
작성처	외무성 북동아시아과
매수	6
비밀등급	
문서종류	회의록, 공문
공개구분	공개
내용	제6차 한일회담 청구권교섭을 앞두고 외무성과 관계 성 간에 개최된 내부협의회 기록
주제어	청구권

문서명	한일청구권 문제 관계 각 성 내부협의회(日韓請求権問題関係各省打合会)

문서파일번호 1362
작성연월일 1961. 10. 4
구분 제6차 회담 예비회담
세부항목 청구권 문제 관계 성 내부협의회
작성처 외무성 북동아시아과
매수 4
비밀등급 비(秘)
문서종류 회의록
공개구분 공개
내용 제6차 한일회담 청구권 교섭을 앞두고 외무성과 관계 성 간에 개최된 내부협의회 기록. 외무성은 한국이 제기한 대일청구요강 각 항목에 대처하기 위해 조사를 관련 기관에 요청
주제어 청구권

문서명	한일회담 청구권 문제에 관한 협력 의뢰 건(日韓会談における請求権問題に関し協力方依頼の件)

문서파일번호 1362
작성연월일 1961. 10. 12
구분 제6차 회담 예비회담
세부항목 청구권 문제 관계 성 내부협의회
작성처 외무성 북동아시아과
매수 2
비밀등급 일반
문서종류 공문
공개구분 공개
내용 제6차 한일회담 청구권 교섭을 앞두고 한국이 제기한 대일청구요강 각 항목에 대처하기 위해 외무성이 정식으로 관련 조사를 관계 기관에 요청
주제어 청구권

한국의 대일청구권에 대해서
(韓国の対日請求権について)

문서파일번호	1363
문서명	한국의 대일청구권에 대해서(韓国の対日請求権について)
작성연월일	1961. 10. 26
구분	제6차 회담 예비회담
세부항목	한국의 대일청구권에 대한 대장성 검토의견
작성처	대장성 이재국
매수	10
비밀등급	극비
문서종류	내부문서
공개구분	일부비공개
내용	대장성 이재국이 한국이 제기하고 있는 청구권에 관한 입장을 정리한 문서. 대일평화조약 제4조, 군정청령 제33호 등에 대한 양국 해석의 차이, 그리고 대일청구요강 8항목의 청구 근거에 대한 일본의 입장으로 구성되어 있음. 제5항에 속한 국채, 은행권, 미불금 등만이 구권 지불 대상으로 되어 있음.
주제어	청구권

청구권 문제에 관한 메모
(請求権問題に関するメモ)

문서파일번호	1365
문서명	청구권 문제에 관한 메모(請求権問題に関するメモ)
작성연월일	1961. 11. 6
구분	제6차 회담
세부항목	평화조약과 청구권
작성처	외무성 조약국 법규과
매수	6
비밀등급	극비
문서종류	내부문서
공개구분	공개
내용	대일평화조약 제2조 및 4조의 '청구권'의 의미, 대일평화조약 제4조 a항과 b항의 관계, 평화조약에서 말하는 '조선'과 '대한민국' 관계 등에 관한 법규과 검토 의견서
주제어	청구권, 대일평화조약

한일청구권 문제 해결 요강 건
(日韓請求権問題解決要綱に関する件)

문서파일번호	1366
문서명	한일청구권 문제 해결 요강 건(日韓請求権問題解決要綱に関する件)
작성연월일	1961. 11. 7
구분	제6차 회담
세부항목	청구권 문제 해결 요강
작성처	외무성
매수	6
비밀등급	극비
문서종류	내부문서
공개구분	공개
내용	제6차 한일회담 청구권 교섭 대비 청구권 문제 해결 요강을 적은 문서
주제어	청구권

한국의 대일청구권에 대해서
(韓国の対日請求権について)

문서파일번호	1367
작성연월일	1961. 11. 10
구분	제6차 회담
세부항목	대일청구권에 대한 검토
작성처	외무성
매수	26
비밀등급	
문서종류	내부문서
공개구분	일부비공개
내용	제6차 한일회담 청구권 교섭에 대비하여 한국이 제기한 대일청구요강 8항목 검토 내용이 담긴 문서
주제어	청구권, 대일청구요강 8 항목

문서명	한국의 대일청구권에 대해서(1)(韓国の対日請求権についてⅠ)

문서파일번호 1367
작성연월일 1961. 11. 10
구분 제6차 회담
세부항목 대일청구권에 대한 검토
작성처 외무성
매수 17
비밀등급 극비
문서종류 내부문서
공개구분 일부비공개
내용 한국이 제기한 대일청구요강 8항목에 대한 일본의 지불 여부에 관한 입장을 법적, 역사적 관점에서 정리한 문서. 먹칠로 인해 많은 부분이 비공개
주제어 청구권

문서명	한국의 대일청구권에 대해서(2)(韓国の対日請求権についてⅡ)

문서파일번호 1367
작성연월일 1961. 11. 10
구분 제6차 회담
세부항목 대일청구권에 대한 검토
작성처 외무성
매수 4
비밀등급 극비
문서종류 내부문서
공개구분 일부비공개
내용 제6차 한일회담 청구권 논의 준비 차원에서 한국이 제기한 대일청구요강 8항목에 대해 검토한 의견서. 각 항목에 대한 금액이 기록되어 있으나 먹칠로 가려짐.
주제어 청구권

문서명	한국의 일반청구권에 대해서(3)(韓国一般請求権についてIII)

문서파일번호 1367
작성연월일 1961. 11. 10
구분 제6차 회담
세부항목 대일청구권에 대한 검토
작성처 외무성
매수 5
비밀등급 극비
문서종류 내부문서
공개구분 일부비공개
내용 제6차 한일회담 청구권 논의 준비 차원에서 한국이 제기한 대일청구요강 8항목에 대한 검토의견서. 각 항목에 관한 예상 금액과 더불어 시간 경과에 따른 화폐 가치의 변동 여부를 고려할 경우의 액수 변화 및 그 국내적 영향 등을 기술하고 있음. 상당 부분이 먹칠로 가려짐.
주제어 청구권

대한경제협력 실시의 문제점
(対韓経済協力実施上の問題点について)

문서파일번호	1364
문서명	대한경제협력 실시의 문제점(対韓経済協力実施上の問題点について)
작성연월일	1961. 11. 27
구분	제6차 회담
세부항목	대한경협 실시의 문제점
작성처	외무성 경제협력부 정책과
매수	11
비밀등급	극비
문서종류	내부문서
공개구분	공개
내용	1961년 9월 5일 자 '한일청구권 문제 해결 요강 건'을 정리한 문서
주제어	대한국 경제협력

대한 경제협력에 대해서
(対韓経済協力について)

문서파일번호	1371
문서명	대한 경제협력에 대해서(対韓経済協力について)
작성연월일	1961. 12. 7
구분	제6차 회담 대한경협 관련 성내협의회
세부항목	
작성처	외무성 북동아시아과
매수	11
비밀등급	극비
문서종류	회의록
공개구분	공개
내용	1961년 12월 7일 개최된 아시아국과 경제협력부의 대한경제협력 관련 회의기록
주제어	대한경제협력

한국 청구 금액과 일본 주장
(韓国側請求金額と日本側主張)

문서파일번호	1373
작성연월일	1961. 12. 22 - 1961. 12. 27
구분	제6차 회담
세부항목	한국 청구 금액
작성처	외무성
매수	15
비밀등급	
문서종류	내부문서
공개구분	공개 또는 일부비공개
내용	제6차 한일회담 일반청구권소위원회를 통해 제시된 한국 청구 금액과 일본 주장 등이 담긴 문서 모음
주제어	청구권

문서명	한국 일반청구권에 관한 한국 청구 금액과 일본 주장(韓国一般請求権に関する韓国側請求金額と日本側主張)

문서파일번호 1373
작성연월일 1961. 12. 22
구분 제6차 회담
세부항목 대일청구요강 한국 청구 금액
작성처 외무성 우라베
매수 4
비밀등급 극비
문서종류 내부문서
공개구분 일부비공개
내용 한국이 요구한 대일청구요강 8항목의 금액 등을 한국과 일본 주장으로 나누어 정리한 내부자료. 단 일본이 준비한 금액 등은 모두 먹칠로 처리해서 확인 불가능함.
주제어 청구권

문서명	일반청구권 한국 청구에 대한 일본 주장(내부협의 자료)[一般請求権韓国側請求に対する日本側主張(打合会資料)]

문서파일번호 1373
작성연월일 1961. 12. 22
구분 제6차 회담
세부항목 대일청구요강 한국 청구 금액
작성처 외무성 북동아시아과
매수 4
비밀등급 일반
문서종류 청구권
공개구분 일부비공개
내용 한국이 요구한 대일청구요강 8항목에 대한 대처방안에 관해 일본 내부적으로 협의하기 위해 준비한 자료. 구체적인 금액 등이 적혀 있으나 먹칠 처리로 확인 불가능함.
주제어 청구권

문서명	**한국 일반청구권에 관한 한국 청구 금액**(일반청구권위원회에서 제시된 것)[韓国一般請求権に関する韓国側請求金額(一般請求権小委員会において提示せるもの)]

문서파일번호	1373
작성연월일	1961. 12. 22
구분	제6차 회담
세부항목	대일청구요강 한국 청구 금액
작성처	외무성 북동아시아과
매수	3
비밀등급	극비
문서종류	내부문서
공개구분	공개
내용	제6차 한일회담 일반청구권소위원회 제8회 회의에서 한국이 제시한 청구권 근거, 금액을 현물청구, 엔 채무, 달러 채무 항목으로 정리한 문서
주제어	청구권

문서명	**한국 일반청구권에 관한 한국 청구 금액과 일본 조사 결과**(韓国一般請求権に関する韓国側請求額と日本側査定)

문서파일번호	1373
작성연월일	1961. 12. 27
구분	제6차 회담
세부항목	대일청구요강 한국 청구 금액
작성처	외무성 북동아시아과
매수	4
비밀등급	극비
문서종류	내부문서
공개구분	일부비공개
내용	한국이 제시한 청구 항목과 청구액 외에는 전부 먹칠 처리 되어 있어 확인 불가능함. 먹칠 처리된 부분에는 일본의 조사 결과 부분이 있을 것으로 추정됨.
주제어	청구권

경제협력 간담회 기록(1960년 7~9월)
[経済協力懇談会記録(昭和35年7 - 9月)]

문서파일번호	1601
작성연월일	1960. 7. 6 - 1960. 9. 29
구분	제4~5차 회담 사이
세부항목	외무성·일본 경제계 간담회
작성처	외무성 북동아시아과
매수	35
비밀등급	
문서종류	회의록
공개구분	일부비공개
내용	1960년 7~9월에 걸쳐 외무성이 일본 재계인사들과 개최한 한일 경제협력 간담회 기록
주제어	한일 경제협력

문서명	한일 경제협력 간담회 제1회 회의기록(日韓経済協力懇談会第一回会合記録)

문서파일번호	1601
작성연월일	1960. 7. 6
구분	제4~5차 회담 사이
세부항목	외무성 · 일본 경제계 간담회
작성처	외무성 북동아시아과
매수	10
비밀등급	비(秘)
문서종류	회의록
공개구분	일부비공개
내용	외무성과 일본 재계인사들의 간담회 제1회 회의기록. 회의에 참석한 재계인사들의 명단은 먹칠로 가려짐. 외무성 측은 이 간담회의 취지 및 향후 회의 진행방식 등을 설명한 후 재일한인 북송 문제를 포함 한일관계의 현 상황과 전망에 관해 설명함. 재계 측 참석자들은 외무성이 보유하고 있는 한국경제 관계자료, 한국 경제현황 등에 대해 문의한 후 외무성 측과 의견을 나눔.
주제어	한일 경제협력

문서명	대한경제협력 간담회 제3회 회의기록(対韓経済協力懇談会第三回会合記録)

문서파일번호	1601
작성연월일	1960. 9. 29
구분	제4~5차 회담 사이
세부항목	외무성 · 일본 경제계 간담회
작성처	외무성 북동아시아과
매수	25
비밀등급	비(秘)
문서종류	회의록
공개구분	일부비공개
내용	외무성과 일본 재계인사들의 간담회 제3회 회의기록. 외무성은 경제국 아시아과가 작성한 '한국경제 개관'과 통계자료를 재계 참석자들에게 배포한 후 한일 무역현황 및 한국의 대일무역 확대 희망 등에 관해 설명함. 재계인사들이 한국산 소, 돼지 등 수입과 관련하여 질병 검역 문제, 한국 내 텅스텐, 무연탄 수입 문제 등에 관해 관심을 표명하고 이에 관해 의견을 나눔.
주제어	한일 경제협력

외교정책 기획위원회 기록
(外交政策企画委員会記録)

문서파일번호	1368
문서명	외교정책 기획위원회 기록(外交政策企画委員会記録)
작성연월일	1961. 11. 15
구분	제6차 회담 외교정책기획 위원회 회의
세부항목	
작성처	관방 총무참사관실
매수	11
비밀등급	극비
문서종류	회의록
공개구분	공개
내용	외교정책 기획위원회 회의기록. 외무성 내부에서 청구권 문제에 대한 지식 공유가 필요하여 동 위원회가 개최된 것으로 보임. 내용적으로 새로운 것은 없음.
주제어	청구권

한일회담의 청구권 문제 처리에 있어서의 문제점, 시산액(日韓会談の請求権問題処理にあたっての問題点, 資産額)

문서파일번호	1736
작성연월일	1962. 1. 9 - 1962. 1. 10
구분	제6차 회담
세부항목	청구권 금액
작성처	대장성, 외무성
매수	54
비밀등급	
문서종류	내부문서
공개구분	공개 또는 일부비공개
내용	이케다 하야토·박정희 회담 이후 작성된 한국의 대일청구권에 대한 대응방침과 법적 근거에 기초하여 작성한 청구권 금액 등이 담긴 문서 모음
주제어	청구권

문서명	한일회담 청구권 문제 처리에 있어서의 문제점(日韓会談の請求権問題処理にあたっての問題点)

문서파일번호 1736
작성연월일 1962. 1. 10
구분 제6차 회담
세부항목 청구권 금액
작성처 대장성 이재국, 외무성 아시아국
매수 6
비밀등급 극비
문서종류 내부문서
공개구분 공개
내용 1961년 11월 12일 이케다 하야토·박정희 회담에서 박 의장의 법적 근거가 있는 청구권만 요구한다는 언급 후에 일본정부(대장성, 외무성)의 대응에 관한 문서. 법적 근거의 기준, 남북 간 구별, 미국 해석 적용 등 문제점들을 지적하는 한편, 법적 근거에 기초한 청구권 산출액이 극히 낮을 것이라는 판단하에 향후 교섭방침을 제시함.
주제어 청구권, 청구권 금액

문서명	한국 대일청구액 및 대장성, 외무성 시산액(韓国側対日請求権および大蔵省、外務省資産額)

문서파일번호 1736
작성연월일 1962. 1. 10
구분 제6차 회담
세부항목 청구권 금액
작성처 대장성 이재국, 외무성 아시아국
매수 9
비밀등급 극비
문서종류 내부문서
공개구분 일부비공개
내용 한국의 대일청구액 및 대장성, 외무성 시산액 등이 지금, 지은, 총독부 관계, 송금 반환, 재일재산 청구, 한국인의 일본인 및 일본정부에 청구, 일본정부와 일본인에 대한 한국인의 권리행사에 관한 원칙, 과실, 지불방식, 합계 항목 등으로 정리되어 있음. 일본 대장성 및 외무성 시산액은 먹칠로 가려짐.
주제어 청구권, 청구권 금액

문서명	한국 대일청구액 및 동 사정(査定)(안)[韓国側対日請求額および同査定(案)]

문서파일번호 1736
작성연월일 1962. 1. 9
구분 제6차 회담
세부항목 청구권 금액
작성처 외무성 아시아국
매수 11
비밀등급 극비
문서종류 내부문서
공개구분 일부비공개
내용 한국청구권 액수와 일본 사정안[A안(1961년 11월 9일 대장성 이재국) 및 B안(1962년 1월 9일 외무성 아시아국)] 및 한국이 제시한 청구권 8항목에 대한 산정근거, 내역, 비고 등이 정리된 문서. 일본의 금액은 먹칠로 가려짐.
주제어 청구권, 청구권 금액

문서명	한국 청구권(8항목)에 관한 한국 주장액과 일본 조사액[韓国側請求権(8項目)に関する韓国主張額と日本側調査額]

문서파일번호 없음
작성연월일 불명
구분 제6차 회담
세부항목 청구권 금액
작성처 불명
매수 9
비밀등급 일반
문서종류 내부문서
공개구분 일부비공개
내용 한국이 제시한 청구권 8항목에 대한 산정근거, 내역, 비고 등이 기술된 문서
주제어 청구권, 청구권 금액

문서명	한국 대일청구액 및 대장성, 외무성 시산액(韓国側対日請求額及び大蔵省、外務省試産額)

문서파일번호 1736
작성연월일 1962. 1. 10
구분 제6차 회담
세부항목 청구권 금액
작성처 대장성 이재국, 외무성 아시아국
매수 3
비밀등급 일반
문서종류 내부문서
공개구분 일부비공개
내용 오히라 마사요시 관방장관(당시)의 지시에 따라 작성된 대장성, 외무성의 한국의 대일청구 시산액 정리표. 일본 시산액은 먹칠로 가려짐.
주제어 청구권, 금액

문서명	한국의 대일청구요강(韓国の対日請求要綱)

문서파일번호 1736
작성연월일 불명
구분 제6차 회담
세부항목 대일청구요강
작성처 불명
매수 16
비밀등급 일반
문서종류 내부문서
공개구분 일부비공개
내용 제6차 한일회담 청구권소위원회 제2, 3회 회의에서 한국의 대일청구요강을 중심으로 논의한 내용의 요지가 정리된 표
주제어 대일청구권 요강

청구권소위원회 재개 제1회 대응안
(請求権小委員会再開第1回の段取案)

문서파일번호	1737
문서명	청구권소위원회 재개 제1회 대응안(請求権小委員会再開第1回の段取案)
작성연월일	1962. 1. 11
구분	제6차 회담
세부항목	청구권소위원회 재개 제1회 회의 대응안
작성처	대장성 이재국 외채과
매수	3
비밀등급	극비
문서종류	내부문서
공개구분	공개
내용	대장성 이재국 외채과가 제6차 한일회담 청구권소위원회 재개(연말 휴회 후 재개) 제1회 회의 진행과 관련한 대응안이 담긴 문서
주제어	청구권

청구권 문제에 관한 대장성 사무당국과의 협의 건(請求权問題に関する大蔵省事務当局との協議に関する件)

문서파일번호	1738
문서명	청구권 문제에 관한 대장성 사무당국과의 협의 건(請求权問題に関する大蔵省事務当局との協議に関する件)
작성연월일	1962. 1. 12
구분	제6차 회담
세부항목	외무성·대장성 협의
작성처	외무성 북동아시아과
매수	5
비밀등급	극비
문서종류	회의록
공개구분	공개
내용	우라베 도시오 참사관과 대장성 외채과장 등이 청구권 관련 협의한 기록. 대장성은 외무성 안과의 차이가 법적 근거를 엄격히 고려해서 산출한 것이며, 외무성과 조정할 여지는 없다는 점, 금액 산출에는 청구권, 무상원조, 경제원조의 3가지 방안으로 추진할 것인지, 무상원조와 경제원조의 2가지 방안으로 추진할 것인지 먼저 방침을 결정함이 바람직하다는 점, 한국에 대해서는 필요한 금액을 위해 무상원조로 하고 그것으로 청구권 문제 해결을 대신함이 바람직하다는 점 등을 개진함.
주제어	청구권

청구권 문제에 관한 다케우치 차관과 오히라 관방장관의 회담 요지(請求权問題に関する竹内次官と大平官房長官との会談要旨)

문서파일번호	1739
문서명	청구권 문제에 관한 다케우치 차관과 오히라 관방장관의 회담 요지(請求权問題に関する竹内次官と大平官房長官との会談要旨)
작성연월일	1962. 1. 12
구분	제6차 회담
세부항목	다케우치 차관·오히라 관방장관 회담
작성처	외무성 북동아시아과
매수	4
비밀등급	극비
문서종류	회의록
공개구분	공개
내용	다케우치 류지 차관과 오히라 마사요시 관방장관 간 회담 기록. 오히라는 대장성과 외무성이 금액에 관해 조정한다면 그 액수로 교섭이 가능해질 것이고, 무상원조로 청구권 문제를 해결하자는 대장성 제안을 검토할 필요가 있으며, 청구권 문제 해결에 따라 국내 보상 문제가 생기지 않도록 조치해야 함 등을 언급함.
주제어	청구권

한일청구권 처리에 관한 문제점(논의용 자료)
[日韓請求権処理に関する問題点(討議用資料)]

문서파일번호	1740
문서명	한일청구권 처리에 관한 문제점(논의용 자료)[日韓請求権処理に関する問題点(討議用資料)]
작성연월일	1962. 1. 12
구분	제6차 회담
세부항목	청구권 처리에 관한 문제점
작성처	외무성 조약국 법규과
매수	22
비밀등급	극비
문서종류	내부문서
공개구분	공개
내용	조약국 법규과가 내부 논의용으로 작성한 자료(서문에 청구권의 구체 항목에 대한 각론은 별도 작성 예정이라는 내용이 기술되어 있음). 남북 분단에 따른 처리 방식, 재한일본인 재산 한국 취득과 한국의 대일청구권에 관한 미국 각서(대일평화조약 제4조 해석에 관한 미국 견해) 해석 문제, 한국 독립과 국가 소유·사유 재산 등의 계승 문제, 어업 문제 관계, 무상원조의 법적 성격 문제 등을 검토한 내용이 담겨 있음.
주제어	청구권

대한 차관 실시기관에 관한 문제점에 대해서
(対韓借款実施機関に関する問題点について)

문서파일번호	1741
문서명	대한 차관 실시기관에 관한 문제점에 대해서(対韓借款実施機関に関する問題点について)
작성연월일	1962. 1. 19
구분	제6차 회담
세부항목	대한 차관 실시기관에 대한 검토
작성처	외무성 경제협력부 정책과
매수	7
비밀등급	극비
문서종류	내부문서
공개구분	공개
내용	한국에 대한 차관 실시에 있어서 일본의 실시기관인 수출입은행 기금과 해외협력기금의 차관에 관해 검토한 의견이 기록된 문서
주제어	경제협력

한국경제에 관한 주한 미 고관의 비공식 언급
(韓国経済に関する在韓米高官の内話)

문서파일번호	1797
문서명	한국경제에 관한 주한 미 고관의 비공식 언급(韓国経済に関する在韓米高官の内話)
작성연월일	1962. 1. 20
구분	제6차 회담
세부항목	한국경제에 관한 USOM 단장과의 회담
작성처	외무성 북동아시아과
매수	21
비밀등급	극비
문서종류	내부문서
공개구분	공개
내용	미국 대한원조사절단(USOM in Korea) 단장인 제임스 킬런(James S. Killen) 공사가 대한원조예산 협의차 미국 귀국 중 일본에 들러 외무성 관계자들과 한국경제와 관련 협의한 내용을 기록한 문서. 킬런 공사는 한국경제를 논함에 있어 과거와 달라진 두 가지 요소(한국 정치담당자들의 사고, 미국의 대한경제원조 방식이 한국의 경제성장을 지원하는 방향으로 전환)를 먼저 설명한 후, 한국의 산업기반(인구 과잉, 천연자원 부족), 기업가 정신, 현 경제상황 등에 관한 상세 설명이 있었음. 이후 우야마 아쓰시 심의관 이하 일본 참석자들의 질의와 이에 대한 답변이 이어짐.
주제어	한국경제 상황

한국청구권의 처리로서 일단 설명이 가능한 금액의 사정(韓国請求権の処理として一応説明のつく金額の査定)

문서파일번호	1742
문서명	한국청구권의 처리로서 일단 설명이 가능한 금액의 사정(韓国請求権の処理として一応説明のつく金額の査定)
작성연월일	1962. 1. 26
구분	제6차 회담
세부항목	한국청구권 사정액
작성처	외무성 북동아시아과
매수	1
비밀등급	극비
문서종류	내부문서
공개구분	공개
내용	외무성 북동아시아과가 작성한 한국청구권 사정액에 관해 정리한 문서. 제목만 있고 내용은 먹칠되거나 비공개 구분(10쪽) 됨.
주제어	청구권

대한경제협력 건
(対韓経済協力に関する件)

문서파일번호	1743
문서명	대한경제협력 건(対韓経済協力に関する件)
작성연월일	1962. 1. 29
구분	제6차 회담
세부항목	대한 직접차관
작성처	외무성 경제협력부 경제협력과
매수	13
비밀등급	극비
문서종류	내부문서
공개구분	공개
내용	한국에 대한 직접차관 공여에 관한 검토 보고서. 한일교섭 추이에 따라 필요한 경우 한국에 대해 200만 달러의 직접차관(수은 및 해외협력기금 공동융자)을 프로젝트별로 공여하는 방안을 검토한 내용이 담김.
주제어	경제협력

한국의 대일청구요강 관계자료
(韓国の対日請求要綱関係資料)

문서파일번호	374
작성연월일	1962. 1. 29 - 1962. 2. 1
구분	제6차 회담
세부항목	대일청구·요강에 관한 일본자료
작성처	대장성, 주한미군정청(USAMGK), 연합국 최고사령부 외교국, 외무성 등
매수	27
비밀등급	
문서종류	내부자료, 공문, 외교공한
공개구분	공개
내용	한국의 대일청구요강에 관해 대장성에서 작성한 자료 모음(이 파일에 수록된 문서들은 다른 여러 파일에 수록된 문서들과 중복되는 것이 많음.)
주제어	청구권

문서명	한국의 대일청구요강에 관한 대장성 자료(韓国の対日請求要綱に関する大蔵省資料)

문서파일번호 374
작성연월일 불명
구분 제6차 회담
세부항목 청구권요강
작성처 대장성
매수 11
비밀등급 비(秘)
문서종류 내부자료
공개구분 공개
내용 한국본점 법인의 재일재산 반환요구, 외환저금 및 채권, 태평양 미육군총사령부 명령에 의해 동결된 한국의 수령액, 일본인이 한국 내 각 은행에서 인출한 예금액, 총독부 도쿄사무소 재산 등 한국의 청구 구분에 대한 교섭 대처 요령이 정리되어 있음.
주제어 청구권, 대일청구요강 관련 일본자료

문서명	일본 유가증권 조서(日本有価証券調書)

문서파일번호 374
작성연월일 불명
구분 제6차 회담
세부항목 일본 유가증권
작성처 불명
매수 1
비밀등급 비(秘)
문서종류 내부자료
공개구분 공개
내용 일본 유가증권 조서. 일본 국채, 조선식량증권 및 식량증권, 일본저축권, 일본정부보증 사채, 일본 지방채, 일본 사채, 저축 및 보국채권, 기타 구분의 소유자, 등록, 현물, 합계 기록이 정리되어 있음.
주제어 청구권, 대일청구요강 관련 일본 자료

문서명	제목 없음

문서파일번호 374
작성연월일 1946. 4. 22
구분 제6차 회담
세부항목 일본은행권 소각
작성처 불명
매수 1
비밀등급 비(秘)
문서종류 내부자료
공개구분 공개
내용 1946년 4월 2~22일까지 조선은행과 엠지 출판사(M.G. Publishing House)에서 소각된 일본 통화의 금액 및 목록 정리(영문)
주제어 청구권, 대일청구요강 관련 일본자료

문서명	제목 없음

문서파일번호 374
작성연월일 1947. 11. 14
구분 제6차 회담
세부항목 일본은행권 소각
작성처 불명
매수 1
비밀등급 일반
문서종류 내부자료
공개구분 공개
내용 1947년 11월 8~16일까지 조선은행과 엠지 출판사에서 소각된 일본 통화의 금액 및 목록 정리(영문)
주제어 청구권, 대일청구요강 관련 일본자료

문서명	일본은행 관리의 일본은행권 소각 입회요청서(Request for Bank of Japan Official to Supervise Destruction of Bank of Japan Notes)

문서파일번호	374
작성연월일	1947. 9. 25
구분	제6차 회담
세부항목	일본은행권 소각
작성처	주한미군정청
매수	2
비밀등급	일반
문서종류	외교공한
공개구분	공개
내용	조선은행에 보관하고 있는 일본 내 변재 불가능한 일본은행권을 소각하기 위해 일본은행 관계자의 한국 파견을 요청하는 주한미군정청의 연합국 최고사령부 앞 문서(영문)
주제어	청구권, 대일청구요강 관련 일본자료

문서명	제목 없음

문서파일번호	374
작성연월일	불명
구분	제6차 회담
세부항목	일본은행권 소각
작성처	불명
매수	1
비밀등급	비(秘)
문서종류	내부자료
공개구분	공개
내용	소각된 일본은행권 액수를 기록한 문서
주제어	청구권, 대일청구요강 관련 일본자료

문서명	제목 없음

문서파일번호 374
작성연월일 1950. 10. 21
구분 제6차 회담
세부항목 한국인 노동자 급료
작성처 연합국 최고사령부 외교국
매수 2
비밀등급 비(秘)
문서종류 외교공한
공개구분 공개
내용 연합국 최고사령부 외교국이 주일한국대표부에 보낸 공한. 한국인 노동자에게 지불될 급료 자금에 관한 주일한국대표부의 문의에 대해, 현재 일본정부가 자금 분리를 진행 중이기 때문에 외국인 채권자의 엔화 계좌를 이체하는 것은 시기상조라는 의견이 담겨 있음.
주제어 청구권, 대일청구요강 관련 일본자료

문서명	피징용자 수(被徵用者数)

문서파일번호 374
작성연월일 불명
구분 제6차 회담
세부항목 피징용자 통계
작성처 불명
매수 1
비밀등급 비(秘)
문서종류 내부자료
공개구분 공개
내용 한국인 노무자, 군인 · 군속별로 피징용자 수가 생존자, 사망자, 부상자 구분으로 정리되어 있음.
주제어 청구권, 대일청구요강 관련 일본자료

문서명	피징용자 수 관계자료(被徵用者数関係資料)

문서파일번호 374
작성연월일 불명
구분 제6차 회담
세부항목 피징용자 자료
작성처 불명
매수 1
비밀등급 비(秘)
문서종류 내부자료
공개구분 공개
내용 피징용자 수에 관한 자료 목록(11개의 자료명이 기록되어 있음.)
주제어 청구권, 대일청구요강 관련 일본자료

문서명	송환 한국인을 대신하여 세관이 보관 중인 엔화 액수 및 송환 한국인이 휴대했던 한국통화의 일본통화로의 환전액에 대한 주일한국대표부의 조사 요청 (Request of the Korean Mission in Tokyo to Investigate Amount of Yen Currency held in Custody by the Customs in behalf of the Repatriated Koreans and Conversion of the Japanese Currency into the Korean Currency to be carried by the Repatriated Koreans)

문서파일번호 374
작성연월일 1951. 9. 7
구분 제6차 회담
세부항목 본국 송환 한국인 엔화 보유 현황 조사
작성처 대장성
매수 2
비밀등급 비(秘)
문서종류 외교공한
공개구분 공개
내용 일본의 대장성에서 본국 송환 한국인들의 엔화 통화, 엔화에서 원화로 환전된 금액을 조사해 달라는 주일한국대표부의 요청에 따라 각 구분에 대한 조사결과를 정리하고 이를 연합국 최고사령부에 알리는 공한(영문)
주제어

문서명	한국인 군인, 군속 등의 은급액 시산 건(韓国人軍人軍属等の恩給額試算に関する件)

문서파일번호	374
작성연월일	1962. 1. 29
구분	제6차 회담
세부항목	한국인 군인 은급
작성처	마에다 북동아시아과장
매수	3
비밀등급	
문서종류	공문
공개구분	공개
내용	외무성 북동아과가 한국인 군인, 군속의 복원, 사망별 통계의 최종결과(별첨)가 산출되었으니 군인은급 총액을 수정 추산해 달라고 총리부 은급국 심의과장에게 요청하는 공문의 대장성 앞 사본.
주제어	청구권, 대일청구요강 관련 일본자료

문서명	조선인 군속의 유족연금, 장애연금 등의 시산 건(朝鮮人軍属の遺族年金、障害年金等の試算に関する件)

문서파일번호	374
작성연월일	1962. 2. 1
구분	제6차 회담
세부항목	한국인 군인·군속 보상
작성처	마에다 북동아시아과장
매수	2
비밀등급	
문서종류	공문
공개구분	공개
내용	외무성 북동아과가 조선인 군인, 군속의 복원, 사망별 통계의 최종결과가 산출되었으니 사망 조선인 군속 유족의 연금액, 부상군속의 상해연금액 및 사망군인·군속의 조의금액을 원호법을 준용, 시산해서 제출해 달라고 후생성 원호국에 요청하는 공문의 대장성 앞 사본
주제어	청구권, 대일청구요강 관련 일본자료

한국 일반청구권 중 조선인 징용 노동자, 군인·군속, 문관 은급 해당자 수(이세키 국장 지시사항)
[韓国一般請求権のうち朝鮮人徵用労務者、軍人軍属、文官恩給該当者数(伊関局長指示事項)]

문서파일번호	1744
작성연월일	1962. 1. 30 - 1962. 2. 9
구분	제6차 회담
세부항목	징용자 수 및 은급 해당자 수
작성처	외무성 북동아시아과
매수	20
비밀등급	
문서종류	내부문서
공개구분	공개
내용	이세키 유지로 아시아국장의 지시에 따라 북동아과가 한국의 일반청구권 중 조선인 징용 노동자, 군인, 군속, 문관 은급 해당자 수와 노무자 수 등에 관해 조사, 정리한 문서
주제어	청구권

문서명	한국 일반청구권 중 조선인 징용 노동자, 군인 군속, 문관 은급 해당자 수(이세키 국장 지시사항)[韓国一般請求権のうち朝鮮人徴用労務者、軍人軍属、文官恩給該当者数(伊関局長指示事項)]

문서파일번호 1744
작성연월일 1962. 1. 30
구분 제6차 회담
세부항목 징용자 수 및 은급 해당자 수
작성처 외무성 북동아시아과
매수 13
비밀등급 극비
문서종류 내부문서
공개구분 공개
내용 이세키 유지로 아시아국장의 지시에 따라 북동아과가 한국의 일반청구권 중 조선인 징용 노동자, 군인, 군속, 문관 은급 해당자 수를 조사, 정리한 문서
주제어 청구권, 징용 노동자, 군인, 군속, 문관 은급 대상자 수

문서명	조선인 이입 노무자 수(朝鮮人移入労務者数)

문서파일번호 1744
작성연월일 1962. 2. 9
구분 제6차 회담
세부항목 이입조선인 노무자 수
작성처 외무성 북동아시아과
매수 7
비밀등급 비(秘)
문서종류 내부문서
공개구분 공개
내용 1939~1945년 이입조선인 노무자 수(후생성 노동국), 조선인 노무자 대 일본동원 수 조사(대장성 자료), 이입조선인 노무자 수(1945년 3월말 현재 내무성 경보국 자료), 종전 시 집단 이입조선인(후생성 자료), 조선인 군인군속 복원 및 사망 통계표(후생성 원호국), 조선인관계 문관은급통계(1962. 2. 9) 등의 자료 모음
주제어 청구권, 이입조선인 노무자 수

청구권 문제 해결안
(請求權問題解決案)

문서파일번호	1745
작성연월일	1962. 2. 5
구분	제6차 회담
세부항목	청구권 문제 해결안
작성처	외무성
매수	8
비밀등급	
문서종류	내부문서
공개구분	일부비공개
내용	청구권 문제 해결책에 관한 우라베 도시오 참사관의 견해가 기록된 문서 및 관련자료
주제어	청구권

문서명	청구권 문제 해결안에 대하여(請求権問題解決案について)

문서파일번호 1745
작성연월일 불명
구분 제6차 회담
세부항목 청구권 문제 해결안
작성처 우라베 참사관
매수 7
비밀등급 극비
문서종류 내부문서
공개구분 일부비공개
내용 청구권 문제 해결책에 관한 우라베 도시오 참사관의 견해가 기록된 문서. 일반청구권 문제에 관해 국회설명 및 일본인 배상문제를 고려하면 일반적으로 납득이 가는 항목으로 액수가 소액으로 한정되어야 하며, 그렇게 될 경우 타결이 어려워지기 때문에 경제협력을 덧붙일 필요가 있다며 대일평화조약 제4조, 무상원조, 경제원조 항목을 조합하여 세 가지 안을 제시하고 각 안에 대해 평가함.
주제어 청구권

문서명	한국청구권 처리로써 일단 설명할 수 있는 금액 사정(韓国請求権の処理として一応説明のつく金額の査定)

문서파일번호 1745
작성연월일 1962. 2. 5
구분 제6차 회담
세부항목 청구권 문제 해결안
작성처 외무성 북동아시아과
매수 1
비밀등급 극비
문서종류 내부문서
공개구분 일부비공개
내용 한국청구권 요구 구분에 대한 사정액을 A, B, C안으로 정리한 표. 내용이 모두 먹칠 처리되어 있음.
주제어 청구권

한일청구권 교섭의 향후 진행방식
(日韓請求権交渉の今後の進め方)

문서파일번호	1746
작성연월일	1962. 2. 7
구분	제6차 회담
세부항목	청구권 향후 교섭 진행방식
작성처	외무성 아시아국
매수	11
비밀등급	
문서종류	내부문서
공개구분	공개
내용	청구권 교섭의 향후 진행방식에 관해 정리한 문서 및 청구권 사정액 표
주제어	청구권

문서명	한일청구권 교섭의 향후 진행방식에 대하여(日韓請求権交渉の今後の進め方について)

문서파일번호 1746
작성연월일 1962. 2. 7
구분 제6차 회담
세부항목 청구권 향후 교섭 진행방식
작성처 외무성 아시아국
매수 10
비밀등급 극비
문서종류 내부문서
공개구분 공개
내용 청구권 교섭의 향후 진행방식에 관해 정리한 문서. 사실관계 파악의 어려움, 관련 법규가 한반도 독립을 전제로 하지 않고 있다는 점, 남북한 비율 문제, 대일평화조약 제4조에 대한 미국의 해석, 개인에 대한 지불 여부의 조정 문제 등을 제기하면서 한국에게 청구권을 포기시킬 경우와 한국이 이에 응하지 않을 경우의 대응 등을 정리하고 있음. 어떠한 경우도 무상원조 1억 달러, 유상원조 2억 달러로 설정되어 있음.
주제어 청구권

문서명	한국청구권의 처리로써 일단 설명할 수 있는 액수의 사정(韓国請求権の処理として一応説明のつく金額の査定)

문서파일번호 1746
작성연월일 1962. 2. 7
구분 제6차 회담
세부항목 청구권 시산액
작성처 외무성 아시아국
매수 1
비밀등급 일반
문서종류 내부문서
공개구분 공개
내용 한국 청구권 사정액을 외무성 A, B안과 대장성 시산액(1962년 1월 10일)을 대조하여 정리한 표. 외무성 안은 1억 달러 안팎이나 대장성 시산액은 1,022만 달러에 그치고 있음.
주제어 청구권

호의 지불방식에 의한 한일청구권 처리(논의자료)
[Ex gratia 支払方式による日韓請求権処理 (討議資料)]

문서파일번호	1747
문서명	호의 지불방식에 의한 한일청구권 처리(논의자료)[Ex gratia 支払方式による日韓請求権処理 (討議資料)]
작성연월일	1962. 2. 7
구분	제6차 회담
세부항목	청구권 지불 형식
작성처	외무성 조약국 법규과
매수	5
비밀등급	극비
문서종류	내부문서
공개구분	공개
내용	청구권 지불 형식에 관한 조약국 검토의견이 담긴 문서. 청구권으로 지불할 경우 법적 근거 및 사실관계 파악의 어려움으로 인해 엄격히 산출하면 수백만 달러가 량밖에 안 되나, 그 결과는 정의 및 형평이라는 각도에서 볼 경우 타당성을 잃은 것이 될 수도 있다면서 Ex gratia(호의)로 지불하는 방식을 검토하고 있음.
주제어	청구권

대한경제협력 시안
(対韓経済協力試案)

문서파일번호	1748
작성연월일	1962. 2. 7
구분	제6차 회담
세부항목	대한경제협력 시안
작성처	외무성 경제협력부
매수	16
비밀등급	
문서종류	내부문서
공개구분	공개
내용	한국에 대한 직접차관 및 긴급 경제협력 시안을 담은 문서
주제어	대한경협

문서명	대한경제협력 시안(対韓経済協力試案)

문서파일번호 1748
작성연월일 1962. 2. 7
구분 제6차 회담
세부항목 대한경제협력 시안
작성처 외무성 경제협력부
매수 14
비밀등급 극비
문서종류 내부문서
공개구분 공개
내용 청구권과는 별개로 한국에 대한 직접차관 공여를 검토한 내용이 담긴 문서. 문서파일번호 1743(1962년 1월 29일 자) 문서의 내용을 약간 수정한 내용이 담김.
주제어 대한경제협력 시안

문서명	별지. 긴급 경제협력 시안(別紙 緊急経済協力試案)

문서파일번호 1748
작성연월일 1962. 2. 7
구분 제6차 회담
세부항목 대한경제협력 시안
작성처 외무성 경제협력부
매수 2
비밀등급
문서종류 내부문서
공개구분 공개
내용 한일 간 교환공문 형식에 기초하여 한국에 500만 달러의 연불 자금을 공여하는 건에 대한 검토 보고서
주제어 대한 긴급 경제협력 시안

한국의 대일청구권 처리에 관련한 원칙 문제 (韓国側対日請求額に対する大蔵、外務両省による査定の相違について)

문서파일번호	1749
문서명	한국의 대일청구권 처리에 관련한 원칙 문제(韓国側対日請求額に対する大蔵、外務両省による査定の相違について)
작성연월일	1962. 2. 15
구분	제6차 회담
세부항목	청구권 사정액
작성처	외무성 아시아국
매수	11
비밀등급	극비
문서종류	내부문서
공개구분	일부비공개
내용	한국의 청구권 금액과 관련 외무성과 대장성의 시산액 차이가 발생하는 원인에 대해 검토한 내용을 정리한 문서. 대장성 시산액은 1천만 달러, 외무성 시산액은 1억 달러이며. 이러한 차이가 나는 이유는 군인, 군속, 피징용자에 대한 위로금 및 은급에 관한 사정액에 차이가 있기 때문임. 법적 근거가 있는 청구권만 인정하면 극히 소액에 그칠 수밖에 없으며, 한국인 군인, 군속과 징용노무자의 은급에 대한 실정법상의 근거가 결여되어 있음을 고려하여 한일청구권 문제에 관한 정치교섭에서는 총액에 대해 청구권 명칭을 사용하지 않아야 한다면서, 이러한 취지하에 경제 협력을 포함하여 청구권 문제를 해결하기 위해 한국이 청구권 포기 선언을 표명할 경우와 그렇지 않을 경우로 나눠서 두 가지 초안을 제시함.
주제어	청구권

요강 6의 문제점(논의용 자료)
[要綱6に関する問題点(討議用資料)]

문서파일번호	1750
문서명	요강 6의 문제점(논의용 자료)[要綱6に関する問題点(討議用資料)]
작성연월일	1962. 2. 26
구분	제6차 회담
세부항목	청구권요강 제6항 수정문제
작성처	외무성 조약국 법규과
매수	10
비밀등급	극비
문서종류	내부문서
공개구분	공개
내용	한국이 대일청구요강 8항목 중 제6항을 제5항까지는 포함되지 않는 개인청구권을 향후 행사할 수 있게 하는 조항으로 수정하자고 요구한 데 대해 일본이 그 입장을 정리한 문서. 한일 간 청구권 협정으로 문제가 다 해결하도록 하는 방식, 개인청구권 행사를 가능케 하면서도 시효 정지 규정을 두지 않고 각 사항은 재판소에 일임하는 방식, 군정청령 제33호에 따른 재산권을 제외하고 시효 정지 규정을 두면서 개인청구권 행사를 인정하는 방식, 한국 요구를 전면적으로 인정하는 방식으로 나누어 그 장단점을 검토하고 있음.
주제어	청구권

구 재일본조선인연맹에 대한 귀국 한국인의 기탁금 건 등(旧在日本朝鮮人連盟に対する帰国朝鮮人の寄託金に関する件等)

문서파일번호	375
작성연월일	1962. 2. 7 - 1962. 2. 27
구분	제6차 회담
세부항목	청구권 자료
작성처	외무성, 법무성
매수	9
비밀등급	
문서종류	공문
공개구분	공개
내용	1962년 제6차 회담 기간 중 외무성 북동아과가 귀국 조선인의 기탁금, 조선인 일본이주 노무자의 실태 및 미수금 등과 관련하여 관계 성청에 보낸 공문 및 이에 대한 답신 공문
주제어	청구권

문서명	구 재일본조선인연맹에 대한 귀국 한국인의 기탁금 건(旧在日本朝鮮人連盟に対する帰国朝鮮人の寄託金に関する件)

문서파일번호 375
작성연월일 1962. 2. 7
구분 제6차 회담
세부항목 귀국 한국인 기탁금
작성처 외무성 북동아시아과장
매수 2
비밀등급 일반
문서종류 공문
공개구분 공개
내용 외무성 북동아과장이 한일회담 청구권소위원회에서 한국이 구 재일본조선인연맹 해산으로 공탁된 재일한국인들의 기탁금 반환을 요청했다고 언급하면서 구조선계 자료를 조사하여 기탁 사실의 존재 여부를 확인해 달라고 법무성 민사국 제5과장에게 요청한 공문의 대장성 앞 사본
주제어 청구권

문서명	구 재일본조선인연맹에 대한 귀국 한국인의 기탁금 건(旧在日本朝鮮人連盟に対する帰国朝鮮人の寄託金に関する件)

문서파일번호 375
작성연월일 1962. 2. 28
구분 제6차 회담
세부항목 귀국 한국인 기탁금
작성처 법무성 민사국 제5과장
매수 1
비밀등급 일반
문서종류 공문
공개구분 공개
내용 법무성 민사국 제5과장이 외무성 북동아과장에게 구 재일본조선인연맹에 기탁금은 존재하지 않으며, 구 재일본조선인연맹과 구 재일본조선민주청년동맹의 예금 및 저금액이 일본 국고에 귀속되어 있다고 통보한 공문
주제어 청구권

문서명	한일회담의 청구권 문제에 관한 협력 의뢰 건(日韓会談の請求権問題に関し協力方依頼の件)

문서파일번호 375
작성연월일 1962. 2. 15
구분 제6차 회담
세부항목 한국인 노무자 실태
작성처 외무성 아시아국장
매수 2
비밀등급 일반
문서종류 공문
공개구분 공개
내용 외무성 아시아국이 한국의 요청에 의해 조선인 일본이주 노무자의 실태를 파악해 달라고 노동성 직업안정국장에게 요청한 공문의 대장성 앞 사본
주제어 청구권

문서명	이입 한국인 노무자 수 파악에 관한 협력 의뢰 건(移入朝鮮人労務者数把握に関し協力方依頼の件)

문서파일번호 375
작성연월일 1962. 2. 15
구분 제6차 회담
세부항목 한국인 노무자 보상 문제
작성처 외무성 북동아시아과장
매수 2
비밀등급 극비
문서종류 공문
공개구분 공개
내용 외무성 북동아과장이 한일회담에서 일본에 집단 이입한 한국인 노무자에 대한 보상 문제가 아주 중요시되고 있다고 강조하고 실태 파악을 경시청 경비국 외사국장에게 요청한 공문의 대장성 앞 사본
주제어 청구권

문서명	귀국 한국인 노무자 미수금 건(帰国朝鮮人労務者未収金に関する件)

문서파일번호	375
작성연월일	1962. 2. 27
구분	제6차 회담
세부항목	귀국 한국인 노무자 미수금
작성처	외무성 북동아시아과장
매수	2
비밀등급	일반
문서종류	공문
공개구분	공개
내용	외무성 북동아과장이 한일회담에서 한국이 제2차 세계대전 종료 후 귀국한 한국인 노무자들의 미수금을 청구하고 있다고 언급하고, 관련 항목에 관해 대장성이 조사한 통계의 근거와 제시 경위에 대해서 조사해 달라고 노동성 노동기준국 임금과장에게 요청한 공문의 대장성 앞 사본
주제어	청구권

한·일 청구 금액의 사정
(日·韓請求金額の査定)

문서파일번호	1755
작성연월일	1962. 2. 9 - 1962. 3. 10
구분	제6차 회담
세부항목	청구권 금액 사정 기초자료
작성처	외무성 아시아국
매수	8
비밀등급	
문서종류	내부문서
공개구분	일부비공개
내용	한일 청구 금액의 사정을 위한 기초자료. 금액은 전부 먹칠로 가려짐.
주제어	청구권

문서명	사정의 기초(査定の基礎)

문서파일번호	1755
작성연월일	1962. 2. 9
구분	제6차 회담
세부항목	청구권 금액 사정 기초자료
작성처	외무성 아시아국
매수	3
비밀등급	극비
문서종류	내부문서
공개구분	일부비공개
내용	체신국 관계, 한국인 주식분배금, 유가증권 구분으로 구성된 한일청구권 금액 사정의 기초자료. 구체적인 내용 및 금액이 표시된 부분은 전부 먹칠 처리되어 있음.
주제어	청구권

문서명	사정의 기초(査定の基礎)

문서파일번호	1755
작성연월일	1962. 3. 10
구분	제6차 회담
세부항목	청구권 금액 사정 기초자료
작성처	외무성 아시아국
매수	3
비밀등급	극비
문서종류	내부문서
공개구분	일부비공개
내용	지금·지은(地金·地銀), 체신국 관계, 송금 반환, 폐쇄기관·재외회사의 한국인 주식배분금, 유가증권 구분으로 구성된 한일청구권 금액 사정의 기초자료. 구체적인 내용 및 금액이 표시된 부분은 전부 먹칠 처리되어 있음.
주제어	청구권

한국의 대일청구권 처리에 관련한 원칙 문제
(韓国の対日請求権処理にかかる原則問題)

문서파일번호	1751
문서명	한국의 대일청구권 처리에 관련한 원칙 문제(韓国の対日請求権処理にかかる原則問題)
작성연월일	1962. 3. 3
구분	제6차 회담
세부항목	청구권 처리의 원칙 문제에 관한 대장성 견해
작성처	대장성 이재국 외채과
매수	4
비밀등급	극비
문서종류	내부문서
공개구분	공개
내용	청구권 처리의 원칙 문제에 관한 대장성 외채과의 검토의견서. 한국이 요구한 사항(청구권에 남북한 모두를 포함, 한국의 대일청구권은 재한일본인 재산 취득과 별도, 대일청구요강 제6항을 협정 체결 후에도 개인청구권의 행사를 가능케 하는 조항으로 변경, 청구권을 1달러 15엔으로 환산)에 모두 반대하는 입장이 담김.
주제어	청구권

일반청구권 징용자 관계 등 전문위원회의 논의에 대해서(一般請求権徴用者関係等専門委員会の討議について)

문서파일번호	1752
문서명	일반청구권 징용자 관계 등 전문위원회의 논의에 대해서(一般請求権徴用者関係等専門委員会の討議について)
작성연월일	1962. 3. 4
구분	제6차 회담
세부항목	일반청구권 피징용자 관계 등 전문위원회 회의 개최 현황
작성처	외무성 북동아시아과
매수	18
비밀등급	극비
문서종류	내부문서
공개구분	일부비공개
내용	일반청구권 피징용자 관계 등 전문위원회 개최 현황을 정리한 내용이 담긴 문서. 1962년 2월 13~27일까지 총 4회 개최함. 피징용자 관계 문제와 관련하여 폐쇄기관, 유가증권, 미수금, 노무자, 군인군속, 은급, 기탁금 관련 논의내용이 요약되어 있음.
주제어	청구권

요강 6에 대한 방침안(미정고)
[要綱6に対する方針案(未定稿)]

문서파일번호	1754
문서명	요강 6에 대한 방침안(미정고)[要綱6に対する方針案(未定稿)]
작성연월일	1962. 3. 8
구분	제6차 회담
세부항목	청구권요강 제6항 수정 문제
작성처	외무성 조약국 법규과
매수	10
비밀등급	극비
문서종류	내부문서
공개구분	공개
내용	한국의 대일청구요강 8항목 중 제6항 수정요구에 대해 외무성 법규과의 반대 입장이 정리된 문서. 재일한국인을 제외하고 모든 문제가 해결된 것으로 할 것, 시효 정지 규정을 두지 않을 것 등을 밝히고 있음. 단 폐쇄기관 청산에 대한 잔여재산 배분의 청구권, 생명보험 준비금, 현물이 남아 있는 유가증권에 대한 청구는 예외가 된다는 입장이 기술됨.
주제어	청구권

한국 청구 금액의 사정
(韓国請求献金額の査定)

문서파일번호	1758
작성연월일	1962. 3. 13 - 1962. 3. 14
구분	제6차 회담
세부항목	한국청구권 사정액
작성처	외무성
매수	5
비밀등급	
문서종류	내부문서
공개구분	일부비공개
내용	한국청구권 금액의 사정에 관한 내용들이 담긴 문서. 일본 사정액은 먹칠로 전부 가려져 있음.
주제어	청구권

문서명	한국청구권 금액의 사정(韓国請求権金額の査定)

문서파일번호 1758
작성연월일 1962. 3. 13
구분 제6차 회담
세부항목 한국청구권 사정액
작성처 외무성
매수 1
비밀등급 극비
문서종류 내부문서
공개구분 일부비공개
내용 한국이 제출한 대일청구요강 8항목 요구 중 제5항까지의 사정액을 정리한 자료. 외무성 A, B, C 안 및 대장성 안이라는 4가지 안이 있으나, 전면 먹칠로 인해 내용 확인은 불가능함.
주제어 청구권

문서명	사정의 기초(査定の基礎)

문서파일번호 1758
작성연월일 1962. 3. 14
구분 제6차 회담
세부항목 한국청구권 사정액
작성처 외무성
매수 3
비밀등급 극비
문서종류 내부문서
공개구분 일부비공개
내용 한국이 제출한 대일청구요강 8항목 중 제5항까지 액수를 산출하는 데 이용한 내역 등을 정리한 자료. 먹칠로 인해 자세한 내용은 확인할 수 없음.
주제어 청구권

문서명	한국 일반청구권의 금액 사정(韓国一般請求権金額の査定)

문서파일번호	1758
작성연월일	1962. 3. 14
구분	제6차 회담
세부항목	한국청구권 사정액
작성처	외무성
매수	1
비밀등급	극비
문서종류	내부문서
공개구분	일부비공개
내용	한국이 제출한 대일청구요강 8항목 중 제5항까지의 항목에 관한 한일 양국 간의 산출 액수를 대조한 자료. 한국의 요구액은 공개되어 있으나, 일본의 액수는 먹칠로 가려짐.
주제어	청구권

재북한 일본재산의 처리와 대북한청구권 건(미정고)[在北鮮日本財産の処理と対北鮮請求権に関する件(未定稿)]

문서파일번호	1759
문서명	재북한 일본재산의 처리와 대북한청구권 건(미정고)[在北鮮日本財産の処理と対北鮮請求権に関する件 (未定稿)]
작성연월일	1962. 5. 15
구분	제6차 회담
세부항목	북한소재 일본재산 및 대북한청구권
작성처	외무성 북동아시아과
매수	7
비밀등급	극비
문서종류	내부문서
공개구분	일부비공개
내용	북한소재 일본재산의 처리와 대북한청구권에 대한 검토의견이 담긴 문서. 소련군의 북한 진군과 북한의 독립, 북한에 있는 일본재산(연합국 최고사령부가 일본 대장성 제출 자료 등을 정리하여 집계한 금액은 29.7억 달러로 추정)의 처리, 북한에 대한 일본재산의 평가 및 문제점에 대해 기술함.
주제어	대북한청구권

한일회담 청구 문제 교섭 이후 진행방식
(日韓会談における請求権問題交渉の今後の進め方について)

문서파일번호	1760
문서명	한일회담 청구 문제 교섭 이후 진행방식(日韓会談における請求権問題交渉の今後の進め方について)
작성연월일	1962. 7. 20
구분	제6차 회담
세부항목	청구권교섭의 향후 진행방식
작성처	외무성 아시아국
매수	12
비밀등급	극비
문서종류	내부문서
공개구분	공개
내용	청구권교섭의 향후 진행방식에 관한 검토의견서. 청구권 문제와 관련하여 법적으로 검토한 결과 청구권으로 인정할 수 있는 것은 극히 소액에 지나지 않음. 청구권 문제를 해결할 수 있는 방법은 한국이 청구권을 폐기 내지 주장하지 않기로 하고 일본이 무상원조로 일정액을 공여하는 방식이 있음.
주제어	청구권

평화조약 규정에 의한 재한일본재산 몰수에 대해 국내보상이 필요 없다는 해석에 관해서(平和条約の規定による在韓日本財産没収に対し国内補償の必要なしとの解釈について)

문서파일번호	1761
문서명	평화조약 규정에 의한 재한일본재산 몰수에 대해 국내보상이 필요 없다는 해석에 관해서(平和条約の規定による在韓日本財産没収に対し国内補償の必要なしとの解釈について)
작성연월일	1962. 7. 21
구분	제6차 회담
세부항목	재한일본재산 몰수에 따른 일본정부의 보상 문제
작성처	외무성 조약국 법규과
매수	4
비밀등급	극비
문서종류	내부문서
공개구분	공개
내용	재한일본재산 몰수에 대한 국내보상 문제에 관해 조약국이 검토한 의견을 담은 문서. 재한일본인 재산 몰수는 미국이 행하였으며, 일본정부는 외교보호권만을 포기하고 개인의 재산권까지 소멸시킨 것이 아니라는 점, 대일평화조약 제4조 해석에 관한 미국각서는 원래 소유권이 이미 소멸된 것을 단지 정치적으로 고려한 것에 불과하다는 점, 무상원조로 해결하면 개인재산권의 상쇄 문제와 관련이 없다는 점 등의 이유를 들어 일본정부의 보상 의무가 없음을 밝히고 있음.
주제어	청구권

한국 청구권 금액의 사정
(韓国請求献金額の査定)

문서번호	1762
문서명	한국 청구권 금액의 사정(韓国請求献金額の査定)
작성연월일	불명
구분	제6차 회담
세부항목	한국 청구권 사정액
작성처	외무성
매수	1
비밀등급	
문서종류	내부문서
공개구분	일부비공개
내용	한국 청구권 금액의 일본 사정액을 A~F안으로 정리하고 한국 청구 금액을 대조한 표. 일본 사정액은 전부 먹칠 처리되어 있음. 이하 14쪽은 비공개로 되어 있음.
주제어	청구권

한국 입장
(韓国側の立場)

문서파일번호	1763
문서명	한국 입장(韓国側の立場)
작성연월일	1962. 8. 16
구분	제6차 회담
세부항목	청구권 문제에 관한 한국 입장
작성처	한국대표단(일본 번역)
매수	14
비밀등급	일반
문서종류	내부자료
공개구분	공개
내용	1962년 8월 개최된 한일 간 예비교섭 회의에서 청구권 문제에 대한 한국 입장을 밝힌 문서. 한글본과 일문 번역본이 함께 수록됨. 대일청구요강 8항목 요구는 재한일본인 재산의 취득을 고려해서 산출한 것이므로 그와의 상쇄는 성립되지 않음. 한국은 한반도에서 유일한 합법정부이므로 북측 지역의 청구권도 같이 처리해야 함. 미군정청령 제33호는 1945년 8월 9일 자로 일본인 재산이 미군정에 귀속되었음을 정한 것임. 지불은 15엔대 1달러로 산출해야 함.
주제어	청구권

한국에 대한 차관 공여
(韓国に対する借款供与)

문서파일번호	1764
작성연월일	1962. 8. 16 - 1962. 8. 17
구분	제6차 회담
세부항목	대한 차관 공여
작성처	외무성 경제협력국 경제협력과
매수	16
비밀등급	
문서종류	내부문서, 내부자료
공개구분	공개
내용	1962년 8월 16일 자로 한국에 대한 직접 차관 공여에 관해 검토한 내용이 담긴 문서 및 관련 자료 모음
주제어	대한 차관 공여

문서명	한국에 대한 차관 공여 건(韓国に対する借款供与の件)

문서파일번호 1764
작성연월일 1962. 8. 16
구분 제6차 회담
세부항목 대한 차관 공여
작성처 외무성 경제협력국 경제협력과
매수 11
비밀등급 극비
문서종류 내부문서
공개구분 공개
내용 한국에 대한 직접 차관 공여에 관해 검토한 내용이 담긴 문서. 앞서 1962년 2월 7일 검토 때에는 금액이 2억 달러, 금리가 4%였으나 이번 검토에서는 금액 2~3억 달러, 금리 4.5%로 산정됨. 한국의 외자 포지션(대외 지불 능력 등), 각국의 대한국 원조 조건, 서구제국의 후진국에 대한 신용공여 조건의 추세, 일본의 종래의 차관 공여 조건 등에 관한 내용이 검토되어 금리가 높아짐.
주제어 대한 차관 공여

문서명	채권국 회의의 대인도 원조(債権国会議の対印援助)

문서파일번호 1764
작성연월일 불명
구분 제6차 회담
세부항목 채권국 회의의 대인도 원조 현황
작성처 외무성 경제협력국 경제협력과
매수 1
비밀등급 일반
문서종류 내부자료
공개구분 공개
내용 채권국 회의의 인도에 대한 원조 현황을 표로 정리한 자료
주제어 대한 차관 공여

문서명	일본이 진행한 주된 신용공여 조건(わが国の行なった主な信用供与条件)

문서파일번호 1764
작성연월일 1962. 8. 17
구분 제6차 회담
세부항목 일본의 대외신용 공여 조건
작성처 외무성 경제협력국 정책과
매수 3
비밀등급 비(秘)
문서종류 내부자료
공개구분 공개
내용 일본 수출입은행과 해외협력기금이 진행한 대외 신용공여 조건을 정리한 표
주제어 대한 차관 공여

문서명	일본이 진행한 배상 이외의 무상공여 안건(わが国の行なった賠償以外の無償供与案件)

문서파일번호 1764
작성연월일 1962. 8. 17
구분 제6차 회담
세부항목 일본의 배상이외의 무상공여 안건
작성처 외무성 배상부 조정과
매수 1
비밀등급 일반
문서종류 내부자료
공개구분 공개
내용 일본의 라오스, 캄보디아 및 태국에 대한 배상 이외의 무상공여 안건 내역을 표로 정리한 자료
주제어 대한 차관 공여

한일청구권 문제의 처리방식
(日韓請求権問題の処理方式)

문서파일번호	1765
문서명	한일청구권 문제의 처리방식(日韓請求権問題の処理方式)
작성연월일	1962. 8. 23
구분	제6차 회담
세부항목	한일청구권 문제 처리방식
작성처	외무성 조약국 법규과
매수	1
비밀등급	극비
문서종류	내부문서
공개구분	비공개
내용	한국이 제기한 청구권 및 무상을 합하는 방식에 대해 일본이 그 방침을 정한 내부문서. 전면 비공개로 되어 있어 내용은 확인이 불가능함. 이하 12쪽 비공개
주제어	청구권

한일청구권 문제의 해결방법에 대해서
(日韓請求権問題の解決方法について)

문서파일번호	1766
문서명	한일청구권 문제의 해결방법에 대해서(日韓請求権問題の解決方法について)
작성연월일	1962. 8. 31
구분	제6차 회담
세부항목	한일청구권 문제 해결방법
작성처	외무성 아시아국장
매수	4
비밀등급	극비
문서종류	내부문서
공개구분	공개
내용	외무성 아시아국장이 청구권 문제 타결 액수에 관한 일본의 내부 방침을 정리한 문서. 한국이 최종적으로 무상 3억 달러 및 그와 비슷한 유상지원을 생각하고 있음을 전제로 그 제시 액수를 3안에 나누어 정리함.
주제어	청구권

한국의 대일청구권 8항목 중 제1~5항까지에 대한 일본의 사정 설명(韓国の対日請求権8項目のうち第1項より第5項までに対する日本側査定の説明)

문서파일번호	1767
문서명	한국의 대일청구권 8항목 중 제1~5항까지에 대한 일본의 사정 설명[韓国の対日請求権8項目のうち第1項より第5項までに対する日本側査定の説明]
작성연월일	1962. 9. 24
구분	제6차 회담
세부항목	대일청구요강 8항목에 대한 사정
작성처	외무성 북동아시아과
매수	6
비밀등급	극비
문서종류	내부문서
공개구분	일부비공개
내용	한국의 대일청구요강 8항목 중 제1~5항까지의 일본 사정에 대한 설명이 담긴 문서. 제1항 지금·지은, 제3항 송금 반환에 대해서는 청구 근거가 없다고 판단, 거부하는 입장이 표명되어 있음. 제2항 총독부 관계, 제4항 폐쇄 기관, 재외회사의 재일재산, 제5항 한국인의 일본인 및 일본정부에 대한 청구 부분은 먹칠되어 있거나 비공개로 되어 있어 그 내용을 파악할 수 없음.
주제어	청구권

한일회담의 청구권 문제 해결방책에 대하여
(日韓会談における請求権問題の解決方策について)

문서파일번호	1768
문서명	한일회담의 청구권 문제 해결방책에 대하여(日韓会談における請求権問題の解決方策について)
작성연월일	1962. 10. 2
구분	제6차 회담
세부항목	청구권 문제 해결방책
작성처	외무성 아시아국
매수	12
비밀등급	극비
문서종류	내부문서
공개구분	일부비공개
내용	오히라 마사요시·김종필 회담에 대비한 일본의 청구권 문제 해결방책이 담긴 문서. 한국이 무상 3억 달러, 유상 2억 달러 정도로 청구권 문제를 타결할 것을 예상하면서, 일본은 제1안 무상 2.5억, 유상 1.5억 달러, 제2안 무상 3억, 유상 1.5억 달러로 상정하고 있음. 문화재에 관해서는 일부 국가 소유문화재를 문화교류의 일환으로서 증여한다는 방침을 세움.
주제어	청구권

대한 무상공여 금액의 현가에 대하여
(対韓無償供与金額の現価について)

문서파일번호	1769
문서명	대한 무상공여 금액의 현가에 대하여(対韓無償供与金額の現価について)
작성연월일	1962. 10. 9
구분	제6차 회담
세부항목	대한 무상공여 금액의 현가
작성처	외무성 북동아시아과
매수	2
비밀등급	극비
문서종류	내부문서
공개구분	공개
내용	한국과 2.5억 달러 또는 3억 달러의 무상자금 제공으로 타결될 경우, 매해 10분의 1씩 지불할 것을 가정해서 지불 총액의 현재가치를 계산한 내용이 담긴 문서
주제어	청구권

한일회담의 청구권 문제 해결방침
(日韓会談における請求権問題の解決方針)

문서파일번호	1770
문서명	한일회담의 청구권 문제 해결방침(日韓会談における請求権問題の解決方針)
작성연월일	1962. 10. 24
구분	제6차 회담
세부항목	청구권 문제 해결방침
작성처	외무성 아시아국
매수	8
비밀등급	극비
문서종류	내부문서
공개구분	일부비공개
내용	제1차 오히라 마사요시·김종필 회담(1962년 10월 20일) 후 외무성이 청구권 문제에 관한 방침을 정한 문서. 제공액수, 한국의 대일무역 채무, 차관 문제 등을 3가지 안(제1안 무상공여 2.5억 달러, 무역채권 4,573만 달러는 현안으로 남김. 장기저리 차관 1억 달러, 제2안 무상공여 3억 달러, 무역채권 지불, 장기저리차관 최소 1.5억 달러, 제3안 무상공여 3억 달러, 무역채권 지불, 장기저리차관 1억 또는 1.5억 달러)으로 나누어 정리하고 있음.
주제어	청구권

대한 유상원조의 공여에 대하여
(対韓有償援助の供与について)

문서파일번호	1771
문서명	대한 유상원조의 공여에 대하여(対韓有償援助の供与について)
작성연월일	1962. 10. 25
구분	제6차 회담
세부항목	대한 유상원조 공여
작성처	외무성 북동아시아과
매수	4
비밀등급	극비
문서종류	내부문서
공개구분	공개
내용	한국에 대해 유상원조를 진행하는 데 해외경제협력기금과 수출입은행을 이용하는 문제점 등을 정리한 문서
주제어	청구권

한일청구권 문제에 관한 경제국 및 경제협력국 협의(日韓請求権問題に関する経済局及び経済協力局との協議)

문서파일번호	1772
문서명	한일청구권 문제에 관한 경제국 및 경제협력국 협의(日韓請求権問題に関する経済局及び経済協力局との協議)
작성연월일	1962. 10. 26
구분	제6차 회담
세부항목	한일청구권 문제 외무성 내부협의
작성처	외무성 북동아시아과
매수	6
비밀등급	극비
문서종류	회의록
공개구분	공개
내용	제1차 오히라 마사요시·김종필 회담(1962년 10월 20일) 결과, 청구권 문제가 무상 및 유상원조로 해결될 가능성이 커짐에 따라 1962년 10월 26일 무역불균형 문제 관련성을 중심으로 외무성 내부(아시아국, 경제국, 경제협력국)에서 논의한 내용을 담은 문서
주제어	청구권

제4부

문화재 문제 자료
(1955~1959)

한국관계 고서적에 대해서
(韓国関係古書籍について)

문서파일번호	587
작성연월일	1955. 4. 26
구분	제3~4차 회담 사이
세부항목	한국관계 고서적
작성처	외무성 등
매수	82
비밀등급	
문서종류	내부문서, 내부자료
공개구분	공개
내용	한국관계 고서적에 관한 도요문고 다가와(東洋文庫 田川先生) 선생의 설명내용이 담긴 문서 및 주요 문고에 소장된 한국관계 고서적 목록
주제어	문화재 반환

문서명	도요문고 소장 한국서적에 대해서(東洋文庫の所蔵の韓国書籍について)

문서파일번호 587
작성연월일 1955. 4. 26
구분 제3~4차 회담 사이
세부항목 한국관계 고서적
작성처 외무성
매수 1
비밀등급 일반
문서종류 내부문서
공개구분 공개
내용 도요(東洋)문고 소장 한국서적에 관한 조사 내용을 기술한 문서. 동 서적은 마에다(前田恭作)* 로부터 1924년 기증받은 것으로 마에다는 이 서적을 한국에서 정당한 수단으로 입수한 것임. 교토대학의 가와이(河合)문고는 가와이(河合)가 통감부 시대에 조선에서 구입한 것임.
주제어 문화재 반환

문서명	가와이문고, 요네자와 본가, 난키문고, 요네자와도서관 소장 한국관계 고서적 목록(河合文庫, 米沢上杉家本邸, 南葵文庫, 米澤圖書館 所藏 韓国関係古書籍目錄)

문서파일번호 587
작성연월일 1955(월일 불명)
구분 제3~4차 회담 사이
세부항목 한국관계 고서적
작성처 도요문고 다가와 선생
매수 77
비밀등급 일반
문서종류 내부자료
공개구분 공개
내용 가와이문고(河合文庫), 요네자와 본가(米沢上杉家本邸), 난키문고(南葵文庫), 요네자와도서관(米澤圖書館)에 소장된 한국 관계 고서적의 목록이 기재됨.
주제어 문화재

* 마에다 교사쿠. 일제강점기 한국에서 조선어학자로 활동한 인물

문서명	한국관계 고서적(韓国関係古書籍)

문서파일번호 587
작성연월일 1955(월일 불명)
구분 제3~4차 회담 사이
세부항목 한국관계 고서적
작성처 외무성
매수 4
비밀등급 일반
문서종류 내부자료
공개구분 공개
내용 문고명, 소유구분, 비고 등의 내용으로 궁내청 서릉부, 내각문고, 국립도서관 등의 한국관계 고서적을 소유하고 있는 곳이 기재됨.
주제어 문화재

도쿄국립박물관 소장 한국 소출품
(東京国立博物館所蔵韓国所出品)

문서파일번호	588
문서명	도쿄국립박물관 소장 한국 소출품(東京国立博物館所蔵韓国所出品)
작성연월일	1955(월일 불명)
구분	제3~4차 회담 사이
세부항목	도쿄국립박물관 소장 한국 출토품
작성처	조선고적연구회(朝鮮古跡研究會)
매수	1
비밀등급	일반
문서종류	내부자료
공개구분	일부비공개
내용	조선고적연구회가 작성한 도쿄국립박물관 소장 한국 소출품 리스트. 리스트의 비고에 따르면 일부 소장품은 전쟁 중 훼손되어 수리한 물품들이 있음. 발견 장소, 수리일자, 납입자 등은 먹칠되어 있음.
주제어	문화재

한국관계 중요문화재 일람
(韓国関係重要文化財一覧)

문서파일번호	589
문서명	한국관계 중요문화재 일람(韓国関係重要文化財一覧)
작성연월일	1955(월일 불명)
구분	제3~4차 회담 사이
세부항목	한국관계 중요문화재
작성처	불명
매수	30
비밀등급	극비
문서종류	내부자료
공개구분	비공개
내용	한국관계 중요문화재의 목록. 지정 연월일, 품명, 수량, 소유자, 비고 등 그 내용이 모두 먹칠되어 있음.
주제어	문화재

한국 국보 고서적 목록 일본 각 문고 소장
(韓国国宝古書籍目録 日本各文庫所蔵)

문서파일번호	379
문서명	한국 국보 고서적 목록 일본 각 문고 소장(韓国国宝古書籍目録 日本各文庫所蔵)
작성연월일	1958(월일 불명)
구분	제4차 회담
세부항목	한국 고서적 목록
작성처	외무성 북동아시아과
매수	114
비밀등급	극비
문서종류	내부자료
공개구분	공개
내용	1953년 5월 14일 히로타(広田積) 아시아국 제2과장이 장기영 대표한테 수령한 것을 북동아시아과가 복제한 자료. 내각문고(内閣文庫), 도서료(図書寮), 세카도 문고(静嘉堂文庫), 호사문고(蓬左文庫), 손케이가쿠문고(尊経閣文庫), 세키도문고(成簣堂文庫), 쇼코칸문고(彰考館文庫)*, 미도케이(水戸家)에 소장되어 있는 한국 고서 목록
주제어	문화재 반환

* 에도시대에 죠리쿠쿠니(常陸国)에 있는 미토한(水戸藩)이 『대일본사(大日本史)』를 편찬하기 위하여 설치한 부서

한국 국보 고서적 목록(제2차분)
[韓国国宝古書籍目録(第二次分)]

문서파일번호	380
문서명	한국 국보 고서적 목록(제2차분)[韓国国宝古書籍目録(第二次分)]
작성연월일	1958(월일 불명)
구분	제4차 회담
세부항목	한국 고서적 목록
작성처	외무성 북동아시아과
매수	159
비밀등급	극비
문서종류	내부자료
공개구분	공개
내용	한국 국보 고서적 목록 제2차분. 1953년 10월 15일 제3회 청구권위원회 회의 때 한국에서 수령한 것을 외무성 북동아과가 복제한 자료. 도요문고(東洋文庫), 가와이문고(河合文庫, 교토대 도서관 보관), 요네자와 우에스기케(米沢上杉家) 본가, 난키문고(南葵文庫, 도쿄대 도서관 보관), 요네자와 도서관(米澤図書館)에 보관되어 있는 한국 고서적 목록
주제어	문화재 반환

일본 소재 한국 국보 미술 공예품 목록
(日本所在韓国国宝美術工芸品目録)

문서파일번호	381
문서명	일본 소재 한국 국보 미술 공예품 목록(日本所在韓国国宝美術工芸品目録)
작성연월일	1958(월일 불명)
구분	제4차 회담
세부항목	한국 미술·공예품 목록
작성처	외무성 북동아시아과
매수	55
비밀등급	극비
문서종류	내부자료
공개구분	공개
내용	일본 소재 한국 국보 미술 공예품 목록. 1953년 5월 14일 히로타 아시아국 제2과장이 장기영 대표한테 수령한 것을 북동아과가 복제한 자료. 도쿄국립박물관, 나라국립박물관, 교토대학문학부 진열관, 도쿄대학문학부 진열관에 소장되어 있거나 개인이 소유 중인 미술, 공예품 목록
주제어	문화재 반환

문화재보호위원회의 의견
(文化財保護委員会の意見)

문서파일번호	569
작성연월일	1958. 5. 30 - 1958. 10(일자 불명)
구분	제4차 회담
세부항목	문화재 반환 문제
작성처	외무성, 문화재보호위원회
매수	17
비밀등급	
문서종류	회의록, 내부문서
공개구분	공개
내용	일본 소재 한국문화재 반환에 관한 외무성과 문화재보호위원회 간 회의기록 및 동 위원회 의견
주제어	문화재 반환

문서명	문화재보호위원회 오카다 사무국장 회담(文化財保護委員会岡田事務局長との会談の件)

문서파일번호 569
작성연월일 1958. 5. 30
구분 제4차 회담
세부항목 문화재반환 관련 외무성 · 문화재 보호위원회 회의
작성처 외무성 스가누마 기록
매수 6
비밀등급 극비
문서종류 회의록
공개구분 공개
내용 1958년 3월 30일 개최된 스가누마 북동아시아과 과장과 오카다(岡田) 문화재보호위원회 사무국장 회담 기록. 스가누마 과장은 문화재 문제를 청구권소위원회에서 이타가키 외무성 아시아국장을 수석위원으로하여 논의하게 된 경위 등을 설명하고, 차기 회의부터 문화재위원회의 과장급 인사를 참석시키는 방안에 대해 문의함. 오카다 국장은 우선 행정직 직원을 옵서버로 2, 3회 참석시킨 후 정식 멤버로 전문가를 참석시키는 방안을 제의함.
주제어 문화재 반환

문서명	한일회담에 따른 한국관계 문화재의 문제에 대해서(日韓会談に伴う韓国関係文化財の問題について)

문서파일번호 569
작성연월일 1958. 6. 6
구분 제4차 회담
세부항목 문화재 반환 교섭에 관한 문화재보호위원회 의견
작성처 문화재보호위원회
매수 7
비밀등급 극비
문서종류 내부문서
공개구분 공개
내용 1958년 6월 6일 자 문화재보호위원회의 한국문화재 반환 교섭에 관한 검토의견서. 한국문화재 반환에 부정적인 동 위원회의 태도가 엿보임.
주제어 문화재 반환

문서명	제4차 한일회담 청구권소위원회 제5회의에서 한국 요구에 대한 의견(第四次日韓全面会談請求権小委員会第五回会合における韓国側の要求に対する意見)

문서파일번호	569
작성연월일	1958. 10(일자 불명)
구분	제4차 회담
세부항목	문화재 반환에 관한 문화재보호위원회 의견
작성처	문화재보호위원회
매수	4
비밀등급	극비
문서종류	내부문서
공개구분	공개
내용	1958년 10월 25일 개최된 제4차 한일회담 청구권소위원회 제5회 회의에서 문화재 반환과 관련하여 한국이 요구한 사항에 대한 문화재보호위원회의 검토의견서. 한국이 반환을 요구하는 품목들은 개인이 소장하고 있는 것들이어서 반환요구에 응하는 것이 불가함.
주제어	문화재 반환

한국 문화재에 관한 건
(韓国文化財に関する件)

문서파일번호	570
작성연월일	1960. 4. 6 - 1960. 4. 21
구분	제4차 회담
세부항목	문화재 반환 문제
작성처	외무성
매수	28
비밀등급	
문서종류	내부문서
공개구분	공개 또는 일부비공개
내용	일본 소재 한국 문화재에 관한 문화재보호위원회의 태도, 주무기관, 현황 등에 관한 문서
주제어	문화재 반환

문서명	한국 문화재 관련(韓国文化財に関する件)

문서파일번호 570
작성연월일 1960. 4. 6
구분 제4차 회담
세부항목 문화재 반환 문제
작성처 외무성 북동아시아과장
매수 11
비밀등급 극비
문서종류 내부문서
공개구분 공개
내용 이세키 유지로 아시아국장이 문화재 반환 문제와 관련하여 문화재보호위원회 오카다(岡田) 사무국장과 스가누마 기요시(管沼潔) 전 북동아과장으로부터 청취한 내용. 문화재보호위원회 측의 문화재 반환에 반대하는 태도가 명확하게 나타나 있음.
주제어 문화재 반환

문서명	별첨3. (1)국가 소유의 한국 문화재 주무기관[別添 3(1) 国有の韓国文化財主務機関]

문서파일번호 570
작성연월일 1960. 4. 6
구분 제4차 회담
세부항목 문화재 반환 문제
작성처 외무성 북동아시아과장
매수 1
비밀등급 일반
문서종류 내부문서
공개구분 공개
내용 국가 소유 한국 문화재 주무기관 일람표
주제어 문화재 반환

문서명	별첨3. (2)한국관계 문화재에 관한 연락처[別添 3(2)韓国関係文化財に関する連絡先]

문서파일번호 570
작성연월일 1960. 4. 6
구분 제4차 회담
세부항목 문화재 반환 문제
작성처 외무성 북동아시아과장
매수 1
비밀등급 일반
문서종류 내부문서
공개구분 공개
내용 한국 관계 문화재 담당자들의 연락처
주제어 문화재 반환

문서명	별첨4. 국가 소유의 조선 관계 문화재 현상에 대하여(別添 4. 国有の朝鮮関係文化財の現状について)

문서파일번호 570
작성연월일 1959. 1. 16
구분 제4차 회담
세부항목 문화재 반환 문제
작성처 외무성 스가누마
매수 3
비밀등급 극비
문서종류 내부문서
공개구분 일부비공개
내용 스가누마 기요시 북동아과장이 정리한 자료. 도쿄국립박물관, 도쿄대학 문학부 연구실, 교토대학 문학부 연구실, 내각문고, 궁내청 서릉부에 소장되어 있는 일본 국가 소유의 조선 관계 문화재 현황이 간단하게 정리됨.
주제어 문화재 반환

문서명	문화재 문제 건(文化財問題に関する件)

문서파일번호 570
작성연월일 1960. 4. 21
구분 제4차 회담
세부항목 문화재 반환 문제
작성처 외무성 북동아시아과
매수 3
비밀등급 비(秘)
문서종류 내부문서
공개구분 공개
내용 외국의 문화재 반환 선례 등 정리
주제어 문화재 반환

문서명	조선의 미술품, 골동품에 대하여(朝鮮の美術品、骨董について)

문서파일번호 570
작성연월일 1953. 6. 23
구분 제4차 회담
세부항목 문화재 반환 문제
작성처 외무성
매수 9
비밀등급 일반
문서종류 내부문서
공개구분 공개
내용 예술대학 후지타(藤田) 교수로부터 청취한 조선 문화재 일반에 관한 설명요지. 후지타는 데라우치 마사다케 총독의 조선출토 문화재보호정책은 이후의 총독들도 실시하였고 총독부박물관은 고적의 조사, 발굴, 복원을 담당함. 미술품의 관외 유출은 박물관의 허가를 받아야 했으며, 도쿄박물관소장의 조선발굴품은 동 박물관의 조선실 설치에 따라 기부된 것임. 요컨대 식민지 시기 조선 관련 문화재의 대부분은 불법으로 일본으로 가져온 것이 아니며, 총독부가 취한 문화재의 보호조치에 대해서는 증빙이 되는 자료를 한국에 남겼고, 박물관의 한국인 근무자도 잘 알고 있을 것임. 문서파일번호 585와 동일한 문서임.
주제어 문화재 반환

한국 문화재 문제 관련 문부성 간담
(韓国文化財問題に関する文部省当局との懇談)

문서파일번호	571
문서명	한국 문화재 문제 관련 문부성 간담(韓国文化財問題に関する文部省当局との懇談)
작성연월일	1960. 9. 19
구분	제4~5차 회담 사이
세부항목	문화재 관련 일본 내부협의
작성처	외무성 북동아시아과
매수	10
비밀등급	극비
문서종류	회의록
공개구분	공개
내용	제5차 한일회담을 앞두고 문화재 문제에 관한 외무성·문부성 내부협의 기록. 외무성은 한국의 정권 교체에 따라 회담 진전을 기대하는 입장에서 문화협력의 일환으로 문화재를 인도할 입장을 표명하고 있음. 문부성은 문화재 인도에는 법률개정이 필요해질 수도 있다고 주장하는 한편, 국립대학교가 소장하고 있는 것은 문부성도 관여하지 못한다는 등 소극적인 자세를 보임.
주제어	문화재 반환

한국 문화재 인도 건
(韓国文化財の引渡し関する件)

문서파일번호	572
작성연월일	1960. 9. 20 - 1960. 10. 15
구분	제4~5차 회담 사이
세부항목	문화재 반환에 관한 일본 입장
작성처	외무성
매수	15
비밀등급	
문서종류	
공개구분	공개
내용	일본 소재 한국 문화재의 반환과 관련하여 국내적으로 입법조치가 필요한지 등에 관한 외무성의 입장검토 문서 모음
주제어	

문서명	한국 문화재 인도 건(韓国文化財引渡しに関する件)

문서파일번호 572
작성연월일 1960. 9. 20
구분 제4~5차 회담 사이
세부항목 문화재 반환에 관한 일본 입장
작성처 외무성 북동아시아과
매수 2
비밀등급 극비
문서종류 내부문서
공개구분 공개
내용 북동아과가 한일 간 협정에 따라 국내법을 개정하지 않아도 인도가 가능한지, 조약 체결과 동시에 입법조치가 필요한지 등과 관련하여, 문화재 보호법 등 국내법 개정의 필요성 여부를 조약과에 문의한 내용
주제어 문화재 반환

문서명	한국 문화재 인도를 위한 협정 건(韓国文化財引渡しのための協定に関する件)

문서파일번호 572
작성연월일 1960. 9. 22
구분 제4~5차 회담 사이
세부항목 문화재 반환에 관한 일본 입장
작성처 외무성 북동아시아과
매수 3
비밀등급 극비
문서종류 내부문서
공개구분 공개
내용 앞에 나온 문서의 북동아과 문의에 대해 1960년 9월 22일 조약과의 답변 내용을 정리한 문서. 북동아과 문의에 대해 조약과는 국회승인이 필요한 조약 체결이 필요하며, 국회승인이 필요한 조약의 경우는 국내법과 같은 효력을 가지므로 따로 국내법을 입법할 필요는 없으나 국내법에 어긋나는 조약 내용일 경우는 개정하는 것이 바람직하다고 답변함.
주제어 문화재

문서명	문화재를 한국에 인도하는 경우의 법적 조치 건(文化財を韓国に引渡す場合の法的措置に関する件)

문서파일번호 572
작성연월일 1960. 9. 29
구분 제4~5차 회담 사이
세부항목 문화재 반환에 관한 일본 입장
작성처 외무성 북동아시아과
매수 4
비밀등급 일반
문서종류 내부문서
공개구분 공개
내용 문화재를 무상으로 인도할 경우, 현행 국내법 관계가 어떻게 될 것인가를 검토한 문서. 국가 소유문화재의 무상 인도에는 새로운 입법 조치가 필요하다는 입장 기술
주제어 문화재 반환

문서명	경제 및 기술협력을 위해 필요한 물품을 외국정부 등에 양도하는 것에 관한 법률(経済及び技術協力のため必要な物品の外国政府等に対する譲与等に関する法律)

문서파일번호 572
작성연월일 1960. 3. 31
구분 제4~5차 회담 사이
세부항목 문화재 반환에 관한 일본 입장
작성처 대장성
매수 2
비밀등급 일반
문서종류 법령
공개구분 공개
내용 정부는 조약 그 외의 국제약속을 바탕으로 경제 및 기술협력을 위해 필요한 물품을 개발도상국의 외국 정부, 혹은 그 기관 또는 국제연합 혹은 그 전문기관에게 증여하거나 시가보다도 싼 가격으로 양도할 수 있다는 내용의 법률 제23호
주제어 문화재 반환

문서명	한국 문화재 인도를 위한 법률 문제에 대해 대장성 담당자와 협의한 건(韓国文化財引渡しのための法律問題について大蔵省担当者との待合せに関する件)

문서파일번호	572
작성연월일	1960. 10. 15
구분	제4~5차 회담 사이
세부항목	문화재 반환에 관한 일본 입장
작성처	외무성 북동아시아과
매수	4
비밀등급	극비
문서종류	회의록(전화)
공개구분	공개
내용	한국 문화재 반환과 관련, 마에다 도시카즈 북동아과장이 대장성(주계국 법규과) 담당관과 통화한 내용을 기록한 문서. 대장성은 한일 간 협정을 통해 문화재를 인도할 경우 기본적으로 특별 입법 등 명확한 조치를 취할 필요가 있다고 밝혔으나, 국내법에 어긋나는 협정이 아닐 경우는 필요 없지 않은가라는 외무성 측 견해에도 동의를 표함.
주제어	문화재 반환

한국 문화재 문제에 관한 제1회 성내 협의회
(韓国文化財問題に関する第1回省内打合会)

문서파일번호	573
문서명	한국 문화재 문제에 관한 제1회 성내 협의회(韓国文化財問題に関する第1回省内打合会)
작성연월일	1960. 10. 6
구분	제5차 회담
세부항목	문화재 교섭 관련 외무성 내부협의회
작성처	외무성 북동아시아과
매수	10
비밀등급	극비
문서종류	회의록
공개구분	공개
내용	제5차 한일회담 문화재 교섭을 앞두고 개최된 외무성 내부 내부협의 회의. 문화재 인도에 관해 현행법을 확대 적용하여 실시할 것인지, 따로 입법조치를 취할 것인지에 관한 연구의 필요성이 지적됨. 일본은 한국이 권리·의무를 주장하지 않으면 인도할 용의가 있다고 설득할 수밖에 없다는 것, 기본관계조약 발효와 동시에 문화재 인도를 가능하게 한다는 등의 견해가 기술됨.
주제어	문화재 반환

한국 문화재의 현상 등에 관한 조서
(韓国文化財の現状等に関する調書)

문서파일번호	591
작성연월일	1959. 1. 16 - 1962. 12. 24
구분	제6차 회담
세부항목	일본 소재 한국 문화재 현황
작성처	외무성
매수	17
비밀등급	
문서종류	내부문서
공개구분	공개 또는 일부비공개
내용	1962년 2월 28일 한국이 제출한 문화재 목록상의 문화재에 대해 북동아과가 소장하고 있는 자료를 조사한 결과를 정리한 자료(1959년 1월 16일 스가누마 기요시 북동아과장이 정리한 국가 소유 조선 관계 문화재 현황자료가 합철되어 있음)
주제어	문화재 반환

문서명	한국 문화재의 현상 등에 관한 조서(韓国文化財の現状等に関する調書)

문서파일번호 591
작성연월일 1962. 12. 24
구분 제6차 회담
세부항목 일본 소재 한국 문화재 현황
작성처 외무성 북동아시아과
매수 15
비밀등급 극비
문서종류 내부문서
공개구분 일부비공개
내용 1962년 한국이 제출한 자료에 기초한 조사 결과를 토대로 조선총독부 관련, 통감 및 총독 등 관련, 일본 국가 소유, 지정문화재, 개인 소유에 대해 출토지, 현황 등이 기술되어 있음.
주제어 문화재 반환

문서명	국가 소유 한국관계 문화재의 현상에 대하여(国有の朝鮮関係文化財の現状について)

문서파일번호 591
작성연월일 1959. 1. 16
구분 제6차 회담
세부항목 일본 소재 한국 문화재 현황
작성처 외무성 스가누마
매수 2
비밀등급 극비
문서종류 내부문서
공개구분 공개
내용 한국관계 국가 소유문화재 현황자료. 도쿄박물관, 도쿄대 및 교토대 문학부 연구실, 내각 문고, 궁내청 서릉부에 있는 문화재를 조사한 내용
주제어 문화재 반환

제5부

청구권 및 문화재 소위원회 회의록
(1958. 4. 15~1960. 4. 19)

제4차 한일회담 한국청구권위원회
(第四次日韓全面会談における韓国請求権委員会)

문서파일번호	444
작성연월일	1958. 5. 20 - 1958. 5. 29
구분	제4차 회담 한국청구권위원회(제1~3회)
세부항목	
작성처	외무성 북동아시아과
매수	21
비밀등급	
문서종류	회의록, 내부자료, 외교공한
공개구분	공개
내용	1958년 5월 20일~5월 29일까지 개최된 제4차 한일회담 한국청구권위원회 회의기록
주제어	청구권

문서명	제4차 한일회담 한국청구권위원회 제1회 회의(第四次日韓全面会談における韓国請求権委員会第一回会合)

문서파일번호 444
작성연월일 1958. 5. 20
구분 제4차 회담 한국청구권위원회 제1회 회의
세부항목
작성처 외무성 북동아시아과
매수 3
비밀등급 극비
문서종류 회의록
공개구분 공개
내용 제4차 한일회담 한국청구권위원회 제1회 회의기록. 각 위원 소개, 위원회 운영에 관해 협의함.
주제어 청구권

문서명	제4차 한일회담 한국청구권위원회 제2회 회의(第四次日韓全面会談における韓国請求権委員会の第二回会合)

문서파일번호 444
작성연월일 1958. 5. 27
구분 제4차 회담 한국청구권위원회 제2회 회의
세부항목
작성처 외무성 북동아시아과
매수 9
비밀등급 극비
문서종류 회의록
공개구분 공개
내용 제4차 한일회담 한국청구권위원회 제2회 회의기록. 소위원회의 일정 및 의제에 관해서 논의한 후, 문화재 문제를 어떻게 다룰지에 관해서 질의응답함. 한국은 독립적인 소위원회가 아니라 청구권 문제로 포괄해서 다룰 것을 제안함.
주제어 청구권

문서명	청구권 관련 소위원회 일본 위원 명부(List of Japanese Members of Sub - Committee)

문서파일번호 444
작성연월일 1958. 5. 27
구분 제4차 회담 한국청구권위원회 제2회 회의
세부항목
작성처 외무성 북동아시아과
매수 1
비밀등급 일반
문서종류 내부자료
공개구분 공개
내용 한국청구권위원회 산하 청구권소위원회 및 선박소위원회 일본대표단 명부(영문)
주제어 청구권, 제4차 한일회담 청구권 관련 소위원회 일본대표단 명부

문서명	한국 청구권에 관한 위원회 위원 명부(List of Members of Committees on Korean Claims)

문서파일번호 444
작성연월일 1958. 5. 27
구분 제4차 회담 한국청구권위원회 제2회 회의
세부항목
작성처 외무성 북동아시아과
매수 1
비밀등급 일반
문서종류 내부자료
공개구분 공개
내용 한국청구권위원회 산하 청구권소위원회 및 선박소위원회 한국대표단 명부(영문)
주제어 청구권, 제4차 한일회담 청구권 관련 소위원회 한국대표단 명부

문서명	제4차 한일회담 한국청구권위원회 제3회 회의(第四次日韓全面会談における韓国請求権委員会の第三回会合)

문서파일번호 444
작성연월일 1958. 5. 29
구분 제4차 회담 한국청구권위원회 제3회 회의
세부항목
작성처 외무성 북동아시아과
매수 3
비밀등급 극비
문서종류 회의록
공개구분 공개
내용 제4차 한일회담 한국청구권위원회 제3회 회의기록. 문화재를 청구권소위원회에서 다루기로 하고 담당 대표들에 대해 소개함.
주제어 청구권

문서명	소위원회 일본대표단 수정명부(Revised List of Japanese Members of Sub - Committees)

문서파일번호 444
작성연월일 1958. 5. 29
구분 제4차 회담 한국청구권위원회 제3회 회의
세부항목
작성처 외무성 북동아시아과
매수 2
비밀등급 일반
문서종류 내부자료
공개구분 공개
내용 한국청구권위원회 산하 청구권소위원회 및 선박소위원회의 수정된 일본대표단 명부(영문)
주제어 청구권, 제4차 한일회담 청구권 관련 소위원회 일본대표단 명부

문서명	한국 청구권 관련 위원회 위원 명부(List of Members of Committee on Korean Claims)

문서파일번호 444
작성연월일 1958. 5. 29
구분 제4차 회담 한국청구권위원회 제3회 회의
세부항목
작성처 외무성 북동아시아과
매수 1
비밀등급 일반
문서종류 내부자료
공개구분 공개
내용 한국청구권위원회 산하 청구권소위원회 및 선박소위원회 한국대표단 명부(영문)
주제어 청구권, 제4차 한일회담 청구권 관련 소위원회 한국대표단 명부

문서명	제목 없음

문서파일번호 444
작성연월일 1958. 5. 29
구분 제4차 회담 한국청구권위원회 제3회 회의
세부항목
작성처 외무성 북동아시아과
매수 1
비밀등급 일반
문서종류 외교공한
공개구분 공개
내용 사와다 대표가 임병직 대표에게 보낸 공한. 한국청구권위원회 일본대표단에 이타가키 아시아국장이 수석위원으로 추가되었음을 통보
주제어 한국청구권위원회 일본 수석위원 추가

제4차 한일회담 청구권소위원회(문화재)
[第四次日韓全面会談における請求権小委員会(文化財)]

문서파일번호	445
작성연월일	1958. 6. 4 - 1958. 12. 13
구분	제4차 회담 청구권소위원회 문화재 관련 회의(제1~12회)
세부항목	
작성처	외무성 북동아시아과
매수	74
비밀등급	
문서종류	회의록, 내부자료
공개구분	공개 또는 일부비공개
내용	1958년 6월 4일~12월 13일까지 12차례 개최된 제4차 한일회담 청구권소위원회 문화재 관련 회의기록
주제어	문화재 반환

문서명	제4차 한일회담 청구권소위원회 제1회 회의(第四次日韓全面会談における請求権小委員会の第一回会合)

문서파일번호 445
작성연월일 1958. 6. 4
구분 제4차 회담 청구권소위원회 문화재 관련 회의 제1회 회의
세부항목
작성처 외무성 북동아시아과
매수 6
비밀등급 극비
문서종류 회의록
공개구분 공개
내용 제4차 한일회담 청구권소위원회 문화재 관련 회의 제1회 회의기록. 한국은 문화재 문제의 중요성을 강조하고 반환요구 문화재의 범위 및 시기에 관한 입장을 밝힘.
주제어 문화재 반환

문서명	청구권위원회 문화재 관련 소위원회 한국대표단 명부(List of Korean Members of the Sub - committee of Claims Who Will Participate in The Discussion on Matters Concerning Korean Art Objects)

문서파일번호 445
작성연월일 1958. 6. 4
구분 제4차 회담 청구권소위원회 문화재 관련 회의 제1회 회의
세부항목
작성처 외무성 북동아시아과
매수 1
비밀등급 일반
문서종류 내부자료
공개구분 공개
내용 청구권소위원회 한국 문화재 관계위원 명부(영문)
주제어 문화재 반환, 소위원회 한국대표단 명부

문서명	제4차 한일회담 청구권소위원회(문화재) 제2회 회의[第四次日韓全面会談における請求権小委員会(文化財)の第二回会合]

문서파일번호 445
작성연월일 1958. 10. 4
구분 제4차 회담 청구권소위원회 문화재 관련 회의 제2회 회의
세부항목
작성처 외무성 북동아시아과
매수 4
비밀등급 극비
문서종류 회의록
공개구분 공개
내용 제4차 한일회담 청구권소위원회 문화재 관련 회의 제2회 회의기록. 문화재에 대한 한국의 제안에 대해 일본은 아직 정부 훈령이 없다는 것을 이유로 답변을 보류함.
주제어 문화재 반환

문서명	제4차 한일회담 청구권소위원회(문화재) 제3회 회의[第四次日韓全面会談における請求権小委員会(文化財)の第三回会合]

문서파일번호 445
작성연월일 1958. 10. 11
구분 제4차 회담 청구권소위원회 문화재 관련 회의 제3회 회의
세부항목
작성처 외무성 북동아시아과
매수 6
비밀등급 극비
문서종류 회의록
공개구분 공개
내용 제4차 한일회담 청구권소위원회 문화재 관련 회의 제3회 회의기록. 일본은 정부 훈령이 없다는 것을 이유로 한국의 제안에 대한 답변을 재차 연기하였고 한국은 이에 반발함. 한편 한국은 국제통념을 들어 일본 소재 한국문화재 반환의 정당성을 강조함.
주제어 문화재 반환

문서명	제4차 한일회담 청구권소위원회(문화재) 제4회 회의[第四次日韓全面会談における請求権小委員会(文化財)の第四回会合]

문서파일번호 445
작성연월일 1958. 10. 18
구분 제4차 회담 청구권소위원회 문화재 관련 회의 제4회 회의
세부항목
작성처 외무성 북동아시아과
매수 7
비밀등급 극비
문서종류 회의록
공개구분 공개
내용 제4차 한일회담 청구권소위원회 문화재 관련 회의 제4회 회의기록. 일본은 기시 총리 포함한 정부 최고수뇌부 회의가 개최되었지만 국내 정치상황을 감안해 아직 방침이 정해지지 않았다면서, 한국 주장의 국제법적 정당성에 의문을 표명함. 한국은 일본에 반환 가능한 문화재 리스트 제출을 요구함.
주제어 문화재

문서명	제4차 한일회담 청구권소위원회(문화재) 제5회 회의[第四次日韓全面会談における請求権小委員会(文化財)の第五回会合]

문서파일번호 445
작성연월일 1958. 10. 25
구분 제4차 회담 청구권소위원회 문화재 관련 회의 제5회 회의
세부항목
작성처 외무성 북동아시아과
매수 10
비밀등급 극비
문서종류 회의록
공개구분 공개
내용 제4차 한일회담 청구권소위원회 문화재 관련 회의 제5회 회의기록. 한국은 1차적으로 반환을 요구할 문화재 5개 항목을 제시함. 개인 소유물 문화재, 반환 대상 문화재의 시기 문제를 둘러싸고 질의응답이 진행됨.
주제어 문화재

문서명	제1차 반환청구 한국문화재 구분(第一次返還請求韓国文化財項目)

문서파일번호 445
작성연월일 1958. 10. 25
구분 제4차 회담 청구권소위원회 문화재 관련 회의 제5회 회의
세부항목
작성처 외무성 북동아시아과
매수 2
비밀등급 일반
문서종류 내부자료
공개구분 공개
내용 제4차 한일회담 청구권소위원회 문화재 관련 회의 제5회 회의에서 제시된 제1차 반환청구 한국문화재 항목(한국이 제출한 자료와 일본의 가역 자료)
주제어 문화재 반환

문서명	제4차 한일회담 청구권소위원회(문화재) 제6회 회의[第四次日韓全面会談における請求権小委員会(文化財)の第六回会合]

문서파일번호 445
작성연월일 1958. 11. 1
구분 제4차 회담 청구권소위원회 문화재 관련 회의 제6회 회의
세부항목
작성처 외무성 북동아시아과
매수 7
비밀등급 극비
문서종류 회의록
공개구분 공개
내용 제4차 한일회담 청구권소위원회 문화재 관련 회의 제6회 회의기록. 일본은 한국의 1차 반환청구 항목을 문부성에 전달, 검토를 의뢰했다고 알려 줌. 한국은 1차 반환청구 목록에 대해 추가 설명을 하였고 이에 대한 질의응답이 진행됨.
주제어 문화재 반환

문서명	제4차 한일회담 청구권소위원회(문화재) 제7회 회의[第四次日韓全面会談における請求権小委員会(文化財)の第七回会合]

문서파일번호 445
작성연월일 1958. 11. 8
구분 제4차 회담 청구권소위원회 문화재 관련 회의 제7회 회의
세부항목
작성처 외무성 북동아시아과
매수 5
비밀등급 극비
문서종류 회의록
공개구분 일부비공개
내용 제4차 한일회담 청구권소위원회 문화재 관련 회의 제7회 회의기록. 한국은 문화재 문제를 따로 분리해서 교섭을 조속히 진행할 것을 요구한 반면, 일본은 문화재 포함 회담 전반에 대한 내부 방침이 정해지고 나서 교섭에 응한다는 입장을 표명함.
주제어 문화재 반환

문서명	제4차 한일회담 청구권소위원회(문화재) 제8회 회의[第四次日韓全面会談における請求権小委員会(文化財)の第八回会合]

문서파일번호 445
작성연월일 1958. 11. 15
구분 제4차 회담 청구권소위원회 문화재 관련 회의 제8회 회의
세부항목
작성처 외무성 북동아시아과
매수 2
비밀등급 극비
문서종류 회의록
공개구분 공개
내용 제4차 한일회담 청구권소위원회 문화재 관련 회의 제8회 회의기록. 일본은 정치상황 때문에 기본방침에 관한 각료회의를 개최하지 못했다고 한국에게 전함.
주제어 문화재 반환

문서명	제4차 한일회담 청구권소위원회(문화재) 제9회 회의[第四次日韓全面会談における請求権小委員会(文化財)の第九回会合]

문서파일번호 445
작성연월일 1958. 11. 22
구분 제4차 회담 청구권소위원회 문화재 관련 회의 제9회 회의
세부항목
작성처 외무성 북동아시아과
매수 5
비밀등급 극비
문서종류 회의록
공개구분 공개
내용 제4차 한일회담 청구권소위원회 문화재 관련 회의 제9회 회의기록. 한국이 비공식 견해라도 알려 달라고 하나 일본은 정치상황 때문에 최고방침이 결정되지 않았다고 답변함. 한국이 문화재 문제의 조기 해결이 다른 안건 해결의 중요한 요소라고 강조하자 일본은 다른 문제가 해결되면 문화재 문제 해결도 용이해질 것이라고 답변함.
주제어 문화재 반환

문서명	제4차 한일회담 청구권소위원회(문화재) 제10회 회의[第四次日韓全面会談における請求権小委員会(文化財)の一〇回会合]

문서파일번호 445
작성연월일 1958. 11. 29
구분 제4차 회담 청구권소위원회 문화재 관련 회의 제10회 회의
세부항목
작성처 외무성 북동아시아과
매수 9
비밀등급 극비
문서종류 회의록
공개구분 공개
내용 제4차 한일회담 청구권소위원회 문화재 관련 회의 제10회 회의기록. 일본은 각료회의 내용 및 분위기를 전하며 각 현안을 개별위원회에서 해결하기 어려울 것 같으니 고위레벨에서 종합적으로 논의하자는 의견을 제시함. 이후 이에 대한 한국의 반박과 일본의 재반박이 이어짐.
주제어 문화재 반환

문서명	제4차 한일회담 청구권소위원회(문화재) 제11회 회의[第四次日韓全面会談における請求権小委員会(文化財)の第十一回会合]

문서파일번호 445
작성연월일 1958. 12. 6
구분 제4차 회담 청구권소위원회 문화재 관련 회의 제11회 회의
세부항목
작성처 외무성 북동아시아과
매수 4
비밀등급 극비
문서종류 회의록
공개구분 공개
내용 제4차 한일회담 청구권소위원회 문화재 관련 회의 제11회 회의기록. 일본은 정부 책임자들 간의 회의가 빈번히 열렸으나 결론이 나지 않는 상황이라고 전함. 한편 한국은 문화재 문제를 다른 문제와 관련시켜서 해결하는 것에는 반대한다고 주장함.
주제어 문화재 반환

문서명	제4차 한일회담 청구권소위원회(문화재) 제12회 회의[第四次日韓全面会談における請求権小委員会(文化財)の第十二回会合]

문서파일번호 445
작성연월일 1959. 12. 13
구분 제4차 회담 청구권소위원회 문화재 관련 회의 제12회 회의
세부항목
작성처 외무성 북동아시아과
매수 6
비밀등급 극비
문서종류 회의록
공개구분 공개
내용 제4차 한일회담 청구권소위원회 문화재 관련 회의 제12회 회의기록. 일본이 휴회를 제안한 것에 대해 한국은 일본의 소극적 자세에 불만을 표하며 문화재 문제만이라도 어느 정도 진전이 있어야 한다고 주장함.
주제어 문화재 반환

제4차 한일회담 청구권소위원회(일반청구권)
[第四次日韓全面会談における請求権小委員会(一般請求権)]

문서파일번호	446
작성연월일	1958. 12. 1 - 1958. 12. 17
구분	제4차 회담
세부항목	청구권소위원회 회의(일반청구권)(제1~3회)
작성처	외무성 북동아시아과
매수	11
비밀등급	
문서종류	회의록, 협정안
공개구분	공개
내용	1958년 12월 1일~12월 17일까지 개최된 제4차 한일회담 청구권소위원회(일반청구권) 회의기록
주제어	청구권

문서명	제4차 한일회담 청구권소위원회(일반청구권) 제1회 회의[第四次日韓全面会談における請求権小委員会(一般請求権)の第一回会合]

문서파일번호 446
작성연월일 1958. 12. 1
구분 제4차 회담 청구권소위원회 회의(일반청구권) 제1회 회의
세부항목
작성처 외무성 북동아시아과
매수 3
비밀등급 극비
문서종류 회의록
공개구분 공개
내용 제4차 한일회담 청구권소위원회(일반청구권) 제1회 회의요록. 양측 참석자 소개, 회의 운영 등에 관하여 논의함.
주제어 청구권

문서명	제4차 한일회담 청구권소위원회(일반청구권) 제2회 회의[第四次日韓全面会談における請求権小委員会(一般請求権)の第二回会合]

문서파일번호 446
작성연월일 1958. 12. 10
구분 제4차 회담 청구권소위원회 회의(일반청구권) 제2회 회의
세부항목
작성처 외무성 북동아시아과
매수 3
비밀등급 극비
문서종류 회의록
공개구분 공개
내용 제4차 한일회담 청구권소위원회(일반청구권) 제2회 회의요록. 한국은 청구권 문제의 중요성을 강조하고, 일본은 회의의 순서에 관해 먼저 협의할 것을 제안함.
주제어 청구권

문서명	제4차 한일회담 청구권(일반청구권)소위원회 제3회 회의[第四次日韓全面会談における請求権(一般請求権)小委員会の第三回会合]

문서파일번호 446
작성연월일 1958. 12. 17
구분 제4차 회담 청구권소위원회 회의(일반청구권) 제3회 회의
세부항목
작성처 외무성 북동아시아과
매수 4
비밀등급 극비
문서종류 회의록
공개구분 공개
내용 제4차 한일회담 청구권소위원회(일반청구권) 제3회 회의요록. 합의의사록에 따라서 대일청구요강 8개 항목에 대해서 논의할 것을 한국이 제안함.
주제어 청구권

문서명	별첨. 한일 간 재산 및 청구권 협정요강 한국 제안(韓日間財産及び請求権協定要綱韓国側提案)

문서파일번호 446
작성연월일 1952. 2. 21
구분 제4차 회담 청구권소위원회 회의(일반청구권) 제3회 회의
세부항목
작성처 외무성 북동아시아과
매수 1
비밀등급 일반
문서종류 내부자료
공개구분 공개
내용 한국이 1952년 2월 21일 제시한 재산 및 청구권 협정 요강 8개 항목
주제어 청구권

제6부

재일한국인 국적 및 처우 관련 검토 자료

법적지위에 관한 일본 견해
(法的地位に関する日本側見解)

문서파일번호	860
작성연월일	1953. 6. 19 - 1954. 2. 8
구분	제3~4차 회담 사이
세부항목	재일한국인 법적지위에 관한 일본 견해
작성처	외무성, 후생성, 문부성
매수	37
비밀등급	
문서종류	내부문서, 내부자료
공개구분	공개
내용	제2차 한일회담 재일한국인법적지위위원회에서의 논의사항, 일본의 교섭방침, 광업권 개정 문제, 빈곤자 자발적 귀국 시 생활일시자금 지원 문제 등에 관한 내용이 담긴 문서 모음
주제어	재일한국인 법적지위

문서명	법적지위에 관한 일본 견해(法的地位に関する日本側見解)

문서파일번호 860
작성연월일 1954. 2. 8
구분 제3~4차 회담 사이
세부항목 재일한국인 법적지위에 관한 일본 견해
작성처 외무성 사치(佐治)
매수 18
비밀등급 일반
문서종류 내부문서
공개구분 공개
내용 제2차 한일회담 국적 처우위원회에서 일본의 주장을 비롯하여 재일한국인의 국적 및 신분관계, 거주권 및 강제퇴거, 내국민대우, 송환자에 대한 편의제공 문제 등에 대한 논의내용을 정리함.
주제어 재일한국인 법적지위

문서명	법적지위에 대한 교섭방침(法的地位についての交渉方針)

문서파일번호 860
작성연월일 1954(월일 불명)
구분 제3~4차 회담 사이
세부항목 재일한국인 법적지위 교섭방침
작성처 외무성
매수 5
비밀등급 일반
문서종류 내부문서
공개구분 공개
내용 재일한국인 법적지위에 대한 일본의 교섭방침이 정리된 문서. ① 종전 전부터 일본에 거주한 한국인의 국적은 대한민국 국적임. ② 이들 한국인에 대해서는 원칙으로 영주허가를 인정함. ③ 이들 한국인의 강제퇴거는 약간의 잠정조치를 제외하고 외국인과 동일하게 처리함. 빈곤자 등 특정한 자는 일정기간에 한해 그 사유만으로 퇴거를 강제하지 않음. ④ 재일한국인의 권리, 직업, 자발적 귀국 시의 처리는 가능한 관대한 조치를 강구함.
주제어 재일한국인 법적지위

문서명	앞으로의 방침(광업권, 조광권 포함)[今後の方針[鑛業權(租鑛權を含む)]

문서파일번호 860
작성연월일 1954(월일 불명)
구분 제3~4차 회담 사이
세부항목 재일한국인 법적지위, 광업권(조광권)
작성처 외무성
매수 3
비밀등급 일반
문서종류 내부문서
공개구분 공개
내용 재일한국인이 소유하고 있는 광업권과 조광권 처리와 관련하여 통산성이 이전과 같이 처리할 방침이라고 언급함.
주제어 재일한국인 법적지위, 광업권(조광권)

문서명	광업권 개정에 이른 경위(鉱業権改正に至りたる経緯)

문서파일번호 860
작성연월일 1954(월일 불명)
구분 제3~4차 회담 사이
세부항목 재일한국인 광업권 문제
작성처 외무성
매수 3
비밀등급 일반
문서종류 내부문서
공개구분 공개
내용 대일평화조약 발효 후에도 재일한국인에게 광업권을 인정했던 광업법을 개정하게 된 경위를 기술
주제어 재일한국인 법적지위

문서명	빈곤자가 자발적으로 귀국하는 경우의 생활일시자금 급여 문제(貧困者が自発的に帰国する場合の生活一時資金給与問題)

문서파일번호 860
작성연월일 1954(월일 불명)
구분 제3~4차 회담 사이
세부항목 재일한국인 귀국 지원
작성처 외무성
매수 3
비밀등급 일반
문서종류 내부문서
공개구분 공개
내용 재일한국인 생활 빈곤자는 기본적으로 귀국시키는 것이 좋고, 이것을 장려하기 위해서 귀국 일시금을 지급하는 것도 하나의 방법이라는 대장성 견해를 기술
주제어 재일한국인 법적지위

문서명	한국인 귀국 원조와 국비부담 상황[朝鮮人送還(歸國)援助と國費負擔狀況]

문서파일번호 860
작성연월일 1953. 6. 19
구분 제3~4차 회담 사이
세부항목 재일한국인 귀국 지원
작성처 후생성 보호과
매수 1
비밀등급 일반
문서종류 내부자료
공개구분 공개
내용 재일한국인 귀국자에 대한 원조와 국비부담 상황을 정리한 표
주제어 재일한국인 법적지위

문서명	재일한국인의 교육상의 처리에 관한 기본방침안(在日朝鮮人の教育上の取扱に関する基本方針案)

문서파일번호 860

작성연월일 1953. 10. 27

구분 제3~4차 회담 사이

세부항목 재일한국인 자녀 교육 문제

작성처 문부성

매수 4

비밀등급 일반

문서종류 내부자료

공개구분 공개

내용 국적이 변경된 재일한국인의 의무교육, 학교 설치에 대한 문부성의 기본방침이 기술된 문서. 재일한국인이 외국인이라는 점에서 일본정부는 이들 자녀의 취학에 대한 의무 또는 권리의 관계가 발생하지 않음. 한국인을 대상으로 한 학교는 사립학교를 설립할 수 있음 등의 내용이 담김.

주제어 재일한국인 법적지위

재일한국인의 선박소유에 관하여
(在日韓國人の船舶所有について)

문서파일번호	880
작성연월일	1951(월일 불명) - 1957. 7. 29
구분	예비회담~ 제4차 회담 시작 전
세부항목	재일한국인 선박소유 문제
작성처	외무성, 운수성, 보안청 등
매수	61
비밀등급	
문서종류	공문, 내부문서 등
공개구분	공개 또는 일부 비공개
내용	재일한국인의 선박소유 관련 문제를 검토한 의견이 담긴 문서와 관련 자료 모음
주제어	재일한국인 법적지위

문서명	재일한국인이 어업에 종사할 수 있는지의 문제(在日韓人が漁業に従事出来るか否かの問題)

문서파일번호 880
작성연월일 1953(월일 불명)
구분 제2~3차 회담 사이
세부항목 재일한국인 선박 소유 문제
작성처 외무성 아시아국 제2과
매수 3
비밀등급
문서종류 내부문서
공개구분 공개
내용 재일한국인이 어업에 종사할 수 있는지에 관해 검토한 내용이 담긴 문서. 어업법은 국적에 의한 차별, 제한을 두고 있지 않음. 선박법에는 국적 조항이 있어 재일한국인의 소유 어선은 불개항장에 기항할 수 없으나 제3조의 주무대신 특허로 해결이 가능함. 선박법(발췌)과 외국인 소유 어선 현황(1953년 4월 현재)이 첨부됨.
주제어 재일한국인 법적지위

문서명	한국인 소유의 선감찰선*의 처리에 대해서(朝鮮人所有の船鑑札船の取扱いについて)

문서파일번호 880
작성연월일 1953. 3. 9
구분 제1~2차 회담 사이
세부항목 재일한국인 선박 소유 문제
작성처 운수성 선박국장
매수 2
비밀등급
문서종류 공문
공개구분 공개
내용 운수성 선박국장이 각 도도부현(都道府縣) 지사에게 한국인 소유의 선감찰선(船鑑札船) 처리에 관해 통보한 공문. 대일평화조약 발효로 한국인은 일본국적을 상실했으므로 선감찰선을 반환할 것. 반환하지 않으면 선감찰대장을 폐쇄 조치한다는 내용이 담김.
주제어 재일한국인 법적지위

* 관청이나 동업 조합 따위의 공적(公的)인 기관에서 일정한 영업이나 행위를 허가한 선박

문서명	소형선박의 선적 및 적량(積量)의 측도(測度)에 대한 정령(발췌)[小型船舶の船積及び測度に関する政令(抜粋)]

문서파일번호 880
작성연월일 1953. 8. 31
구분 제2~3차 회담 사이
세부항목 재일한국인 선박 소유 문제
작성처 외무성 아시아국 제2과
매수 3
비밀등급 일반
문서종류 법령
공개구분 공개
내용 소형 선박의 선적과 적량의 측정에 대한 3가지 정령(政令) 발췌
주제어 재일한국인 법적지위

문서명	재일한국인이 소유한 어선의 처리에 대해서(在日朝鮮人の所有する漁船の取扱いについて)

문서파일번호 880
작성연월일 1954. 3. 11
구분 제3~4차 회담 사이
세부항목 재일한국인 선박 소유 문제
작성처 외무성 아시아국 제2과
매수 3
비밀등급 일반
문서종류 회의록
공개구분 공개
내용 수산청 해양1과 미야케(三宅) 사무관이 외무성 아시아2과를 방문, 재일한국인 소유 선박의 처리 문제에 관해 협의한 내용이 기록된 문서. 수산청 측은 재일한국인의 일본 국적 상실로 어선관계 법령의 대상에서 제외된 한국인 소유 어선에 대해 행정 조치로 일본 선박과 같이 처리해 왔으나 한계에 달해 등록을 말소하고자 한다는 뜻을 전달하고 이에 대한 외무성 견해를 문의함. 이에 대해 외무성은 본건은 한일회담의 재일한국인 처우 문제와 관련하여 고려되어야 하는 문제로 협의 후 답변하겠다고 대응함.
주제어 재일한국인 법적지위

문서명	본건에 대한 외무성의 견해(本件に関する見解)

문서파일번호 880
작성연월일 1954. 3. 17
구분 제3~4차 회담 사이
세부항목 재일한국인 선박 소유 문제
작성처 외무성 아시아국 제2과
매수 9
비밀등급 일반
문서종류 내부문서
공개구분 공개
내용 수산청의 문의에 대한 검토의견을 기록한 문서. 수산청의 의향대로 선박 등록 말소가 합당함. 오히려 본건은 선박법상 특허 없이는 외국 선박에 대해 공개하지 않은 항구의 기항도 연안무역도 불가능하게 되는 것이 문제임. 매회 특허를 신청하는 것은 어려우므로 운수성은 사실상 재일한국인의 조업을 묵인해 왔음. 한일회담에서 재일한국인의 국적처리협정은 국적 변경에 따른 재일한국인의 불이익을 가급적 감소시키려는 호의적인 것이나, 한일회담 재개 전망도 없고 국적처리협정이 어떤 형태로 타결될지 모르는 상황에서 운수성의 이러한 묵인은 의문임.
주제어 재일한국인 법적지위

문서명	재일한국인 소유 선박의 처리에 대해서(在日朝鮮人所有船舶の取扱いについて)

문서파일번호 880
작성연월일 1954. 3. 30
구분 제3~4차 회담 사이
세부항목 재일한국인 선박 소유 문제
작성처 외무성 아시아국 제5과
매수 4
비밀등급 일반
문서종류 회의록
공개구분 공개
내용 재일한국인 선박 소유 문제에 관한 외무성, 수산청, 운수성 회의기록. 재일한국인의 선박 등록은 말소하고 외국 선박에 대해 공개하지 않은 항구(不開港) 기항 및 연안무역은 한일회담 관계상 한시적으로 일정 조건하에 인정한다는 방침이 결정됨.
주제어 재일한국인 법적지위

문서명	한국인 및 타이완인 등의 일본 국적 상실에 따른 선박법 제14조의 규정에 따른 등록의 말소 절차에 대해서(朝鮮人及び台湾人等の日本の国籍喪失に伴う船舶法第十四条の規定による登録の抹消手続きについて)

문서파일번호 880
작성연월일 1954. 6. 3
구분 제3~4차 회담 사이
세부항목 재일한국인 선박 소유 문제
작성처 운수성 선박국장
매수 1
비밀등급 일반
문서종류 공문
공개구분 공개
내용 운수성 선박국장이 각 지방 해운국장 및 지국장에게 보낸 공문. 대일평화조약 발효 후 한국인과 타이완인은 일본 국적을 상실했으므로, 그들이 소유한 선박은 관련 법령에 따라 말소등록 절차를 밟아야 함.
주제어 재일한국인 법적지위

문서명	등록사실증명서 교부 건(登録事実証明書交付に関する件)

문서파일번호 880
작성연월일 1953. 3. 6
구분 제1~2차 회담 사이
세부항목 재일한국인 선박 소유 문제
작성처 법무성 입국관리국장
매수 1
비밀등급 일반
문서종류 공문
공개구분 공개
내용 법무성 입국관리국장이 운수성 선박국장에게 회신한 공문. 운수성의 요청(1953년 2월 18일 자 공문)에 따라 선박 등록사실증명서 교부 관련 사항을 각 도도부현(都道府縣) 지사에게 통보(별첨)하였음을 알림.
주제어 재일한국인 법적지위

문서명	등록사실증명서 교부 건(登録事実証明書交付に関する件)

문서파일번호 880
작성연월일 1953. 3. 6
구분 제1~2차 회담 사이
세부항목 재일한국인 선박 소유 문제
작성처 법무성 입국관리국장
매수 1
비밀등급 일반
문서종류 외교공한
공개구분 공개
내용 법무성 입국관리국장이 각 도도부현 지사들에게 선박 등록사실증명서 교부에 대한 조치를 요청
주제어 재일한국인 법적지위

문서명	외국인등록에 근거한 등록증명에 대해서(外国人登録法に基く登録証明書について)

문서파일번호 880
작성연월일 1953. 2. 18
구분 제1~2차 회담 사이
세부항목 재일한국인 선박 소유 문제
작성처 운수성 선박국장
매수 1
비밀등급 일반
문서종류 공문
공개구분 공개
내용 운수성 선박국장이 법무성 입국관리국장에게 외국인등록에 근거한 한국인, 타이완인 소유 선박의 등록완료 증명조치를 각 도도부현에 요청토록 의뢰
주제어 재일한국인 법적지위

문서명	대일평화조약발효에 따른 재일한국인 등이 소유한 선박에 대한 선박법 제3조의 적용에 대해서(平和条約発効に伴う在日朝鮮人等の所有する船舶に対する船舶法第三条の適用について)

문서파일번호 880
작성연월일 1954. 8. 7
구분 제3~4차 회담 사이
세부항목 재일한국인 선박 소유 문제
작성처 운수성
매수 2
비밀등급 일반
문서종류 법령
공개구분 공개
내용 운수성 공문 해외 제380호. 재일한국인, 타이완인 등은 대일평화조약 체결로 일본 국적을 상실, 소유 선박의 일본국 각 항구 간 연안 수송 및 외국 선박에 공개하지 않은 항구(不開港) 기항은 운수대신의 특허를 요하고 선박 등록은 말소된다는 것과 그 처리에 관한 내용
주제어 재일한국인 법적지위

문서명	선박법 제3조의 규정에 따른 외국선의 연안 수송 특허기준의 설정에 대해서(船舶法第三条の規定による外国船の沿岸輸送の特許基準の設定について)

문서파일번호 880
작성연월일 1951. 6. 20
구분 한일회담 시작 전
세부항목 재일한국인 선박 소유 문제
작성처 운수성
매수 1
비밀등급 비(秘)
문서종류 공문
공개구분 공개
내용 운수성 공문 해외 제96호의 1 및 2. 해당 건에 대해서는 통산대신의 특허기준이 정해져 있으나, 이 중 판단해야 할 화물객선의 특허처분은 해운국장에게 위임함. 그 외의 것은 즉시 해운성에 문의할 것
주제어 재일한국인 법적지위

문서명	선박법 제3조 규정에 따른 외국선의 연안 수송 특허에 대해서(船舶法第三条の規定による外国船の沿岸輸送特許について)

문서파일번호	880
작성연월일	1951(월일 불명)
구분	한일회담 시작 전
세부항목	재일한국인 선박 소유 문제
작성처	운수성
매수	1
비밀등급	일반
문서종류	공문
공개구분	공개
내용	운수성 공문 해외 제96호. 허가는 모두 대신의 이름으로 실행하고, 동봉된 허가서를 사용할 것 등 외국 선박의 연안 수송에 대한 3가지 절차를 규정함.
주제어	재일한국인 법적지위

문서명	영국선에 의한 적환(積換)의 특허에 대해서(英国船による積換の特許について)

문서파일번호	880
작성연월일	1952. 4. 28
구분	제1~2차 회담 사이
세부항목	재일한국인 선박 소유 문제
작성처	운수성
매수	2
비밀등급	일반
문서종류	공문
공개구분	공개
내용	운수성 공문 해외 제49호. 영국 선박의 적환* 허가는 적하증권을 구비한 화물, 혹은 표를 소유한 여객을 운송하는 경우로 제한함.
주제어	재일한국인 법적지위

* 화물을 옮겨 싣는 일

문서명	보안청이 사용하는 프리게이트선 등에 대한 선박증서에 관한 훈령에 대해서 (保安庁の使用するフリゲート船等に対する船舶証書に関する訓令について)

문서파일번호 880
작성연월일 1954. 1. 18
구분 제3~4차 회담 사이
세부항목 재일한국인 선박 소유 문제
작성처 운수성
매수
비밀등급
문서종류 공문
공개구분 공개
내용 운수성 공문 해외 제27호. 보안청이 사용하는 프리게이트선* 등에 대한 선박증서 관련, 별첨1.과 같이 보안청으로부터 경비대 훈령 제28호에 대해 통고가 왔음으로 양해 바람(별첨1.은 다음 문서).
주제어 재일한국인 법적지위

문서명	별첨1. 선박법 제3조에 의거 특허를 받은 보안청 선박의 운항에 관하여(別添第一船舶法第3條に基く特許を受けた保安庁船舶の運航について)

문서파일번호 880
작성연월일 1953. 12. 18
구분 제3~4차 회담 사이
세부항목 재일한국인 선박 소유 문제
작성처 보안청 장비국장
매수 1
비밀등급 일반
문서종류 공문
공개구분 공개
내용 보안청 장비국장이 운수성 해운국장에게 하기 별첨2와 같은 훈령이 제정되었고, 이 법령을 근거로 선박증서를 구비하겠다는 내용을 통지(별첨2는 다음 문서)
주제어 재일한국인 법적지위

* 외국인이 소유한 선박인 것으로 추정된다.

문서명	별첨2. 선박법 제3조에 의거한 불개항장 입항 등의 특허에 대하여(別添 第二 船舶法第三条に基く不開港場入港等の特許について)

문서파일번호 880
작성연월일 1953. 3. 12
구분 제1~2차 회담 사이
세부항목 재일한국인 선박 소유 문제
작성처 운수대신
매수 1
비밀등급 일반
문서종류 공문
공개구분 공개
내용 운수대신이 보안청 장관에게 1953년 2월 25일 자 보안 제5호를 근거로 신청한 선박의 공개하지 않은 항구(不開港) 기항 및 일본 각 항구 간의 물품 운송을 허가한다는 내용을 통지
주제어 재일한국인 법적지위

문서명	별첨3. 선박법 제3조에 의거 특허를 받은 보안청 선박의 운항에 대해서(別添 第三 船舶法第三条に基く特許を受けた保安庁船舶の運航について)

문서파일번호 880
작성연월일 1953. 3. 12
구분 제1~2차 회담 사이
세부항목 재일한국인 선박 소유 문제
작성처 운수성 해운국장
매수 1
비밀등급 일반
문서종류 공문
공개구분 공개
내용 운수성 해운국장이 보안청 보안국장에게 해당 선박(선박법 제3조에 의거 특허를 받은 보안청 선박)이 허가를 받은 행위를 할 경우, 미국이 일본정부에게 해당 선박을 증명하는 증명서를 구비하고 그 증서를 통고할 것을 통보
주제어 재일한국인 법적지위

문서명	선박법 제3조에 의한 외국선의 연안 운송의 특허기준 건(船舶法第三条による外国船の沿岸輸送の特許基準に関する件)

문서파일번호 880
작성연월일 1954. 4. 12
구분 제3~4차 회담 사이
세부항목 재일한국인 선박 소유 문제
작성처 운수성
매수 2
비밀등급 일반
문서종류 공문
공개구분 공개
내용 운수성 공문 해외 제110호. 선박법 제3조에 의한 외국선의 연안 운송의 특허기준에 대한 개정이 있음을 통지
주제어 재일한국인 법적지위

문서명	외국인이 소유한 자가용의 유람용 소형선박 등의 불개항장 입항 특허에 대해서(外国人所有にかかる自家用の遊覧用小型舟艇等の不開港場入港特許について)

문서파일번호 880
작성연월일 1954. 4. 21
구분 제3~4차 회담 사이
세부항목 재일한국인 선박 소유 문제
작성처 운수성
매수 2
비밀등급 일반
문서종류 공문
공개구분 공개
내용 운수성 공문 해외 제114호. 외국인이 소유한 유람용 소형선박 등의 불개항(공개하지 않은 항구)장 입항 특허 건에 대해 선박법 제3조의 규정의 적용을 장려한다는 내용을 통지
주제어 재일한국인 법적지위

문서명	국제연합군 및 미군이 소유한 유람용 소형선정 등의 불개항장 입항에 대해서 (国連軍及び米軍軍人の所有する自家用の遊覧用小型舟艇等の不開港場入港について)

문서파일번호 880
작성연월일 1954. 6. 11
구분 제3~4차 회담 사이
세부항목 재일한국인 선박 소유 문제
작성처 운수성
매수 1
비밀등급 일반
문서종류 공문
공개구분 공개
내용 운수성 공문 해외 제324호. 유엔군 및 미군의 유람용 소형 선박은 유람용인 경우에 한해 일반 외국인 소유 선박으로 처리되어야 함.
주제어 재일한국인 법적지위

문서명	대일평화조약 발효에 따른 재일한국인 등이 소유한 선박에 대한 선박법 제3조의 적용에 대해서(平和条約発効に伴う在日朝鮮人等の所有する船舶に対する船舶法第三条の適用について)

문서파일번호 880
작성연월일 1954. 8. 7
구분 제3~4차 회담 사이
세부항목 재일한국인 선박 소유 문제
작성처 운수성
매수 2
비밀등급 일반
문서종류 공문
공개구분 공개
내용 운수성 공문 해외 제380호. 대일평화조약 발효로 재일한국인은 일본 선박을 소유할 수 없게 되었으므로, 해당 선박들의 일본의 각 항구 간 운송 및 불개항장의 기항에 대해서는 해당 요령에 따라 처리하기 바람.
주제어 재일한국인 법적지위

문서명	선박법 제3조에 따른 외국선의 연안 운송 특허에 관한 처리 방법에 대해서(船舶法第三条による外国船の沿岸輸送特許に関する取扱い方について)

문서파일번호 880
작성연월일 1954. 8. 5
구분 제3~4차 회담 사이
세부항목 재일한국인 선박 소유 문제
작성처 운수성
매수 1
비밀등급 일반
문서종류 공문
공개구분 공개
내용 운수성 공문 해외 제380호(다음 공문에 대한 회신). ① 지방해운국장이 처리할 것 ② 당분간은 종래대로 일반 외국 선박 경우의 구분에 따라 처리할 것 등
주제어 재일한국인 법적지위

문서명	선박법 제3조에 따른 외국선의 연안 운송 특허에 관한 처리 방법에 대해서(船舶法第三条による外国船の沿岸輸送特許に関する取扱い方について)

문서파일번호 880
작성연월일 1954. 7. 19
구분 제3~4차 회담 사이
세부항목 재일한국인 선박 소유 문제
작성처 동북해운국 운항부장
매수 1
비밀등급
문서종류 공문
공개구분 공개
내용 동북해운국 운항부장이 운수성 외항과장에게 보낸 질의 공문. 질의 내용은 ① 승무원 가족의 편승은 지방해운국장이 처리해도 되는지 ② 지방해운국장의 재량으로 특허기준을 적당하게 완화하여 처리할 수 있는 권한 위임을 할 수 있는가.
주제어 재일한국인 법적지위

문서명	재일한국인 등이 소유한 선박에 관한 선박법 제3조의 특허에 대해서(의명통첩) [在日朝鮮人等の所有する船舶に対する船舶法第三条の特許について(依命通達)]

문서파일번호	880
작성연월일	1955. 8. 3
구분	제3~4차 회담 사이
세부항목	재일한국인 선박 소유 문제
작성처	운수성 해운국장
매수	1
비밀등급	
문서종류	공문
공개구분	공개
내용	운수성 해운국장이 각 지방해운국장에게 보낸 공문. 1954년 8월 해외 제380호에 의해 재일한국인 등 소유 선박에 대해 부여한 불개항 기항 및 연안 수송의 포괄적 특허는 1955년 8월 6일 자로 종료되지만 특허 기한을 1956년 8월 6일까지 연장함.
주제어	재일한국인 법적지위

문서명	선박법에서 재일한국인 소유 선박의 처리에 대해서(船舶法における在日朝鮮人所有船舶の取扱いについて)

문서파일번호	880
작성연월일	1956. 6. 15
구분	제3~4차 회담 사이
세부항목	재일한국인 선박 소유 문제
작성처	외무성 아시아국 제1과
매수	3
비밀등급	일반
문서종류	내부문서
공개구분	일부 비공개
내용	1955년 8월 6일 자로 포괄적 특허 기한이 만료되는 재일한국인 소유 선박에 대한 후속 조처를 운수성이 조회해 왔다는 내용을 기록함(재일한국인 포괄 특허건수가 기록된 문서 첨부).
주제어	재일한국인 법적지위

문서명	재일한국인 등이 소유한 선박에 관한 선박법 제3조의 특허에 대해서(在日朝鮮人等の所有する船舶に対する船舶法第三条の特許について)

문서파일번호 880
작성연월일 1956. 7. 18
구분 제3~4차 회담 사이
세부항목 재일한국인 선박 소유 문제
작성처 운수성 해운국장
매수 1
비밀등급 일반
문서종류 내부문서
공개구분 공개
내용 운수성 해운국장이 각 지방해운국장에게 보낸 공문. 1956년 8월 6일 자로 포괄적 특허 기한이 만료되는 재일한국인 소유 선박에 대해 기한 연기를 희망하는 자는 1957년 8월 6일까지 연장함.
주제어 재일한국인 법적지위

문서명	선박법에서 재일한국인 소유 선박의 처리에 대해서(船舶法における在日朝鮮人所有船舶の取扱いについて)

문서파일번호 880
작성연월일 1957. 7. 4
구분 제3~4차 회담 사이
세부항목 재일한국인 선박 소유 문제
작성처 외무성 아시아국 제1과
매수 4
비밀등급 비(秘)
문서종류 내부문서
공개구분 공개
내용 재일한국인 소유 선박의 특허기한 만료에 따른 대책을 정리한 문서. 1957년 8월 6일에 특허 기한이 만료되는 재일한국인 소유 선박에 대한 조치에 관해 운수성과 협의할 필요가 있음. 특허 기한을 1년 더 연장할 것인지 선박법 3조를 적용할 것인지 결정해 주기 바람. 과거 한일회담에서 한국은 불개항 기항이나 연안 무역을 국민 고유의 권리로 재일한국인은 당연히 권리를 상실한다고 한 경위가 있음. 이런 점을 고려할 때 재일한국인 소유 선박에 대해 불개항 기항권을 인정하지 않아도 한국은 이의를 제기할 수 있는 입장이 아님. 그러나 그 결과 재일한국인 소유 어선들이 조업할 수 없게 되는 사태에 대해서는 예상하지 못했던 것으로 보여 그 점 이의를 제기할지도 모름. 따라서 아시아2과와도 협의할 필요가 있음.

주제어 재일한국인 법적지위

문서명	재일한국인 소유 선박의 처리 건(최혜국 대우 규정 관계)[在日朝鮮人所有船舶の取扱いに関する件(最恵国待遇規定との関係)]

문서파일번호 880
작성연월일 1957. 7. 10
구분 제3~4차 회담 사이
세부항목 재일한국인 선박 소유 문제
작성처 외무성 조약국
매수 3
비밀등급 일반
문서종류 내부문서
공개구분 공개
내용 재일한국인 소유 선박은 이른바 최혜국 대우의 대상이 되지 않는다는 조약국 검토 의견
주제어 재일한국인 법적지위

문서명	재일한국인 등이 소유한 선박에 관한 선박법 제3조(연안 수송 및 불개항 입항)의 포괄 특허에 대해서[在日韓国人等の所有する船舶に対する船舶法第三条(沿岸輸送不開港入港)の包括特許について]

문서파일번호	880
작성연월일	1957. 7. 29
구분	제3~4차 회담 사이
세부항목	재일한국인 선박 소유 문제
작성처	운수성 해운국장
매수	3
비밀등급	일반
문서종류	공문
공개구분	일부
내용	운수성 해운국장이 각 지방해운국장에게 보낸 공문. 재일한국인 소유 선박에 대한 특허 기한을 1958년 8월 6일까지 연장
주제어	재일한국인 법적지위

재일한국인의 국적 및 처우에 관한 한일협정안의 비준조항에 대해서(在日韓人の国籍及び処遇に関する日韓協定案における批准条項について)

문서파일번호	861
문서명	재일한국인의 국적 및 처우에 관한 한일협정안의 비준조항에 대해서(在日韓人の国籍及び処遇に関する日韓協定案における批准条項について)
작성연월일	1954(월일 불명)
구분	제3~4차 회담 사이
세부항목	재일한인 처우 문제
작성처	외무성 아시아국 제2과
매수	24
비밀등급	일반
문서종류	내부문서
공개구분	공개
내용	재일한국인의 국적 및 처우에 관한 한일협정이 체결되기 전에 대일평화조약이 발효됨에 따라 일본 국적을 상실하게 되는 재일한국인에 대한 처우안에 대해 검토한 내용을 기술한 문서
주제어	재일한국인 법적지위

재일한국인 개황
(在日朝鮮人の概況)

문서파일번호	862
문서명	재일한국인 개황(在日朝鮮人の概況)
작성연월일	1954. 2. 12
구분	제3~4차 회담 사이
세부항목	재일한국인 개황
작성처	외무성 사치(佐治)
매수	30
비밀등급	일반
문서종류	내부문서
공개구분	공개
내용	재일한국인의 평화조약 발효 후의 신분관계, 등록, 교육, 사업 활동 및 재산 취득, 생활보조와 관련된 법적지위에 대한 검토의견과 함께 재일한국인의 인구 동향, 경제적 동향, 사상적 동향, 강제퇴거 현황이 기술됨.
주제어	재일한국인 법적지위

북한계 재일한인의 귀국 진정 건
(在日北鮮系朝鮮人の帰国陳情に関する件)

문서파일번호	865
작성연월일	1956. 1. 23 - 1956. 4. 24
구분	제3~4차 회담 사이
세부항목	북한 귀국 희망 재일한인 문제
작성처	외무성
매수	18
비밀등급	
문서종류	회의록
공개구분	공개
내용	북한 귀국 희망 재일한인 문제와 관련한 제반 회의기록
주제어	북한 귀국 희망 재일한인 문제

문서명	북한계 재일한인의 귀국 진정 건(在日北鮮系朝鮮人の帰国陳情に関する件)

문서파일번호 865
작성연월일 1956. 1. 23
구분 제3~4차 회담 사이
세부항목 북한 귀국 희망 재일한인 문제
작성처 외무성
매수 7
비밀등급
문서종류 회의록
공개구분 공개
내용 북한 남일 외상의 성명(1955년 2월 25일 일본 국교정상화 및 경제문화교류 제안) 실현을 요청하기 위해 외무성에 모인 북한계 재일한인 150명의 대표 8명, 호아시(帆足), 아베(阿部), 이시노(石野) 3명의 국회의원과 외무정무차관이 회의한 기록. 북한계 재일한인은 오무라수용소의 63명의 북한 귀국 희망자가 남한계의 박해를 받았고 살인 사건도 발생했다며 이들의 귀국 실현, 교육비 송금의 허가, 북한 방문 중인 3명의 입국허가 등을 주장함. 외무정무차관은 이들의 귀국과 북한 방문자의 입국에 대해 한국관계도 있어 간단히 결정할 수 없다며 지금까지의 문제를 정리해서 간담회를 열고 싶다고 답변함.
주제어 북한 귀국 희망 재일한인 문제

문서명	북한 귀국 문제 건(北鮮帰国問題に関する件)

문서파일번호 865
작성연월일 1956. 2. 8
구분 제3~4차 회담 사이
세부항목 북한 귀국 희망 재일한인 문제
작성처 외무성 아시아국 제5과장
매수 4
비밀등급 일반
문서종류 회의록

공개구분	공개
내용	1956년 2월 8일 북한 귀국을 희망하는 재일한인 문제 처리와 관련해 국회 외무위원실에서 개최된 회의기록. 의원 5명, 외무성 정무차관, 아시아국장, 아시아 제5과장 등 참석.
주제어	북한 귀국 희망 재일한인 문제

문서명	북한 귀국 문제 간담회 건(北鮮帰国問題懇談會の件)

문서파일번호	865
작성연월일	1956. 4. 24
구분	제3~4차 회담 사이
세부항목	북한 귀국 희망 재일한인 문제
작성처	외무성
매수	4
비밀등급	일반
문서종류	회의록
공개구분	공개
내용	1956년 4월 24일 개최된 북한 귀국 희망 한인 문제 관련 당정 간담회. 의원들, 법무차관, 일본적십자사 부사장, 입국관리국 차장, 외무성 아시아국 제5과장 참석. 일본적십자는 북한 귀국 희망자들의 시위 때문에 곤란하다며, 귀국할 수 있는 방법으로 ① 버터필드 경유 ② 북한이 적십자선을 보내는 방법 ③ 제네바에서 결정하는 방법 등을 제시함. 법무차관은 외무성 태도가 미온적이며, 북한 송환을 조속히 개시해야 한다고 주장함. 입국관리국 차장은 오무라수용소의 의사결정에 제3자가 개입하는 것은 피하고 싶다고 주장함.
주제어	북한 귀국 희망 재일한인 문제

문서명	재일한국인 중 피생활보호자의 북한 귀환에 비용을 지출하는 건(在日朝鮮人中被生活保護者の北鮮帰還に費用をお支出する件)

문서파일번호	865
작성연월일	1956. 4. 24
구분	제3~4차 회담 사이
세부항목	북한 귀국 희망 재일한인 문제
작성처	외무성 아시아국 제1과장
매수	3
비밀등급	일반
문서종류	회의록
공개구분	공개
내용	1956년 4월 23일 외무성 아시아국 제1과장과 후생성 사회국 보호과장이 개최한 회의기록. 후생성은 재일한국인 생활보호대상자 중 북한 귀국 희망자는 중국을 경유해 귀국시키기로 하고, 여비 및 일시금을 생활보호예산에서 지출하는 것을 대장성의 양해를 얻었다며 이에 대한 외무성의 의견을 물음. 외무성은 한국정부를 배려해 정부가 직접 귀국을 원조하는 것은 피하고 싶고, 비용이 민간에서 거출되는 형식이 가능하다면 개인 자유의사로 귀국하는 것으로 다시 협의하고 싶다고 답변함.
주제어	북한 귀국 희망 재일한인 문제

평화조약 발효에 따른 한국인 국적에 대해서
(平和条約の発効に伴う朝鮮人の国籍について)

문서파일번호	866
작성연월일	1956. 4. 19 - 1956. 11. 5
구분	제3~4차 회담 사이
세부항목	재일한국인 국적 문제
작성처	법무성, 외무성
매수	15
비밀등급	
문서종류	내부문서, 내부자료
공개구분	공개
내용	대일평화조약 발효에 따른 재일한국인의 국적 문제에 대해 법무성 민사국에서 검토한 의견서
주제어	재일한국인 국적 문제, 재일한국인 법적지위

문서명	평화조약 발효에 따른 한국인의 국적에 대해서(平和条約の発効に伴う朝鮮人の国籍について)

문서파일번호 866
작성연월일 1956. 4. 19
구분 제3~4차 회담 사이
세부항목 재일한국인 국적 문제
작성처 법무성 민사국 히라가 참사관(法務省民事局 平賀参事官)
매수 8
비밀등급 일반
문서종류 내부문서
공개구분 공개
내용 대일평화조약 발효에 따른 재일한국인의 국적 문제에 대한 법무성 민사국의 검토 의견서. ①한국의 독립에 수반하는 국적 변경에 관해서는 명확한 규정이 없으나, 당사국 간에 협정이 없고 국제사법재판소의 판결에 의한 유권해석이 없어 일본 국적을 상실하는 자의 범위는 대일평화조약의 합리적인 해석을 기초로 결정할 수밖에 없음. ② 한국인 국적 귀속에 관해 불확정된 점이 있다면 한국에 2개의 국가, 정부가 사실상 존재한다는 변칙적인 사태에 유래하는 것으로 최종적으로는 이 두 국가가 합의에 의해 각자 결정해야 함.
주제어 재일한국인 법적지위

문서명	재일한국인의 국적 처우에 관한 협정안 작성 당시의 정세와 현상에 대해서(在日朝鮮人の国籍処遇に関する協定案作成当時の情勢と現状について)

문서파일번호 866
작성연월일 1956. 11. 5
구분 제3~4차 회담 사이
세부항목 재일한국인국적 처우 협정안 작성 당시 정세와 현상
작성처 외무성 아시아국 제1과
매수 7
비밀등급 일반
문서종류 내부자료
공개구분 공개
내용 1953년 재일한국인 국적 처우에 관한 협정안 작성 당시와 1956년 11월 시점의 국제정세 변화를 비교 정리
주제어 재일한국인 법적지위

외국인에 의한 구 주식 취득 제한 해제에 따른 한국인의 처리에 대해서(外国人による旧株取得の制限解除に伴う韓国人の取扱いについて)

문서파일번호	881
문서명	외국인에 의한 구 주식 취득 제한 해제에 따른 한국인의 처리에 대해서(外国人による旧株取得の制限解除に伴う韓国人の取扱いについて)
작성연월일	1956. 9. 13
구분	제3~4차 회담 사이
세부항목	재일한국인 주식 취득 문제
작성처	외무성 아시아국 제1과
매수	9
비밀등급	일반
문서종류	내부문서
공개구분	공개
내용	재일한국인의 주식 취득과 관련한 검토의견서. 재일한국인의 경우 일본 주식 구입에 대해 정책적으로 제한을 해제해 왔으나, 그들의 지위가 애매한 상황에서 그들의 우대를 인정하지 않고 주식 취득의 자유를 인정하는 국가로 지정하지 않을 방침임. 한국에 차별적 인상을 주어 비우호적인 행위라는 불만이 제기될 수 있으니, 정령에 의한 지정은 조약상 관계 있는 국가에 한하는 것이라고 설명하면 납득할 것임.
주제어	재일한국인 법적지위

한일문제연구회 기록
(日韓問題研究会記錄)

문서파일번호	867
작성연월일	1957. 2. 8 - 1957. 2. 28
구분	제3~4차 회담 사이
세부항목	재일한국인 법적지위, 억류자 상호 석방, 외무성연구회
작성처	외무성 아시아국 제1과
매수	59
비밀등급	
문서종류	회의록, 내부문서
공개구분	공개
내용	1957년 2월 4차례에 걸쳐 외무성 아시아국 제1과, 조약 1과, 조약 2과 직원들이 모여 한일 문제, 특히 재일한국인 국적 문제와 부산에 억류 중인 일본인어부와 오무라 수용 재일한국인들의 상호 석방 문제 등을 논의한 기록
주제어	재일한국인 법적지위, 억류자 상호 석방

문서명	표지

문서파일번호	867
작성연월일	1957. 2. 28
구분	제3~4차 회담 사이
세부항목	억류자 상호 석방, 외무성연구회
작성처	외무성 아시아국 제1과
매수	1
비밀등급	일반
문서종류	표지
공개구분	공개
내용	표지
주제어	억류자 상호 석방

문서명	제1회 준비회(第一回準備会)

문서파일번호	867
작성연월일	1957. 2. 8
구분	제3~4차 회담 사이
세부항목	억류자 상호 석방, 외무성연구회
작성처	외무성 아시아국 제1과
매수	1
비밀등급	일반
문서종류	회의록
공개구분	공개
내용	외무성 아시아국 제1과와 조약 1, 2과 직원들이 모여 한일 문제, 특히 억류자 상호 석방 문제를 중심으로 논의한 1957년 2월 8일 제1회 준비회 회의기록. 부산 및 오무라 억류자의 상호 석방 문제의 긴급성을 검토하고 재일한국인 국적 처우 문제를 연구할 것을 결정함.
주제어	억류자 상호 석방

문서명	제2회 연구회(第二回研究会)

문서파일번호 867
작성연월일 1957. 2. 15
구분 제3~4차 회담 사이
세부항목 억류자 상호 석방, 외무성연구회
작성처 외무성 아시아국 제1과
매수 2
비밀등급 일반
문서종류 회의록
공개구분 공개
내용 제2회 연구회 회의기록. ① 국적의 부여 및 박탈에 관한 일반 국제법(별첨1) ② 각국에 있어서 국제법의 실례(별첨2) ③ 교섭 경위와 한일쌍방의 법적 견해(별첨3) ④ 일본과 한국에 있어서 적용 실태 ⑤ 일본과 한국의 주장(별첨4) ⑥ 쌍방의 주장 조사 등을 논의함.
주제어 억류자 상호 석방

문서명	별첨1. 국적 부여 및 박탈은 국내 사항인가, 혹은 국제법의 제약을 받는가, 받는다면 어떤 제약을 받는지(別添一. 国籍の付与及び剥奪は国内事項であるか。または国際法の制約をうけるか。うけるとすれば、如名なる制約をうけるか)

문서파일번호 867
작성연월일 1957. 2. 15
구분 제3~4차 회담 사이
세부항목 재일한국인 국적, 외무성연구회
작성처 외무성 아시아국 제1과 이케베
매수 3
비밀등급 일반
문서종류 내부문서
공개구분 공개
내용 제2회 연구회 기록 첨부1. 제2회 연구회에서 아시아국 제1과 이케베가 발표한 내용. 국적의 부여 및 박탈은 국내법의 대상, 직접 국제법의 대상이 되지 않음. 단, 조

약의무가 있는 경우 국가가 국적을 규정하는 권능은 조약의무에 의해 제한받을 수 있음. 조약상의 의무가 없을 경우에도 일반적으로 국가가 국적을 규정하는 권능은 무제한적인 것이 아니며 국제관습법의 제약을 받음. 참고자료로서 국제법의 성문화에 관한 헤이그 회의(1930년)와 각국 국적법의 혈통주의와 지역주의의 분포 등이 기술됨.

주제어 재일한국인 국적

문서명	별첨2. 신 독립국과 국적 대우의 건(주로 한일 문제를 위한 메모)[別添二. 新獨立国と国籍待遇の件(主として日韓問題のためのメモ)]

문서파일번호 867

작성연월일 1957. 2. 15

구분 제3~4차 회담 사이

세부항목 구 식민지 국가의 국적 대우, 외무성연구회

작성처 외무성 조약3과 히라이즈미

매수 6

비밀등급 일반

문서종류 내부문서

공개구분 공개

내용 제2회 연구회 기록 첨부2. 제2회 연구회에서 조약 3과 히라이즈미가 발표한 내용. 영국과 영연방계(인도, 파키스탄, 실론), 비 영연방계 식민지(버마), 미국과 필리핀, 프랑스령 지역과 프랑스, 네덜란드와 인도네시아의 국적 대우에 관한 연구 내용이 담김.

주제어 재일한국인 국적

문서명	별첨3. 교섭 경위와 한일 쌍방의 법적 견해(別添三. 交渉の経緯と日韓双方の法的見解)

문서파일번호 867
작성연월일 1957. 2. 15
구분 제3~4차 회담 사이
세부항목 재일한국인 법적지위, 외무성연구회
작성처 외무성 사치(佐治)
매수 14
비밀등급 일반
문서종류 내부문서
공개구분 공개
내용 제2회 연구회 기록 첨부3. 제2회 연구회에서 사치가 발표한 내용. 평화조약의 발효와 더불어 종전 전부터 계속 일본에 거주한 한국인의 국적 및 그 처우를 어떻게 다룰 것인가에 관해 ① 국적 및 신분 문제 ② 거주권 및 강제퇴거 문제 ③ 내국민 대우 ④ 귀환자에 대한 편의제공 문제 등을 중심으로 정리함.
주제어 재일한국인 법적지위

문서명	별첨4. 국적 처우 문제에 관한 한일 쌍방의 주장과 국내법상의 처리(別添四. 国籍処遇問題に関する日韓双方の主張と国内法上の取扱)

문서파일번호 867
작성연월일 1957. 2. 15
구분 제3~4차 회담 사이
세부항목 재일한국인 국적 처우, 외무성연구회
작성처 외무성 사치
매수 7
비밀등급 일반
문서종류 내부문서
공개구분 공개
내용 제2회 연구회 기록 첨부4. 제2회 연구회 사치 발표 내용. 국적 처우 문제에 관한 한일 쌍방의 주장과 국내법상의 처리를 국적, 거주로 나누어 주요 논점을 비교 정리함.
주제어 재일한국인 법적지위

문서명	제3회 연구회(第三回研究会)

문서파일번호 867
작성연월일 1957. 2. 22
구분 제3~4차 회담 사이
세부항목 억류자 상호 석방, 외무성연구회
작성처 외무성 아시아국 제1과
매수 6
비밀등급 일반
문서종류 회의록
공개구분 공개
내용 제3회 연구회 회의기록. ① 국가는 자국 내에 거주하는 외국인을 추방할 수 있는지 없는지에 관한 논의(할 수 있음) ② 1888년 9월 8일, 로잔느 국제법회의에서 채결된 '외국인의 추방권에 관한 국제선언안' 주요 내용이 첨부됨.
주제어 억류자 상호 석방

문서명	제4회 연구회(第四回研究会)

문서파일번호 867
작성연월일 1957. 2. 28
구분 제3~4차 회담 사이
세부항목 억류자 상호 석방, 외무성연구회
작성처 외무성 아시아국 제1과
매수 12
비밀등급 일반
문서종류 회의록
공개구분 공개
내용 제4회 연구회 회의기록. ① 한국이 오무라에 수용되어 있는 한국인 중 형이 남은 이들의 인도를 거부하고 있는 것은 문제임. ② 한일 양국은 국적을 놓고 이견이 대립하고 있지만, 추방자를 받아들이지 않는 한국의 태도는 비난받아 마땅함. ③ 오무라 문제는 추방의 기준 문제에 관련이 있으나, 그 핵심은 장기간에 걸쳐 수용하고 있다는 부분임. ④ 출입국 관리령 제52조 5항은 강제퇴거를 당하는 외국인을 송환 가능할 때까지 수용하기로 되어 있음. 〈설명자료〉 등 첨부. 〈참고자료〉 '일본이 결정한 적이 있는 영주허가를 받은 이들의 강제퇴거를 운용하는 기준', '내국민대우에 관한 한일 쌍방의 주장과 국내법상의 처리', '거주자인 외국인에게 금지 혹은 제한된 권리와 재일조선인의 지위'가 첨부됨.

주제어 억류자 상호 석방

문서명	(참고자료) 일본의 영주허가 제안을 받았던 자의 강제퇴거 통용에 관한 기준 [(参考資料)日本側が提案したことのある永住許可を受けた者の退去強制の通用に関する基準]

문서파일번호 867

작성연월일 1957. 2. 27

구분 제3~4차 회담 사이

세부항목 억류자 상호 석방, 외무성연구회

작성처 외무성 아시아국 제1과

매수 4

비밀등급 일반

문서종류 내부문서

공개구분 공개

내용 제4회 연구회 참고자료로 첨부된 '일본이 제안한 적이 있는 영주허가를 받았던 자의 강제퇴거의 통용에 관한 기준'이 기술된 문서

주제어 억류자 상호 석방

문서명	내국민대우에 관한 한일 쌍방의 주장과 국내법상의 처리(内国民待遇に関する日韓双方の主張と国内法上の取扱)

문서파일번호 867
작성연월일 1957. 2. 27
구분 제3~4차 회담 사이
세부항목 재일한국인 법적지위, 외무성연구회
작성처 외무성 아시아국 제1과
매수 2
비밀등급 일반
문서종류 내부문서
공개구분 공개
내용 제4회 연구회 참고자료로 첨부된 '내국민대우에 관한 한일 쌍방의 주장과 국내법상의 처리'가 정리된 문서
주제어 재일한국인 법적지위

문서명	거주자인 외국인에게 금지하거나 제재되어 있는 권리 또는 직업과 재일한국인의 지위(居住者たる外国人に禁止又は制裁されている权利乃至职業と在日朝鮮人の地位)

문서파일번호 867
작성연월일 1957. 2. 27
구분 제3~4차 회담 사이
세부항목 재일한국인 법적지위, 외무성연구회
작성처 외무성 아시아국 제1과
매수 1
비밀등급 일반
문서종류 내부문서
공개구분 공개
내용 제4회 연구회 참고자료로 첨부된 '거주자인 외국인에게 금지하거나 제재되어 있는 권리 또는 직업과 재일한국인의 지위'에 관한 내용이 표로 정리된 자료
주제어 재일한국인 법적지위

도쿄도 도립 한국인학교 관련 자료
(東京都都立朝鮮人學校關聯資料)

문서파일번호	884
작성연월일	1954. 5. 25 - 1957. 2. 16
구분	제3~4차 회담 사이
세부항목	재일한국인학교
작성처	외무성, 재일본대한민국거류민단 도쿄본부(在日本大韓民國居留民團東京本部) 등
매수	37
비밀등급	
문서종류	내부자료, 회의록, 성명서, 내부문서
공개구분	공개
내용	도쿄도 도립 한국인학교와 관련한 자료 모음
주제어	재일한국인 법적지위

문서명	도립 한국인학교 운영상황(都立朝鮮人学校運営状況)

문서파일번호 884
작성연월일 1954. 5. 25
구분 제3~4차 회담 사이
세부항목 재일한국인학교
작성처 불명
매수 9
비밀등급 비(秘)
문서종류 내부자료
공개구분 공개
내용 도쿄도 내 한국인학교의 수업개시 상황, 입학생의 결정, 교직원, 교육목표, 교육과정, 교과용 도서 및 수업 용어, 직원회의와 집단동정, 그 외의 위반 사실 등 한국인학교의 위법적 운영상황 등이 기술됨.
주제어 재일한국인 법적지위

문서명	도쿄도립 한국인학교에 관한 자료(東京都立朝鮮人学校に関する資料)

문서파일번호 884
작성연월일 1954. 6(일자 불명)
구분 제3~4차 회담 사이
세부항목 재일한국인학교
작성처 도쿄도 교육청 학무부(東京都教育廳學務部)
매수 2
비밀등급 일반
문서종류 내부자료
공개구분 공개
내용 도쿄도립한국인학교의 학교 설치에 관한 규칙, 학교 운영에 관한 통달, 학교 운영에 대한 각서 및 양해사항, 학교 운영에 대한 통고, 학교 운영에 대한 통고 승낙서, 학교 운영에 대한 세목, 학교 운영에 대한 통달과 도립 한국인학교 일람 등이 포괄적으로 정리됨.
주제어 재일한국인 법적지위

문서명	도쿄도립 한국인학교의 조치 건(東京都立朝鮮人学校の措置に関する件)

문서파일번호 884
작성연월일 1954. 9. 18
구분 제3~4차 회담 사이
세부항목 재일한국인학교
작성처 외무성 아시아국 제5과
매수 2
비밀등급 비(秘)
문서종류 회의록
공개구분 공개
내용 총리관저에서 내각조사실장 주재하에 도쿄도립한국인학교의 조치에 대해 관계부처와 회의하고 별첨 요강안에 따라 절차를 진행하기로 함. 외무성은 재일한국인이 외국인이지만 특수한 역사적 관계도 있어 그들에게 교육의 기회가 균등하게 부여된다면 조치 요강에 이의가 없다고 함.
주제어 재일한국인 법적지위

문서명	도립 한국인학교 조치 요강안(都立朝鮮人学校措置要綱案)

문서파일번호 884
작성연월일 1954(월일 불명)
구분 제3~4차 회담 사이
세부항목 재일한국인학교
작성처 불명
매수 2
비밀등급 비(秘)
문서종류 내부자료
공개구분 공개
내용 1954년 9월 18일 회의 첨부 문서. 도립한국인학교의 폐지 실시 방법 등에 관한 조치 요강안으로, 해당 건에 대한 취지와 경위가 설명되어 있음.
주제어 재일한국인 법적지위

문서명	성명서(한국인학교 폐지 문제에 관하여서)(声明書—朝鮮人学校廃止問題に関して—)

문서파일번호	884
작성연월일	1954. 10. 9
구분	제3~4차 회담 사이
세부항목	재일한국인학교
작성처	재일본 대한민국거류민단 도쿄본부(在日本大韓民國居留民團東京本部)
매수	1
비밀등급	일반
문서종류	성명서
공개구분	공개
내용	재일본 대한민국거류민단 도쿄본부가 작성한 도립 한국인학교 폐지에 관한 성명서
주제어	재일한국인 법적지위

문서명	재일한국인의 일본에서의 진학 문제(在日朝鮮人の日本での進学問題)

문서파일번호	884
작성연월일	1957. 2. 16
구분	제3~4차 회담 사이
세부항목	재일한국인학교
작성처	외무성 아시아국 제1과
매수	2
비밀등급	비(秘)
문서종류	내부문서
공개구분	공개
내용	재일한국인의 일본 내 진학 문제에 관한 검토의견서. 최근 재일한국인 사이에 한국인의 대학진학 문제가 발생하고 있음. 문부성은 외국인을 위해 일본의 교육제도를 변경할 수 없으며, 현 상태로는 대학 입학자격 검정에 합격한 후 대학입시를 치르는 것 이외에는 방법이 없다고 주장함.
주제어	재일한국인 법적지위

영토 이전에 따른 국적 변경에 관한 학설 및 선례
(領土の移転に伴う国籍の変更に関する学説及び先例)

문서파일번호	886
작성연월일	1958. 3. 7
구분	제3~4차 회담 사이
세부항목	재일한국인 국적 문제
작성처	외무성, 이리에 게시로(入江啓四郎) 등
매수	30
비밀등급	
문서종류	회의록, 내부문서, 내부자료
공개구분	공개
내용	제4차 한일회담을 앞두고 재일한국인의 국적 문제 등에 관해 외무성과 학자의 견해를 정리한 문서
주제어	재일한국인 법적지위

문서명	영토 이전에 따른 국적 변경에 관한 학설 및 선례(領土の移転に伴う国籍の変更に関する学説及び先例)

문서파일번호 886
작성연월일 1958. 3. 7
구분 제3~4차 회담 사이
세부항목 재일한국인 국적 문제
작성처 외무성 아시아국 제1과
매수 11
비밀등급 일반
문서종류 회의록
공개구분 공개
내용 한국의 독립에 따른 재일한국인의 국적 문제에 관해 검토한 내용이 담긴 문서. 다수설은 국가분리 또는 영토 할양된 토지에 주소를 두고 있는 구 국가 국민은 조약에 따른 반대 규정이 없는 한, 국제관습법에 의해 당연히 토지획득국의 국적을 획득하는 것으로 되어 있음. 베르사유 조약 등이 첨부되어 있음.
주제어 재일한국인 법적지위

문서명	일본국과의 평화조약 국회 심의(한국인의 귀화 혹은 귀국)[日本国との平和条約の国会における答弁(朝鮮人の帰化又は帰国)]

문서파일번호 886
작성연월일 1958(월일 불명)
구분 제3~4차 회담 사이
세부항목 재일한국인 국적 문제
작성처 불명
매수 4
비밀등급 일반
문서종류 내부문서
공개구분 공개
내용 재일 한국인의 귀화 또는 귀국과 관련한 국회 심의 기록
주제어 재일한국인 법적지위

문서명	국제법상 국적과 무국적(Nationality and Statelessness in International Law)

문서파일번호 886
작성연월일 1958(월일 불명)
구분 제3~4차 회담 사이
세부항목 재일한국인 국적 문제
작성처 불명
매수 2
비밀등급 일반
문서종류 내부자료
공개구분 공개
내용 국적과 관련한 해외 판례를 소개한 자료(영문)
주제어 재일한국인 법적지위

문서명	특수관계 국민의 법적지위(메모)[特集関係国民の法的地位(メモ)]

문서파일번호 886
작성연월일 1958(월일 불명)
구분 제3~4차 회담 사이
세부항목 재일한국인 국적 문제
작성처 이리에 게시로(入江啓四郎)
매수 13
비밀등급 일반
문서종류 내부자료
공개구분 공개
내용 일본의 국제법학자인 이리에 게시로가 정리한 특수관계 국민의 법적지위에 관한 해석
주제어 재일한국인 법적지위

재일한인 국적 처우 문제에 관한 기본방침안
(在日韓人国籍処遇問題に関する基本方針案)

문서파일번호	871
문서명	재일한인 국적 처우 문제에 관한 기본방침안(在日韓人国籍処遇問題に関する基本方針案)
작성연월일	1958. 3. 24
구분	제3~4차 회담 사이
세부항목	재일한국인 국적 처우 기본방침
작성처	외무성 아시아국 제1과
매수	3
비밀등급	극비
문서종류	내부문서
공개구분	공개
내용	1958년 3월 28일 법무성과 협의를 위해 외무성이 작성한 재일한국인 국적 처우에 관한 기본방침안. 재일한인의 국적 문제, 처우 문제 등을 한일협정안에 어떻게 포함시킬 것인가 하는 점들이 검토됨.
주제어	재일한국인 법적지위

재일한국인의 특권에 관한 조사 의뢰 건
(在日朝鮮人の特権に関する調査依頼の件)

문서파일번호	885
작성연월일	1949. 2. 23 - 1958. 5. 29
구분	한일회담 시작 전, 제4차 회담
세부항목	재일한국인 특권
작성처	외무성 등
매수	24
비밀등급	
문서종류	공문
공개구분	공개
내용	재일한국인의 특권에 관하여 외무성이 관계성에 조사 의뢰한 공문과 이에 대한 각 성의 회신 공문
주제어	재일한국인 법적지위

문서명	재일한국인의 특권에 관한 조사 의뢰 건(在日朝鮮人の特権に関する調査依頼の件)

문서파일번호 885
작성연월일 1958. 5. 29
구분 제4차 회담
세부항목 재일한국인 특권
작성처 외무성 사무차관
매수 2
비밀등급 일반
문서종류 공문
공개구분 공개
내용 진행 중인 제4차 한일회담에서 참고하기 위해 평화조약 발효에 따라 일본 국적을 상실한 재일한국인에 대해 일반 외국인과는 달리 인정되고 있는 신분, 재산상의 특권에 대한 조사를 각 성에 의뢰하는 외무성 공문
주제어 재일한국인 법적지위

문서명	재일한국인의 특권에 관한 조사 의뢰 건에 대해서(회답)[在日朝鮮人の特権に関する調査依頼について(回答)]

문서파일번호 885
작성연월일 1958. 6. 6
구분 제4차 회담
세부항목 재일한국인 특권
작성처 인사원 사무총장
매수 1
비밀등급 일반
문서종류 공문
공개구분 공개
내용 외무성의 조사 의뢰에 대한 인사원 회신. 재일한국인의 특권 관련 해당 사항이 없음.
주제어 재일한국인 법적지위

문서명	재일한국인의 특권에 관한 건(회답) [在日朝鮮人の特権に関する件(回答)]

문서파일번호	885
작성연월일	1958. 6. 7
구분	제4차 회담
세부항목	재일한국인 특권
작성처	법무성 사무차관
매수	3
비밀등급	일반
문서종류	공문
공개구분	공개
내용	외무성의 조사 의뢰에 대한 법무성 회신. ① 1945년 9월 2일 이전부터 평화조약 발효일까지 일본에 재류한 자는 재류자격 없이 일본 재류를 인정함. ② 1의 자녀로 조약 발효일 이후 일본에서 출생한 자에게 3년의 재류기간을 인정함.
주제어	재일한국인 법적지위

문서명	재일한국인의 특권에 관한 조사(회답) [在日朝鮮人の特権に関する調査(回答)]

문서파일번호	885
작성연월일	1958. 6. 10
구분	제4차 회담
세부항목	재일한국인 특권
작성처	후생성 사무차관
매수	2
비밀등급	일반
문서종류	공문
공개구분	공개
내용	외무성의 조사 의뢰에 대한 후생성 회신. 생활보호법은 일본국민만을 대상으로 하고 있으나 행정조치로서 재일한국인의 생활보호를 시행하고 있음. 단 권리로서 인정되는 것이 아니어서 불복신청은 인정되지 않음.
주제어	재일한국인 법적지위

문서명	재일한국인의 특권에 관한 조사에 대해서(회답)[在日朝鮮人の特権に関する調査について(回答)]

문서파일번호 885
작성연월일 1958. 6. 12
구분 제4차 회담
세부항목 재일한국인 특권
작성처 건설성 사무차관
매수 1
비밀등급 일반
문서종류 공문
공개구분 공개
내용 외무성 조사 의뢰에 대한 건설성 회신. 해당 사항 없음.
주제어 재일한국인 법적지위

문서명	재일한국인의 특권에 관한 조사에 대해서(회답)[在日朝鮮人の特権に関する調査について(回答)]

문서파일번호 885
작성연월일 1958. 7. 1
구분 제4차 회담
세부항목 재일한국인 특권
작성처 문부성 사무차관
매수 2
비밀등급 일반
문서종류 공문
공개구분 공개
내용 외무성 조사 의뢰에 대한 문부성 회신.
① 한국인의 교육에 대해 외국인으로서 구별해서 처리하고 있지 않음.
② 한국인 아동은 의무교육 대상이 아니지만 행정조치로 공립 초, 중학교 입학을 희망하는 자는 가능한 입학을 인정. 그러나 이것은 호의적 조치로서 한국어, 역사, 지리 교육을 위한 특별과외수업 등 특별조치를 인정하지 않고 일반 일본인과 동일한 교육을 시행하고 있음.
주제어 재일한국인 법적지위

문서명	재일한국인의 특권에 대해서(在日朝鮮人の特権について)

문서파일번호 885
작성연월일 1958. 7. 4
구분 제4차 회담
세부항목 재일한국인 특권
작성처 우정성 사무차관
매수 1
비밀등급 일반
문서종류 공문
공개구분 공개
내용 외무성 조사 의뢰에 대한 우정성 회신. 간이생명보험, 우편연금은 해당 사항이 없으나 패전 이전에 가입한 보험, 연금 계약으로 현재 계속 중인 것은 일본인의 계약과 동일하게 처리함.
주제어 재일한국인 법적지위

문서명	재일한국인의 특권에 관한 조사 의뢰 건(회답)[在日朝鮮人の特権に関する調査依頼の件(回答)]

문서파일번호 885
작성연월일 1958. 7. 9
구분 제4차 회담
세부항목 재일한국인 특권
작성처 통상산업성 사무차관
매수 3
비밀등급 일반
문서종류 공문
공개구분 공개
내용 외무성 조사 의뢰에 대한 통산성 회신. 한국인의 광업권 및 조광권(租鑛權)* 은 평화조약 발효에 의해 인정되지 않고 있으나, 조업 중인 광산은 한일교섭 경위도 있어 1954년 4월 27일까지 잠정적으로 소유를 인정하고, 4월 28일 이후는 무주(無主) 부동산으로 국고에 귀속시켰음.
주제어 재일한국인 법적지위

* 법률 계약에 따라 남의 광구(鑛區)에서 광물을 캐내어 취득할 수 있는 권리

문서명	재일한국인의 현행 법령상 지위(在日朝鮮人の現行法令上の地位)

문서파일번호	885
작성연월일	1949. 2. 23
구분	한일회담 시작 전
세부항목	재일한국인의 현행법상 지위
작성처	외무성 조약국 법규과
매수	9
비밀등급	일반
문서종류	내부문서
공개구분	공개
내용	조약국의 재일한국인 지위에 관한 검토의견서. 재일한국인은 현행 법령상 일본인으로 처리되고 있으나, 경우에 따라 외국인으로도 처리되고 있다는 내용임.
주제어	재일한국인 법적지위

국가의 분리와 국적 처우에 대해서
(国家の分離と国籍処遇について)

문서파일번호	887
문서명	국가의 분리와 국적 처우에 대해서(国家の分離と国籍処遇について)
작성연월일	1958. 7. 1
구분	제4차 회담
세부항목	오스트리아 국민 국적 문제
작성처	외무성 조약국 법규 히라이즈미
매수	8
비밀등급	일반
문서종류	내부문서
공개구분	공개
내용	오스트리아 국민들의 국적과 관련하여 조사 정리한 내용이 담긴 문서. 1938년 오스트리아가 독일에 병합되고 오스트리아 국민에게 독일 국적이 부여되었으나, 1945년에 다시 오스트리아가 분리 독립하여 국적 문제가 발생함. 이와 관련된 독일의 연방행정재판소 판결을 참고로 제시함.
주제어	재일한국인 법적지위

재일한인의 법적지위에 관한 위원회의 각 성 연락회의(在日韓人の法的地位に関する委員会の各省連絡会議)

문서파일번호	873
작성연월일	1958. 8. 27 - 1958. 11. 5
구분	제4차 회담
세부항목	한국 재일한국인 법적지위 및 처우에 관한 협정(안) 검토
작성처	외무성, 주일한국대표부, 법무성
매수	23
비밀등급	
문서종류	회의록, 협정안, 공문, 내부문서
공개구분	공개
내용	일본이 11월 5일 개최한 각 성 관계관 회의기록. 한국이 1958년 10월 20일 제4차 한일회담 재일한국인 법적지위위원회 제9회 회의에서 제출한 협정안 검토
주제어	재일한국인 법적지위

문서명	재일한인의 법적지위에 관한 위원회의 각 성 연락회의(在日韓人の法的地位に関する委員会の各省連絡会議)

문서파일번호 873

작성연월일 1958. 11. 5

구분 제4차 회담

세부항목 한국 재일한국인 법적지위 및 처우에 관한 협정(안) 검토 협의회

작성처 외무성 북동아시아과

매수 17

비밀등급 극비

문서종류 회의록

공개구분 공개

내용 외무성, 대장성, 법무성, 후생성, 운수성, 문부성, 우정성, 건설성, 통산성, 농림성 관계관 연락회의기록. 한국이 1958년 10월 20일 제4차 한일회담 재일한국인 법적지위위원회 제9회 회의에서 제출한 재일한인 법적지위 및 처우에 관한 협정안 검토. 생활보호법관계, 사상범, 군인·군속의 미지급급여, 광업권 및 조광권 문제와 관련해 후생성, 통산성 등의 의견이 개진됨.

주제어 재일한국인 법적지위

문서명	재일한국인 법적지위위원회에서의 한국 제안(Korean Proposal at the Committee on Legal Status of Korean Residents in Japan)

문서파일번호 873

작성연월일 1958. 10. 20

구분 제4차 회담

세부항목 한국 재일한국인법적지위 및 처우에 관한 협정(안) 검토

작성처 주일한국대표부

매수 4

비밀등급 일반

문서종류 협정안

공개구분 공개

내용 한국이 제4차 한일회담 재일한국인 법적지위위원회 제9회 회의에서 제출한 재일한인의 법적지위 및 처우 일반에 관한 협정안(영문)

주제어 재일한국인 법적지위

문서명	가석방된 북한 귀국 희망자의 처리 건(仮放免せる北鮮帰国希望者の取扱に関する件)

문서파일번호 873

작성연월일 1958. 8. 27

구분 제4차 회담

세부항목 북한 귀국 희망 재일한인 문제

작성처 법무성

매수 2

비밀등급 극비

문서종류 공문

공개구분 공개

내용 오무라 가석방자들 중 북한 귀국 희망자를 북한으로 송환하지 말라는 한국의 요구에 대한 외무성의 대응(당분간 일본의 자주적 조치에 의해 가석방자를 한국의 희망을 고려하여 처리할 의향이 있음을 통보함)과 관련한 검토의견 요청에 법무성이 회신한 문서. 법무성은 외무성의 타협안에 대해 부정적이나 외교상 타협안이 필요하다면 한국에 가급적 조속히 불법 입국자의 송환에 응하라는 조건을 제시할 것을 제안함.

주제어 북한 귀국 희망 재일한인 문제

재일한국인의 도래 및 귀환에 관한 경위, 특히 전시 중의 징용노동자에 대해서(在日朝鮮人の渡来および引揚に関する経緯、特に、戦時中の徴用労務者について)

문서파일번호	875
작성연월일	1959. 7. 11
구분	제4차 회담(중단기)
세부항목	재일한국인 일본 도래 경위
작성처	외무성
매수	12
비밀등급	
문서종류	보도참고자료
공개구분	공개
내용	재일한국인의 일본 도래 및 귀환에 관한 경위, 특히 전시 중 징용노동자의 일본 도래 참고자료
주제어	재일한국인 일본 도래 경위

문서명	기사자료(記事資料)

문서파일번호 875
작성연월일 1959. 7. 11
구분 제4차 회담(중단기)
세부항목 재일한국인 일본 도래 경위
작성처 외무성 정보문화국
매수 10
비밀등급 일반
문서종류 보도참고자료
공개구분 공개
내용 재일한국인의 도일 경위에 관해 외무성이 대외적인 홍보를 하고자 작성한 자료. 재일한국인들은 자발적으로 일본에 도항해 왔으며 패전 후에도 자발적으로 체류한 것임을 강조(영문본 첨부)
주제어 재일한국인 법적지위

문서명	기사자료 정정방법 건(記事資料訂正方の件)

문서파일번호 875
작성연월일 1959. 7. 11
구분 제4차 회담(중단기)
세부항목 재일한국인 일본 도래 경위
작성처 외무성 북동아시아과
매수 2
비밀등급 일반
문서종류 보도참고자료
공개구분 공개
내용 기사자료로 배포한 자료 중 일부를 수정
주제어 재일한국인 법적지위

종전 직후 귀국한 한국인에 대한 처리에 대해서
(終戦直後の引揚朝鮮人に対する取扱について)

문서파일번호	876
작성연월일	1959. 7. 13 - 1959. 10. 14
구분	제4차 회담
세부항목	귀국 한인 대상 정책
작성처	외무성, 법무성 입국관리국
매수	10
비밀등급	
문서종류	내부문서
공개구분	공개
내용	전쟁 종료 직후 귀국한 한국인의 반출재산, 송금 등과 관련한 일본정부의 기본 방침이 정리된 문서와 관련자료
주제어	귀국 한인 대상 정책

문서명	종전 직후 귀국한 한국인에 대한 처리에 대해서(終戦直後引揚朝人に対する取扱について)

문서파일번호 876
작성연월일 1959. 7. 13
구분 제4차 회담
세부항목 귀국 한인 대상 정책
작성처 외무성 북동아시아과
매수 3
비밀등급 비(秘)
문서종류 내부문서
공개구분 공개
내용 패전 후 재일한국인들의 본국 귀환 시, 이들에게 적용된 정책 등을 정리한 문서
주제어 재일한국인 법적지위

문서명	제4차 한일전면회담의 재일한인의 법적지위에 관한 위원회에서 반출 재산 및 송금의 처리에 관한 논의에 대하여(第四次日韓全面会談の、在日韓人の法的地位に関する委員会における、持帰り財産及び送金の取扱等に関する討議について)

문서파일번호 876
작성연월일 1959. 7. 13
구분 제4차 회담
세부항목 귀국 한인 대상 정책
작성처 외무성 북동아시아과
매수 2
비밀등급 일반
문서종류 내부문서
공개구분 공개
내용 제4차 한일회담 제9회 법적지위위원회 회의에서 한국이 제시한 협정안 제6조에 규정된 귀환 한국인에 대한 조치 사항(귀환자의 송금, 반출 재산 문제 등)에 대해 정리
주제어 재일한국인 법적지위

문서명	미국인 등 일반 외국인이 귀국할 때 갖고 나가는 돈의 제한에 대하여(米国人等一般外国人が帰国する際の持帰り金の制限について)

문서파일번호 876
작성연월일 1959. 7. 13
구분 제4차 회담
세부항목 귀국 한인 대상 정책
작성처 외무성 북동아시아과
매수 1
비밀등급 일반
문서종류 내부문서
공개구분 공개
내용 재일한국인 귀환자의 재산 반출 문제와 관련해 일반 외국인이 귀국할 때 반출 가능한 외환액을 대장성 통달에 따라 정리
주제어 재일한국인 법적지위

문서명	제2차 세계대전의 종료 전부터 일본국에 계속 거주하고 있는 한인 중 대한민국으로 귀환하는 것을 희망하는 자의 원조에 관한 일본국정부와 대한민국정부의 공동선언(안)[第二次世界大戦の終了前から日本国に引続き居住している韓人で大韓民国へ帰還を希望する者の援助に関する日本国政府と大韓民国政府との共同宣言(案)]

문서파일번호 876
작성연월일 1959. 10. 14
구분 제4차 회담
세부항목 귀국 한인 대상 정책
작성처 법무성 입국관리국
매수 4
비밀등급 극비
문서종류 공동선언안
공개구분 공개
내용 입국관리국이 재일한국인 귀환자에게 일본정부가 제공하는 편의에 관해 작성한 한일공동선언안
주제어 재일한국인 법적지위

제7부

제4차 회담 재일한국인 법적지위위원회 소위원회 회의록
(1958. 5. 19~1959. 11. 2)

제4차 한일회담 재일한국인 법적지위에 관한 위원회 제1회 회의(第四次日韓全面会談における在日韓人の法的地位に関する委員会の第一回会合)

문서파일번호	1071
문서명	제4차 한일회담 재일한국인 법적지위에 관한 위원회 제1회 회의(第四次日韓全面会談における在日韓人の法的地位に関する委員会の第一回会合)
작성연월일	1958. 5. 19
구분	제4차 회담 재일한국인 법적지위위원회 제1회 회의
세부항목	
작성처	외무성 북동아시아과
매수	2
비밀등급	극비
문서종류	회의록
공개구분	공개
내용	제4차 한일회담 재일한국인 법적지위위원회 제1회 회의기록. 쌍방 위원의 소개가 있은 후 의사 절차를 결정함.
주제어	재일한국인 법적지위

제4차 한일회담 재일한국인 법적지위에 관한 위원회 제2회 회의(第四次日韓全面会談における在日韓人の法的地位に関する委員会の第二回会合)

문서파일번호	1072
문서명	제4차 한일회담 재일한국인 법적지위에 관한 위원회 제2회 회의(第四次日韓全面会談における在日韓人の法的地位に関する委員会の第二回会合)
작성연월일	1958. 5. 26
구분	제4차 회담 재일한국인 법적지위위원회 제2회 회의
세부항목	
작성처	외무성 북동아시아과
매수	6
비밀등급	극비
문서종류	회의록
공개구분	공개
내용	제4차 한일회담 재일한국인 법적지위위원회 제2회 회의기록. 가쓰노(勝野康助) 일본 수석위원은 '상대국에 대한 내정불간섭', '상대국의 외국인에 대한 관할권 존중', '재일한국인이 일본사회의 중요 분자로서 활동하고 있음을 일본은 충분히 고려'하는 것이 중요하다고 말함. 이에 대해 유태하 공사는 재일한국인의 특수한 사정을 고려하여 원만하게 해결하기를 원한다고 말함. 유 공사가 제시한 구체적인 의제를 일본이 검토한 후 차기 회의에서 답변하기로 함.
주제어	재일한국인 법적지위

제4차 한일회담 재일한국인 법적지위에 관한 위원회 제3회 회의(第四次日韓全面会談における在日韓人の法的地位に関する委員会の第三回会合)

문서파일번호	1073
문서명	제4차 한일회담 재일한국인 법적지위에 관한 위원회 제3회 회의(第四次日韓全面会談における在日韓人の法的地位に関する委員会の第三回会合)
작성연월일	1958. 6. 2
구분	제4차 회담 재일한국인 법적지위위원회 제3회 회의
세부항목	
작성처	외무성 북동아시아과
매수	9
비밀등급	극비
문서종류	회의록
공개구분	공개
내용	제4차 한일회담 재일한국인 법적지위위원회 제3회 회의기록. 재일한국인의 법적지위부터 논의하기로 합의, 재일한국인의 특수한 상황을 인정한다는 점에 쌍방이 동의함. 한국이 재일한국인의 특수 지위에 대한 일본의 구체적인 생각을 묻자 일본은 다음 3가지 기본 원칙을 제시함. ① 대상은 패전 전부터 계속 일본에 거주하고 있는 한국인에 한함. ② 강제송환에 있어서 재일한국인의 특수한 상황을 고려함. ③ 강제송환이 원만히 이루어진다는 것을 전제로 함.
주제어	재일한국인 법적지위

제4차 한일회담 재일한국인 법적지위에 관한 위원회 제4회 회의(第四次日韓全面会談における在日韓人の法的地位に関する委員会の第四回会合)

문서파일번호	1074
문서명	제4차 한일회담 재일한국인 법적지위에 관한 위원회 제4회 회의(第四次日韓全面会談における在日韓人の法的地位に関する委員会の第四回会合)
작성연월일	1958. 6. 9
구분	제4차 회담 재일한국인 법적지위위원회 제4회 회의
세부항목	
작성처	외무성 북동아시아과
매수	13
비밀등급	극비
문서종류	회의록
공개구분	공개
내용	1958년 6월 2일 제4차 한일회담 재일한국인 법적지위위원회 제4회 회의기록. 일본이 재일한국인에 대한 일본정부의 특별한 고려에 대해 설명함. 강제퇴거자 송환 기준에 대해서는 유태하 공사와 가쓰노 국장이 비공식적인 자리에서 쌍방의 전반적 생각을 교환하기로 함.
주제어	재일한국인 법적지위

제4차 한일회담 재일한국인 법적지위에 관한 위원회 제5회 회의(第四次日韓全面会談における在日韓人の法的地位に関する委員会の第五回会合)

문서파일번호	1075
문서명	제4차 한일회담 재일한국인 법적지위에 관한 위원회 제5회 회의(第四次日韓全面会談における在日韓人の法的地位に関する委員会の第五回会合)
작성연월일	1958. 7. 1
구분	제4차 회담 재일한국인 법적지위위원회 제5회 회의
세부항목	
작성처	외무성 북동아시아과
매수	6
비밀등급	극비
문서종류	회의록
공개구분	공개
내용	제4차 한일회담 재일한국인 법적지위위원회 제5회 회의기록. 재일한국인의 강제퇴거 기준에 대해 논의, 입국관리령을 기준으로 처리하겠다는 일본에 대해 일반 외국인과 같은 기준을 적용할 것이 아니라 재일한국인의 특수 사정을 고려해야 한다는 한국 주장이 대립함. 일본이 차기 회의에서 논의를 위한 기초안을 제출하기로 함.
주제어	재일한국인 법적지위

제4차 한일회담 재일한국인 법적지위에 관한 위원회 제6회 회의(第四次日韓全面会談における在日韓人の法的地位に関する委員会の第六回会合)

문서파일번호	1076
작성연월일	1958. 7. 8
구분	제4차 회담 재일한국인 법적지위위원회 제6회 회의
세부항목	
작성처	외무성 북동아시아과
매수	6
비밀등급	
문서종류	회의록, 내부자료
공개구분	공개
내용	1958년 7월 1일 제4차 한일회담 재일한국인 법적지위위원회 제6회 회의기록
주제어	재일한국인 법적지위

문서명	제4차 한일회담 재일한국인 법적지위에 관한 위원회 제6회 회의(第四次日韓全面会談における在日韓人の法的地位に関する委員会の第六回会合)

문서파일번호 1076

작성연월일 1958. 7. 8

구분 제4차 회담 재일한국인 법적지위위원회 제6회 회의

세부항목

작성처 외무성 북동아시아과

매수 5

비밀등급 극비

문서종류 회의록

공개구분 공개

내용 제4차 한일회담 재일한국인 법적지위위원회 제6회 회의기록. 일본이 강제퇴거 기준으로 입국관리령 규정과 동일한 '유죄판결을 받은 자, 바람직하지 않은 일에 종사하는 자로서 범죄에는 이르지 않은 자, 불법 입국 방조자, 나환자, 정신병자 및 빈곤자, 불법잔류자, 폭력행위를 통해 일본국헌법을 파괴하려는 자, 기타 일본국의 이익 또는 공안상 바람직하지 못한 자'를 제시함. 한국이 서면으로 받아 검토 후 의견을 개진하기로 함.

주제어 재일한국인 법적지위

문서명	별첨. 논의자료(別紙 討議資料)

문서파일번호 1076

작성연월일 1958. 7. 8

구분 제4차 회담 재일한국인 법적지위위원회 제6회 회의

세부항목

작성처 외무성 북동아시아과

매수 1

비밀등급 극비

문서종류 내부자료

공개구분 공개

내용 1958년 7월 11일 가쓰노 국장이 유태하 공사에게 송부한 문서. 제4차 한일회담 재일한국인 법적지위위원회 제6회 회의 일본 제시안

주제어 재일한국인 법적지위

제4차 한일회담 재일한국인 법적지위에 관한 위원회 제7회 회의(第四次日韓全面会談における在日韓人の法的地位に関する委員会の第七回会合)

문서파일번호	1077
작성연월일	1958. 10. 6
구분	제4차 회담 재일한국인 법적지위위원회 제7회 회의
세부항목	
작성처	
매수	7
비밀등급	
문서종류	회의록, 내부자료
공개구분	공개
내용	1958년 10월 6일 제4차 한일회담 재일한국인 법적지위위원회 제7회 회의기록
주제어	재일한국인 법적지위

문서명	제4차 한일회담 재일한국인 법적지위에 관한 위원회 제7회 회의(第四次日韓全面会談における在日韓人の法的地位に関する委員会の第七回会合)

문서파일번호 1077
작성연월일 1958. 10. 6
구분 제4차 회담 재일한국인 법적지위위원회 제7회 회의
세부항목
작성처 외무성 북동아시아과
매수 6
비밀등급 극비
문서종류 회의록
공개구분 공개
내용 제4차 한일회담 재일한국인 법적지위위원회 제7회 회의기록. 일본은 오무라수용소 재일한인 중 병자, 가석방자를 제외한 850명을 인수할 것을 요청함. 그 문제는 본 위원회에서 논의하지 말자는 한국에 대해 일본은 이는 매우 민감한 사안이라며 신문기사 내용을 제시함.
주제어 재일한국인 법적지위

문서명	정부와 국회에 진정(政府と国会に陳情)

문서파일번호 1077
작성연월일 1958. 10. 6
구분 제4차 회담 재일한국인 법적지위위원회 제7회 회의
세부항목
작성처 외무성
매수 1
비밀등급 일반
문서종류 내부자료
공개구분 공개
내용 제4차 한일회담 재일한국인 법적지위위원회 제7회 회의록 첨부 자료. 재일조선인 총연합회 대표가 일본정부에게 '북한으로 귀국하기를 강하게 바라니 편의를 도모해 달라'고 진정했다는 기사의 내용을 정리
주제어 재일한국인 법적지위, 언론 보도

제4차 한일회담 재일한국인 법적지위에 관한 위원회 제8회 회의(第四次日韓全面会談における在日韓人の法的地位に関する委員会の第八回会合)

문서파일번호	1078
문서명	제4차 한일회담 재일한국인 법적지위에 관한 위원회 제8회 회의(第四次日韓全面会談における在日韓人の法的地位に関する委員会の第八回会合)
작성연월일	1958. 10. 13
구분	제4차 회담 재일한국인 법적지위위원회 제8회 회의
세부항목	
작성처	외무성 북동아시아과
매수	6
비밀등급	극비
문서종류	회의록
공개구분	일부비공개
내용	제4차 한일회담 재일한국인 법적지위위원회 제8회 회의기록. 한국은 가석방자 37명이 1,259명 송환자 명단에 포함되었다면 작년 12월 31일 합의에 따라 인수할 용의가 있다고 말함. 이에 일본은 1,259명에 들어있으나 송환 인원은 일본 주권으로 결정할 문제라며, 불법 입국자 인수에 관한 한국 제안을 기대한다고 말함.
주제어	재일한국인 법적지위

제4차 한일회담 재일한국인 법적지위에 관한 위원회 제9회 회의(第四次日韓全面会談における在日韓人の法的地位に関する委員会の第九回会合)

문서파일번호	1079
작성연월일	1958. 10. 20
구분	제4차 회담 재일한국인 법적지위위원회 제9회 회의
세부항목	
작성처	외무성, 한국대표단
매수	17
비밀등급	
문서종류	회의록, 협정안
공개구분	공개
내용	제4차 한일회담 재일한국인 법적지위위원회 제9회 회의기록
주제어	재일한국인 법적지위

문서명	제4차 한일회담 재일한국인 법적지위에 관한 위원회 제9회 회의(第四次日韓全面会談における在日韓人の法的地位に関する委員会の第九回会合)

문서파일번호 1079
작성연월일 1958. 10. 20
구분 제4차 회담 재일한국인 법적지위위원회 제9회 회의
세부항목
작성처 외무성 북동아시아과
매수 13
비밀등급 극비
문서종류 회의록
공개구분 공개
내용 제4차 한일회담 재일한국인 법적지위위원회 제9회 회의기록. 한국은 본국 정부의 훈령을 4가지 유보사항과 함께 전달함. 유보사항에 대한 일본의 질문에 한국이 설명함. 한국은 가석방 37명에 대해 성명과 가석방 이유가 포함된 포괄적 리스트 제출을 요구했으나 850명을 인수하겠다는 약속 없이는 37명의 리스트를 줘도 의미가 없다고 답함. 이에 한국은 850명의 인수 등 이행 문제는 연락위원회 소관이며, 정보 제공 차원에서 리스트가 필요하다는 주장을 반복함.
주제어 재일한국인 법적지위

문서명	재일한국인 법적지위위원회 한국 제안(Korean Pproposal at the Committee on Legal Status of Korean Residents in Japan)

문서파일번호 1079
작성연월일 1958. 10. 20
구분 제4차 회담
세부항목 재일한국인 법적지위위원회 제9회 회의
작성처 한국대표단
매수 4
비밀등급 극비
문서종류 협정안
공개구분 공개
내용 제4차 한일회담 재일한국인 법적지위위원회 제9회 회의에서 한국이 제시한 협정 문안(영문)
주제어 재일한국인 법적지위

제4차 한일회담 재일한국인 법적지위에 관한 위원회 제10회 회의(第四次日韓全面会談における在日韓人の法的地位に関する委員会の第十回会合)

문서파일번호	1080
문서명	제4차 한일회담 재일한국인 법적지위에 관한 위원회 제10회 회의(第四次日韓全面会談における在日韓人の法的地位に関する委員会の第十回会合)
작성연월일	1958. 10. 27
구분	제4차 회담 재일한국인 법적지위위원회 제10회 회의
세부항목	
작성처	외무성 북동아시아과
매수	14
비밀등급	극비
문서종류	회의록
공개구분	공개
내용	제4차 한일회담 재일한국인 법적지위위원회 제10회 회의기록. 한국은 재일한국인의 재산권 및 직업 문제에 대해 언급, 일본은 관련 부처와 협의가 필요하다고 대답함. 한국은 이에 대한 일본의 종합적인 의견을 달라고 요구함.
주제어	재일한국인 법적지위

제4차 한일회담 재일한국인 법적지위에 관한 위원회 제11회 회의(第四次日韓全面会談における在日韓人の法的地位に関する委員会の第十一回会合)

문서파일번호	1081
문서명	제4차 한일회담 재일한국인 법적지위에 관한 위원회 제11회 회의(第四次日韓全面会談における在日韓人の法的地位に関する委員会の第十一回会合)
작성연월일	1958. 11. 10
구분	제4차 회담 재일한국인 법적지위위원회 제11회 회의
세부항목	
작성처	외무성 북동아시아과
매수	13
비밀등급	극비
문서종류	회의록
공개구분	공개
내용	제4차 한일회담 재일한국인 법적지위위원회 제11회 회의기록. 일본은 한국이 제시한 재일한국인의 재산권 및 직업에 대한 규정과 유보사항의 관계를 예를 들어 설명할 것을 요청함. 재일한국인 귀국 시 가져갈 수 있는 재산에 대한 관세 및 과징금 부과에 대해서도 질의함.
주제어	재일한국인 법적지위

제4차 한일회담 재일한국인 법적지위에 관한 위원회 제12회 회의(第四次日韓全面会談における在日韓人の法的地位に関する委員会の第十二回会合)

문서파일번호	1082
문서명	제4차 한일회담 재일한국인 법적지위에 관한 위원회 제12회 회의(第四次日韓全面会談における在日韓人の法的地位に関する委員会の第十二回会合)
작성연월일	1958. 11. 17
구분	제4차 회담 재일한국인 법적지위위원회 제12회 회의
세부항목	
작성처	외무성 북동아시아과
매수	21
비밀등급	극비
문서종류	회의록
공개구분	공개
내용	제4차 한일회담 재일한국인 법적지위위원회 제12회 회의기록. 한일 양측이 한국이 제9회 회의에서 제안한 협정안의 용어와 의미에 대해 질의응답함.
주제어	재일한국인 법적지위

제4차 한일회담 재일한국인 법적지위에 관한 위원회 제13회 회의(第四次日韓全面会談における在日韓人の法的地位に関する委員会の第十三回会合)

문서파일번호	1083
문서명	제4차 한일회담 재일한국인 법적지위에 관한 위원회 제13회 회의(第四次日韓全面会談における在日韓人の法的地位に関する委員会の第十三回会合)
작성연월일	1958. 11. 24
구분	제4차 회담 재일한국인 법적지위위원회 제13회 회의
세부항목	
작성처	외무성 북동아시아과
매수	18
비밀등급	극비
문서종류	회의록
공개구분	공개
내용	제4차 한일회담 재일한국인 법적지위위원회 제13회 회의기록. 한국은 일본의 재일한국인 귀국 시 가져가는 재산에 대한 과세 및 송금액 관련 질문에 답변하고 재일한국인의 범위, 국적, 영주허가, 강제퇴거에 관한 견해를 제시함.
주제어	재일한국인 법적지위

제4차 한일회담 재일한국인 법적지위에 관한 위원회 제14회 회의(第四次日韓全面会談における在日韓人の法的地位に関する委員会の第十四回会合)

문서파일번호	1084
작성연월일	1958. 6. 6 - 1958. 12. 8
구분	제4차 회담 재일한국인 법적지위위원회 제14회 회의
세부항목	
작성처	외무성 등
매수	33
비밀등급	
문서종류	회의록, 공문
공개구분	공개
내용	1958년 10월 20일 제4차 한일회담 재일한국인 법적지위위원회 제14회 회의 기록 및 재일한국인의 특권에 대한 외무성 조사 의뢰에 대한 각 성의 회신 공문 모음
주제어	재일한국인 법적지위

문서명	제4차 한일회담 재일한국인 법적지위에 관한 위원회 제14회 회의(第四次日韓全面会談における在日韓国人の法的地位に関する委員会の第十四回会合)

문서파일번호 1084
작성연월일 1958. 12. 8
구분 제4차 회담 재일한국인 법적지위위원회 제14회 회의
세부항목
작성처 외무성 북동아시아과
매수 20
비밀등급 극비
문서종류 회의록
공개구분 공개
내용 제4차 한일회담 재일한국인 법적지위위원회 제14회 회의기록. 일본은 현재 재일한국인이 어떤 대우를 받고 있느냐는 한국 질문에 대해 광업권과 공무원 담임권을 제외하고는 차별받지 않으며 이는 다른 외국인도 마찬가지라고 대답함. 이에 대해 한국은 재일한국인의 역사적 특수성을 고려하지 않고 일본이 일방적으로 처리했다고 유감을 표명함.
주제어 재일한국인 법적지위

문서명	재일한국인의 특권에 관한 조사 의뢰에 대해서(회답)[在日朝鮮人の特権に関する調査依頼について(回答)]

문서파일번호 1084
작성연월일 1958. 6. 6
구분 제4차 회담 재일한국인 법적지위위원회 제14회 회의
세부항목
작성처 인사원 사무총장
매수 1
비밀등급 일반
문서종류 공문
공개구분 공개
내용 제4차 한일회담 재일한국인 법적지위위원회 제14회 회의록 첨부 자료.
주제어 재일한국인 법적지위

문서명	재일한국인의 특권에 관한 건(회답)[在日朝鮮人の特権に関する件(回答)]

문서파일번호 1084
작성연월일 1958. 6. 7
구분 제4차 회담 재일한국인 법적지위위원회 제14회 회의
세부항목
작성처 법무성 사무차관
매수 3
비밀등급 일반
문서종류 공문
공개구분 공개
내용 제4차 한일회담 재일한국인 법적지위위원회 제14회 회의록 첨부 자료.
주제어 재일한국인 법적지위

문서명	재일한국인의 특권에 관한 조사(회답)[在日朝鮮人の特権に関する調査(回答)]

문서파일번호 1084
작성연월일 1958. 6. 10
구분 제4차 회담 재일한국인 법적지위위원회 제14회 회의
세부항목
작성처 후생성 사무차관
매수 2
비밀등급 일반
문서종류 공문
공개구분 공개
내용 제4차 한일회담 재일한국인 법적지위위원회 제14회 회의록 첨부 자료.
주제어 재일한국인 법적지위

문서명	재일한국인의 특권에 관한 조사에 대해서(회답)[在日朝鮮人の特権に関する調査について(回答)]

문서파일번호 1084
작성연월일 1958. 6. 12
구분 제4차 회담 재일한국인 법적지위위원회 제14회 회의
세부항목
작성처 건설상 사무차관
매수 1
비밀등급 일반
문서종류 공문
공개구분 공개
내용 제4차 한일회담 재일한국인 법적지위위원회 제14회 회의록 첨부 자료.
주제어 재일한국인 법적지위

문서명	재일한국인의 특권에 관한 조사에 대해서(회답)[在日朝鮮人の特権に関する調査について(回答)]

문서파일번호 1084
작성연월일 1958. 7. 1
구분 제4차 회담 재일한국인 법적지위위원회 제14회 회의
세부항목
작성처 문부성 사무차관
매수 2
비밀등급 일반
문서종류 공문
공개구분 공개
내용 제4차 한일회담 재일한국인 법적지위위원회 제14회 회의록 첨부 자료.
주제어 재일한국인 법적지위

문서명	재일한국인의 특권에 대해서(회답)(在日朝鮮人の特権について)

문서파일번호 1084
작성연월일 1958. 7. 4
구분 제4차 회담 재일한국인 법적지위위원회 제14회 회의
세부항목
작성처 우정성 사무차관
매수 1
비밀등급 일반
문서종류 공문
공개구분 공개
내용 제4차 한일회담 재일한국인 법적지위위원회 제14회 회의록 첨부 자료.
주제어 재일한국인 법적지위

문서명	재일한국인의 특권에 관한 조사 의뢰에 대해서(회답)[在日朝鮮人の特権に関する調査依頼について(回答)]

문서파일번호 1084
작성연월일 1958. 7. 9
구분 제4차 회담 재일한국인 법적지위위원회 제14회 회의
세부항목
작성처 통상산업성 사무차관
매수 3
비밀등급
문서종류 공문
공개구분 공개
내용 제4차 한일회담 재일한국인 법적지위위원회 제14회 회의록 첨부 자료.
주제어 재일한국인 법적지위

제4차 한일회담 재일한국인 법적지위에 관한 위원회 제15회 회의(第四次日韓全面会談における在日韓人の法的地位に関する委員会の第十五回会合)

문서파일번호	1085
문서명	제4차 한일회담 재일한국인 법적지위에 관한 위원회 제15회 회의(第四次日韓全面会談における在日韓人の法的地位に関する委員会の第十五回会合)
작성연월일	1958. 12. 15
구분	제4차 회담 재일한국인 법적지위위원회 제15회 회의
세부항목	
작성처	외무성 북동아시아과
매수	20
비밀등급	극비
문서종류	회의록
공개구분	공개
내용	제4차 한일회담 재일한국인 법적지위위원회 제15회 회의기록. 협정안의 문구 수정이 이루어짐.
주제어	재일한국인 법적지위

제4차 한일회담 재일한국인 법적지위에 관한 위원회 제16회 회의(第四次日韓全面会談における在日韓人の法的地位に関する委員会の第十六回会合)

문서파일번호	1086
문서명	제4차 한일회담 재일한국인 법적지위에 관한 위원회 제16회 회의(第四次日韓全面会談における在日韓人の法的地位に関する委員会の第十六回会合)
작성연월일	1959. 8. 31
구분	제4차 회담 재일한국인 법적지위위원회 제16회 회의
세부항목	
작성처	외무성 북동아시아과
매수	5
비밀등급	극비
문서종류	회의록
공개구분	공개
내용	제4차 한일회담 재일한국인 법적지위위원회 제16회 회의기록. 향후 논의 일정을 협의함.
주제어	재일한국인 법적지위

제4차 한일회담 재일한국인 법적지위에 관한 위원회 제17회(재개 제2회) 회의[第四次日韓全面会談における在日韓人の法的地位に関する委員会の第17回(再開第2回)会合]

문서파일번호	1087
문서명	제4차 한일회담 재일한국인 법적지위에 관한 위원회 제17회(재개 제2회) 회의[第四次日韓全面会談における在日韓人の法的地位に関する委員会の第17回(再開第2回)会合]
작성연월일	1959. 9. 7
구분	제4차 회담 재일한국인 법적지위위원회
세부항목	
작성처	외무성 북동아시아과
매수	10
비밀등급	극비
문서종류	회의록
공개구분	공개
내용	제4차 한일회담 재일한국인 법적지위위원회 제17회 회의기록. 재일한국인의 법적지위 문제에 관한 논의내용을 조정함.
주제어	재일한국인 법적지위

제4차 한일회담 재일한국인 법적지위에 관한 위원회 제18회(재개 제3회) 회의[第四次日韓全面会談における在日韓人の法的地位に関する委員会の第18回(再開第3回)会合]

문서파일번호	1088
문서명	제4차 한일회담 재일한국인 법적지위에 관한 위원회 제18회(재개 제3회) 회의[第四次日韓全面会談における在日韓人の法的地位に関する委員会の第18回(再開第3回)会合]
작성연월일	1959. 9. 11
구분	제4차 회담 재일한국인 법적지위위원회
세부항목	
작성처	외무성 북동아시아과
매수	19
비밀등급	극비
문서종류	회의록
공개구분	공개
내용	제4차 한일회담 재일한국인 법적지위위원회 제18회 회의기록. 재일한국인의 정의 및 기타 의제에 관한 한국 요구에 대한 질의응답이 진행됨.
주제어	재일한국인 법적지위

제4차 한일회담 재일한국인 법적지위에 관한 위원회 제19회(재개 제4회) 회의[第四次日韓全面会談における在日韓人の法的地位に関する委員会の第19回(再開第4回)会合]

문서파일번호	1089
문서명	제4차 한일회담 재일한국인 법적지위에 관한 위원회 제19회(재개 제4회) 회의[第四次日韓全面会談における在日韓人の法的地位に関する委員会の第19回(再開第4回)会合]
작성연월일	1959. 9. 26
구분	제4차 회담 재일한국인 법적지위위원회
세부항목	
작성처	외무성 북동아시아과
매수	9
비밀등급	극비
문서종류	회의록
공개구분	공개
내용	제4차 한일회담 재일한국인 법적지위위원회 제19회 회의기록. 논의할 내용에 관한 확인 작업이 진행됨.
주제어	재일한국인 법적지위

제4차 한일회담 재일한국인 법적지위에 관한 위원회 제20회(재개 제5회) 회의[第四次日韓全面会談における在日韓人の法的地位に関する委員会の第20回(再開第5回)会合]

문서파일번호	1090
문서명	제4차 한일회담 재일한국인 법적지위에 관한 위원회 제20회(재개 제5회) 회의 [第四次日韓全面会談における在日韓人の法的地位に関する委員会の第20回(再開第5回)会合]
작성연월일	1959. 10. 14
구분	제4차 회담 재일한국인 법적지위위원회
세부항목	
작성처	외무성 북동아시아과
매수	10
비밀등급	극비
문서종류	회의록
공개구분	공개
내용	제4차 한일회담 재일한국인 법적지위위원회 제20회 회의기록. 재일한국인의 정의 및 국적 문제가 주로 논의됨.
주제어	재일한국인 법적지위

제4차 한일회담 재일한국인 법적지위에 관한 위원회 제21회(재개 제6회) 회의[第四次日韓全面会談における在日韓人の法的地位に関する委員会の第21回(再開第6回)会合]

문서파일번호	1091
문서명	제4차 한일회담 재일한국인 법적지위에 관한 위원회 제21회(재개 제6회) 회의 [第四次日韓全面会談における在日韓人の法的地位に関する委員会の第21回(再開第6回)会合]
작성연월일	1959. 10. 20
구분	제4차 회담 재일한국인 법적지위위원회
세부항목	
작성처	외무성 북동아시아과
매수	17
비밀등급	극비
문서종류	회의록
공개구분	공개
내용	제4차 한일회담 재일한국인 법적지위위원회 제21회 회의기록. 한국 귀환자에 대한 편의 제공 문제가 주로 논의됨.
주제어	재일한국인 법적지위

제4차 한일회담 재일한국인 법적지위에 관한 위원회 제22회(재개 제7회) 회의[第四次日韓全面会談における在日韓人の法的地位に関する委員会の第22回(再開第7回)会合]

문서파일번호	1092
작성연월일	1959. 11. 2 - 1959. 11. 6
구분	제4차 회담 재일한국인 법적지위위원회
세부항목	
작성처	외무성 북동아시아과
매수	12
비밀등급	
문서종류	회의록, 내부자료
공개구분	공개
내용	1959년 11월 2일 제4차 한일회담 재일한국인 법적지위위원회 제22회 회의기록.
주제어	재일한국인 법적지위

문서명	제4차 한일회담 재일한국인 법적지위에 관한 위원회 제22회(재개 제7회) 회의 [第四次日韓全面会談における在日韓人の法的地位に関する委員会の第22回(再開第7回)会合]

문서파일번호 1092
작성연월일 1959. 11. 2
구분 제4차 회담 재일한국인 법적지위위원회 제22회 회의
세부항목
작성처 외무성 북동아시아과
매수 8
비밀등급 극비
문서종류 회의록
공개구분 공개
내용 제4차 한일회담 재일한국인 법적지위위원회 제22회 회의기록. 일본에 남는 한국인의 지위와 처우에 관한 일본 견해를 청취하고 한국이 질의함.
주제어 재일한국인 법적지위

문서명	별첨1. 논의자료(別添 1. 討議資料)

문서파일번호 1092
작성연월일 1959. 11. 2
구분 제4차 회담 재일한국인 법적지위위원회 제22회 회의
세부항목
작성처 외무성 북동아시아과
매수 2
비밀등급 일반
문서종류 내부자료
공개구분 공개
내용 제4차 한일회담 재일한국인 법적지위위원회 제22회 회의 첨부자료. 패전 전부터 계속해서 일본에 거주해 온 한국인이라도 일본이 6개의 이유(법원에 의해 유죄판결을 받은 경우 등)로 한국에 송환코자 할 경우, 이에 대한 한국의 견해를 질의
주제어 재일한국인 법적지위

문서명	제목 없음

문서파일번호 1092
작성연월일 1959. 11. 6
구분 제4차 회담 재일한국인 법적지위위원회 제22회 회의
세부항목
작성처 외무성 북동아시아과, 대장성
매수 2
비밀등급 극비
문서종류 내부자료
공개구분 공개
내용 1959년 10월 20일 제4차 한일회담 재일한국인 법적지위위원회 제20회 회의 한국 질의(한국인 소유 재산의 처리문제)에 대해 대장성이 작성한 답의 사본을 입국관리국 가쓰노 야스스케(勝野康助) 국장에게 전달
주제어 재일한국인 법적지위

제8부

제4차 회담 어업 및 평화선 위원회 및 정부 훈령
(1958. 7. 1~1958. 10. 2)

제4차 한일어업회담교섭 요령(안)
[第四次日韓漁業会談交渉要領(案)]

문서파일번호	796
문서명	제4차 한일어업회담교섭 요령(안)[第四次日韓漁業会談交渉要領(案)]
작성연월일	1958. 7. 1
구분	제4차 회담
세부항목	어업 문제 일본의 교섭 요령
작성처	외무성 가와카미 조사관
매수	35
비밀등급	극비
문서종류	내부문서
공개구분	공개
내용	제4차 한일회담 어업 문제 교섭을 앞두고 외무성 조약국 가와카미(川上健三) 조사관이 작성한 일본의 교섭 요령. 한국이 주장하는 어업전관수역의 교섭에는 응하지 않는다는 원칙하에 한국이 이를 주장할 경우의 대처방침 등을 상세히 정리해 놓음. 어업위원회 회의는 1958년 10월 2일부터 시작됨.
주제어	어업

제4차 한일어업회담 교섭 요령(안)
[第四次日韓漁業会談交渉要領(案)]

문서파일번호	442
문서명	제4차 한일어업회담 교섭 요령(안)[第四次日韓漁業会談交渉要領(案)]
작성연월일	1958. 7. 1
구분	제4차 회담
세부항목	어업교섭에 관한 요령
작성처	외무성 가와카미(川上)
매수	35
비밀등급	극비
문서종류	내부문서
공개구분	공개
내용	제4차 한일어업회담에 임하는 일본의 교섭 요령이 ① 기본 태도 ② 교섭 요령 항목으로 정리된 문서. 1번 항목에는 '이 라인' 불용을 전제로 교섭에 임해야 한다는 점이 강조되어 있고, 2번 항목에서는 (1) 의사진행절차 (2) 한국의 「어업관할수역」 요구와 이에 대한 대처요령 (3) 일본의 「특별히 고려할 사항」과 한국의 「어업관할수역」 요구의 연관성을 정리
주제어	어업

제4차 한일전면회담 어업위원회(재개 제1회)에 관한 일본 내부협의회[第4次日韓全面会談漁業委員会(再開第1回)に関する日本側打合せ会]

문서파일번호	797
문서명	제4차 한일전면회담 어업위원회(재개 제1회)에 관한 일본 내부협의회[第4次日韓全面会談漁業委員会(再開第1回)に関する日本側打合せ会]
작성연월일	1959. 10. 15
구분	제4차 회담
세부항목	어업 문제 일본 내부협의회
작성처	외무성 북동아시아과
매수	13
비밀등급	극비
문서종류	회의록
공개구분	공개
내용	제4차 한일회담 어업위원회 제9회(재개 제1회) 회의 개최를 앞두고 이루어진 일본 관계자 내부협의회 기록. 어선 나포 문제, 영해 등에 대한 일본 입장을 논의함.
주제어	어업

제4차 한일회담 어업 및 '평화선'위원회
(第四次日韓全面会談における漁業及び「平和ライン」委員会)

문서파일번호	443
작성연월일	1958. 10. 2 - 1959. 10. 23
구분	제4차 회담 어업 및 '평화선'위원회(제1~10회)
세부항목	
작성처	외무성, 한국대표단, 수산청
매수	86
비밀등급	
문서종류	회의록, 내부자료, 협정안, 보도자료,
공개구분	공개
내용	1958년 10월 2일~1959년 10월 23일까지 개최된 제4차 한일회담 어업 및 평화선위원회 회의기록과 관련 자료 모음
주제어	어업

문서명	제4차 한일회담 어업 및 '평화선'위원회 제1회 회의(第四次日韓全面会談における漁業及び「平和ライン」委員会 第一回会合)

문서파일번호 443
작성연월일 1958. 10. 2
구분 제4차 회담 어업 및 '평화선'위원회 제1회 회의
세부항목
작성처 외무성 북동아시아과
매수 5
비밀등급 극비
문서종류 회의록
공개구분 공개
내용 제4차 한일회담 어업 및 '평화선'위원회 제1회 회의기록. 일본의 인사말, 언론 보도에 대한 협의 내용 등. 문서 말미에 일본과 한국의 교섭단 성명 및 직책도 정리
주제어 어업, 평화선

문서명	제4차 한일회담 제1회 어업 및 '평화선'위원회에서의 한국 장 대표의 인사(第四次日韓会談第一回漁業及び「平和ライン」委員会における韓国側張代表の挨拶)

문서파일번호 443
작성연월일 1958. 10. 2
구분 제4차 회담 어업 및 '평화선'위원회 제1회 회의
세부항목
작성처 한국대표단
매수 2
비밀등급 극비
문서종류 내부자료
공개구분 공개
내용 제4차 한일회담 어업 및 '평화선'위원회 제1회 회의 한국 장경근 대표 인사말. 한국은 어족보존과 어업자원의 공정한 분배를 원칙으로 제시함.
주제어 어업, 평화선

문서명	제4차 한일회담 어업 및 '평화선'위원회 제2회 회의(第四次日韓全面会談における漁業及び「平和ライン」委員会 第二回会合)

문서파일번호 443
작성연월일 1958. 10. 10
구분 제4차 회담 어업 및 '평화선'위원회 제2회 회의
세부항목
작성처 외무성 북동아시아과
매수 3
비밀등급 극비
문서종류 회의록
공개구분 공개
내용 제4차 한일회담 어업 및 '평화선'위원회 제2회 회의기록. 일본은 '의견 개진'을 낭독하고, 어업협정 요강을 제시함. 한국은 이에 대해 어족자원 보존이 국제 협력으로 가능하다면 좋다고 생각한다면서 일본 견해를 검토하겠다고 대응함.
주제어 어업, 평화선

문서명	제4차 한일회담 어업 및 '평화선'위원회에서 일본 대표의 의견 개진(第四次日韓全面会談漁業及び「平和ライン」委員会における日本代表の意見開陳)

문서파일번호 443
작성연월일 1958. 10. 10
구분 제4차 회담 어업 및 '평화선'위원회 제2회 회의
세부항목
작성처 외무성 북동아시아과
매수 2
비밀등급 극비
문서종류 내부자료
공개구분 공개
내용 제4차 한일회담 어업 및 '평화선'위원회 제1회 회의에서 한국 장경근 대표가 인사말을 통해 제시한 어족자원 보존과 공정한 분배 원칙에 대한 일본의 반박 내용
주제어 어업, 평화선

문서명	한일어업협정 요강(日韓漁業協定要綱)

문서파일번호 443
작성연월일 1958. 10. 10
구분 제4차 회담 어업 및 '평화선'위원회 제2회 회의
세부항목
작성처 외무성 북동아시아과
매수 2
비밀등급 극비
문서종류 내부자료
공개구분 공개
내용 제4차 한일회담 어업 및 '평화선'위원회 제2회 회의에서 일본이 제시한 어업협정 요강 전문
주제어 어업, 평화선

문서명	보도자료(Press Release)

문서파일번호 443
작성연월일 1958. 10. 11
구분 제4차 회담 어업 및 '평화선'위원회 제2회 회의
세부항목
작성처 주일한국대표부
매수 2
비밀등급 일반
문서종류 보도자료
공개구분 공개
내용 주일한국대표부 유태하 공사가 발표한 회담에 임하는 일본의 태도를 비난하는 성명
주제어 어업, 유태하 성명

문서명	제4차 한일회담 어업 및 '평화선'위원회 제3회 회의(第四次日韓全面会談における漁業及び「平和ライン」委員会 第三回会合)

문서파일번호	443
작성연월일	1958. 10. 17
구분	제4차 회담 어업 및 '평화선'위원회 제3회 회의
세부항목	
작성처	외무성 북동아시아과
매수	7
비밀등급	극비
문서종류	회의록
공개구분	공개
내용	제4차 한일회담 어업 및 '평화선'위원회 제3회 회의기록. 한국은 일본의 어업협정 요강을 반박하고 제2차 한일회담의 제2회 어업위원회에서 제시한 요강이 한국의 기본 입장이라고 주장함.
주제어	어업, 평화선

문서명	참고 1. 한일어업협정 요강(參考 一. 日韓漁業協定要綱)

문서파일번호	443
작성연월일	1958. 10. 10
구분	제4차 회담 어업 및 '평화선'위원회 제3회 회의
세부항목	
작성처	외무성 북동아시아과
매수	2
비밀등급	극비
문서종류	내부자료
공개구분	공개
내용	일본이 제시한 어업협정 요강 전문. 제4차 한일회담 어업 및 '평화선'위원회 제2회 회의에서 제시한 것과 내용은 동일
주제어	어업, 평화선

문서명	참고 2. 1953년 6월 10일 한국의 설명 요지(参考 二. 一九五三年六月十日の韓国側説明要旨)

문서파일번호 443
작성연월일 1953. 6. 10
구분 제4차 회담 어업 및 '평화선'위원회 제3회 회의
세부항목
작성처 한국대표단
매수 1
비밀등급 일반
문서종류 내부자료
공개구분 공개
내용 한국이 제출한 어업 문제 설명 요지. 수산자원 보존을 위한 관할수역 상호 인정, 관할수역 이외의 협정수역에서는 국제협력 이행 등의 내용이 담겨 있음.
주제어 어업, 평화선

문서명	참고 3. 한일어업조약 요강(가역)[参考 三. 韓日漁業協定要綱(仮訳)]

문서파일번호 443
작성연월일 1953. 7. 17
구분 제4차 회담 어업 및 '평화선'위원회 제3회 회의
세부항목
작성처 한국대표단
매수 3
비밀등급 일반
문서종류 협정안
공개구분 공개
내용 한국이 제출한 한일어업조약 요강 일본어 가역본
주제어 어업, 평화선

문서명	제4차 한일회담 어업 및 '평화선'위원회 제4회 회의(第四次日韓全面会談における漁業及び「平和ライン」委員会 第四回会合)

문서파일번호 443
작성연월일 1958. 10. 22
구분 제4차 회담 어업 및 '평화선'위원회 제4회 회의
세부항목
작성처 외무성 북동아시아과
매수 2
비밀등급 극비
문서종류 회의록
공개구분 공개
내용 제4차 한일회담 어업 및 '평화선'위원회 제4회 회의기록. 일본은 한국의 기존 주장에 대한 답변 연기를 요청함.
주제어 어업, 평화선

문서명	제4차 한일회담 어업 및 '평화선'위원회 제5회 회의(第四次日韓全面会談における漁業及び「平和ライン」委員会 第五回会合)

문서파일번호 443
작성연월일 1958. 11. 28
구분 제4차 회담 어업 및 '평화선'위원회 제5회 회의
세부항목
작성처 외무성 북동아시아과
매수 5
비밀등급 극비
문서종류 회의록
공개구분 공개
내용 제4차 한일회담 어업 및 '평화선'위원회 제5회 회의기록. 일본은 한일잠정어업협정안의 골자(조업과 관련한 구획 설정)를 제시하고 동 골자의 4조에 대해 추가 설명을 함. 협정안 골자 관련 언론 보도 발표 문구에 대해서도 의견을 교환함.
주제어 어업, 평화선

문서명	한일잠정어업협정안의 골자(日韓暫定漁業協定案の骨子)

문서파일번호 443
작성연월일 1958. 11. 28
구분 제4차 회담 어업 및 '평화선'위원회 제5회 회의
세부항목
작성처 외무성 북동아시아과
매수 10
비밀등급 극비
문서종류 협정안(골자)
공개구분 공개
내용 일본의 한일잠정어업협정안 골자. ① 기선저예망어업 및 트롤어업의 조업 금지구역 설정 ② 조업조정구역 ③ 선망어업 및 고등어 어업의 조정 구역 설정 및 조업어선수와 광력 제한 ④ 협정 준수 위한 국내조치로 구성됨(영문본 첨부).
주제어 어업, 평화선

문서명	한일어업협정의 골자(안)[日韓漁業協定の骨子(案)]

문서파일번호 443
작성연월일 1958. 10. 9
구분 제4차 회담 어업 및 '평화선'위원회 제5회 회의
세부항목
작성처 수산청
매수 2
비밀등급 일반
문서종류 협정(골자)안
공개구분 공개
내용 일본 수산청의 한일어업협정 골자안
주제어 어업, 평화선

문서명	수산청안(水産庁案)

문서파일번호 443
작성연월일 1958. 10. 17
구분 제4차 회담 어업 및 '평화선'위원회 제5회 회의
세부항목
작성처 외무성
매수 1
비밀등급 극비
문서종류 내부자료
공개구분 공개
내용 일본 수산청 어업협정안 요지. 트롤어업 및 기선저예망어업, 권망어업 및 고등어 조업금지 구역 및 집어등 광력에 대한 방침을 제시하고 있음.
주제어 어업, 평화선

문서명	제5회 어업 및 '평화선'위원회에서의 일본의 제안에 대해서(第五回漁業及び「平和ライン」委員会におけるわが方の提案について)

문서파일번호 443
작성연월일 1958. 10. 17
구분 제4차 회담 어업 및 '평화선'위원회 제5회 회의
세부항목
작성처 외무성 북동아시아과
매수 1
비밀등급 일반
문서종류 내부자료
공개구분 공개
내용 1958년 11월 28일 개최되는 제4차 한일회담 어업 및 '평화선'위원회 제5회 회의에서 일본이 제안할 내용이 정리된 문서. 트롤어업 및 기선저예망어업에 관해 어업보호를 위해 조업금지구역 설정을 협정하고 조업조정구역 내 조업 어선 수 규제, 선망어업과 고등어잡이 조업구역, 집어등의 광력에 대해서 협의할 방침임.
주제어 어업, 평화선

문서명	제5회 어업 및 '평화선'위원회에서의 일본의 제안에 대해서(第五回漁業及び「平和ライン」委員会におけるわが方の提案について)

문서파일번호 443
작성연월일 1958. 11. 21
구분 제4차 회담 어업 및 '평화선'위원회 제5회 회의
세부항목
작성처 외무성 북동아시아과
매수 2
비밀등급 극비
문서종류 내부자료
공개구분 공개
내용 1958년 11월 28일 개최되는 제4차 한일회담 어업 및 '평화선'위원회 제5회 회의 일본 제안에 대해 한국이 어업관할수역의 승인을 요구할 경우 어떻게 반박할지에 대한 사항이 추가로 정리되어 있음.
주제어 어업, 평화선

문서명	한일잠정어업협정의 골자(日韓暫定漁業協定案の骨子)

문서파일번호 443
작성연월일 1958. 11. 28
구분 제4차 회담 어업 및 '평화선'위원회 제5회 회의
세부항목
작성처 외무성 북동아시아과
매수 4
비밀등급 극비
문서종류 협정(골자)안
공개구분 공개
내용 한일잠정어업협정 골자
주제어 어업, 평화선

문서명	제4차 한일회담에서 어업 및 '평화선'위원회 제6회 회의(第四次日韓全面会談における漁業及び「平和ライン」委員会 第六回会合)

문서파일번호 443
작성연월일 1958. 12. 5
구분 제4차 회담 어업 및 '평화선'위원회 제6회 회의
세부항목
작성처 외무성 북동아시아과
매수 3
비밀등급 극비
문서종류 회의록
공개구분 공개
내용 제4차 한일회담 어업 및 '평화선'위원회 제6회 회의기록. 한국은 일본이 제시한 11월 28일 자 한일잠정어업협정안 골자는 한국의 견해와 너무 차이가 난다고 말함.
주제어 어업, 평화선

문서명	제4차 한일회담 어업 및 '평화선'위원회 제7회 회의(第四次日韓全面会談における漁業及び「平和ライン」委員会 第七回会合)

문서파일번호 443
작성연월일 1958. 12. 12
구분 제4차 회담 어업 및 '평화선'위원회 제7회 회의
세부항목
작성처 외무성 북동아시아과
매수 10
비밀등급 극비
문서종류 회의록
공개구분 공개
내용 제4차 한일회담 어업 및 '평화선'위원회 제7회 회의기록. 한국이 제5회 회의에서 일본이 제시한 '한일잠정어업협정안 골자'를 수용할 수 없다고 주장하자, 일본은 한국이 구체적인 제안을 제시할 것을 요청함. 특히 기선저예망어업의 보존 조치 방법에 대해서 논쟁이 벌어짐.
주제어 어업, 평화선

문서명	보도자료(Press Release)

문서파일번호 443
작성연월일 1958. 12. 12
구분 제4차 회담 어업 및 '평화선'위원회 제7회 회의
세부항목
작성처 외무성 북동아시아과
매수 1
비밀등급 일반
문서종류 보도자료
공개구분 공개
내용 제4차 한일회담 어업 및 '평화선'위원회 제7회 회의 결과에 대한 영문 보도자료
주제어 어업, 평화선

문서명	제4차 한일회담 어업 및 '평화선'위원회 제8회 회의(第四次日韓全面会談における漁業及び「平和ライン」委員会 第八回会合)

문서파일번호 443
작성연월일 1958. 12. 19
구분 제4차 회담 어업 및 '평화선'위원회 제8회 회의
세부항목
작성처 외무성 북동아시아과
매수 4
비밀등급 극비
문서종류 회의록
공개구분 공개
내용 제4차 한일회담 어업 및 '평화선'위원회 제8회 회의기록. 일본은 한국이 구체적인 제안을 제시하지 않은 것에 실망감을 표명함.
주제어 어업, 평화선

문서명	제4차 한일회담 어업 및 '평화선'위원회 제9회(재개 제1회) 회의[第4次日韓全面会談における漁業及び「平和ライン」委員会 第9回(再開第1回)会合]

문서파일번호 443
작성연월일 1959. 10. 15
구분 제4차 회담 어업 및 '평화선'위원회 제9회 회의
세부항목
작성처 외무성 북동아시아과
매수 4
비밀등급 극비
문서종류 회의록
공개구분 공개
내용 제4차 한일회담 어업 및 '평화선'위원회 제9회 회의(10개월 만에 재개됨에 따라 일본은 이 회의를 재개 제1회 회의로도 칭함) 기록. 양측 모두 교섭 재개를 긍정적으로 평가하고 회의 일정 및 진행에 대해 의견을 교환함.
주제어 어업, 평화선

문서명	제4차 한일회담 어업 및 '평화선'위원회 제9회(재개 제1회) 회의 출석자 리스트[第4次日韓全面会談における漁業及び「平和ライン」委員会 第9回(再開第1回)会合出席者リスト]

문서파일번호 443
작성연월일 1959. 10. 15
구분 제4차 회담 어업 및 '평화선'위원회 제9회 회의
세부항목
작성처 외무성 북동아시아과
매수 1
비밀등급 일반
문서종류 내부자료
공개구분 공개
내용 제4차 한일회담 어업 및 '평화선'위원회 제9회 회의 회의록 첨부. 제4차 한일회담 어업 및 '평화선'위원회 제9회 회의에 참석한 양국 위원 명부
주제어 어업, 평화선

문서명	제4차 한일회담에서 어업 및 '평화선'위원회 제10회(재개 제2회) 회의[第4次日韓全面会談における漁業及び「平和ライン」委員会 第10回(再開第1回)会合]

문서파일번호 443
작성연월일 1959. 10. 23
구분 제4차 회담 어업 및 '평화선'위원회 제10회 회의
세부항목
작성처 외무성 북동아시아과
매수 7
비밀등급 극비
문서종류 회의록
공개구분 공개
내용 제4차 한일회담 어업 및 '평화선'위원회 제10회 회의기록. 한국은 평화선에 의한 어업관할권을 전면 부정하고 있는 일본의 어업협정 골자안을 기초로 협의를 진행하는 것에 부정적인 반응을 보임. 이에 대해 일본은 실망을 표명하고 대안을 요구함.
주제어 어업, 평화선

어업 문제에 관한 한일 간 주장의 차이
(漁業問題に関する日韓間の主張の相違)

문서파일번호	791
문서명	어업 문제에 관한 한일 간 주장의 차이(漁業問題に関する日韓間の主張の相違)
작성연월일	1957. 4. 18
구분	제3~4차 회담 사이
세부항목	어업 문제 한일 주장
작성처	불명
매수	2
비밀등급	일반
문서종류	내부자료
공개구분	공개
내용	어업 문제에 관한 한일 간 주장의 차이점을 정리한 자료. 일본은 공해자유의 원칙, 어업공동위원회의 설치, 각국 정부에 의한 자국선의 단속규정 등을 주장한 한편, 한국은 일본 주장에 대해 연안국의 어업관할권의 존중, 관할수역에 관해서는 연안국이, 협정수역에 대해서는 공동 단속을 규정할 것 등을 주장함.
주제어	어업

한일어업교섭 요령안
[日韓漁業交涉要領(案)]

문서파일번호	792
작성연월일	1957. 5(일자 불명) - 1957. 6. 1
구분	제3~4차 회담 사이
세부항목	어업 문제 교섭 요령
작성처	
매수	14
비밀등급	
문서종류	내부문서
공개구분	공개
내용	한일어업 문제에 관한 수산청 복안과 그에 대한 외무성의 의견 등이 담김.
주제어	어업

문서명	한일어업교섭 요령안[日韓漁業交渉要領(案)]

문서파일번호 792
작성연월일 1957. 5(일자 불명)
구분 제3~4차 회담 사이
세부항목 어업 문제 교섭 요령
작성처 수산청
매수 5
비밀등급 일반
문서종류 내부문서
공개구분 공개
내용 한일어업 문제에 관한 수산청의 복안이 담긴 문서. 수산청은 한일 양국이 관심을 갖고 있는 공해에서 어업자원 의 최대한 지속적 생산성을 유지하는 등의 기본입장을 정하고, 이 입장에 따라 한국과 협정 체결, 협정 체결까지의 잠정 조치(어업종류, 트롤 및 저인망 어업의 조정 등) 실시 등의 처리 방침을 수립함(지도 2매 첨부).
주제어 어업

문서명	'이 라인' 문제 해결을 위한 수산청 복안의 문제점 및 이에 대한 1차 코멘트 (李ライン問題解決のための水産庁腹案の問題点及びこれに対する取りあえずのコメント)

문서파일번호 792
작성연월일 1957. 5. 28
구분 제3~4차 회담 사이
세부항목 어업 문제 교섭 요령
작성처 외무성 미야케 참사관
매수 4
비밀등급 극비
문서종류 내부문서
공개구분 공개
내용 한일어업 문제에 관한 수산청 복안에 대해 미야케 참사관의 검토의견이 담긴 문서. 미야케 참사관은 수산청안이 몇 가지 문제점에도 불구하고 합리적이며 이 이상 일본이 양보할 수 없다는 코멘트와 함께 한국의 수용을 용이하게 하는 두 가지 안을 제시함.
주제어 어업

문서명	수산청 복안에 대한 조약국 의견(水産庁腹案に対する条約局意見)

문서파일번호 792
작성연월일 1957. 5. 31
구분 제3~4차 회담 사이
세부항목 어업 문제 교섭 요령
작성처 외무성 미야케 참사관
매수 2
비밀등급 극비
문서종류 내부문서
공개구분 공개
내용 한일어업 문제에 관한 수산청 복안에 대해 외무성 조약국과 협의내용을 미야케 참사관이 기록한 문서. 조약국은 어업보존의 필요가 없는데, 조정구역을 설치하는 문제마저 고려하고 있어 일본의 일반적 기본방침에 저촉된다고 지적함.
주제어 어업

문서명	이 라인 및 어업 문제 해결을 위한 수산청 복안 요령(李ライン及び漁業問題解決のための水産庁腹案要領)

문서파일번호 792
작성연월일 1957. 6. 1
구분 제3~4차 회담 사이
세부항목 어업 문제 교섭 요령
작성처 외무성 미야케 참사관
매수 3
비밀등급 극비
문서종류 내부문서
공개구분 공개
내용 한일어업 문제에 관한 수산청 복안에 대해 미야케 참사관이 조약국과 협의를 거쳐 작성한 대안. 관할권에 관한 쌍방의 주장은 유보하고, 잠정조치로서 어업 문제에 관한 한 실질적으로 한국의 요청 대부분을 수용한다는 전제하에, 어족보존을 위해 한국의 전 주변을 금지구역화한다는 내용 등이 담김.
주제어 어업

어업 문제('이 라인' 문제)에 관한 우리 측 태도 내부안
[漁業問題(李ライン問題)に関する我方態度内示案]

문서파일번호	793
작성연월일	1957. 6. 5 - 1957. 6. 6
구분	제3~4차 회담 사이
세부항목	어업 문제에 관한 일본 입장
작성처	외무성 미야케 참사관
매수	10
비밀등급	
문서종류	내부문서
공개구분	공개
내용	한일회담 재개를 위해 어업 문제와 관련하여 미야케 아시아국 참사관이 한국에 제시할 내용을 정리한 문서 모음
주제어	어업

문서명	어업 문제('이 라인' 문제)에 관한 우리 측 태도 내부안[漁業問題(李ライン問題)に関する我方態度内示案]

문서파일번호 793
작성연월일 1957. 6. 5
구분 제3~4차 회담 사이
세부항목 어업 문제에 관한 일본 입장
작성처 외무성 미야케 참사관
매수 3
비밀등급 극비
문서종류 내부문서
공개구분 공개
내용 어업 문제에 관한 일본 입장을 대신이 구두로 전달하는 경우와 각서나 다른 문서로 전달하는 경우로 구분하여 한국에 전달할 내용을 정리한 문서. 한일회담 재개를 위해 한국의 요청을 적극 수용하는 방안이 담겨 있음.
주제어 어업

문서명	6월 3일 미야케 시안(六月三日 三宅試案)

문서파일번호 793
작성연월일 1957. 6. 3
구분 제3~4차 회담 사이
세부항목 어업 문제에 관한 일본 입장
작성처 외무성 미야케 참사관
매수 1
비밀등급 극비
문서종류 내부문서
공개구분 공개
내용 '어업 문제에 관해 한국에서의 현 사태를 감안, 일본은 한국의 필요도 가능한 한 고려하여 우호적 해결을 도모하기 위해 노력한다'는 내용의 미야케 참사관 시안
주제어 어업

문서명	어업 문제('이 라인'문제) [漁業問題(李ライン問題)]

문서파일번호 793
작성연월일 1957. 6. 6
구분 제3~4차 회담 사이
세부항목 어업 문제에 관한 일본 입장
작성처 외무성 미야케 참사관
매수 3
비밀등급 극비
문서종류 내부문서
공개구분 공개
내용 어업 문제에 관한 일본 입장 안
주제어 어업

문서명	'이 라인' 문제 및 어업 문제에 관한 우리 측 태도 내부안(李ライン問題及び漁業問題に関する我方態度内示案)

문서파일번호 793
작성연월일 1957. 6. 5
구분 제3~4차 회담 사이
세부항목 어업 문제에 관한 일본 입장
작성처 외무성 미야케 참사관
매수 3
비밀등급 극비
문서종류 내부문서
공개구분 공개
내용 '이 라인' 문제 및 어업 문제에 관한 일본 입장 내부안
주제어 어업

제네바 해양법 국제회의에서의 한국 발언 요지
(ジュネーヴ海洋法国際会議における韓国の発言要旨)

문서파일번호	794
작성연월일	1958. 3(일자 불명)
구분	제3~4차 회담 사이 제네바 해양법 국제회의
세부항목	
작성처	외무성 조약국 법규과
매수	30
비밀등급	
문서종류	내부문서
공개구분	공개
내용	1958년 3월부터 제네바에서 개최된 해양법 국제회의에서 한국이 한 발언과 한국이 제출한 수정안 등을 정리한 문서
주제어	어업, 제네바 해양법 국제회의

문서명	제네바 해양법 국제회의에서의 한국 발언 요지(ジュネーヴ海洋法国際会議における韓国の発言要旨)

문서파일번호 794
작성연월일 1958. 3(일자 불명)
구분 제3~4차 회담 사이 제네바 해양법 국제회의
세부항목
작성처 외무성 조약국 법규과
매수 4
비밀등급 일반
문서종류 내부문서
공개구분 공개
내용 3.15(제1위원회) - 직선기선을 지지함.
3.17(제3위원회) - 공해에서라도 무제한 어업을 행하는 것은 자유의 남용이라는 견해. 54조 '연안국의 근접수역에 대한 권리', 55조 '연안국의 일방적 조치의 채용'이 충분하지 않음. 경제적 이익을 기준으로 해야 함.
3.17(제4위원회) - 67조 '대륙붕의 수심', 73조 '분쟁을 국제사회에 회부'에 반대
3.20(제4위원회) - 67조의 200 미터의 수심 기준을 삭제하는 수정안을 설명함.
3.25(제4위원회) - 한국안 부결됨.
3.31(제3위원회) - 한국, 멕시코, 버마, 베네수엘라 공동수정안을 제출함.
주제어 어업, 제네바 해양법 국제회의

문서명	해양법 국제회의에서의 한국대표의 발언 및 제출된 수정안(海洋法国際会議における韓国代表の発言及びその提出せる修正案)

문서파일번호 794
작성연월일 1958. 5. 10
구분 제3~4차 회담 사이 제네바 해양법 국제회의
세부항목
작성처 외무성 조약국 법규과
매수 26
비밀등급 일반
문서종류 내부문서

공개구분 공개

내용 제1위원회(영해제도):

① 일반토론에서 발언(별지1)

② 제22, 23조에 관한 수정 제안

③ 2에 관한 제안 이유 설명의 발언(별지3)

④ 제66조에 관한 수정 제안(별지4)

제2위원회(공해의 일반제도):

① 핵실험 문제에 관한 발언(별지5)

제3위원회(공해어업 및 생물자원의 보존):

① 일반토론에서 발언(별지6)

② 제52조에 관한 수정 제안(별지7)

〈참고〉제49, 51, 52조에 관한 수정 제안(별지8)

③ 2에 관한 제안 이유 설명의 발언(별지9)

④ 제54, 55조에 관한 수정 제안(별지10)

⑤ 4에 관한 제안 이유 설명의 발언(별지11)

⑥ 제54조에 관한 미얀마, 칠레 등 10개국과의 공동 수정 제안(별지12)

⑦ 제55조에 관한 미얀마, 칠레 등 10개국과의 공동 수정 제안(별지13)

⑧ 제54, 55조에 관한 발언(별지14)

⑨ 제57, 58, 59조에 관한 수정 제안(별지15)

⑩ 제57조에 관한 발언(별지16)

⑪ 기권(Abstention)원칙에 관한 미국-캐나다 공동제안에 관한 발언(별지17)

⑫ 신 조항 추가 제안(별지18)

⑬ 아이슬란드 제안에 관한 발언(별지19)

제4위원회(대륙붕):

① 일반토론에서 발언(별지20)

② 제67조에 관한 수정 제안(별지21)

③ 2에 관한 제안 이유 설명의 발언(별지22)

④ 제68조에 관한 발언(별지23)

⑤ 제73조에 관한 발언(별지24)(* 별지 1~24 첨부)

주제어 어업, 제네바 해양법 국제회의

한일 문제의 유엔 제소 건
(日韓問題の国連提訴に関する件)

문서파일번호	1138
작성연월일	1960. 1. 11 - 1960. 3. 10
구분	제4차 회담
세부항목	일본어민 나포 문제의 유엔 제소
작성처	주유엔대사, 외무성
매수	29
비밀등급	
문서종류	전문(電文), 내부문서
공개구분	공개
내용	한일 문제(한국의 일본어민 나포 문제)의 유엔 제소를 검토한 문서 모음
주제어	일본어민 나포 문제의 유엔 제소

문서명	한일 문제의 유엔 제소 건(日韓問題の国連提訴に関する件)

문서파일번호 1138
작성연월일 1960. 3. 9
구분 제4차 회담
세부항목 일본어민 나포 문제의 유엔 제소
작성처 주유엔대사
매수 4
비밀등급 극비
문서종류 전문(電文)
공개구분 공개
내용 한일 문제의 유엔 제소와 관련하여 신중하게 대처할 필요가 있다고 건의
주제어 어업

문서명	한일 문제 유엔 제기에 즈음하여 주의해야 할 사항(日韓問題の国連提起に当り注意すべき事項)

문서파일번호 1138
작성연월일 1960. 3. 10
구분 제4차 회담
세부항목 일본어민 나포 문제의 유엔 제소
작성처 외무성 유엔국 정치과
매수 5
비밀등급 극비
문서종류 내부문서
공개구분 공개
내용 한일 문제의 유엔 제소와 관련하여 ① 제기해야 할 기관 ② 안보리 ③ 제기해야 할 문제(일본어민의 나포문제) 등에 관해 검토한 내용을 정리
주제어 어업

문서명	한국이 억류한 우리나라 어부 문제의 유엔 제기에 관하여(韓国における邦人漁夫抑留問題の国連提起について)

문서파일번호 1138

작성연월일 1960. 1. 11

구분 제4차 회담

세부항목 일본어민 나포 문제의 유엔 제소

작성처 외무성 유엔국 정치과

매수 20

비밀등급 극비

문서종류 내부문서

공개구분 공개

내용 한일 문제의 유엔 제소와 관련하여 유엔국에서 검토한 상세 내용을 담은 문서. 한일 문제의 유엔 제소 시 대내적으로 국민들에게 정부가 모든 수단을 강구한다는 인상을 주고, 대외적으로 일본정부 주장의 정당성을 널리 알릴 수 있는 이익이 있으나, 한국의 입장을 경직시킬 수 있기 때문에 문제 해결책으로는 적절치 않다는 결론을 내림.

주제어 어업

한일어업교섭 요령(안)
[日韓漁業交渉要領(案)]

문서파일번호	795
작성연월일	1958. 4(일자 불명)
구분	제4차 회담
세부항목	어업 문제 일본의 교섭 요령
작성처	
매수	6
비밀등급	
문서종류	내부문서
공개구분	공개
내용	제4차 한일회담에서 어업 문제에 관한 일본의 교섭 요령과 대처방침을 정리한 문서
주제어	어업

문서명	한일어업교섭 요령(안) [日韓漁業交渉要領(案)]

문서파일번호 795
작성연월일 1958. 4(일자 불명)
구분 제4차 회담
세부항목 어업 문제 일본의 교섭 요령 수산청 견해
작성처 수산청 해양 제2과
매수 4
비밀등급
문서종류 내부문서
공개구분 공개
내용 제4차 한일회담에서 어업 문제에 관한 일본의 교섭 요령을 정리한 수산청 문서로, 1957년 5월에 작성한 내용(문서파일번호 792)과 대동소이함.
주제어 어업

문서명	어업 문제에 관한 대처방침(漁業問題に関する対処方針)

문서파일번호 795
작성연월일 1958. 4. 1
구분 제4차 회담
세부항목 어업 문제 일본의 대처방침
작성처 외무성
매수 2
비밀등급 극비
문서종류 내부문서
공개구분 공개
내용 제4차 한일회담을 앞두고 어업 문제에 관한 일본의 대처방침을 정리한 문서. 이전 한일 간 어업교섭에서 양측은 어업자원 보존조치와 어업공동위원회 설치에는 큰 이견이 없었으나, '이 라인'을 배경으로 하는 한국의 어업전관수역 주장이 최대의 문제가 된 바 있음. 일본으로서는 금번 회담에서도 한국의 어업전관수역은 수용할 수 없다는 입장에서 교섭에 임해야 할 것임.
주제어 어업

한국의 강경조치에 관한 회의 개최 건
(対韓国強硬措置に関する会議関係の件)

문서파일번호	1139
작성연월일	1960. 2. 4 - 1960. 3. 3
구분	제4차 회담
세부항목	일본어선 나포 대응
작성처	외무성 북동아시아과
매수	74
비밀등급	
문서종류	내부문서, 회의록, 내부자료
공개구분	공개 또는 일부비공개
내용	대한국 강경조치와 관련한 외무성 성내 관계관 회의기록 및 조치 시안 등 모음
주제어	어업, 일본어선 나포 대응

문서명	대한국 강경조치에 관한 회의 개최 건(対韓国強硬措置に関する会議関係の件)

문서파일번호 1139
작성연월일 1960. 2. 26
구분 제4차 회담
세부항목 일본어선 나포 대응
작성처 외무성 북동아시아과
매수 1
비밀등급 극비
문서종류 내부문서
공개구분 공개
내용 1960년 2월 27일 외무성 성내 관계관 회의 개최를 통보하는 문서
주제어 어업

문서명	대한국 강경조치에 관한 성내 회의 건(対韓国強硬措置に関する省内会談に関する件)

문서파일번호 1139
작성연월일 1960. 2. 27
구분 제4차 회담
세부항목 일본어선 나포 대응
작성처 외무성 북동아시아과
매수 19
비밀등급 극비
문서종류 회의록
공개구분 일부비공개
내용 한국의 어선 나포 등에 대항하기 위한 방안 논의를 위해 1960년 2월 27일 개최된 외무성 성내 관계관 회의기록. '이 라인' 수역의 경비 강화 문제, 주한일본대표부 설치 문제, 한국인 입국 제한 문제, 북한과의 무역 재개 문제 등을 논의
주제어 어업

문서명	대한국 강경조치로서 상정할 수 있는 수단(対韓国強硬措置として想定しうる手段)

문서파일번호 1139
작성연월일 1960. 2. 4
구분 제4차 회담
세부항목 일본어선 나포 대응
작성처 외무성 북동아시아과
매수 24
비밀등급 극비
문서종류 내부문서
공개구분 공개
내용 한국의 일본어선 나포에 대한 강경조치 방안을 검토한 문서. 입국제한, 거주 한국인에 대한 조치, 강제퇴거 수속 조치, 해운관계, 항공기관계, 통상관계 등의 분야에서 취할 수 있는 조치를 검토.
주제어 어업

문서명	대한 강경조치를 취할 경우 제1단계로서 취해야 할 조치(시안)[対韓強硬措置をとる場合第一段階としてとるべき措置(試案)]

문서파일번호 1139
작성연월일 1960. 2. 26
구분 제4차 회담
세부항목 일본어선 나포 대응
작성처 외무성 북동아시아과
매수 3
비밀등급 극비
문서종류 내부문서
공개구분 일부비공개
내용 한국의 일본어선 나포에 대한 강경조치 제1단계 방안에 대해 검토한 문서. 주일한국대표부에 대한 조치, 가입국허가 및 사증발급상의 조치, 특별입국허가에 관한 조치, 재일 일반한국인에 대한 조치, 한국인 신문기자에 대한 조치, 한국군인, 군함, 군용기에 대한 조치, 강제퇴거 수속상의 조치 등을 검토
주제어 어업

문서명	대한 강경조치에 관한 성내 회의 출석자(対韓強硬措置に関する省内会議出席者)

문서파일번호 1139
작성연월일 1960. 2. 27
구분 제4차 회담
세부항목 일본어선 나포 대응
작성처 외무성 북동아시아과
매수 1
비밀등급 일반
문서종류 내부자료
공개구분 공개
내용 1960년 2월 27일 개최된 대한 강경조치에 관한 성내 회의 참석자 명부
주제어 어업

문서명	대한 강경조치에 관한 제2회 성내 회의 건(対韓強硬措置に関する第二回省内会議に関する件)

문서파일번호 1139
작성연월일 1960. 3. 3
구분 제4차 회담
세부항목 일본어선 나포 대응
작성처 외무성 북동아시아과
매수 24
비밀등급 극비
문서종류 회의록
공개구분 일부비공개
내용 1960년 3월 4일 외무성 내 관계관들이 한국과의 교섭 결렬 시 한국이 어선을 나포하는 것을 방지하기 위한 강경조치와 관련하여 국내법적 사항을 논의. 무력에 의한 어선 나포 방지 시에 발생하는 국제법 및 국내법상의 문제, 공해상에서 외국선박에 대한 경찰권 행사, 보안청 순사선에 대포 탑재가 가져올 법률적 문제 등을 검토
주제어 어업

문서명	제2회 성내 회의 출석자(第二回省内会議出席者)

문서파일번호 1139
작성연월일 1960. 3. 3
구분 제4차 회담
세부항목 일본어선 나포 대응
작성처 외무성 북동아시아과
매수 1
비밀등급 일반
문서종류 내부자료
공개구분 공개
내용 1960년 3월 3일 제2회 외무성 성내 회의 참석자 명부
주제어 어업

문서명	대한 강경조치에 관한 회의 개최 건(対韓強硬措置に関する会議開催の件)

문서파일번호 1139
작성연월일 1960. 3. 2
구분 제4차 회담
세부항목 일본어선 나포 대응
작성처 외무성 북동아시아과
매수 1
비밀등급 극비
문서종류 내부문서
공개구분 공개
내용 1960년 3월 3일 제2회 외무성 성내 회의 참석을 요청하는 문서
주제어 어업

'이 라인' 수역 경비 강화 및 어선 보호 조치에 관한 각 성 회의 의사 개요(李ラインに水域に於ける警備強化及び漁船保護措置に関する各省打合せ会議議事概要)

문서파일번호	1140
작성연월일	1952. 5. 14 - 1960. 3. 10
구분	제4차 회담
세부항목	일본어선 나포 대응
작성처	외무성, 해상보안청 등
매수	89
비밀등급	
문서종류	회의록, 내부자료, 내부문서, 공문
공개구분	공개
내용	한국의 일본어선 나포에 대응하기 위한 '이 라인' 수역 경비 강화 및 어선 보호 조치 등에 관한 관계 성청 회의기록 및 1952년에 작성한 나포대책 문서
주제어	어업, 어선 나포

문서명	'이 라인' 수역 경비 강화 및 어선 보호 조치에 관한 각 성 회의 의사 개요(李ラインに水域に於ける警備強化及び漁船保護措置に関する各省打合せ会議議事概要)

문서파일번호 1140
작성연월일 1960. 3. 4
구분 제4차 회담
세부항목 일본어선 나포 대응
작성처 외무성 북동아시아과
매수 40
비밀등급 극비
문서종류 회의록
공개구분 공개
내용 어선 나포 관계 성청 관계관 협의회 기록. '이 라인' 수역 경비 강화 및 어선 보호 조치에 관해 각 성 담당자들이 별첨2 자료(뒤에 나오는 문서)를 토대로 의견교환을 함. 기본 태도 및 해상보안청의 경비체제 증가, 실력행사에 관한 각의 결정 및 대외 PR, 해상보안청의 실력행사 및 문제점을 검토
주제어 어업

문서명	출석자(出席者)

문서파일번호 1140
작성연월일 1960. 3. 4
구분 제4차 회담
세부항목 일본어선 나포 대응
작성처 외무성 북동아시아과
매수 2
비밀등급 일반
문서종류 내부자료
공개구분 공개
내용 '이 라인' 수역 경비 강화 및 어선 보호 조치에 관한 각 성 회의 의사 개요 문서의 첨부1. 1960년 3월 4일 어선 나포 관계 성청 관계관 협의회 회의 참석자 명부
주제어 어업

문서명	'이 라인' 수역 경비 강화 및 어선 보호 조치에 관한 각 성 회의 시 검토해야 할 사항(안)[李ラインに水域に於ける警備強化及び漁船保護措置に関する各省打合せにおいて検討さるべき事項(案)]

문서파일번호 1140
작성연월일 1960. 3. 4
구분 제4차 회담
세부항목 일본어선 나포 대응
작성처 외무성 북동아시아과
매수 3
비밀등급 극비
문서종류 내부문서
공개구분 공개
내용 '이 라인' 수역 경비 강화 및 어선 보호 조치에 관한 각 성 회의 의사 개요 문서의 첨부2. '이 라인' 수역 경비 강화 및 어선 보호 조치 시에 검토해야 할 구체적 조치 및 문제점에 대해 ① 한국경비선의 행동 감시 및 어선에 대한 경비 및 피난 유도 강화 ② 무기를 사용하지 않는 어선 나포 방지 조치 강화 ③ 무력에 의한 어선 나포 방지 조치 ④ 정치적, 종합적 판단으로 나누어 검토
주제어 어업

문서명	'이 라인' 수역 경비 강화 및 어선 보호 조치에 관한 각 성 회의(제2회) 의사 개요 [李ラインに水域に於ける警備強化及び漁船保護措置に関する各省打合せ会議(第2回)議事概要]

문서파일번호 1140
작성연월일 1960. 3. 10
구분 제4차 회담
세부항목 일본어선 나포 대응
작성처 외무성 북동아시아과
매수 24
비밀등급 극비
문서종류 회의록
공개구분 공개
내용 제2회 관계 성청 관계관 협의회 기록
주제어 어업

문서명	출석자(出席者)

문서파일번호 1140
작성연월일 1960. 3. 10
구분 제4차 회담
세부항목 일본어선 나포 대응
작성처 외무성 북동아시아과
매수 2
비밀등급 일반
문서종류 내부자료
공개구분 공개
내용 '이 라인' 수역 경비 강화 및 어선 보호 조치에 관한 각 성 회의(제2회) 의사 개요 문서 첨부1. 1960년 3월 10일 어선 나포 관련 제2회 관계 성청 회의 참석자 명부
주제어 어업

문서명	'이 라인' 수역에서의 어선 보호 강화 방침(시안)[別添 2 李ラインに水域におけるび漁船保護措置強化方針(試案)]

문서파일번호 1140
작성연월일 1960. 3. 10
구분 제4차 회담
세부항목 일본어선 나포 대응
작성처 외무성 북동아시아과
매수 7
비밀등급 극비
문서종류 내부문서
공개구분 공개
내용 '이 라인' 수역 경비 강화 및 어선 보호 조치에 관한 각 성 회의(제2회) 의사 개요 문서 첨부2. '이 라인' 수역 어선 보호 조치 강화의 시안 내용은 ① 기본 태도 ② 해상보안청에 의한 경비체제의 양적 강화 ③ 해상보안청의 실력행사에 관한 각의결정 및 대외 PR ④ 해상보안청에 의한 실력행사(제2단계)
주제어 어업

문서명	지령(指令)

문서파일번호 1140
작성연월일 1952. 5. 23
구분 제4차 회담
세부항목 일본어선 나포 대응
작성처 내각총리대신 요시다 시게루(吉田茂), 운수대신 무라카미 기이치(村上義一)
매수 2
비밀등급 극비
문서종류 공문
공개구분 공개
내용 1952년 5월 20일 무라카미 기이치 운수대신이 요시다 시게루 총리에게 보경경(保警警) 제207호 나포 사건 대책안을 제시하고 각의 결정을 요구함. 요시다 총리가 5월 23일 자로 이 대책을 승인함.
주제어 어업

문서명	나포 사건 대책(拿捕事件対策)

문서파일번호 1140
작성연월일 1952. 5. 14
구분 제4차 회담
세부항목 일본어선 나포 대응
작성처 해상보안청
매수 11
비밀등급 극비
문서종류 내부문서
공개구분 공개
내용 각의를 거쳐 요시다 시게루(吉田茂) 총리가 승인한 해상보안청의 나포 사건 대책 문서.
① 방침(관계국을 불필요하게 자극하지 않고 정당방위 외에 실력행사는 하지 않음)
② 대책(소련과 한국으로 구분하여 정리, 한국의 경우 일본어선과의 긴밀한 연락, 나포 시 대처요령 등 순시 활동 시의 유의점을 중심으로 정리)

③ 조치(소련과 한국으로 구분하여 정리, 한국 관련해서는 한국영해 출입금지, 한국 함선의 동정에 유의, 어선 불법 나포 시 실력행사를 피하고 조업지점 확인, 나포현장 사진 촬영 등 해결에 참고가 될 증거자료 수집 등)

④ 보상 및 실시에 따른 제 경비(순시선 대원에 대한 위험수당, 피해보상과 그로 인한 경비 발생에 대해 특별 조치를 취함) 정리. 순시선 배치와 관련한 지도, 각의 구두 양해사항[운수대신의 설명(어업나포 사건에 대처하기 위해 규슈지구에 순시선을 배치하고, 순시선이 나포될 경우에는 대장성 및 외무대신이 관심을 가져 줄 것을 요망)에 따라 450톤 형 순시선 2척 출동을 결정]이 첨부됨.

주제어 어업

‘이 라인’ 수역 일본 어선의 자위대에 의한 보호 건 (李ラインに水域における日本漁船の自衛隊による保護に関する件)

문서파일번호	1142
문서명	‘이 라인’ 수역 일본 어선의 자위대에 의한 보호 건(李ラインに水域における日本漁船の自衛隊による保護に関する件)
작성연월일	1960. 2. 26
구분	제4차 회담
세부항목	대한국 강경조치 검토
작성처	외무성 북동아시아과
매수	8
비밀등급	극비
문서종류	내부문서
공개구분	공개
내용	한국에 대한 강경조치 일환으로 ‘이 라인’ 수역에서 조업하는 일본어선을 자위대가 보호하는 것에 대해 방위청이 자위대법 제82조 적용 및 93조에 의한 무기사용, MSA협정* 해석 등을 중심으로 검토한 내용이 정리된 문서
주제어	어업

* 미국의 국내법인 ‘상호안전보장법(Mutual Security Act; MSA)’에 기초하여 미일 간에 체결된 4가지 협정(① 미일상호방위원조협정 ② 농산물의 구입에 관한 미일협정 ③ 경제적 조치에 관한 미일협정 ④ 투자보증에 관한 미일협정)을 의미하며, 이 중 미일상호원조협정(Mutual Defense Assistance Agreement; MDA)을 통칭 MSA협정으로 부르기도 함.

북송사업 중지 및 일본어선의 '이승만 라인' 내 출어 억제를 요청한 한국에 대한 회답(北送事業中止および本邦漁船のいわゆる「李承晩ライン」内出漁抑制を求めた韓国側申し入れに対する回答振りに関する件)

문서파일번호	1417
문서명	북송사업 중지 및 일본어선의 '이승만 라인' 내 출어 억제를 요청한 한국에 대한 회답(北送事業中止および本邦漁船のいわゆる「李承晩ライン」内出漁抑制を求めた韓国側申し入れに対する回答振りに関する件)
작성연월일	1961. 6. 28
구분	제5~6차 회담 사이
세부항목	우야마·문철순 회담
작성처	외무성 북동아시아과
매수	4
비밀등급	극비
문서종류	내부문서
공개구분	공개
내용	5·16군사정변 이후 1961년 6월 27일 우야마 아쓰시 참사관과 한국대표부 문철순 참사관 간 회담 요지. 한국이 재일한국인의 북송 중지, 일본어선의 평화선 침범 억제를 요청한 데 대해, 일본은 기존의 일본 입장이 기술된 회답요령(안)을 전달함. 회답요령에는 북송 문제는 본인의 자유의사 존중, 인도적 견지에서 적십자의 손에 의해 이루어지고 있다는 것이 일본 방침, '이 라인' 문제는 부당한 조치로 한국이 일본어선 나포를 자제해 줄 것을 요망한다는 내용이 담김.
주제어	재일한인 북송 문제, '이 라인' 문제

제9부

제4차 회담 선박소위원회 회의 및 훈령
(1958. 6. 6~12. 16)

한일 간 잠정해운협정 적용기간 연장(각의 청의 등)
[日韓間の暫定海運協定適用期間延長(閣議請議等)]

문서파일번호	1869
작성연월일	1950. 10. 4 - 1954. 4. 27
구분	제3~4차 회담 사이
세부항목	한일잠정해운협정 기간 연장
작성처	외무성, 주일한국대표부
매수	21
비밀등급	
문서종류	공문, 내부문서, 외교공한 등
공개구분	공개
내용	한일 간 잠정해운협정의 적용기간 연장을 위한 각의 청의 및 결정에 관한 문서, 잠정협정 요강 및 설명자료, 양국 간 교환한 서한 모음
주제어	한일잠정해운협정

문서명	대한민국과의 잠정해운협정의 사실상 적용기간 연장에 관한 각의 청의 건(大韓民国との間の暫定海運協定の事実上の適用期間延長に関し閣議請議の件)

문서파일번호 1869
작성연월일 1954. 4. 22
구분 제3~4차 회담 사이
세부항목 한일잠정해운협정 기간 연장
작성처 외무성
매수 1
비밀등급 일반
문서종류 공문
공개구분 공개
내용 한일 간 잠정해운협정의 적용기간 연장을 위한 각의 청의 공문
주제어 한일잠정해운협정 기간 연장

문서명	각의 결정(안)[閣議決定(案)]

문서파일번호 1869
작성연월일 1954. 4. 22
구분 제3~4차 회담 사이
세부항목 한일잠정해운협정 기간 연장
작성처 외무성
매수 1
비밀등급 일반
문서종류 내부문서
공개구분 공개
내용 각의 청의 공문의 첨부 자료. 한일잠정해운협정의 적용기간을 1954년 4월 28일부터 양국이 통상항해조약을 체결할 때까지 연장하기로 하고 이에 관해 외무대신과 주일한국대표부 간에 교환공문을 교환키로 한다는 내용의 각의 결정(안)
주제어 한일잠정해운협정 기간 연장

문서명	사실상 적용되는 한일잠정해운협정 요강(事実上適用される日韓暫定海運協定の要綱)

문서파일번호 1869
작성연월일 1954. 4. 22
구분 제3~4차 회담 사이
세부항목 한일잠정해운협정 기간 연장
작성처 외무성
매수 2
비밀등급 일반
문서종류 내부문서
공개구분 공개
내용 각의 청의 공문 첨부 자료. 적용기간을 연장하는 한일잠정해운협정 요강
주제어 한일잠정해운협정 기간 연장

문서명	대한민국과의 잠정해운협정의 사실상 적용기간 연장에 관한 외무대신 설명자료 (大韓民国との間の暫定海運協定の事実上の適用期間延長に関する外務大臣説明資料)

문서파일번호 1869
작성연월일 1954. 4. 22
구분 제3~4차 회담 사이
세부항목 한일잠정해운협정 기간 연장
작성처 외무성
매수 3
비밀등급 일반
문서종류 내부문서
공개구분 공개
내용 각의 청의 공문 첨부 자료. 한일잠정해운협정의 적용기간을 연장해야 하는 사유 등에 관한 외무대신의 각의 설명자료
주제어 한일잠정해운협정 기간 연장

문서명	한일잠정해운협정(Interim Shipping Agreement between the Republic of Korea and Occupied Japan)

문서파일번호	1869
작성연월일	1950. 10. 4
구분	제3~4차 회담 사이
세부항목	한일잠정해운협정 체결
작성처	외무성
매수	5
비밀등급	일반
문서종류	협정
공개구분	공개
내용	이구치 차관이 김용식 공사에게 보낸 1952년 4월 26일 자 외교공한의 첨부물. 1950년 4월 15일 연합국 최고사령부와 10월 4일 주일한국대표부가 각각 서명한 최초의 한일잠정해운협정 영문 조문
주제어	한일잠정해운협정 체결

문서명	제목 없음

문서파일번호	1869
작성연월일	1952. 4. 28
구분	제3~4차 회담 사이
세부항목	한일잠정해운협정 체결
작성처	외무성
매수	2
비밀등급	일반
문서종류	외교공한
공개구분	공개
내용	이구치 차관이 한일잠정해운협정 체결과 관련하여 김용식 주일대표부 공사에게 보낸 공한. 한국이 연합국 최고사령부와 체결했던 잠정해운협정을 대일평화조약 발효와 더불어 일본과 체결하자고 제의하는 동시에 협정 조문 중 일본에 대한 명칭(Occupied Japan->Japan) 등 총 11개 부문의 수정을 제의함.
주제어	한일잠정해운협정 체결

문서명	제목 없음

문서파일번호	1869
작성연월일	1953. 4. 27
구분	제3~4차 회담 사이
세부항목	한일잠정해운협정 기간 연장
작성처	외무성
매수	2
비밀등급	일반
문서종류	외교공한
공개구분	공개
내용	오쿠무라 차관이 김용식 공사에게 보내는 한일잠정해운협정 기간연장에 관한 공한
주제어	한일잠정해운협정 기간 연장

문서명	제목 없음

문서파일번호	1869
작성연월일	1954. 4. 27
구분	제3~4차 회담 사이
세부항목	한일잠정해운협정 기간 연장
작성처	외무성
매수	1
비밀등급	일반
문서종류	외교공한
공개구분	공개
내용	오카자키 대신이 김용식 공사에게 보내는 한일잠정해운협정 기간 연장에 관한 서한
주제어	한일잠정해운협정 기간 연장

문서명	제목 없음

문서파일번호 1869
작성연월일 1953. 4. 27
구분 제3~4차 회담 사이
세부항목 한일잠정해운협정 기간 연장
작성처 주일한국대표부
매수 1
비밀등급 일반
문서종류 외교공한
공개구분 공개
내용 김용식 공사가 오카자키 대신에게 보내는 한일잠정해운협정 기간 연장에 관한 답신 공한
주제어 한일잠정해운협정 기간 연장

문서명	제목 없음

문서파일번호 1869
작성연월일 1952. 4. 28
구분 제3~4차 회담 사이
세부항목 한일잠정해운협정 체결
작성처 주일한국대표부
매수 2
비밀등급 일반
문서종류 외교공한
공개구분 공개
내용 김용식 공사가 요시다 외무대신에게 보내는 한일잠정해운협정 조문 수정 및 체결에 관한 답신 공한
주제어 한일잠정해운협정 체결

불법 입국에 사용된 한국적 선박의 반환에 관한 한국대표부의 요청(不法入国に使用された朝鮮籍船舶の返還に関し韓国代表部より申入)

문서파일번호	625
문서명	불법 입국에 사용된 한국적 선박의 반환에 관한 한국대표부로부터의 요청(不法入国に使用された朝鮮籍船舶の返還に関し韓国代表部より申入)
작성연월일	1954. 1. 27
구분	제3~4차 회담 사이
세부항목	한국 선박 반환 문제
작성처	외무성 아시아국 제2과
매수	28
비밀등급	일반
문서종류	내부문서
공개구분	공개
내용	주일한국대표부 강춘희 2등서기관과 김학원 3등서기관이 외무성 아시아2과를 방문, 미타니(三谷) 및 마에다(前田)와 불법 입국에 사용된 한국적 선박의 반환에 관해 협의한 기록. 한국은 1951년 6월 4일 배상청과 한국대표부 합의문서 서명에 따라 불법 입국에 사용된 한국적 선박 52척을 반환받기로 되어 있었으나, 이 중 16척이 일본인에게 합법적으로 처분됨. 실제 인도, 반환이 이루어지지 못한 채 현재에 이르고 있음을 지적함. 연합국 최고사령부 메모에는 일본이 합법적으로 처분한 선박은 반환리스트에서 제외하도록 했으나 16척이 리스트에 그대로 등재되어 있음. 따라서 지금 이 16척을 반환하지 못하고 있는 것은 일본의 책임임을 강조함. 이에 대해 일본은 한국 입장을 상사에게 보고하겠다는 선에서 대응함.
주제어	선박 반환

한국적 선박의 반환 처우에 대해서
(韓国籍船舶の返還処遇について)

문서파일번호	626
작성연월일	1954. 5. 14 - 1956. 10. 11
구분	제3~4차 회담 사이
세부항목	한국 선박 반환 문제
작성처	외무성
매수	72
비밀등급	
문서종류	회의록, 내부문서, 공문,
공개구분	공개 또는 일부비공개
내용	한국적 선박 53척의 반환과 관련한 일본 자체 협의 및 한국과의 협의 기록, 관련 자료 등 모음
주제어	선박 반환

문서명	한국 반환 선박 52척 중 16척의 처우에 관하여(韓国への返還船舶五十二隻中の十六隻の処置について)

문서파일번호 626
작성연월일 1954. 5. 14
구분 제3~4차 회담 사이
세부항목 한국 선박 반환 문제
작성처 외무성 아시아국 제5과
매수 11
비밀등급 일반
문서종류 회의록
공개구분 공개
내용 한국 반환 선박 52척 가운데 일본이 합법적으로 처분한 16척에 대해 한국대표부가 대선을 구입해 가지고 가겠다고 의사를 표시한 것에 대해 1954년 5월 14일 외무성이 운수성과 협의한 내용
주제어 선박 반환

문서명	1955년 4월 28일(昭和三十年四月二十八日)

문서파일번호 626
작성연월일 1955. 4. 28
구분 제3~4차 회담 사이
세부항목 한국 선박 반환 문제
작성처 외무성 이시야마
매수 4
비밀등급 일반
문서종류 회의록
공개구분 일부비공개
내용 한국선 52척 반환과 관련한 ■■의 진정에 대해 1955년 4월 28일 통산성, 운수성, 수산청, 외무성 아시아국 제5과의 협의 결과
주제어 선박 반환

문서명	1955년 5월 12일(昭和三十年五月十二日)

문서파일번호 626
작성연월일 1955. 5. 12
구분 제3~4차 회담 사이
세부항목 한국 선박 반환 문제
작성처 외무성
매수 2
비밀등급 일반
문서종류 내부문서
공개구분 공개
내용 1955년 5월 11일 운수성과 협의 결과, 52척 반환 리스트를 조회하고 운수성의 수출 건수와도 조회해 조속히 결론을 내리기로 함.
주제어 선박 반환

문서명	한국에 의한 52척의 선박 귀환 상황(韓國側による五十二隻の特帰状況)

문서파일번호 626
작성연월일 1955. 5. 17
구분 제3~4차 회담 사이
세부항목 한국 선박 반환 문제
작성처 외무성
매수 1
비밀등급 일반
문서종류 내부문서
공개구분 공개
내용 1954년 1월 27일 한국 반환 선박 52척에 대한 한국대표부 관계관의 설명과 1955년 4월 15일 선주 의뢰에 따른 설명
주제어 선박 반환

문서명	한국에 반환해야 할 선박(어선 및 운반선) 52척에 관한 상신서[韓国に返還すべき船舶(漁船及運搬船)五十二隻に関する上申書]

문서파일번호 626
작성연월일 1955. 4. 15
구분 제3~4차 회담 사이
세부항목 한국 선박 반환 문제
작성처 외무성
매수 10
비밀등급 일반
문서종류 공문
공개구분 일부비공개
내용 선주 측(먹칠)이 일본 외무성, 대장성, 통산성, 운수성, 농림성에 보낸 상신서. 반환선 52척의 발생 경위와 성격을 밝히고, 27척의 반환이 이루어졌으며 나머지 25척에 대해 일본이 과거의 각각이었던 불하방식에서 일본통화에 의한 지불 승인을 전제로 하는 방침으로 변경되어, 대체 선박 1척당 400만 엔의 대금이 필요하며, 지불을 위해 한국산 김, 선어류(鮮魚類)의 수입을 허가해 달라는 내용
주제어 선박 반환

문서명	한국선 52척 반환 문제와 관련하여 대선 송환하는 선박의 허가 신청 건(韓國船五十二隻返還問題に関連する代船待帰えり許可申請に関する件)

문서파일번호 626
작성연월일 1955. 5. 20
구분 제3~4차 회담 사이
세부항목 한국 선박 반환 문제
작성처 외무성
매수 15
비밀등급 일반
문서종류 내부문서
공개구분 일부비공개
내용 1955년 5월 7일 한국선주 재일본 대표 ■가 운수성에 4월 21일 52척 중 일부를 대선으로 송환하도록 신청한 건에 대해 창구가 외무성으로 통일되어 동 건이 외무성으로 회부되어 왔으며, 이대로 시일을 연기해도 곤란해지므로 문제 해결을 위해 외무성 안으로 일본정부가 처분한 16척에 대해 대선 수출을 인정하고 구입 자금은 일본통화로 하고자 함.
주제어 선박 반환

문서명	한국선 52척의 반환 문제 건(韓國船五十二隻の返還問題に関する件)

문서파일번호 626
작성연월일 1955. 5. 25
구분 제3~4차 회담 사이
세부항목 한국 선박 반환 문제
작성처 외무성
매수 6
비밀등급 일반
문서종류 내부문서
공개구분 공개
내용 한국대표부 김 서기관의 전화(1개월 정도 전에 한국정부로부터 일본정부가 처분한 16척에 대해 같은 가격의 선박을 반환토록 교섭하라는 내용의 공문이 있었음)에 대해 향후 해결책으로 외무성 안을 기본으로 하기로 함.
주제어 선박 반환

문서명	한국선 52척의 반환 문제 관계 성청연락회의 개최 건(韓國船五十二隻返還問題関係省庁連絡会議開催の件)

문서파일번호 626
작성연월일 1955. 5. 31
구분 제3~4차 회담 사이
세부항목 한국 선박 반환 문제
작성처 외무성
매수 7
비밀등급 일반
문서종류 회의록
공개구분 공개
내용 한국 선박 52척 반환 관련 관계 성청이 개최한 회의기록. 척수는 16척, 톤수는 원선에 가깝게 하여 조속히 인도하도록 조치하고 선박 대금에 대해서는 대장성이 연구하기로 함.
주제어 선박 반환

문서명	외무성에서 반송 선박의 수입 의뢰(外務省から返送船舶の輸入依頼)

문서파일번호 626
작성연월일 1955. 6. 16
구분 제3~4차 회담 사이
세부항목 한국 선박 반환 문제
작성처 외무성
매수 1
비밀등급 일반
문서종류 내부문서
공개구분 공개
내용 1955년 6월 15일 KP 기사 내용. 외무부가 상공부에 선박수입 허가 조치를 의뢰했고 의뢰한 선박이 16척 가운데 포함됨.
주제어 선박

문서명	미반환 한국 선박 건(未返還韓国船舶に関する件)

문서파일번호 626
작성연월일 1955. 7. 12
구분 제3~4차 회담 사이
세부항목 한국 선박 반환 문제
작성처 불명
매수 5
비밀등급 일반
문서종류 공문
공개구분 일부비공개
내용 한국 선주단이 16척 선박의 해결을 요구하는 상신서를 외무성, 대장성, 통산성, 운수성, 농림성에 보냄. 대체선박의 무외환(無爲替) 수입 허가를 합법적인 것으로 해줄 것을 요청하고, 외무성과 한국대표부와 교섭 시 16척의 처우에 대해 재고해 달라고 함.
주제어 선박 반환

문서명	미반환 한국 선박 건(未返還韓国船舶に関する件)

문서파일번호 626
작성연월일 1955. 7. 25
구분 제3~4차 회담 사이
세부항목 한국 선박 반환 문제
작성처 불명
매수 3
비밀등급 일반
문서종류 공문
공개구분 일부비공개
내용 한국선주단의 상신서. 52척에 관해 통산성이 무외환 수출을 허가한 선박 중 2건은 16척에 포함되며 36척 중 미반환 선박은 6척임.
주제어 선박 반환

문서명	한국 선박 52척의 반환 문제에 관한 교섭개시의 건(韓國船五十二隻の返還問題に関し交渉開始に件)

문서파일번호 626
작성연월일 1956. 1. 16
구분 제3~4차 회담 사이
세부항목 한국 선박 반환 문제
작성처 외무성
매수 4
비밀등급 일반
문서종류 내부문서
공개구분 공개
내용 1955년 5월 20일 외무성 안으로 선박 52척의 반환 문제 교섭을 위해 한국대표부에 통보했으나 한국이 자료 부족을 이유로 계속 연기하다 1956년 1월 16일 교섭하겠다는 통보를 해왔음. 이 교섭은 1955년 5월 20일 자 외무성 안으로 하고자 함.
주제어 선박 반환

문서명	한국 선박 16척의 반환요구에 관한 관계성 연락회의(韓國船十六隻の返還要求に関し、関係省連絡会議の件)

문서파일번호 626
작성연월일 1956. 10. 11
구분 제3~4차 회담 사이
세부항목 한국 선박 반환 문제
작성처 외무성
매수 3
비밀등급 일반
문서종류 회의록
공개구분 공개
내용 선박 문제 관련 관계성연락회의기록. 52척 가운데 일본정부가 처분한 16척에 대한 반환요청에 대해 운수성, 통산성, 대장성이 각각 의견을 제시함.
주제어 선박 반환

선박 문제에 관한 기본방침안
(船舶問題に関する基本方針案)

문서파일번호	630
작성연월일	1958. 4. 1 - 1958. 6. 27
구분	제4차 회담
세부항목	선박 문제 일본 기본방침
작성처	외무성, 대장성
매수	15
비밀등급	
문서종류	내부문서
공개구분	공개
내용	제4차 회담에서의 선박 반환 문제와 관련한 일본 기본방침안
주제어	선박 반환

문서명	선박 문제에 관한 기본방침안(船舶問題に関する基本方針案)

문서파일번호 630
작성연월일 1958. 4. 1
구분 제4차 회담
세부항목 선박 문제 일본 기본방침
작성처 외무성
매수 2
비밀등급 극비
문서종류 내부문서
공개구분 공개
내용 선박 문제에 관한 일본의 기본방침안. 법 이론과는 별개로 일본이 선박 톤수를 얼마나 늘릴까가 선박 문제 해결의 핵심이며, 다른 문제의 진행상황을 보면서 제공할 수 있는 선박의 양을 결정하는 것이 일본에 유리할 것임.
주제어 선박 반환

문서명	한일 선박 문제의 법적 근거에 대해서(미정고)[日韓船舶問題の法的根拠について(未定稿)]

문서파일번호 630
작성연월일 1958. 6. 27
구분 제4차 회담
세부항목 선박 문제 일본 기본방침
작성처 대장성
매수 13
비밀등급 극비
문서종류 내부문서
공개구분 공개
내용 대장성이 작성한 선박 문제에 관한 법적 근거 관련 문서. 연합국 최고사령부 지령(SCAPIN) 제2668호는 일본정부가 한국 치적선을 반환해야 한다고 하지만, 일본 국내 법령의 근거가 없기 때문에 최고사령부 지령이 있다 해도 한국 치적선의 소유권이 한국에 이전되는 효과가 발생하는 것은 아님. 또한 대일평화조약 발효로 이 지령은 효력을 잃었으므로, 일본이 반환을 실시할 의무는 전혀 없음. 치적선에 대해 한국은 상선 35척, 어선 7척의 반환을 주장하고 있지만, 이들 선박 모두 1945년 8월 9일 이후 9월 25일까지 한국 영해에 있었는지에 관한 확증은 없음.
주제어 선박 반환

한일회담에서의 선박
(日韓会談における船舶)

문서파일번호	631
작성연월일	1960. 4. 8 - 1960. 4. 11
구분	제4차 회담 선박 문제
세부항목	
작성처	외무성 북동아시아과
매수	19
비밀등급	
문서종류	내부문서, 내부자료
공개구분	공개
내용	제4차 한일회담까지 교섭이 진행된 선박 문제에 관해 한국이 반환을 요구하는 내용과 관련 근거 문서, 일본의 제안 등을 정리한 문서
주제어	선박 반환

문서명	한일회담에서의 선박(日韓会談における船舶)

문서파일번호	631
작성연월일	1960. 4. 8
구분	제4차 회담 선박 문제
세부항목	
작성처	외무성 북동아시아과
매수	9
비밀등급	극비
문서종류	내부문서
공개구분	공개
내용	선박 문제에 관한 관련 문서, 교섭 대상 선박 내역과 교섭 경위 등이 정리된 문서
주제어	선박 반환

문서명	선적항별 척수 등 조사리스트(船籍港別隻数等調査リスト)

문서파일번호	631
작성연월일	1960. 4. 9
구분	제4차 회담 선박 문제
세부항목	
작성처	외무성 북동아시아과
매수	5
비밀등급	극비
문서종류	내부자료
공개구분	공개
내용	선박 문제에 관한 내부 자료. 한국의 선적항 별 선박 내역이 정리됨.
주제어	선박 반환

문서명	한일회담 선박 문제에 관한 운수성 설명(日韓会談における船舶問題に関する運輸省の説明)

문서파일번호 631
작성연월일 1960. 4. 11
구분 제4차 회담 선박 문제
세부항목
작성처 외무성 북동아시아과
매수 5
비밀등급 극비
문서종류 내부문서
공개구분 공개
내용 1960년 4월 15일 재개되는 한일회담에 앞서 운수성 해운국 총무과장이 이세키 유지로 외무성 아시아국장에게 선박 문제의 교섭 경위, 금후 대응태도 등을 설명
주제어 선박 반환

제4차 한일회담 선박소위원회 제1회 회의
(第四次日韓全面会談における船舶小委員会の第一回会合)

문서파일번호	240
문서명	제4차 한일회담 선박소위원회 제1회 회의(第四次日韓全面会談における船舶小委員会の第一回会合)
작성연월일	1958. 6. 6
구분	제4차 회담 선박소위원회 제1회 회의
세부항목	
작성처	외무성 북동아시아과
매수	5
비밀등급	극비
문서종류	회의록
공개구분	공개
내용	제4차 한일회담 선박소위 제1회 회의기록. 한국은 의제 a) 한국치적선의 반환 문제를 해결한 후 b) 1945. 8. 9 이후 한국수역에 소재한 일본선박의 반환을 다룰 것을 제안함. 일본이 c)(과거 회담에서 의제가 되었던) 5척의 대여선 반환과 d) 억류어선의 반환도 의제가 될 수 있다고 하자 한국은 과거 제1~3차 한일회담에서 충분이 논의되었으므로 본 소위원회의 논의대상이 아니라고 말함.
주제어	선박 반환

제4차 한일회담 선박소위원회 제2회 회의
(第四次日韓全面会談における船舶小委員会の第二回会合)

문서파일번호	241
문서명	제4차 한일회담 선박소위원회 제2회 회의(第四次日韓全面会談における船舶小委員会の第二回会合)
작성연월일	1958. 6. 11
구분	제4차 회담 선박소위원회 제2회 회의
세부항목	
작성처	외무성 북동아시아과
매수	8
비밀등급	극비
문서종류	회의록
공개구분	공개
내용	제4차 한일회담 선박소위 제2회 회의기록. 의제에 대해 일본은 지난 한일회담 및 작년 말 합의된 의사록에 비추어 의제 a, b, c, d 모두 다룰 것을 제안, 이에 대해 한국은 c, d는 과거 회담에서 상당히 논의되거나 논의해도 성과가 없는 것이었다며 a와 b를 먼저 해결하는 것이 효율적이라고 주장함.
주제어	선박 반환

제4차 한일회담 선박소위원회 제3회 회의
(第四次日韓全面会談における船舶小委員会の第三回会合)

문서파일번호	242
문서명	제4차 한일회담 선박소위원회 제3회 회의(第四次日韓全面会談における船舶小委員会の第三回会合)
작성연월일	1958. 6. 17
구분	제4차 회담 선박소위원회 제3회 회의
세부항목	
작성처	외무성 북동아시아과
매수	6
비밀등급	극비
문서종류	회의록
공개구분	공개
내용	제4차 한일회담 선박소위 제3회 회의기록. 의제 채택을 둘러싼 공방이 이어짐.
주제어	선박 반환

제4차 한일회담 선박소위원회 제4회 회의
(第四次日韓全面会談における船舶小委員会の第四回会合)

문서파일번호	243
문서명	제4차 한일회담 선박소위원회 제4회 회의(第四次日韓全面会談における船舶小委員会の第四回会合)
작성연월일	1958. 6. 21
구분	제4차 회담 선박소위원회 제4회 회의
세부항목	
작성처	외무성 북동아시아과
매수	7
비밀등급	비(秘)
문서종류	회의록
공개구분	공개
내용	제4차 한일회담 선박소위 제4회 회의기록. 계속해서 의제 채택을 둘러싼 공방이 이어짐. 한국은 의제 c, d는 일 외무성과 주일한국대표부 간 논의할 문제라고 주장함.
주제어	선박

제4차 한일회담 선박소위원회 제5회 회의
(第四次日韓全面会談における船舶小委員会の第五回会合)

문서파일번호	244
문서명	제4차 한일회담 선박소위원회 제5회 회의(第四次日韓全面会談における船舶小委員会の第五回会合)
작성연월일	1958. 6. 27
구분	제4차 회담 선박소위원회 제5회 회의
세부항목	
작성처	외무성 북동아시아과
매수	9
비밀등급	극비
문서종류	회의록
공개구분	공개
내용	제4차 한일회담 선박소위 제5회 회의기록. 일본이 c, d에 관한 논의를 계속 주장함에 따라 우호적 해결 차원에서 한국이 이를 받아들이되, d(한국 억류 일본어선 반환)는 1951년 11월 6일 현재의 시점을 명기할 것을 주장함.
주제어	선박 반환

제4차 한일회담 선박소위원회 제6회 회의
(第四次日韓全面会談における船舶小委員会の第六回会合)

문서파일번호	245
문서명	제4차 한일회담 선박소위원회 제6회 회의(第四次日韓全面会談における船舶小委員会の第六回会合)
작성연월일	1958. 6. 30
구분	제4차 회담 선박소위원회 제6회 회의
세부항목	
작성처	외무성 북동아시아과
매수	4
비밀등급	극비
문서종류	회의록
공개구분	공개
내용	제4차 한일회담 선박소위 제6회 회의기록. 일본은 지난 회의에서 한국이 주장한 1951년 11월 6일 시점의 의미를 문의함. 이에 한국이 동 시점에 나포된 어선을 의미한다고 하자 일본은 그 배경에 이 소위원회에서는 나포된 141척 문제는 다루지 말자는 의도가 있는 것 아니냐는 반론을 제기함*
주제어	선박 반환

* 한일 간에 나포된 일본어선을 141척+8척으로 할 것인가, 8척으로 할 것인가에 대한 주장이 계속 대립됨

제4차 한일회담 선박소위원회 제7회 회의
(第四次日韓全面会談における船舶小委員会の第七回会合)

문서파일번호	246
문서명	제4차 한일회담 선박소위원회 제7회 회의(第四次日韓全面会談における船舶小委員会の第七回会合)
작성연월일	1958. 7. 7
구분	제4차 회담 선박소위원회 제7회 회의
세부항목	
작성처	외무성 북동아시아과
매수	5
비밀등급	극비
문서종류	회의록
공개구분	공개
내용	제4차 한일회담 선박소위 제7회 회의기록. 일본은 지난 회의에서 한국이 제의한 1951년 11월 6일 시점을 명기한 의제 d를 수락할 수 없다고 주장함.
주제어	선박 반환

제4차 한일회담 선박소위원회 제8회 회의
(第四次日韓全面会談における船舶小委員会の第八回会合)

문서파일번호	247
문서명	제4차 한일회담 선박소위원회 제8회 회의(第四次日韓全面会談における船舶小委員会の第八回会合)
작성연월일	1958. 7. 11
구분	제4차 회담 선박소위원회 제8회 회의
세부항목	
작성처	외무성 북동아시아과
매수	5
비밀등급	극비
문서종류	회의록
공개구분	공개
내용	제4차 한일회담 선박소위 제8회 회의기록. 일본은 의제d 관련 1951년 11월 6일 현재 채택된 의제로 하자고 주장함. 한국은 이에 반대함.
주제어	선박 반환

제4차 한일회담 선박소위원회 제9회 회의
(第四次日韓全面会談における船舶小委員会の第九回会合)

문서파일번호	248
문서명	제4차 한일회담 선박소위원회 제9회 회의(第四次日韓全面会談における船舶小委員会の第九回会合)
작성연월일	1958. 7. 18
구분	제4차 회담 선박소위원회 제9회 회의
세부항목	
작성처	외무성 북동아시아과
매수	4
비밀등급	극비
문서종류	회의록
공개구분	공개
내용	제4차 한일회담 선박소위 제9회 회의기록. 의제d를 둘러싼 공방이 이어짐.
주제어	선박 반환

제4차 한일회담 선박소위원회 제10회 회의
(第四次日韓全面会談における船舶小委員会の第十回会合)

문서파일번호	249
문서명	제4차 한일회담 선박소위원회 제10회 회의(第四次日韓全面会談における船舶小委員会の第十回会合)
작성연월일	1958. 7. 25
구분	제4차 회담 선박소위원회 제10회 회의
세부항목	
작성처	외무성 북동아시아과
매수	2
비밀등급	극비
문서종류	회의록
공개구분	공개
내용	제4차 한일회담 선박소위 제10회 회의기록. 성과 없이 끝난 다카노 참사관과 최규하 참사관의 회담 직후인 관계로 일본이 다음 회의에서 논의하자고 제안, 한국도 이에 동의함.
주제어	선박 반환

제4차 한일회담 선박소위원회 제11회 회의
(第四次日韓全面会談における船舶小委員会の第十一回会合)

문서파일번호	250
문서명	제4차 한일회담 선박소위원회 제11회 회의(第四次日韓全面会談における船舶小委員会の第十一回会合)
작성연월일	1958. 7. 29
구분	제4차 회담 선박소위원회 제11회 회의
세부항목	
작성처	외무성 북동아시아과
매수	2
비밀등급	극비
문서종류	회의록
공개구분	공개
내용	제4차 한일회담 선박소위 제11회 회의기록. 대립하는 문제에 대해 쌍방이 검토하고 계속해서 다카노 참사관과 최규하 참사관이 협의하기로 함.
주제어	선박 반환

제4차 한일회담 선박소위원회 제12회 회의
(第四次日韓全面会談における船舶小委員会の第十二回会合)

문서파일번호	251
문서명	제4차 한일회담 선박소위원회 제12회 회의(第四次日韓全面会談における船舶小委員会の第十二回会合)
작성연월일	1958. 8. 5
구분	제4차 회담 선박소위원회 제12회 회의
세부항목	
작성처	외무성 북동아시아과
매수	4
비밀등급	극비
문서종류	회의록
공개구분	공개
내용	제4차 한일회담 선박소위 제12회 회의기록. 한일 쌍방은 기존 주장을 반복하며 상대측의 성의 있는 태도를 요구함. 성과 없이 회의를 끝냄.
주제어	선박 반환

제4차 한일회담 선박소위원회 제13회 회의
(第四次日韓全面会談における船舶小委員会の第十三回会合)

문서파일번호	252
문서명	제4차 한일회담 선박소위원회 제13회 회의(第四次日韓全面会談における船舶小委員会の第十三回会合)
작성연월일	1958. 8. 13
구분	제4차 회담 선박소위원회 제13회 회의
세부항목	
작성처	외무성 북동아시아과
매수	3
비밀등급	극비
문서종류	회의록
공개구분	공개
내용	제4차 한일회담 선박소위 제13회 회의기록. 의제 d를 둘러싼 공방이 이어짐.
주제어	선박 반환

제4차 한일회담 선박소위원회 제14회 회의
(第四次日韓全面会談における船舶小委員会の第十四回会合)

문서파일번호	253
문서명	제4차 한일회담 선박소위원회 제14회 회의(第四次日韓全面会談における船舶小委員会の第十四回会合)
작성연월일	1958. 10. 7
구분	제4차 회담 선박소위원회 제14회 회의
세부항목	
작성처	외무성 북동아시아과
매수	5
비밀등급	극비
문서종류	회의록
공개구분	공개
내용	제4차 한일회담 선박소위 제14회 회의기록. 의제 d를 둘러싼 공방이 이어짐.
주제어	선박 반환

제4차 한일회담 선박소위원회 제15회 회의
(第四次日韓全面会談における船舶小委員会の第十五回会合)

문서파일번호	254
문서명	제4차 한일회담 선박소위원회 제15회 회의(第四次日韓全面会談における船舶小委員会の第十五回会合)
작성연월일	1958. 10. 14
구분	제4차 회담 선박소위원회 제15회 회의
세부항목	
작성처	외무성 북동아시아과
매수	9
비밀등급	극비
문서종류	회의록
공개구분	공개
내용	제4차 한일회담 선박소위 제15회 회의기록. 한국은 억류 일본어선 141척의 문제를 상부에 보고하고 만일 상부의 훈령이 없으면 이 문제를 본 소위원회에서 다루지 않겠다는 일본의 입장을 확인한 후, 1951년 11월 6일 현재 채택된 것과 같은 의제로 의사를 진행하기로 하고 의제 a부터 논의하기로 쌍방이 합의함. 이어 한국은 의제 a 관련 선박리스트 제출을 요청함.
주제어	선박 반환

제4차 한일회담 선박소위원회 제16회 회의
(第四次日韓全面会談における船舶小委員会の第十六回会合)

문서파일번호	255
문서명	4차 한일회담 선박소위원회 제16회 회의(第四次日韓全面会談における船舶小委員会の第十六回会合)
작성연월일	1958. 10. 21
구분	제4차 회담 선박소위원회 제16회 회의
세부항목	
작성처	외무성 북동아시아과
매수	10
비밀등급	극비
문서종류	회의록
공개구분	공개
내용	제4차 한일회담 선박소위 제16회 회의기록. 일본은 의제 a 관련 선박리스트를 제출하기 전에 한국 주장의 근거를 요구함. 한국은 미군정령 제33호와 연합국 최고사령부 지령(SCAPIN) 제2168호에 의거한 것으로 일본이 선박 반환 의무를 이행하지 않았으므로 이행을 요구한다고 답함. 일본이 당시 일본은 피점령국이었고 이후 독립하여 사정이 달라졌다고 하자 한국은 그렇다고 해서 의제 a의 한국에 대한 의무가 달라진 것은 아님을 강조함.
주제어	선박 반환

제4차 한일회담 선박소위원회 제17회 회의
(第四次日韓全面会談における船舶小委員会第十七回会合)

문서파일번호	256
작성연월일	1958. 10. 28
구분	제4차 회담 선박소위원회 제17회 회의
세부항목	
작성처	외무성, 연합국 최고사령부(GHQ)
매수	10
비밀등급	
문서종류	회의록, 외교공한
공개구분	공개
내용	제4차 한일회담 선박소위 제17회 회의기록
주제어	선박 반환

문서명	제4차 한일회담 선박소위원회 제17회 회의(第四次日韓全面会談における船舶小委員会第十七回会合)

문서파일번호 256
작성연월일 1958. 10. 28
구분 제4차 회담 선박소위원회 제17회 회의
세부항목
작성처 외무성 북동아시아과
매수 9
비밀등급 극비
문서종류 회의록
공개구분 공개
내용 제4차 한일회담 선박소위 제17회 회의기록. 일본은 연합국 최고사령부 지령(SCAPIN) 제2168호는 대일평화조약 발효 후 효력이 상실됐으므로 한국 요구는 근거가 없다고 주장하자 한국은 평화조약 제4조 b항과 제21조에 따라 한국 권리가 확인되므로 일본은 반환 의무가 있다고 답변함. 일본은 그것은 한국의 수익권에 대한 사항으로 미군사령부와 일본정부의 관계에 대해서는 아무런 언급이 없었다고 주장함.
주제어 선박 반환

문서명	제목 없음

문서파일번호 256
작성연월일 1951. 9. 10
구분 제4차 회담 선박소위원회 제17회 회의
세부항목
작성처 연합국 최고사령부(GHQ)
매수 1
비밀등급 일반
문서종류 외교공한
공개구분 공개
내용 제4차 한일회담 선박소위 제17회 회의기록첨부 자료. 연합국 최고사령부가 주일한국대표부에 보낸 공한(영문). 1945년 8월 9일 현재 한국치적 선박은 한국 소유임을 증명
주제어 선박 반환

제4차 한일회담 선박소위원회 제18회 회의
(第四次日韓全面会談における船舶小委員会の第十八回会合)

문서파일번호	257
작성연월일	1958. 11. 4
구분	제4차 회담 선박소위원회 제18회 회의
세부항목	
작성처	외무성
매수	11
비밀등급	
문서종류	회의록, 내부자료
공개구분	공개 또는 일부비공개
내용	제4차 한일회담 선박소위 제18회 회의기록
주제어	선박 반환

문서명	제4차 한일회담 선박소위원회 제18회 회의(第四次日韓全面会談における船舶小委員会の第十八回会合)

문서파일번호 257
작성연월일 1958. 11. 4
구분 제4차 회담 선박소위원회 제18회 회의
세부항목
작성처 외무성 북동아시아과
매수 8
비밀등급 극비
문서종류 회의록
공개구분 공개
내용 제4차 한일회담 선박소위 제18회 회의기록. 한국이 의제 a 관련 선박리스트를 제출하며 조속한 반환을 요구함. 이에 일본은 반환 근거를 다시 문제 삼음.
주제어 선박 반환

문서명	제목 없음

문서파일번호 257
작성연월일 불명
구분 제4차 회담 선박소위원회 제18회 회의
세부항목
작성처 불명
매수 3
비밀등급 일반
문서종류 내부자료
공개구분 일부비공개
내용 제4차 한일회담 선박소위 제18회 회의기록 첨부 자료. 한국이 반환을 요구하는 선박 목록
주제어 선박 반환

제4차 한일회담 선박소위원회 제19회 회의
(第四次日韓全面会談における船舶小委員会の第十九回会合)

문서파일번호	258
작성연월일	1958. 11. 11
구분	제4차 회담 선박소위원회 제19회 회의
세부항목	
작성처	외무성
매수	9
비밀등급	
문서종류	회의록, 내부자료
공개구분	공개 또는 일부비공개
내용	제4차 한일회담 선박소위 제19회 회의기록
주제어	선박 반환

문서명	제4차 한일회담 선박소위원회 제19회 회의(第四次日韓全面会談における船舶小委員会の第十九回会合)

문서파일번호 258
작성연월일 1958. 11. 11
구분 제4차 회담 선박소위원회 제19회 회의
세부항목
작성처 외무성 북동아시아과
매수 3
비밀등급 극비
문서종류 회의록
공개구분 공개
내용 제4차 한일회담 선박소위 제19회 회의기록. 의제 a 관련 반환요구 선박리스트에 대한 일본의 확답 없이는 의제 b에 들어갈 수 없다는 한국과 먼저 의제 b를 논의하자는 일본이 대립함.
주제어 선박 반환

문서명	제목 없음

문서파일번호 258
작성연월일 불명
구분 제4차 회담 선박소위원회 제19회 회의
세부항목
작성처 불명
매수 3
비밀등급 일반
문서종류 내부자료
공개구분 일부비공개
내용 제4차 한일회담 선박소위 제18회 회의기록 첨부1. 한국이 제4차 한일회담 제19회 선박위원회 회의에서 제시한 반환을 요구하는 선박 목록(제18회 회의 시 일본에 제시한 자료와 동일함)
주제어 선박 반환

문서명	제목 없음

문서파일번호	258
작성연월일	1958. 11. 11
구분	제4차 회담 선박소위원회 제19회 회의
세부항목	
작성처	외무성 북동아시아과
매수	3
비밀등급	일반
문서종류	내부자료
공개구분	공개
내용	제4차 한일회담 선박소위 제18회 회의기록 첨부2. 한국이 제4차 한일회담 제19회 선박위원회 회의에서 제시한 선박리스트에 대한 일본 질의
주제어	선박 반환

제4차 한일회담 선박소위원회 제20회 회의
(第四次日韓全面会談における船舶小委員会の第二十回会合)

문서파일번호	259
문서명	제4차 한일회담 선박소위원회 제20회 회의(第四次日韓全面会談における船舶小委員会の第二十回会合)
작성연월일	1958. 11. 19
구분	제4차 회담 선박소위원회 제20회 회의
세부항목	
작성처	외무성 북동아시아과
매수	4
비밀등급	극비
문서종류	회의록
공개구분	공개
내용	제4차 한일회담 선박소위 제20회 회의기록. 일본이 연합국 최고사령부 지령(SCAPIN) 제2168호의 효력에 대해 이의를 제기하고 의제를 둘러싼 공방이 이어짐.
주제어	선박 반환

제4차 한일회담 선박소위원회 제21회 회의
(第四次日韓全面会談における船舶小委員会の第二十一回会合)

문서파일번호	260
문서명	제4차 한일회담 선박소위원회 제21회 회의(第四次日韓全面会談における船舶小委員会の第二十一回会合)
작성연월일	1958. 11. 25
구분	제4차 회담 선박소위원회 제21회 회의
세부항목	
작성처	외무성 북동아시아과
매수	3
비밀등급	극비
문서종류	회의록
공개구분	공개
내용	제4차 한일회담 선박소위 제21회 회의기록. 의제 a를 보류하고 나머지 의제를 논의하자는 일본 주장과 이에 반대하는 한국 주장이 대립됨.
주제어	선박 반환

제4차 한일회담 선박소위원회 제22회 회의
(第四次日韓全面会談における船舶小委員会の第二十二回会合)

문서파일번호	261
문서명	제4차 한일회담 선박소위원회 제22회 회의(第四次日韓全面会談における船舶小委員会の第二十二回会合)
작성연월일	1958. 12. 2
구분	제4차 회담 선박소위원회 제22회 회의
세부항목	
작성처	외무성 북동아시아과
매수	4
비밀등급	극비
문서종류	회의록
공개구분	공개
내용	제4차 한일회담 선박소위 제22회 회의기록. 선박 반환의 법적 근거와 의제를 둘러싼 공방이 이어짐.
주제어	선박 반환

제4차 한일회담 선박소위원회 제23회 회의
(第四次日韓全面会談における船舶小委員会の第二十三回会合)

문서파일번호	262
문서명	제4차 한일회담 선박소위원회 제23회 회의 (第四次日韓全面会談における船舶小委員会の第二十三回会合)
작성연월일	1958. 12. 9
구분	제4차 회담 선박소위원회 제23회 회의
세부항목	
작성처	외무성 북동아시아과
매수	3
비밀등급	극비
문서종류	회의록
공개구분	공개
내용	제4차 한일회담 선박소위 제23회 회의기록. 새로 교체된 일본 수석 위원, 차석 위원이 참석하여 인사함. 차기 회의는 12월 16일로 결정함.
주제어	선박 반환

제4차 한일회담 선박소위원회 제24회 회의
(第四次日韓全面会談における船舶小委員会の第二十四回会合)

문서파일번호	263
문서명	제4차 한일회담 선박소위원회 제24회 회의(第四次日韓全面会談における船舶小委員会の第二十四回会合)
작성연월일	1958. 12. 16
구분	제4차 회담 선박소위원회 제24회 회의
세부항목	
작성처	외무성 북동아시아과
매수	8
비밀등급	극비
문서종류	회의록
공개구분	공개
내용	제4차 한일회담 선박소위 제24회 회의기록. 한국 선박리스트에 대한 일본의 답변 요구와 의제를 둘러싼 공방이 이어짐.
주제어	선박 반환

제10부

제5차 회담 본회의 훈령 및 예비교섭, 비공식회담 보고
(1960. 4. 13~11. 19)

한국 부흥부 정무차관 담화
(韓国復興部政務次官談話)

문서파일번호	342
문서명	한국 부흥부 정무차관 담화(韓国復興部政務次官談話)
작성연월일	1960. 9. 23
구분	제4~5차 회담 사이
세부항목	태완선·일본 인사 면담
작성처	외무성
매수	6
비밀등급	
문서종류	내부문서
공개구분	공개
내용	마닐라 세계생산성본부 회의 참석 후 귀로에 도쿄를 방문한 태완선 부흥부 정무차관이 1969년 9월 23일 일본 인사들과의 회식에서 한국정세, 일본과의 경협 등에 관해 언급한 내용이 기록된 문서
주제어	태완선, 경제협력, 한국정세

이세키 국장·엄 공사 회담 요지
(伊関局長·厳公使との会談要旨)

문서파일번호	343
작성연월일	1960. 10. 1 - 1960. 12. 10
구분	제5차 회담
세부항목	이세키·엄요섭 회담
작성처	외무성 북동아시아과
매수	15
비밀등급	
문서종류	회의록
공개구분	공개
내용	1960년 10월 1일~12월 10일까지 개최된 이세키 유지로 아시아국장과 엄요섭 주일대표부 공사 간 회담 기록
주제어	한일회담 재개 협의

문서명	제5차 한일회담 예비회담 개최 건(第5次日韓全面怪談予備会談開催に関する件)

문서파일번호	343
작성연월일	1960. 10. 1
구분	제5차 회담
세부항목	이세키 · 엄요섭 회담
작성처	외무성 북동아시아과
매수	2
비밀등급	극비
문서종류	회의록
공개구분	공개
내용	이세키 유지로 아시아국장과 엄요섭 주일대표부 공사 회담 기록. 엄 공사는 한일회담 예비회담의 10월 25일 개최, 서울과 도쿄에서 동시에 회담 개최 사실을 언론에 발표하는 방안 등을 제안, 이세키 국장이 이에 동의함.
주제어	회담 재개

문서명	이세키 국장·엄 공사 회담 요지(伊関局長·厳公使会談要旨)

문서파일번호	343
작성연월일	1960. 10. 8
구분	제5차 회담
세부항목	이세키 · 엄요섭 회담
작성처	외무성 북동아시아과
매수	4
비밀등급	극비
문서종류	회의록
공개구분	공개
내용	이세키 유지로 아시아국장과 엄요섭 주일대표부 공사 회담 기록. 이세키 국장은 재개되는 회담을 제5차 회담으로 하기를 희망함. 경제시찰단의 방한과 관련하여 협의함.
주제어	한일회담 재개, 경제사절단 방한

문서명	12월 9일 이세키 국장·엄 공사 회담 요지(12月9日伊関局長·厳公使会談要旨)

문서파일번호 343
작성연월일 1960. 12. 9
구분 제5차 회담
세부항목 이세키 · 엄요섭 회담
작성처 외무성 북동아시아과
매수 5
비밀등급 극비
문서종류 회의록
공개구분 공개
내용 이세키 유지로 아시아국장과 엄요섭 주일대표부 공사 회담 기록. 엄 공사는 오무라 수용소에 수용되어 있는 한국인 24명의 석방을 요구함. 한일 간 항공기 취항과 관련하여 조기에 협의키로 함. 방한사절단을 시찰단으로 이름을 바꿔 추진키로 함. 유진오 수석대표의 총리 예방 건에 관해 협의함.
주제어 억류자 문제, 방한사절단

문서명	12월 10일 이세키 국장·엄 공사 회담 요지(12月10日伊関局長·厳公使会談要旨)

문서파일번호 343
작성연월일 1960. 12. 10
구분 제5차 회담
세부항목 이세키 · 엄요섭 회담
작성처 외무성 북동아시아과
매수 4
비밀등급 극비
문서종류 회의록
공개구분 공개
내용 이세키 유지로 아시아국장과 엄요섭 주일대표부 공사 회담 기록. 엄 공사는 유진오 대표의 총리 예방 건과 관련, 장면 총리의 친서 전달, 단순한 예방, 대외 비밀 유지 등의 조건으로 하고 싶다는 뜻을 전달, 일본이 이에 동의함. 다음 주 중 양측 수석대표 비공식회담 개최에 합의함. 청구권, 법적지위, 어업 문제 등에 관해서도 의견을 나눔.
주제어 유진오의 총리 예방 건, 청구권, 재일한국인 법적지위, 어업

제5차 한일회담에 관한 기본방침(안)(각의 양해안)

[第５次日韓全面会談に関する基本方針(案)]

문서파일번호	1407
작성연월일	1960. 8. 25 - 1960. 9. 2
구분	제4~5차 회담 사이
세부항목	제5차 회담 기본방침 및 회담 재개 수순
작성처	외무성
매수	8
비밀등급	
문서종류	내부문서, 회의록
공개구분	공개
내용	제5차 한일회담에 대비한 기본방침(안)과 회담 재개 수순을 기술한 문서
주제어	제5차 한일회담 기본방침

문서명	제5차 한일회담에 관한 기본방침(안)(각의 양해안)[第５次日韓全面会談に関する基本方針(案)]

문서파일번호	1407
작성연월일	1960. 8. 25
구분	제4~5차 회담 사이
세부항목	회담 기본방침 각의 양해안
작성처	외무성 아시아국
매수	4
비밀등급	극비
문서종류	내부문서
공개구분	공개
내용	제5차 한일회담 개최를 앞두고 일본이 각 현안의 방침(각의 양해안)을 정한 문서. 일반방침, 문화재, 청구권 문제에 관한 내용은 제4차 한일회담 말기에 정리된 1960년 4월 16일 자 문서와 같음. 정권 교체에 따른 새로운 조건에서도 당초 일본의 방침은 변함이 없었음을 확인할 수 있음.
주제어	어업, 재일한국인 법적지위, 문화재 반환, 선박 반환, 재산청구권

문서명	한일회담 재개 수순에 대하여(日韓会談再開の段取りについて)

문서파일번호	1407
작성연월일	1960. 9. 2
구분	제4~5차 회담 사이
세부항목	제5차 회담 재개 수순
작성처	외무성 북동아시아과
매수	4
비밀등급	극비
문서종류	회의록
공개구분	공개
내용	한일회담 재개 수순에 대해 두 가지 안을 제시함. 제1안으로 외상 회담을 위한 한국과의 내부협의 기간, 국내 정치 일정을 고려하여 내년 초에 한일회담을 개최하는 방안, 제2안으로 우선 1960년 10월경에 한일회담을 재개하고 외상회담을 열어 대국적 견지에서 사안을 다루는 방안을 제시함.
주제어	한일회담 재개 수순

제5차 한일회담에 대한 일본의 기본방침 결정을 위한 각 성 대표 내부협의 회의 개요(第5次日韓会談に対する日本側基本方針決定のための各省代表打合会議概要)

문서파일번호	1408
작성연월일	1960. 9. 12 - 1960. 10. 14
구분	제4~5차 회담 사이
세부항목	제5차 회담 대비 관계 성 협의회(제1~3회)
작성처	외무성 북동아시아과
매수	38
비밀등급	
문서종류	회의록
공개구분	공개
내용	제5차 한일회담에 임하는 일본의 기본방침 수립을 위해 개최된 관계 성 협의회(제1~3회) 기록
주제어	제5차 회담 대비 관계 성 협의회

문서명	제5차 한일회담에 대한 일본의 기본방침 결정을 위한 제1회 각 성 대표 내부협의 회의 개요(第５次日韓会談に対する日本側基本方針決定のための第１回各省代表打合会議概要)

문서파일번호 1408
작성연월일 1960. 9. 12
구분 제4~5차 회담 사이 제5차 회담 대비 관계 성 협의회 제1회 회의
세부항목
작성처 외무성 북동아시아과
매수 9
비밀등급 극비
문서종류 회의록
공개구분 공개
내용 제5차 한일회담에 임하는 일본 외무성이 각 현안에 대한 방침을 정하기 위해 1960년 9월 12일 개최한 협의회 제1회 회의기록. 문화재에 관해 문화협력으로 진행하고, 청구권에 관해서는 청구권은 직접 언급하지 않고 장래에 경제원조로 해결하는 방식을 염두에 두고 있음.
주제어 어업, 재일한국인 법적지위, 문화재 반환, 선박 반환, 재산청구권

문서명	제5차 한일회담에 임할 일본의 태도 결정을 위한 제2회 각 성 내부협의 회의 개요(第５次日韓会談に臨む日本側態度決定のための第２回各省代表打合会議概要)

문서파일번호 1408
작성연월일 1960. 9. 19
구분 제4~5차 회담 사이 제5차 회담 대비 관계 성 협의회 제2회 회의
세부항목
작성처 외무성 북동아시아과
매수 9
비밀등급 극비
문서종류 회의록
공개구분 공개
내용 제5차 한일회담 대비 각 성 협의회 제2회 회의기록. 청구권 문제에 관해 대장성과 논의했으나 한국에 대한 원조는 변제 능력이 없으므로 원조(aid)로 할 필요가 있으며 그를 위해서는 한국이 청구권 포기를 약속(밀약이라도 됨)할 필요가 있다는 점, 가급적 방침만 밝히고 싶다고 하면서도 경우에 따라서는 금액에 관해서도 약간 언급할 가능성을 시사하는 내용이 담김.
주제어 어업, 재일한국인 법적지위, 문화재 반환, 선박 반환, 재산청구권

문서명	한일회담 준비를 위한 성 내 내부협의 건(日韓会談準備のための省内打合会に関する件)

문서파일번호 1408
작성연월일 1960. 10. 6
구분 제4~5차 회담 사이 제5차 회담 대비 외무성 성내협의회
세부항목
작성처 외무성 북동아시아과
매수 6
비밀등급 극비
문서종류 회의록
공개구분 공개
내용 제5차 한일회담 외무성 내 내부협의회 기록. 문화재는 사유 문화재의 처리에 관한 검토만 언급하고 있으나 청구권은 상호 포기를 실현시키기 위해 경제원조를 유인 수단으로 사용할 의도를 밝히고 있는 점이 주목됨.
주제어 어업, 재일한국인 법적지위, 문화재 반환, 선박 반환, 재산청구권

문서명	제5차 한일회담에 임할 일본의 태도 결정을 위한 제3회 각 성 내부협의회 개요(第５次日韓会談に臨む日本側態度決定のための第３回各省代表打合会議概要)

문서파일번호 1408
작성연월일 1960. 10. 14
구분 제4~5차 회담 사이 제5차 회담 대비 관계 성 협의회 제3회 회의
세부항목
작성처 외무성 북동아시아과
매수 14
비밀등급 극비
문서종류 회의록
공개구분 공개
내용 제5차 한일회담 대비 각 성 협의회 제3회 회의기록. 청구권 문제에 관해 외무성과 대장성이 논의하였으며, 대장성의 한일회담에서의 청구권 문제는 곤란하다는 의견에 대해 외무성은 청구권 문제를 전혀 논의하지 않는 것은 불가능하나 일단 위원회를 열어 '숫자로 결정하는 것은 불가능하다'라는 점을 한국에 인식시킬 필요가 있다는 견해를 피력함.
주제어 어업, 재일한국인 법적지위, 문화재 반환, 선박 반환, 재산청구권

엄 공사 회담
(厳公使との会談)

문서파일번호	345
문서명	엄 공사 회담(厳公使との会談)
작성연월일	1960. 10. 7
구분	제5차 회담
세부항목	사와다·엄요섭 회담
작성처	사와다 대사 구술
매수	4
비밀등급	극비
문서종류	회의록
공개구분	일부비공개
내용	사와다 렌조 대표와 엄요섭 공사 회담 기록. 부임 인사 후 재개되는 한일회담을 제5차 회담으로 할 것인지 등에 관해 의견 나눔.
주제어	한일회담 재개

엄 신임 한국 공사의 대신 방문
(厳新任韓国公使の大臣訪問)

문서파일번호	344
작성연월일	1960. 12. 9(1960. 10. 4 - 1960. 12. 13)
구분	제5차 회담
세부항목	고사카·엄요섭 회담
작성처	외무성 북동아시아과
매수	14
비밀등급	
문서종류	회의록
공개구분	공개
내용	1960년 10월 4일 및 12월 13일 개최된 고사카 젠타로 외상과 엄요섭 공사 회담 기록
주제어	한일회담 재개, 무역

문서명	엄 신임 한국 공사의 대신 방문 건(厳新任韓国公使の大臣訪問に関する件)

문서파일번호 344
작성연월일 1960. 10. 4
구분 제5차 회담
세부항목 고사카 · 엄요섭 회담
작성처 외무성 북동아시아과
매수 7
비밀등급 극비
문서종류 회의록
공개구분 공개
내용 신임 엄요섭 주일한국대표부 공사가 고사카 젠타로 외상을 예방하여 진행한 회담 기록. 10월 25일 한일회담 예비회담 개최에 합의함. 엄 공사는 한일회담과는 별도로 양국 간 통상회담의 조기 개최를 위해 한국이 준비 중에 있음을 언급하고 이에 대한 외무성의 협력을 요청함. 고사카 대신은 개최 시기의 문제가 있지만, 관계 대신들에게 전달하겠다고 답변함.
주제어 한일회담 재개, 무역

문서명	고사카 대신·엄 공사 회담 요지(小坂大臣·厳公使会談要旨)

문서파일번호 344
작성연월일 1960. 12. 13
구분 제5차 회담
세부항목 고사카 · 엄요섭 회담
작성처 외무성 북동아시아과
매수 7
비밀등급 극비
문서종류 회의록
공개구분 공개
내용 고사카 젠타로 외상과 엄요섭 공사 회담 기록. 고사카 외상의 재임에 대한 정일형 외무장관의 축하인사를 전달함. 엄 공사는 법적지위에 대한 일본의 정치적 결단을 요망함. 고사카 외상은 한국이 '이 라인' 문제를 어떻게 처리할 것인가에 대해 문의함.
주제어 재일한국인 법적지, '이 라인' · 어업

유 고려대총장·사와다 수석대표 회담 요지
(兪高麗大学総長·沢田首席代表会談要旨)

문서파일번호	346
작성연월일	1960. 10. 20 - 1960. 12. 6
구분	제5차 회담
세부항목	유진오·사와다 회담
작성처	외무성 북동아시아과
매수	10
비밀등급	
문서종류	회의록
공개구분	공개
내용	1960년 10월 20일 및 12월 6일 개최된 유진오 수석대표와 사와다 수석대표 회담 기록
주제어	제5차 한일회담 운영

문서명	유 고려대학총장·사와다 수석대표 회담 요지(兪高麗大学総長·沢田首席代表会談要旨)

문서파일번호	346
작성연월일	1960. 10. 20
구분	제5차 회담
세부항목	유진오 · 사와다 회담
작성처	외무성 북동아시아과
매수	5
비밀등급	극비
문서종류	회의록
공개구분	공개
내용	유진오 수석대표와 사와다 렌조 수석대표 회담 기록. 유진오 총장은 10월 25일부터 개최되는 제5차 회담 수석대표로 언론에 보도된 바, 자신은 가급적 정부 방침에 따를 예정이라고 언급함.
주제어	한국 수석대표, 회담 운영

문서명	유 수석대표·사와다 수석대표 회담 건(兪首席代表·沢田首席代表会談の件)

문서파일번호	346
작성연월일	1960. 12. 6
구분	제5차 회담
세부항목	유진오 · 사와다 회담
작성처	외무성 북동아시아과
매수	5
비밀등급	극비
문서종류	회의록
공개구분	공개
내용	유진오 수석대표와 사와다 렌조 수석대표 회담 기록. 유진오 대표는 11월 26일~12월 5일까지 일시 귀국한 것은 자신이 총장을 맡고 있는 고려대 업무를 정리하기 위한 것이며, 귀국 기간 중 장면 총리 이하 정부 요로 인사들과 만난 결과 한국정부가 이번 회담을 통해 한일교섭을 마무리하고자 하는 열의가 있다고 설명함. 사와다 대표는 위원회별 진전이 이루어지는 대로 이를 모아 외상에게 전달, 정치적 결단을 해 나가는 방향으로 외상과 이야기하였다고 답함.
주제어	제5차 한일회담 운영

고사카 대신·유 수석대표 회담 건
(小坂大臣、兪首席代表会談の件)

문서파일번호	347
문서명	고사카 대신·유 수석대표 회담 건(小坂大臣、兪首席代表会談の件)
작성연월일	1960. 10. 25
구분	제5차 회담
세부항목	고사카·유진오 회담
작성처	외무성 북동아시아과
매수	9
비밀등급	극비
문서종류	회의록
공개구분	공개
내용	제5차 한일회담 본회의 개최에 앞서 고사카 젠타로(小坂善太郎) 외상과 유진오 수석대표 회담 기록. 유진오 대표는 제5차 한일회담을 맞이해 북송 문제 등에 관한 한국 입장을 전달함.
주제어	북송 문제 등

한일 양국 수석대표의 비공식회담 개요
(日韓両国首席代表の非公式会談概要)

문서파일번호	348
작성연월일	1960. 10. 26 - 1960. 12. 26
구분	제5차 회담
세부항목	한일 수석대표 비공식회담
작성처	외무성 북동아시아과
매수	26
비밀등급	
문서종류	회의록
공개구분	공개
내용	1960년 10월 26일~12월 26일에 개최된 한일 양측 수석대표 및 대표 간 비공식회담 기록
주제어	한일현안 협의

문서명	유·엄·사와다·이세키 비공식회담 개요(兪·厳·沢田·伊関非公式会談概要)

문서파일번호 348
작성연월일 1960. 10. 26
구분 제5차 회담
세부항목 한일 수석대표 비공식회담
작성처 외무성 북동아시아과
매수 3
비밀등급 극비
문서종류 회의록
공개구분 공개
내용 한국의 유진오, 엄요섭, 일본의 사와다 렌조, 이세키 유지로 회담 기록. 회담 진행 절차, 귀국사업(북송)협정 갱신에 관한 일본정부의 설명, 대표단 명부 교환 등. 일본은 귀국사업협정을 1년 갱신하여 신속하게 협의한다는 입장을 분명하게 제시함.
주제어 회담 진행 절차, 북송사업 등

문서명	사와다·이세키 양 대표와 유·김(윤근) 양 대표 간의 비공식회담 건[沢田,伊関両代表と兪、金(潤根)両代表間の非公式会談に関する件]

문서파일번호 348
작성연월일 1960. 11. 21
구분 제5차 회담
세부항목 한일 수석대표 비공식회담
작성처 외무성 북동아시아과
매수 5
비밀등급 극비
문서종류 회의록
공개구분 공개
내용 한일 양측 수석대표 및 대표 간 비공식회담 기록. 한국은 여러 현안에서 일본이 양보하고 해결한 다음에 먼저 국교를 정상화하고 어업은 그 이후에 해결한다는 선국교정상화 후 문제해결 방안을 거론. 일본은 이에 동의하지 않음.
주제어 국교정상화, 어업

문서명	한일회담 수석대표 비공식회담 기록(日韓会談首席代表非公式会談記録)

문서파일번호 348
작성연월일 1960. 12. 15
구분 제5차 회담
세부항목 한일 수석대표 비공식회담
작성처 외무성 북동아시아과
매수 8
비밀등급 극비
문서종류 회의록
공개구분 공개
내용 일본의 사와다 렌조, 이세키 유지로, 한국의 유진오, 엄요섭 회담 기록. 청구권 문제에 관해 양측 모두 정치적 해결이 필요하다는 점에 동의함.
주제어 어업, 청구권 등

문서명	사와다·우야마·유·엄 비공식회담 기록 (沢田·宇山·兪·厳非公式会談記録)

문서파일번호 348
작성연월일 1960. 12. 26
구분 제5차 회담
세부항목 한일 수석대표 비공식회담
작성처 외무성 북동아시아과
매수 10
비밀등급 극비
문서종류 회의록
공개구분 공개
내용 사와다 렌조, 우야마 아쓰시, 유진오, 엄요섭 회담 기록. 회담의 진척도, 청구권, 어업 문제, 법적지위 문제, 일본의 교섭자세에 대한 한국의 평가, 이케다 하야토(池田勇人) 총리의 두 개의 한국 발언 등이 논의됨. 두 개의 한국 발언에 대해 일본의 사와다 대표는 유엔 결의에 나와 있듯이 '북한에 있는 당국'을 칭했을 뿐이라고 해명함.
주제어 청구권, 어업, 재일한국인 법적지위, 한국 지위

베트남 쿠데타 등에 관한 한국대사의 내담
(ヴィエトナムのクーデター等に関し韓国大使の内話の件)

문서파일번호	349
문서명	베트남의 쿠데타 등에 관한 한국대사의 내담(ヴィエトナムのクーデター等に関し韓国大使の内話の件)
작성연월일	1960. 11. 23
구분	제5차 회담
세부항목	주베트남 한국(최덕신) 대사·일본 대사 면담
작성처	주베트남 일본대사
매수	3
비밀등급	극비
문서종류	전문(電文)
공개구분	공개
내용	이임인사차 주베트남 일본대사를 방문한 최덕신 주베트남 한국대사가 베트남 정세 및 한일회담에 관해 언급한 내용을 보고한 주베트남 대사 전문. 최 대사는 한일 양국이 우선 국교정상화 후 제반 문제를 해결해 나가는 것이 좋을 것이라는 의견을 피력함.
주제어	최덕신, 베트남정세, 한일회담

▬의 한일회담을 보는 방식 건
(▬の日韓会談に対する見方に関する件)

문서파일번호	350
문서명	▬의 한일회담을 보는 방식 건(▬の日韓会談に対する見方に関する件)
작성연월일	1960. 11. 28
구분	제5차 회담
세부항목	한국 인사·마에다 면담
작성처	외무성 북동아시아과
매수	11
비밀등급	극비
문서종류	내부문서
공개구분	일부비공개
내용	1960년 11월 24일 및 28일 마에다 도시카즈(前田利一) 북동아과장을 내방한 한국의 모 인사(과거 주일대표부 8년 근무, 주상하이총영사관 부임길에 도쿄에 들림)가 제5차 한일회담에 임하는 한국 태도를 분석하고 향후 일본 방침에 관해 제언하는 내용을 정리한 내부문서. 정권교체에도 불구하고 이전과 동일한 접근법으로 한일교섭을 추진하는 한국의 관료주의적 태도를 비판함. 상호주의 원칙에 따라 한국 내에 일본대표부를 설치해서 한국 정치지도자들과 직접 접촉할 것을 권하고, 청구권 문제에 대해서는 순수한 경제협력이 추진된다는 뜻을 세심하게 전달하는 노력이 필요하다고 제언함(앞에 나온 최덕신 대사의 발언에 관한 전문은 본 문서의 첨부로 되어 있음).
주제어	한일회담 제언

이케다 총리·유 수석대표 회담 기록
(池田総理、兪首席代表会談記録)

문서파일번호	351
작성연월일	1960. 12. 15 - 1960. 12. 22
구분	제5차 회담
세부항목	유진오·이케다 예방
작성처	외무성, 한국 외무부
매수	6
비밀등급	
문서종류	회의록, 서한
공개구분	일부비공개
내용	1960년 12월 15일 개최된 이케다 하야토 총리와 유진오 수석대표 회담 및 이케다·장면 총리 서한에 관한 기록
주제어	한일회담 타결 촉진

문서명	이케다 총리·유 수석대표 회담 기록(池田総理、兪首席代表会談記録)

문서파일번호 351
작성연월일 1960. 12. 15
구분 제5차 회담
세부항목 유진오 · 이케다 예방
작성처 외무성 북동아시아과
매수 3
비밀등급 극비
문서종류 회의록
공개구분 공개
내용 일시귀국에 앞서 유진오 수석대표가 이케다 하야토 총리를 예방하여 협의한 기록. 한국의 경우 정치적으로 한일회담을 마무리해 나가기에 다소 시간이 걸릴 것으로 보이며 일본이 모범을 취해 주기 바란다는 유 대표의 발언에 이케다 총리도 동의함. 배석한 엄 공사는 장면 총리가 이케다 총리에게 보낸 재임 축하 메시지를 전달함. 이케다 총리가 이번에는 확실하게 해 나가고자 한다는 메시지를 장면 총리에게 전해 주기를 희망하자 이를 선뜻 승낙함.
주제어 한일회담 타결 촉진

문서명	정일형 외무장관이 고사카 외상에게 보낸 축하 서한(鄭一亨外務長官の小坂 外相宛 祝賀書簡)

문서파일번호 351
작성연월일 1960. 12. 12
구분 제5차 회담
세부항목 유진오 · 이케다 예방
작성처 한국 외무부
매수 2
비밀등급 일반
문서종류 서한
공개구분 일부비공개
내용 정일형 외무장관이 고사카 젠타로 외상에게 보낸 재임 축하 메시지(주일대표부의 메시지 전달 공한과 정 장관의 메시지 내용이 함께 있음.)
주제어 정일형 외무장관 축하 서한

문서명	이케다 총리가 장면 총리에게 보낸 서한(池田總理の張勉總理宛書簡)

문서파일번호	351
작성연월일	1960. 12. 22
구분	제5차 회담
세부항목	유진오·이케다 예방
작성처	외무성 북동아시아과
매수	1
비밀등급	일반
문서종류	서한
공개구분	공개
내용	유진오 대표가 이케다 총리 예방 때 언급된 서한. 이케다 하야토 총리가 장면 총리에게 보낸 메시지가 담김.
주제어	이케다 총리 서한

제5차 한일회담 예비회담 본회의(제1회)
[第5次日韓全面会談予備会談本会議(第1回)]

문서파일번호	1190
작성연월일	1960. 10. 25
구분	제5차 회담 예비회담 제1회 본회의
세부항목	
작성처	외무성 북동아시아과, 한국대표단
매수	20
비밀등급	
문서종류	회의록, 보도자료, 내부자료
공개구분	공개
내용	제5차 한일회담 예비회담 제1회 본회의기록, 양국 대표단 명단, 수석대표 인사말, 보도자료 등 모음
주제어	제5차 한일회담 예비회담 제1회 본회의

문서명	제5차 한일회담 예비회담 본회의 제1회 회의(第5次日韓全面会談予備会談の本会議第1回会合)

문서파일번호 1190
작성연월일 1960. 10. 25
구분 제5차 회담 예비회담 제1회 본회의
세부항목
작성처 외무성 북동아시아과
매수 3
비밀등급 극비
문서종류 회의록
공개구분 공개
내용 양국 대표단 소개, 수석대표 인사말, 회의 진행방식 등에 관해 협의함
주제어 제5차 한일회담 제1회 본회의, 회의 운영

문서명	한일회담 예비회담 양국 대표단에 대하여(日韓全面会談予備会談の両国代表団について)

문서파일번호 1190
작성연월일 1960. 10. 25
구분 제5차 회담 예비회담 제1회 본회의
세부항목
작성처 외무성 북동아시아과
매수 4
비밀등급 일반
문서종류 보도자료
공개구분 공개
내용 제5차 한일회담 제1회 본회의기록 첨부1. 제5차 한일회담 양측 대표단 명부
주제어 제5차 한일회담 제1회 본회의 대표단

문서명	한일회담 예비회담 제1회 본회의 사와다 일본 수석대표의 인사(日韓全面会談予備会談第一回本会議における沢田日本測首席代表の挨拶)

문서파일번호 1190
작성연월일 1960. 10. 25
구분 제5차 회담 예비회담 제1회 본회의
세부항목
작성처 외무성 북동아시아과
매수 3
비밀등급 일반
문서종류 내부자료
공개구분 공개
내용 제5차 한일회담 제1회 본회의기록 첨부2. 1960년 10월 25일 개최된 제5차 한일회담 제1회 본회의 사와다 일본 수석대표 인사말
주제어 제5차 한일회담 제1회 본회의 일본 수석대표 인사말

문서명	유 수석대표의 본회의 개회 인사(가역)[兪首席代表の本会議開会挨拶(仮訳)]

문서파일번호 1190
작성연월일 1960. 10. 25
구분 제5차 회담 예비회담 제1회 본회의
세부항목
작성처 한국대표단(일본 가역)
매수 2
비밀등급 일반
문서종류 내부자료
공개구분 공개
내용 제5차 한일회담 제1회 본회의기록 첨부3. 1960년 10월 25일 개최된 제5차 한일회담 제1회 본회의 유진오 한국 수석대표의 인사말
주제어 제5차 한일회담 제1회 본회의 한국 수석대표 인사말

문서명	제5차 한일회담 예비회담 본회의 제1회 회의에 대하여(第五次日韓全面会談予備会談本会議第一回会合について)

문서파일번호 1190
작성연월일 1960. 10. 25
구분 제5차 회담 예비회담 제1회 본회의
세부항목
작성처 외무성 정보문화국
매수 1
비밀등급 일반
문서종류 보도자료
공개구분 공개
내용 제5차 한일회담 제1회 본회의기록 첨부4. 제5차 한일회담 제1회 본회의 결과
주제어 제5차 한일회담 제1회 본회의 회의 결과

문서명	보도자료(Press Release)

문서파일번호 1190
작성연월일 1960. 10. 25
구분 제5차 회담 예비회담 제1회 본회의
세부항목
작성처 외무성 정보문화국
매수 1
비밀등급 일반
문서종류 보도자료
공개구분 공개
내용 제5차 한일회담 제1회 본회의기록 첨부5. 제5차 한일회담 제1회 본회의 결과에 대한 영문 보도자료
주제어 제5차 한일회담 제1회 본회의 회의 결과

문서명	제5차 한일회담 제1회 본회의 회의요록(Summary Record of the First Plenary Session of the Preliminary Talks for the Fifth Japan - Korea Overall Talks)

문서파일번호	1190
작성연월일	1960. 10. 25
구분	제5차 회담 예비회담 제1회 본회의
세부항목	
작성처	외무성 북동아시아과
매수	2
비밀등급	일반
문서종류	회의록
공개구분	공개
내용	제5차 한일회담 제1회 본회의기록 첨부5. 제5차 한일회담 제1회 본회의 영문회의록
주제어	제5차 한일회담 제1회 본회의 회의 운영

문서명	사와다 렌조 수석대표 인사말(Opening Address by Chief Delegate Renzo Sawada)

문서파일번호	1190
작성연월일	1960. 10. 25
구분	제5차 회담 예비회담 제1회 본회의
세부항목	
작성처	외무성 북동아시아과
매수	2
비밀등급	일반
문서종류	내부자료
공개구분	공개
내용	제5차 한일회담 제1회 본회의 사와다 일본 수석대표 인사말 영문본
주제어	제5차 한일회담 제1회 본회의 일본 수석대표 인사말(영문)

문서명	유진오 한국 수석대표 인사말(Opening Address by Chief Delegate by Chief Delegate Chin O Yu)

문서파일번호	1190
작성연월일	1960. 10. 25
구분	제5차 회담 예비회담 제1회 본회의
세부항목	
작성처	한국대표단
매수	2
비밀등급	일반
문서종류	내부자료
공개구분	공개
내용	제5차 한일회담 제1회 본회의 유진오 한국 수석대표의 인사말 영문본
주제어	제5차 한일회담 제1회 본회의 한국 수석대표 인사말(영문)

제5차 한일회담 예비회담 본회의(제2회)
[第5次日韓全面会談予備会談本会議(第2回)]

문서파일번호	1191
작성연월일	1960. 11. 2
구분	제5차 회담 예비회담 제2회 본회의
세부항목	
작성처	외무성
매수	22
비밀등급	
문서종류	회의록, 내부자료, 보도자료
공개구분	공개
내용	제5차 한일회담 예비회담 제2회 본회의기록, 분과위 양측 위원 명부, 보도자료 등 모음
주제어	제5차 한일회담 예비회담 제2회 본회의

문서명	제5차 한일회담 예비회담 본회의 제2회 회의(第5次日韓全面会談予備会談の本会議第2回会合)

문서파일번호 1191
작성연월일 1960. 11. 2
구분 제5차 회담 예비회담 제2회 본회의
세부항목
작성처 외무성 북동아시아과
매수 4
비밀등급 극비
문서종류 회의록
공개구분 공개
내용 제5차 한일회담 제2회 본회의기록. 한국은 재일한인 북송협정에 관해 발언, 일본은 한국이 북송협정 1년 연장에도 불구하고 회담 속개에 찬성해 준 데 대해 사의 표명. 분과위원회 설치에 관하여 협의함.
주제어 재일한인 북송, 제5차 한일회담 위원회 설치

문서명	제5차 한일회담 예비회담 제2회 본회의(1960. 11. 2) 한국 유 수석대표의 발언[第5次日韓会談予備会談第2回本会議(昭35.11.2)韓国側兪鎮午首席代表の発言]

문서파일번호 1191
작성연월일 1960. 11. 2
구분 제5차 회담 예비회담 제2회 본회의
세부항목
작성처 외무성 북동아시아과
매수 2
비밀등급 일반
문서종류 회의록
공개구분 공개
내용 제5차 한일회담 예비회담 제2회 본회의 회의기록 첨부1. 제5차 한일회담 제2회 본회의에서 유진오 수석대표가 재일한인 북송협정에 관해 발언
주제어 유진오 대표 북송 관련 발언

문서명	한일회담 분과위원회 일본 위원 명부(日韓会談分科委員会日本側委員名簿)

문서파일번호 1191
작성연월일 1960. 11. 2
구분 제5차 회담 예비회담 제2회 본회의
세부항목
작성처 외무성 북동아시아과
매수 6
비밀등급 일반
문서종류 내부자료
공개구분 공개
내용 제5차 한일회담 예비회담 제2회 본회의 회의기록 첨부2. 제5차 한일회담 분과위원회 일본 위원 명부
주제어 제5차 한일회담 분과위 일본 위원 명부

문서명	한일회담 분과위원회 한국 위원 명부(日韓会談分科委員会韓国側委員名簿)

문서파일번호 1191
작성연월일 1960. 11. 2
구분 제5차 회담 예비회담 제2회 본회의
세부항목
작성처 외무성 정보문화국
매수 3
비밀등급 일반
문서종류 보도자료
공개구분 공개
내용 제5차 한일회담 예비회담 제2회 본회의 회의기록 첨부3. 제5차 한일회담 분과위원회 한국 위원 명부
주제어 제5차 한일회담 분과위 한국 위원 명부

문서명	제5차 한일회담 예비회담 본회의 제2회 회의에 대하여(第5次日韓全面会談予備会談本会議第二回会合について)

문서파일번호 1191
작성연월일 1960. 11. 2
구분 제5차 회담 예비회담 제2회 본회의
세부항목
작성처 외무성 정보문화국
매수 1
비밀등급 일반
문서종류 보도자료
공개구분 공개
내용 제5차 한일회담 예비회담 제2회 본회의 회의기록 첨부4. 제5차 한일회담 제2회 본회의 결과
주제어 제5차 한일회담 예비회담 제2회 본회의 결과

문서명	별첨5. 보도자료(Press Release 別添五)

문서파일번호 1191
작성연월일 1960. 11. 2
구분 제5차 회담 예비회담 제2회 본회의
세부항목
작성처 외무성 정보문화국
매수 1
비밀등급 일반
문서종류 보도자료
공개구분 공개
내용 제5차 한일회담 예비회담 제2회 본회의 회의기록 첨부5. 제5차 한일회담 제2회 본회의 결과에 대한 영문 보도자료
주제어 제5차 한일회담 예비회담 제2회 본회의 결과

문서명	제5차 한일회담 예비회담 제2회 본회의 회의요록(Summary Record of the Second Plenary Session of the Preliminary Talks for the Fifth Japan-Korea Overall Talks)

문서파일번호 1191
작성연월일 1960. 11. 2
구분 제5차 회담 예비회담 제2회 본회의
세부항목
작성처 외무성 북동아시아과
매수 4
비밀등급 일반
문서종류 회의록
공개구분 공개
내용 제5차 한일회담 예비회담 제2회 본회의 회의기록 첨부5. 제5차 한일회담 제2회 본회의 영문회의록
주제어 재일한인 북송

제5차 한일회담 예비회담 본회의(제3회)

[第5次日韓全面会談予備会談本会議(第3回)]

문서파일번호	1192
작성연월일	1960. 12. 21
구분	제5차 회담 예비회담 제3회 본회의
세부항목	
작성처	
매수	19
비밀등급	
문서종류	회의록, 보도자료, 내부자료
공개구분	공개
내용	제5차 한일회담 예비회담 제2회 본회의기록, 분과위 양측 위원 명부, 보도자료 등 모음
주제어	제5차 한일회담 예비회담

문서명	**제5차 한일회담 예비회담 본회의 제3회 회의**(第5次日韓全面会談予備会談本会議 第3回会合)

문서파일번호 1192
작성연월일 1960. 12. 21
구분 제5차 회담 예비회담 제3회 본회의
세부항목
작성처 외무성 북동아시아과
매수 5
비밀등급 극비
문서종류 회의록
공개구분 공개
내용 제5차 한일회담 예비회담 제3회 본회의기록. 일본 대표가 각 분과위별 회의 및 비공식회담 개최 현황에 관해 설명함. 양측은 연말연시를 기해 휴회한 후 1961년 1월 25일 속개하기로 함.
주제어 제5차 한일회담 분과위, 비공식회담 개최 현황

문서명	**제5차 한일회담 예비회담 제1회 본회의 회의요록**(Summary Record of the First Plenary Session of the Preliminary Talks for the Fifth Japan - Korea Overall Talks)

문서파일번호 1192
작성연월일 1960. 10. 25
구분 제5차 회담 예비회담 제3회 본회의
세부항목
작성처 외무성 북동아시아과
매수 2
비밀등급 일반
문서종류 회의록
공개구분 공개
내용 제5차 한일회담 예비회담 제3회 본회의에서 확인한 제1회 회의 영문회의록
주제어 제5차 한일회담 예비회담 제1회 본회의 회의록

문서명	제5차 한일회담 예비회담 제2회 본회의 회의요록(Summary Record of the Second Plenary Session of the Preliminary Talks for the Fifth Japan-Korea Overall Talks)

문서파일번호 1192
작성연월일 1960. 11. 2
구분 제5차 회담 예비회담 제3회 본회의
세부항목
작성처 외무성 북동아시아과
매수 4
비밀등급 일반
문서종류 회의록
공개구분 공개
내용 제5차 한일회담 예비회담 제3회 본회의에서 확인한 제2회 회의 영문회의록
주제어 제5차 한일회담 예비회담 제2회 본회의 회의록

문서명	보도자료(Press Release)

문서파일번호 1192
작성연월일 1960. 10. 25
구분 제5차 회담 예비회담 제3회 본회의
세부항목
작성처 외무성 정보문화국
매수 1
비밀등급 일반
문서종류 보도자료
공개구분 공개
내용 제5차 한일회담 예비회담 제1회 본회의 영문 보도자료
주제어 제5차 한일회담 예비회담 제1회 본회의 결과 보도자료

문서명	보도자료(Press Release)

문서파일번호	1192
작성연월일	1960. 11. 2
구분	제5차 회담 예비회담 제3회 본회의
세부항목	
작성처	외무성 정보문화국
매수	1
비밀등급	일반
문서종류	보도자료
공개구분	공개
내용	제5차 한일회담 예비회담 제2회 본회의 영문 보도자료
주제어	제5차 한일회담 예비회담 제2회 본회의 결과 보도자료

문서명	제5차 한일회담 예비회담 본회의 제3회 회의에 대하여(第五次日韓全面会談予備会談本会議第三回会合について)

문서파일번호	1192
작성연월일	1960. 12. 21
구분	제5차 회담 예비회담 제3회 본회의
세부항목	
작성처	외무성 정보문화국
매수	1
비밀등급	일반
문서종류	보도자료
공개구분	공개
내용	제5차 한일회담 예비회담 제3회 본회의 결과
주제어	제5차 한일회담 예비회담 제3회 본회의 결과 보도자료

문서명	보도자료(Press Release)

문서파일번호 1192
작성연월일 1960. 12. 21
구분 제5차 회담 예비회담 제3회 본회의
세부항목
작성처 외무성 정보문화국
매수 1
비밀등급 일반
문서종류 보도자료
공개구분 공개
내용 제5차 한일회담 제3회 본회의 결과에 대한 영문 보도자료
주제어 제5차 한일회담 예비회담 제3회 본회의 결과 보도자료

문서명	사와다 렌조 수석대표 인사말(Opending Address by Chief Delegate Renzo Sawada)

문서파일번호 1192
작성연월일 1960. 10. 25
구분 제5차 회담 예비회담 제3회 본회의
세부항목
작성처 외무성 북동아시아과
매수 2
비밀등급 일반
문서종류 내부자료
공개구분 공개
내용 제5차 한일회담 예비회담 제1회 본회의 사와다 렌조 일본 수석대표 인사말 영문본
주제어 제5차 한일회담 예비회담 제1회 본회의 일본 수석대표 인사말

문서명	유진호 수석대표 인사말(Opending Address by Chief Delegate Chin - O Yu)

문서파일번호	1192
작성연월일	1960. 10. 25
구분	제5차 회담 예비회담 제3회 본회의
세부항목	
작성처	한국대표단
매수	2
비밀등급	일반
문서종류	내부자료
공개구분	공개
내용	제5차 한일회담 제1회 본회의 유진오 한국 수석대표의 인사말 영문본
주제어	제5차 한일회담 예비회담 제1회 본회의 한국 수석대표 인사말

제5차 한일회담 예비회담 본회의(제4회)
[第5次日韓全面会談予備会談本会議(第4回)]

문서파일번호	1193
작성연월일	1961. 1. 25 - 1961. 1. 30
구분	제5차 회담 예비회담 제4회 본회의
세부항목	
작성처	
매수	12
비밀등급	일반
문서종류	회의록, 내부자료, 보도자료
공개구분	공개
내용	1961년 1월 25일 개최된 제5차 한일회담 예비회담 제4회 본회의기록, 보도자료 등 모음
주제어	제5차 한일회담 예비회담 제4회 본회의

문서명	제5차 한일회담 예비회담 본회의 제4회 회의(第5次日韓全面会談予備会談の本会議第4回会合)

문서파일번호 1193
작성연월일 1961. 1. 25
구분 제5차 회담 예비회담 제4회 본회의
세부항목
작성처 외무성 북동아시아과
매수 5
비밀등급 극비
문서종류 회의록
공개구분 공개
내용 연말연시 휴가 후 1961년 1월 25일 속개된 제5차 한일회담 본회의 제4회 회의기록. 배의환 수석대표가 한국 위원회별 대표단 변동에 관해 설명. 양측은 한국의 일본어선 나포 등으로 양국의 상대방에 대한 여론이 좋지 않은 상황을 감안, 현안의 조기 해결을 위해 회의 속도를 늘려나가기로 함.
주제어 제5차 한일회담 회의 운영

문서명	정정(訂正)

문서파일번호 1193
작성연월일 1961. 1. 30
구분 제5차 회담 예비회담 제4회 본회의
세부항목
작성처 외무성 북동아시아과
매수 1
비밀등급 일반
문서종류 회의록
공개구분 공개
내용 제4회 회의기록 중 일부 대표의 결석에 관한 기록을 정정
주제어 기록 정정

문서명	1961년 1월 25일 제5차 한일회담 예비회담 재개 본회의(제4회) 사와다 수석대표 인사(昭和三十六年一月二十五日の第五次日韓全面会談予備会談再開本会議(第四回)における沢田首席代表の挨拶)

문서파일번호 1193
작성연월일 1961. 1. 25
구분 제5차 회담 예비회담 제4회 본회의
세부항목
작성처 외무성 북동아시아과
매수 3
비밀등급 일반
문서종류 내부자료
공개구분 공개
내용 연말연시 휴가를 위한 휴회 후 한 달여 만에 재개된 제5차 한일회담 본회의 제4회 회의 사와다 렌조 일본 수석대표 인사말
주제어 제5차 한일회담 예비회담 제4회 본회의 일본 수석대표 인사말

문서명	제5차 한일회담 예비회담 본회의 제4회 회의에 대하여(第五次日韓全面会談予備会談本会議第四回会合について)

문서파일번호 1193
작성연월일 1961. 1. 25
구분 제5차 회담 예비회담 제4회 본회의
세부항목
작성처 외무성 정보문화국
매수 2
비밀등급 일반
문서종류 보도자료
공개구분 공개
내용 제5차 한일회담 예비회담 제4회 본회의 회의 결과
주제어 제5차 한일회담 예비회담 제4회 본회의 보도자료

문서명	보도자료(Press Release)

문서파일번호	1193
작성연월일	1961. 1. 25
구분	제5차 회담 예비회담 제4회 본회의
세부항목	
작성처	외무성 정보문화국
매수	1
비밀등급	일반
문서종류	보도자료
공개구분	공개
내용	제5차 한일회담 예비회담 제4회 본회의 회의 결과 영문 보도자료
주제어	제5차 한일회담 제4회 본회의 보도자료

한일회담에 대한 유 한국 수석대표의 생각
(日韓会談に対する兪韓国首席代表の考え方に関する件)

문서파일번호	1409
문서명	한일회담에 대한 유 한국 수석대표의 생각(日韓会談に対する兪韓国首席代表の考え方に関する件)
작성연월일	1960. 11. 19
구분	제5차 회담
세부항목	한국대표단의 한일회담에 대한 견해
작성처	외무성 북동아시아과
매수	7
비밀등급	극비
문서종류	내부문서
공개구분	일부비공개
내용	도쿄주재 한국인 기자(기자단 간사)가 제5차 한일회담에 대한 유진오 수석대표의 생각, 의제에 대한 한국정부의 생각 등을 1960년 11월 19일 북동아과에 내밀히 전달한 내용. 유진오 대표는 일본에 대해 비판적인 의견을 갖고 경계하고 있음. 기시 노부스케 정권보다 현 이케다 하야토(池田勇人) 정권이 상대하기 어렵다고도 생각하고 있음. 어업 문제는 한국 국내적으로 어민단체가 '이 라인' 사수 등 강경한 의견을 갖고 있어 대표단이 양보하기가 쉽지 않음. 엄요섭 공사는 일본이 재일한국인 법적지위 문제에서 다소 양보를 하여 합의가 이루어지면 그다음 안건에 점차 다가갈 수 있을 것이라는 생각을 갖고 있음.
주제어	유진오, 어업, 재일한국인 법적지위

제11부

제5차 회담 예비회담 어업관계 회의록 및 훈령, 비공식회담 보고 (1960~1961)

한일회담이 결렬로 끝났을 경우 취해야 할 조치(시안)의 개요[日韓会談が不調に終わった場合にとるべき措置(試案)の大要]

문서파일번호	1143
작성연월일	1960. 3. 2
구분	제4차 회담
세부항목	대한국 강경조치 검토
작성처	외무성 북동아시아과
매수	23
비밀등급	
문서종류	내부문서
공개구분	일부비공개
내용	한일회담 결렬 시 일본이 취할 조치를 정리한 문서
주제어	대한국 강경조치

문서명	한일회담이 결렬되었을 경우 취해야 할 조치(시안)의 개요[日韓会談が不調に終わった場合にとるべき措置(試案)の大要]

문서파일번호 1143
작성연월일 1960. 3(일자 불명)
구분 제4차 회담
세부항목 대한국 강경조치 검토
작성처 외무성 북동아시아과
매수 8
비밀등급 극비
문서종류 내부문서
공개구분 일부비공개
내용 이승만 대통령이 강경조치로 일관하여 한일회담이 결렬되었을 때 일본이 한국에 취할 대항 조치를 검토한 문서. 구체적으로는 재일한국인의 체류자격 제한, 국제사법재판소 제소, 적십자사 알선 요청, 평화선 경비 강화, 유엔 제소, 통상의 중단, 북한과의 무역 확대, 미국 알선 요청 등이 검토됨.
주제어 어업, 대한국 강경조치

문서명	한일회담이 결렬되었을 경우 취해야 할 조치에 대하여(시안)[日韓会談が不調に終わった場合にとるべき措置について(試案)]

문서파일번호 1143
작성연월일 1960. 3. 2
구분 제4차 회담
세부항목 대한국 강경조치 검토
작성처 외무성 북동아시아과
매수 15
비밀등급 극비
문서종류 내부문서
공개구분 일부비공개
내용 한일회담 결렬 시 일본이 취할 조치를 재정리한 문서로 내용은 앞의 문서와 거의 비슷함.
주제어 어업, 대한국 강경조치

한일어업교섭에 관한 자문기관 설치에 대한 요망
(日韓漁業交渉に関する諮問設置について要望)

문서파일번호	798
문서명	한일어업교섭에 관한 자문기관 설치에 대한 요망(日韓漁業交渉に関する諮問設置について要望)
작성연월일	1960. 6(일자 불명)
구분	제4~5차 회담 사이
세부항목	일본 어업 민간단체 요망서
작성처	일본원양시망어업 협동조합장 등(日本遠洋施網漁業協同組合長等)
매수	5
비밀등급	일반
문서종류	공문
공개구분	공개
내용	일본원양시망어업협동조합장 등이 어업 문제에 관한 한일교섭에 어업단체의 의견을 반영할 수 있는 기관을 설치할 것을 외무대신에게 요망하는 문서
주제어	어업

한일어업회담 경과 개요(제1~4차 회담)
[日韓漁業会談経過概要(第一次~第四次会談)]

문서파일번호	802
문서명	한일어업회담 경과 개요(제1~4차회담)[日韓漁業会談経過概要(第一次~第四次会談)]
작성연월일	1960. 10(일자 불명)
구분	제5차 회담
세부항목	제1~4차 회담 어업교섭 경과
작성처	외무성
매수	5
비밀등급	일반
문서종류	내부문서
공개구분	공개
내용	제1~4차 한일회담의 어업관계 교섭에서 제기된 한일 양국의 주장을 회담별로 정리한 문서
주제어	어업

한일회담 어업 문제에 관한 일본의 태도 - 한국대표부 담당관의 조회 건 - (日韓会談漁業問題に関する日本側態度 - 韓国代表部係官の照会に関する件 -)

문서파일번호	799
문서명	한일회담 어업 문제에 관한 일본의 태도 - 한국대표부 담당관의 조회 건 - (日韓会談漁業問題に関する日本側態度 - 韓国代表部係官の照会に関する件 -)
작성연월일	1960. 10. 15
구분	제4~5차 회담 사이
세부항목	
작성처	외무성 북동아시아과
매수	4
비밀등급	극비
문서종류	회의록(전화)
공개구분	공개
내용	제5차 한일회담 어업 교섭을 앞둔 1960년 10월 15일 한국대표부 문철순 참사관이 마에다 도시카즈(前田利一) 북동아과장에게 전화, 일본 언론에 보도된 한일예비회담에 대한 일본정부의 기본태도(1958년 일본이 제시한 잠정어업협정에 대해 한국의 회답을 요구하는 자세로 나갈 것이라는 내용)에 관해 일본 입장을 문의함. 이와 관련하여 양측이 협의한 내용을 정리한 문서
주제어	어업

어업 문제에 관한 일본 내부협의회
(漁業問題に関する日本側打合会)

문서파일번호	800
작성연월일	1960. 10. 6 - 1960. 11. 9
구분	제5차 회담
세부항목	어업교섭 대비 일본 내부협의회
작성처	외무성, 수산청
매수	33
비밀등급	
문서종류	회의록, 내부자료
공개구분	공개
내용	제5차 한일회담 어업위원회 회의를 앞두고 진행된 일련의 일본 내부협의회 기록
주제어	어업

문서명	어업 문제에 관한 제1회 일본 내부협의회의 건(漁業問題に関する第一回日本側打合会の件)

문서파일번호 800
작성연월일 1960. 10. 6
구분 제5차 회담
세부항목 어업교섭 대비 일본 내부협의회
작성처 외무성 북동아시아과
매수 8
비밀등급 극비
문서종류 회의록
공개구분 공개
내용 어업 문제에 관한 일본정부의 제1회 내부협의 기록. 영해, 어획량 규정, 단속 등을 논의
주제어 어업

문서명	일본의 제1회 내부협의회 문제점(日本第一回側打合会問題点)

문서파일번호 800
작성연월일 1960. 10. 7
구분 제5차 회담
세부항목 어업교섭 대비 일본 내부협의회
작성처 외무성 와타나베
매수 1
비밀등급 일반
문서종류 내부문서
공개구분 공개
내용 제1회 내부협의회 종료 후 와타나베(渡辺) 사무관이 동 협의회에서 노정된 문제점을 정리한 문서. 1958년 11월 28일 일본이 제시한 어업협정안 골자를 보다 진전시킬 필요가 있음.
주제어 어업

문서명	한일어업 문제에 관한 일본 내부협의회(日韓漁業問題に関する日本側打合回の件)

문서파일번호 800
작성연월일 1960. 10. 19
구분 제5차 회담
세부항목 어업교섭 대비 일본 내부협의회
작성처 외무성 북동아시아과
매수 4
비밀등급 극비
문서종류 회의록
공개구분 공개
내용 1960년 10월 16~17일 하코네(箱根)에서 개최된 어업 문제에 관한 일본정부의 제2회 내부협의 내용. 영해, 어자원 보호, 어업 원조 등에 관해 의견교환
주제어 어업

문서명	어업 문제에 관한 제3회 일본 내부협의회(漁業問題に関する第3回日本側打合会の件)

문서파일번호 800
작성연월일 1960. 10. 31
구분 제5차 회담
세부항목 어업교섭 대비 일본 내부협의회
작성처 외무성 북동아시아과
매수 6
비밀등급 극비
문서종류 회의록
공개구분 공개
내용 어업 문제에 관한 일본정부의 제3회 내부협의 내용. 어자원 보호, 영해 문제 등 논의
주제어 어업

문서명	한일회담에서의 문제점(日韓会談のおける問題点)

문서파일번호 800
작성연월일 1960. 10. 31
구분 제5차 회담
세부항목 어업교섭 대비 일본 내부협의회
작성처 수산청
매수 5
비밀등급 극비
문서종류 내부자료
공개구분 공개
내용 어업 문제에 관한 설명을 위해 수산청이 제3회 내부협의회에서 제출한 문서. 어종, 어획 금지 구역 등을 다루고 있음.
주제어 어업

문서명	어업 문제에 관한 제4회 일본 내부협의회(漁業問題に関する第4回日本側打合会の件)

문서파일번호 800
작성연월일 1960. 11. 8
구분 제5차 회담
세부항목 어업교섭 대비 일본 내부협의회
작성처 외무성 북동아시아과
매수 4
비밀등급 극비
문서종류 회의록
공개구분 공개
내용 어업 문제에 관한 일본정부의 제4회 내부협의 내용. 한국과의 교섭 방법, 내용 등 논의
주제어 어업

문서명	이야기의 순서와 요점(お話の順序と要点)

문서파일번호 800
작성연월일 1960. 11. 8
구분 제5차 회담
세부항목 어업교섭 대비 일본 내부협의회
작성처 수산청
매수 1
비밀등급 일반
문서종류 내부자료
공개구분 공개
내용 수산청이 제4회 내부협의회에서 제출한 문서로 어업교섭의 의제, 순서 등 기술
주제어 어업

문서명	한일 어업관계 사항(日韓漁業関係事項)

문서파일번호 800
작성연월일 1960. 11. 9
구분 제5차 회담
세부항목 어업교섭 대비 일본 내부협의회
작성처 외무성 북동아시아과
매수 1
비밀등급 극비
문서종류 내부자료
공개구분 공개
내용 제5회 어업 관련 내부협의회 의제
주제어 어업

문서명	어업 문제에 관한 제5회 일본 내부협의회(漁業問題に関する第5回日本側打合会の件)

문서파일번호 800

작성연월일 1960. 11. 9

구분 제5차 회담

세부항목 어업교섭 대비 일본 내부협의회

작성처 외무성 북동아시아과

매수 3

비밀등급 극비

문서종류 회의록

공개구분 공개

내용 제5차 한일회담 예비교섭 어업위원회 제1회 회의 종료 후 개최된 어업 문제에 관한 일본정부의 제5회 내부협의 회의록. 개시된 한일 간 교섭 내용을 정리하고 일본 방침을 논의

주제어 어업

제5차 한일회담 예비회담에서의 어업 및 '평화선' 위원회 제1회 회의(第5次日韓全面会談予備会談における漁業および「平和ライン」委員会 第1回会合)

문서파일번호	1194
문서명	제5차 한일회담 예비회담에서의 어업 및 '평화선'위원회 제1회 회의(第5次日韓全面会談予備会談における漁業および「平和ライン」委員会 第1回会合)
작성연월일	1960. 11. 9
구분	제5차 회담 어업 및 '평화선'위원회 제1회 회의
세부항목	
작성처	외무성 북동아시아과
매수	17
비밀등급	극비
문서종류	회의록
공개구분	공개
내용	제5차 한일회담 어업 및 '평화선'위원회 제1회 회의기록. 향후 회의 진행에 관한 조정이 이루어짐.
주제어	어업, 평화선

제5차 한일회담 예비회담에서의 어업 및 '평화선' 위원회(제2회)(第5次日韓全面会談予備会談における漁業および「平和ライン」委員会第2回会合)

문서파일번호	1195
문서명	제5차 한일회담 예비회담 어업 및 '평화선'위원회(제2회) [第5次日韓全面会談予備会談における漁業および「平和ライン」委員会第2回会合]
작성연월일	1960. 11. 15
구분	제5차 회담 어업 및 '평화선'위원회 제2회 회의
세부항목	
작성처	외무성 북동아시아과
매수	13
비밀등급	극비
문서종류	회의록
공개구분	공개
내용	제5차 한일회담 어업 및 '평화선'위원회 제2회 회의기록. 어업 문제에 관한 양국 입장, 조업 종류, 어종, 규제 문제 등이 논의됨.
주제어	어업, 평화선

제5차 한일회담 예비회담에서의 어업 및 '평화선' 위원회(제3회)[第5次日韓全面会談予備会談における漁業および「平和ライン」委員会(第3回)]

문서파일번호	1196
작성연월일	1961. 2. 1
구분	제5차 회담 어업 및 '평화선'위원회 제3회 회의
세부항목	
작성처	외무성 북동아시아과
매수	9
비밀등급	
문서종류	회의록, 내부자료
공개구분	공개
내용	제5차 한일회담 예비회담 어업 및 '평화선'위원회 제3회 회의기록 및 양측 대표단 명부
주제어	어업, 평화선

문서명	제5차 한일회담 예비회담 어업 및 '평화선'위원회 제3회 회의(第5次日韓全面会談予備会談における漁業及び「平和ライン」委員会第3回会合)

문서파일번호 1196
작성연월일 1961. 2. 1
구분 제5차 회담 예비회담 어업 및 '평화선'위원회 제3회 회의
세부항목
작성처 외무성 북동아시아과
매수 6
비밀등급 극비
문서종류 회의록
공개구분 공개
내용 제5차 한일회담 예비회담 어업 및 '평화선'위원회 제3회 회의기록. 회의 진행에 관한 조정이 이루어짐.
주제어 회의 운영

문서명	일본 출석자와 한국 출석자(日本側出席者 韓国側出席者)

문서파일번호 1196
작성연월일 1961. 2. 1
구분 제5차 회담 어업 및 '평화선'위원회 제3회 회의
세부항목
작성처 외무성 북동아시아과
매수 2
비밀등급 일반
문서종류 내부자료
공개구분 공개
내용 제5차 한일회담 예비회담 어업 및 '평화선'위원회 제3회 회의기록 첨부1. 제5차 한일회담 예비회담 어업 및 '평화선'위원회 제3회 회의 양국 참석자 명부
주제어 양국 참석자

문서명	한국대표단 명부(List of Korean Members)

문서파일번호	1196
작성연월일	1961. 2. 1
구분	제5차 회담 예비회담 어업 및 '평화선'위원회 제3회 회의
세부항목	
작성처	외무성 북동아시아과
매수	1
비밀등급	일반
문서종류	내부자료
공개구분	공개
내용	제5차 한일회담 예비회담 어업 및 '평화선'위원회 제3회 회의 양국 참석자 영문 명부
주제어	한국대표단

한일어업협정에 관한 일본의 생각(제1차 시안)
[日韓漁業協定に関する日本側の考え方(第1次試案)]

문서파일번호	801
작성연월일	1960. 11. 21 - 1960. 11. 24
구분	제5차 회담
세부항목	
작성처	외무성 북동아시아과
매수	4
비밀등급	
문서종류	내부문서
공개구분	공개
내용	제5차 회담 시작 후 한일어업협정에 관해 일본이 자신들의 생각을 정리해 놓은 문서
주제어	어업

문서명	한일어업협정에 관한 일본의 생각(제1차 시안)[日韓漁業協定に関する日本側の考え方(第1次試案)]

문서파일번호 801
작성연월일 1960. 11. 21
구분 제5차 회담
세부항목
작성처 외무성 북동아시아과
매수 2
비밀등급 극비
문서종류 내부문서
공개구분 공개
내용 외무성이 한일어업협정 주제인 어자원 보호, 규제 등에 대해 정리한 방침 제1차 시안
주제어 어업

문서명	한일어업협정에 관한 일본의 생각(안)[日韓漁業協定に関する日本側の考え方(案)]

문서파일번호 801
작성연월일 1960. 11. 24
구분 제5차 회담
세부항목
작성처 외무성 북동아시아과
매수 2
비밀등급 극비
문서종류 내부문서
공개구분 공개
내용 외무성이 한일어업협정의 내용에 관해 생각하는 바를 정리, 수산청과의 협의회에 안건으로 올린 안. 어업공동위원회, 규제, 분쟁 해결 등이 주제임.
주제어 어업

'한일어업협정에 관한 일본 주장' 경위(제1회 비공식회담 기록 포함)[「日韓漁業協定に関する日本側の考え方」に至る経緯(含第1回非公式会談記録)]

문서파일번호	1197
문서명	'한일어업협정에 관한 일본 주장' 경위(제1회 비공식회담 기록 포함)[「日韓漁業協定に関する日本側の考え方」に至る経緯(含第1回非公式会談記録)]
작성연월일	1960. 11. 25
구분	제5차 회담 어업 관련 비공식회담 제1회 회의
세부항목	
작성처	외무성 북동아시아과
매수	9
비밀등급	극비
문서종류	내부문서
공개구분	공개
내용	어업 및 평화선위원회 회의 교섭과 1960년 11월 17일 일본의 우야마 아쓰시(宇山厚) 참사관, 다카하시 야스히코(高橋泰彦) 수산청 차장, 한국의 김윤근, 남상규 해무청 어업과장이 참석한 제1회 실무자 간 비공식회의를 통해 어업협정에 관한 일본안이 작성됨. 관련 경위를 기록한 문서
주제어	어업

한일어업 문제에 관한 비공식회담(제2회)
[日韓漁業問題に関する非公式会談(第2回)]

문서파일번호	1198
작성연월일	1960. 11. 25
구분	제5차 회담 어업 관련 비공식회담 제2회 회의
세부항목	
작성처	외무성 북동아시아과
매수	10
비밀등급	
문서종류	회의록, 내부문서
공개구분	공개
내용	일본의 우야마 아쓰시 참사관, 다카하시 야스히코 수산청 차장, 한국의 김윤근, 남상규 해무청 어업과장이 참석한 제2회 비공식회담 내용 및 일본 견해가 기술된 문서
주제어	어업

문서명	어업 문제에 관한 우야마·다카하시·김·남 제2회 비공식회담 건('한일어업협정에 관한 일본 견해' 제출)[漁業問題に関する宇山、高橋、金、南第2回非公式会談の件(「日韓漁業協定に関する日本側考え方」提出)]

문서파일번호 1198
작성연월일 1960. 11. 25
구분 제5차 회담 어업 관련 비공식회담 제2회 회의
세부항목
작성처 외무성 북동아시아과
매수 10
비밀등급 극비
문서종류 회의록
공개구분 공개
내용 어업위원회 진전을 위해 개최된 제2회 비공식회담 기록. 일본 우야마 아쓰시 참사관, 다카하시 야스히코 수산청 차장, 한국 김윤근, 남상규 해무청 어업과장 참석. 일본이 제출한 어업협정에 관한 견해(어업공동위원회, 규제 방법, 어업 종류 등)를 토대로 논의가 이루어짐.
주제어 어업

문서명	한일어업협정에 관한 일본의 사고방식(日韓漁業協定に関する日本側の考え方)

문서파일번호 1198
작성연월일 1960. 11. 25
구분 제5차 회담 어업 관련 비공식회담 제2회 회의
세부항목
작성처 외무성 북동아시아과
매수 3
비밀등급 극비
문서종류 내부문서
공개구분 공개
내용 제2회 어업 관련 실무자 간 비공식회의에 제출된 일본 문서. 어업공동위원회, 규제 방법, 어업 종류 등에 관한 견해가 담겨 있음.
주제어 어업

한일어업 문제에 관한 비공식회담(제3회)
[日韓漁業問題に関する非公式会談(第3回)]

문서파일번호	1199
작성연월일	1960. 12. 17 - 1961. 1. 10
구분	제5차 회담 어업 관련 비공식회담 제3회 회의
세부항목	
작성처	외무성 북동아시아과
매수	14
비밀등급	
문서종류	회의록, 내부자료
공개구분	공개
내용	1960년 12월 17일 개최된 어업 관련 제3회 비공식회담 기록 및 1961년 1월 10일 우야마, 엄요섭 공사 전화 협의 기록
주제어	어업

문서명	어업 문제에 관한 우야마·다카하시·김·남 제3회 비공식회담 건(漁業問題に関する宇山, 高橋, 金, 南第3回非公式会談の件)

문서파일번호 1199

작성연월일 1960. 12. 17

구분 제5차 회담 어업 관련 비공식회담 제3회 회의

세부항목

작성처 외무성 북동아시아과

매수 8

비밀등급 극비

문서종류 회의록

공개구분 공개

내용 제3회 비공식회담 기록. 일본의 우야마 아쓰시 참사관, 다카하시 야스히코 수산청 차장, 한국의 김윤근, 남상규 해무청 어업과장 참석. 일본의 대한국 어업협력 문제에 관한 의견교환이 이루어짐.

주제어 어업, 일본의 대한국 어업협력

문서명	한일 어업협력에 관한 일본 견해(안)[日韓漁業協力に関する日本側の考え方(案)]

문서파일번호 1199

작성연월일 1961. 1. 7

구분 제5차 회담 어업 관련 비공식회담 제3회 회의

세부항목

작성처 외무성 북동아시아과

매수 3

비밀등급 극비

문서종류 내부자료

공개구분 공개

내용 어업 관련 제3회 실무자 간 비공식회담 종료 후 일본 수산청 측이 작성한 안을 기초로 외무성이 재작성한 일본의 대한국 어업협력 문제에 대한 견해(안)

주제어 어업, 일본의 대한국 어업협력

문서명	한일어업 문제에 관한 우야마 참사관·엄 공사 비공식회담 및 전화 연락 건(日韓漁業問題に関する宇山参事官·厳公使非公式会談及び電話連絡に関する件)

문서파일번호	1199
작성연월일	1961. 1. 10
구분	제5차 회담 어업 관련 비공식회담 제3회 회의
세부항목	
작성처	외무성 북동아시아과
매수	3
비밀등급	극비
문서종류	회의록(전화)
공개구분	공개
내용	우야마 아쓰시 참사관과 엄요섭 공사 전화 협의 기록. 두 사람은 1월 10일 오전 재일한국인 법적지위 문제로 만났을 때 어업 문제에 관해서도 협의가 이루어졌으며, 이때 우야마가 일본의 대한국 어업협력 문제에 관해 구두로 설명하자 엄 공사가 이를 문서로 전달해 줄 것을 요청함. 우야마는 수산청과 협의한 결과, 한국의 양보가 전혀 없는 상황에서 일본이 이 내용을 문서로 전달하는 것은 적절치 않다는 반응을 보임에 따라 우야마가 오후에 엄 공사에게 전화로 이러한 취지를 설명함.
주제어	어업, 일본의 대한국 어업협력

어업 문제에 관한 우야마·다카하시·길·남·정 제4회 비공식회담 건(漁業問題に関する宇山,高橋,吉,南,鄭 第4回非公式会談の件)

문서파일번호	1200
문서명	어업 문제에 관한 우야마·다카하시·길·남·정 제4회 비공식회담 건(漁業問題に関する宇山,高橋,吉,南,鄭 第4回非公式会談の件)
작성연월일	1961. 2. 6
구분	제5차 회담 어업 관련 비공식회담 제4회 회의
세부항목	
작성처	외무성 북동아시아과
매수	9
비밀등급	극비
문서종류	회의록
내용	제4회 비공식회담 기록. 일본의 우야마 아쓰시 참사관, 다카하시 야스히코(高橋泰彦) 수산청 차장, 한국의 길항진(서남수산주식회사 사장), 남상규(해무청 어업과장), 정일영(서울대 교수) 참석. 어업협력 문제, 어업 문제에 대한 한국 국민의 감정 등에 관해 의견교환이 이루어짐.
주제어	어업

어업 문제에 관한 비공식회담(제5회)
(漁業問題に関する第5回非公式会談記録)

문서파일번호	1201
문서명	어업 문제에 관한 비공식회담(제5회)(漁業問題に関する第5回非公式会談記録)
작성연월일	1961. 3. 7
구분	제5차 회담 어업 관련 비공식회담 제5회 회의
세부항목	
작성처	외무성 북동아시아과
매수	7
비밀등급	극비
문서종류	회의록
공개구분	공개
내용	어업 문제에 관한 제5회 비공식회담 기록. 일본의 야마 아쓰시 참사관, 다카하시 야스히코 수산청 차장, 나카무라 수산청 해양2과장, 한국의 김윤근, 길항진, 남상규, 김정태(주일대표부 서기관) 참석. 수역, 어족, 자원 조사 등 향후 논의할 과제, 일정 등에 대한 조정이 이루어짐.
주제어	어업

어업 문제에 관한 비공식회담(제6회)
(漁業問題に関する第6回非公式会談記録)

문서파일번호	1202
문서명	어업 문제에 관한 비공식회담(제6회)(漁業問題に関する第6回非公式会談記録)
작성연월일	1961. 3. 14
구분	제5차 회담 어업 관련 비공식회담 제6회 회의
세부항목	
작성처	외무성 북동아시아과
매수	6
비밀등급	극비
문서종류	회의록
공개구분	공개
내용	어업 문제에 관한 제6회 비공식회담 기록(참석자 전 회담과 동일). 향후 논의 진행 방법 및 수역, 대상 어종 등의 의제에 대해 의견을 교환함.
주제어	어업

어업 문제에 관한 비공식회담(제7회)
(漁業問題に関する第7回非公式会談記録)

문서파일번호	1203
문서명	어업 문제에 관한 비공식회담(제7회)(漁業問題に関する第7回非公式会談記録)
작성연월일	1961. 3. 22
구분	제5차 회담 어업 관련 비공식회담 제7회 회의
세부항목	
작성처	외무성 북동아시아과
매수	12
비밀등급	극비
문서종류	회의록
공개구분	공개
내용	어업 문제에 관한 제7회 비공식회담 기록(참석자는 전 회담 참석자에 한국 문철순 참사관 추가 참석). 회의 직전에 발생한 일본어선 나포 등에 대한 항의 및 수역, 어종 문제 등에 대한 조정이 이루어짐.
주제어	어업

어업 문제에 관한 비공식회담(제8회)
(漁業問題に関する第8回非公式会談記録)

문서파일번호	1204
문서명	어업 문제에 관한 비공식회담(제8회)(漁業問題に関する第8回非公式会談記録)
작성연월일	1961. 3. 28
구분	제5차 회담 어업 관련 비공식회담 제8회 회의
세부항목	
작성처	외무성 북동아시아과
매수	8
비밀등급	극비
문서종류	회의록
공개구분	공개
내용	어업 문제에 관한 제8회 비공식회담 기록. 참석자는 일본의 우야마 아쓰시, 다카하시 야스히코 수산청 차장, 나카무라 수산청 해양2과장, 이케베 북동아시아과 사무관, 한국의 김윤근, 길항진, 문철순, 남상규, 권태웅 대표부 서기관. 어종 문제에 대한 의견이 교환됨.
주제어	어업

어업 문제에 관한 비공식회담(제9회)
(漁業問題に関する第9回非公式会談記録)

문서파일번호	1205
문서명	어업 문제에 관한 비공식회담(제9회)(漁業問題に関する第9回非公式会談記録)
작성연월일	1961. 4. 7
구분	제5차 회담 어업 관련 비공식회담 제9회 회의
세부항목	
작성처	외무성 북동아시아과
매수	8
비밀등급	극비
문서종류	회의록
공개구분	공개
내용	어업 문제에 관한 제9회 비공식회담 기록. 일본의 우야마 아쓰시, 다카하시 야스히코 수산청 차장, 나카무라 수산청 해양2과장, 야나기야 겐스케(柳谷謙介) 북동아과 사무관, 한국의 김윤근, 길항진, 신경윤(해무청 중앙수산시험소 기좌) 참석. 어종, 자원 표시 방법, 어업 종류 등에 대한 의견이 교환됨.
주제어	어업

어업 문제에 관한 비공식회담(제10회)
(漁業問題に関する第10回非公式会談記録)

문서파일번호	1206
문서명	어업 문제에 관한 비공식회담(제10회)(漁業問題に関する第10回非公式会談記録)
작성연월일	1961. 4. 11
구분	제5차 회담 어업 관련 비공식회담 제10회 회의
세부항목	
작성처	외무성 북동아시아과
매수	15
비밀등급	극비
문서종류	회의록
공개구분	공개
내용	어업 문제에 관한 제10회 비공식회담 기록. 일본의 우야마 아쓰시, 다카하시 야스히코 수산청 차장, 나카무라 수산청 해양2과장, 오쓰루(大鶴) 기관(技官), 쓰루다(鶴田) 북동아과 사무관, 한국의 김윤근, 길항진, 남상규, 박용준(부산수산대학 강사), 김정태(대표부 2등서기관) 참석. 어구 문제에 관한 의견이 교환됨.
주제어	어업

어업 문제에 관한 비공식회담(제11회)
(漁業問題に関する第11回非公式会談記録)

문서파일번호	1207
문서명	어업 문제에 관한 비공식회담(제11회)(漁業問題に関する第11回非公式会談記録)
작성연월일	1961. 4. 18
구분	제5차 회담 어업 관련 비공식회담 제11회 회의
세부항목	
작성처	외무성 북동아시아과
매수	5
비밀등급	극비
문서종류	회의록
공개구분	공개
내용	어업 문제에 관한 제11회 비공식회담 기록. 참석자는 일본의 우야마 아쓰시, 다카하시 야스히코 수산청 차장, 나카무라 수산청 해양2과장, 사루다 기관, 야나기야 겐스케 북동아과 사무관, 한국은 전 회담과 동일. 주요 어족의 자원량 표시법 등에 관해 논의함.
주제어	어업

어업 문제에 관한 비공식회담(제12회)
(漁業問題に関する第12回非公式会談記録)

문서파일번호	1208
문서명	어업 문제에 관한 비공식회담(제12회)(漁業問題に関する第12回非公式会談記録)
작성연월일	1961. 4. 25
구분	제5차 회담 어업 관련 비공식회담 제12회 회의
세부항목	
작성처	외무성 북동아시아과
매수	10
비밀등급	극비
문서종류	회의록
공개구분	공개
내용	어업 문제에 관한 제12회 비공식회담 기록. 일본의 우야마 아쓰시, 다카하시 야스히코 수산청 차장, 나카무라 수산청 해양2과장, 사루다 오쓰루 기관, 야나기야 겐스케 북동아시아과 사무관, 한국의 길항진, 남상규, 정일영, 신경윤, 김정태 참석. 일본은 제3가마히데호(亀秀丸) 총격 나포 사건에 유감을 표명하고 일본 국내의 강경 여론을 소개함. 전 회담에 이어 주요 어족의 자원량 표시에 관한 논의를 이어감.
주제어	어업

한일어업 문제에 관한 비공식회담(제13회)
[日韓漁業問題に関する非公式会談(第13回)]

문서파일번호	1209
작성연월일	1961. 5. 2
구분	제5차 회담 어업 관련 비공식회담 제13회 회의
세부항목	
작성처	외무성 북동아시아과
매수	13
비밀등급	
문서종류	회의록, 내부자료
공개구분	공개
내용	어업 문제에 관한 제13회 비공식회담 기록
주제어	어업

문서명	어업 문제에 관한 제13회 비공식회담 기록(漁業問題に関する第13回非公式会談記録)

문서파일번호 1209
작성연월일 1961. 5. 2
구분 제5차 회담 어업 관련 비공식회담 제13회 회의
세부항목
작성처 외무성 북동아시아과
매수 11
비밀등급 극비
문서종류 회의록
공개구분 공개
내용 어업 문제에 관한 제13회 비공식회담 기록. 중요 어족자원 보존을 위한 자원론, 어구 표시 방법, 트롤 어선 규제 방법, 어구 문제 등이 다뤄짐.
주제어 어업

문서명	항목 4. 주요어구별 어획강도 내지 어획성능(項目4、主要漁具別漁獲強度ないし漁獲性能)

문서파일번호 1209
작성연월일 1961. 5. 2
구분 제5차 회담 어업 관련 비공식회담 제13회 회의
세부항목
작성처 외무성 북동아시아과
매수 2
비밀등급 일반
문서종류 내부자료
공개구분 공개
내용 어업 문제에 관한 제13회 비공식회담에서 한국이 제안한 내용을 정리한 표
주제어 자원론, 트롤 어업, 어선

어업 문제에 관한 제14회 비공식회담 기록
(漁業問題に関する第14回非公式会談記録)

문서파일번호	1210
문서명	어업 문제에 관한 제14회 비공식회담 기록(漁業問題に関する第14回非公式会談記録)
작성연월일	1961. 5. 9
구분	제5차 회담 어업 관련 비공식회담 제14회 회의
세부항목	
작성처	외무성 북동아시아과
매수	9
비밀등급	극비
문서종류	회의록
공개구분	공개
내용	13회 회의에서 회담에서 한국이 제시한 주요어구별 어획량, 어선성능 등에 관해 논의한 후, 주요어족 자원량의 표시방법과 중요어구별 어획량 및 어선성능을 묶어 총 어획량과 어획 노력의 변화로 구분하기로 함.
주제어	어업

한일 어업협력에 관한 일본의 생각(안)
[日韓漁業協力に関する日本側の考え方(案)]

문서파일번호	1603
작성연월일	1961. 1. 6 - 1961. 1. 7
구분	제5차 회담
세부항목	한일 어업협력 문제
작성처	외무성 북동아시아과
매수	6
비밀등급	
문서종류	내부문서
공개구분	공개
내용	한일 어업협력에 관한 일본의 생각을 정리한 문서
주제어	어업, 한일 어업협력

문서명	한일 어업협력에 관한 일본의 사고방식(안)[日韓漁業協力に関する日本側の考え方(案)]

문서파일번호 1603
작성연월일 1961. 1. 6
구분 제5차 회담
세부항목 한일 어업협력 문제
작성처 외무성 북동아시아과
매수 3
비밀등급 일반
문서종류 내부문서
공개구분 공개
내용 한일 어업협력 문제에 대한 일본의 생각을 정리한 문서. 어업협력의 목적, 정부 간 협의, 어업협력의 방식(정부 간 베이스 또는 민간 베이스의 모든 것을 참고로 하여 양국어업의 제 사정을 충분히 감안, 결정) 등에 관한 내용들이 기술되었으며, 수기로 상당부분을 수정함. 청구권에 관한 3억 달러 무상, 2억 달러 유상차관 제공에 합의가 이루어지기 전이라 정부 간 차관 또는 민간 베이스 상업차관 양쪽을 언급함.
주제어 어업, 어업협력

문서명	한일 어업협력에 관한 일본의 사고방식(안)[日韓漁業協力に関する日本側の考え方(案)]

문서파일번호 1603
작성연월일 1961. 1. 7
구분 제5차 회담
세부항목 한일 어업협력 문제
작성처 외무성 북동아시아과
매수 3
비밀등급 일반
문서종류 내부문서
공개구분 공개
내용 1961년 1월 6일 자 어업협력 문제에 대한 문서의 수기 수정부분을 타이핑한 문서
주제어 어업, 어업협력

어업 비공식회담 내부협의
(漁業非公式会談下打ち合わせ)

문서파일번호	803
문서명	어업 비공식회담 내부협의(漁業非公式会談下打ち合わせ)
작성연월일	1961. 5. 16
구분	제5차 회담
세부항목	외무성·수산청 협의회
작성처	외무성 북동아시아과
매수	1
비밀등급	극비
문서종류	회의록
공개구분	공개
내용	1961년 5월 16일 예정되었던 어업 관련 한일 비공식회담이 한국의 군사정변으로 취소되면서 외무성과 수산청이 진행한 협의회. 외무성 측은 금일 회담에서 어업협정 체결과 '이 라인' 취소를 맞바꾸는 선에서 합의를 이루고, 양측의 협정안 제출을 위한 준비를 진행하고자 했다고 설명함.
주제어	어업

제2차 해양법회의 주요제안에 대한 한일 양국의 태도(第2次海洋法会議における主要提案に対する日韓両国の態度)

문서파일번호	804
작성연월일	1961. 5. 20
구분	제6차 회담 예비회담 제2차 유엔해양법회의
세부항목	
작성처	외무성 조약국 법규과
매수	23
비밀등급	
문서종류	내부문서
공개구분	공개
내용	한일 어업교섭에 참고하기 위하여 1960년 3월 17일~4월 26일까지 제네바에서 개최된 제2차 유엔해양법회의에서 한일 양국이 취한 입장, 양국이 찬성한 미국·캐나다 안 등을 정리한 자료
주제어	제2차 유엔해양법회의

문서명	제2차 해양법회의 주요제안에 대한 한일 양국의 태도(第2次海洋法会議における主要提案に対する日韓両国の態度)

문서파일번호 804
작성연월일 1961. 5. 20
구분 제6차 회담 예비회담 제2차 유엔해양법회의
세부항목
작성처 외무성 조약국 법규과
매수 7
비밀등급 비(秘)
문서종류 내부문서
공개구분 공개
내용 제2차 유엔해양법회의 위원회와 본회의에서 제출된 영해폭 및 어업수역에 관한 여러 제안 중 한일 양국이 찬성한 미국·캐나다 안(영해는 최대 6해리, 어업수역은 영해 기선으로부터 최대 12해리)과 여타 안의 내용 및 한일 양국의 투표 일람을 정리한 내부 자료
주제어 어업, 유엔해양법회의

문서명	위원회 제출 미국·캐나다 안(委員会提出の米加案)(CANADA AND THE UNITED STATES: PROPOSAL)

문서파일번호 804
작성연월일 1961. 5. 20
구분 제6차 회담 예비회담 제2차 유엔해양법회의
세부항목
작성처 외무성 조약국 법규과
매수 1
비밀등급 일반
문서종류 내부문서
공개구분 공개
내용 제2차 유엔해양법회의 위원회에 제출된 미국·캐나다 안(영해는 최대 6해리, 어업수역은 영해 기선으로부터 최대 12해리)
주제어 어업, 유엔해양법회의

문서명	본회의 제출 미국·캐나다안[本会議提出の米加案(CANADA AND THE UNITED STATES: PROPOSAL)]

문서파일번호 804
작성연월일 1961. 5. 20
구분 제6차 회담 예비회담 제2차 유엔해양법회의
세부항목
작성처 외무성 조약국 법규과
매수 5
비밀등급 일반
문서종류 내부문서
공개구분 공개
내용 제2차 유엔해양법회의 본회의에 제출된 미국·캐나다안(영해는 최대 6해리, 어업수역은 영해 기선으로부터 최대 12해리) 및 회의기록
주제어 어업, 유엔해양법회의

문서명	제2차 유엔해양회의에서 한일 양국 입장 검토(第2次国連海洋法会議に於ける日韓両国の立場の検討)

문서파일번호 804
작성연월일 1961. 5. 20
구분 제6차 회담 예비회담 제2차 유엔해양법회의
세부항목
작성처 외무성 조약국 법규과
매수 10
비밀등급 일반
문서종류 내부문서
공개구분 공개
내용 한일 간 영해 교섭에 영향을 주는 제2차 유엔해양법회의의 내용, 진행 등을 정리하고, 동 회의에서 표출된 한국정부의 입장과 그 정책적 함의를 검토
주제어 어업, 유엔해양법회의

한일어업협정 체결에 따른 법률적 문제점(미정고)

[日韓漁業協定締結に伴う法律的問題点(未定稿)]

문서파일번호	805
문서명	한일어업협정 체결에 따른 법률적 문제점(미정고)[日韓漁業協定締結に伴う法律的問題点(未定稿)]
작성연월일	1961. 6. 1
구분	제6차 회담 예비회담
세부항목	제2차 유엔해양법회의, 한일어업 교섭
작성처	외무성 조약국 법규과
매수	22
비밀등급	극비
문서종류	내부문서
공개구분	공개
내용	1960년의 제2차 유엔해양법회의에서 근소한 차로 채택에는 실패한 제네바 방식(미·캐나다 안을 기초로 하는 방식)으로 국제 어업분쟁을 해결하려는 움직임이 커지고 있다는 분석과 함께 이러한 국제동향이 한일어업에 어떠한 영향을 미치게 될지에 관해 법적인 측면 등을 검토한 외무성 내부문서
주제어	어업, 제네바 방식

한일어업 문제에 관한 성내협의에 대해서
(日韓漁業問題に関する省内協議について)

문서파일번호	806
문서명	한일어업 문제에 관한 성내협의에 대해서(日韓漁業問題に関する省内協議について)
작성연월일	1961. 7. 4
구분	제6차 회담 예비회담
세부항목	어업교섭 외무성 내 협의회
작성처	외무성 북동아시아과
매수	10
비밀등급	극비
문서종류	내부문서
공개구분	공개
내용	한일 어업교섭 관련 외무성 내부 협의 회의기록. 교섭에 영향을 주는 1960년의 제2차 유엔해양법회의 내용을 검토한 내부문서를 토대로 향후 한일교섭을 어떻게 진행할지 논의함.
주제어	어업

제12부

제5차 회담 예비회담 선박소위원회 회의록 및 관련 문서
(1960. 11~1961. 3)

선박 문제에 관한 비공식회담 건
(船舶問題に関する非公式会談に関する件)

문서파일번호	264
문서명	선박 문제에 관한 비공식회담 건(船舶問題に関する非公式会談に関する件)
작성연월일	1960. 5. 13
구분	제4차 회담 선박 비공식회의
세부항목	
작성처	외무성 북동아시아과
매수	6
비밀등급	극비
문서종류	회의록
공개구분	공개
내용	선박 문제에 관한 한일 실무자 회의 내용. 향후 재개될 한일회담에서 선박 교섭을 어떻게 진행할지에 관해 조정
주제어	선박 반환

제5차 한일회담 예비회담 선박소위원회 제1회 회의(第５次日韓会談全面予備会談における船舶小委員会の第1回会合)

문서파일번호	39
문서명	제5차 한일회담 예비회담 선박소위원회 제1회 회의(第５次日韓会談全面予備会談における船舶小委員会の第1回会合)
작성연월일	1960. 11. 11
구분	제5차 회담 예비회담 선박소위원회 제1회 회의
세부항목	
작성처	외무성 북동아시아과
매수	7
비밀등급	극비
문서종류	회의록
공개구분	공개
내용	제5차 회담 예비회담 선박소위원회 제1회 회의기록. 향후 회의 진행에 관해 조정
주제어	선박 반환

제5차 한일회담 예비회담 선박소위원회 제2회 회의(第５次日韓会談全面予備会談における船舶小委員会の第2回会合)

문서파일번호	40
문서명	제5차 한일회담 예비회담의 선박소위원회 제2회 회의(第５次日韓会談全面予備会談における船舶小委員会の第2回会合)
작성연월일	1960. 11. 18
구분	제5차 회담 예비회담 선박소위원회 제2회 회의
세부항목	
작성처	외무성 북동아시아과
매수	13
비밀등급	극비
문서종류	회의록
공개구분	공개
내용	제5차 한일회담 예비회담 선박소위원회 제2회 회의기록. 과거 제기된 선박의 현황, 추가 조사 등 논의
주제어	선박 반환

제5차 한일회담 예비회담 선박소위원회 제3회 회의(第5次日韓会談全面予備会談における船舶小委員会の第3回会合)

문서파일번호	41
작성연월일	1960. 12. 2
구분	제5차 회담 예비회담 선박소위원회 제3회 회의
세부항목	
작성처	외무성 북동아시아과
매수	21
비밀등급	
문서종류	회의록, 내부자료
공개구분	공개 또는 일부비공개
내용	제5차 한일회담 선박소위원회 제3회 회의기록 및 첨부 자료
주제어	선박 반환

문서명	제5차 한일회담 예비회담 선박소위원회 제3회 회의(第5次日韓全面会談予備会談における船舶小委員会の第3回会合)

문서파일번호 41
작성연월일 1960. 12. 2
구분 제5차 회담 예비회담 선박소위원회 제3회 회의
세부항목
작성처 외무성 북동아시아과
매수 20
비밀등급 극비
문서종류 회의록
공개구분 일부비공개
내용 제5차 한일회담 예비회담 선박소위원회 제3회 회의기록. 해당 선박의 현황에 대한 설명과 질의응답이 진행됨.
주제어 선박 반환

문서명	한일회담 분과위원회 일본 위원 추가 명부(日韓会談分科委員会日本側委員追加名簿)

문서파일번호 41
작성연월일 1960. 11. 25
구분 제5차 회담 예비회담 선박소위원회 제3회 회의
세부항목
작성처 외무성 북동아시아과
매수 1
비밀등급 일반
문서종류 내부자료
공개구분 공개
내용 제5차 한일회담 예비회담 선박소위원회 일본의 추가 위원 명부
주제어 선박 반환

제5차 한일회담 예비회담 선박소위원회 제4회 회의(第5次日韓全面予備会談における船舶小委員会の第4回会合)

문서파일번호	42
문서명	제5차 한일회담 예비회담의 선박소위원회 제4회 회의(第5次日韓全面会談における船舶小委員会の第4回会合)
작성연월일	1960. 12. 16
구분	제5차 회담 예비회담 선박소위원회 제4회 회의
세부항목	
작성처	외무성 북동아시아과
매수	14
비밀등급	극비
문서종류	회의록
공개구분	일부비공개
내용	제5차 한일회담 예비회담 선박소위원회 제4회 회의기록. 해당 선박에 대한 조사 내용의 설명 및 질의응답이 진행됨.
주제어	선박 반환

제5차 한일회담 예비회담 선박소위원회 제5회 회의(第5次日韓会談全面予備会談における船舶小委員会の第5回会合)

문서파일번호	43
작성연월일	1961. 2. 2
구분	제5차 회담 선박소위원회 제5회 회의
세부항목	
작성처	외무성 북동아시아과
매수	16
비밀등급	
문서종류	
공개구분	일부비공개
내용	제5차 한일회담 예비회담 선박소위원회 제5회 회의기록 및 첨부 자료
주제어	선박 반환

문서명	제5차 한일회담 예비회담 선박소위원회 제5회 회의(第5次日韓全面会談予備会談における船舶小委員会第5回会合)

문서파일번호 43
작성연월일 1961. 2. 2
구분 제5차 회담 예비회담 선박소위원회 제5회 회의
세부항목
작성처 외무성 북동아시아과
매수 10
비밀등급 극비
문서종류 회의록
공개구분 일부비공개
내용 제5차 한일회담 예비회담 선박소위원회 제5회 회의기록. 대상 선박의 현황, 조사 개요 등에 대한 질의응답이 진행됨.
주제어 선박 반환

문서명	선박인계서(船舶引継書)

문서파일번호 43
작성연월일 1950. 6. 23
구분 제5차 회담 예비회담 선박소위원회 제5회 회의
세부항목
작성처 외무성 북동아시아과
매수 1
비밀등급 일반
문서종류 내부자료
공개구분 일부비공개
내용 선박인계서. 일부 먹칠
주제어 선박 반환

문서명	해독 불능

문서파일번호 43
작성연월일 1950(월일 불명)
구분 제5차 회담 예비회담 선박소위원회 제5회 회의
세부항목
작성처 외무성 북동아시아과
매수 2
비밀등급 일반
문서종류 내부자료
공개구분 일부비공개
내용 선박 인도에 관한 증명서로 추정됨. 일부 먹칠로 가려짐.
주제어 선박 반환

문서명	계약서(契約書)

문서파일번호 43
작성연월일 1947. 4. 5
구분 제5차 회담 예비회담 선박소위원회 제5회 회의
세부항목
작성처 외무성 북동아시아과
매수 2
비밀등급 일반
문서종류 내부자료
공개구분 일부비공개
내용 선박 계약서. 일부 먹칠로 가려짐.
주제어 선박 반환

문서명	선박명세서(船舶明細書)

문서파일번호	43
작성연월일	1950(월일 불명)
구분	제5차 회담 예비회담 선박소위원회 제5회 회의
세부항목	
작성처	외무성 북동아시아과
매수	1
비밀등급	일반
문서종류	내부자료
공개구분	일부비공개
내용	선박 명세서. 일부 먹칠로 가려짐
주제어	선박 반환

제5차 한일회담 예비회담 선박소위원회 제6회 회의(第5次日韓会談全面予備会談における船舶小委員会の第6回会合)

문서파일번호	44
작성연월일	1961. 2. 10
구분	제5차 회담 선박소위원회 제6회 회의
세부항목	
작성처	외무성 북동아시아과
매수	27
비밀등급	
문서종류	회의록, 내부자료
공개구분	일부비공개
내용	제5차 한일회담 예비회담 선박소위원회 제6회 회의기록 및 첨부 자료
주제어	선박 반환

문서명	제5차 한일회담 예비회담 선박소위원회 제6회 회의(第5次日韓全面会談予備会談における船舶小委員会の第6回会合)

문서파일번호 44
작성연월일 1961. 2. 10
구분 제5차 회담 예비회담 선박소위원회 제6회 회의
세부항목
작성처 외무성 북동아시아과
매수 14
비밀등급 극비
문서종류 회의록
공개구분 일부비공개
내용 제5차 한일회담 예비회담 선박소위원회 제6회 회의기록. 해당 선박의 한국치적 여부에 대한 질의응답이 진행됨.
주제어 선박 반환

문서명	한국 치적선 명부(List of Vessels Registered In Korea)

문서파일번호 44
작성연월일 1961. 2. 10
구분 제5차 회담 예비회담 선박소위원회 제6회 회의
세부항목
작성처 외무성 북동아시아과
매수 13
비밀등급 일반
문서종류 내부자료
공개구분 일부비공개
내용 한국치적선 202척에 대한 등록항, 종류 등을 정리한 선박 명부(영문). 소유자는 먹칠로 비공개됨.
주제어 선박 반환

선박소위원회 비공식회담 기록
(船舶小委員会非公式会談記録)

문서파일번호	45
문서명	선박소위원회 비공식회담 기록(船舶小委員会非公式会談記録)
작성연월일	1961. 3. 7
구분	제5차 회담 선박소위원회 비공식회의
세부항목	
작성처	외무성 북동아시아과
매수	5
비밀등급	극비
문서종류	회의록
공개구분	공개
내용	선박 교섭의 진행에 관한 비공식 협의 기록
주제어	선박 반환

제5차 한일회담 예비회담 선박소위원회 제7회 회의(第5次日韓全面会談予備会談における船舶小委員会の第7回会合)

문서파일번호	46
작성연월일	1961. 3. 10
구분	제5차 회담 예비회담 선박소위원회 제7회 회의
세부항목	
작성처	외무성 북동아시아과
매수	24
비밀등급	
문서종류	회의록, 내부자료
공개구분	공개
내용	제5차 한일회담 선박소위원회 제7회 회의기록 및 첨부 자료
주제어	선박 반환

문서명	제5차 한일회담 예비회담 선박소위원회 제7회 회의(第5次日韓全面会談予備会談における船舶小委員会の第7回会合)

문서파일번호 46
작성연월일 1961. 3. 10
구분 제5차 회담 예비회담 선박소위원회 제7회 회의
세부항목
작성처 외무성 북동아시아과
매수 19
비밀등급 극비
문서종류 회의록
공개구분 공개
내용 제5차 한일회담 예비회담 선박소위원회 제7회 회의기록. 일본이 한국이 제기한 선박 반환에 대한 조사 결과를 설명함.
주제어 선박 반환

문서명	제목 없음

문서파일번호 46
작성연월일 1961. 3. 10
구분 제5차 회담 예비회담 선박소위원회 제7회 회의
세부항목
작성처 외무성 북동아시아과
매수 5
비밀등급 일반
문서종류 내부자료
공개구분 공개
내용 대상 선박명, 등록 번호 등이 명시된 영문 리스트
주제어 선박 반환

제5차 한일회담 예비회담 선박소위원회 제8회 회의(第5次日韓全面会談予備会談における船舶小委員会の第8回会合)

문서파일번호	47
작성연월일	1961. 3. 17
구분	제5차 회담 선박소위원회 제8회 회의
세부항목	
작성처	외무성 북동아시아과
매수	22
비밀등급	
문서종류	회의록, 내부자료
공개구분	공개 또는 일부비공개
내용	1961년 3월 17일 제5차 한일회담 선박소위원회 제8회 회의기록 및 첨부 자료
주제어	선박 반환

문서명	제5차 한일회담예비회담 선박소위원회 제8회 회의(第5次日韓全面会談予備会談における船舶小委員会の第8回会合)

문서파일번호 47
작성연월일 1961. 3. 17
구분 제5차 회담 예비회담 선박소위원회 제8회 회의
세부항목
작성처 외무성 북동아시아과
매수 12
비밀등급 극비
문서종류 회의록
공개구분 공개
내용 제5차 한일회담 예비회담 선박소위원회 제8회 회의기록. 한국이 제기한 선박에 대한 조사 결과 및 그에 대한 질의응답이 이루어짐.
주제어 선박 반환

문서명	202척 중 등록 말소 및 침몰한 선박(202隻中、登録抹消および沈没せる船舶)

문서파일번호 47
작성연월일 1961. 3. 17
구분 제5차 회담 예비회담 선박소위원회 제8회 회의
세부항목
작성처 외무성 북동아시아과
매수 1
비밀등급 일반
문서종류 내부자료
공개구분 일부비공개
내용 등록 말소 및 침몰 선박 리스트. 일부 먹칠
주제어 선박 반환

문서명	202척 중 총사령부 지령에 따라 반환되었다고 생각되는 선박(202隻中、総司令部指令により返還したと思われる船舶)

문서파일번호 47
작성연월일 1961. 3. 17
구분 제5차 회담 예비회담 선박소위원회 제8회 회의
세부항목
작성처 외무성 북동아시아과
매수 1
비밀등급 일반
문서종류 내부자료
공개구분 일부비공개
내용 한국 치적선 202척 중 총사령부 지령에 따라 반환되었다고 생각되는 선박 리스트
주제어 선박 반환

문서명	제목 없음

문서파일번호 47
작성연월일 1961. 3. 17
구분 제5차 회담 예비회담 선박소위원회 제8회 회의
세부항목
작성처 외무성 북동아시아과
매수 3
비밀등급 일반
문서종류 내부자료
공개구분 일부비공개
내용 대상 선박명, 등록 번호 등이 명시된 영문 리스트
주제어 선박 반환

문서명	제목 없음

문서파일번호	47
작성연월일	1961. 3. 17
구분	제5차 회담 예비회담 선박소위원회 제8회 회의
세부항목	
작성처	외무성 북동아시아과
매수	5
비밀등급	일반
문서종류	내부자료
공개구분	일부비공개
내용	대상 선박명, 일본 내 주소지 등이 명시된 리스트. 일부 먹칠
주제어	선박 반환

선박관계 청구권에 대해서
(船舶関係請求権について)

문서파일번호	632
문서명	선박관계 청구권에 대해서(船舶関係請求権について)
작성연월일	1961. 3. 10
구분	제5차 회담
세부항목	선박 문제 법적 검토
작성처	외무성 조약국 법규과
매수	7
비밀등급	일반
문서종류	내부문서
공개구분	공개
내용	외무성 법규과가 한국이 요구하고 있는 선박 반환요구 내용 및 관련 법규 등을 정리, 선박 반환 여부를 법적으로 검토한 내부문서
주제어	선박 반환

제13부

제5차 회담 예비회담 청구권 위원회 회의록 및 비공식회담 (1960~1961)

제5차 한일회담 예비회담 일반청구권소위원회 회의(제1회) [第5次日韓全面会談予備会談の一般請求権小委員会会合(第1回)]

문서파일번호	83
작성연월일	1960. 11. 10
구분	제5차 회담 일반청구권 소위원회 제1회 회의
세부항목	
작성처	외무성, 한국대표단
매수	8
비밀등급	
문서종류	회의록, 내부자료
공개구분	공개
내용	1960년 11월 10일 개최된 제5차 한일회담 예비회담 일반청구권 소위원회 제1회 회의기록
주제어	청구권

문서명	제5차 한일회담 예비회담 일반청구권소위원회 제1회 회의(第5次日韓全面会談予備会談の一般請求権小委員会第1回会合)

문서파일번호 83
작성연월일 1960. 11. 10
구분 제5차 회담 일반청구권 소위원회 제1회 회의
세부항목
작성처 외무성 북동아시아과
매수 6
비밀등급 극비
문서종류 회의록
공개구분 공개
내용 제5차 한일회담 예비회담 일반청구권 소위원회 제1회 회의기록. 회의 의사 절차, 언어 등에 관하여 협의함. 한국은 제1차 회담 시 일본에 제시한 바 있는 청구권요강 8개 항목을 재차 제시함.
주제어 회의 운영, 청구권 요강

문서명	한국의 대일청구요강(가역)[韓国の対日請求要綱(仮訳)]

문서파일번호 83
작성연월일 1960. 11. 10
구분 제5차 회담 일반청구권 소위원회 제1회 회의
세부항목
작성처 한국대표단(일본 가역)
매수 2
비밀등급 극비
문서종류 내부자료
공개구분 공개
내용 제5차 한일회담 예비회담 일반청구권 소위원회 제1회 회의에서 한국이 제출한 대일청구요강 8개 항목. 제1차 회담 시 제시한 8개 항목 중 5번 항목에 '피 징용한인의 보상금'이 새로 포함됨.
주제어 청구권 요강

제5차 한일회담 예비회담 일반청구권소위원회 회의(제2회) [第5次日韓全面会談予備会談の一般請求権小委員会会合(第2回)]

문서파일번호	84
작성연월일	1960. 11. 18 - 1960. 12. 9
구분	제5차 회담 일반청구권 소위원회 제2회 회의
세부항목	
작성처	외무성 북동아시아과
매수	16
비밀등급	
문서종류	회의록, 내부자료, 법령
공개구분	공개
내용	제5차 한일회담 예비회담 일반청구권 소위원회 제2회 회의기록
주제어	청구권

문서명	제5차 한일회담 예비회담 일반청구권소위원회 제2회 회의(第5次日韓全面会談予備会談の一般請求権小委員会第2回会合)

문서파일번호 84
작성연월일 1960. 11. 18
구분 제5차 회담 일반청구권 소위원회 제2회 회의
세부항목
작성처 외무성 북동아시아과
매수 4
비밀등급 극비
문서종류 회의록
공개구분 공개
내용 제5차 한일회담 예비회담 일반청구권 소위원회 제2회 회의기록. 일본은 이전 회의에서 한국이 제시한 8항목의 대일청구요강에 대한 설명을 요구하고 한국은 별첨자료를 통해 답변함.
주제어 청구권 요강

문서명	'비공식 자료 제공' 한국의 대일청구요강(개략설명)[「非公式資料提供」韓國の対日請求要綱(概略說明)]

문서파일번호 84
작성연월일 1960. 11. 18
구분 제5차 회담 일반청구권 소위원회 제2회 회의
세부항목
작성처 외무성 북동아시아과
매수 4
비밀등급 일반
문서종류 내부자료
공개구분 공개
내용 제5차 한일회담 청구권소위원회 제2회 회의에서 한국이 일본에 제기한 청구권요강 세부항목을 밝힌 자료(가역)
주제어 청구권 요강

문서명	한국의 대일청구권(개략설명)의 정정 건(韓国の対日請求要綱(概略説明)の訂正に関する件)

문서파일번호 84
작성연월일 1960. 12. 9
구분 제5차 회담 일반청구권 소위원회 제2회 회의
세부항목
작성처 외무성 북동아시아과
매수 1
비밀등급 극비
문서종류 내부자료
공개구분 공개
내용 대일청구요강 2항(1)(e)의 '군정법령 제3호에 의해'라는 문구를 '태평양 미국육군총사령부 포고 제2호' 로 정정할 것을 요청
주제어 청구권 요강

문서명	태평양 미국육군총사령부 포고 제3호(太平洋美国陸軍総司令部布告第三号)

문서파일번호 84
작성연월일 1945. 9. 7
구분 제5차 회담 일반청구권 소위원회 제2회 회의
세부항목
작성처 외무성 북동아시아과
매수 3
비밀등급 일반
문서종류 법령
공개구분 공개
내용 대일청구요강 2항(1)(e)에 대한 한국의 문구 정정 및 부언에 대한 참고자료로 태평양 미국육군총사령부 포고 제3호를 첨부
주제어 청구권 요강

문서명	재조선 미국군 사령부 군정청 법령 제2호(在朝鮮美国軍司令部軍政庁法令第二号)

문서파일번호	84
작성연월일	1945. 9. 25
구분	제5차 회담 일반청구권 소위원회 제2회 회의
세부항목	
작성처	외무성 북동아시아과
매수	4
비밀등급	일반
문서종류	법령
공개구분	공개
내용	대일청구요강(1) (e)에 대한 한국의 문구 정정 및 부언에 대한 참고자료로 재조선 미국군 사령부 군정청법령 제2호를 첨부
주제어	미군정청령 제2호

제5차 한일회담 예비회담 일반청구권 소위원회 회의(제3회)[第5次日韓全面会談予備会談の一般請求権小委員会第3回会合]

문서파일번호	85
문서명	제5차 한일회담 예비회담 일반청구권 소위원회 회의(제3회)[第5次日韓全面会談予備会談の一般請求権小委員会第3回会合]
작성연월일	1960. 12. 10
구분	제5차 회담 일반청구권 소위원회 제3회 회의
세부항목	
작성처	외무성 북동아시아과
매수	11
비밀등급	극비
문서종류	회의록
공개구분	공개
내용	제5차 회담 예비회담 일반청구권 소위원회 제3회 회의기록. 제1항목 중 금, 은에 관한 반환 문제가 일부 논의됨. 또 한국이 8항목에 대한 일본 의견의 표명을 요구한 데 대해 일본은 아직 이해가 부족하다는 이유로 의견 표명을 피함.
주제어	청구권 요강 제1구분

제5차 한일회담 예비회담 일반청구권소위원회 회의(제4회)[第5次日韓全面会談予備会談の一般請求権小委員会会合(第4回)]

문서파일번호	86
작성연월일	1961. 2. 3
구분	제5차 회담 예비회담 일반청구권소위원회 제4회 회의
세부항목	
작성처	외무성 북동아시아과
매수	6
비밀등급	
문서종류	회의록, 내부자료
공개구분	공개
내용	제5차 한일회담 예비회담 일반청구권소위원회 제4회 회의기록
주제어	청구권, 제5차 한일회담 예비회담 제4회 일반청구권소위원회

문서명	제5차 한일회담 예비회담 일반청구권소위원회 제4회 회의(第5次日韓全面会談予備会談の一般請求権小委員会第4回会合)

문서파일번호 86
작성연월일 1961. 2. 3
구분 제5차 회담 예비회담 일반청구권소위원회 제4회 회의
세부항목
작성처 외무성 북동아시아과
매수 5
비밀등급 극비
문서종류 회의록
공개구분 공개
내용 제5차 한일회담 예비회담 일반청구권소위원회 제4회 회의기록. 한일 양측 수석위원이 부재중인 관계로 특별한 논의는 없었음.
주제어 청구권

문서명	한국대표단 명부(List of Korean Members)

문서파일번호 86
작성연월일 1961. 2. 3
구분 제5차 회담 예비회담 일반청구권소위원회 제4회 회의
세부항목
작성처 외무성 북동아시아과
매수 1
비밀등급 일반
문서종류 내부자료
공개구분 공개
내용 제5차 한일회담 예비회담 일반청구권소위원회 제4회 회의 한국 위원 명단(영문)
주제어 제5차 한일회담 예비회담 일반청구권소위원회 한국대표단

제5차 한일회담 예비회담 일반청구권소위원회 회의(제6회)(第5次日韓全面会談予備会談の一般請求権小委員会の第6回会合)

문서파일번호	88
작성연월일	1961. 3. 15
구분	제5차 회담 예비회담 일반청구권소위원회 제6회 회의
세부항목	
작성처	외무성 북동아시아과, 한국대표단
매수	40
비밀등급	
문서종류	회의록, 내부자료
공개구분	공개
내용	제5차 한일회담 예비회담 일반청구권소위원회 제6회 회의기록
주제어	청구권

문서명	제5차 한일회담 예비회담 일반청구권소위원회 제6회 회의(第5次日韓全面会談予備会談の一般請求権小委員会の第6回会合)

문서파일번호 88
작성연월일 1961. 3. 15
구분 제5차 회담 예비회담 일반청구권소위원회 제6회 회의
세부항목
작성처 외무성 북동아시아과
매수 26
비밀등급 극비
문서종류 회의록
공개구분 공개
내용 제5차 한일회담 예비회담 일반청구권소위원회 제6회 회의기록. 대일청구요강 8항목 중의 제1항 지금, 지은의 반환 문제가 논의됨. 한국은 조선은행권의 발행 준비 지금, 지은의 반출에 대한 반환을 요구하고 일본은 법에 따른 정당한 매매로 인한 반출임을 주장
주제어 청구권 요강 제1항목

문서명	청구권소위원회 제6회 회의에서 한국 유창순 수석위원의 모두 발언 요지(請求権小委員会第6回会合における韓国側劉彰順主査冒頭発言要旨)

문서파일번호 88
작성연월일 1961. 3. 15
구분 제5차 회담 일반청구권소위원회 제6회 회의
세부항목
작성처 외무성 북동아시아과
매수 4
비밀등급 일반
문서종류 내부자료
공개구분 공개
내용 제6차 한일회담 예비회담 일반청구권소위원회 제6회 회의기록 첨부1. 제5차 한일회담 예비회담 일반청구권소위원회 제6회 회의 한국 유창순 수석위원 모두 발언 요지. 유 수석위원은 구 재한일본재산 처리의 효력에 대한 일본의 승인이 8항목에 어떠한 영향도 주지 않으며, 한국이 구 재한일본재산을 훨씬 뛰어넘는 금액을 당초 청구에서 제외한 바 있으며, 일본에게 최초의 청구를 제출했을 때 이러한 점이 이미 감안되었다고 주장함.
주제어 청구권

문서명	유창순 대표의 발언 요지(Gist of a Remark by Mr. Chang Soon Yoo)

문서파일번호 88
작성연월일 1961. 3. 15
구분 제5차 회담
세부항목 예비회담 일반청구권소위원회 제6회 회의
작성처 한국대표단
매수 2
비밀등급 일반
문서종류 내부자료
공개구분 공개
내용 제6차 한일회담 예비회담 일반청구권소위원회 제6회 회의기록 첨부2. 제5차 한일회담 예비회담 일반청구권소위원회 제6회 회의 유창순 수석위원의 발언 요지(영문)
주제어 청구권

문서명	유창순 수석위원의 발언 요지(劉彰順主査の発言要旨)

문서파일번호 88
작성연월일 1961. 3. 15
구분 제5차 회담 일반청구권소위원회 제6회 회의
세부항목
작성처 외무성 북동아시아과
매수 2
비밀등급 일반
문서종류 내부자료
공개구분 공개
내용 제6차 한일회담 예비회담 일반청구권소위원회 제6회 회의기록 첨부2. 제5차 한일회담 예비회담 일반청구권소위원회 제6회 회의 유창순 대표 발언 요지 일본어 가역본
주제어 청구권

문서명	1910년 조약 이후 일본 통치기간 중 조선에서 일본으로 반출된 지금의 상세 (Details of Gold Bullion Shipped through the Bank of Chosun to Japan during the Period of Japanese Administration following the Treaty of 1910)

문서파일번호 88
작성연월일 1961(월일 불명)
구분 제5차 회담 일반청구권소위원회 제6회 회의
세부항목
작성처 한국대표단
매수 3
비밀등급 일반
문서종류 내부자료
공개구분 공개
내용 제6차 한일회담 예비회담 일반청구권소위원회 제6회 회의기록 첨부3. 조선은행에서 반출된 지금의 규모를 연대별로 정리한 자료(영문)
주제어 청구권, 지금

문서명	1910년 조약 이후 일본 통치기간 중 조선에서 일본으로 반출된 지은의 상세 (Details of Silver Bullion Shipped through the Bank of Chosun to Japan during the Period of Japanese Administration following the Treaty of 1910)

문서파일번호 88
작성연월일 1961(월일 불명)
구분 제5차 회담 일반청구권소위원회 제6회 회의
세부항목
작성처 한국대표단
매수 3
비밀등급 일반
문서종류 내부자료
공개구분 공개
내용 제6차 한일회담 예비회담 일반청구권소위원회 제6회 회의기록 첨부3. 조선은행에서 반출된 지은의 규모를 연대별로 정리한 자료(영문)
주제어 청구권, 지은

제5차 한일회담 예비회담 일반청구권소위원회 회의(제7회)(第5次日韓全面会談予備会談の一般請求権小委員会の第7回会合)

문서파일번호	89
작성연월일	1961. 3. 20 - 1961. 3. 22
구분	제5차 회담 예비회담 일반청구권소위원회 제7회 회의
세부항목	
작성처	외무성 북동아시아과
매수	31
비밀등급	
문서종류	회의록, 내부자료
공개구분	공개
내용	1961년 3월 22일 제5차 한일회담 예비회담 일반청구권소위원회 제7회 회의 기록
주제어	청구권

문서명	제5차 한일회담 예비회담 일반청구권소위원회 제7회 회의(第5次日韓全面会談予備会談の一般請求権小委員会の第7回会合)

문서파일번호 89
작성연월일 1961. 3. 22
구분 제5차 회담 일반청구권소위원회 제7회 회의
세부항목
작성처 외무성 북동아시아과
매수 18
비밀등급 극비
문서종류 회의록
공개구분 공개
내용 제5차 한일회담 예비회담 일반청구권소위원회 제7회 회의기록. 우선 대일평화조약 제4조 해석 관련 미국 견해에 관한 일본 견해 표명이 있은 후, 대일청구요강 8항목 중 제2항인 '대조선총독부 채무'에 관해 거기에 포함된 소항목들의 내용, 개념, 청구 근거, 역사적 사실관계 등에 대한 개략적인 질의응답이 이루어짐.
주제어 대일평화조약 제4조 해석 관련 미국 견해, 청구권 요강 제2항목

문서명	3월 22일 청구권소위원회 제7회 회의 요시다 수석위원대리 발언 요지(3月22日請求権小委員会第7回会合における吉田主査代理発言要旨)

문서파일번호 89
작성연월일 1961. 3. 22
구분 제5차 회담 일반청구권소위원회 제7회 회의
세부항목
작성처 외무성 북동아시아과
매수 5
비밀등급 비(秘)
문서종류 내부자료
공개구분 공개
내용 제5차 한일회담 예비회담 일반청구권소위원회 제7회 회의에서 대일평화조약 제4조 해석 관련 미국 견해에 대해 요시다 노부쿠니(吉田信邦) 일본 수석위원대리가 입장을 밝힌 연설문서. 일본은 미국 견해가 재한일본인 재산의 한국 취득이 한국의 대일청구와 '관련이 있다'고 밝히고 있는 점을 강조하고 그 관련성을 결정하는 것이 이 회의의 목적이라고 주장.
주제어 대일평화조약 제4조 해석에 관한 미국 견해

문서명	청구권 소위원회 제6회 회의(3월 15일) 한국 유창순 수석위원 발언에 대한 제7회 회의(3월 22일)에서의 일본 발언(안)[請求権小委員会第6回会合(3月15日)における韓国側劉彰順主査のステートメントに対する第7回会合(3月22日)における日本側発言(案)]

문서파일번호	89
작성연월일	1961. 3. 20
구분	제5차 회담 일반청구권소위원회 제7회 회의
세부항목	
작성처	외무성 북동아시아과
매수	8
비밀등급	극비
문서종류	내부자료
내용	제5차 한일회담 예비회담 일반청구권소위원회 제7회 회의 일본 요시다 노부쿠니 수석위원대리 발언 요지의 초안으로 보임.
주제어	대일평화조약 제4조 해석에 관한 미국 견해

제5차 한일회담 예비회담 일반청구권소위원회 회의(제8회)(第5次日韓全面会談予備会談の一般請求権小委員会の第8回会合)

문서파일번호	90
작성연월일	1961. 3. 29
구분	제5차 회담 예비회담 일반청구권소위원회 제8회 회의
세부항목	
작성처	외무성 북동아시아과
매수	37
비밀등급	
문서종류	회의록, 내부자료
공개구분	공개
내용	제5차 한일회담 예비회담 일반청구권소위원회 제8회 회의기록
주제어	청구권

문서명	제5차 한일회담 예비회담 일반청구권소위원회 제8회 회의(第5次日韓全面会談予備会談の一般請求権小委員会の第8回会合)

문서파일번호 90
작성연월일 1961. 3. 29
구분 제5차 회담 예비회담 일반청구권소위원회 제8회 회의
세부항목
작성처 외무성 북동아시아과
매수 33
비밀등급 극비
문서종류 회의록
공개구분 공개
내용 제5차 한일회담 예비회담 일반청구권소위원회 제8회 회의기록. 대일평화조약 제4조 해석에 관한 미국 견해 관련 일본 견해에 대해 한국이 반박. 그 후 대일청구요강 8항목 중 제2항인 '대조선총독부 채무'에 관해 거기에 포함된 소항목들의 내용, 개념, 청구 근거, 역사적 사실관계 등에 대한 추가적인 논의가 진행됨. 또 일본은 미국이 취득하고 한국정부에 이양한 재한일본인 재산의 자료 등 그 내용을 밝힐 것을 요구함.
주제어 대일평화조약 제4조 해석에 관한 미국 견해, 대일청구요강 제2항목

문서명	3월 29일 일반청구권소위원회 제8회 회의에서 행한 한국 발언 요지(3月29日第8回一般請求権小委員会で行った韓国側の発言要旨)

문서파일번호 90
작성연월일 1961. 3. 29
구분 제5차 회담 예비회담 일반청구권소위원회 제8회 회의
세부항목
작성처 외무성 북동아시아과
매수 4
비밀등급 일반
문서종류 내부자료
공개구분 공개
내용 제5차 한일회담 예비회담 일반청구권소위원회 제8회 회의에서의 한국 발언 요지.

대일평화조약 제4조 해석에 관한 미국 견해에 대해 한국이 일본 입장을 반박한 발언 요지. 한국은 대일평화조약에서 일본의 한국에 대한 청구권이 이미 상실되었음이 확인되었으며, 따라서 미국 견해는 그것을 확인한 것에 불과하며 미국 견해가 새롭게 권리·의무를 발생시키는 것이 아니라는 점, 한국의 대일 8항목 요구는 대일평화조약에서 일본의 대한청구권이 없어졌다는 사실을 고려해서 제출한 점 등을 강조함.

주제어 대일평화조약 제4조 해석에 관한 미국 견해, 대일청구요강 제2항목

제5차 한일회담 예비회담 일반청구권소위원회 회의(제9회)(第5次日韓全面会談予備会談の一般請求権小委員会の第9回会合)

문서파일번호	91
작성연월일	1961. 4. 6
구분	제5차 회담 예비회담 일반청구권소위원회 제9회 회의
세부항목	
작성처	외무성 북동아시아과
매수	30
비밀등급	일반
문서종류	회의록, 내부자료, 법령
공개구분	공개
내용	제5차 한일회담 예비회담 일반청구권소위원회 제9회 회의기록
주제어	청구권

문서명	제5차 한일회담 예비회담 일반청구권소위원회 제9회 회의(第5次日韓全面会談予備会談の一般請求権小委員会の第9回会合)

문서파일번호 91
작성연월일 1961. 4. 6
구분 제5차 회담 일반청구권소위원회 제9회 회의
세부항목
작성처 외무성 북동아시아과
매수 20
비밀등급 극비
문서종류 회의록
공개구분 공개
내용 제5차 한일회담 예비회담 일반청구권위원회 제9회 회의기록. 일본의 대일평화조약 제4조 해석에 관한 미국 견해 승인과 군정청령 제33호 해석에 대한 설명 후, 대일청구요강 8항목 중 제2항인 '대조선총독부 채무' 중의 관련 항목 및 제3항 '1945년 8월 9일 이후 한국으로부터 이체 또는 송금된 금액의 반환'에 관한 개념, 사실관계 등의 질의응답이 진행되었음.
주제어 대일평화조약 제4조 해석에 관한 미국 견해, 청구권요강 제2항 및 3항

문서명	4월 6일 청구권소위원회 제9회 회의 요시다 수석위원대리의 발언 요지(1) [4月6日請求権小委員会第9回会合における吉田主査代理の発言要旨(その1)]

문서파일번호 91
작성연월일 1961. 4. 6
구분 제5차 회담 예비회담 일반청구권소위원회 제9회 회의
세부항목
작성처 외무성 북동아시아과
매수 3
비밀등급 일반
문서종류 내부자료
공개구분 공개
내용 제5차 한일회담 예비회담 일반청구권위원회 제9회 회의에서 대일평화조약 제4조 해석에 관한 미국 견해 관련 일본 입장을 밝히기 위해 준비한 요시다 노부쿠니 발

언 요지. 미국 견해 승인은 일본인재산의 취득과 한국의 대일청구권에 관련이 있다는 점을 포함하고 있음. 또한 대일청구의 설정에 있어 일본인 재산 취득을 고려해서 배상적인 것은 제외하고 청구를 선정했다는 한국 주장은 한국이 원래 교전국이 아니기 때문에 배상 취득 권한이 없으므로 성립되지 않음.

주제어 대일평화조약 제4조 해석에 관한 미국 견해

문서명	4월 6일 청구권소위원회 제9회 회의 요시다 수석위원대리의 발언 요지(2) [4月6日請求権小委員会第9回会合における吉田主査代理の発言要旨(その2)]

문서파일번호 91

작성연월일 1961. 4. 6

구분 제5차 회담 예비회담 일반청구권소위원회 제9회 회의

세부항목

작성처 외무성 북동아시아과

매수 5

비밀등급 일반

문서종류 내부자료

공개구분 공개

내용 제5차 한일회담 예비회담 일반청구권위원회 제9회 회의에서 일본의 미군정청령 제33호에 관한 공식적인 견해를 밝히기 위해 준비한 요시다 노부쿠니 수석위원대리 발언 요지. 동 군정청령에 명기된 8월 9일은 일본인재산 여부를 결정하는 날이며 9월 25일은 12월 6일 자로 미군정 소유가 된 재산이 법적으로 미국에 귀속된 날짜라는 점, 다시 말해 8월 9일 이후 12월 5일까지 한반도에서 인출된 일본인재산은 몰수 대상이 되지 않다는 점, 또한 비록 미국에 귀속되더라도 한국의 취득은 1948년 한미협정에 따른 것이므로 군정청령 제33호에 의한 몰수 재산이 그대로 한국의 청구권을 구성하는 것이 아니라는 점 등이 기술됨.

주제어 미군정청령 제33호

문서명	재조선 미국육군사령부 군정청령 제21호(在朝鮮美国陸軍司令部軍政庁法令第二十一号)

문서파일번호 91

작성연월일 1945. 11. 2

구분 제5차 회담 예비회담 일반청구권소위원회 제9회 회의

세부항목

작성처 외무성 북동아시아과

매수 2

비밀등급 일반

문서종류 법령

공개구분 공개

내용 주한미군정청령 제21호. 동 군정청령은 총독부의 법령들은 미군정이 폐지를 결정하기 전까지는 8월 9일 이후에도 유효하다는 것을 지시한 것임. 이 군정청령이 일본에게 중요한 이유는 한국이 8월 9일 이후의 총독부 조치가 무효라고 주장하는 것을 반박하는 근거이기 때문임.

주제어 미군정청령 제21호

제5차 한일회담 예비회담 일반청구권소위원회 회의(제10회)(第5次日韓全面会談予備会談の一般請求権小委員会の第10回会合)

문서파일번호	92
작성연월일	1961. 4. 13
구분	제5차 회담 예비회담 일반청구권소위원회 제10회 회의
세부항목	
작성처	외무성 북동아시아과
매수	26
비밀등급	
문서종류	회의록, 내부자료, 법령
공개구분	공개
내용	제5차 한일회담 예비회담 일반청구권소위원회 제10회 회의기록
주제어	청구권

문서명	제5차 한일회담 예비회담 일반청구권소위원회 제10회 회의(第5次日韓全面会談予備会談の一般請求権小委員会の第10回会合)

문서파일번호 92
작성연월일 1961. 4. 13
구분 제5차 회담 예비회담 일반청구권소위원회 제10회 회의
세부항목
작성처 외무성 북동아시아과
매수 17
비밀등급 극비
문서종류 회의록
공개구분 공개
내용 제5차 한일회담 예비회담 일반청구권소위원회 제10회 회의기록. 먼저 대일평화조약 제4조 해석에 관한 미국 견해 및 군정청령 제33호의 날짜 해석에 관한 일본 견해에 대한 한국의 반박 주장이 있었음. 그 후 한국의 대일청구요강 8항목 중, 제4항 '1945년 8월 9일 현재 한국에 본사, 본점 또는 주된 사무소가 있던 법인의 재일재산 반환'의 대상 기관, 재산 동향, 청구 근거 등에 대한 질의응답이 진행됨.
주제어 대일평화조약 제4조 해석에 관한 미국 견해, 미군정청령 제33호, 대일청구 제4항

문서명	4월 13일 청구권소위원회 제10회 회의 이상덕 수석위원대리의 발언 요지(1)[4月13日請求権小委員会第10回会合において行った李相徳首席委員代理の発言要旨(その一)]

문서파일번호 92
작성연월일 1961. 4. 13
구분 제5차 회담 예비회담 일반청구권소위원회 제10회 회의
세부항목
작성처 외무성 북동아시아과
매수 6
비밀등급 일반
문서종류 내부자료
공개구분 공개
내용 제5차 한일회담 예비회담 일반청구권소위원회 제10회 회의기록 첨부1. 제5차 한일회담 예비회담 일반청구권소위원회 제10회 회의 한국 이상덕 수석위원대리 발

언 요지. 한국의 청구는 대일평화조약 제14조에 근거한 전쟁배상 청구를 주장하는 것이 아님이 명백하며, 재한일본인 재산의 이양을 고려하여 방대한 대일청구권을 보류하고 엄격한 의미에서 반환의 성격이 있는 것만을 청구하고 있다는 점을 강조함.

주제어 청구권

문서명	태평양 미국육군총사령부 포고 제1호(太平洋美国陸軍総司令部布告第一号)

문서파일번호 92
작성연월일 1945. 9. 7
구분 제5차 회담 예비회담 일반청구권소위원회 제10회 회의
세부항목
작성처 외무성 북동아시아과
매수 3
비밀등급 일반
문서종류 법령
공개구분 공개
내용 태평양미국육군최고사령관 더글라스 맥아더 장군의 명의로 내려진 포고 제1호 일본어 번역문
주제어 태평양 미육군총사령부 포고 제1호

제5차 한일전면회담 예비회담 일반청구권소위원회 회의(제11회)(第5次日韓全面会談予備会談の一般請求権小委員会の第11回会合)

문서파일번호	93
작성연월일	1961. 4. 21
구분	제5차 회담 일반청구권소위원회 제11회 회의
세부항목	
작성처	외무성 북동아시아과
매수	27
비밀등급	
문서종류	회의록, 내부자료
공개구분	공개 또는 일부비공개
내용	제5차 한일회담 예비회담 일반청구권소위원회 제11회 회의기록
주제어	청구권

문서명	제5차 한일회담 예비회담 일반청구권소위원회 제11회 회의(第5次日韓全面会談予備会談の一般請求権小委員会の第11回会合)

문서파일번호 93
작성연월일 1961. 4. 21
구분 제5차 회담 일반청구권소위원회 제11회 회의
세부항목
작성처 외무성 북동아시아과
매수 20
비밀등급 극비
문서종류 회의록
공개구분 일부비공개
내용 제5차 한일회담 예비회담 일반청구권소위원회 제11회 회의기록. 대일평화조약 제4조 해석에 관한 미국 견해와 관련해서 한국이 일본 재산을 취득한 것과 대일청구권은 관련이 없다고 주장. 이에 대한 일본의 반박이 거듭됨. 그 후 한국의 대일청구요강 8항목 중 제4항 '1945년 8월 9일 현재 한국에 본사, 본점 또는 주된 사무소가 있던 법인의 재일재산 반환'의 청구 근거에 대한 법적 질의응답 및 논의가 진행됨(일부 내용 먹칠).
주제어 대일평화조약 제4조 해석에 관한 미국 견해, 미군정청령 제33호, 청구요강 제4항목

문서명	4월 21일 청구권소위원회 제11회 회의 요시다 수석위원대리의 발언 요지(1)[4月21日請求権小委員会第11回会合における吉田主査代理の発言要旨(その一)]

문서파일번호 93
작성연월일 1961. 4. 21
구분 제5차 회담 예비회담 일반청구권소위원회 제11회 회의
세부항목
작성처 외무성 북동아시아과
매수 3
비밀등급 비(秘)
문서종류 내부자료
공개구분 공개
내용 제5차 한일회담 예비회담 일반청구권소위원회 제11회 회의에서 한국이 청구권의

유무에 관해 밝힌 견해에 대해 일본 요시다 노부쿠니(吉田信邦) 수석위원대리가 반박한 내용이 담긴 문서. 일본은 샌프란시스코 대일평화조약이 적용되는 범위를 언급하면서 기존의 입장을 되풀이함.

주제어 대일청구권

문서명	4월 21일 청구권소위원회 제11회 회의 요시다 수석위원대리의 발언 요지(2) [4月21日請求権小委員会第11回会合における吉田主査代理の発言要旨(その二)]

문서파일번호 93

작성연월일 1961. 4. 21

구분 제5차 회담 예비회담 일반청구권소위원회 제11회 회의

세부항목

작성처 외무성 북동아시아과

매수 4

비밀등급 일반

문서종류 내부자료

공개구분 공개

내용 제5차 한일회담 예비회담 일반청구권소위원회 제11회 회의에서 한국이 밝힌 미군정청령 제33호에 관한 견해에 대해 일본 요시다 노부쿠니 수석위원대리가 법리론에 의거한 자국의 입장을 재차 주장한 내용

주제어 미군정청령 제33호

제5차 한일회담 예비회담 일반청구권소위원회 회의(제12회)[第5次日韓全面会談予備会談の一般請求権小委員会会合(第12回)]

문서파일번호	94
작성연월일	1961. 4. 28
구분	제5차 회담 예비회담 일반청구권소위원회 제12회 회의
세부항목	
작성처	외무성 북동아시아과
매수	25
비밀등급	
문서종류	회의록, 내부자료
공개구분	공개 또는 일부비공개
내용	제5차 한일회담 예비회담 일반청구권소위원회 제12회 회의기록
주제어	청구권

문서명	제5차 한일회담 예비회담 일반청구권소위원회 제12회 회의(第5次日韓全面会談予備会談の一般請求権小委員会の第12回会合)

문서파일번호 94

작성연월일 1961. 4. 28

구분 제5차 회담 예비회담 일반청구권소위원회 제12회 회의

세부항목

작성처 외무성 북동아시아과

매수 18

비밀등급 극비

문서종류 회의록

공개구분 일부비공개

내용 제5차 한일회담 예비회담 일반청구권소위원회 제12회 회의기록. 대일평화조약 제4조 해석 관련 미국 견해 및 군정청령 제33호에 관한 일본 견해에 대해 한국의 반박 주장이 다시 진행됨. 그 후 대일청구요강 8항목 중, 제5항 '한국법인 또는 한국 자연인의 일본국 또는 일본 국민에 대한 일본국채, 공채, 일본은행권, 피징용 한인 미수금, 보상금 및 기타 청구권의 변제'의 개념, 범위, 자료 존재 여부 등 질의응답이 진행됨. 개인청구권에 관해서는 일본의 법률에 따라 직접 지급하는 해결 방식에 대한 일본의 문의가 있었으나, 한국은 국가가 대신 지불하는 방식을 주장함(일부 내용 먹칠).

주제어 대일평화조약 제4조 해석에 관한 미국 견해, 미군정청령 제33호, 청구요강 제5항

문서명	4월 28일 제12회 청구권소위원회 회의에서 행한 이상덕 수석위원대리의 발언 요지(1) [4月28日第12回一般請求権小委員会において行った李相徳首席委員代理の発言要旨(その1)]

문서파일번호 94

작성연월일 1961. 4. 28

구분 제5차 회담 일반청구권소위원회 제12회 회의

세부항목

작성처 외무성 북동아시아과

매수 4

비밀등급 일반

문서종류 내부자료

공개구분 공개

내용 제5차 한일회담 예비회담 일반청구권소위원회 제12회 회의에서 한국이 재한일본인 재산 취득과 한국의 대일청구권 문제가 관련이 없음을 다시 강조한 이상덕 수석위원대리의 발언 요지. 한국 주장에 새로운 논리는 없음.

주제어 재한일본인 재산

문서명	**4월 28일 제12회 청구권소위원회 회의 이상덕 수석위원대리의 발언 요지(2)** [4月28日第12回一般請求権小委員会で行った韓国側李相徳首席委員代理の発言要旨(その2)]

문서파일번호 94

작성연월일 1961. 4. 28

구분 제5차 회담 예비회담 일반청구권소위원회 제12회 회의

세부항목

작성처 외무성 북동아시아과

매수 3

비밀등급 일반

문서종류 내부자료

공개구분 공개

내용 제5차 한일회담 예비회담 일반청구권소위원회 제12회 회의에서 군정청령의 날짜 해석에 대한 일본 견해를 반박한 이상덕 수석위원대리의 발언 요지. 내용은 8월 9일자로 재한일본인재산이 미군정에 귀속되었다는 것으로 새로운 내용은 없음.

주제어 미군정청령 제33호

제5차 한일회담 예비회담 일반청구권소위원회 회의(제13회)[第5次日韓全面会談予備会談の一般請求権小委員会会合(第13回)]

문서파일번호	95
작성연월일	1961. 5. 10
구분	제5차 회담 예비회담 일반청구권소위원회 제13회 회의
세부항목	
작성처	외무성 북동아시아과
매수	41
비밀등급	
문서종류	회의록, 내부자료
공개구분	공개
내용	제5차 한일회담 예비회담 일반청구권소위원회 제13회 회의기록
주제어	청구권

문서명	제5차 한일회담 예비회담 일반청구권소위원회 제13회 회의(第5次日韓全面会談予備会談の一般請求権小委員会の第13回会合)

문서파일번호 95
작성연월일 1961. 5. 10
구분 제5차 회담 예비회담 일반청구권소위원회 제13회 회의
세부항목
작성처 외무성 북동아시아과
매수 33
비밀등급 극비
문서종류 회의록
공개구분 공개
내용 제5차 한일회담 예비회담 일반청구권소위원회 제13회 회의기록. 일본은 대일평화조약 제4조 해석에 관한 미국 견해 및 군정청령 제33호에 관한 입장을 재차 표명함. 그 후 대일청구요강 제5항 '한국법인 또는 한국자연인의 일본국 또는 일본 국민에 대한 일본국채, 공채, 일본은행권, 피징용 한인 미수금, 보상금 및 기타 청구권 변제' 중의 일본은행권 소각 문제, 피징용 한인의 미수금, 보상에 관한 사실관계, 요구의 의미, 명부 등에 관해 논의함. 강제 징용자 보상금과 관련해 일본은 일본 원호법으로 처리를, 한국은 한국정부가 국내조치로 하겠다고 주장함.
주제어 대일평화조약 제4조 해석에 관한 미국 견해, 미군정청령 제33호, 청구요강 제5항

문서명	5월 10일 청구권소위원회 제13회 회의 요시다 수석위원대리의 발언 요지(5月10日請求権小委員第13回会合における吉田主査代理の発言要旨)

문서파일번호 95
작성연월일 1961. 5. 10
구분 제5차 회담 예비회담 회담 일반청구권소위원회 제13회 회의
세부항목
작성처 외무성 북동아시아과
매수 8
비밀등급 극비
문서종류 내부자료
공개구분 공개
내용 제5차 한일회담 예비회담 일반청구권소위원회 제13회 회의 요시다 노부쿠니 수석위원대리의 발언 요지. 재한일본인 재산의 한국 취득과 대일청구권이 관련 있음은 대일평화조약의 내용에 비춰볼 때 명백하며, 군정청령의 날짜 해석에 관해서도 자신들의 주장이 옳음을 재차 주장함.
주제어 재한일본인 재산

제5차 한일회담 예비회담 일반청구권소위원회 회의(비공식·기타)[第5次日韓全面会談予備会談の一般請求権小委員会会合(非公式·その他)]

문서파일번호	96
작성연월일	1960. 12. 13 - 1961. 3. 6
구분	제5차 회담 청구권 소위원회 비공식, 기타 회의
세부항목	
작성처	외무성 북동아시아과
매수	20
비밀등급	
문서종류	내부문서, 회의록
공개구분	공개 또는 일부비공개
내용	1960년 12월 13일부터 1961년 3월 6일까지 개최된 한일 양측의 청구권 관련 비공식 회의기록
주제어	청구권

문서명	일반청구권 문제 건(一般請求权問題に関する件)

문서파일번호 96
작성연월일 1960. 12. 13
구분 제5차 회담 청구권소위원회 비공식, 기타 회의
세부항목
작성처 외무성 북동아시아과
매수 4
비밀등급 극비
문서종류 내부문서
공개구분 일부비공개
내용 우라베 도시오(卜部敏男) 참사관과 요시다 노부쿠니(吉田信邦) 이재국 차장(대장성) 전화 통화내용을 정리한 문서. 1960년 12월 12일에 일본 대장성의 니시하라 나오카도(西原直廉) 이재국장과 요시다 차장이 유창순 한국 대표 및 한국은행 관료들과 식사 자리에서 한 담화 내용. 재개된 한일회담의 우호적인 분위기를 유지하면서 청구권 문제를 단계적으로 해결하는 데 의견이 일치됨.
주제어 청구권

문서명	청구권 문제에 관한 비공식회담 개요(請求権問題に関する非公式会談概要)

문서파일번호 96
작성연월일 1960. 12. 27
구분 제5차 회담 청구권소위원회 비공식, 기타 회의
세부항목
작성처 외무성 북동아시아과
매수 7
비밀등급 극비
문서종류 회의록
공개구분 일부비공개
내용 1960년 12월 21일에 개최된 비공식회담 자리에서 양국 대표들이 청구권 문제에 대한 금후 교섭방침을 논의한 것의 개요. 새해 1월에 재개되는 회담에서는 청구권 문제를 실질적으로 해결하기 위해 기탄없이 의견교환하기로 함.
주제어 청구권

문서명	일반청구권 비공식회담(一般請求权非公式会談)

문서파일번호 96
작성연월일 1961. 3. 2
구분 제5차 회담 청구권소위원회 비공식, 기타 회의
세부항목
작성처 외무성 북동아시아과
매수 5
비밀등급 극비
문서종류 회의록
공개구분 공개
내용 한일 양측 대표들의 청구권 문제 비공식회담 내용. 일본에서 청구권의 각 항목에 대해 논의하는 것이 금후 교섭은 물론 장래의 우호 관계를 고려했을 때 과연 도움이 되는지 의문이며, 다른 접근 방식이 필요하다는 의견을 피력함. 이에 대한 의견 교환이 있은 뒤 사무 레벨에서 회의 진행 방식을 조정하기로 합의함.
주제어 청구권

문서명	문 참사관과의 내부협의(우라베 참사관 기록)[文参事官との打合せ(卜部参事官記)]

문서파일번호 96
작성연월일 1961. 3. 6
구분 제5차 회담 청구권소위원회 비공식, 기타 회의
세부항목
작성처 외무성 북동아시아과
매수 2
비밀등급 극비
문서종류 회의록
공개구분 공개
내용 청구권위원회 진행 방식을 두고 이루어진 문철순과 우라베 도시오 참사관의 사전 협의 내용
주제어 청구권

문서명	일반청구권 위원회 내부협의(비공식)[一般請求权委員会打合せ(非公式)]

문서파일번호 96

작성연월일 1961. 3. 6

구분 제5차 회담 청구권소위원회 비공식, 기타 회의

세부항목

작성처 외무성 북동아시아과

매수 2

비밀등급 극비

문서종류 회의록

공개구분 공개

내용 한일 양국 위원이 개최한 청구권 문제에 관한 비공식 회의록. 일본은 군정청령 제33호에 따라 몰수되고 그 후 한국에 이양된 재한일본인 재산의 조회를 요구, 이에 대해 한국은 주일대표부가 아는 범위에서 알려 주겠다고 약속. 또 일본이 재한일본인 재산의 취득으로 한국의 대일청구가 압축되어야 한다고 강조한 데 대하여 한국은 8항목 요구가 그 압축의 결과라고 주장함.

주제어 청구권, 미군정청령 제33호

한국청구권에 대한 엄영달 아주과장과의 회담 요록(韓国請求权についての厳永達亜州課長との会談要録)

문서파일번호	363
문서명	한국청구권에 대한 엄영달 아주과장과의 회담 요록(韓国請求权についての厳永達亜州課長との会談要録)
작성연월일	1961. 9. 8
구분	제6차 회담 예비회담
세부항목	우라베·엄영달 회담
작성처	외무성 우라베 참사관
매수	11
비밀등급	극비
문서종류	회의록
공개구분	공개
내용	김유택 원장 방일 수행 중인 엄영달 과장에게 한국청구권 관련자료를 요청하기 위해 1961년 9월 7일 개최된 우라베 도시오 참사관과 엄 과장 회담 기록. 우라베는 국채, 저축채권, 우체국예금, 은행권, 징용자·군인·군속의 현황 등의 자료를 한국에 요구하였으며, 엄 과장은 일본 자료 제출 없이 한국 자료만 제공하는 것은 어렵다고 대응함. 또 김 원장이 고사카 젠타로 외상과의 회담에서 제시한 8억 달러 관련, 청구권 금액으로 일본이 얼마를 지불할 것인지에 관한 논의도 이루어짐.
주제어	청구권

제14부

제5차 회담 문화재소위원회 회의록 (1960~1961)

제5차 한일회담 예비회담 문화재소위원회 제1회 회의(第5次日韓全面会談予備会談における文化財小委員会第1回会合)

문서파일번호	48
문서명	제5차 한일회담 예비회담 문화재소위원회 제1회 회의(第5次日韓全面会談予備会談における文化財小委員会第1回会合)
작성연월일	1960. 11. 11
구분	제5차 회담 문화재소위원회 제1회 회의
세부항목	
작성처	외무성 북동아시아과
매수	7
비밀등급	일반
문서종류	회의록
공개구분	공개
내용	제5차 한일회담 예비회담 문화재소위원회 제1회 회의기록. 한국이 반환을 요구하는 1905년 이후의 반출 문화재의 범위를 분명히 밝히고 있음.
주제어	문화재 반환

제5차 한일회담 예비회담 문화재소위원회 제2회 회의(第5次日韓全面会談予備会談における文化財小委員会第2回会合)

문서파일번호	49
작성연월일	1961. 2. 1
구분	제5차 회담 문화재소위원회 제2회 회의
세부항목	
작성처	외무성 북동아시아과
매수	5
비밀등급	극비
문서종류	회의록
공개구분	공개
내용	제5차 한일회담 문화재소위원회 제2회 회의기록. 문화재 관련 전문가들의 비공식 모임이 필요하다는 의견에 동의(제1회 회의는 1960년 11월 11일 개최됨).
주제어	문화재 반환

문서명	제5차 한일회담 예비회담의 문화재소위원회 제2회 회의(第5次日韓全面会談予備会談における文化財小委員会第2回会合)

문서파일번호 49
작성연월일 1961. 2. 1
구분 제5차 회담 문화재소위원회 제2회 회의
세부항목
작성처 외무성 북동아시아과
매수 5
비밀등급 극비
문서종류 회의록
공개구분 공개
내용 제5차 한일회담 예비회담 문화재소위원회 제2회 회의기록. 문화재 관련 전문가들의 비공식 모임이 필요하다는 의견에 동의(제1회 회의는 1960년 11월 11일 개최됨)
주제어 문화재 반환

문서명	한국대표단 명부(List of Korean Members)

문서파일번호 49
작성연월일 1961. 2. 1
구분 제5차 회담 문화재소위원회 제2회 회의
세부항목
작성처 외무성 북동아시아과
매수 1
비밀등급 일반
문서종류 내부자료
공개구분 공개
내용 제5차 한일회담 예비회담 문화재소위원회 제2회 회의 한국대표단 명단(영문)
주제어 문화재 반환, 한국대표단 명부

제15부

제5차 회담 예비회담 법적지위위원회 회의록 및 위원회 훈령, 비공식회담 보고 (1960~1961)

제5차 한일회담 예비회담 재일한국인 법적지위에 관한 위원회 제1회 회의(第5次日韓全面会談予備会談における在日韓人の法的地位に関する委員会の第1回会合)

문서파일번호	1093
문서명	제5차 한일회담 예비회담 재일한국인 법적지위에 관한 위원회 제1회 회의(第5次日韓全面会談予備会談における在日韓人の法的地位に関する委員会の第1回会合)
작성연월일	1960. 11. 7
구분	제5차 회담 예비회담 재일한국인 법적지위위원회 제1회 회의
세부항목	
작성처	외무성 북동아시아과
매수	11
비밀등급	극비
문서종류	회의록
공개구분	공개
내용	제5차 한일회담 예비회담 재일한국인 법적지위위원회 제1회 회의기록. 향후 회의 진행에 관한 조정이 이루어짐.
주제어	재일한국인 법적지위

제5차 한일회담 예비회담 재일한국인 법적지위에 관한 위원회 제2회 회의(第5次日韓全面会談予備会談における在日韓人の法的地位に関する委員会の第2回会合)

문서파일번호	1094
문서명	제5차 한일회담 예비회담 재일한국인 법적지위에 관한 위원회 제2회 회의(第5次日韓全面会談予備会談における在日韓人の法的地位に関する委員会の第2回会合)
작성연월일	1960. 11. 14
구분	제5차 회담 예비회담 재일한국인 법적지위위원회 제2회 회의
세부항목	
작성처	외무성 북동아시아과
매수	11
비밀등급	극비
문서종류	회의록
공개구분	공개
내용	제5차 한일회담 예비회담 재일한국인 법적지위위원회 제2회 회의기록. 영주권 대상자, 기간, 허가 방식 등에 대한 논의가 진행됨.
주제어	재일한국인 법적지위

법적지위위원회 회의(제2~4회) 회의 의사요령에 대해서[法的地位委会議(二~四回)議事要領について]

문서파일번호	1147
작성연월일	1960. 11. 14 - 1960. 12. 2
구분	제5차 회담 재일한국인 법적지위위원회 의사요령 내부협의회
세부항목	
작성처	외무성, 법무성
매수	39
비밀등급	
문서종류	내부문서, 회의록
공개구분	공개
내용	제5차 한일회담 재일한국인 법적지위위원회 제2~4회 회의 의사요령 및 자료 모음
주제어	재일한국인 법적지위

문서명	법적지위위 제2회 회의 의사요령에 대해서(法的地位委、第2回会議議事要領について)

문서파일번호 1147
작성연월일 1960. 11. 14
구분 제5차 회담 재일한국인 법적지위위원회 의사요령 내부협의회
세부항목
작성처 법무성
매수 6
비밀등급 극비
문서종류 내부문서
공개구분 공개
내용 제5차 한일회담 예비회담 재일한국인 법적지위위원회 제2회 회의에서의 협의요령에 관한 법무성 견해가 정리된 문서. 기본적으로 재일한국인 처우 문제에 관해서는 양국의 역사적 관계를 감안하고 장래의 우호관계를 증진시키기 위해 일본정부는 가능한 우호적으로 처리하고 싶다는 입장을 피력함. 이어 제1회 위원회 회의에서 한국이 제출한 의견에 대해 질의함. 재일한국인의 숫자(일본이 배려해야 할 인원은 태평양전쟁 종료일 이전부터 계속 일본에 거주해 온 39만 명), 영주허가 해당자에 대한 한국의 조치, 재일한국인 자손의 문제, 강제퇴거 문제 등에 관해 질의함.
주제어 재일한국인 법적지위

문서명	재일한국인의 법적지위에 관한 위원회 제3회 회의의 의사요령 내부협의 건 (在日韓人の法的地位に関する委員会第3回会合の議事要領打合せの件)

문서파일번호 1147
작성연월일 1960. 11. 25
구분 제5차 회담 재일한국인 법적지위위원회 의사요령 내부협의회
세부항목
작성처 외무성 북동아시아과
매수 13
비밀등급 극비
문서종류 회의록
공개구분 공개

내용	제5차 한일회담 예비회담 재일한국인 법적지위위원회 제3회 회의(1960년 11월 25일)를 앞두고 11월 24일 개최된 외무성·법무성 내부협의회 기록. 법무성이 작성한 제3회 회의 의사요령을 토대로 영주권 허가범위, 통상항해조약의 유보조항상의 용어, 한국정부 발급등록증 문제, 법률 126-2-6을 그대로 둘 경우 북한계 재일한인의 처리 문제, 실무그룹 설치 문제 등에 관해 협의함.
주제어	재일한국인 법적지위

문서명	법적지위위 제3회 위원회(11월 25일)에서의 의사요령[法的地位委第三回委員会(十一月二十五日)における議事要領]

문서파일번호	1147
작성연월일	1960. 11. 24
구분	제5차 회담 재일한국인 법적지위위원회 의사요령 내부협의회
세부항목	
작성처	법무성
매수	6
비밀등급	극비
문서종류	내부문서
공개구분	공개
내용	법무성이 1960년 11월 24일 외무성과 내부협의회를 위해 작성한 법적지위위원회 제3회 회의 협의요령
주제어	재일한국인 법적지위

문서명	법적지위위 제3회 위원회(11월 25일)에서의 의사 자료[法的地位委第三回委員会(十一月二十五日)における議事要領]

문서파일번호 1147
작성연월일 1960. 11. 24
구분 제5차 회담 재일한국인 법적지위위원회 의사요령 내부협의회
세부항목
작성처 법무성
매수 9
비밀등급 극비
문서종류 내부문서
공개구분 공개
내용 외무성·법무성 협의회에서의 협의를 토대로 법무성이 재작성한 법적지위위원회 제3회 회의 협의자료. 영주권 허가 실시 절차에 관한 방법 등이 기술되어 있음[법적지위위 일본 수석위원인 다카세 지로(高瀬侍郎) 입국관리국장은 이 자료를 토대로 11월 25일 회의에서 발언함].
주제어 재일한국인 법적지위

문서명	법적지위위 제4회 회의자료(法的地位委第四回怪談資料)

문서파일번호 1147
작성연월일 1960. 12. 2
구분 제5차 회담 재일한국인 법적지위위원회 의사요령 내부협의회
세부항목
작성처 법무성 입국관리국
매수 5
비밀등급 일반
문서종류 내부문서
공개구분 공개
내용 제5차 한일회담 재일한국인 법적지위위원회 제4회 회의(1960년 12월 5일)에서의 협의요령에 관해 법무성이 작성한 문서
주제어 재일한국인 법적지위

제5차 한일회담 예비회담 재일한국인 법적지위에 관한 위원회 제3회 회의(第5次日韓全面会談予備会談における在日韓人の法的地位に関する委員会の第3回会合)

문서파일번호	1095
작성연월일	1960. 11. 25
구분	제5차 회담 예비회담 재일한국인 법적지위위원회 제3회 회의
세부항목	
작성처	외무성 북동아시아과
매수	14
비밀등급	
문서종류	회의록, 내부자료
공개구분	공개
내용	제5차 한일회담 예비회담 재일한국인 법적지위위원회 제3회 회의기록
주제어	재일한국인 법적지위

문서명	제5차 한일회담 예비회담 재일한국인 법적지위에 관한 위원회 제3회 회의(第5次日韓全面会談予備会談における在日韓人の法的地位に関する委員会第3回会合)

문서파일번호 1095
작성연월일 1960. 11. 25
구분 제5차 회담 예비회담 재일한국인 법적지위위원회 제3회 회의
세부항목
작성처 외무성 북동아시아과
매수 8
비밀등급 극비
문서종류 회의록
공개구분 공개
내용 제5차 한일회담 예비회담 재일한국인 법적지위위원회 제3회 회의기록. 영주권 부여 범위, 강제퇴거 등 논의
주제어 재일한국인 법적지위

문서명	별첨자료(別添資料)

문서파일번호 1095
작성연월일 1960. 11. 25
구분 제5차 회담 예비회담 재일한국인 법적지위위원회 제3회 회의
세부항목
작성처 외무성 북동아시아과
매수 6
비밀등급 일반
문서종류 내부자료
공개구분 공개
내용 제5차 한일회담 예비회담 재일한국인 법적지위위원회 제3회 회의 때 일본이 작성한 논의자료. 영주를 허가해야 할 자의 범위 및 한국정부 발급의 등록증명서에 관한 사항 정리
주제어 재일한국인 법적지위

제5차 한일회담 예비회담 재일한국인 법적지위에 관한 위원회 제4회 회의(第5次日韓全面会談予備会談における在日韓人の法的地位に関する委員会の第4回会合)

문서파일번호	1096
작성연월일	1960. 12. 5
구분	제5차 회담 예비회담 재일한국인 법적지위위원회 제4회 회의
세부항목	
작성처	외무성 북동아시아과
매수	10
비밀등급	
문서종류	회의록, 내부자료
공개구분	공개
내용	제5차 한일회담 예비회담 재일한국인 법적지위위원회 제4회 회의기록
주제어	재일한국인 법적지위

문서명	제5차 한일회담 예비회담 재일한국인 법적지위에 관한 위원회 제4회 회의(第5次日韓全面会談予備会談における在日韓人の法的地位に関する委員会の第4回会合)

문서파일번호 1096
작성연월일 1960. 12. 5
구분 제5차 회담 예비회담 재일한국인 법적지위위원회 제4회 회의
세부항목
작성처 외무성 북동아시아과
매수 4
비밀등급 극비
문서종류 회의록
공개구분 공개
내용 제5차 한일회담 예비회담 재일한국인 법적지위위원회 제4회 회의기록. 제3회 회의에서 일본이 밝힌 입장에 대해 한국이 질의함.
주제어 재일한국인 법적지위

문서명	별첨자료(別添資料)

문서파일번호 1096
작성연월일 1960. 12. 5
구분 제5차 회담 예비회담 재일한국인 법적지위위원회 제4회 회의
세부항목
작성처 외무성 북동아시아과
매수 6
비밀등급 일반
문서종류 내부자료
공개구분 공개
내용 제5차 한일회담 예비회담 재일한국인 법적지위위원회 제4회 회의에서 일본이 작성한 논의자료. 영주를 허가해야 할 자의 범위 및 한국정부 발급의 등록증명서 필요여부 등에 관한 검토의견.
주제어 재일한국인 법적지위

제5차 한일회담 예비회담 재일한국인 법적지위에 관한 위원회 제5회 회의(第5次日韓全面会談予備会談における在日韓人の法的地位に関する委員会の第5回会合)

문서파일번호	1097
작성연월일	1960. 12. 12
구분	제5차 회담 예비회담 재일한국인 법적지위위원회 제5회 회의
세부항목	
작성처	외무성 북동아시아과
매수	13
비밀등급	
문서종류	회의록, 내부자료
공개구분	공개
내용	제5차 한일회담 예비회담 재일한국인 법적지위위원회 제5회 회의기록
주제어	재일한국인 법적지위

문서명	제5차 한일회담 예비회담 재일한국인 법적지위에 관한 위원회 제5회 회의(第5次日韓全面会談予備会談における在日韓人の法的地位に関する委員会の第5回会合)

문서파일번호 1097
작성연월일 1960. 12. 12
구분 제5차 회담 예비회담 재일한국인 법적지위위원회 제5회 회의
세부항목
작성처 외무성 북동아시아과
매수 6
비밀등급 극비
문서종류 회의록
공개구분 공개
내용 제5차 한일회담 예비회담 재일한국인 법적지위위원회 제5회 회의기록. 재일한국인 영주권자에 대한 처우, 귀환자의 반출재산 등에 관해 논의함.
주제어 재일한국인 법적지위

문서명	(별첨)제5회 회의에서 다카세 주사의 발언[(別添) 第5回会合における高瀬主査の発言]

문서파일번호 1097
작성연월일 1960. 12. 12
구분 제5차 회담 예비회담 재일한국인 법적지위위원회 제5회 회의
세부항목
작성처 외무성 북동아시아과
매수 7
비밀등급 일반
문서종류 내부자료
공개구분 공개
내용 제5차 한일회담 예비회담 재일한국인 법적지위위원회제5회 회의 일본 다카세 지로 수석위원이 발언한 내용. 영주허가를 부여하는 자손의 범위, 국외에 있는 자손, 국외에서 출생한 자손에 관한 사항, 영주허가 방법 등에 관한 견해가 담김.
주제어 재일한국인 법적지위

제5차 한일회담 예비회담 재일한국인 법적지위에 관한 위원회 제6회 회의(第5次日韓全面会談予備会談における在日韓人の法的地位に関する委員会の第6回会合)

문서파일번호	1098
문서명	제5차 한일회담 예비회담 재일한국인 법적지위에 관한 위원회 제6회 회의(第5次日韓全面会談予備会談における在日韓人の法的地位に関する委員会の第6回会合)
작성연월일	1960. 12. 19
구분	제5차 회담 예비회담 재일한국인 법적지위위원회 제6회 회의
세부항목	
작성처	외무성 북동아시아과
매수	11
비밀등급	극비
문서종류	회의록
공개구분	공개
내용	제5차 한일회담 예비회담 재일한국인 법적지위위원회 제6회 회의기록. 영주권 부여 범위, 반출 재산 문제에 대한 논의가 계속됨.
주제어	재일한국인 법적지위

제5차 한일회담 예비회담 재일한국인 법적지위에 관한 위원회 제7회 회의(第5次日韓全面会談予備会談における在日韓人の法的地位に関する委員会の第7回会合)

문서파일번호	1099
작성연월일	1961. 1. 30
구분	제5차 회담 재일한국인 법적지위위원회 제7회 회의
세부항목	
작성처	외무성
매수	13
비밀등급	
문서종류	회의록
공개구분	공개
내용	재일한국인 법적지위위원회 제7회 회의기록
주제어	재일한국인 법적지위

문서명	제5차 한일회담 예비회담 재일한국인 법적지위에 관한 위원회 제7회 회의(第5次日韓全面会談予備会談における在日韓人の法的地位に関する委員会の第7回会合)

문서파일번호	1099
작성연월일	1961. 1. 30
구분	제5차 회담 재일한국인 법적지위위원회 제7회 회의
세부항목	
작성처	외무성
매수	8
비밀등급	극비
문서종류	회의록
공개구분	공개
내용	재일한국인 법적지위위원회 제7회 회의기록. 영주허가 신청 및 기타 교섭 진행요령 논의
주제어	재일한국인 법적지위

문서명	한국 위원 명부(List of Korean Members)

문서파일번호	1099
작성연월일	1961. 1. 30
구분	제5차 회담 재일한국인 법적지위위원회 제7회 회의
세부항목	
작성처	한국대표단
매수	1
비밀등급	일반
문서종류	내부자료
공개구분	공개
내용	재일한국인 법적지위위원회 한국 명부(영문 및 한자 이름)
주제어	재일한국인 법적지위

문서명	제목 없음

문서파일번호	1099
작성연월일	1961. 2. 2
구분	제5차 회담 재일한국인 법적지위위원회 제7회 회의
세부항목	
작성처	외무성
매수	8
비밀등급	극비
문서종류	내부자료
공개구분	공개
내용	1961년 1월 10일 재일한인 법적지위 문제에 관해 일본이 제출한 방침안에 대한 한국 견해를 담은 문서. 영주권 허가 범위, 방법, 강제퇴거 등에 대한 한국정부의 생각이 기술됨.
주제어	재일한국인 법적지위

제5차 한일회담 예비회담 재일한국인 법적지위에 관한 위원회 제8회 회의(第5次日韓全面会談予備会談における在日韓人の法的地位に関する委員会の第8回会合)

문서파일번호	1100
작성연월일	1961. 3. 2
구분	제5차 회담 재일한국인 법적지위위원회 제8회 회의
세부항목	
작성처	외무성 북동아시아과
매수 16	
비밀등급	
문서종류	회의록
공개구분	공개
내용	재일한국인 법적지위위원회 제8회 회의기록
주제어	재일한국인 법적지위

문서명	제5차 한일회담 예비회담 재일한국인 법적지위에 관한 위원회 제8회 회의(第5次日韓全面会談予備会談における在日韓人の法的地位に関する委員会の第8回会合)

문서파일번호 1100
작성연월일 1961. 3. 2
구분 제5차 회담 재일한국인 법적지위위원회 제8회 회의
세부항목
작성처 외무성 북동아시아과
매수 8
비밀등급 극비
문서종류 회의록
공개구분 공개
내용 재일한국인 법적지위위원회 제8회 회의기록. 국적, 영주권, 귀화, 처우 등에 대해 논의
주제어 재일한국인 법적지위

문서명	제목 없음

문서파일번호 1100
작성연월일 1961. 3. 2
구분 제5차 회담 재일한국인 법적지위위원회 제8회 회의
세부항목
작성처 외무성 북동아시아과
매수 8
비밀등급 극비
문서종류 내부자료
공개구분 공개
내용 1961년 2월 2일 한국이 제시한 국적, 영주권, 귀화, 처우 등 입장문서에 대한 일본의 회신
주제어 재일한국인 법적지위

제5차 한일회담 예비회담 재일한국인 법적지위에 관한 위원회 제9회 회의(第5次日韓全面会談予備会談における在日韓人の法的地位に関する委員会の第9回会合)

문서파일번호	1101
문서명	제5차 한일회담 예비회담 재일한국인 법적지위에 관한 위원회 제9회 회의(第5次日韓全面会談予備会談における 在日韓人の法的地位に関する委員会の第9回会合)
작성연월일	1961. 4. 6
구분	제5차 회담 예비회담 재일한국인 법적지위위원회 제9회 회의
세부항목	
작성처	외무성 북동아시아과
매수	10
비밀등급	극비
문서종류	회의록
공개구분	공개
내용	제5차 한일회담 예비회담 법적지위위원회 제9회 회의기록. 재일한국인의 처우, 귀국 시의 반출 재산, 교육 등에 관해 논의함.
주제어	재일한국인 법적지위

제5차 한일회담 예비회담 재일한국인 법적지위에 관한 위원회 제10회 회의(第5次日韓全面会談予備会談における在日韓人の法的地位に関する委員会の第10回会合)

문서파일번호	1102
작성연월일	1961. 4. 27
구분	제5차 회담 예비회담 재일한국인 법적지위위원회 제10회 회의
세부항목	
작성처	외무성, 한국대표단
매수	7
비밀등급	
문서종류	회의록, 내부자료
공개구분	공개
내용	제5차 한일회담 예비회담 법적지위위원회 제10회 회의기록
주제어	재일한국인 법적지위

문서명	제5차 한일회담 예비회담 재일한국인 법적지위에 관한 위원회 제10회 회의(第5次日韓全面会談予備会談における작성처 在日韓人の法的地位に関する委員会の第10回会合)

문서파일번호 1102
작성연월일 1961. 4. 27
구분 제5차 회담 예비회담 재일한국인 법적지위위원회 제10회 회의
세부항목
작성처 외무성 북동아시아과
매수 3
비밀등급 극비
문서종류 회의록
공개구분 공개
내용 제5次 한일회담 예비회담 법적지위위원회 제10회 회의기록. 재일한국인에 대한 처우, 귀국 시의 반출 재산 등에 관한 한국정부의 입장을 피력함.
주제어 재일한국인 법적지위

문서명	제목 없음

문서파일번호 1102
작성연월일 1961. 4. 27
구분 제5차 회담 예비회담 재일한국인 법적지위위원회 제10회 회의
세부항목
작성처 한국대표단 (일본 가역)
매수 4
비밀등급 극비
문서종류 내부자료
공개구분 공개
내용 1960년 4월 27일 회의에서 전달된 한국 입장 문서. 한국정부가 영주귀국자의 재산 반출 문제, 영주귀국자 중 빈곤자에 대한 자금제공, 영주권자의 교육 문제, 생활보호 문제 등에 관한 입장을 정리
주제어 재일한국인 법적지위

법적지위 문제에 관한 이세키·다카세·우야마·엄·이(천상)·문 비공식회담 기록[法的地位問題に関する伊関·高瀬·宇山·厳·李(天祥)·文非公式会談記録]

문서파일번호	1103
문서명	법적지위 문제에 관한 이세키·다카세·우야마·엄·이(천상)·문 비공식회담 기록 [法的地位問題に関する伊関·高瀬·宇山·厳·李(天祥)·文非公式会談記録]
작성연월일	1960. 11. 26
구분	제5차 회담
세부항목	재일한국인 법적지위 비공식회담
작성처	외무성 북동아시아과
매수	5
비밀등급	극비
문서종류	회의록
공개구분	공개
내용	재일한국인 법적지위 문제에 관한 비공식회담 기록. 일본의 이세키 유지로 아시아국장, 다카세 지로(高瀬侍郎) 입국관리국장, 우야마 아쓰시(宇山厚) 아시아국 참사관, 한국의 엄요섭 주일공사, 이천상 변호사, 문철순 참사관 참석. 영주권에 관한 자손의 범위, 강제퇴거 등이 논의됨.
주제어	재일한국인 법적지위

재일한국인 법적지위에 관한 비공식회담 기록
(在日韓人の法的地位に関する非公式会談記録)

문서파일번호	1104
문서명	재일한국인 법적지위에 관한 비공식회담 기록(在日韓人の法的地位に関する非公式会談記録)
작성연월일	1960. 12. 8
구분	제5차 회담
세부항목	재일한인 법적지위 비공식회담
작성처	외무성 북동아시아과
매수	8
비밀등급	극비
문서종류	회의록
공개구분	공개
내용	재일한국인 법적지위에 관한 비공식 회의기록[다카세 지로(高瀬侍郎) 입관국장, 우라베 도시오(卜部敏男) 참사관, 히라쓰카(平塚子之一) 입국관리국 경비과장, 엄요섭 공사, 이천상 변호사, 문철순 참사관 참석]. 법적지위위원회 회의 일정, 한국국적, 강제퇴거, 영주허가 범위, 처우에 관해 양국의 의견교환이 이루어짐.
주제어	재일한국인 법적지위

법적지위위원회 사적 회담
(法的地位委員会私的会談)

문서파일번호	1105
문서명	법적지위위원회 사적 회담(法的地位委員会私的会談)
작성연월일	1960. 12. 14
구분	제5차 회담 재일한인 법적지위위원회
세부항목	
작성처	외무성 북동아시아과
매수	5
비밀등급	극비
문서종류	회의록
공개구분	공개
내용	재일한국인 법적지위위원회 사적 회담 기록[다카세 지로 입관국장, 히라쓰카카 입관 경비과장 과장, 이케가미 쓰토무(池上努) 검사, 엄요섭 공사, 이천상 변호사, 문철순 참사관 참석]. 재일한국인에 대한 영주권 부여 범위, 방법, 강제퇴거, 처우 문제, 국적 확인 등을 논의
주제어	재일한국인 법적지위

재일한국인의 영주 허가에 관한 한일 쌍방의 주장에 대해서(在日韓人の永住許可に関する日韓双方の主張について)

문서파일번호	1106
작성연월일	1960. 12. 13
구분	제5차 회담
세부항목	재일한국인의 영주허가
작성처	법무성 입국관리국
매수	8
비밀등급	
문서종류	내부문서
공개구분	공개
내용	재일한국인의 영주허가에 관한 법무성 입장이 정리된 문서
주제어	재일한국인 법적지위

문서명	재일한국인의 영주 허가에 관한 한일 쌍방의 주장에 대해서(在日韓国人の永住許可に関する日韓双方の主張について)

문서파일번호 1106
작성연월일 1960. 12. 13
구분 제5차 회담
세부항목 재일한국인 영주허가
작성처 법무성 입국관리국
매수 7
비밀등급 극비
문서종류 내부문서
공개구분 공개
내용 재일한국인에 대한 영주허가 문제와 관련하여 법무성의 입장을 정리한 문서. 한국 정부의 요구를 수락할 경우 발생할 문제점 등이 검토됨.
주제어 재일한국인 법적지위

문서명	조문안(条文案)

문서파일번호 1106
작성연월일 1960. 12. 13
구분 제5차 회담
세부항목 재일한국인 영주허가
작성처 법무성 입국관리국
매수 1
비밀등급 극비
문서종류 내부문서
공개구분 공개
내용 재일한국인 법적지위 협정문안 중 재일한국인의 영주허가 신청에 관한 조문안
주제어 재일한국인 법적지위

한일회담 법적지위위원회 워킹그룹 협의 건
(日韓会談法的地位委員会ワーキング·グループの打合せに関する件)

문서파일번호	1107
문서명	한일회담 법적지위위원회 워킹그룹 협의 건(日韓会談法的地位委員会ワーキング·グループの打合せに関する件)
작성연월일	1960. 12. 17
구분	제5차 회담 재일한국인 법적지위위원회 실무자(working group) 회의
세부항목	
작성처	외무성 북동아시아과
매수	11
비밀등급	극비
문서종류	회의록
공개구분	공개
내용	재일한국인 법적지위 문제에 대한 한일 실무자(working group) 비공식 회의기록. 영주허가 범위, 허가 방법, 강제퇴거, 반출 재산 문제에 대해 양국의 의견을 교환함.
주제어	재일한국인 법적지위

법적지위 문제에 관한 제4회 비공식회담 기록
(法的地位問題に関する第4回非公式会談記録)

문서파일번호	1108
문서명	법적지위 문제에 관한 제4회 비공식회담 기록(法的地位問題に関する第4回非公式会談記録)
작성연월일	1960. 12. 20
구분	제5차 회담 재일한인 법적지위 제4회 비공식회담
세부항목	
작성처	외무성 북동아시아과
매수	7
비밀등급	극비
문서종류	회의록
공개구분	공개
내용	재일한국인 법적지위 문제에 관한 제4회 한일 비공식회담 기록. 영주권 부여 범위, 강제퇴거, 처우, 귀환자의 반출 재산 문제가 다루어짐.
주제어	재일한국인 법적지위

법적지위 문제에 관한 제5회 비공식회담 기록
(法的地位問題に関する第5回非公式会談記録)

문서파일번호	1109
작성연월일	1961. 1. 10
구분	제5차 회담 재일한국인 법적지위 제5회 비공식회담
세부항목	
작성처	외무성 북동아시아과
매수	12
비밀등급	
문서종류	회의록, 내부자료
공개구분	공개
내용	재일한국인 법적지위 문제에 관한 제5회 비공식회담 기록
주제어	재일한국인 법적지위

문서명	법적지위 문제에 관한 제5회 비공식회담 기록(法的地位問題に関する第5回非公式会談記録)

문서파일번호 1109
작성연월일 1961. 1. 10
구분 제5차 회담 재일한국인 법적지위 제5회 비공식회담
세부항목
작성처 외무성 북동아시아과
매수 9
비밀등급 극비
문서종류 회의록
공개구분 공개
내용 재일한국인 법적지위 문제에 관한 제5회 한일 비공식회담 기록. 영주권 범위, 허가 방법, 강제퇴거, 처우 문제에 대한 양국 간 조정이 이루어짐.
주제어 재일한국인 법적지위

문서명	제목 없음

문서파일번호 1109
작성연월일 1961. 1. 10
구분 제5차 회담 재일한국인 법적지위 제5회 비공식회담
세부항목
작성처 외무성 북동아시아과
매수 3
비밀등급 극비
문서종류 내부자료
공개구분 공개
내용 재일한국인 법적지위 문제에 관한 제5회 비공식회담에서 일본이 제시한 영주허가 범위, 영주허가 방법, 강제퇴거에 관한 입장 문서
주제어 재일한국인 법적지위

법적지위 문제에 관한 제6회 비공식회담 기록
(法的地位問題に関する第6回非公式会談記録)

문서파일번호	1110
작성연월일	1961. 2. 2
구분	제5차 회담 재일한국인 법적지위 제6회 비공식회담
세부항목	
작성처	외무성
매수	16
비밀등급	
문서종류	회의록, 내부자료
공개구분	공개
내용	재일한국인 법적지위 문제에 관한 제6회 비공식회담 기록
주제어	재일한국인 법적지위

문서명	법적지위 문제에 관한 제6회 비공식회담 기록(法的地位問題に関する第6回非公式会談記録)

문서파일번호 1110
작성연월일 1961. 2. 2
구분 제5차 회담 재일한국인 법적지위 제6회 비공식회담
세부항목
작성처 외무성 북동아시아과
매수 12
비밀등급 극비
문서종류 회의록
공개구분 공개
내용 재일한국인 법적지위 문제에 관한 제6회 한일 비공식회담 기록. 국적, 강제퇴거, 영주허가 방법, 영주허가 범위 문제 등에 대한 조정이 이루어짐.
주제어 재일한국인 법적지위

문서명	제목 없음

문서파일번호 1110
작성연월일 1961. 2. 2
구분 제5차 회담 재일한국인 법적지위 제6회 비공식회담
세부항목
작성처 한국대표단(일본 가역)
매수 4
비밀등급 극비
문서종류 내부자료
공개구분 공개
내용 재일한국인 법적지위 문제에 관한 제5회 비공식회담 시 일본이 제시한 입장에 대한 한국의 반박 주장
주제어 재일한국인 법적지위

법적지위 문제에 관한 제7회 비공식회담 기록
(法的地位問題に関する第7回非公式会談記録)

문서파일번호	1111
문서명	법적지위 문제에 관한 제7회 비공식회담 기록(法的地位問題に関する第7回非公式会談記録)
작성연월일	1961. 3. 9
구분	제5차 회담 재일한국인법적지위 제7회 비공식회담
세부항목	
작성처	외무성 북동아시아과
매수	5
비밀등급	극비
문서종류	회의록
공개구분	공개
내용	재일한국인 법적지위 문제에 관한 제7회 비공식회담 기록. 영주허가 범위, 강제퇴거, 처우 문제, 귀화 문제에 관해 가벼운 의견교환이 있었으나 의미 있는 진전은 없었음.
주제어	재일한국인 법적지위

법적지위 문제에 관한 제8회 비공식회담 기록
(法的地位問題に関する第八回非公式会談記録)

문서파일번호	1112
문서명	법적지위 문제에 관한 제8회 비공식회담 기록(法的地位問題に関する第八回非公式会談記録)
작성연월일	1961. 3. 23
구분	제5차 회담 재일한국인 법적지위 제8회 비공식회담
세부항목	
작성처	외무성 북동아시아과
매수	14
비밀등급	극비
문서종류	회의록
공개구분	공개
내용	재일한국인 법적지위 문제에 관한 제8회 비공식회담 기록. 귀환자의 반출 재산, 교육, 생활보호 등의 처우 문제에 대해 한일 양국이 의견을 표명함.
주제어	재일한국인 법적지위

법적지위 문제에 관한 제9회 비공식회담 기록
(法的地位問題に関する第9回非公式会談記録)

문서파일번호	1113
문서명	법적지위 문제에 관한 제9회 비공식회담 기록(法的地位問題に関する第9回非公式会談記録)
작성연월일	1961. 3. 30
구분	제5차 회담 재일한국인 법적지위 제9회 비공식회담
세부항목	
작성처	외무성 북동아시아과
매수	12
비밀등급	극비
문서종류	회의록
공개구분	공개
내용	재일한국인 법적지위 문제에 관한 제9회 비공식회담 기록. 반출재산, 교육, 생활보호, 경제활동 등에 관해 논의함.
주제어	재일한국인 법적지위

법적지위 문제에 관한 제10회 비공식회담 기록
(法的地位問題に関する第10回非公式会談記録)

문서파일번호	1114
문서명	법적지위 문제에 관한 제10회 비공식회담 기록(法的地位問題に関する第10回非公式会談記録)
작성연월일	1961. 4. 20
구분	제5차 회담 재일한국인 법적지위 제10회 비공식회담
세부항목	
작성처	외무성 북동아시아과
매수	15
비밀등급	극비
문서종류	회의록
공개구분	공개
내용	재일한국인 법적지위 문제에 관한 제10회 비공식회담 기록. 반출 재산, 교육, 생활보호, 영주권 범위, 강제퇴거, 국적 문제 등에 관해 의견을 교환
주제어	재일한국인 법적지위

법적지위 문제에 관한 제11회 비공식회담 기록
(法的地位問題に関する第11回非公式会談記録)

문서파일번호	1115
문서명	법적지위 문제에 관한 제11회 비공식회담 기록(法的地位問題に関する第11回非公式会談記録)
작성연월일	1961. 5. 11
구분	제5차 회담 재일한국인 법적지위 제11회 비공식회담
세부항목	
작성처	외무성 북동아시아과
매수	13
비밀등급	극비
문서종류	회의록
공개구분	공개
내용	제5차 한일회담 재일한국인 법적지위 문제에 관한 제11회 비공식회담 기록. 귀환자의 반출 재산에 관한 권리 및 지원, 국적확인, 교육, 영주권 부여의 범위 등에 관해 양국이 질의응답
주제어	재일한국인 법적지위

재일한국인 문제에 관한 논의자료 1, 2, 3
(日朝鮮人問題に関する討議資料 一, 二, 三)

문서파일번호	1145
작성연월일	1960. 9. 28 - 1960. 10. 6
구분	제4~5차 회담 사이
세부항목	재일한국인 법적지위 논의자료
작성처	법무성 입국관리국
매수	35
비밀등급	
문서종류	내부자료
공개구분	공개
내용	재일한국인 법적지위 문제에 관한 교섭과 관련하여 법무성 입국관리국이 주요 논점을 정리한 자료
주제어	재일한국인 법적지위

문서명	논의자료(1) [討議資料(1)]

문서파일번호 1145
작성연월일 1960. 9. 28
구분 제4~5차 회담 사이
세부항목 재일한국인 법적지위 논의자료
작성처 법무성 입국관리국
매수 11
비밀등급 일반
문서종류 내부자료
공개구분 공개
내용 재일한국인의 정의(태평양전쟁의 전투종료 일자를 언제부터 할 것인가), 재일한국인의 국적 선택권, 재일한국인의 국적의 확정 또는 확인은 필요한가, 재일한국인에 부여하는 영주권허가, 재일한국인의 국적 문제(특히 한국의 입장에서) 등에 관한 검토의견을 기술하고, 일본이 규정하는 '조선인(朝鮮人)'과의 관계에 관한 견해를 첨부함.
주제어 재일한국인 법적지위

문서명	논의자료(2) (討議資料ノ二)

문서파일번호 1145
작성연월일 1960. 9. 28
구분 제4~5차 회담 사이
세부항목 재일한국인 법적지위 논의자료, 영주권 문제, 강제퇴거
작성처 법무성 입국관리국
매수 11
비밀등급 극비
문서종류 내부자료
공개구분 공개
내용 법적지위 문제 중, 영주권 문제(영주권 부여 범위, 일본정부의 영주허가를 부여하는 협정문서), 영주권을 부여받은 자의 강제퇴거 문제 등에 관한 논점을 제시 또는 정리함. 1952년 4월 1일 작성된 '영주허가를 받은 재일한국인에 대한 강제퇴거 운용에 관한 양해사항(안)', 강제퇴거 기준에 관한 논의자료와 입국관리국 측이 새로 작성한 것으로 보이는 '영주허가를 받은 재일한국인에 대한 강제퇴거 운용에 관한 양해사항(안)'을 첨부함.
주제어 재일한국인 법적지위

문서명	논의자료(3)(討議資料ノ三)

문서파일번호 1145
작성연월일 1960. 10. 10
구분 제4~5차 회담 사이
세부항목 재일한국인 법적지위 논의자료, 강제퇴거
작성처 법무성 입국관리국
매수 10
비밀등급 비(秘)
문서종류 내부자료
공개구분 공개
내용 강제퇴거에 관한 자료. 1957년 12월 31일 한일합의에 따라 오무라수용소에서 국내 석방된 사람들의 범죄이력 내역표를 수록함. 그리고 영주권 부여에 관한 (일본)국내법 제정 필요성, 국내법 제정이 필요할 경우 어떠한 형식으로 할 것인가, 영주권 신청 기간, 법 126-2-6(재일한국인과 타이완인을 함께 대상으로 하는 법률)을 어떻게 할 것인가, 입국관리국의 영주권 부여 기준을 어떻게 할 것인가, 1957년 12월 31일 한국과 타결된 상호 석방 각서와의 관계는 어떻게 할 것인가, 패전 후 밀입국자의 인수에 관한 교환공문 등에서 한국의 확인을 받을 필요는 있는가, 밀입국자로서 가방면 상태인 사람들에게 재류자격을 인정하는 조치가 필요한가 등의 논점을 제시. 마지막으로 법 126-2-6의 한국인 거주자격에 관한 처우 요령(입관 의견 안, 1960년 10월 10일 자)을 수록함.
주제어 재일한국인 법적지위

문서명	1952년 법률 126호 제2조 6항에 해당하는 한국인의 재류자격 취득에 관한 법률안(昭和二七年法律第一二六号第二条六項に該当する朝鮮人の在留資格取得に関する法律案)

문서파일번호 1145
작성연월일 1960. 10. 6
구분 제4~5차 회담 사이
세부항목 재일한국인 법적지위 관련 법률안
작성처 법무성 입국관리국
매수 3
비밀등급 일반
문서종류 법률안
공개구분 공개
내용 1952년 제정된 법률 126호 제2조 6항에 해당하는 한국인의 거주자격 취득에 관하여 입국관리국이 1960년 10월 6일 자로 작성한 법률안
주제어 재일한국인 법적지위

재일한국인 법적지위에 관한 문제에 관한 관계 각 성 내부협의회(在日韓国人の法的地位に関する問題についての関係各省打合会)

문서파일번호	1152
작성연월일	1960. 10. 10 - 1960. 12. 27
구분	제5차 회담 재일한국인 법적지위 문제에 관한 관계성 협의회
세부항목	
작성처	외무성 북동아시아과
매수	110
비밀등급	
문서종류	회의록, 내부문서
공개구분	공개
내용	재일한국인 법적지위 문제에 대한 외무성, 법무성, 대장성 관계자 협의회 기록 및 관련자료 모음
주제어	재일한국인 법적지위

문서명	재일한국인 법적지위에 관한 문제에 대해 제1회 관계 각 성 내부협의회 건(在日韓国人の法的地位に関する問題についての第1回関係各省打合会の件)

문서파일번호 1152
작성연월일 1960. 10. 10
구분 제5차 회담 재일한국인 법적지위 문제에 관한 관계성 협의회
세부항목
작성처 외무성 북동아시아과
매수 7
비밀등급 극비
문서종류 회의록
공개구분 공개
내용 재일한국인 법적지위 문제에 관한 제1회 관계 부처 내부협의회 회의 내용. 국적, 귀국자의 반출 재산에 대한 방침을 협의함.
주제어 재일한국인 법적지위

문서명	재일한국인 법적지위에 관한 문제에 대해 제2회 관계 각 성 내부협의회 건(在日韓人の法的地位に関する問題についての第2回関係各省打合会の件)

문서파일번호 1152
작성연월일 1960. 10. 31
구분 제5차 회담 재일한국인 법적지위 문제에 관한 관계성 협의회
세부항목
작성처 외무성 북동아시아과
매수 14
비밀등급 극비
문서종류 회의록
공개구분 공개
내용 제2회 관계 부처 내부협의회 회의 내용. 재일한국인의 법적 정의, 영주권 부여, 강제퇴거 등에 대한 방침을 협의함.
주제어 재일한국인 법적지위

문서명	재일한인의 법적지위 및 처우에 관한 한일협정안(제1안)[在日韓人の法的地位及び処遇に関する日韓協定案(第1案)]

문서파일번호 1152
작성연월일 1960(월일 불명)
구분 제5차 회담
세부항목 재일한국인법적지위 문제 협정안
작성처 외무성 북동아시아과
매수 3
비밀등급 일반
문서종류 협정안
공개구분 공개
내용 재일한국인 법적지위 및 처우에 관한 한일협정안 제1안
주제어 재일한국인 법적지위

문서명	재일한국인 법적지위에 관한 문제에 대해 제3회 관계 각 성 내부협의회 건(在日韓人の法的地位に関する問題についての第3回関係各省打合会の件)

문서파일번호 1152
작성연월일 1960. 11. 4
구분 제5차 회담 재일한국인 법적지위 문제에 관한 관계성 협의회
세부항목
작성처 외무성 북동아시아과
매수 9
비밀등급 극비
문서종류 회의록
공개구분 공개
내용 제3회 관계 부처 내부협의회 회의 내용. 일본에 남게 될 한국인에 대한 처우 문제를 협의함.
주제어 재일한국인 법적지위

문서명	재일한국인 법적지위에 관한 문제에 대해 제4회 관계 각 성 내부협의회 건(在日韓人の法的地位に関する問題についての第4回関係各省打合会の件)

문서파일번호 1152
작성연월일 1960. 11. 7
구분 제5차 회담 재일한국인 법적지위 문제에 관한 관계성 협의회
세부항목
작성처 외무성 북동아시아과
매수 5
비밀등급 극비
문서종류 회의록
공개구분 공개
내용 제4회 관계 부처 내부협의회 회의 내용. 한국 귀환자의 반출 재산에 대한 방침을 협의함.
주제어 재일한국인 법적지위

문서명	재일한국인 법적지위에 관한 문제에 대해 제5회 관계 각 성 내부협의회 건(在日韓人の法的地位に関する問題についての第5回関係各省打合会の件)

문서파일번호 1152
작성연월일 1960. 11. 22
구분 제5차 회담 재일한국인 법적지위 문제에 관한 관계성 협의회
세부항목
작성처 외무성 북동아시아과
매수 12
비밀등급 극비
문서종류 회의록
공개구분 공개
내용 제5회 관계 부처 내부협의회 회의 내용. 영주허가의 범위, 강제퇴거 등을 협의함.
주제어 재일한국인 법적지위

문서명	재일한국인 법적지위에 관한 문제에 대해 제6회 관계 각 성 내부협의회(법무성 주최) 건[在日韓人の法的地位に関する問題についての第6回関係各省打合会(法務省主催)の件]

문서파일번호 1152
작성연월일 1960. 12. 10
구분 제5차 회담 재일한국인 법적지위 문제에 관한 관계성 협의회
세부항목
작성처 외무성 북동아시아과
매수 9
비밀등급 극비
문서종류 회의록
공개구분 공개
내용 제6회 관계 부처 내부협의회 회의 내용. 일본에 남게 될 한국인에 대한 처우 문제를 협의함.
주제어 재일한국인 법적지위

문서명	법적지위 문제에 관하여 법무성과 내부협의의 건(法的地位問題に関し法務省と打合せの件)

문서파일번호 1152
작성연월일 1960. 12. 23
구분 제5차 회담 재일한국인 법적지위 문제에 관한 관계성 협의회
세부항목
작성처 외무성 북동아시아과
매수 17
비밀등급 극비
문서종류 회의록
공개구분 공개
내용 재일한국인 법적지위 문제에 관한 외무성과 법무성의 조정 기록. 영주허가의 범위, 허가 방법, 강제퇴거, 처우 문제 등에 대해 협의함.
주제어 재일한국인 법적지위

문서명	법적지위 문제에 관한 법무성과 내부협의 건(法的地位問題に関する法務省との打合せの件)

문서파일번호 1152
작성연월일 1960. 12. 27
구분 제5차 회담 재일한국인 법적지위 문제에 관한 관계성 협의회
세부항목
작성처 외무성 북동아시아과
매수 26
비밀등급 극비
문서종류 회의록
공개구분 공개
내용 재일한국인 법적지위 문제에 관한 외무성과 법무성의 조정 기록. 처우, 반출 재산, 영주허가 범위 문제 등을 협의함.
주제어 재일한국인 법적지위

문서명	12월 23일 법적지위 문제에 관한 회의의 결론에 관하여 확인하고 싶은 점(12月23日の法的地位問題に関する会議の結論につき確認したい点)

문서파일번호 1152
작성연월일 1960. 12. 27
구분 제5차 회담 재일한국인 법적지위 문제에 관한 관계성 협의회
세부항목
작성처 외무성 북동아시아과
매수 4
비밀등급 극비
문서종류 내부문서
공개구분 공개
내용 재일한국인 법적지위 문제에 관한 1960년 12월 23일 외무성과 법무성 간 조정 내용을 토대로 외무성이 영주허가의 범위, 방법 등에 대해 정리함.
주제어 재일한국인 법적지위

문서명	법적지위위 제6회 내부자료(안) [法的地位委、第六回会議資料(案)]

문서파일번호	1152
작성연월일	1960(월일 불명)
구분	제5차 회담 재일한국인 법적지위 문제에 관한 관계성 협의회
세부항목	
작성처	외무성 북동아시아과
매수	4
비밀등급	극비
문서종류	내부문서
공개구분	공개
내용	법적지위위원회 제6회 내부자료. 영주허가 범위, 대우, 강제퇴거 문제 등에 관한 일본 입장을 정리한 안
주제어	재일한국인 법적지위

제5차 한일회담 재일한국인 법적지위 및 처우에 관한 위원회의 주요 문제점 등(第五次日韓全面会談在日韓人の法的地位及び処遇に関する委員会における主要問題点等)

문서파일번호	1146
작성연월일	1960. 10. 20 - 1960. 10. 29
구분	제5차 회담
세부항목	재일한국인 법적지위 문제점, 협정안
작성처	외무성, 법무성
매수	25
비밀등급	
문서종류	내부문서, 협정안
공개구분	공개
내용	제5차 한일회담에서의 재일한국인 법적지위 및 처우에 관한 교섭에 대비하여 검토한 문제점, 협정안 등에 관한 문서 모음
주제어	재일한국인 법적지위

문서명	(국장회의 자료) 제5차 한일회담 재한일인의 법적지위 및 처우에 관한 위원회의 주요 문제점[(局長会議資料)第五次日韓全面会談在日韓人の法的地位及び処遇に関する委員会における主要問題点]

문서파일번호 1146
작성연월일 1960. 10(일자 불명)
구분 제5차 회담
세부항목 재일한국인 법적지위 문제점
작성처 외무성
매수 5
비밀등급 극비
문서종류 내부문서
공개구분 공개
내용 제5차 한일회담 재일한국인 법적지위 교섭에 대비해 주요 문제점을 정리한 문서.
① 문제점의 소재: 재일한국인의 국적 및 재류자격 문제가 가장 주요한 사항임.
② 문제점의 방향: 한국의 체면을 세워주고 재일한국인을 공평하게 처우하는 것이 관건임.
③ 외무성 관계 문제점 중 입국관리국 소관사항: 영주허가 문제, 영주허가를 내릴 재일한국인의 범위, 영주허가의 방법(현행 규정과 한국의 주장 간의 차이를 설명하고 해결 방법 제안)
주제어 재일한국인 법적지위

문서명	법무성 안에 관한 고찰(미정본)[法務省案についての考察(未定稿)]

문서파일번호 1146
작성연월일 1960. 10. 28
구분 제5차 회담
세부항목 재일한국인 법적지위협정안 검토 보고서
작성처 외무성
매수 3
비밀등급 일반
문서종류 내부문서
공개구분 공개

내용 법무성의 재일한국인 법적지위협정안에 대한 외무성 검토 보고서.

① 국적에 대하여: 대한민국의 한반도 전역에서의 법적관할권을 인정하게 되어, 모든 재일한인을 대한민국 국민이라고 하게 되므로 일본 입장에서는 이것을 무조건적으로 받아들이는 것은 유보할 필요가 있음. 그러나 유보하게 될 경우 이미 대일평화조약 발효 시 일본국적을 상실하게 되어 무국적인이 되는 문제가 발생함.

② 영주허가에 대하여: 사실상 영주허가를 부여해야 할 범위를 결정해야 함.

③ 강제퇴거에 대하여: 영주허가를 일단 내리고 나서 바로 강제퇴거 시키는 것은 의미가 없기에 협의 내지 입국관리령을 느슨하게 하는 방식을 고려해 봐야 함.

④ 귀화에 대하여: 재일한국인의 자손들의 귀화 인정과 그랬을 경우의 일본국민으로서의 권리, 의무를 어디까지 부여해야 하는 것이 타당한지 등에 대한 문제를 제기하고, 재일한국인에게만 적용하는 특별법을 제정하는 것이 적당하다는 의견과 그 이유를 제시함.

주제어 재일한국인 법적지위

문서명	제목 없음

문서파일번호 1146

작성연월일 1960. 10. 28

구분 제5차 회담

세부항목 재일한국인 특별법 제정

작성처 외무성

매수 4

비밀등급 일반

문서종류 내부문서

공개구분 공개

내용 재일한국인에게만 적용하는 특별법 제정과 관련하여 입법형식, 타이완인 및 북한인에게도 균등한 처우를 해야 하는가에 관한 문제(정치적으로 결정해야 한다는 의견과 이에 대한 근거를 요약) 등에 관해 기술

주제어 재일한국인 법적지위

문서명	재일한국인의 법적지위 및 처우에 관한 한일협정안(在日韓人の法的地位及び処遇に関する日韓協定案)

문서파일번호 1146
작성연월일 1960. 10. 29
구분 제5차 회담
세부항목 재일한국인 법적지위협정안
작성처 법무성
매수 3
비밀등급 극비
문서종류 협정안
공개구분 공개
내용 법무성이 1960년 10월 29일 회의용 자료로 작성한 재일한국인 법적지위 및 처우에 관한 협정 제1안. 전문, 제1조 '재일한국인'의 정의, 제2조 재일한국인에 대한 영주허가에 관해서만 기술되어 있음.
주제어 재일한국인 법적지위

문서명	법적지위(法的地位)

문서파일번호 1146
작성연월일 1960. 10. 29
구분 제5차 회담
세부항목 재일한국인 법적지위협정안
작성처 법무성
매수 2
비밀등급 일반
문서종류 내부문서
공개구분 공개
내용 법무성이 재일한국인 법적지위협정안을 작성하면서 함께 작성한 것으로 보이는 의견서. '법적지위'에 관해 총 10가지의 문제점을 제기함. 재일한국인을 그 자손을 포함할 경우 자손의 범위를 어디까지 한정할 것인가, 재일한국인은 대한민국인임을 확인한다는 규정은 일본정부도 그것을 명시 또는 묵시적으로 합의한 것이 되며, 이 경우 북한 관계가 문제가 됨. 대한민국인의 국적은 언제, 어떤 범위의 인간에 어떤 근거로 부여된 것인가에 대한 관념, 강제퇴거 시 한국과 협의할 경우 거부권을 인정하지 않는다는 명분을 고집할 경우 다른 정치 문제로 파급되지 않을 것인가, 2년 이내 한국정부에 등록신청하지 않는 자가 많을 경우 어떻게 대처할 것인가 등.
주제어 재일한국인 법적지위

문서명	한일교섭에서 재일한국인의 처리 등에 관하여 밝힐 사실 문제(日韓交渉における在日朝鮮人の取扱等に関し明にしたき事実問題)

문서파일번호 1146
작성연월일 1960. 10. 29
구분 제5차 회담
세부항목 재일조선인에 관한 문제
작성처 법무성
매수 2
비밀등급 극비
문서종류 내부문서
공개구분 공개
내용 한일교섭에 있어서 재일조선인을 일률적으로 재일한국인으로 처리할 경우 북한계 재일조선인을 어떻게 처리해야 하는가에 관한 문제점을 정리
주제어 재일한국인 법적지위

문서명	재일한국인의 법적지위에 관한 문제(在日韓人の法的地位に関する問題)

문서파일번호 1146
작성연월일 1960. 10. 20
구분 제5차 회담
세부항목 재일한국인 법적지위 교섭 내용
작성처 외무성 조약국 법규과
매수 6
비밀등급 극비
문서종류 내부문서
공개구분 공개
내용 제4차 한일회담까지의 재일한국인 법적지위 및 처우에 관한 교섭의 내용을 요약 정리한 문서. 재일한국인의 정의, 국제법상 일반적으로 한 국가영역의 일부가 독립 승인을 받을 경우 그 독립국에 속하는 사람들 중 예전 국가에 잔류하는 사람들의 법적지위에 미치는 효과, 재일한국인이 외국의 국적을 취득했을 경우의 문제점, 재일한국인이 일본국적을 상실한 시점의 문제, 남한·북한의 관계와 국적 처우의 문제 등에 관해 기술
주제어 재일한국인 법적지위

재일한국인에 대한 영주허가 실시에 관한 문제점
(在日朝鮮人に対する永住許可の実施に関する問題点)

문서파일번호	1148
문서명	재일한국인에 대한 영주허가의 실시에 관한 문제점(在日朝鮮人に対する永住許可の実施に関する問題点)
작성연월일	1960. 12. 6
구분	제5차 회담
세부항목	재일한국인에 대한 영주허가 문제점
작성처	외무성, 법무성
매수	10
비밀등급	극비
문서종류	내부문서
공개구분	공개
내용	재일한국인 영주권 부여 대상자 및 그들에 대한 강제퇴거 적용 문제에 관한 일본정부의 방침을 정리한 문서
주제어	재일한국인 법적지위

재일한국인 법적지위 문제의 향후 교섭 진행 방식에 대해서(在日韓国人の法的地位問題の今後の交渉の進め方について)

문서파일번호	1149
작성연월일	1960. 12. 7 - 1960. 12. 16
구분	제5차 회담
세부항목	
작성처	외무성 북동아시아과
매수	10
비밀등급	
문서종류	내부문서, 회의록
공개구분	공개
내용	재일한국인 법적지위 문제 교섭의 향후 진행방식 및 문제 처리에 관한 요강
주제어	재일한국인 법적지위 교섭 진행방식, 문제 처리요강

문서명	재일한국인 법적지위 문제 교섭의 향후 진행방식에 대해서(在日韓国人の法的地位問題の交渉の今後の進め方について)

문서파일번호 1149
작성연월일 1960. 12. 7
구분 제5차 회담
세부항목
작성처 외무성 북동아시아과
매수 8
비밀등급 극비
문서종류 내부문서
공개구분 공개
내용 재일한국인 법적지위 문제에 대한 한국정부 및 일본 외무성의 입장을 정리하고 그에 대한 법무성의 견해를 정리한 법무성 문서. 영주권 부여 범위, 방법, 강제퇴거 등을 다루고 있음.
주제어 재일한국인 법적지위

문서명	법적지위 문제 처리 요강(안)[法的地位問題処理要綱(案)]

문서파일번호 1149
작성연월일 1960. 12. 16
구분 제5차 회담
세부항목
작성처 외무성 북동아시아과
매수 2
비밀등급 일반
문서종류 내부문서
공개구분 공개
내용 재일한국인 법적지위 문제 중 영주권 범위, 허가 방법, 강제퇴거, 처우, 반출 재산, 국적 문제에 대한 한일 양측의 주장 및 문제점 등을 정리
주제어 재일한국인 법적지위

제5차 한일회담 예비회담 개시 후 이미 제출된 '재일한국인의 영주허가와 강제퇴거'에 관한 문제점과 이에 대한 견해 안(第五次日韓会談予備会談開始後、既に提出された「在日韓国人の永住許可と退去強制」に関する問題点とこれに対する見解案)

문서파일번호	1150
문서명	제5차 한일회담 예비회담 개시 후 이미 제출된 '재일한국인의 영주 허가와 강제 퇴거'에 관한 문제점과 이에 대한 견해 안(第五次日韓会談予備会談開始後、既に提出された「在日韓国人の永住許可と退去強制」に関する問題点とこれに対する見解案)
작성연월일	1960. 12. 12
구분	제5차 회담
세부항목	재일한국인 영주 허가와 강제퇴거
작성처	법무성 입국관리국
매수	11
비밀등급	극비
문서종류	내부문서
공개구분	공개
내용	제5차 한일회담 예비회담 시작 후 한국이 제출한 '재일한국인 영주허가와 강제퇴거'에 대해 법무성 입국관리국이 문제점 및 그에 대한 자신들의 견해(안)을 기술한 문서. 영주허가의 대상이 되는 '자손'의 범위, 영주허가의 방법, 한국인 영주자의 강제퇴거 등에 관한 사항 정리
주제어	재일한국인 법적지위

법적지위 문제의 현상과 문제점
(法的地位問題の現状と問題点)

문서파일번호	1151
문서명	법적지위 문제의 현상과 문제점(法的地位問題の現状と問題点)
작성연월일	1960. 12. 22
구분	제5차 회담
세부항목	재일한국인에 대한 영주허가와 강제퇴거문제
작성처	외무성 북동아시아과
매수	11
비밀등급	극비
문서종류	내부문서
공개구분	공개
내용	외무성 북동아시아과가 재일한국인 법적지위 문제의 현상과 문제점에 관해 정리한 내용이 담긴 문서. 영주허가의 범위, 영주허가의 방법, 강제퇴거, 재일한국인에 대한 처우, 귀국 한국인의 지참 재산 및 송금 문제 등에 관한 한일 양측의 주장과 문제점이 정리됨.
주제어	재일한국인 법적지위

재일한국인 법적지위 문제에 관한 협정 및 관련 합의의사록 골자(在日韓国人の法的地位問題に関する協定及び関連合意議事録の骨子)

문서파일번호	1153
작성연월일	1961. 1. 5 - 1961. 1. 21
구분	제5차 회담
세부항목	재일한국인 법적지위 문제에 관한 협정안 및 합의의사록 골자
작성처	외무성 북동아시아과
매수	25
비밀등급	
공개구분	공개
내용	재일한국인 법적지위 문제에 관한 협정안 및 관련 합의의사록의 골자 모음
주제어	내부문서, 협정안, 합의의사록안

문서명	재일한국인 법적지위 문제에 관한 협정 및 관련 합의의사록의 골자(제1차 시안) [在日韓国人の法的地位問題に関する協定及び関連合意議事録の骨子(第1次試案)]

문서파일번호 1153
작성연월일 1961. 1. 5
구분 제5차 회담
세부항목 재일한국인 법적지위 문제에 관한 협정 및 합의의사록안 골자
작성처 외무성 북동아시아과
매수 6
비밀등급 극비
문서종류 내부문서
공개구분 공개
내용 재일한국인 법적지위협정에 대한 일본의 제1차 시안. 영주권 범위, 허가 방법, 강제퇴거, 반출 재산, 처우에 대해 규정함.
주제어 재일한국인 법적지위

문서명	재일한국인의 법적지위 문제에 관한 협정 및 관련 합의의사록의 골자(제2차 시안)[在日韓国人の法的地位問題に関する協定及び関連合意議事録の骨子(第2次試案)]

문서파일번호 1153
작성연월일 1961. 1. 7
구분 제5차 회담
세부항목 재일한국인 법적지위 문제에 관한 협정안 및 합의의사록 골자
작성처 외무성 북동아시아과
매수 4
비밀등급 극비
문서종류 내부문서
공개구분 공개
내용 한일법적지위협정에 대한 일본의 제2차 시안. 영주권 범위, 허가 방법, 강제퇴거, 반출 재산, 처우에 대해 규정함.
주제어 재일한국인 법적지위

문서명	재일한국인의 거주에 관한 한일협정(제2차 시안)[在日韓国人の在留に関する日韓協定(第2次試案)]

문서파일번호 1153
작성연월일 1961. 1. 21
구분 제5차 회담
세부항목 재일한국인 법적지위 문제에 관한 협정안
작성처 외무성 북동아시아과
매수 6
비밀등급 극비
문서종류 협정안
공개구분 공개
내용 재일한국인의 거주에 관한 한일 협정안
주제어 재일한국인 법적지위

문서명	관련 합의의사록(안)[関連合意議事録(案)]

문서파일번호 1153
작성연월일 1961(월일 불명)
구분 제5차 회담
세부항목 재일한국인 법적지위 문제에 관한 협정 합의의사록 골자
작성처 외무성 북동아시아과
매수 9
비밀등급 일반
문서종류 합의의사록안
공개구분 공개
내용 재일한국인 거주에 관한 협정안 부속 합의의사록안. 영주권 범위, 허가 방법, 강제퇴거, 반출 재산, 처우에 대한 추가 합의 사항을 정리
주제어 재일한국인 법적지위

법적지위 문제에 관한 관계 협의회 개요
(法的地位問題に関する関係打合会議概要)

문서파일번호	1154
작성연월일	1961. 1. 19 - 1961. 2. 10
구분	제5차 회담
세부항목	재일한국인 법적지위 관련 관계 성 협의회
작성처	외무성 북동아시아과
매수	36
비밀등급	
문서종류	내부문서, 회의록
공개구분	공개
내용	재일한국인 법적지위에 관한 관계 성 협의회 기록 및 관련자료 모음
주제어	재일한국인 법적지위, 귀국 시 반출 재산, 교육, 생활보호

문서명	법적지위(생활보호) 문제에 관한 일본 협의회 개요[法的地位(生活保護)問題に関する日本側打合せ会議概要]

문서파일번호 1154
작성연월일 1961. 1. 19
구분 제5차 회담
세부항목 재일한국인 법적지위 관련 관계 성 협의회
작성처 외무성 북동아시아과
매수 9
비밀등급 극비
문서종류 내부문서
공개구분 공개
내용 재일한국인 법적지위 문제 중 생활보호 문제에 관한 외무성, 후생성, 법무성 간 내부협의회 기록. 생활보호 연장 기간 문제가 주로 거론됨.
주제어 재일한국인 법적지위, 생활보호

문서명	법적지위(귀국 시 반출 재산 및 송금) 문제에 관한 일본 협의회 개요[法的地位(持ち帰り財産および送金)問題に関する日本側打合せ会議概要]

문서파일번호 1154
작성연월일 1961. 1. 23
구분 제5차 회담
세부항목 재일한국인 법적지위 관련 관계 성 협의회
작성처 외무성 북동아시아과
매수 9
비밀등급 극비
문서종류 회의록
공개구분 공개
내용 재일한국인 법적지위 문제 중 귀환자의 반출 재산에 관한 외무성, 대장성, 법무성 간 내부협의회 기록. 반출 재산의 범위, 송금 금액의 제한 범위 등을 논의함.
주제어 재일한국인 법적지위, 귀환자 재산 반출

문서명	법적지위(귀국 시 반출 재산)문제에 관한 관계 각 성 협의회 개요[法的地位問題(持帰り財産)に関する関係各省打合せ会議概要]

문서파일번호 1154
작성연월일 1961. 2. 10
구분 제5차 회담
세부항목 재일한국인 법적지위 관련 관계성 협의회
작성처 외무성 북동아시아과
매수 11
비밀등급 극비
문서종류 내부문서
공개구분 공개
내용 재일한국인 법적지위 문제 중 귀환자의 반출재산 문제에 관한 외무성, 대장성, 통산성, 법무성 간 내부협의회 기록. 반출 허용 한도 및 북한 귀환자와의 형평성 등을 논의함.
주제어 재일한국인 법적지위, 귀환자 재산 반출

문서명	귀국 시 반출 재산(持帰り財産)

문서파일번호 1154
작성연월일 1961(월일 불명)
구분 제5차 회담
세부항목 재일한국인 귀국 시 반출 재산
작성처 외무성 북동아시아과
매수 5
비밀등급 극비
문서종류 내부문서
공개구분 공개
내용 합의의사록에 규정되는 재일한국인 귀환자의 반출 재산에 대한 방침안
주제어 재일한국인 법적지위, 귀환 시 반출 재산

문서명	교육(教育)

문서파일번호	1154
작성연월일	1961(월일 불명)
구분	제5차 회담
세부항목	재일한국인 교육
작성처	외무성 북동아시아과
매수	1
비밀등급	일반
문서종류	내부문서
공개구분	공개
내용	합의의사록에 규정된 재일한국인의 교육 문제에 대한 방침안
주제어	재일한국인 법적지위, 교육

문서명	생활보호(生活保護)

문서파일번호	1154
작성연월일	1961(월일 불명)
구분	제5차 회담
세부항목	재일한국인 생활보호
작성처	외무성 북동아시아과
매수	1
비밀등급	일반
문서종류	내부문서
공개구분	공개
내용	합의의사록에 규정된 재일한국인의 생활보호 문제에 대한 방침안
주제어	재일한국인 법적지위, 생활보호

법적지위위원회의 운영에 대해서
(法的地位委の運営について)

문서파일번호	1155
문서명	법적지위위원회의 운영에 대해서(法的地位委の運営について)
작성연월일	1961. 2. 20
구분	제5차 회담
세부항목	재일한국인 법적지위위원회 운영
작성처	법무성 입국관리국
매수	10
비밀등급	극비
문서종류	내부문서
공개구분	공개
내용	재일한국인 법적지위 문제에 관한 입국관리국의 비공식 교섭 경위, 내용 등을 정리한 문서. 영주권 범위, 허가 범위, 강제퇴거 등 검토
주제어	재일한국인 법적지위

한일예비회담 법적지위위원회의 향후 진행방식에 관한 기본방침(日韓予備会談における法的地位委員会の今後の進め方に関する基本方針)

문서파일번호	1156
문서명	한일예비회담 법적지위위원회의 향후 진행방식에 관한 기본방침(日韓予備会談における法的地位委員会の今後の進め方に関する基本方針)
작성연월일	1961. 3. 25
구분	제5차 회담
세부항목	재일한국인 법적지위위원회 향후 진행방식
작성처	외무성
매수	28
비밀등급	극비
문서종류	내부문서
공개구분	공개
내용	제5차 한일회담 예비회담 법적지위위원회의 향후 진행과 관련하여 외무성이 법무성과 협의해 정리한 국적, 영주허가 범위, 허가 방법, 강제퇴거, 반출재산, 교육, 생활보호, 경제활동 문제에 대한 기본방침
주제어	재일한국인 법적지위

제5차 한일회담에서의 법적지위 및 처우에 관한 논의 상황과 문제점(第5次日韓会談における法的地位及び処遇に関する討議状況と問題点)

문서파일번호	1157
작성연월일	1961. 8. 31 - 1961. 9. 18
구분	제5차 회담
세부항목	재일한국인 법적지위 교섭 내용
작성처	외무성
매수	25
비밀등급	
문서종류	내부문서
공개구분	공개
내용	제5차 한일회담 재일한국인 법적지위위원회 교섭 내용을 정리한 문서 모음
주제어	재일한국인 법적지위

문서명	제5차 한일회담 예비회담(第五次日韓全面会談予備会談)

문서파일번호 1157
작성연월일 1961(월일 불명)
구분 제5차 회담
세부항목 재일한국인 법적지위 교섭 내용
작성처 외무성
매수 11
비밀등급 극비
문서종류 내부문서
공개구분 공개
내용 제5차 한일회담 예비회담 재일한국인 법적지위 문제에 관한 한일 간 교섭 내용을 정리한 문서. 영주권, 강제퇴거, 교육, 생활보호, 반출 재산 문제 등 논의
주제어 재일한국인 법적지위

문서명	제5차 한일회담 예비회담 법적지위위 논의 상황(第五次日韓全面会談予備会談法的地位委討議状況)

문서파일번호 1157
작성연월일 1961. 9. 18
구분 제5차 회담
세부항목 재일한국인 법적지위 교섭 내용
작성처 외무성
매수 1
비밀등급 극비
문서종류 내부문서
공개구분 공개
내용 제5차 한일회담 예비회담 법적지위 문제에 관한 한일 양국의 주장 및 합의점을 일람표로 정리
주제어 재일한국인 법적지위

문서명	제5차 한일회담 법적지위 문제에 관한 한일 쌍방의 주장(第5次日韓会談における法的地位問題に関する日韓双方の主張)

문서파일번호	1157
작성연월일	1961. 8. 31
구분	제5차 회담
세부항목	재일한국인 법적지위 교섭 내용
작성처	외무성 북동아시아과
매수	13
비밀등급	극비
문서종류	내부문서
공개구분	공개
내용	제5차 한일회담 예비회담 법적지위 문제에 관한 한일 양국의 주장을 요약한 문서. 영주권, 강제퇴거, 교육, 생활보호, 경제활동, 반출재산, 귀환 빈곤자 지원 문제를 논의
주제어	재일한국인 법적지위

제16부

고사카 젠타로 외상의 한국 방문
(1960. 9)

고사카 외상 방한 건
(小坂大臣訪韓に関する件)

문서파일번호	772
작성연월일	1960. 9. 5 - 1960. 9. 6
구분	제4~5차 회담 사이
세부항목	고사카 외상 방한
작성처	외무성
매수	8
비밀등급	
문서종류	
공개구분	공개
내용	1960년 9월 6~7일 고사카 젠타로 외상의 방한 시 공동성명, 서울 도착 성명, 한일 외상 간 논의사항 등에 관한 문서
주제어	고사카 외상 방한

문서명	한일공동성명안(日韓共同声明案)

문서파일번호 772
작성연월일 1960. 9. 5
구분 제4~5차 회담 사이
세부항목 고사카 외상 방한, 공동성명문안
작성처 외무성
매수 2
비밀등급 극비
문서종류 공동성명문안
공개구분 공개
내용 고사카 젠타로 외상 방한 시 한일공동성명문안(문서파일번호 511에 동일한 문서가 있음)
주제어 고사카 방한 시 공동성명안

문서명	한일공동성명(日韓共同声明)

문서파일번호 772
작성연월일 1960. 9. 6
구분 제4~5차 회담 사이
세부항목 고사카 외상 방한, 공동성명문
작성처 외무성
매수 2
비밀등급 일반
문서종류 공동성명문
공개구분 공개
내용 고사카 젠타로 외상 방한 시 한일공동성명문(문서파일번호 511에 동일한 문서가 있음)
주제어 고사카 방한 시 공동성명

문서명	1960년 9월 6일 고사카 대신의 서울 도착 시 성명(一九六〇年九月六日小坂大臣のソウル到着の際の声明)

문서파일번호 772
작성연월일 1960. 9. 6
구분 제4~5차 회담 사이
세부항목 고사카 외상 방한, 서울 도착 성명
작성처 외무성
매수 3
비밀등급 일반
문서종류 성명문
공개구분 공개
내용 고사카 젠타로 외상 방한 시 서울 도착 성명(문서파일번호 508에 동일한 문서가 있음)
주제어 고사카 방한 시 도착 성명

문서명	한일 외상 간 논의사항(日韓外相間の討議事項)

문서파일번호 772
작성연월일 1960. 6(일자 불명)
구분 제4~5차 회담 사이
세부항목 고사카 외상 방한
작성처 외무성
매수 1
비밀등급 극비
문서종류 내부자료
공개구분 공개
내용 고사카 젠타로 외상의 방한 시 한일 외상 간 논의사항을 정리한 문서
주제어 한일 외상 논의사항

고사카 외무대신 방한 자료
(小坂外務大臣の訪韓資料)

문서파일번호	507
작성연월일	1960. 8. 25 - 1960. 8. 27
구분	제4~5차 회담 사이
세부항목	
작성처	외무성
매수	6
비밀등급	
문서종류	내부자료, 내부문서
공개구분	공개
내용	고사카 젠타로(小坂善太郎) 외상의 1960년 9월 6~7일 방한 출장자료 및 출장 재가문서
주제어	고사카 외상 방한

문서명	고사카 외무대신의 방한(총리에 대한 설명자료)[小坂外務大臣の訪韓(総理への説明資料)]

문서파일번호 507
작성연월일 1960. 8. 25
구분 제4~5차 회담 사이
세부항목 고사카 외상 방한 관련 총리 보고자료
작성처 외무성 북동아시아과
매수 3
비밀등급 극비
문서종류 내부자료
공개구분 공개
내용 고사카 젠타로 외상의 방한 관련 총리 보고자료. 장면 정권의 대일 태도, 한일관계에 관한 미국의 태도 등을 고려하여 방한을 결정하게 되었음.
주제어 고사카 외상 방한

문서명	고사카 외무대신 방한 출장 총리 재가문서(小坂外務大臣訪韓出張總理裁可文書)

문서파일번호 507
작성연월일 1960. 8. 27
구분 제4~5차 회담 사이
세부항목 고사카 외상 출장 재가문서
작성처 외무성
매수 3
비밀등급 일반
문서종류 내부문서(출장재가)
공개구분 공개
내용 고사카 젠타로 외상의 방한 출장에 대한 이케다 하야토 총리의 재가문서
주제어 고사카 외상 방한

고사카 대신 스테이트먼트안(서울 도착시)
[小坂大臣ステートメント案(京城到着時)]

문서파일번호	508
작성연월일	1960. 8. 25 - 1960. 8. 28
구분	제4~5차 회담 사이
세부항목	고사카 외상 방한
작성처	외무성
매수	31
비밀등급	
문서종류	내부문서
공개구분	공개
내용	1960년 9월 6~7일 방한을 앞두고 외무성(북동아과) 직원들이 작성한 고사카 젠타로 외무대신의 서울 도착 연설문안
주제어	고사카 외상 방한 시 연설문안

문서명	고사카 대신 연설문안(서울 도착시) [小坂大臣ステートメント案(京城到着時)]

문서파일번호 508
작성연월일 1960. 8. 25
구분 제4~5차 회담 사이
세부항목 고사카 외상 서울 도착 연설문안
작성처 외무성
매수 6
비밀등급 극비
문서종류 연설문
공개구분 공개
내용 고사카 젠타로 외상 방한 연설문안. 한국의 신정부 수립 축하, 패전 후 최초로 한국을 방문한 일본대표로서의 소회 표명, 일본 국민이 한국의 분리 독립 시 축복하는 어떠한 인사말도 하지 못한 채 헤어진 점을 애석하게 생각하며, 이러한 기분은 과거 역사의 한 부분에 대한 솔직한 반성과 함께 한일 양국 관계의 본연의 모습에 대해 진지하게 생각하는 많은 사람들과 함께 하는 것이라고 언급.
주제어 고사카 외상 방한 연설문안

문서명	서울 도착 시 고사카 대신 연설문안(京城到着時の小坂大臣ステートメント案)

문서파일번호 508
작성연월일 1960. 8. 28
구분 제4~5차 회담 사이
세부항목 고사카 외상 서울 도착 연설문안
작성처 외무성
매수 25
비밀등급 일반
문서종류 연설문
공개구분 공개
내용 외무성 직원들이 작성한 5가지 연설문안. 야나기야 겐스케(柳谷謙介), 와타나베(渡辺), 모리타 요시오(森田芳夫), 스기야마(杉山), 미타니(三谷)가 작성함. 대부분 제2차대전 종료 후 한일관계가 부자연스럽게 되어 유감으로 생각, 신뢰를 바탕으로 선린우호관계 확립이 중요함. 일본의 식민지배에 대한 반성은 물론 단순한 언급조차 되어 있지 않음.
주제어 고사카 외상 방한시 연설문안

고사카 대신의 서울 기자회견 상정 문답(小坂大臣のソウルにおける記者会見想定問答)

문서파일번호	509
문서명	고사카 대신의 서울 기자회견 상정 문답(小坂大臣のソウルにおける記者会見想定問答)
작성연월일	1960. 9. 3
구분	제4~5차 회담 사이
세부항목	고사카 외상 기자회견 상정문답
작성처	외무성 아시아국
매수	22
비밀등급	일반
문서종류	내부자료
공개구분	공개
내용	한국을 방문하는 고사카 젠타로 외상의 현지 기자회견을 위해 외무성이 준비한 질의응답서. 국교정상화의 전제로 선린우호의 마음가짐이 가장 중요, 청구권, 선박, 문화재 문제는 언급 자제, 어업에 관해서는 어자원 보호를 염두에 두고 협정 체결 희망, 재일한국인에 관해서는 특수한 역사적 배경 등을 염두에 두면서 교섭을 진행할 것임.
주제어	고사카 외상 방한 자료

한일회담 재개 절차에 대해서
(日韓会談再開の段取りについて)

문서파일번호	510
문서명	한일회담 재개 절차에 대해서(日韓会談再開の段取りについて)
작성연월일	1960. 9. 2
구분	제4~5차 회담 사이
세부항목	회담 재개에 관한 일본 생각
작성처	외무성 북동아시아과
매수	4
비밀등급	일반
문서종류	내부문서
공개구분	공개
내용	고사카 젠타로 외무대신의 방한에 앞서 한일회담 재개에 관한 일본 입장을 정리한 문서. 제1안은 12월 초순경 양국 외상회담(소정상회담으로 표기) 후 한일회담은 내년 재개, 제2안은 10월 이른 시기에 일단 회담 재개 후 회담에서 중요 문제가 부각되면 외상회담을 개최, 대국적 견지에서 해결책을 협의해 나간다는 것임.
주제어	한일회담 재개

한일공동성명(日韓共同声明)

문서파일번호	511
작성연월일	1960. 9. 5 - 1960. 9. 6
구분	제4~5차 회담 사이
세부항목	고사카 외상 방한
작성처	외무성
매수	8
비밀등급	
문서종류	공동성명문, 전문
공개구분	공개
내용	고사카 젠타로 외상 방한 시 발표된 공동성명안과 실제 발표된 성명문
주제어	고사카 외상 방한 시 공동성명

문서명	한일공동성명안(日韓共同声明案)

문서파일번호 511
작성연월일 1960. 9. 5
구분 제4~5차 회담 사이
세부항목 고사카 외상 방한, 한일공동성명
작성처 외무성 북동아시아과
매수 4
비밀등급 일반
문서종류 공동성명안
공개구분 공개
내용 주일한국대표부 측에 전달한 고사카 젠타로 외상 방한 시 한일공동성명안. 동일한 성명문안 2매가 있는데, 앞에 있는 문안에는 2쪽 중간 3줄이 지워짐.
주제어 고사카 외상 방한 시 공동성명

문서명	제목 없음

문서파일번호 511
작성연월일 1969. 9. 6
구분 제4~5차 회담 사이
세부항목 고사카 외상 방한, 한일공동성명
작성처 외무성 마에다
매수 2
비밀등급 일반
문서종류 전문(電文)
공개구분 공개
내용 고사카 젠타로 외상의 방한을 수행한 마에다 도시카즈(前田利一) 북동아과장이 북동아과에 보낸 전보 지시. 9월 6일 19시 양국에서 동시에 공동성명을 발표할 예정이며, 성명문 최종안 2쪽 8, 9, 10번째 줄은 삭제하고 발표할 것임.
주제어 고사카 외상 방한 시 공동성명

문서명	한일공동성명(日韓共同声明)

문서파일번호 511
작성연월일 1969. 9. 6
구분 제4~5차 회담 사이
세부항목 고사카 외상 방한, 한일공동성명
작성처 외무성 북동아시아과
매수 2
비밀등급 일반
문서종류 공동성명문
공개구분 공개
내용 1960년 9월 6일 발표된 한일공동성명문. 1960년 9월 6~7일 한국을 방문한 고사카 외상은 한국의 민주혁명을 통한 신정부 수립을 축하하고 한국 국민에 대해 일본 국민의 우의와 경애의 뜻을 전달함. 양국 외상은 평등과 주권 존중의 기초 위에서 상호이해의 정신으로 양국 현안 해결을 기하고 양국 간 협조의 기초 위에서 새로운 관계를 수립하기 위해 노력해 나가기로 합의함.
주제어 고사카 외상 방한 시 공동성명

고사카 대신·정 외무부장관 회담록 등
(小坂大臣·鄭外務部長官会談録等)

문서파일번호	512
작성연월일	1960. 9. 8 - 1960. 9. 9
구분	제4~5차 회담 사이
세부항목	
작성처	외무성 북동아시아과
매수	32
비밀등급	
문서종류	회의록
공개구분	공개
내용	1960년 9월 6일 고사카 젠타로 외상과 정일형 외무장관 회담 기록 및 윤보선 대통령, 장면 총리 예방 시 나눈 대화 중 중요한 사항들에 대하여 정리한 기록
주제어	고사카 외상 방한 시 회담 기록

문서명	고사카 대신·정 외무부장관 회담록(小坂大臣·鄭外務部長官会談録)

문서파일번호 512
작성연월일 1960. 9. 8
구분 제4~5차 회담 사이
세부항목 고사카 · 정일형 외무장관 회담
작성처 외무성 북동아시아과
매수 28
비밀등급 극비
문서종류 회의록
공개구분 공개
내용 1960년 9월 6일 고사카 젠타로 외상 · 정일형 외무장관 회담 기록. 정 장관은 일본의 경제협력, 문화 교류, 의료원조 기대, 일본이 반공국가로 아시아 여러 나라에 대해 '지주' 역할을 해 줄 것을 요망. 고사카 외상은 금번 방한에서 우호적인 회담을 통해 상호 신뢰감이 수립되었음을 높이 평가, 양측은 10월 하순 한일회담 재개에 합의, 우선 예비회담을 시작하고 분위기가 조성되면 본회담을 개최, 결론을 도출키로 함. 양측은 주한일본대표부 설치 문제(대표부 설치를 허가할 경우 한국 국민들에게 한일회담이 장기화될 것이라는 인상을 주게 될 우려)와 억류 일본인어부 문제(고사카 외상 방한 선물로 10월 1일 40여 명의 억류 어부 석방 예정)에 관해서도 협의함.
주제어 고사카 외상 방한

문서명	고사카 대신 방한 시 윤 대통령, 장 국무총리와 회담 중 주의해야 하는 점들 (小坂大臣訪韓の際の尹大統領、張国務総理との会談中注意すべき諸点)

문서파일번호 512
작성연월일 1960. 9. 9
구분 제4~5차 회담 사이
세부항목 고사카 · 윤보선 대통령 · 장면 총리 예방
작성처 외무성 북동아시아과
매수 4
비밀등급 극비
문서종류 회의록

공개구분 공개

내용 1960년 9월 6일 이루어진 고사카 젠타로 외상이 윤보선 대통령, 장면 총리를 예방했을 때 한국은 고사카 외상에게 한일 우호를 위해 북송, 재일한인의 법적지위에 대한 일본의 성의 있는 조치를 요청, 일본은 한국에 대한 경제협력, 의료협력을 고려하고 있다고 언급함.

주제어 고사카 외상 방한

제17부

자민당 의원단 한국 방문

(1961. 4)

자민당 의원단의 방한
(自民党議員団の訪韓)

문서파일번호	514
작성연월일	1961. 1. 12 - 1961. 4. 27
구분	제5차 회담
세부항목	자민당 의원단 방한
작성처	외무성
매수	20
비밀등급	
문서종류	내부문서, 내부자료
공개구분	공개
내용	1961년 5월 6일~12일까지 한국을 방문한 자민당 의원단의 방한과 관련한 문서 모음
주제어	자민당 의원단 방한

문서명	노다 의원의 방한 희망에 대하여(野田議員の訪韓希望について)

문서파일번호 514
작성연월일 1961. 1. 12
구분 제5차 회담
세부항목 자민당 의원 방한 관련 아시아국 의견
작성처 우야마 참사관
매수 2
비밀등급 일반
문서종류 내부문서
공개구분 공개
내용 1961년 1월 12일 고사카 젠타로(小坂善太郎) 외상이 노다 우이치(野田卯一) 의원과 대한국 정책에 관해 협의하던 중 노다 의원이 한국 방문에 관해 문의함. 이에 고사카 외상은 아시아국의 의견을 문의, 배석한 우야마 아쓰시 참사관은 문제 없으며, 국회에서 한국 문제가 논의될 때 지지를 받을 수 있어 좋을 것이라 답함.
주제어 자민당 의원단 방한

문서명	자민당 정무조사회 외교조사회 한일문제 간담회 멤버(自民党政務調査会外交調査日韓問題懇談会メンバー)

문서파일번호 514
작성연월일 1961. 4. 26
구분 제5차 회담
세부항목 자민당 정조회 외교조사회 한일문제간담회 멤버
작성처 불명
매수 1
비밀등급 일반
문서종류 내부자료
공개구분 공개
내용 자민당 정무조사회 외교조사회 한일문제간담회 멤버 명부
주제어 자민당 의원단 방한

문서명	자민당 의원단 방한 시의 상정문답(안) [自民党議員団の訪韓の際の想定問答(案)]

문서파일번호 514
작성연월일 1961. 4. 27
구분 제5차 회담
세부항목 자민당 의원 방한 참고자료
작성처 외무성 북동아시아과
매수 17
비밀등급 일반
문서종류 내부문서
공개구분 공개
내용 자민당 의원단 방한 시 참고용으로 작성된 자료. 한일관계 일반에 관한 예상 질의 및 답변이 정리되어 있음.
주제어 자민당 의원단 방한

고사카 외무대신이 정일형 외무부장관에게 보낸 서한 등(小坂外務大臣より鄭一亨外務部長官への書簡等)

문서파일번호	515
작성연월일	1961. 5. 4
구분	제5차 회담
세부항목	자민당 의원단 방한
작성처	외무성
매수	12
비밀등급	
문서종류	서한
공개구분	공개
내용	고사카 젠타로 외상이 정일형 외무부장관에게 보낸 서한 및 이케다 하야토 총리가 장면 총리에게 보낸 서한
주제어	자민당 의원단 방한에 따른 총리, 외상 서한

문서명	고사카 외무대신이 정일형 외무부장관에게 보낸 서한(小坂外務大臣より 鄭一亨外務部長官への書簡)

문서파일번호 515
작성연월일 1961. 5. 4
구분 제5차 회담
세부항목 고사카 외상 서한
작성처 외무성
매수 8
비밀등급 일반
문서종류 외교공한
공개구분 공개
내용 고사카 젠타로 외상이 정일형 장관에게 보낸 서한. 방한 시 환대 감사, 자민당 내 한일문제간담회 설치, 자민당 의원단 방한 등(영문 번역본 첨부)
주제어 자민당 의원단 방한

문서명	이케다 총리가 장면 총리에게 보낸 서한(池田総理大臣より張勉国務総理宛の書簡)

문서파일번호 515
작성연월일 1961. 5. 4
구분 제5차 회담
세부항목 이케다 총리 서한
작성처 외무성
매수 4
비밀등급 일반
문서종류 외교공한
공개구분 공개
내용 이케다 하야토 총리가 장면 총리에게 보낸 서한. 자민당 의원단 8명이 방한코자 함.
주제어 자민당 의원단 방한

방한 의원단의 공항 인사
(訪韓議員団の空港における挨拶)

문서파일번호	516
작성연월일	1961. 5(일자 불명) - 1961. 5. 2
구분	제5차 회담
세부항목	자민당 의원단 방한
작성처	외무성
매수	10
비밀등급	
문서종류	성명문, 내부문서
공개구분	공개
내용	1961년 5월 6일 자민당 국회의원 방한단의 하네다 공항 출발 시와 김포공항 도착 시 성명문안 및 이와 관련한 한국 의견 보고
주제어	자민당 의원단 방한 성명

문서명	노다 단장의 하네다 공항 출발 시의 인사(野田団長の羽田空港出発時の挨拶)

문서파일번호	516
작성연월일	1961. 5(일자 불명)
구분	제5차 한일회담
세부항목	자민당 의원단 일본 출발 성명
작성처	외무성
매수	2
비밀등급	일반
문서종류	성명문
공개구분	공개
내용	자민당 의원 방한단 하네다 공항 출발 시 성명문. 작년(1960년) 4월 이래 새로운 걸음을 하고 있는 한국의 실정을 직접 살펴봄으로써 이해를 심화하고, 한국인들과 대화를 통해 깊은 우정을 쌓기 위해 방한함.
주제어	자민당 의원단 방한

문서명	방한 의원단의 비행장에서의 스테이트먼트 건(訪韓議員団の飛行場におけるステートメントに関する件)

문서파일번호	516
작성연월일	1961. 5. 2
구분	제5차 회담
세부항목	자민당 의원단 성명 관련 한국 요망사항
작성처	외무성
매수	4
비밀등급	극비
문서종류	내부문서
공개구분	공개
내용	1961년 5월 2일 주일한국대표부 문철순 참사관이 마에다 도시카즈 북동아과장에게 전화하여 자민당 의원단 김포공항 도착 시 ① 한국과 일본이 반공의 전우라는 점과 ② 일본의 과거에 대한 반성을 언급해 주기를 요망함. 마에다 과장은 보고하겠다 하면서 미묘한 부분이 있으므로 5월 4일 유진오 수석대표가 방한단에게 이야기해 주면 좋겠다고 요청함.
주제어	자민당 의원단 방한

문서명	노다 단장의 김포공항 도착 시의 인사(野田団長の金浦空港到着時の挨拶)

문서파일번호 516

작성연월일 1961. 5(일자 불명)

구분 제5차 회담

세부항목 자민당 의원단 한국 도착 성명

작성처 외무성

매수 4

비밀등급 일반

문서종류 성명문

공개구분 공개

내용 자민당 의원단의 1961년 5월 6일 김포공항 도착 시 노다 우이치 단장의 성명문. 한국 신정부의 과거에 구애되지 않고 장래를 향해 대응해 나가겠다는 방침, 공산주의 대항 등에 경의 표명, 자민당 내 한국간담회 신설 소개, 금번 방한이 양국 친선관계 수립에 기여하기를 기대한다는 내용이 포함되었음. 한국이 요청한 과거에 대한 반성은 포함되지 않음.

주제어 자민당 의원단 방한

자민당 의원 8명 및 이세키 국장의 방한 관계 회담 기록(自民党8議員及び伊関局長の訪韓関係会談記録)

문서파일번호	517
작성연월일	1961. 5. 6 - 1961. 5. 15
구분	제5차 회담
세부항목	자민당 의원단 방한
작성처	외무성 북동아시아과
매수	41
비밀등급	일반
문서종류	내부문서, 회의록
공개구분	일부비공개
내용	1961년 5월 6~12일까지 한국을 방문한 자민당 의원단과 한국 인사들의 회담 기록, 방한 일정, 방한에 대한 이세키 유지로 외무성 아시아국장의 소견 및 지시사항 등이 정리되어 있음.
주제어	자민당 의원단 방한

문서명	자민당 의원 8명 및 이세키 국장의 방한(1961년 5월 6~12일) 관계 회담 기록[自民党8委員及び伊関局長の訪韓(36年5月6日 - 12日)関係会談記録]

문서파일번호 517
작성연월일 1961. 5. 6 - 1961. 5. 15
구분 제5차 회담
세부항목 자민당 의원단 방한 관련 문서 목차
작성처 외무성 북동아시아과
매수 1
비밀등급 극비
문서종류 내부문서
공개구분 공개
내용 문서 목차
주제어 자민당 의원단 방한

문서명	방한의원단과 장면 국무총리 회담 요지(訪韓議員団と張勉国務総理との会談要旨)

문서파일번호 517
작성연월일 1961. 5. 8
구분 제5차 회담
세부항목 자민당 의원단 · 장면 총리 예방
작성처 외무성 북동아시아과
매수 7
비밀등급 비(秘)
문서종류 회의록
공개구분 공개
내용 자민당 의원단이 장면 총리를 예방하여 협의한 기록. 장면 총리는 이번 일본 국회의원단의 방한을 계기로 한일회담이 한층 진전되길 희망한다고 말함. 일본도 한국의 경제재건에 도움이 되도록 협력해 나가겠다고 말함.
주제어 자민당 의원단 방한

문서명	방한의원단과 정 외무부장관 회담 요지(訪韓議員団と鄭外務部長官との会談要旨)

문서파일번호 517
작성연월일 1961. 5. 8
구분 제5차 회담
세부항목 자민당 의원단 · 정일형 외무장관 면담
작성처 외무성 북동아시아과
매수 10
비밀등급 비(秘)
문서종류 회의록
공개구분 공개
내용 자민당 의원단이 정일형 외무장관과 면담한 기록. 일본은 국회의원은 빠른 국교정상화를 위해서는 작은 것에 얽매이지 말고 큰일을 하겠다는 의지가 필요하다고 말함. 정일형 외무장관도 같은 의미의 발언을 함.
주제어 자민당 의원단 방한

문서명	이세키 국장·김용식 차관 회담 요지(伊関局長·金溶植次官会談要旨)

문서파일번호 517
작성연월일 1961. 5. 9 – 1961. 5. 12
구분 제5차 회담
세부항목 이세키 국장 · 김용식 차관 회담
작성처 외무성 북동아시아과
매수 11
비밀등급 극비
문서종류 회의록
공개구분 공개
내용 일본 자민당 의원단 방한에 동행한 외무성 이세키 유지로 아시아국장과 김용식 차관 회담 기록. 문화재에 관해 이세키가 문화협력의 일환으로 기증한다고 한 데 대해 김용식은 표현의 문제라고 대응함. 청구권 문제에 관해서는 이세키 국장의 경제협력에 관한 제안이 있었음. 5월 12일 2차 회담 결과도 포함되어 있음.
주제어 자민당 의원단 방한

문서명	이세키 국장의 소견, 생각 및 지시사항(伊関局長の所見、考え方および指示事項)

문서파일번호 517
작성연월일 1961. 5. 15
구분 제5차 회담
세부항목 이세키 국장 방한 소회 및 생각
작성처 외무성 북동아시아과
매수 5
비밀등급 일반
문서종류 내부문서
공개구분 공개
내용 자민당 의원단 방한에 동행한 이세키 유지로 국장이 방한 소회 및 한국과의 교섭 결과, 금후 대책 등을 정리한 내부문서. 공식석상에서 만난 한국 고관들은 36년간의 지배를 강하게 비판하였으나(그렇지 않을 경우 친일파 비난 의식), 일반 국민들은 일본과 손잡는 것만이 살길이라는 인식을 갖고 있는 것으로 파악. 금후 가장 중요한 문제는 결국 일본이 얼마를 한국에 지불할 것인가임(무상원조 5천만 달러씩 5년간 2억 5천만 달러, 청구권으로 5천만 달러, 계 3억 달러와 함께 유상경제원조 연 5천만 달러씩 1년에 2억 달러 정도가 타당할 것으로 생각함. 한국은 비공식 협의에서 5억 달러에서 시작하자는 이야기가 있었음). 금후 무상원조로 할 것인가, 개인청구는 청구권으로 할 것인가 등에 대해 대장성과 조율하고, 일본의 어업협정안을 준비하라는 지시사항도 포함됨.
주제어 자민당 의원단 방한

문서명	별첨(1) 자민당 파견 의원 8명 및 이세키 아시아국장의 방한일지[別添(1) 自民党派遣8議員及び伊関アジア局長の訪韓日誌]

문서파일번호 517
작성연월일 1961(월일 불명)
구분 제5차 회담
세부항목 자민당 의원단 방한일정
작성처 외무성 북동아시아과
매수 6
비밀등급 일반

문서종류 내부문서
공개구분 공개
내용 '자민당 의원 8명 및 이세키 국장의 방한관계 회담 기록' 첨부1. 일본 자민당 국회의원단 방한 일정
주제어 자민당 의원단 방한

문서명	별첨(2) 일행 성명[別添(2) 一行氏名]

문서파일번호 517
작성연월일 1961(월일 불명)
구분 제5차 회담
세부항목 방한 자민당 의원단 및 수행 외무성 관료 명부
작성처 외무성 북동아시아과
매수 1
비밀등급 일반
문서종류 내부문서
공개구분 일부비공개
내용 '자민당 8명 의원 및 이세키 국장의 방한관계 회담 기록' 첨부2. 방한한 일본 자민당 국회의원 8명의 명단과 외무성 직원 3명의 명단
주제어 자민당 의원단 방한

한국 방문 의원단 귀국보고
(韓国訪問議員団帰国報告)

문서파일번호	518
문서명	한국 방문 의원단 귀국보고(韓国訪問議員団帰国報告)
작성연월일	1961. 5. 15
구분	제5차 회담
세부항목	자민당 의원단 귀국보고
작성처	자민당 외교조사회 한일문제간담회
매수	58
비밀등급	일반
문서종류	내부문서
공개구분	공개
내용	1961년 5월 6~12일까지 방한한 자민당 외교조사회 한일문제간담회 소속 국회의원 8명의 방한 결과 보고서. 방한의원단 명부, 귀국보고서, 한일문제간담회 멤버 명부 순으로 되어 있음. 귀국보고는 이시이 고지로(石井光次郎) 간담회 좌장의 사회로, 노다 우이치 의원(방한단장)이 방한 개요를 종합적으로 보고한 후 방한단에 참가한 위원들이 방한 소회를 말하는 방식으로 진행됨. 노다 의원은 방한 시 한국정부의 배려가 특별했던 점, 일반 국민들의 대일감정이 나쁘지 않은 점, 한국의 투철한 반공정신, 한반도가 적화될 경우 일본이 위험해질 수 있다는 점, 한일 양국이 조속히 국교를 정상화할 필요가 있다는 점 등을 언급함.
주제어	자민당 의원단 방한

제18부

박정희 의장 일본 방문
(1961.11)

스기 수석대표 방한 보고
(杉首席代表訪韓報告)

문서파일번호	960
작성연월일	1961. 11. 4
구분	제6차 회담
세부항목	스기 일본대표 방한
작성처	외무성 북동아시아과
매수	83
비밀등급	
문서종류	내부문서, 회의록, 전문
공개구분	공개 또는 일부비공개
내용	1961년 11월 2~4일까지 한국을 방문한 스기 미치스케 일본 수석대표의 방한 관련 문서
주제어	스기 일본대표 방한

문서명	스기 수석대표 방한 보고(杉首席代表訪韓報告)

문서파일번호 960
작성연월일 1961. 11. 4
구분 제6차 회담
세부항목 스기 일본대표 방한, 방한 보고서
작성처 외무성 북동아시아과
매수 3
비밀등급 극비
문서종류 내부문서
공개구분 공개
내용 스기 미치스케 일본 수석대표 방한 보고서에 대한 설명, 표지 및 방한 일정 정리
주제어 스기 일본대표 방한

문서명	스기 수석대표·최 외무부장관 제1회 회담(杉首席代表、崔外務部長官第1回会談)

문서파일번호 960
작성연월일 1961. 11. 4
구분 제6차 회담
세부항목 스기 일본대표 방한, 최덕신 · 스기 회담
작성처 외무성 북동아시아과
매수 8
비밀등급 극비
문서종류 회의록
공개구분 공개
내용 1961년 11월 2일 오후 개최된 스기 미치스케 일본 수석대표와 최덕신 외무장관 제1회 회담 기록. 상호 인사말 교환 및 한일회담의 신속 타결에 대한 의지 피력.
주제어 스기 일본대표 방한

문서명	스기 수석대표·유양수 최고회의 외교국방위원장 회담(杉首席代表、柳陽洙最高会議外交国防委員長会談)

문서파일번호 960
작성연월일 1961. 11. 4
구분 제6차 회담
세부항목 스기 일본대표 방한, 유양수·스기 회담
작성처 외무성 북동아시아과
매수 13
비밀등급 극비
문서종류 회의록
공개구분 공개
내용 1961년 11월 3일 스기 미치스케 수석대표와 유양수 최고회의 외교국방위원장의 회담 기록. 유양수 위원장은 한일회담은 최고지도자들이 허심탄회한 의견교환을 통해 정치적으로 타협점을 찾고, 그 후 실무자들이 구체적인 합의를 이루어 나가야 한다는 뜻을 피력함. 스기 대표도 박정희·이케다 협의가 매우 유익할 것으로 믿는다고 발언함.
주제어 스기 일본대표 방한

문서명	스기 수석대표·송요찬 내각수반 회담(杉首席代表、宋堯讃内閣首班会談)

문서파일번호 960
작성연월일 1961. 11. 4
구분 제6차 회담
세부항목 스기 일본대표 방한, 송요찬·스기 회담
작성처 외무성 북동아시아과
매수 10
비밀등급 극비
문서종류 회의록
공개구분 공개
내용 1961년 11월 3일 스기 미치스케 수석대표와 송요찬 내각수반 회담 기록. 스기 대표는 한일회담 타개를 위해 최고책임자들이 직접 협의하는 것이 매우 중요하다고 언

급함. 송 수반은 정상회담은 사전 준비가 필요하나 실무자들이 일정한 선을 긋고 정상회담을 한다면 효과가 없을 것이라고 대응함. 스기 대표는 그간 오랫동안 한일회담을 진행해 왔기 때문에 쌍방이 대략적인 사항은 잘 알고 있어 정상들이 만나면 반드시 성과가 있을 것이라고 함. 송 수반은 회담과 관련해 스기 대표가 일본의 구체적인 안을 제시하기를 희망했으나 스기 대표가 답하지 않음에 따라 양인의 회담은 좋지 않은 모양새로 종료됨. 회담 후 송 수반은 기자회견을 통해 회담 내용을 발표, 당일 석간에는 한일정상회담 개최 가능성이 희박하다는 기사가 게재됨.

주제어 스기 일본대표 방한

문서명	스기 수석대표·박정희 최고회의 의장 회담(杉首席代表、朴正熙最高会議議長会談)

문서파일번호 960

작성연월일 1961. 11. 4

구분 제6차 회담

세부항목 스기 일본대표 방한, 박정희 · 스기 회담

작성처 외무성 북동아시아과

매수 8

비밀등급 극비

문서종류 회의록

공개구분 공개

내용 1961년 11월 3일 박정희 의장을 예방한 스기 미치스케 대표와 박 의장 회담 기록. 스기 대표는 인사 후 이케다 하야토 총리 친서를 전달함. 박 의장은 한일회담 조기 타결 기운이 점차 고조되고 있음을 평가하고 혁명정부도 한일관계의 정상화를 위해 과거 역사와 국민감정에 구애받지 않고 가능한 한 현안을 해결하여 극동의 평화를 위해 최선을 다할 것이라고 발언함. 스기 대표는 한일회담 타결을 위한 이케다 총리의 열성적인 태도를 언급하고 자신도 수석대표로서 최선을 다하겠다고 말함.

주제어 스기 일본대표 방한

문서명	스기 수석대표·김종필 중앙정보부 부장 회담(杉首席代表、金鍾泌中央情報部長会談)

문서파일번호 960
작성연월일 1961. 11. 4
작성처 외무성 북동아시아과
매수 7
비밀등급 극비
구분 제6차 회담
세부항목 스기 일본대표 방한, 김종필 · 스기 회담
문서종류 회의록
공개구분 공개
내용 1961년 11월 3일 스기 미치스케 대표와 김종필 중앙정보부장 회담 기록. 김 부장은 박 의장의 방일과 관련 일본이 2가지(어떠한 일이 있어도 한일회담을 타결한다는 확인, 회담 타결을 위해 쌍방이 구체적 방법을 생각, 서로 제시하는 것)를 약속해 줄 것을 기대한다고 말함. 이에 스기 대표는 귀국 후 바로 총리에게 보고하고 충분히 검토하겠다고 답함. 김 부장은 박 의장이 이케다 총리의 방일 초청을 수락할지 여부를 다음 날 스기 대표의 출국 전에 알려 주겠다고 함. 김 부장은 동일 저녁 청운각에서 스기 대표 일행을 위한 만찬을 개최함.
주제어 스기 일본대표 방한

문서명	스기 수석대표·최 외무부장관 제2회 회담(杉首席代表、崔外務部長官第2回会談)

문서파일번호 960
작성연월일 1961. 11. 4
구분 제6차 회담
세부항목 스기 일본대표 방한, 최덕신 · 스기 회담
작성처 외무성 북동아시아과
매수 5
비밀등급 극비
문서종류 회의록
공개구분 공개

내용 1961년 11월 4일 최덕신 외무장관을 예방한 스기 미치스케 대표는 30분 정도 회담함. 최 장관은 박 의장이 이케다 하야토 총리의 방일 초청을 수락하기로 하였으며, 11월 11일 오후 1시 특별기로 출발하여 약 30분간 도쿄에 체재할 것이라고 한 뒤, 이케다 총리에 대한 답신은 배의환 대표를 통해 전달할 것이라고 함. 또한 최 장관은 평화선을 침범, 나포된 일본어선 3척을 바로 석방할 것이라고 하면서 일본어선이 한일회담이 타결될 때까지 평화선을 침범하지 않기를 바란다고 말함. 동 회담 종료 후 한일 양측이 박 의장의 방일 결정에 관한 언론 브리핑을 함.

주제어 스기 일본대표 방한

문서명	보도자료(외무부 발표)(Press Release)

문서파일번호 960

작성연월일 1961. 11. 4

구분 제6차 회담

세부항목 스기 일본대표 방한, 박정희 방일 문제

작성처 한국 외무부

매수 1

비밀등급 극비

문서종류 보도자료

공개구분 공개

내용 1961년 11월 4일 스기 미치스케 대표 방한과 관련한 외무부의 보도자료. 이케다 하야토 총리가 친서를 보내 박정희 의장에게 미국 방문길에 일본을 방문해 줄 것을 요청, 박 의장이 이를 수락하였으며, 11월 11일 일본을 방문, 이케다 총리와 의견교환할 예정임.

주제어 스기 일본대표 방한

문서명	외무부 발표(外務部発表)

문서파일번호 960
작성연월일 1961. 11. 4
구분 제6차 회담
세부항목 스기 일본대표 방한, 박정희 방일 문제
작성처 한국 외무부
매수 15
비밀등급 극비
문서종류 보도자료
공개구분 공개
내용 스기 미치스케 대표 방한과 관련한 외무부 보도자료. 박정희 의장의 방일 예정 사실과 방일을 결정하기까지의 경위, 방일의 의의 등이 상세히 기술
주제어 스기 일본대표 방한

문서명	4일 오전 10시 20분 서울로부터의 국제전화 내용(4日午前10時20分ソウルよりの国際電話内容)

문서파일번호 960
작성연월일 1961. 11. 4
구분 제6차 회담
세부항목 스기 일본대표 방한, 스기 대표·본성 전화 통화
작성처 외무성 북동아시아과
매수 2
비밀등급 일반
문서종류 내부문서
공개구분 공개
내용 방한 중인 스기 미치스케 대표 일행이 본국 외무성에 전화로 연락한 내용을 기록한 문서. 스기 대표가 11월 4일 11시 최덕신 외무장관과 면담한 후 한국에서 11시 45분경 박정희 의장 방일 결정과 관련한 기자브리핑 예정이며, (일본) 외무성도 기자단에게 동일한 내용을 설명하는 것이 적절할 것이라고 함.
주제어 스기 일본대표 방한

문서명	스기 수석대표 방한 관련 한국 반응에 대한 미국의 이야기(杉代表訪韓に関する韓国側の反応についての米側よりの内報)

문서파일번호 960
작성연월일 1961. 11. 4
구분 제6차 회담
세부항목 스기 일본대표 방한 결과에 대한 미국 평가
작성처 외무성 북동아시아과
매수 1
비밀등급 극비
문서종류 내부문서
공개구분 일부비공개
내용 1961년 11월 4일 주일미국대사관 직원이 북동아과에 전화로 연락한 내용을 기록한 문서. 스기 미치스케 대표 방한과 관련한 주한미국대사관의 전보 내용에 따르면 금번 스기 방한과 관련해 한국정부 수뇌는 만족하며 고무(pleased, encouraged)되었다고 함.
주제어 스기 일본대표 방한

문서명	스기 수석대표의 최 한국 외무부장관에 대한 감사 전달의 건(杉首席代表より崔韓国外務部長官へ謝意伝達の件)

문서파일번호 960
작성연월일 1961. 11. 4
구분 제6차 회담
세부항목 스기 일본대표 방한, 감사 서한
작성처 외무성 북동아시아과
매수 10
비밀등급 극비
문서종류 전문(電文)
공개구분 공개
내용 1961년 11월 4일 방한을 마치고 귀국한 스기 미치스케 대표가 최덕신 외무장관에게 보내는 감사서신
주제어 스기 일본대표 방한

박정희 의장 일본초대 건
(朴正熙議長日本招待の件)

문서파일번호	961
작성연월일	1961. 9. 12 - 1961. 9. 26
구분	제6차 회담
세부항목	박정희 의장 방일
작성처	외무성, 백악관
매수	6
비밀등급	
문서종류	내부문서, 보도자료
공개구분	공개
내용	박정희 최고회의 의장의 방일과 관련한 일본 외무성 아시아국과 의전장실 협의내용을 기록한 문서, 백악관의 박 의장 방미 초청에 관한 보도자료
주제어	박정희 의장 방일

문서명	박정희 의장 일본 초대 건(朴正熙議長日本招待の件)

문서파일번호 961
작성연월일 1961. 9. 26
구분 제6차 회담
세부항목 박정희 의장 방일
작성처 외무성 북동아시아과
매수 5
비밀등급 극비
문서종류 내부문서
공개구분 공개
내용 박정희 의장 방일 시 예우와 관련하여 1961년 9월 26일 아시아국 우야마 아쓰시 참사관과 스기야마 아키라(杉山明) 의전장 협의 기록. 예우는 총리의 개인 빈객자격으로 하는 것이 적절하나 경비는 엄중하게 처리할 필요가 있으며, 미국의 박 의장에 대한 예우를 확인하여 참고하기로 함.
주제어 박정희 방일 시 예우

문서명	제목 없음

문서파일번호 961
작성연월일 1961. 9. 12
구분 제6차 회담
세부항목 박정희 의장 방미
작성처 백악관(The White House)
매수 1
비밀등급 일반
문서종류 보도자료
공개구분 공개
내용 1961년 9월 12일 자 박정희 의장의 방미와 관련한 미국 백악관 보도자료(영문)
주제어 박정희 방미 백악관 보도자료

박정희 의장 일본 방문에 관한 재경미대사관 ▬ 서기관의 내화(朴正熙議長訪日問題に関する在京米大使館▬書記官の内話)

문서파일번호	962
작성연월일	1961. 10. 16 - 1961. 11. 20
구분	제6차 회담
세부항목	박정희 의장 방일 관련 일미 간 협의
작성처	외무성, 주일미국대사관
매수	25
비밀등급	
문서종류	회의록, 내부문서
공개구분	일부비공개
내용	박정희 의장 방일과 관련하여 일본 외무성과 주일미국대사관이 협의한 기록, 박 의장 일본 방문 언론 보도 내용 정리 문서 모음
주제어	박정희 의장 방일

문서명	박 의장 일본 방문에 관한 ■ 서기관의 내화(朴議長訪日問題に関する■書記官の内話)

문서파일번호 962
작성연월일 1961. 10. 16
구분 제6차 회담
세부항목 박정희 의장 방일에 관한 미국 생각
작성처 외무성 북동아시아과
매수 4
비밀등급 극비
문서종류 회의록
공개구분 일부비공개
내용 1961년 10월 16일 주일미국대사관 ■ 서기관이 북동아과를 방문, 박정희 의장 일본 방문에 관하여 협의한 내용을 기록한 문서. 미대사관 직원은 박 의장이 미국 방문길에 일본 들리는 것을 주저하는 이유는 자신의 방일이 한일회담 타개에 도움이 되지 않았을 경우 받게 될 비난을 우려하고 있기 때문이라면서 회담이 전면 타결 방향으로 갈 것이라는 전망이 확실해지면 일주일을 남긴 상황에서도 방일을 결정할 것이라고 함. 그는 미국은 박 의장의 방일에 찬성하는 입장이라고 함.
주제어 박정희 의장 방일

문서명	미국의 박정희 의장 대우에 관하여(朴正熙議長の米国における取扱について)

문서파일번호 962
작성연월일 1961. 10. 27
구분 제6차 회담
세부항목 박정희 의장 방미에 대한 미국의 예우
작성처 외무성 북동아시아과
매수 2
비밀등급 극비
문서종류 내부문서
공개구분 공개
내용 박정희 의장 방미 시 미국 측 예우와 관련하여 북동아과가 문의한 것에 대한 미국 측 중간답변을 정리. 박 의장의 방미는 비공식 실무방문(informal working visit)이나 한국 입장을 고려, 그냥 방문(visit)이라고 함. 구체적 예우는 사실상 원수에 대한 예우와 상당히 유사하며, 재확인이 필요하나 초청은 대통령 명의의 구두 초청형식임.
주제어 박정희 의장 방미

문서명	박 의장의 방미 시 미국정부의 대우 건(朴議長の訪米に際しての米国政府の取扱振りに関する件)

문서파일번호 962
작성연월일 1961. 10. 28
구분 제6차 회담
세부항목 박정희 의장 방미에 대한 미국의 예우
작성처 외무성 북동아시아과
매수 2
비밀등급 극비
문서종류 내부문서
공개구분 일부비공개
내용 박정희 의장 방미 시 미국 측 예우 관련, 주일미국대사관 직원이 본국 확인을 거쳐 다시 전달한 내용을 기록한 문서. 방미의 성격은 비공식 실무방문(informal working visit), 초청방식은 미국 대통령 명의 초청을 주한미대사가 구두로 전달, 워싱턴 공항에선 국무장관이 영접, 숙소는 주워싱턴한국대사관임.
주제어 박정희 의장 방미

문서명	제목 없음

문서파일번호 962
작성연월일 1961(월일 불명)
구분 제6차 회담
세부항목 박정희 · 이케다 회담 결과 한국 언론 보도
작성처 주일미국대사관
매수 2
비밀등급 일반
문서종류 내부문서
공개구분 공개
내용 1961년 11월 12일 박정희 · 이케다 하야토 회담 결과와 관련 미국이 한국 언론 보도 내용을 분석한 자료. 11월 13일 한국 언론들의 보도는 회담에서 구체적인 이야기들이 협의되지 못한 점을 지적하는 비판적인 논조가 많음.
주제어 박정희 의장 방일

문서명	이케다·박정희 회담 내용에 관한 신문 보도를 부정하는 한국 성명 건(池田·朴正熙会談内容に関する新聞報道を否定する韓国側声明に関する件)

문서파일번호 962
작성연월일 1961. 11. 17
구분 제6차 회담
세부항목 박정희 · 이케다 회담 결과 일본 언론 보도에 대한 한국 반응
작성처 외무성 북동아시아과
매수 3
비밀등급 극비
문서종류 내부문서
공개구분 일부비공개
내용 1961년 11월 17일 주일미국대사관 ■ 서기관이 주한미대사관 연락이라면서 북동아과에 알려온 내용을 정리한 기록. 한국 외무부는 11월 17일 이케다 · 박 회담 결과 청구권 문제에 관해 법률적 권한이 있는 개인청구권에 한해 일본이 지불하기로 합의했다는 일본 신문 보도는 전혀 근거 없는 것이라고 발표함. 이는 한국의 비판 여론을 잠재우기 위한 조치로 평가됨. 이와 관련 우라베 도시오 참사관은 메모를 통해 일본 기자들의 문의가 있을 시 노코멘트로 대응하라는 의견을 남김.
주제어 박정희 의장 방일

문서명	이케다·박 회담에 관한 보도에 대한 한국 반응에 대하여(池田·朴会談に関する報道に対する韓国側の反響について)

문서파일번호 962
작성연월일 1961. 11. 17
구분 제6차 회담
세부항목 박정희 · 이케다 회담 결과 일본 언론 보도에 대한 한국 반응, 미국 평가
작성처 외무성 북동아시아과
매수 5
비밀등급 극비
문서종류 내부문서
공개구분 일부비공개
내용 1961년 11월 17일 주일미국대사관 ■ 서기관이 이케다 · 박정희 회담 결과에 대한

일본신문 보도, 한국정부 반응 및 미국의 평가에 관해 설명한 내용을 상세히 기록한 문서. 앞에 나온 문서와 동일한 내용이며, 그린(Marshall Green) 주한미국대사대리가 일본 언론의 보도는 일본정부의 도발 의도가 담긴 것으로 생각하지 않는다는 입장을 밝혔다는 부분이 추가로 적혀 있음.

주제어 박정희 의장 방일

문서명	박 의장의 방미에 관한 사정 청취 건(朴議長訪米に関し事情聴取の件)

문서파일번호 962

작성연월일 1961. 11. 20

구분 제6차 회담

세부항목 박정희 방미 성과에 대한 미국 측 평가

작성처 외무성 북동아시아과

매수 7

비밀등급 극비

문서종류 내부문서

공개구분 일부비공개

내용 1961년 11월 20일 주일미국대사관 ▬ 서기관이 버거(Samuel D. Berger) 주한미국대사(박정희 의장 방미 시 일시 귀국한 버거 대사는 11월 19일 아침 도쿄에 도착, 20일 아침 한국으로 돌아갔음)로부터 들은 박정희 의장 방미 관련 정보를 북동아과에 전달한 내용. 버거 대사는 한미정상회담이 전반적으로 매우 우호적으로 진행되었으며, 케네디(John F. Kennedy) 대통령은 박 의장으로부터 좋은 인상을 받은 것으로 보인다고 언급함. 박 의장의 방미 목적에 대해 ▬ 서기관은 군부 내 온건세력인 박 의장의 입지를 공고히 해 주고자 하는 미국의 입장도 일조한 것으로 보인다고 언급함.

주제어 박정희 의장 방미

박 의장 일본 방문 초청을 위한 서간
(朴議長訪日招請のための書簡)

문서파일번호	963
작성연월일	1961. 11. 1 - 1961. 11. 6
구분	제6차 회담
세부항목	박정희 의장 방일
작성처	외무성, 한국 외무부
매수	23
비밀등급	
문서종류	외교공한(친서), 내부문서
공개구분	일부비공개
내용	박정희 의장의 일본 방문을 초청하는 이케다 하야토 총리의 1961년 11월 1일 자 친서 및 박 의장의 11월 6일 자 초청 수락 회신
주제어	박정희 의장 방일

문서명	제목 없음

문서파일번호 963
작성연월일 1961. 11. 1
구분 제6차 회담
세부항목 이케다의 박정희 앞 친서
작성처 외무성
매수 6
비밀등급 일반
문서종류 외교공한(친서)
공개구분 공개
내용 박정희 의장의 일본 방문을 초청하는 이케다 하야토 총리의 1961년 11월 1일 자 친서 초안
주제어 박정희 의장 방일

문서명	제목 없음

문서파일번호 963
작성연월일 1961. 11. 1
구분 제6차 회담
세부항목 이케다의 박정희 앞 친서
작성처 외무성
매수 3
비밀등급 일반
문서종류 외교공한(친서)
공개구분 공개
내용 박정희 의장의 일본 방문을 초청하는 이케다 하야토 총리의 1961년 11월 1일 자 친서. 스기 미치스케 수석대표의 방한 시 박 의장에게 전달됨.
주제어 박정희 의장 방일

문서명	제목 없음

문서파일번호	963
작성연월일	1961. 11. 1
구분	제6차 회담
세부항목	이케다의 박정희 앞 친서
작성처	외무성
매수	3
비밀등급	일반
문서종류	외교공한(친서)
공개구분	공개
내용	이케다 하야토 총리의 친서 영문본
주제어	박정희 의장 방일

문서명	제목 없음

문서파일번호	963
작성연월일	1961. 11. 6
구분	제6차 회담
세부항목	박정희의 이케다 앞 친서
작성처	한국 외무부
매수	3
비밀등급	일반
문서종류	외교공한(친서)
공개구분	일부비공개
내용	박정희 의장이 이케다 하야토 총리에게 보낸 회신 한글본. 방일 초청을 수락. 스기미치스케 대표를 통해 전달됨.
주제어	박정희 의장 방일

문서명	제목 없음

문서파일번호	963
작성연월일	1961. 11. 6
구분	제6차 회담
세부항목	박정희의 이케다 앞 친서
작성처	한국 외무부
매수	3
비밀등급	일반
문서종류	외교공한(친서)
공개구분	공개
내용	박정희 의장의 1961년 11월 6일 자 친서 영문본
주제어	박정희 의장 방일

문서명	제목 없음

문서파일번호	963
작성연월일	1961. 11. 6
구분	제6차 회담
세부항목	박정희의 이케다 앞 친서
작성처	외무성
매수	5
비밀등급	일반
문서종류	외교공한(친서)
공개구분	공개
내용	박정희 의장의 1961년 11월 6일 자 친서 일본어 가역본
주제어	박정희 의장 방일

한국 국가재건회의 박정희 의장 방일 시 편의 공여 의뢰 건(韓国国家再建会議、朴熙議長訪日に際する便宜供与依頼の件)

문서파일번호	965
작성연월일	1961. 11. 6 - 1961. 11. 24
구분	제6차 회담
세부항목	박정희 의장 방일 의전
작성처	외무성 북동아시아과
매수	23
비밀등급	
문서종류	공문
공개구분	공개
내용	1961년 11월 11~12일, 11월 25일 박정희 의장의 일본 방문(통과) 시 영접과 관련하여 외무성이 관계 성청에 편의 제공을 요청하는 공문
주제어	박정희 의장 방일 의전

문서명	한국 국가재건최고회의 박정희 의장 방일 시 편의 공여 의뢰 건(韓国国家再建最高会議朴正熙議長の訪日に際し、便宜供与方依頼の件)

문서파일번호 965
작성연월일 1961. 11. 6
구분 제6차 회담
세부항목 박정희 의장 방일 의전
작성처 외무성 북동아시아과
매수 6
비밀등급 일반
문서종류 공문
공개구분 공개
내용 박정희 의장 방일 영접과 관련하여 외무성이 관계 성청에 보내는 편의 제공 요청에 관한 내부 재가문서 및 사무차관 명의 시행공문
주제어 박정희 의장 방일

문서명	한국 국가재건최고회의 박정희 의장 방일 시 공항경비 의뢰 건(韓国国家再建最高会議朴正熙議長の訪日に際し、空港における警備依頼の件)

문서파일번호 965
작성연월일 1961. 11. 6
구분 제6차 회담
세부항목 박정희 의장 방일 의전
작성처 외무성 북동아시아과
매수 4
비밀등급 일반
문서종류 공문
공개구분 공개
내용 박정희 의장 방일과 관련하여 공항에서의 경비 의뢰와 관련한 내부 재가문서 및 아시아국장 명의 시행공문
주제어 박정희 의장 방일

문서명	한국 국가재건최고회의 박정희 의장 방일 시 편의 공여 의뢰 건(韓国国家再建最高会議朴正熙議長の訪日に際し便宜供与方依頼の件)

문서파일번호 965
작성연월일 1961. 11. 10
구분 제6차 회담
세부항목 박정희 의장 방일 의전
작성처 외무성 북동아시아과
매수 3
비밀등급 일반
문서종류 공문
공개구분 공개
내용 박정희 의장 방일 영접과 관련하여 외무성이 관계 성청에 보내는 편의 제공 요청에 관한 내부 재가문서(일정 및 일행 명단 통보) 및 사무차관 명의 시행공문
주제어 박정희 의장 방일

문서명	박정희 한국 국가재건최고회의 의장에 대한 경비, 경호에 관하여 감사 표명 건(朴正熙韓国国家再建最高会議議長に対する警備·警衛に関し謝意表明の件)

문서파일번호 965
작성연월일 1961. 11. 15
구분 제6차 회담
세부항목 박정희 의장 방일 의전
작성처 외무성 북동아시아과
매수 3
비밀등급 일반
문서종류 공문
공개구분 공개
내용 박정희 의장 방일 시 경찰청 및 경시청의 경비, 경호 제공에 대한 사의 전달과 관련한 내부 재가문서 및 사무차관 명의 시행공문
주제어 박정희 의장 방일

문서명	박정희 한국 국가재건최고회의 의장에 대한 편의 제공에 관하여 감사 표명 건 (朴正熙韓国国家再建最高会議議長に対する便宜供与に関し謝意表明の件)

문서파일번호 965
작성연월일 1961. 11. 15
구분 제6차 회담
세부항목 박정희 의장 방일 의전
작성처 외무성 북동아시아과
매수 3
비밀등급 일반
문서종류 공문
공개구분 공개
내용 박정희 의장 방일 시 관계 성청의 편의 제공에 대한 사의 전달과 관련한 내부 재가문서 및 아시아국장 명의 시행공문
주제어 박정희 의장 방일

문서명	한국 국가재건회의 박정희 의장 우리나라 통과 시 편의 제공 및 경비 의뢰 건 (韓国国家再建最高会議朴正熙議長の本邦通過に際し便宜供与および警備依頼の件)

문서파일번호 965
작성연월일 1961. 11. 24
구분 제6차 회담
세부항목 박정희 의장 방일 의전
작성처 외무성 북동아시아과
매수 4
비밀등급 일반
문서종류 공문
공개구분 공개
내용 박정희 의장의 방미 귀로에 하네다 체류 관련 편의 제공 및 경비 요청에 관한 내부 재가문서 및 아시아국장 명의 시행공문
주제어 박정희 의장 방일

박 의장 일행 명부, 일정, 접대 요령
(朴議長一行名簿、日程、接半要領)

문서파일번호	964
작성연월일	1961. 11. 8 - 1961. 11. 24
구분	제6차 회담
세부항목	박정희 의장 방일 의전
작성처	외무성 북동아시아과
매수	107
비밀등급	
문서종류	내부문서, 기타(초청장)
공개구분	공개 또는 일부비공개
내용	미국 방문을 위해 1961년 11월 11~12일까지 일본에 체류하는 박정희 의장에 대한 일본의 의전 관련 사항이 기록된 문서 모음
주제어	박정희 의장 방일

문서명	박 의장 일행의 서열(朴議長一行の序列)

문서파일번호	964
작성연월일	1961. 11. 9
구분	제6차 회담
세부항목	박정희 의장 방일 의전
작성처	외무성
매수	1
비밀등급	일반
문서종류	내부문서
공개구분	공개
내용	박정희 의장 일행의 서열을 기록한 문서
주제어	박정희 의장 방일

문서명	박정희 의장 일행 명부(朴正熙議長一行名簿)

문서파일번호	964
작성연월일	1961(월일 불명)
구분	제6차 회담
세부항목	박정희 의장 방일 의전
작성처	외무성
매수	3
비밀등급	일반
문서종류	내부문서
공개구분	일부비공개
내용	박정희 의장 방일 일행 명부
주제어	박정희 의장 방일

문서명	박정희 의장 일행 명부(朴正熙議長一行名簿)

문서파일번호 964
작성연월일 1961(월일 불명)
구분 제6차 회담
세부항목 박정희 의장 방일 의전
작성처 외무성
매수 1
비밀등급 일반
문서종류 내부문서
공개구분 일부비공개
내용 일부 수정된 박정희 의장 방일 일행 명부
주제어 박정희 의장 방일

문서명	박정희 의장 일행 수행기자 명부(朴正熙議長一行随行記者名簿)

문서파일번호 964
작성연월일 1961(월일 불명)
구분 제6차 회담
세부항목 박정희 의장 방일 의전
작성처 외무성
매수 1
비밀등급 일반
문서종류 내부문서
공개구분 일부비공개
내용 박정희 의장 방일 수행기자 명부
주제어 박정희 의장 방일

문서명	박정희 의장 일행 명부(朴正熙議長一行名簿)

문서파일번호 964
작성연월일 1961(월일 불명)
구분 제6차 회담
세부항목 박정희 의장 방일 의전
작성처 외무성
매수 10
비밀등급 일반
문서종류 내부문서
공개구분 공개
내용 박정희 의장 방일 수행 주요인사 명부 및 약력
주제어 박정희 의장 방일

문서명	박정희 의장 일행 명부(朴正熙議長一行名簿)

문서파일번호 964
작성연월일 1961. 11. 10
구분 제6차 회담
세부항목 박정희 의장 방일 의전
작성처 외무성
매수 1
비밀등급 일반
문서종류 내부문서
공개구분 일부비공개
내용 1961년 11월 10일 자 박정희 의장 방일 일행 명부
주제어 박정희 의장 방일

문서명	박정희 의장 일행 명부(朴正熙議長一行名簿)

문서파일번호 964
작성연월일 1961(월일 불명)
구분 제6차 회담
세부항목 박정희 의장 방일 의전
작성처 외무성
매수 1
비밀등급 일반
문서종류 내부문서
공개구분 일부비공개
내용 수기로 작성한 박정희 의장 방일 일행 명부
주제어 박정희 의장 방일

문서명	박정희 의장 일행 방일 일정(제2안)[朴正熙議長一行滞日日程(第2案)]

문서파일번호 964
작성연월일 1961. 11. 8
구분 제6차 회담
세부항목 박정희 의장 방일 의전
작성처 외무성
매수 3
비밀등급 비(秘)
문서종류 내부문서
공개구분 공개
내용 1961년 11월 8일 정오 현재 박정희 의장 방일 일정 제2안
주제어 박정희 의장 방일

문서명	박정희 의장 일행 방일 일정(제3차안) [朴正熙議長一行滞日日程(第3次案)]

문서파일번호 964
작성연월일 1961. 11. 8
구분 제6차 회담
세부항목 박정희 의장 방일 의전
작성처 외무성
매수 4
비밀등급 비(秘)
문서종류 내부문서
공개구분 공개
내용 1961년 11월 8일 오후 4시 현재 박정희 의장 방일 일정 제3차안
주제어 박정희 의장 방일

문서명	박정희 한국 국가재건최고회의 의장 일행 방일 일정(朴正熙韓国国家再建最高会議議長一行滞日日程)

문서파일번호 964
작성연월일 1961. 11. 10
구분 제6차 회담
세부항목 박정희 의장 방일 의전
작성처 외무성
매수 2
비밀등급 일반
문서종류 내부문서
공개구분 공개
내용 1961년 11월 10일 현재 박정희 의장 방일 일정
주제어 박정희 의장 방일

문서명	박정희 한국 국가재건최고회의 의장 일행 방일 일정(朴正熙韓国国家再建最高会議議長一行滞日日程)

문서파일번호 964
작성연월일 1961. 11. 11
구분 제6차 회담
세부항목 박정희 의장 방일 의전
작성처 외무성
매수 2
비밀등급 비(秘)
문서종류 내부문서
공개구분 공개
내용 1961년 11월 11일 자 박정희 의장 방일 일정
주제어 박정희 의장 방일

문서명	박 의장 일행의 미국으로부터 귀국 시 일본 통과 일정 건(朴議長一行の米国より帰途の日本通過日程の件)

문서파일번호 964
작성연월일 1961. 11. 20
구분 제6차 회담
세부항목 박정희 의장 방일 의전
작성처 외무성 북동아시아과
매수 2
비밀등급 극비
문서종류 내부문서
공개구분 공개
내용 1961년 11월 20일 주일한국대표부가 박정희 의장 방미 귀로 시 비행기 환승을 위한 하네다 체류 사실을 통보
주제어 박정희 의장 방일

문서명	박정희 의장 일행의 우리나라 통과 예정 건(朴正煕議長一行の本邦通過予定に関する件)

문서파일번호 964
작성연월일 1961. 11. 21
구분 제6차 회담
세부항목 박정희 의장 방일 의전
작성처 외무성 북동아시아과
매수 3
비밀등급 극비
문서종류 내부문서
공개구분 공개
내용 박정희 의장의 방미 귀로시 하네다 공항 체류 관련 변경사항(하네다에서 미군기로 귀국)을 주일한국대표부가 통보
주제어 박정희 의장 방일

문서명	박 의장 하네다 통과에 대하여(朴議長の羽田立寄りについて)

문서파일번호 964
작성연월일 1961. 11. 22
구분 제6차 회담
세부항목 박정희 의장 방일 의전
작성처 외무성 북동아시아과
매수 2
비밀등급 비(秘)
문서종류 내부문서
공개구분 일부비공개
내용 주일미국대사관이 박정희 의장의 방미 귀로 시 하네다 체류 및 미군기를 통해 귀국한다는 내용을 통보
주제어 박정희 의장 방일

문서명	박정희 의장 일행의 일정 건(朴正熙議長一行の日程に関する件)

문서파일번호 964
작성연월일 1961. 11. 24
구분 제6차 회담
세부항목 박정희 의장 방일 의전
작성처 외무성 북동아시아과
매수 5
비밀등급 비(秘)
문서종류 내부문서
공개구분 일부비공개
내용 주일한국대표부 김정태 서기관이 박정희 의장의 방미 귀로 시 하네다 도착 및 출발 시간과 일행에 관해 통보
주제어 박정희 의장 방일

문서명	박 의장 일행 접대 요령(朴議長一行接伴要領)

문서파일번호 964
작성연월일 1961. 11. 4
구분 제6차 회담
세부항목 박정희 의장 방일 의전
작성처 외무성
매수 11
비밀등급 일반
문서종류 내부문서
공개구분 공개
내용 박정희 의장 방일 접대 요령을 정리한 문서
주제어 박정희 의장 방일

문서명	박정희 한국 국가재건최고회의 의장 일행 방일 접대 요령(제1안) [朴正熙韓国国家再建最高会議議長一行訪日接伴要領(第一案)]

문서파일번호 964
작성연월일 1961. 11. 5
구분 제6차 회담
세부항목 박정희 의장 방일 의전
작성처 외무성 북동아시아과
매수 12
비밀등급 극비
문서종류 내부문서
공개구분 공개
내용 1961년 11월 5일 자 박정희 의장 방일 접대 요령(제1안)
주제어 박정희 의장 방일

문서명	제목 없음

문서파일번호 964
작성연월일 1961. 11. 6
구분 제6차 회담
세부항목 박정희 의장 방일 의전
작성처 외무성 북동아시아과장
매수 2
비밀등급 일반
문서종류 내부문서
공개구분 공개
내용 박정희 의장 방일 접대 요령과 관련한 외무성 내 회의 개최 회람 문서
주제어 박정희 의장 방일

문서명	박 의장 방일 준비에 관한 내부협의(1)[朴議長訪日準備に関する打合わせ(1)]

문서파일번호 964
작성연월일 1961. 11. 6
구분 제6차 회담
세부항목 박정희 의장 방일 의전
작성처 외무성 북동아시아과
매수 2
비밀등급 일반
문서종류 내부문서
공개구분 공개
내용 1961년 11월 6일 개최된 박정희 의장 방일 준비 협의회 기록
주제어 박정희 의장 방일

문서명	박정희 한국 국가재건최고회의 의장의 법적지위 등에 관한 건(朴正熙韓国国家再建最高会議議長の法的地位等に関する件)

문서파일번호 964
작성연월일 1961. 11. 6
구분 제6차 회담
세부항목 박정희 의장 방일 의전
작성처 외무성 북동아시아과
매수 3
비밀등급 비(秘)
문서종류 내부문서
공개구분 공개
내용 박정희 의장의 법적지위에 관해 검토
주제어 박정희 의장 방일

문서명	제목 없음

문서파일번호 964
작성연월일 1961. 11. 7
구분 제6차 회담
세부항목 박정희 의장 방일 의전
작성처 외무성 북동아시아과장
매수 2
비밀등급 일반
문서종류 내부문서
공개구분 공개
내용 박정희 방일 준비 관계성 회의를 알리는 회람 문서
주제어 박정희 의장 방일

문서명	박정희 한국 국가재건최고회의 의장 일행 방일 접대 요강(잠정안)[朴正熙韓国国家再建最高会議議長一行訪日接伴要領(暫定案)]

문서파일번호 964
작성연월일 1961. 11. 7
구분 제6차 회담
세부항목 박정희 의장 방일 의전
작성처 외무성 북동아시아과
매수 6
비밀등급 극비
문서종류 내부문서
공개구분 공개
내용 북동아과가 1961년 11월 7일 자로 준비한 박정희 의장 방일 영접 요령 잠정안(11월 8일 관계 성 회의 자료)
주제어 박정희 의장 방일

문서명	11월 8일(수) 오전 열린 관계자 내부협의회 출석자[11月8日(水)午前開かれた関係者打合せ会出席者]

문서파일번호 964
작성연월일 1961. 11. 8
구분 제6차 회담
세부항목 박정희 의장 방일 의전
작성처 외무성 북동아시아과
매수 2
비밀등급 일반
문서종류 내부문서
공개구분 공개
내용 1961년 11월 8일 개최된 박정희 의장 영접요령과 관련한 관계 성 회의 참석자 명부
주제어 박정희 의장 방일

문서명	공항 영접 요령(안)[空港出迎え要領(案)]

문서파일번호 964
작성연월일 1961(월일 불명)
구분 제6차 회담
세부항목 박정희 의장 방일 의전
작성처 외무성
매수 4
비밀등급 일반
문서종류 내부문서
공개구분 공개
내용 박정희 의장 공항 영접 요령(안)
주제어 박정희 의장 방일

문서명	공항 환송 요령(안)[空港見送り要領(案)]

문서파일번호 964
작성연월일 1961(월일 불명)
구분 제6차 회담
세부항목 박정희 의장 방일 의전
작성처 외무성
매수 2
비밀등급 일반
문서종류 내부문서
공개구분 공개
내용 박정희 의장 공항 환송 요령(안)
주제어 박정희 의장 방일

문서명	하네다 공항 송영 사무 분담(안)[羽田空港における送迎事務分担(案)]

문서파일번호 964
작성연월일 1961(월일 불명)
구분 제6차 회담
세부항목 박정희 의장 방일 의전
작성처 외무성
매수 1
비밀등급 일반
문서종류 내부문서
공개구분 공개
내용 박정희 의장 하네다 공항 송영 사무 분담(안)
주제어 박정희 의장 방일

문서명	하네다 영접 행사 시 귀빈영접선의 서열(羽田における出迎え行事に際してのVIP Lineの序列)

문서파일번호 964
작성연월일 1961(월일 불명)
구분 제6차 회담
세부항목 박정희 의장 방일 의전
작성처 외무성
매수 1
비밀등급 일반
문서종류 내부문서
공개구분 공개
내용 박정희 의장 하네다 공항 도착 시 공항에서의 귀빈 영접선의 서열
주제어 박정희 의장 방일

문서명	박 의장 일행 도착 시의 영접선 도열자(朴議長一行到着時のReceiving Line参列者)

문서파일번호 964
작성연월일 1961(월일 불명)
구분 제6차 회담
세부항목 박정희 의장 방일 의전
작성처 외무성
매수 1
비밀등급 일반
문서종류 내부문서
공개구분 공개
내용 박정희 의장 하네다 공항 도착 시 공항 영접선 도열자
주제어 박정희 의장 방일

문서명	도착 시 외교단 영접 인사(到着時における外交団関係出迎え人)

문서파일번호 964
작성연월일 1961(월일 불명)
구분 제6차 회담
세부항목 박정희 의장 방일 의전
작성처 외무성
매수 1
비밀등급 일반
문서종류 내부문서
공개구분 공개
내용 박정희 의장 하네다 공항 도착 시 외교단 영접 인사
주제어 박정희 의장 방일

문서명	배차 관계(配車関係)

문서파일번호 964
작성연월일 1961(월일 불명)
구분 제6차 회담
세부항목 박정희 의장 방일 의전
작성처 외무성
매수 7
비밀등급 일반
문서종류 내부문서
공개구분 공개
내용 박정희 의장 방일 시 배차 관계
주제어 박정희 의장 방일

문서명	박정희 방일 영접 관계 연락처(朴正熙訪日接伴関係連絡先)

문서파일번호	964
작성연월일	1961(월일 불명)
구분	제6차 회담
세부항목	박정희 의장 방일 의전
작성처	외무성
매수	3
비밀등급	일반
문서종류	내부문서
공개구분	일부비공개
내용	박정희 의장 방일 영접 관련 인사 연락처
주제어	박정희 의장 방일

문서명	한국의 사무 분담표(韓国側事務分担表)

문서파일번호	964
작성연월일	1961(월일 불명)
구분	제6차 회담
세부항목	박정희 의장 방일 의전
작성처	외무성
매수	2
비밀등급	일반
문서종류	내부문서
공개구분	일부비공개
내용	박정희 의장 방일 시 한국의 사무 분담표
주제어	박정희 의장 방일

문서명	박 의장 초대 리스트(朴議長招待リスト)

문서파일번호 964
작성연월일 1961(월일 불명)
구분 제6차 회담
세부항목 박정희 의장 방일 의전
작성처 외무성
매수 2
비밀등급 일반
문서종류 내부문서
공개구분 공개
내용 박정희 의장 주최 만찬 초청자 리스트
주제어 박정희 의장 방일

문서명	초대장(招待狀)

문서파일번호 964
작성연월일 1961(월일 불명)
구분 제6차 회담
세부항목 박정희 의장 방일 의전
작성처 외무성
매수 1
비밀등급 일반
문서종류 기타(초청장)
공개구분 공개
내용 이케다 하야토 총리 주최 박정희 의장을 위한 만찬 초대장
주제어 박정희 의장 방일

문서명	박 의장 수행자 초대 핫보엔 연회 건(朴議長随行者招待八芽園八芽園設宴の件)

문서파일번호	964
작성연월일	1961. 11. 11
구분	제6차 회담
세부항목	박정희 의장 방일 의전
작성처	외무성 북동아시아과
매수	1
비밀등급	일반
문서종류	내부문서
공개구분	일부비공개
내용	박정희 의장 수행 인사들을 위한 핫보엔(八芽園) 연회 관련 사항
주제어	박정희 의장 방일

박 의장 방일 시 경비 대책
(朴議長訪日に際する警備対策)

문서파일번호	966
작성연월일	1961. 11. 9 - 1961. 11. 11
구분	제6차 회담
세부항목	박정희 의장 방일 경비 대책
작성처	법무성 입국관리국, 외무성, 경시청
매수	20
비밀등급	
문서종류	내부문서
공개구분	공개 또는 일부비공개
내용	박정희 의장의 1961년 11월 11~12일까지 방일 시 경비 대책에 관한 문서 모음
주제어	박정희 의장 방일

문서명	한일회담 항의 데모 관계 정보(日韓会談抗議デモ関係情報)

문서파일번호 966
작성연월일 1961. 11. 9
구분 제6차 회담
세부항목 박정희 의장 방일 경비 대책
작성처 법무성 입국관리국 정보과
매수 3
비밀등급 일반
문서종류 내부문서
공개구분 공개
내용 1961년 11월 8일 히비야공원(日比谷公園)에서 열린 한일회담 분쇄 국민집회에 관한 정보 보고서
주제어 박정희 의장 방일

문서명	제목 없음

문서파일번호 966
작성연월일 1961(월일 불명)
구분 제6차 회담
세부항목 박정희 의장 방일 경비 대책
작성처 외무성
매수 1
비밀등급 일반
문서종류 내부문서
공개구분 일부비공개
내용 한일회담대책 연락협의회(日韓会談対策連絡協議会) 간부 14~15명이 히비야공원 집회(11월 8일)에서 채택한 결의를 전달하기 위하여 10월 10일 외무성 방문 시 정무차관이 응대하기로 하였음.
주제어 박정희 의장 방일

문서명	■■에 관한 건(■■に関する件)

문서파일번호 966
작성연월일 1961. 11. 10
구분 제6차 회담
세부항목 박정희 의장 방일 경비 대책
작성처 외무성 북동아시아과
매수 1
비밀등급 극비
문서종류 내부문서
공개구분 일부비공개
내용 박정희 의장 방일과 관련하여 경시청 경비과에서 연락받은 정보를 기록한 문서. 내용은 먹칠로 가려져 있음.
주제어 박정희 의장 방일

문서명	하네다 경비 건(羽田警備に関する件)

문서파일번호 966
작성연월일 1961. 11. 10
구분 제6차 회담
세부항목 박정희 의장 방일 경비 대책
작성처 외무성 북동아시아과
매수 1
비밀등급 극비
문서종류 내부문서
공개구분 일부비공개
내용 박정희 의장 방일과 관련하여 경시청 외사과장에게 연락받은 정보를 기록한 문서. 내용은 먹칠로 가려져 있음.
주제어 박정희 의장 방일

문서명	박정희 의장 일행 방일 시 경비 대책 건(朴正照議長一行来日に際する警備対策に関する件)

문서파일번호 966
작성연월일 1961. 11. 10
구분 제6차 회담
세부항목 박정희 의장 방일 경비 대책
작성처 외무성 북동아시아과
매수 1
비밀등급 극비
문서종류 내부문서
공개구분 일부비공개
내용 박정희 의장 방일과 관련하여 경시청 외사과에서 연락받은 정보를 기록한 문서. 내용은 먹칠로 가려져 있음.
주제어 박정희 의장 방일

문서명	11월 11일의 준비 건(11月11の準備の件)

문서파일번호 966
작성연월일 1961. 11. 11
구분 제6차 회담
세부항목 박정희 의장 방일 경비 대책
작성처 경시청 경비국·보안국
매수 13
비밀등급 일반
문서종류 내부자료
공개구분 일부비공개
내용 박정희 의장 방일과 관련하여 경시청에서 수집한 정보 보고서. 1961년 11월 8~11일까지 제14보까지 있으나 그 내용은 먹칠로 가려져 있음.
주제어 박정희 의장 방일

각의 구두보고(안) 박정희 한국 국가재건최고회의 의장의 일본 방문 건[閣議口頭報告(案)朴正熙韓国国家再建最高会議議長の訪日に関する件]

문서파일번호	967
작성연월일	1961. 11. 6 - 1961. 12. 11
구분	제6차 회담
세부항목	박정희 의장 방일
작성처	외무성, 한국 외무부, 주일한국대표부
매수	42
비밀등급	일반
문서종류	연설문, 내부문서, 메시지, 서한, 외교공한(친서)
공개구분	일부비공개
내용	박정희 의장 방일에 관한 각의 보고, 방일 기간 중 연설문, 방일 후 주고 받은 각종 서한 모음
주제어	박정희 의장 방일

문서명	박정희 한국 국가재건최고회의 의장의 일본 방문 건(朴正煕韓国国家再建最高会議議長の訪日に関する件)

문서파일번호 967
작성연월일 1961. 11. 6
구분 제6차 회담
세부항목 박정희 의장 방일 각의 구두보고
작성처 외무성
매수 2
비밀등급 일반
문서종류 내부문서
공개구분 공개
내용 박정희 의장의 일본 방문에 관한 각의 구두 보고(안)
주제어 박정희 의장 방일

문서명	박정희 한국 국가재건최고회의 의장의 방일 건(朴正煕韓国国家再建最高会議議長の訪日に関する件)

문서파일번호 967
작성연월일 1961. 11. 7
구분 제6차 회담
세부항목 박정희 의장 방일 각의 구두보고
작성처 외무성
매수 1
비밀등급 일반
문서종류 내부문서
공개구분 공개
내용 박정희 의장 일본 방문에 관한 각의 구두보고
주제어 박정희 의장 방일

문서명	박정희 의장 도착 인사(朴正熙議長の到着のあいさつ)

문서파일번호 967
작성연월일 1961. 11. 11
구분 제6차 회담
세부항목 박정희 의장 도착 인사말
작성처 한국 외무부
매수 3
비밀등급 일반
문서종류 연설문
공개구분 공개
내용 박정희 의장의 하네다 공항 도착 인사말(영문본 첨부)
주제어 박정희 의장 방일

문서명	11월 11일 이케다 총리대신 주최 박정희 의장 환영 만찬회 이케다 총리대신의 인사(十一月十一日池田総理大臣主催朴正熙議長歓迎晩餐会における池田総理大臣の挨拶)

문서파일번호 967
작성연월일 1961. 11. 11
구분 제6차 회담
세부항목 이케다 만찬 연설문
작성처 외무성
매수 11
비밀등급 일반
문서종류 연설문
공개구분 공개
내용 이케다 하야토 총리 주최 박정희 의장을 위한 만찬 이케다 총리 인사말. 한일회담 개최 이래 양국 정상이 최초로 만나 이야기할 수 있게 된 점을 높이 평가, 양국의 선린우호를 위한 국민 간의 상호이해의 중요성 강조
주제어 박정희 의장 방일

문서명	박정희 의장 일본 출발 인사(朴正熙議長 離日のあいさつ)

문서파일번호 967
작성연월일 1961. 11. 12
구분 제6차 회담
세부항목 박정희 의장 출발 인사말
작성처 한국 외무부
매수 1
비밀등급 일반
문서종류 연설문
공개구분 공개
내용 박정희 의장의 일본 출발 인사말
주제어 박정희 의장 방일

문서명	이케다 총리에게 보낸 박 최고회의 의장의 메시지 건(池田総理あて朴最高会議議長よりのメッセージに関する件)

문서파일번호 967
작성연월일 1961. 11. 13
구분 제6차 회담
세부항목 박정희 · 이케다 감사 메시지
작성처 외무성 북동아시아과
매수 2
비밀등급 일반
문서종류 내부문서(메시지)
공개구분 공개
내용 박정희 의장이 이케다 하야토 총리에게 메시지를 보냈다는 주일한국대표부의 연락, 방일 시 환대에 대한 감사 메시지 일문 가역본
주제어 박정희 의장 방일

문서명	제목 없음

문서파일번호 967
작성연월일 1961. 11. 13
구분 제6차 회담
세부항목 주일한국대표부 · 고사카 외상 서한
작성처 주일한국대표부
매수 1
비밀등급 일반
문서종류 서한
공개구분 일부비공개
내용 주일한국대표부가 고사카 젠타로 외상에게 보낸 박정희 의장의 이케다 하야토 총리 앞 메시지 전달 요청 서한
주제어 박정희 의장 방일

문서명	제목 없음

문서파일번호 967
작성연월일 1961. 11. 12
구분 제6차 회담
세부항목 박정희 · 이케다 감사 메시지
작성처 한국정부
매수 3
비밀등급 일반
문서종류 메시지
공개구분 일부비공개
내용 박정희 의장이 이케다 하야토 총리에게 보낸 감사 메시지 한글본, 영문본, 일본어 번역본
주제어 박정희 의장 방일

문서명	제목 없음

문서파일번호 967
작성연월일 1961. 12. 5
구분 제6차 회담
세부항목 이동환 · 우야마, 마에다 감사 서한
작성처 주일한국대표부
매수 2
비밀등급 일반
문서종류 서한
공개구분 일부비공개
내용 주일한국대표부 이동환 공사가 일본 외무성 우야마 아쓰시 참사관과 마에다 도시카즈 과장에게 보내는 박정희 의장 방일 시 환대에 대한 감사 서한
주제어 박정희 의장 방일

문서명	이케다 총리가 박정희 의장에게 보낸 서한(안)[池田総理より朴正熙議長あて書簡(案)]

문서파일번호 967
작성연월일 1961. 12. 7
구분 제6차 회담
세부항목 이케다 · 박정희 친서
작성처 외무성
매수 10
비밀등급 일반
문서종류 외교공한(친서)
공개구분 공개
내용 이케다 하야토 총리가 박정희 의장에게 보낸 답신 서한 초안 및 최종본(영문본 포함)
주제어 박정희 의장 방일

문서명	고사카 대신 앞 박 의장의 감사 서한 전달 건(小坂大臣あて朴議長の礼状送達越しの件)

문서파일번호 967
작성연월일 1961. 12. 11
구분 제6차 회담
세부항목 박정희 · 고사카 서한
작성처 외무성 북동아시아과
매수 6
비밀등급 일반
문서종류 서한
공개구분 공개
내용 박정희 의장 방일 시 고사카 젠타로 외상이 소형 녹음기를 선물로 전달한 데 대한 박 의장의 감사 서한(1961년 11월 28일 자 한글본 및 영역본)을 주일한국대표부 김정태 서기관이 마에다 도시카즈 과장에게 전달했음.
주제어 박정희 의장 방일

이케다 총리·박정희 의장 회담 요지
(池田総理、朴正熙議長会談要旨)

문서파일번호	968
작성연월일	1961. 11. 12
구분	제6차 회담
세부항목	박정희·이케다 회담
작성처	외무성 북동아시아과
매수	17
비밀등급	
문서종류	회의록
공개구분	공개
내용	박정희 의장과 이케다 총리 회담 기록
주제어	박정희 의장 방일

문서명	이케다 총리·박정희 의장 회담 요지(池田総理、朴正熙議長会談要旨)

문서파일번호 968
작성연월일 1961. 11. 12
구분 제6차 회담
세부항목 박정희 · 이케다 회담
작성처 외무성 북동아시아과
매수 9
비밀등급 극비
문서종류 회의록
공개구분 공개
내용 박정희 · 이케다 총리 회담 기록 초안
주제어 박정희 의장 방일, 박정희 · 이케다 회담

문서명	이케다 총리·박정희 의장 회담 요지(池田総理、朴正熙議長会談要旨)

문서파일번호 968
작성연월일 1961. 11. 12
구분 제6차 회담
세부항목 박정희 · 이케다 회담
작성처 외무성 북동아시아과
매수 8
비밀등급 극비
문서종류 회의록
공개구분 공개
내용 박정희 · 이케다 회담 기록의 수정본. 국제정세에 관한 의견교환 후 청구권 문제, 경제협력, 토지개혁, 전력 문제, 재일한국인 은행 설립 문제 등에 관해 논의함. 청구권 문제는 우선 이케다가 베스팅 디크리, (대일평화조약 제4조에 관한) 미국 해석 등에 의한 상쇄개념 등에 관해 언급했으나 박정희가 동 문제를 충분히 이해하지 못하고 있는 인상이었다고 기술하고 있음. 박정희는 법률상 근거가 있는 것을 인정하라고 했고 이에 대해 이케다는 개인청구권과 관련하여 일본인과 같이 처리한다는 원칙하에

은급, 귀국자 위로금, 우편저금, 간이보험금, 소각 일은권 등에 관해 고려중이라 함. 박 의장은 군인군속 유가족에 대해서도 고려해 달라고 함. 이케다의 청구권이라 함은 상쇄라는 생각이 떠오른다는 말에 박 의장은 상쇄를 피하기 위해 '청구권'이라고 하지 않고 다른 명목이라도 괜찮다고 함. 경제협력과 관련해서는 이케다가 무상원조는 피하고 장기저리의 경제원조를 고려 중이라 하자 박정희도 위신(dignity)의 문제가 있으므로 무상원조는 고려치 않으며 장기저리가 좋고 자본재를 희망한다고 답했다고 기록됨(* 동 회담은 배석자 없이 양 정상 간에만 진행된 관계로 기록은 양 정상들로부터 청취한 내용을 토대로 작성됨. 이에 따라 일본 기록과 한국 문서에 남아 있는 기록이 완전히 상이함).

주제어 박정희 의장 방일, 박정희 · 이케다 회담

한일공동성명(안)
[日韓共同声明(案)]

문서파일번호	969
문서명	한일공동성명(안)[日韓共同声明(案)]
작성연월일	1961. 11. 12
구분	제6차 회담
세부항목	박정희 의장 방일
작성처	외무성
매수	4
비밀등급	일반
문서종류	공동성명안
공개구분	공개
내용	박정희 의장의 방일에 따른 양국 공동성명(안)
주제어	공동성명

박정희 의장 방일에 따른 기자회견
(朴正熙議長訪日における記者會見)

문서파일번호	970
작성연월일	1961. 11. 12
구분	제6차 회담
세부항목	박정희 의장 방일
작성처	
매수	24
비밀등급	
문서종류	기자회견록
공개구분	공개
내용	박정희 의장 방일에 따른 한일 양측의 기자회견록
주제어	기자회견

문서명	고사카 외상 기자회견 요지(小坂外相記者会見要旨)

문서파일번호 970
작성연월일 1961. 11. 12
구분 제6차 회담
세부항목 박정희 의장 방일, 고사카 외상 기자회견
작성처 외무성
매수 6
비밀등급 일반
문서종류 기자회견록
공개구분 공개
내용 박정희·이케다 회담 직후 개최된 고사카 젠타로 외상의 기자회견 기록
주제어 박정희 의장 방일

문서명	이시이 고지로 씨 기자회견(박 의장과의 오찬 직후)[石井光次郎氏記者会見(朴議長との昼食会直後)]

문서파일번호 970
작성연월일 1961. 11. 12
구분 제6차 회담
세부항목 박정희 의장 방일, 이시이 고지로 기자회견
작성처 외무성
매수 9
비밀등급 일반
문서종류 기자회견록
공개구분 공개
내용 박정희 의장과 오찬 후 개최된 이시이 고지로(石井光次郎) 씨 기자회견 기록
주제어 박정희 의장 방일

문서명	박 의장 기자회견 요지(朴議長記者会見要旨)

문서파일번호 970

작성연월일 1961. 11. 12

구분 제6차 회담

세부항목 박정희 의장 기자회견, 언론 보도

작성처 외무성 아시아국

매수 9

비밀등급 일반

문서종류 기자회견록

공개구분 공개

내용 영빈관에서 개최된 박정희 의장의 한일 양국 기자단 상대 기자회견 기록. 청구권 문제와 관련해 박 의장은 한국은 전쟁배상을 요구하는 것이 아니고 확고한 법률적 근거에 따라(청구권을) 요구하고 있으며, 일본이 이 문제에 대해 어떠한 태도와 성의를 보이는가가 한일회담의 조기 타결의 중요한 요인이 될 것이라 생각한다고 발언함.

주제어 박정희 의장 방일

한일청구권 문제에 관한 메모 등
(日韓請求権問題に関するメモ等)

문서파일번호	971
작성연월일	1961. 11. 6 - 1961. 11. 20
구분	제6차 회담
세부항목	박정희 방일, 방미
작성처	
매수	57
비밀등급	일반
문서종류	내부문서, 전문, 내부자료
공개구분	공개
내용	박정희 의장 방일을 앞두고 총리 참고용으로 청구권 문제에 관한 사항을 정리한 문서, 박정희·이케다 회담 후속조치에 관한 이세키 유지로 국장 지시사항, 박정희·케네디 회담에 관한 주미대사관 보고 전문 등의 모음
주제어	박정희 의장 방일, 방미

문서명	한일청구권 문제에 관한 메모(日韓請求權問題に関するメモ)

문서파일번호 971
작성연월일 1961. 11. 6
구분 제6차 회담
세부항목 박정희 의장 방일, 총리 참고용 자료
작성처 외무성 조약국 법규과
매수 6
비밀등급 극비
문서종류 내부문서
공개구분 공개
내용 박정희 의장 방일을 앞두고 한일청구권 문제에 관해 총리 참고용으로 정리한 자료. 샌프란시스코 대일평화조약 제2조와 제4조에 규정된 청구권의 내용, 제4조 a항과 b항의 관계, 조선과 대한민국의 관계 등을 기술함. 제2조에서 일본이 포기한 권리, 권한 및 청구권은 동조의 각 지역에 대해 일본국이 국제법상 가지는 주권과 주권에서 직접 발생하는 일체의 권리를 의미함. 또한 대한민국은 일본으로부터 '분리된 신생국가'로 승인받은 것이라는 내용 등이 담겨 있음.
주제어 청구권

문서명	한일청구권 문제 해결 요강 건(日韓請求權問題解決要綱に関する件)

문서파일번호 971
작성연월일 1961. 11. 6
구분 제6차 회담
세부항목 박정희 의장 방일, 총리 참고용 자료
작성처 외무성 북동아시아과
매수 8
비밀등급 일반
문서종류 내부문서
공개구분 공개
내용 박정희 의장 방일을 앞두고 한일청구권 문제에 관해 총리 참고용으로 정리한 자료 초안. 김유택 경제기획원장은 일본정부 수뇌부에 대해 대일재산권청구액으로 8억 달러 안을 제시한 바 있으나 최근 5억 달러 정도를 제시할 것이라는 정보가 있음. 미얀마가 2억 달러 규모의 전후배상을 실시한 것에 기반해 청구권 문제를 처리할 것임.
주제어 청구권

문서명	한일청구권 문제 해결 요강 건(日韓請求權問題解決要綱に関する件)

문서파일번호	971
작성연월일	1961. 11. 7
구분	제6차 회담
세부항목	박정희 의장 방일, 총리 참고용 자료
작성처	외무성 북동아시아과
매수	6
비밀등급	극비
문서종류	내부문서
공개구분	공개
내용	박정희 의장 방일을 앞두고 한일청구권 문제에 관해 총리 참고용으로 정리한 자료 수정안
주제어	청구권

문서명	최근 한일관계 통보 건(最近の日韓関係通報の件)

문서파일번호	971
작성연월일	1961. 11. 7
구분	제6차 회담
세부항목	주요공관에 대한 한일관계 현황 통보
작성처	외무성
매수	4
비밀등급	극비
문서종류	전문(電文)
공개구분	공개
내용	박정희 의장 방일을 앞두고 31개 주요 해외공관에 한일관계 현황에 관한 내용을 통보. 한일회담과 관련해서는 9월 초 김유택 경제기획원장이 방문하여 일본에게 청구권 문제로 지불할 총액을 제시할 것을 요청하였으며, 일본은 정치적 해결을 꾀할 필요를 인정하나 많은 부분에서 실무교섭이 진행 중이므로 구체적인 수치는 이에 근거해 제출되어야 할 것이라고 함.
주제어	박정희 의장 방일

문서명	내일 11일의 이케다 총리의 가지회견 자료(明十一日池田総理の記者会見資料)

문서파일번호 971
작성연월일 1961. 11. 10
구분 제6차 회담
세부항목 박정희 의장과의 정상회담을 앞둔 이케다 기자회견
작성처 외무성
매수 14
비밀등급 일반
문서종류 내부자료
공개구분 공개
내용 1961년 11월 11일로 예정된 이케다 하야토 총리의 박정희 의장과의 정상회담 관련 기자회견 예상 질의답변 자료. 한국 군정정부는 8월 말에 정식 한일교섭 재개를 요청해 옴. 여러 현안에 대해 양국은 실무교섭을 계속하고 동시에 정치적인 교섭을 진행 중임. 한일관계 정상화는 국제적이고 국내적인 영향을 고려해 진행될 것임. 반대행동이나 신중론이 있는데 국론통일을 꾀할 것임 등
주제어 박정희 의장 방일

문서명	이케다·박 회담 후 사태에서의 한일회담 진행 방법(이세키 국장 지시사항)[池田、朴会談後の事態における日韓会談の進め方(伊関局長指示事項)]

문서파일번호 971
작성연월일 1961. 11. 13
구분 제6차 회담
세부항목 한일회담 향후 대책
작성처 외무성 북동아시아과
매수 7
비밀등급 극비
문서종류 내부문서
공개구분 공개
내용 박정희 · 이케다 회담 후 이세키 유지로 아시아국장이 청구권, 경협 문제 등에 관한 협의 내용을 설명하고 향후 대처 방향에 관해 지시한 내용을 정리한 문서. 박 의장

과 이케다 하야토 총리는 개인청구권을 은급과 같은 대상으로만 제한하는 것에 의견이 일치했으나 패전 후의 인플레 등을 고려할지 등의 문제는 아직 남아 있음. 이케다 총리는 무상원조 방식은 피하고 패전 후 대일원조와 같은 형식으로 하고자 한다 하였으며 박 의장은 자본재가 필요하다고 답하였음.

주제어 박정희 의장 방일 후 한일회담 대책

문서명	이케다 총리·박 의장 회담 요지 통보 건(池田総理、朴議長会談要旨通報の件)

문서파일번호 971

작성연월일 1961. 11. 14

구분 제6차 회담

세부항목 주요공관에 대한 한일정상회담 결과 통보

작성처 외무성

매수 3

비밀등급 극비

문서종류 전문(電文)

공개구분 공개

내용 주요 31개 해외공관에 1961년 11월 12일 박정희·이케다 회담 결과를 통보. 청구권 문제 해결의 큰 틀을 정하고자 하는 박정희 의장에게 이케다 하야토 총리는 청구권 문제는 재한일본재산을 미국에 귀속시킨 포고령 효력의 발생 시기와 지역적 범위의 문제 및 대일대일평화조약 제4조에 대한 미국의 해석 등을 포함하는 복잡한 법적 성격을 가진다는 점을 설명함. 그 밖에 경제협력 및 원조에 대해 협의함.

주제어 한일정상회담 결과 통보

문서명	케네디·박 회담 건(ケネディ·朴会談に関する件)

문서파일번호	971
작성연월일	1961. 11. 20
구분	제6차 회담
세부항목	박정희 · 케네디 회담 결과 보고, 주미일본임시대리대사 보고
작성처	주미일본임시대리대사
매수	3
비밀등급	극비
문서종류	전문(電文)
공개구분	공개
내용	주미 니시야마(西山) 임시대리대사가 매카너기(Walter P. McConaughy) 국무성 차관보를 방문, 박정희 · 케네디 회담 시 거론된 한일정상회담 내용에 관해 청취한 요지를 보고. 이케다 하야토 총리와 박정희 의장은 양국의 어려운 국내 정치상황에 대해 공감을 표함. 이케다 · 박정희 회담이 성공적이었다는 인상을 받았음. 그 밖에 청구권 문제, 남북통일, 경제협력에 대해 논의함.
주제어	박정희 의장 방미

이케다 수상·박 한국최고회의 의장 회담에 관한 논평(池田首相と朴·韓国最高会議議長会談に関する論評の件)

문서파일번호	972
작성연월일	1961. 11. 11 - 1961. 11. 16
구분	제6차 회담
세부항목	박정희 의장 방일 언론 보도
작성처	주중화민국대사 등
매수	93
비밀등급	
문서종류	전문(電文), 내부자료
공개구분	공개
내용	박정희 의장 방일에 관한 언론 보도 동향 모음
주제어	박정희 의장 방일

문서명	이케다 수상·박 한국최고회의 의장 회담에 관한 논평 건(池田首相と朴·韓国最高会議議長会談に関する論評の件)

문서파일번호 972
작성연월일 1961. 11. 16
구분 제6차 회담
세부항목 박정희 의장 방일, 타이완 언론 보도, 주중화민국대사 보고
작성처 주중화민국대사
매수 6
비밀등급 일반
문서종류 전문(電文)
공개구분 공개
내용 1961년 11월 15일 및 16일 타이완 현지 언론에 보도된 박정희 의장의 방일 관련 기사 및 사설을 보고(기사 2건 첨부)
주제어 박정희 의장 방일 타이완 언론 보도

문서명	박 의장 방일에 경시청 등(朴議長来日に警視庁等)

문서파일번호 972
작성연월일 1961. 11. 11 - 1961. 11. 12
구분 제6차 회담
세부항목 박정희 의장 방일 관련 언론 보도
작성처 불명
매수 87
비밀등급 일반
문서종류 내부자료
공개구분 공개
내용 박정희 의장 방일과 관련한 통신사 기사 모음
주제어 박정희 의장 방일 통신사 기사

제19부

한일관계 관련 미일 협의

기시 총리·후지야마 외상 방미 회담 요령안
(岸総理、藤山外相訪米会談要領案)

문서파일번호	1400
문서명	기시 총리·후지야마 외상 방미 회담 요령안(岸総理、藤山外相訪米会談要領案)
작성연월일	1960. 1(일자 불명)
구분	제4차 회담
세부항목	한일관계 자료
작성처	외무성 북동아시아과
매수	5
비밀등급	극비
문서종류	내부자료
공개구분	공개
내용	기시 노부스케 총리, 후지야마 아이치로 외상의 방미 시 미국 측 인사들과의 회담 참고용으로 작성한 한일관계 관련자료
주제어	한일관계

한일회담 관련 대미 협의(보고 전문: 1960년)
[日韓會談関聯対米折衝(来電 : 昭和35年)]

문서파일번호	1790
작성연월일	1960. 3. 8 - 1960. 5. 4
구분	제4차 회담
세부항목	한일회담 관련 주미, 주유엔대사 보고
작성처	주미대사, 주유엔대사
매수	25
비밀등급	
문서종류	전문(電文)
공개구분	공개
내용	1960년 3월 8일~5월 4일까지 한일회담 관련 미국 측과 협의한 내용을 보고하는 주미 및 주유엔대사 전문 모음
주제어	한일회담 관련 미국 측 반응

문서명	한일회담에 관하여 미국정부에 요청 건(日韓会談に関し米政府に申入れ方訓令の件)

문서파일번호 1790
작성연월일 1960. 3. 8
구분 제4차 회담
세부항목 한일회담 관련 주미대사 보고
작성처 주미대사
매수 3
비밀등급 극비
문서종류 전문(電文)
공개구분 공개
내용 주미대사가 파슨즈(J. G. Parsons) 미국무부 차관보와 회담하고 어선 나포 문제에 관한 일본 입장을 미국에 전달한 결과를 보고
주제어 어선 나포

문서명	한일회담에 관한 유엔안보리 설명 건(日韓会談に関し国連安保理に説明方の件)

문서파일번호 1790
작성연월일 1960. 3. 9
구분 제4차 회담
세부항목 한일회담 관련 주유엔대사 보고
작성처 주유엔대사
매수 1
비밀등급 극비
문서종류 전문(電文)
공개구분 공개
내용 유엔 사무총장 및 소련을 제외한 안보리 상임이사국 대사들에게 한일회담 관련 진행 상황을 설명하였음을 보고
주제어 한일회담 유엔 설명

문서명	한일회담 건(日韓会談に関する件)

문서파일번호 1790
작성연월일 1960. 3. 10
구분 제4차 회담
세부항목 한일회담 관련 주미대사 요청
작성처 주미대사
매수 1
비밀등급 극비
문서종류 전문(電文)
공개구분 공개
내용 이세키 유지로 국장과 유태하 대사 회담 결과를 알려 달라고 요청
주제어 한일회담 관련 정보 요청

문서명	한일회담에 관한 정보 송부 건(日韓会談に関する情報送付の件)

문서파일번호 1790
작성연월일 1960. 3. 11
구분 제4차 회담
세부항목 한일회담 관련 주미대사 보고
작성처 주미대사
매수 1
비밀등급 극비
문서종류 전문(電文)
공개구분 공개
내용 억류자 문제 관련 유태하 대사의 제안에 관한 미국 측 반응을 보고
주제어 억류자 석방

문서명	한일회담에 관한 정보 건(日韓会談に関する情報の件)

문서파일번호 1790
작성연월일 1960. 3. 15
구분 제4차 회담
세부항목 한일회담 관련 주미대사 보고
작성처 주미대사
매수 1
비밀등급 극비
문서종류 전문(電文)
공개구분 공개
내용 한국정부가 유태하 대사에게 교섭 권한을 부여했음을 미국 측을 통해 확인하여 보고
주제어 유태하 교섭 권한

문서명	한일관계 및 한국 대통령선거에 대한 미국정부의 견해 표명 건(日韓関係および韓国大統領選挙に対する米国政府の見解表明に関する件)

문서파일번호 1790
작성연월일 1960. 3. 17
구분 제4차 회담
세부항목 한국정세 관련 주미대사 보고
작성처 주미대사
매수 6
비밀등급 비(秘)
문서종류 전문(電文)
공개구분 공개
내용 한국의 1960년 3월 15일 대통령선거에 대한 미국정부의 반응을 보고
주제어 한국 대통령 선거에 대한 미국 반응

문서명	한일 문제 건(日韓問題に関する件)

문서파일번호 1790
작성연월일 1960. 4. 8
구분 제4차 회담
세부항목 한일 문제 관련 주미대사 보고
작성처 주미대사
매수 3
비밀등급 극비
문서종류 전문(電文)
공개구분 공개
내용 미국무부 파슨즈 차관보와 어선 나포 및 억류자 문제 등에 관해 의견교환한 내용을 보고
주제어 어선 나포, 억류자 석방

문서명	한국정세에 관한 베인 국장 이야기 건(韓国政情に関するベーン局長内話の件)

문서파일번호 1790
작성연월일 1960. 4. 27
구분 제4차 회담
세부항목 한일정세 관련 주미대사 보고
작성처 주미대사
매수 4
비밀등급 극비
문서종류 전문(電文)
공개구분 공개
내용 주미대사관 야스카와 다케시(安川壯) 공사가 미국무부 베인(David M. Bane) 동북아시아국장에게 청취한 한국정세에 관한 내용을 보고
주제어 한국정세

문서명	한국정세에 관한 차관보 언급 건(韓国政情に関するパーソンズ次官補内話の件)

문서파일번호 1790
작성연월일 1960. 5. 2
구분 제4차 회담
세부항목 한국 신정부 대일정책 관련 주미대사 보고
작성처 주미대사
매수 2
비밀등급 극비
문서종류 전문(電文)
공개구분 공개
내용 미국무부 파슨즈 차관보에게 청취한 한국 신정부의 대일방침 등에 관한 내용을 보고
주제어 한국 신정부의 대일정책

문서명	한국정세에 관한 베인 국장 요청 건(韓国政情に関するベーン局長申入れの件)

문서파일번호 1790
작성연월일 1960. 5. 4
구분 제4차 회담
세부항목 한일 신정부에 대한 미국무부 요청 관련 주미대사 보고
작성처 주미대사
매수 3
비밀등급 극비
문서종류 전문(電文)
공개구분 공개
내용 미국무부 베인 동북아시아국장이 야스카와 다케시 공사에게 한국 신정부에 대해 일본이 우호적 제스처를 보여 주기를 원한다는 뜻을 전달했음을 보고
주제어 한국 신정부에 대한 일본의 대응

한일회담 관련 대미 협의(본성전문: 1960년)
[日韓會談関聯対米折衝(往電：昭和35年)]

문서파일번호	1791
작성연월일	1960. 3. 8 - 1960. 5. 18
구분	제4차 회담
세부항목	한일회담 관련 주미대사에 대한 전문
작성처	외무성 북동아시아과
매수	19
비밀등급	
문서종류	전문(電文)
공개구분	공개
내용	1960년 3월 8일~5월 18일까지 한일회담 관련 미국 측과의 협의 등을 위해 본성이 주미대사에게 송부한 전문 모음
주제어	한일회담 관련 사항 주미대사 통보

문서명	한일회담 관련 미국정부에 대한 요청 방식 훈령 건(日韓会談に関し米政府に申入れ方訓令の件)

문서파일번호 1791
작성연월일 1960. 3. 8
구분 제4차 회담
세부항목 한일회담 관련 주미대사에 대한 전문
작성처 외무성 북동아시아과
매수 7
비밀등급 일반
문서종류 전문(電文)
공개구분 공개
내용 억류자 문제에 관해 일본정부가 미국정부에 알선을 요청하였음을 주미대사에 통보
주제어 억류자 문제

문서명	한일회담에 관하여 미국의 신청 건(日韓問題に関する米国の申入れに関する件)

문서파일번호 1791
작성연월일 1960. 5. 6
구분 제4차 회담
세부항목 한일회담 관련 주미대사에 대한 전문
작성처 외무성 북동아시아과
매수 2
비밀등급 일반
문서종류 전문(電文)
공개구분 공개
내용 1960년 5월 2일 맥아더 주일미국대사가 기시 노부스케 총리 회담에서 한일 문제 해결을 위한 미국 측 제안이 담긴 언급요지 문서를 전달했음을 주미대사에게 통보
주제어 한일 문제 해결을 위한 미국의 제안

문서명	한일회담에 관한 미국의 신청 건(日韓問題に関する米国の申入れに関する件)

문서파일번호 1791
작성연월일 1960. 5. 6
구분 제4차 회담
세부항목 한일회담 관련 주미대사에 대한 전문
작성처 외무성 북동아시아과
매수 7
비밀등급 극비
문서종류 전문(電文)
공개구분 공개
내용 1960년 5월 2일 맥아더 주일미국대사가 기시 노부스케 총리에게 전달한 한일 문제 해결을 위한 미국 측 제안 요지를 주미대사에게 송부
주제어 한일 문제 해결을 위한 미국의 제안

문서명	한일회담에 관한 미국의 신청 건(日韓問題に関する米国の申入れに関する件)

문서파일번호 1791
작성연월일 1960. 5. 18
구분 제4차 회담
세부항목 한일회담 관련 주미대사에 대한 전문
작성처 외무성 북동아시아과
매수 3
비밀등급 일반
문서종류 전문(電文)
공개구분 공개
내용 북송 문제에 관해 향후 일본정부가 미국에 전달할 내용을 주미대사에게 미리 통보
주제어 북송 문제

한국 정치상황 및 한일 관련 대미협의(각종 회담: 1961년)[韓國政情及び日韓問題關聯対米折衝(各種会談:昭和36年)]

문서파일번호	1792
작성연월일	1961. 2. 16 - 1961. 12. 6
구분	제6차 회담 예비회담
세부항목	한일 문제 관련 일미 간 협의(1961년)
작성처	외무성
매수	202
비밀등급	
문서종류	회의록, 내부문서
공개구분	공개
내용	1961년 2월 16일~11월 4일까지 한일 문제 및 한국의 정치상황과 관련하여 일미 간 이루어진 협의 내용을 담은 문서 모음
주제어	한일 문제 관련 일미 간 협의

문서명	한일 문제에 관한 타임지(2월 17일 자) 기사 관련 미대사관 글라이스틴 서기관 방문 건[日韓問題に関するタイム誌(2月17日付)記事につき米大使館グライスティーン書記官来訪の件]

문서파일번호 1792
작성연월일 1961. 2. 16
구분 제6차 회담 예비회담
세부항목 한일 문제 관련 일미 간 협의
작성처 외무성 북동아시아과
매수 4
비밀등급 극비
문서종류 회의록
공개구분 공개
내용 마에다 도시카즈(前田利一) 북동아과장과 주일미국대사관 글라이스틴(William H. Gleysteen, Jr.) 서기관이 한일 문제 관련 타임지 기사에 관해 협의한 기록. 글라이스틴 서기관은 마에다 과장에게 2월 17일 자 타임지 기사에 라이샤워(Edwin O. Reischauer) 씨 언급 내용(미국무부는 한국을 일본의 위성국가화함으로써 일본의 대중공 무역 증대 요구를 경감시키고자 한다는 내용)이 게재된 것과 관련, 파슨스(J. G. Parsons) 미국무부 차관보가 장면 주미한국대사에게 동 기사내용은 사실무근이라고 하였음을 설명함.
주제어 한일 문제 관련 미국 타임지 기사

문서명	한일 문제에 관한 주일미국대사관원의 비공식 언급 건(日韓問題に関する在京米大使館員の内話の件)

문서파일번호 1792
작성연월일 1961. 5. 1
구분 제6차 회담 예비회담
세부항목 한일 문제 관련 일미 간 협의
작성처 외무성 북동아시아과
매수 8
비밀등급 극비
문서종류 회의록
공개구분 공개
내용 마에다 도시카즈 북동아과장과 주일미국대사관 글라이스틴 서기관 협의 기록. 글라이스틴 서기관은 어선 나포 등에 관한 한국 입장을 설명함.
주제어 어선 나포

문서명	한국정세에 관한 미대사관 정보 건(韓国情勢に関するアメリカ大使館よりの情報の件)

문서파일번호 1792
작성연월일 1961. 5. 16
구분 제6차 회담 예비회담
세부항목 한일 문제 관련 일미 간 협의
작성처 외무성 북동아시아과
매수 4
비밀등급 비(秘)
문서종류 내부문서
공개구분 공개
내용 마에다 도시카즈 북동아과장과 주일미국대사관 글라이스틴 서기관 전화 협의 기록. 5·16군사정변이 발생한 한국의 정치상황에 관한 미국 측 정보를 일본에 전달함.
주제어 한국정세

문서명	한국 군부쿠데타 정세 건(3)[韓国軍部クーデターの情勢に関する件(3)]

문서파일번호 1792
작성연월일 1961. 5. 18
구분 제6차 회담 예비회담
세부항목 한일 문제 관련 일미 간 협의
작성처 외무성 아시아국
매수 8
비밀등급 극비
문서종류 내부문서
공개구분 공개
내용 주일미국대사관 글라이스틴 서기관에게 청취한 한국 군사정변 이후 상황
주제어 한국정세

문서명	한국 군부쿠데타 정세 건(4)[韓国軍部クーデターの情勢に関する件(4)]

문서파일번호 1792
작성연월일 1961. 5. 20
구분 제6차 회담 예비회담
세부항목 한일 문제 관련 일미 간 협의
작성처 외무성 아시아국
매수 11
비밀등급 극비
문서종류 내부문서
공개구분 공개
내용 1961년 5월 19일 주일미국대사관 글라이스틴 서기관에게 청취한 5월 18일 현재의 한국 상황
주제어 한국정세

문서명	한국 군부쿠데타 정세 건(4)[韓国軍部クーデターの情勢に関する件(4)]

문서파일번호 1792
작성연월일 1961. 5. 22
구분 제6차 회담 예비회담
세부항목 한일 문제 관련 일미 간 협의
작성처 외무성 아시아국
매수 5
비밀등급 극비
문서종류 내부문서
공개구분 공개
내용 주일미국대사관 글라이스틴 서기관에게 청취한 한국 정치상황. 윤보선 대통령의 사임 철회, 국가재건최고회의 동향 등에 관한 사항
주제어 한국정세

문서명	글라이스틴 서기관의 전화 연락 건(グライスティーン書記官より電話連絡の件)

문서파일번호 1792
작성연월일 1961. 5. 22
구분 제6차 회담 예비회담
세부항목 한일 문제 관련 일미 간 협의
작성처 외무성 북동아시아과
매수 3
비밀등급 극비
문서종류 내부문서
공개구분 공개
내용 1961년 5월 22일 저녁 글라이스틴 주일미국대사관 서기관이 북동아과에 전화로 알려온 유진오 대표와 라이샤워 대사 협의 내용. 유 대표는 방미 후 귀국길에 도쿄에 들린 곽상훈 민의원 의장과 협의 결과 양인이 서울로 가 군사위원회 측에 합헌적 방법으로 사태를 정상화할 것을 촉구할 예정이라 함.
주제어 한국정세, 유진오 대표 귀국

문서명	한국 군부쿠데타 정세 건(5)[韓国軍部クーデターの情勢に関する件(5)]

문서파일번호 1792
작성연월일 1961. 5. 23
구분 제6차 회담 예비회담
세부항목 한일 문제 관련 일미 간 협의
작성처 외무성 아시아국
매수 4
비밀등급 극비
문서종류 내부문서
공개구분 공개
내용 글라이스틴 주일미국대사관 서기관이 북동아과에 전달한 한국 정치상황. 5월 22일 김홍일 외무장관과 그린 주한미대사대리 회담이 진행되어 한미 양국이 공통의 목적 달성을 위한 방도를 찾을 필요가 있다는 점에 의견이 일치함.
주제어 한국정세

문서명	한국 군부쿠데타 정세 건(6) [韓国軍部クーデターの情勢に関する件(6)]

문서파일번호 1792
작성연월일 1961. 5. 26
구분 제6차 회담 예비회담
세부항목 한일 문제 관련 일미 간 협의
작성처 외무성 북동아시아과
매수 8
비밀등급 극비
문서종류 내부문서
공개구분 공개
내용 1961년 5월 23일 글라이스틴 주일미국대사관 서기관이 북동아과에 전달한 한국 정치상황. 일반 국민들은 군사정변을 수용하는 모습을 보이고 있음.
주제어 한국정세

문서명	한국정세 건(7) [韓国情勢に関する件(7)]

문서파일번호 1792
작성연월일 1961. 5. 31
구분 제6차 회담 예비회담
세부항목 한일 문제 관련 일미 간 협의
작성처 외무성 아시아국
매수 4
비밀등급 극비
문서종류 내부문서
공개구분 공개
내용 글라이스틴 주일미국대사관 서기관이 북동아과에 전달한 한국 정치상황. 학생들의 반 정도는 군사정변을 수용, 그러나 나머지 반은 혁명에 환멸을 느끼고 장래에 불안감을 갖고 있는 것으로 보임.
주제어 한국정세

문서명	한국정세에 관한 글라이스틴 서기관 담화 요지(韓国情勢に関するグライスティーン書記官談話要旨)

문서파일번호 1792
작성연월일 1961. 8. 14
구분 제6차 회담 예비회담
세부항목 한일 문제 관련 일미 간 협의
작성처 외무성 북동아시아과
매수 4
비밀등급 극비
문서종류 내부문서
공개구분 공개
내용 글라이스틴 주일미국대사관 서기관이 북동아과에 전달한 한국 정치상황. 박정희 장군의 성명에 대해 미국은 아직 반응을 보이지 않고 있음. 윤보선 대통령이 반박 성명을 내려다 취소함.
주제어 한국정세

문서명	한국정세에 관한 글라이스틴 서기관 담화 요지(韓国情勢に関するグライスティーン書記官談話要旨)

문서파일번호 1792
작성연월일 1961. 8. 15
구분 제6차 회담 예비회담
세부항목 한일 문제 관련 일미 간 협의
작성처 외무성 북동아시아과
매수 5
비밀등급 극비
문서종류 내부문서
공개구분 공개
내용 글라이스틴 주일미국대사관 서기관이 북동아과에 전달한 한국 정치상황. 박정희 장군의 성명에 대한 버거 주한미대사는 민정 이양의 시기가 명시되었다는 점은 환영하고, 민정 이양의 시기가 지연된다는 점은 실망함.
주제어 한국정세

문서명	박 성명에 대한 미국정부의 태도 건(朴声明に対する米国政府の態度に関する件)

문서파일번호 1792
작성연월일 1961. 8. 15
구분 제6차 회담 예비회담
세부항목 한일 문제 관련 일미 간 협의
작성처 외무성 북동아시아과
매수 2
비밀등급 비(秘)
문서종류 내부문서
공개구분 공개
내용 1961년 8월 15일 저녁 글라이스틴 주일미국대사관 서기관이 박정희 성명에 대한 미국 측 반응에 관해 북동아과에 전달. 미국은 박 성명에 대해 성명을 낼 계획은 없으며, 정례 브리핑 시 질문이 있을 경우, "한국 정치에 간섭할 의향이 없으며, 박 성명에서 민정복귀의 시기가 명시된 점은 다행이다"는 정도로 코멘트 할 예정임.
주제어 한국정세

문서명	한국의 5개년 계획 검토를 위한 미국 전문가 팀의 방한계획(韓国の5カ年計画検討のための米国専門家チームの訪韓計画について)

문서파일번호 1792
작성연월일 1961. 9. 1
구분 제6차 회담 예비회담
세부항목 한일 문제 관련 일미 간 협의
작성처 외무성 북동아시아과
매수 5
비밀등급 극비
문서종류 내부문서
공개구분 공개
내용 글라이스틴 주일미국대사관 서기관이 한국의 5개년 계획 수립을 위한 미국 실사팀(survey team) 방한 관련, 북동아과에 알려 준 정보. 8월 30일 한국대표부 이동환 공사가 다케우치 류지(武内竜次) 차관에게 10월 말경 미국 실사팀이 방한, 실사 결과를 기초로 한국의 5개년 계획이 확정될 것이라고 언급함. 이에 대해 글라이스틴 서기관은 아직 최종 결정된 것은 아니나 한미 간에 협의 중이며, 랜드(Rand)사나 아서 디 리틀(Arthur D. Little)사 중에 한 군데가 이 실사업무를 수행하게 될 것이라고 말함.

주제어 한국 경제 실태 조사를 위한 미국 실사팀 방한

문서명	주일미국대사관 글라이스틴 서기관의 언급 건(在京米大使館グライスティーン書記官の内話に関する件)

문서파일번호 1792

작성연월일 1961. 9. 14

구분 제6차 회담 예비회담

세부항목 한일 문제 관련 일미 간 협의

작성처 외무성 북동아시아과

매수 8

비밀등급 극비

문서종류 회의록

공개구분 공개

내용 마에다 도시카즈 북동아과장과 글라이스틴 주일미국대사관 서기관 간 한일 문제에 관한 협의 기록. 글라이스틴 서기관은 김유택 경제기획원장의 방일 결과에 대해 한국이 실망하고 있으나 완전한 실패는 아니라고 생각하는 것 같다고 전함. 실망 이유는 일본의 청구권 제시금액이 너무 작았고, 회담 진행계획이 너무 느리며, 수석대표의 인선이 한국 생각과 다른 점이라고 함.

주제어 한일 문제

문서명	라이샤워·이용희 회담 요지(ライシャワー·李用熙会談要旨)

문서파일번호 1792
작성연월일 1961. 10. 10
구분 제6차 회담 예비회담
세부항목 한일 문제 관련 일미 간 협의
작성처 외무성 북동아시아과
매수 2
비밀등급 극비
문서종류 내부문서
공개구분 공개
내용 방일 중인 이용희 한국 외무장관 고문과 라이샤워 주일미국대사 간 회담 결과에 관해 미국 측으로부터 전달받은 내용을 기록한 문서. 미국은 강한 어조로 이용희에게 ① 일본이 한국과의 국교정상화를 성의를 갖고 희망 중이나 국회나 여론을 무시하기 어려운 상황 ② 이케다 하야토 총리는 용기를 갖고 한일회담을 추진 중 ③ 스기 미치스케를 회담 수석대표로 임명한 일본의 사정은 모르겠으나 한국은 일본의 내정 사정에 대한 인식이 결여되어 있다고 했다 함.
주제어 이용희 외무장관 고문-라이샤워 주일미국대사 회담

문서명	한국정세 및 한일관계에 관한 미대사관원의 언급 건(韓国情勢および日韓関係に関する米大使館員内話の件)

문서파일번호 1792
작성연월일 1961. 10. 12
구분 제6차 회담 예비회담
세부항목 한일 문제 관련 일미 간 협의
작성처 외무성 북동아시아과
매수 30
비밀등급 극비
문서종류 회의록
공개구분 공개
내용 1961년 10월 2~10일까지 방한한 글라이스틴 주일미국대사관 서기관이 10월 12일

마에다 도시카즈 과장에게 방한 기간 중 한국으로부터 파악한 한국 정치상황 및 한일교섭에 관한 사항을 알려 준 내용. 글라이스틴은 한국이 일본과의 국교정상화를 원하고 있으나, 한국이 평화선을 철폐하지 않으면 청구권 문제가 해결되지 않음을 충분히 이해하고 있다고 언급함.

주제어 한국 정치상황, 한일교섭에 대한 한국 태도

문서명	한일 문제에 관한 글라이스틴 서기관의 언급(日韓問題に関するグライスティーン書記官の内話)

문서파일번호 1792

작성연월일 1961. 11. 28

구분 제6차 회담

세부항목 한일 문제 관련 일미 간 협의

작성처 외무성 북동아시아과

매수 2

비밀등급 극비

문서종류 내부문서

공개구분 공개

내용 글라이스틴 주일미국대사관 서기관이 수일 전 개최된 배의환·라이샤워 회담 결과를 일본에 알려 준 내용. 배·라이샤워 회담에서 배 대사가 박정희·이케다 회담 결과의 언론 유출에 대해 박 의장이 반박의 필요성을 통감하고 있다고 하자 라이샤워 대사는 정상 간 회담을 통해 조성된 우호 분위기를 깨는 일이 없었으면 좋겠다고 대응하였으며, 박 의장도 귀국 후 별다른 조치를 취하지 않고 있어 미국으로서도 이를 높이 평가하고 있다고 함.

주제어 박정희·이케다 회담 결과 언론 유출문제

문서명	한국의 경제 5개년 계획 검토를 위한 미국 실사팀의 방한계획에 대하여(韓国の経済5カ年計画検討のための米国survey teamの訪韓計画について)

문서파일번호 1792
작성연월일 1961. 12. 2
구분 제6차 회담
세부항목 한일 문제 관련 일미 간 협의
작성처 외무성 북동아시아과
매수 3
비밀등급 극비
문서종류 내부문서
공개구분 공개
내용 글라이스틴 주일미국대사관 서기관으로부터 한국 경제 5개년 계획 검토를 위한 미국 실사팀 방한 진척사항에 관해 청취한 내용. 실사팀의 방한은 예정보다 늦어지고 있으며, 아직 방한 시기가 확정되지 않고 있음. 실사팀은 아서 디 리틀(Arthur D. Little)사로 내정됨.
주제어 한국 경제 실태 조사를 위한 미국 실사팀 방한

문서명	주일미국대사관 서기관의 한일 문제에 관한 언급 건(在京米大使館員の日韓問題に関する内話の件)

문서파일번호 1792
작성연월일 1961. 12. 6
구분 제6차 회담
세부항목 한일 문제 관련 일미 간 협의
작성처 외무성 북동아시아과
매수 11
비밀등급 극비
문서종류 내부문서
공개구분 공개
내용 1961년 12월 5일 글라이스틴 주일미국대사관 서기관으로부터 청취한 한일교섭 관련 정보. 청구권 문제 관련 한국의 지금, 지은, 재조선법인의 일본재산 반환 등 주장은 한일회담의 진전을 가로막는 것이며, 일본 주장이 현실적임. 박정희·케네디 회담에서는 한일 문제가 극히 간단히 언급되었으며 주로 한국에 대한 경제원조가 논의됨. 케네디는 군사정변 후 반년간 박정희 의장이 합리적이고 온건한 방향으로 나아가고 있음을 높이 평가함.
주제어 청구권, 박정희·케네디 회담 결과

문서명	매카너기 극동담당차관보 대신 방문 건(マッコノギー極東担当次官補大臣表敬の件)

문서파일번호 1792
작성연월일 1961. 4. 13
구분 제5차 회담
세부항목 고사카 대신 · 매카너기 미국무부 극동담당차관보 회담
작성처 외무성 아메리카국 북미과장
매수 12
비밀등급 극비
문서종류 회의록
공개구분 공개
내용 매카너기 신임 미국무부 극동담당차관보(전 주한대사)의 고사카 젠타로 외상 예방 환담 기록. 매카너기 차관보는 한국 이임 전 가졌던 장면 총리 회담 내용(장 총리는 일본이 한일회담에 성의가 없다고 하고 있으며, 최근 일본이 북한과의 무역을 완화하고 있음에 우려 표명)을 설명함. 고사카 대신은 한국과 청구권 등 어려운 문제를 한 번에 해결할 수는 없는 일이며, 경협 등을 통해 서서히 양국 관계를 개선해 나가야 한다고 생각 중이나 한국의 현 태도에 낙담하고 있다고 말함.
주제어 한일 문제

문서명	이케다 총리·케네디 대통령 제3차 회담[池田総理、ケネディー大統領第3次(暇乞)会談(電報報告に代えて)]

문서파일번호 1792
작성연월일 1961. 6. 29
구분 제6차 회담 예비회담
세부항목 케네디 · 이케다 회담
작성처 외무심의관
매수 3
비밀등급 극비
문서종류 회의록
공개구분 공개
내용 1961년 6월 23일 워싱턴에서 개최된 이케다 하야토 총리와 케네디 대통령 제3차 회담 기록. 한국 문제에 관해 케네디 대통령이 미국정부는 한국 군사정권에 대해 조속히 합헌정부로 돌아가고 한일관계 타개에 노력하도록 압력을 가해야 한다고 언급, 이케다 총리는 시급을 다투는 긴급 문제는 아니므로 잘 생각해서 해야 한다고 답함.
주제어 한일 문제

문서명	총리 방미 자료 의제1(3) 한일관계(5월 31일 현재)[総理訪米資料議題1(3) 日韓関係(5月31日現在)]

문서파일번호 1792
작성연월일 1961. 5. 31
구분 제6차 회담 예비회담
세부항목 이케다 총리 방미
작성처 외무성
매수 3
비밀등급 극비
문서종류 내부자료
공개구분 공개
내용 이케다 하야토 총리의 방미용 자료 중 한일관계 부분. 한국정세에 관해서는 군사정권이 민주적 절차를 통해 정권을 이양하기를 기대, 한일교섭과 관련해서는 현 군사정권과의 교섭 재개에 대한 우려가 있으므로 한국으로부터 재개 요청 시 어떻게 대처해야 할지를 신중히 검토 중임.
주제어 이케다 총리 방미용 자료

문서명	고사카 대신·라이샤워 대사 회담 중 오키나와 및 한국 문제에 관한 부분 요지[小坂大臣、ライシャワー大使会談中沖縄および韓国問題に関する部分要旨(8月8日午後3時半より大臣室において)]

문서파일번호 1792
작성연월일 1961. 8. 8
구분 제6차 회담 예비회담
세부항목 고사카 대신 · 라이샤워 주일미국대사 회담
작성처 외무성 북동아시아과
매수 7
비밀등급 극비
문서종류 회의록
공개구분 공개
내용 고사카 젠타로 외상 · 라이샤워 주일미국대사 회담 중 오키나와 및 한국 문제 관련 부분 기록. 라이샤워 대사는 미국은 한일관계의 조속한 정상화를 열망하고 있다면서, 북송 문제와 북한의 철광석 수입 문제에 한국이 불만을 갖고 있는 만큼 일본이 철광석 수입을 중지해 줄 것을 요청함. 고사카 대신이 주한일본대표부 설치 문제를 거론하자 라이샤워 대사는 양측이 서로 주장만 하면 문제가 해결되기 어렵다면서 건설적인 방침을 제시할 필요가 있다고 함.

주제어 한일 문제

문서명	고사카 대신·라이샤워 대사 회담 중 한국 문제에 관한 부분 개요(小坂大臣、ライシャワー米大使会談9月6日午前中韓国問題に関する部分の概要)

문서파일번호 1792

작성연월일 1961. 9. 6

구분 제6차 회담 예비회담

세부항목 고사카 대신 · 라이샤워 주일미국대사 회담

작성처 외무성 북동아시아과

매수 3

비밀등급 극비

문서종류 회의록

공개구분 공개

내용 고사카 젠타로 외상 · 라이샤워 주일미국대사 회담 결과 중 한국 문제 관련 부분 기록. 라이샤워 대사는 한국의 현 정권이 열심히 노력 중이며 정국도 안정되어 가고 있으므로 도와줄 필요가 있다고 하고, 한국은 경제개발 5개년 계획을 1961년 11월 말까지 완성하기 위해 그때까지 일본에서 얼마를 받을 수 있는지를 알고 싶어 한다고 함. 라이샤워 대사는 이어 고사카 · 김유택 제1차 회담 결과에 한국이 실망하고 있다면서 다시 한번 김 원장과 회담할 것을 권유함. 추기에 라이샤워 대사가 6일 오후 이케다 하야토 총리와 회담할 예정이며, 총리 지시가 있으면 고사카 대신이 김유택 원장과 7일 오후 회담할 예정이라고 기록됨.

주제어 한일 문제

문서명	고사카 대신·라이샤워 미 대사 회담 요지(小坂大臣、ライシャワー米大使会談要旨)

문서파일번호 1792
작성연월일 1961. 10. 14
구분 제6차 회담 예비회담
세부항목 고사카 대신 · 라이샤워 주일미국대사 회담
작성처 외무성 북미과장
매수 4
비밀등급 극비
문서종류 회의록
공개구분 공개
내용 1961년 10월 13일 고사카 젠타로 외상 · 라이샤워 주일미국대사 회담 기록. 고사카 대신은 한국이 배의환 대사를 신임 수석대표로 임명하였음을 통보해 왔으며, 14일 이동환 공사가 이세키 유지로 국장과 회담 재개에 관한 발표 절차를 협의할 예정이고, 회담은 10월 20일경 시작하게 될 것이라고 설명함. 고사카 외상은 또한 정치적 해결을 하더라도 어느 정도 실무적 협의가 이루어져야 할 필요가 있다고 말함.
주제어 한일회담 재개

문서명	다케우치 차관·버거 대사 회담 기록(竹内次官、バーカー大使会談記録)

문서파일번호 1792
작성연월일 1961. 9. 5
구분 제6차 회담 예비회담
세부항목 다케우치 차관 · 버거 주한미국대사 회담
작성처 외무성 북동아시아과
매수 15
비밀등급 극비
문서종류 회의록
공개구분 공개
내용 방일 중인 버거 주한미국대사, 라이샤워 주일미국대사와 다케우치 류지 차관 회담 기록. 버거 대사는 군사정변 이후 한국 정치상황에 관해 설명하고 현재 한국정세는

안정을 찾아가고 있으며, 경제적 측면에서 한국의 재건을 위해서는 한일 간 제휴가 필요하다는 점을 언급함. 이어 버거 대사는 박정희 장군이 자신에게 본인은 한일관계에 열의를 갖고 있다면서 일본은 어떠한지 물어서 일본도 열의를 갖고 있다고 설명하였다 함.

주제어 한일관계

문서명	이케다 총리·라이샤워 미 대사 회담 기록(池田総理、ライシャワー米大使会談記録)

문서파일번호 1792

작성연월일 1961. 9. 6

구분 제6차 회담 예비회담

세부항목 이케다 총리 · 라이샤워 주일미국대사 회담

작성처 외무성

매수 9

비밀등급 극비

문서종류 회의록

공개구분 공개

내용 이케다 하야토 총리 · 라이샤워 주일미국대사 회담 결과의 한일관계 부분 기록. 라이샤워 대사는 한일관계는 미국에게도 매우 중요한 문제의 하나로서, 한국이 존속할 수 있는지 여부는 한일관계 개선에 달려 있으며 일본이 어느 정도 도울 것인지가 중요하다고 함. 이케다 총리는 한일관계에 대한 자신의 생각은 변함이 없으며, 일미 양국이 한국 문제에 관여해야 하나 일차적인 역할은 미국이 해야 하며 일본은 2차적 역할을 하는 형태가 좋다고 생각한다 말함. 이케다 총리는 김유택 원장에 대해 호감을 갖고 있으며 고사카 젠타로 대신이 한 번 더 만나기를 원한다고 함.

주제어 한일관계

문서명	재도쿄미대사관 사타린 서기관의 언급 건(在京米大使館 サタリン書記官の内話に関する件)

문서파일번호 1792
작성연월일 1961. 9. 11
구분 제6차 회담 예비회담
세부항목 한일 문제 관련 일미 간 협의
작성처 외무성 북동아시아과
매수 3
비밀등급 극비
문서종류 내부문서
공개구분 공개
내용 마에다 북동아과장이 주일미국대사관 사타린(サタリン) 서기관에게 전화로 김유택 원장의 방일 귀국 후 한국 움직임에 관한 정보 제공을 요청한데 대해 동 서기관이 언급한 내용을 기록한 문서. 사타린은 아직 주한미국대사관으로부터 관련 정보 보고가 없다면서, 개인 생각으로는 고사카·김유택 2차 회의가 결렬로 끝난 만큼 한국의 반응은 좋지 않을 수도 있지만 일단 김 원장의 귀국 기자회견 내용은 그리 나쁘지 않았다고 언급함. 동 서기관은 케네디 대통령이 11월 14~15일 박정희 의장을 워싱턴에 초청할 것으로 보인다고 함.
주제어 김유택 원장 방일결과에 대한 한국 반응, 박정희 방미

문서명	주한미대사관 그린 공사 회담(在韓国アメリカ大使館グリーン公使との会談)

문서파일번호 1792
작성연월일 1961. 10. 6
구분 제6차 회담 예비회담
세부항목 우라베 참사관·그린 주한미국공사 회담
작성처 외무성 우라베 기록
매수 9
비밀등급 극비
문서종류 회의록
공개구분 공개

내용	방한 중인 우라베 도시오 참사관이 1961년 10월 6일 그린 주한미대사관 공사와 회담한 내용을 기록한 문서. 우라베는 한일회담 수석대표에 스기 미치스케 씨가 임명되면서 회담 개최가 연기되었으나 스기 씨는 일본 경제계 중진으로 동인의 임명이야말로 일본이 성의를 표시한 것이라 하고 대표 취소는 없을 것이라고 함. 이에 대해 그린 공사는 1, 2주 냉각기간을 두면 해결될 것으로 본다 말함. 이어 그린 공사는 한국 정치, 경제 정세에 대해 상세히 설명함.
주제어	스기 수석대표 임명 건, 한국 정치 경제 정세

문서명	11월 4일 고사카 외상·러스크 국무부장관 회담에서 한일 문제에 관한 부분 요지(11月4日小坂外相、ラスク国務長官会談における日韓問題に館るう部分要旨)

문서파일번호	1792
작성연월일	1961. 11. 4
구분	제6차 회담
세부항목	고사카 외상 · 러스크 국무장관 회담
작성처	외무성 북동아시아과
매수	3
비밀등급	극비
문서종류	회의록
공개구분	공개
내용	고사카 젠타로 외상과 러스크(David D. Rusk) 미국무장관 간 회담 결과 중 한일 문제 관련 부분 기록. 고사카 외상은 한국이 미국을 믿고 일본에 대해 고압적 자세로 임하고 있음(일본 태도 비난, 어선 나포 등)을 지적하고, 방한 시 한국에 자신의 발로 일어서라고 말해 주기를 바란다고 함. 이에 대해 러스크 장관은 금번 방한 시에는 시간적 여유가 없으므로 박 의장 방미 시 이야기하겠다고 함. 러스크 장관이 박 의장 방일 시 구체안을 들고 올 것으로 보냐고 묻자 고사카 외상은 일본도 구체안이 준비되지 않은 상태라 이번에는 일반론에 국한된 협의가 예상된다고 함.
주제어	한일 문제

한일 문제 및 한국 정치상황 관련 대미협의 (공관 보고 전문) [日韓問題及び韓國政情關聯対米折衝(来電：昭和36年)]

문서파일번호	1793
작성연월일	1961. 4. 26 - 1961. 11. 21
구분	제6차 회담 예비회담
세부항목	한일 문제 관련 일미 간 협의(공관보고)
작성처	주미대사 등
매수	65
비밀등급	일반
문서종류	전문(電文)
공개구분	공개 또는 일부비공개
내용	1961년 4월 27일~11월 22일까지 한일 문제 관련 주미대사 및 주뉴욕총영사의 보고 전문 모음
주제어	한일 문제 관련 일미 간 협의

문서명	러스크·한국외상 회담 건(ラスク、韓国外相会談に関する件)

문서파일번호	1793
작성연월일	1961. 4. 26
구분	제6차 회담 예비회담
세부항목	정일형·러스크 회담 관련 주미대사 보고
작성처	주미대사
매수	2
비밀등급	일반
문서종류	전문(電文)
공개구분	공개
내용	1961년 4월 25일 방미 중인 정일형 한국 외무장관과 러스크 미국무장관 간 회담 후 발표된 공동성명 내용을 보고. 성명에는 북한에 대한 한미 양국 입장을 확인하고, 한국의 경제개발계획을 위한 미국의 장기, 포괄적 경제원조에 관한 내용, 한일 국교정상화가 양국 및 아시아의 평화와 안정에 공헌할 것이라는 내용이 담김.
주제어	정일형·러스크 회담

문서명	러스크·한국외상 회담 건(ラスク、韓国外相会談に関する件)

문서파일번호	1793
작성연월일	1961. 4. 26
구분	제6차 회담 예비회담
세부항목	정일형·러스크 회담 관련 주미대사 보고
작성처	주미대사
매수	4
비밀등급	일반
문서종류	전문(電文)
공개구분	공개
내용	1961년 4월 25일 정일형 외무장관과 러스크 국무장관 간 회담 후 발표된 공동성명문을 보고
주제어	한미공동성명

문서명	한국 쿠데타에 관한 미국무성 담당관 언급 건(韓国のクーデターに関する米国務省担当官の内話の件)

문서파일번호 1793
작성연월일 1961. 5. 17
구분 제6차 회담 예비회담
세부항목 한국 군사정변 관련 주미대사 보고
작성처 주미대사
매수 3
비밀등급 극비
문서종류 전문(電文)
공개구분 일부비공개
내용 미국무부 극동담당관으로부터 청취한 한국 군사정변 관련 정보를 보고. 군사정변의 원인, 배경에 관한 미국의 관찰, 일반 국민들의 반응 등이 담김.
주제어 한국 군사정변

문서명	한국 신정부의 성격 건(韓国新政府の性格に関する件)

문서파일번호 1793
작성연월일 1961. 5. 24
구분 제6차 회담 예비회담
세부항목 한국 군사정변 관련 주미대사 보고
작성처 주미대사
매수 2
비밀등급 극비
문서종류 전문(電文)
공개구분 공개
내용 미국무부 한국담당관이 주미대사관 직원에게 알려 준 한국 신정부의 성격에 관한 미국 측 견해를 보고. 미국은 현 대통령의 지위가 변하지 않는 한 신정부 승인 문제는 발생하지 않는 것으로 보고 있음.
주제어 한국 신정부 성격

문서명	한국 문제에 관한 매카너기 차관보 회담 건(韓国問題に関しマコノキー次官補と会談の件)

문서파일번호 1793
작성연월일 1961. 6. 2
구분 제6차 회담 예비회담
세부항목 한국 군사정변 관련 주미임시대리대사 보고
작성처 주미임시대리대사
매수 4
비밀등급 극비
문서종류 전문(電文)
공개구분 공개
내용 주미대사와 매카너기 미국무부 차관보의 한국 문제 관련 회담 결과를 보고. 현재 한국 내 군사정권에 대한 반대 움직임은 보이지 않고 있다는 매카너기 차관보의 견해가 담김.
주제어 한국 정치상황

문서명	이케다 총리 방미 건(池田総理訪米に関する件)

문서파일번호 1793
작성연월일 1961. 6. 13
구분 제6차 회담 예비회담
세부항목 이케다 총리 방미 관련 의제 내부협의 결과 주미대사 보고
작성처 주미대사
매수 6
비밀등급 극비
문서종류 전문(電文)
공개구분 공개
내용 주미대사가 미국무부 매카너기 차관보 등과 이케다 하야토 총리의 방미 관련 정상회담 의제 등에 관해 6월 13일 내부협의한 내용(경제문제 제외)을 보고. 의제에 한국의 신정권에 관한 사항이 포함되어 있음.
주제어 이케다 총리 방미

문서명	이케다 총리 방미(한국 문제) 건[池田総理訪米(朝鮮問題)に関する件]

문서파일번호 1793
작성연월일 1961. 6. 14
구분 제6차 회담 예비회담
세부항목 이케다 총리 방미 관련 의제 내부협의 결과 주미대사 보고
작성처 주미대사
매수 8
비밀등급 극비
문서종류 전문(電文)
공개구분 공개
내용 이케다 하야토 총리 방미 관련 6월 13일 미국무부 측과의 내부협의에서 미국이 한국 문제 관련 언급코자 하는 내용(Talking Paper)을 보고
주제어 일미 정상회담, 미국의 한국 관련 발언안

문서명	이케다 총리 방미 건(池田総理訪米に関する件)

문서파일번호 1793
작성연월일 1961. 6. 17
구분 제6차 회담 예비회담
세부항목 이케다 총리 방미 관련 의제(대한 경제원조 문제) 내부협의 결과 주미대사 보고
작성처 주미대사
매수 14
비밀등급 극비
문서종류 전문(電文)
공개구분 공개
내용 이케다 하야토 총리 방미 관련 회담 의제 등 최종 조율을 위해 주미대사가 6월 17일 러스크 국무장관과 협의한 내용을 보고. 일본은 한국의 정치상황이 어떻게 전개될지 모르는 상황에서 경제적으로 미국과 함께 한국을 지원해야 하지 않나 하는 생각을 하고 있으나 최근 일본어선 나포 사건 발생으로 대응에 고심하고 있다고 함. 미국은 '이 라인' 내에서의 나포임을 확인한 뒤, 현재 한국 군사정권 내부에서 누가 실

권을 쥐고 있는지 잘 알려지지 않고 있다면서 최근 실력자로 알려진 젊은 중령의 정체도 잘 파악되지 않는 상황이라고 한 뒤, 미국으로서는 한국 문제가 매우 중요한 만큼 일본과 함께 한국에 대해 경제원조를 하는 문제에 대해 이케다 총리 방미 시 협의하고 싶다고 함.

주제어 한국에 대한 경제원조 문제

문서명	총리 방미(한국 문제)의 건[総理訪米(韓国問題)の件]

문서파일번호 1793

작성연월일 1961. 6. 20

구분 제6차 회담 예비회담

세부항목 미일 정상 간 한국 문제에 대한 발언 요령 관련 주미대사 보고

작성처 주미대사

매수 3

비밀등급 극비

문서종류 전문(電文)

공개구분 공개

내용 이케다 하야토 총리 방미 시 한국 관련 부분의 양 정상 간 발언(안)에 관한 미국 측과의 사전 조정안을 보고. 일본으로서는 미국이 한국을 잘 지도해 주길 바라며 일본도 협력하여 나름의 기여를 하고자 함. 미국은 한일관계의 긴밀화가 바람직하다고 생각하며, 한일 양국 각자 사정이 있겠지만, 어쨌든 양국 관계가 타개되어 일본이 한국을 돕기를 원하고 있음.

주제어 미일 정상 간 한국 문제에 대한 발언 요령

문서명	총리 방미(고사카·러스크 회담) 건[総理訪米(小坂·ラスク会談)に関する件]

문서파일번호 1793
작성연월일 1961. 6. 23
구분 제6차 회담 예비회담
세부항목 고사카 · 러스크 회담 결과에 관한 주미대사 보고
작성처 주미대사
매수 4
비밀등급 극비
문서종류 전문(電文)
공개구분 공개
내용 1961년 6월 21일 고사카 젠타로 외상 · 러스크 국무장관 회담 결과를 보고. 일본은 한국의 군부정권 내 권력 다툼이 없는 한 현 정권이 오래 갈 것으로 전망하고 일본, 독일, 영국 등을 포함한 여러 나라의 협력하에 한국에 대한 경제원조를 실시하는 것이 중요하다는 견해를 피력함. 미국은 한국에 40억 달러 이상의 원조를 했음에도 한국에 대한 미국의 설득력은 한계가 있다면서, 미국으로서는 긴밀한 한일관계의 수립이 가장 큰 관심사이며 한국으로부터 접근 징후가 있을 시 일본이 적극적으로 대응함이 바람직할 것이라고 함.
주제어 한국 문제

문서명	케네디 대통령의 박 중장 초대 건(ケ大統領の朴中将招待に関する件)

문서파일번호 1793
작성연월일 1961. 9. 13
구분 제6차 회담 예비회담
세부항목 박정희 방미 관련 미국 입장에 대한 주미대사 보고
작성처 주미대사
매수 2
비밀등급 극비
문서종류 전문(電文)
공개구분 공개
내용 미국무부 콜렌 동남아시아국장에게 청취한 박정희 중장 방미 초청 관련 미국 입장

을 보고. 미국은 박 중장 초청은 군사정권 발족 후 반년이 경과하고 문민정권에의 이양 방침도 만족할 만한 것이어서 미 대통령이 정식 초청하게 된 것임. 방미 도중 일본에 들려야 하므로 이 기회에 한일 양국 정상이 회담하는 것을 생각할 수 있다고 함. 이에 일본은 한일정상회담은 한국 의향에 달려 있다고 함.

주제어 박정희 방미, 한일정상회담

문서명	기시 전 총리·러스크 회담(岸前総理·ラスク会談の件)

문서파일번호 1793
작성연월일 1961. 9. 26
구분 제6차 회담 예비회담
세부항목 기시 전 총리 · 러스크 국무장관 회담 결과에 관한 주뉴욕총영사 보고
작성처 주뉴욕총영사
매수 5
비밀등급 극비
문서종류 전문(電文)
공개구분 공개
내용 기시 노부스케 전 총리와 러스크 미국무장관 간 회담 내용을 보고. 기시 전 총리는 일본이 한국과의 회담을 재개, 국교정상화에 노력하고 있으며, 한국의 정치, 경제적 안정을 실현시키기 위해 관계국이 협력할 필요가 있다고 함. 러스크 장관은 미국도 한일관계에 큰 관심을 갖고 있으며, 한일회담이 성공하도록 미국도 가능한 한 측면 협력을 하겠다고 말함.
주제어 한일 관계

문서명	케네디·박 회담 건(ケネディ·朴会談に関する件)

문서파일번호 1793
작성연월일 1961. 11. 20
구분 제6차 회담
세부항목 박정희 · 케네디 회담 결과에 관한 주미임시대리대사 보고
작성처 주미임시대리대사

매수 3
비밀등급 극비
문서종류 전문(電文)
공개구분 공개
내용 박정희·케네디 회담 결과에 관해 미국무부 매카너기 차관보에게 청취한 내용을 보고. 미국은 박정희의 도덕관, 국가에 대한 봉사정신, 자존심 등에 깊은 감명을 받았다면서 박정희도 한일 문제 관련 일본의 곤란한 사정을 이해하고 있으며, 이케다 총리 회담을 성공적인 것으로 평가하고 있다고 말함. 어업, 청구권 등에 관해서는 구체적인 부분까지 의견교환이 이루어지지는 않음.
주제어 박정희·케네디 회담 결과

문서명	미국의 대한원조 건(米国の対韓援助に関する件)

문서파일번호 1793
작성연월일 1961. 11. 21
구분 제6차 회담
세부항목 박정희·케네디 회담 결과에 관한 주미임시대리대사 보고
작성처 주미임시대리대사
매수 5
비밀등급 극비
문서종류 전문(電文)
공개구분 일부비공개
내용 박정희 의장 방미 시 한국에 대한 원조 관련 협의에 관해 미국무부 직원에게 청취한 내용을 보고. 박정희는 방미 시 7억 달러가 넘는 한국의 5개년 계획을 들고 왔으나 구체적인 계획이 결여되어 있어 미국은 듣고만 있었음. 박정희는 미국의 대한원조액 증액을 요청하였으나 미국은 총계 6~7천만 달러의 금년도 원조와 아직 국내 매각이 완료되지 않은 4천만 달러의 석유제품 원조 등을 언급하면서 박 의장의 요청을 거절하였음.
주제어 박정희·케네디 회담, 미국의 대한원조

제20부

제6차 회담 예비교섭
(1961. 1~10)

한국대표부 문 참사관 전화 협의 기록
(韓国代表部文参事官電話協議記錄)

문서파일번호	370
작성연월일	1961. 1. 21 - 1961. 10. 30
구분	제5~6차 회담
세부항목	문철순·북동아과(장) 전화 협의
작성처	외무성 북동아시아과
매수	25
비밀등급	일반
문서종류	회의록(전화), 내부문서
공개구분	공개
내용	1961년 1월 21일~10월 30일까지 주일한국대표부 문철순 참사관과 북동아과(장)의 전화 협의 등에 관한 기록
주제어	한일현안 협의

문서명	한국대표부 문 참사관으로부터의 연락 건(韓国代表文参事官より連絡越しの件)

문서파일번호 370
작성연월일 1961. 1. 21
구분 제5차 회담
세부항목 문철순·북동아과(장) 전화 협의
작성처 외무성 북동아시아과
매수 3
비밀등급 극비
문서종류 회의록(전화)
공개구분 공개
내용 문철순 참사관과 북동아시아과 직원의 전화 협의 내용. 이리에호(入江丸) 사건에 관한 한국 입장과 한일회담 한국대표단의 1월 24일 일본 도착 통보
주제어 어선 나포, 한일회담 대표단 일정

문서명	정 한국 외무부장관의 고사카 외무대신에 대한 메시지 건(鄭韓国外務部長官より小坂外務大臣宛メッセージに関する件)

문서파일번호 370
작성연월일 1961. 5. 1
구분 제5차 회담
세부항목 정일형 외무장관·마에다 북동아과장 협의
작성처 외무성 북동아시아과
매수 2
비밀등급 일반
문서종류 내부문서
공개구분 공개
내용 유엔총회 참석 후 귀로에 하네다 공항에 들린 정일형 외무부장관과 공항 영접한 마에다 도시카즈 북동아과장 협의 요지. 정 장관은 유엔총회에서 일본이 한국 입장을 이해해 준 데 대해 고사카 젠타로 대신에게 감사를 표함.
주제어 유엔에서의 한일협력

문서명	한일회담 위원회 진행 방법에 관한 대표부 연락 건(日韓会談委員会の進め方につき代表部との連絡の件)

문서파일번호 370
작성연월일 1961. 5. 17
구분 제5차 회담
세부항목 문철순 참사관 · 마에다 북동아과장 전화 협의
작성처 외무성 북동아시아과
매수 3
비밀등급 일반
문서종류 회의록(전화)
공개구분 공개
내용 마에다 도시카즈 북동아시아과장이 문철순 참사관에게 전화, 협의한 내용. 5 · 16군사정변 이후 한일회담 일정에 관한 한국 사정을 문의함.
주제어 한일회담 일정

문서명	유진오 수석대표가 사와다 전 수석대표에게 메시지를 송부하는 건(兪鎮午首席代表より沢田前首席代表へメッセージ送付越しの件)

문서파일번호 370
작성연월일 1961. 6. 16
구분 제6차 회담 예비회담
세부항목 문철순 참사관 · 마에다 북동아과장 전화 협의
작성처 외무성 북동아시아과
매수 2
비밀등급 일반
문서종류 회의록(전화)
공개구분 공개
내용 문철순 참사관이 마에다 도시카즈 북동아시아과장에게 전화, 협의한 내용. 유진오 전 대표가 사와다 렌조 전 대표에게 보내는 메시지 전달을 요청함.
주제어 유진오의 사와다 앞 메시지

문서명	사와다 대표가 유 대표에게 메시지를 송부하는 의뢰 건(沢田代表より兪代表へのメッセージ送付方依頼の件)

문서파일번호 370
작성연월일 1961. 6. 17
구분 제6차 회담 예비회담
세부항목 문철순 참사관·마에다 북동아과장 전화 협의
작성처 외무성 북동아시아과
매수 2
비밀등급 일반
문서종류 회의록(전화)
공개구분 공개
내용 마에다 도시카즈 북동아시아과장이 문철순 참사관에게 전화, 협의한 내용. 상기 유진오 대표가 사와다 렌조 대표에게 보낸 메시지에 대해 사와다의 답신 메시지 전달을 요청
주제어 사와다의 유진오 앞 답신

문서명	이동환 공사 방일 예정 및 외무성 관계자의 방한에 관한 한국대표부 통보 건(李東煥公使の来日予定および外務省係官の訪韓に関する韓国代表部よりの通報の件)

문서파일번호 370
작성연월일 1961. 7. 29
구분 제6차 회담 예비회담
세부항목 문철순 참사관·마에다 북동아과장 전화 협의
작성처 외무성 북동아시아과
매수 2
비밀등급 극비
문서종류 회의록(전화)
공개구분 공개
내용 문철순 참사관이 마에다 도시카즈 북동아시아과장에게 전화, 협의한 내용. 외무성 관계관의 방한에 대한 수락, 이동환 공사의 일본 도착이 연기되었음을 알림.
주제어 일본 외무성 인사 방한 등

문서명	한국 '국군의 날'에 일본 관계자 초청 건(韓国「国軍の日」に本邦関係首招請の件)

문서파일번호 370
작성연월일 1961. 9. 5
구분 제6차 회담 예비회담
세부항목 문철순 참사관 · 북동아과 전화 협의
작성처 외무성 북동아시아과
매수 5
비밀등급 비(秘)
문서종류 회의록(전화)
공개구분 공개
내용 문철순 참사관의 북동아과 전화 협의 내용. 한국이 10월 1일 국군의 날 행사에 일본 관계자를 초청함. 9월 6일 추기에는 일본의 부정적인 입장이 기록됨.
주제어 국군의 날 방한 초청

문서명	한국 '국군의 날'에 방위청 관계자 초청 건(韓国「国軍の日」に防衛庁関係者招請の件)

문서파일번호 370
작성연월일 1961. 9. 14
구분 제6차 회담 예비회담
세부항목 문철순 참사관 · 마에다 북동아과장 전화 협의
작성처 외무성 북동아시아과
매수 3
비밀등급 일반
문서종류 회의록(전화)
공개구분 공개
내용 마에다 도시카즈 북동아시아과장이 문철순 참사관에게 전화, 협의한 내용. 방위청 간부의 한국 국군의 날 불참에 관한 기자회견 사전 통보
주제어 국군의 날 방한 초청

문서명	한국의 콜롬보플랜 가입 신청에 대한 지지 요청 건(韓国のコロンボプラン加入申請に対する支持要請の件)

문서파일번호 370
작성연월일 1961. 10. 30
구분 제6차 회담
세부항목 문철순·북동아과 협의
작성처 외무성 북동아시아과
매수 3
비밀등급 비(秘)
문서종류 회의록
공개구분 공개
내용 선박위원회 산회 후 문철순 참사관이 북동아과 측에 요청한 내용. 한국의 콜롬보플랜 가입에 대한 일본의 지지를 요청
주제어 한국의 콜롬보플랜 가입 지지 요청

한일회담 일본대표단 내부협의회 개요 등
(日韓会談日本側代表団の打合せ会議概要等)

문서파일번호	1411
작성연월일	1961. 1. 25 - 1961. 2. 8
구분	제5차 회담
세부항목	일본대표단 내부협의회, 교섭 요령
작성처	
매수	48
비밀등급	
문서종류	회의록, 내부문서, 내부자료
공개구분	공개
내용	제5차 한일회담 일본대표단 협의회 회의기록, 회담 교섭 요령 등이 담긴 문서 모음
주제어	기본관계, 청구권, 어업, 재일한국인 법적지위, 문화재 반환, 선박 반환

문서명	한일회담 일본대표단의 내부협의회 회의 개요(日韓会談日本側代表団の打合せ会議概要)

문서파일번호 1411
작성연월일 1961. 1. 25
구분 제5차 회담
세부항목 일본대표단 내부협의회
작성처 외무성 북동아시아과
매수 7
비밀등급 극비
문서종류 회의록
공개구분 공개
내용 제5차 한일회담 예비교섭 제4회 본회의 개최에 앞서 1960년 1월 25일 오전 개최된 청구권 문제에 관한 일본대표단 협의회 회의기록. 청구 근거의 시기를 1945년 8월로 하려는 한국 견해를 부정하는 점, 청구권 문제에 관해 양보하지 못하는 부분에 대해 한국에 희망적인 인식을 주는 것을 반대하는 점, 개별 항목을 논의하지 않기로 되어 있었음에도 논의한 것에 대한 불만을 표시하는 점 등 대장성의 강경 입장이 피력됨.
주제어 청구권

문서명	1961년 1월 25일 제5차 한일회담 예비회담 재개 본회의(제4회) 사와다 수석대표 인사[昭和三十六年一月二十五日の第五次日韓全面会談予備会談再開本会議(第四回)における沢田首席代表の挨拶]

문서파일번호 1411
작성연월일 1961. 1. 25
구분 제5차 회담
세부항목 예비회담 재개 본회의 사와다 수석대표 인사말
작성처 외무성 북동아시아과
매수 4
비밀등급 일반
문서종류 내부자료
공개구분 공개
내용 제5차 한일회담 예비회담 재개 본회의(제4회) 사와다 렌조 수석대표 인사말
주제어 제5차 한일회담 예비회담 제4회 본회의 사와다 대표 인사말

문서명	한일회담 일본 대표 내부협의회 회의 요지(日韓会談日本側代表の打合せ会議要旨)

문서파일번호 1411
작성연월일 1961. 1. 31
구분 제5차 회담
세부항목 일본대표단 내부협의회
작성처 외무성 북동아시아과
매수 17
비밀등급 극비
문서종류 회의록
공개구분 공개
내용 일본대표단 내부협의회 회의기록. 기본관계에 관해 부분적인 타결로 인한 국교를 수립할 때는 기본관계조약을 체결하지 않는다는 방침, 청구권은 결국 정치적으로 해결할 전망, 문화재에 관해서는 한 번만 회의를 열고 그 후는 휴회할 방침 등을 밝히고 있음.
주제어 기본관계, 어업, 재일한국인 법적지위, 일반청구권, 문화재 반환, 선박 반환

문서명	당분간의 한일회담 교섭 요령(当面の日韓会談交渉要領)

문서파일번호 1411
작성연월일 1961. 1. 30
구분 제5차 회담
세부항목 제5차 한일회담 교섭 요령
작성처 외무성 우야마 참사관
매수 3
비밀등급 극비
문서종류 내부문서
공개구분 공개
내용 우야마 아쓰시 참사관이 작성한 회담 교섭 요령. 예비회담 실무교섭을 마무리하고 정식회담에 들어가 정치적 교섭을 시작한다는 전제하에 법적지위, 어업, 청구권, 선박, 문화재 실무교섭 요령을 제시함.
주제어 재일한국인 법적지위, 어업, 일반청구권, 문화재 반환, 선박 반환

문서명	한일회담 일본 대표 내부협의회 회의 요지(日韓会談日本側代表の打合せ会議要旨)

문서파일번호	1411
작성연월일	1961. 2. 8
구분	제5차 회담
세부항목	일본대표단 내부협의회
작성처	외무성 북동아시아과
매수	17
비밀등급	극비
문서종류	회의록
공개구분	공개
내용	일본대표단 내부협의회 회의기록. 청구권은 원래 동 교섭을 애매하게 진행할 방침이었다는 점, 실무적 진행은 국회 설명을 위해서도 필요하다는 점, 1957년 12월 31일의 회담 재개 합의 시 미국 각서의 해석과 관련하여 '상호 포기를 뜻하지 않는다'는 구절이 들어간 것은 기시 노부스케 전 총리의 판단이었다는 사실 등이 기술됨.
주제어	재일한국인 법적지위, 어업, 일반청구권, 문화재 반환, 선박 반환

제6차 한일회담 재개에 관한 일본 내부협의
(第6次日韓会談再開に関する日本側打合せ)

문서파일번호	1418
작성연월일	1961. 8. 29 - 1961. 11. 14
구분	제6차 회담 예비회담, 제6차 회담
세부항목	일본 관계 성청, 대표단 협의회
작성처	외무성 북동아시아과
매수	25
비밀등급	
문서종류	회의록
공개구분	공개
내용	제6차 한일회담 관련 일본 내부협의회 회의기록
주제어	제6차 한일회담 일본 자체 협의

문서명	제6차 한일회담 재개에 관한 일본 내부협의(第6次日韓会談再開に関する日本側打合せ)

문서파일번호 1418
작성연월일 1961. 8. 29
구분 제6차 회담 예비회담
세부항목 일본 관계 성청 협의회
작성처 외무성 북동아시아과
매수 14
비밀등급 극비
문서종류 회의록
공개구분 공개
내용 제6차 한일회담 재개에 관한 관계 성청 간의 내부협의회 회의기록. 이세키 국장은 이케다 총리가 회담을 재개하자는 입장이며, 미국도 한일회담을 재개하라고 촉구하고 있다는 점 등을 고려해 회담을 재개해야 한다고 강조함. 이후 선박 문제, 법적 지위 문제, 어업 문제, 일반 청구권 문제 등 각 안건에 대한 협의가 이루어짐.
주제어 선박 반환, 재일한국인 법적지위, 어업, 일반청구권

문서명	제6차 한일회담에 임할 일본 대표 내부협의 개요(第6次日韓会談に臨む日本側代表打合わせ会議概要)

문서파일번호 1418
작성연월일 1961. 10. 17
구분 제6차 회담 예비회담
세부항목 일본대표단 협의회
작성처 외무성 북동아시아과
매수 6
비밀등급 극비
문서종류 회의록
공개구분 공개
내용 제6차 한일회담 개최를 며칠 앞두고 개최된 관계 성청 협의회 회의기록. 1961년 9월 상순 김유택 경제기획원 원장의 방일 이후 한국의 반응에 대해 주로 논의함. 이세키 유지로 국장은 한국이 김유택 원장의 방일 성과 및 일본의 수석대표 인선에 대

해 실망을 표하면서도 한국이 회담 타결에 열의를 가지고 있으며 서두르고 있다고 평가함.

주제어 김유택 방일 성과

문서명	한일회담 일본 대표의 내부협의 회의개요(日韓会談日本側代表打合わせ会議概要)

문서파일번호 1418

작성연월일 1961. 11. 14

구분 제6차 회담

세부항목 일본대표단 협의회

작성처 외무성 북동아시아과

매수 5

비밀등급 극비

문서종류 회의록

공개구분 공개

내용 1961년 11월 12일의 박정희·이케다 하야토 수상 회담 후인 11월 14일 개최된 관계 성청 협의회 회의기록. 이세키 국장은 이동환 한국 공사 회담 내용을 소개함. 이세키는 박정희가 이케다에게 "근거 있는 것만을 청구권 문제의 대상으로 한다"고 한 말은 결국 개인청구권이 아니냐고 이 공사에게 묻자 이 공사가 그렇다고 해도 그것을 공언하면 곤란하다는 뜻을 내비친 바 있다고 소개함.

주제어 박정희·이케다 회담, 청구권

수석대표 비공식회담 기록
(首席代表非公式会談記録)

문서파일번호	353
작성연월일	1961. 1. 27 - 1961. 5. 16
구분	제5차 회담
세부항목	한일 수석대표 비공식회담
작성처	외무성 북동아시아과
매수	68
비밀등급	
문서종류	회의록
공개구분	공개
내용	1961년 1월 27일~5월 16일까지 개최된 제5차 한일회담 양국 수석대표 비공식회담 기록
주제어	재일한국인 법적지위, 청구권, 어업, 문화재 반환, 선박 반환, 기타

문서명	수석대표 비공식회담 기록(首席代表非公式会談記録)

문서파일번호 353
작성연월일 1961. 1. 27
구분 제5차 회담
세부항목 한일 수석대표 비공식회담
작성처 외무성 북동아시아과
매수 23
비밀등급 극비
문서종류 회의록
공개구분 공개
내용 제5차 한일회담 양국 수석대표 비공식회담 기록. 위원회별 안건 및 개최 일정 등에 대해 협의. 청구권 문제에 관해 유진오 수석이 합의되지 않아도 되므로 항목별로 논의할 것을 요구하고 문화재에 관해서도 문화협정에 따른 해결이 현실적이나 그것을 밖으로 밝히지 않을 것 등을 당부
주제어 재일한국인 법적지위, 청구권, 어업, 문화재 반환, 선박 반환, 기타

문서명	수석대표 비공식회담 기록(首席代表非公式会談記録)

문서파일번호 353
작성연월일 1961. 2. 7
구분 제5차 회담
세부항목 한일 수석대표 비공식회담
작성처 외무성 북동아시아과
매수 13
비밀등급 극비
문서종류 회의록
공개구분 공개
내용 제5차 한일회담 양국 수석대표 비공식회담 기록. 동석한 이세키 유지로 국장은 어업 문제를 해결하지 않으면 청구권 교섭도 진척되지 않을 것이고 한국에 대한 경제협력은 국교가 정상화되지 않으면 실시할 수 없다고 말함.
주제어 어업, 청구권·경협

문서명	한일회담 수석대표 비공식회담 기록(日韓会談首席代表公式会談記録)

문서파일번호	353
작성연월일	1961. 2. 27
구분	제5차 회담
세부항목	한일 수석대표 비공식회담
작성처	외무성 북동아시아과
매수	4
비밀등급	극비
문서종류	회의록
공개구분	공개
내용	제5차 한일회담 양국 수석대표 비공식회담 기록. 유진오 대표 부재중 회담 지속 여부, 한국의 대일여론 등에 관해 논의함.
주제어	한국의 대일여론

문서명	한일회담 수석대표 비공식회담 기록(日韓会談首席代表非公式会談記録)

문서파일번호	353
작성연월일	1961. 3. 3
구분	제5차 회담
세부항목	한일 수석대표 비공식회담
작성처	외무성 북동아시아과
매수	4
비밀등급	극비
문서종류	회의록
공개구분	공개
내용	제5차 한일회담 양국 수석대표 비공식회담 기록. 일본은 한국 희망대로 청구권 항목별 논의를 진행하기는 하나 요구 내용에 관한 질문, 법적 해석에 관한 논의 등만을 진행하고 항목별로 그 지불 여부를 밝힐 생각이 없음을 전달함.
주제어	청구권

문서명	한일회담 수석대표 비공식회담 기록(日韓会談首席代表会談記録)

문서파일번호 353
작성연월일 1961. 4. 7
구분 제5차 회담
세부항목 한일 수석대표 비공식회담
작성처 외무성 북동아시아과
매수 6
비밀등급 극비
문서종류 회의록
공개구분 공개
내용 제5차 한일회담 양국 수석대표 비공식회담 기록. 유진오 대표는 최근 한국의 데모에 대해 자신의 의견을 피력하고 법적지위 문제를 조속히 해결할 필요성을 강조함.
주제어 재일한국인 법적지위, 한국정세

문서명	유 대표 회담(兪代表との会談)

문서파일번호 353
작성연월일 1961. 4. 14
구분 제5차 회담
세부항목 한일 수석대표 비공식회담
작성처 외무성 북동아시아과
매수 6
비밀등급 극비
문서종류 회의록
공개구분 공개
내용 제5차 한일회담 양국 수석대표 비공식회담 기록. 유 대표는 일본정부의 북일무역 인정, 일본 내의 회담 관련 움직임에 관한 자신의 부정적 견해를 피력함.
주제어 북일 무역

문서명	한일회담 수석대표 비공식회담 기록(日韓会談首席代表会談記録)

문서파일번호 353
작성연월일 1961. 4. 25
구분 제5차 회담
세부항목 한일 수석대표 비공식회담
작성처 외무성 북동아시아과
매수 8
비밀등급 극비
문서종류 회의록
공개구분 공개
내용 제5차 한일회담 양국 수석대표 비공식회담 기록. 한일 의원단의 상호방문, 회담 진행 상황, 한국의 대일인식 등에 관해 논의함. 유진오는 가장 곤란한 문제는 일본에 대한 강력한 불안감으로 경제원조를 받으면 일본에게 경제적으로 지배당한다는 생각을 한국이 가지고 있다고 발언
주제어 경제협력, 문화재 반환

문서명	한국정세에 관한 사와다·유 회담(韓国情勢に関する 沢田、兪会談)

문서파일번호 353
작성연월일 1961. 5. 16
구분 제5차 회담
세부항목 한일 수석대표 비공식회담
작성처 외무성 북동아시아과
매수 4
비밀등급 극비
문서종류 회의록
공개구분 공개
내용 제5차 한일회담 양국 수석대표 비공식회담 기록. 유진오는 5·16군사정변으로 인해 본국 정부와 연락이 안 되는 상황이라며 사태의 불확실성에 대해 설명함.
주제어 5·16군사정변, 한국정세

한국 박흥식 씨 회담 건
(韓国朴興植氏と会談の件)

문서파일번호	354
문서명	한국 박흥식 씨 회담 건(韓国朴興植氏と会談の件)
작성연월일	1961. 4. 5
구분	제5차 회담
세부항목	다케우치·박흥식 면담
작성처	외무성 다케우치 차관 구술
매수	12
비밀등급	극비
문서종류	회의록
공개구분	일부비공개
내용	다케우치 류지(武内竜次) 차관과 박흥식(화신실업 사장) 씨의 회담 기록. 박 씨는 진행 중인 한일회담에 큰 기대를 갖고 있지 않으며, 한국정부도 희망을 갖고 있지 않다고 언급함. 문화재, 선박, 한일무역, 평화선, 청구권(한국대표단은 10억 달러의 숫자를 거론하고 있으나 이는 대단한 금액) 등에 관한 자신의 생각을 말함.
주제어	한국정세, 한일회담

우야마 참사관·문 참사관 회담 요지
(宇山参事官、文参事官会談要旨)

문서파일번호	356
작성연월일	1961. 6. 27 - 1961. 10. 5
구분	제6차 회담 예비회담
세부항목	우야마 · 문철순 회담
작성처	외무성
매수	18
비밀등급	일반
문서종류	회의록
공개구분	공개
내용	5·16군사정변 이후 1961년 6월 27일~10월 5일까지 개최된 우야마 아쓰시 참사관과 주일한국대표부 문철순 참사관 회담 기록
주제어	한일현안 협의

문서명	한국정부의 비공식 요청 건(韓国政府よりの非公式申入れに関する件)

문서파일번호 356
작성연월일 1961. 6. 27
구분 제6차 회담 예비회담
세부항목 우야마·문철순 회담
작성처 외무성 우야마 참사관
매수 5
비밀등급 극비
문서종류 회의록
공개구분 공개
내용 우야마 아쓰시 참사관과 주일한국대표부 문철순 참사관 회담 기록. 한국이 한일회담 진전을 위한 북송 중지, 일본어선의 평화선 침범 억제 등을 요청함.
주제어 북송, 어업, 한일회담 재개

문서명	우야마 참사관·문 참사관 회담 요지(宇山参事官、文参事官会談要旨)

문서파일번호 356
작성연월일 1961. 7. 28
구분 제6차 회담 예비회담
세부항목 우야마·문철순 회담
작성처 외무성 북동아시아과
매수 8
비밀등급 극비
문서종류 회의록
공개구분 공개
내용 우야마 아쓰시 참사관과 주일한국대표부 문철순 참사관 회담 기록. 문 참사관은 5·16군사정변 이후 한일 양국 관계 개선을 위한 여러 조치에도 불구하고 일본의 대한 인식이 개선되지 않고 있음을 지적함. 우야마 참사관은 한국의 혁명정부가 잘 되길 바라나 회담 재개까지는 신뢰가 좀 더 쌓여야 한다는 점을 언급함.
주제어 한일회담 재개, 북송, 한국정세

문서명	한국 외무부장관 특별고문 이용희의 고사카 대신 면담 요청 건(韓国外務部長官特別顧問李用熙の小坂大臣に対する会見要請の件)

문서파일번호 356

작성연월일 1961. 10. 5

구분 제6차 회담 예비회담

세부항목 우야마 · 문철순 회담

작성처 외무성 북동아시아과

매수 5

비밀등급 극비

문서종류 회의록

공개구분 공개

내용 우야마 아쓰시 참사관과 주일한국대표부 문철순 참사관 회담 기록. 한국은 이용희 고문의 고사카 젠타로 대신 면담을 신청하면서 동 면담은 한일회담 전반에 관한 폭넓은 의견교환 기회가 될 것이라 설명함.

주제어 이용희의 고사카 외상 면담 요청 건

다케우치 차관·최덕신 한국 친선사절단장 회담 기록(武内次官, 崔徳新韓国親善使節団長会談記録)

문서파일번호	357
문서명	다케우치 차관·최덕신 한국 친선사절단장 회담 기록(武内次官, 崔徳新韓国親善使節団長会談記録)
작성연월일	1961. 7. 5
구분	제6차 회담 예비회담
세부항목	다케우치·최덕신 회담
작성처	외무성 북동아시아과
매수	21
비밀등급	극비
문서종류	회의록
공개구분	공개
내용	다케우치 류지(武内竜次) 차관과 최덕신 한국 친선사절단장 회담 기록. 5·16군사정변 이후 한국 사정을 설명하는 것이 사절단의 목적(고사카 젠타로 외상은 당일 유럽 출장으로 면담 불성사). 최 단장은 한일 간에 국교를 정상화하는 것은 국제 공산당의 침략을 막고 양국의 번영을 도모하는 길임을 역설하고, 5·16군사정변의 당위성을 설명함. 또한 재일한인의 북송 중단과 일본 어민들의 평화선 내 조업 자제를 요청함.
주제어	한국정세 설명, 한일회담 재개 협의

이세키 국장·문 참사관 회담 요지
(伊関局長·文参事官会談要旨)

문서파일번호	358
문서명	이세키 국장·문 참사관 회담 요지(伊関局長·文参事官会談要旨)
작성연월일	1961. 7. 5
구분	제6차 회담 예비회담
세부항목	이세키·문철순 회담
작성처	외무성 북동아시아과
매수	2
비밀등급	극비
문서종류	회의록
공개구분	공개
내용	이세키 유지로 아시아국장과 문철순 참사관 회담 기록. 문 참사관은 신임 주일 대사가 곧 임명될 것이라며 대사 부임 후 한일회담 재개 관련 구체적인 협의가 시작될 수 있기를 희망하며, 일본의 경제협력에 관해서도 협의를 희망한다고 언급함.
주제어	한일회담 재개

이세키 아시아국장·이동환 공사회담 요지
(伊関アジア局長、李公使会談要旨)

문서파일번호	359
작성연월일	1961. 8. 2 - 1961. 12. 18
구분	제6차 회담 예비회담, 제6차 회담
세부항목	이세키·이동환 회담
작성처	외무성 북동아시아과
매수	78
비밀등급	
문서종류	회의록
공개구분	공개
내용	1961년 8월 2일~12월 18일까지 개최된 이세키 아시아국장과 이동환 공사 회담 기록
주제어	한일현안 협의

문서명	이세키 아시아국장·이동환 공사 제1회 회담 요지(伊関アジア局長、李東煥公使第1回会談要旨)

문서파일번호 359
작성연월일 1961. 8. 2
구분 제6차 회담 예비회담
세부항목 이세키 · 이동환 회담
작성처 외무성 북동아시아과
매수 5
비밀등급 극비
문서종류 회의록
공개구분 공개
내용 이세키 유지로 아시아국장과 이동환 공사 회담 기록. 당초 한일회담 재개와 관련한 사항들의 논의가 예상되었으나,(북일 간에 북송협정이 연장되는 바람에) 북송 문제와 주한 일본대표부 설치 문제에 관해서만 협의함. 이 공사는 회담 재개를 위해 우호적인 분위기를 만들어야 함에도 불구하고 일본이 북송사업을 연장한 것을 강력히 비판하고 일본은 이에 대해 반박함.
주제어 북송, 주한일본대표부

문서명	아시아국장·이 공사 제1회 회담 기록(アジア局長、李公使第一回会談記録)

문서파일번호 359
작성연월일 1961. 8. 3
구분 제6차 회담 예비회담
세부항목 이세키 · 이동환 회담
작성처 외무성 북동아시아과
매수 30
비밀등급 극비
문서종류 회의록
공개구분 공개
내용 1961년 8월 2일 이세키 유지로 아시아국장과 이동환 공사 회담의 상세 기록. 북송 문제, '이 라인' 문제, 주한일본대표부 설치 문제, 한국 군사정권에 대한 일본의 인식 등이 논의됨. 이세키 국장은 일본정부가 한일교섭을 진행하려면 한국정세가 나아지고 있음을 설명할 수 있는 정보가 필요하다며 외무성 직원의 파견을 요청함.
주제어 북송, '이 라인', 주한일본대표부

문서명	한일회담 재개 문제에 관한 이세키 국장·이 공사 회담 요지(日韓会談再開問題に関する伊関局長、李公使会談要旨)

문서파일번호 359
작성연월일 1961. 8. 24
구분 제6차 회담 예비회담
세부항목 이세키 · 이동환 회담
작성처 외무성 북동아시아과
매수 3
비밀등급 일반
문서종류 회의록
공개구분 공개
내용 이세키 유지로 아시아국장과 이동환 공사 회담 기록. 이 공사가 한일회담 재개를 요청, 이세키 국장은 관계 성청의 동의를 받아 최종결정하겠다고 답함. 양측은 회담 개최장소(도쿄), 시기(9월 20일 전후), 명칭(제6차 회담) 등에 관해 협의함.
주제어 한일회담 재개

문서명	김유택 경제기획원장의 방일에 관하여 이 한국 공사의 요청 건(金裕沢経済企画院長の訪日に関し李韓国公使より申入れの件)

문서파일번호 359
작성연월일 1961. 8. 26
구분 제6차 회담 예비회담
세부항목 이세키 · 이동환 회담
작성처 외무성 북동아시아과
매수 2
비밀등급 극비
문서종류 회의록
공개구분 공개
내용 이세키 유지로 아시아국장과 이동환 공사 회담 기록. 이 공사가 김유택 경제기획원장의 방일 관련, 면담할 인사들의 일정 주선을 요청함.
주제어 김유택 방일

문서명	이세키 국장·이 공사 비공식회담 요지(伊関局長、李公使非公式会談要旨)

문서파일번호 359
작성연월일 1961. 9. 4
구분 제6차 회담 예비회담
세부항목 이세키 · 이동환 회담
작성처 외무성 북동아시아과
매수 3
비밀등급 극비
문서종류 회의록
공개구분 공개
내용 이세키 유지로 아시아국장과 이동환 공사 회담 기록. 이 공사는 신정부의 안정을 위해 회담의 성공이 필요한데 그 여부가 바로 청구권 액수에 달려 있음을 피력하고 회담 성공을 위해서도 우선 액수를 제시할 것을 요구함. 이에 일본은 자료조사 만으로도 시간이 필요하다며 한국 요구를 거절함(9월 1일 김유택 원장과 고사카 젠타로 외상의 회담 시 김 원장이 청구권 액수를 제시한 데 따른 후속 회담).
주제어 청구권, 어업

문서명	이세키 아시아국장·이동환 공사 회담 요지(伊関アジア局長、李東煥公使会談要旨)

문서파일번호 359
작성연월일 1961. 9. 21
구분 제6차 회담 예비회담
세부항목 이세키 · 이동환 회담
작성처 외무성 북동아시아과
매수 5
비밀등급 극비
문서종류 회의록
공개구분 공개
내용 이세키 유지로 아시아국장과 이동환 공사 회담 기록. 10월 10일 회담 개시, 수석대표 인선, 박정희 국가최고회의 의장 방일(이케다 국장이 먼저 거론) 등에 관해 논의함. 양자는 박정희 의장과 이케다 총리의 회담이 한일관계를 촉진하는 계기가 될 것이라는 데 의견을 같이함.
주제어 한일회담 재개, 박정희 방일 문제

문서명	이세키·이동환 회담 요지(伊関、李東煥会談要旨)

문서파일번호 359
작성연월일 1961. 9. 25
구분 제6차 회담 예비회담
세부항목 이세키 · 이동환 회담
작성처 외무성 북동아시아과
매수 4
비밀등급 극비
문서종류 회의록
공개구분 공개
내용 이세키 유지로 아시아국장과 이동환 공사 회담 기록. 한일회담 개시, 수석대표 인선, 실무협의와 정치 절충을 병행해 나가는 방안, 박정희 국가최고회의 의장의 방일 등에 관해 논의함. 이세키는 한국이 수용한다면 일본에서 박정희 의장을 초청하는 방안을 연구하겠다는 뜻을 전함.
주제어 한일회담 재개, 박정희 방일 문제

문서명	이세키·이동환 회담 요지(伊関、李東煥会談要旨)

문서파일번호 359
작성연월일 1961. 9. 30
구분 제6차 회담 예비회담
세부항목 이세키 · 이동환 회담
작성처 외무성 북동아시아과
매수 2
비밀등급 극비
문서종류 회의록
공개구분 공개
내용 이세키 유지로 아시아국장과 이동환 공사 회담 기록. 이 공사가 일본의 수석대표 인선 상황에 대해 질의함.
주제어 한일회담 수석대표

문서명	이세키·이동환 회담 요지(伊関、李東煥会談要旨)

문서파일번호 359
작성연월일 1961. 10. 3
구분 제6차 회담 예비회담
세부항목 이세키 · 이동환 회담
작성처 외무성 북동아시아과
매수 3
비밀등급 극비
문서종류 회의록
공개구분 공개
내용 이세키 유지로 아시아국장과 이동환 공사 회담 기록. 박정희 의장 방일 문제에 대해 협의함.
주제어 박정희 방일 문제

문서명	이세키·이동환 회담 요지(伊関、李東煥会談要旨)

문서파일번호 359
작성연월일 1961. 10. 12
구분 제6차 회담 예비회담
세부항목 이세키 · 이동환 회담
작성처 외무성 북동아시아과
매수 4
비밀등급 극비
문서종류 회의록
공개구분 공개
내용 이세키 유지로 아시아국장과 이동환 공사 회담 기록. 이 공사는 회담의 10월 20일 재개를 희망, 이세키 국장은 스기 미치스케의 수석대표 수락 여부, 동인의 일정 등에 달려 있다며, 한국의 수석대표가 누가 될지가 중요하다고 함. 이 공사는 배의환 내정 사실을 알려 줌. 배의환 약력이 첨부되어 있음.
주제어 한일회담 수석대표

문서명	이세키·이동환 회담 요지(伊関、李東煥会談要旨)

문서파일번호 359
작성연월일 1961. 10. 14
구분 제6차 회담 예비회담
세부항목 이세키 · 이동환 회담
작성처 외무성 북동아시아과
매수 2
비밀등급 비(秘)
문서종류 회의록
공개구분 공개
내용 이세키 유지로 아시아국장과 이동환 공사 회담 기록. 양측은 한일회담을 10월 20일에 개최하기로 합의함. 이 공사는 배의환의 한국 수석대표 정식 임명을 통보함. 이세키 국장은 회담 개시 전 나포된 일본어선의 석방을 요구함.
주제어 한일회담 재개 합의, 어선 석방

문서명	이세키·이동환 회담 요지(伊関、李東煥会談要旨)

문서파일번호 359
작성연월일 1961. 12. 6
구분 제6차 회담
세부항목 이세키 · 이동환 회담
작성처 외무성 북동아시아과
매수 5
비밀등급 극비
문서종류 회의록
공개구분 공개
내용 이세키 유지로 아시아국장과 이동환 공사 회담 기록. 11월의 박정희 · 이케다 정상회담 시, 청구권은 법률적 근거가 있는 개인의 청구권에 한정된다는 점에 합의했다는 일본 보도에 대해 논의함. 이세키 국장이 그 보도가 한국에서 문제가 되고 있는 것 같다고 하자, 이 공사는 일본정부가 흘린 것이 아니며, 법률적 근거가 있는 것은

개인에 한정된다는 것은 일본정부의 견해에 불과하며 현재 8항목 전부가 논의되고 있다고 본국 정부에 설명한 결과, 본국 정부도 양해했다고 답함. 이 공사는 기시 노부스케 전 수상의 방한을 요청, 이세키 국장은 연내 방한은 무리라고 답함. 이 공사는 1월 중 청구권 총액을 정하고 방한해 줄 것을 재차 요청함. 이 공사는 한국 쌀의 일본 수입을 요청, 이세키 국장은 10만 톤은 무리라고 답함.

주제어 박정희 · 이케다 정상회담 결과, 청구권, 기시 방한, 대일 쌀 수출 문제

문서명	이세키첨부되어 있음.이동환 회담 요지(伊関、李東煥会談要旨)

문서파일번호 359

작성연월일 1961. 12. 8

구분 제6차 회담

세부항목 이세키 · 이동환 회담

작성처 외무성 북동아시아과

매수 5

비밀등급 극비

문서종류 회의록

공개구분 공개

내용 이세키 유지로 아시아국장과 이동환 공사 회담 기록. 11월의 박정희 · 이케다 정상회담 시 논의된 '청구권 처리 방식'에 관해 논의함. 한국은 청구권 문제와 경제협력 문제는 다르나 한국이 말하는 청구권에는 무상원조도 포함되고 그 때문에 액수를 늘릴 것을 생각하고 있다고 말함. 회담 일정과 관련 12월 22일 1961년 마지막 본회의를 열고, 익년 1월 16일 재개하기로 합의함. 쌀 수출 관련, 이세키 국장은 어업협정 교섭 시작, 일본어선 나포 중단의 조건 없이는 농림성이 한국 쌀 수입 문제를 검토하지 않을 것이며, 양은 5만 톤 이하로 해야 할 것이라고 함.

주제어 박정희 · 이케다 정상회담 결과, 청구권 · 경협, 회담일정, 쌀 수출

문서명	이세키첨부되어 있음.이동환 회담 요지(伊関、李東煥会談要旨)

문서파일번호	359
작성연월일	1961. 12. 18
구분	제6차 회담
세부항목	이세키 · 이동환 회담
작성처	외무성 북동아시아과
매수	5
비밀등급	극비
문서종류	회의록
공개구분	공개
내용	이세키 유지로 아시아국장과 이동환 공사 회담 기록. 한국은 청구권 문제에 관해 개인청구권에 한정한다거나 남한에 한정한다는 소문들을 거론하면서 그로 인해 한국 분위기가 악화되고 있음을 전달함. 일본어선 나포 중단 문제, 대일 쌀 수출 문제도 협의함.
주제어	청구권, 어선 나포, 쌀 수출

이케다 총리·김유택 경제기획원 원장 회담
(池田總理·金裕沢経済企画院院長會談)

문서파일번호	361
작성연월일	1961. 8. 16 - 1961. 9. 1
구분	제6차 회담 예비회담
세부항목	김유택 방일, 이케다·김유택 회담
작성처	외무성
매수	12
비밀등급	
문서종류	내부자료, 회의록
공개구분	공개
내용	1961년 9월 1일 김유택 경제기획원장의 이케다 하야토 총리 예방에 대비해 외무성에서 작성한 자료 및 예방 시 환담 기록
주제어	한일회담 재개, 청구권

문서명	최근 한국정세와 한일관계(最近の韓国情勢と日韓関係)

문서파일번호	361
작성연월일	1961. 8. 31
구분	제6차 회담 예비회담
세부항목	이케다·김유택 회담
작성처	외무성 아시아국
매수	5
비밀등급	극비
문서종류	내부자료
공개구분	공개
내용	이케다 하야토 총리와 김유택 원장 회담에 대비해 외무성에서 작성한 회담용 자료. 한국정세, 한일회담 재개 관련 일본 입장 등 정리
주제어	이케다·김유택 회담자료, 한국정세, 한일회담 재개

문서명	송요찬 내각수반 겸 외무부장관의 대일 문제에 대한 8월 14일 기자회견 보도 건 (宋堯讃内閣首班兼外務部長官の対日問題についての8月14日の記者会見の報道振り)

문서파일번호	361
작성연월일	1961. 8. 16
구분	제6차 회담 예비회담
세부항목	이케다·김유택 회담
작성처	외무성 북동아시아과
매수	4
비밀등급	일반
문서종류	내부자료
공개구분	공개
내용	이케다 하야토 총리용 참고자료 첨부물. 한국이 한일회담 재개를 희망한다는 송요찬 내각 수반 겸 외무부장관의 기자회견에 대한 언론 보도를 정리
주제어	송요찬 기자회견 언론 보도

문서명	총리·김유택 경제기획원장 회담록(総理、金裕沢経済企画院長会談録)

문서파일번호	361
작성연월일	1961. 9. 1
구분	제6차 회담 예비회담
세부항목	이케다 · 김유택 회담
작성처	총리실 히토미 기록(人見 記錄)
매수	3
비밀등급	비(秘)
문서종류	회의록
공개구분	공개
내용	1961년 9월 1일 오전 10분 정도 진행된 이케다 하야토 총리와 김유택 원장 회담 기록. 김 원장은 한일회담 결론 도출을 위한 한국의 의지를 피력하고 일본이 청구권, 어업 등 어려운 문제에 대해 자신의 체일 기간 중 결정적인 답변이 가능할지 문의함. 이케다 총리는 일본 내각, 자민당 모두 회담 해결에 열의를 갖고 있다고 한 뒤, 일본이 결정적인 선을 제시하는 것이 아니라 쌍방이 이를 얻기 위해 노력해야 한다고 강조함.
주제어	한일회담 재개, 청구권, 어업

고사카 대신·김유택 원장 회담 기록
(小坂大臣、金裕沢院長会談記録)

문서파일번호	360
작성연월일	1961. 9. 1 - 1961. 9. 7
구분	제6차 회담 예비회담
세부항목	김유택 경제기획원장 방일
작성처	외무성
매수	39
비밀등급	
문서종류	회의록, 기자회견록, 내부문서
공개구분	공개
내용	1961년 8월 30일~9월 9일까지 일본을 방문한 김유택 경제기획원 원장의 고사카 젠타로 외상 등 일본 인사의 회담 및 간담회 기록
주제어	김유택 경제기획원장 방일

문서명	고사카 대신·김유택 원장 회담 기록(小坂大臣、金裕沢院長会談記録)

문서파일번호	360
작성연월일	1961. 9. 1
구분	제6차 회담 예비회담
세부항목	김유택 방일, 김유택 · 고사카 1차 회담
작성처	외무성 북동아시아과
매수	27
비밀등급	극비
문서종류	회의록
공개구분	공개
내용	김유택 원장과 고사카 젠타로 외상의 제1차 회담 기록. ① 한일회담 방침과 전망 ② 회담 수석대표 인선과 성격 ③ 중점 현안으로서 청구권과 평화선 문제 ④ 청구권 금액의 근거와 명목 문제 ⑤ 평화선의 법적 정당성 및 국방상 필요성에 대한 논쟁 ⑥ 한국이 일본에게 청구권 방침 제시 요구와 추가 회담 요청 ⑦ 한국의 민정 이관 이후 한일회담의 책임 문제에 관해 의견을 나눔. 김 원장은 기록에 남기지 않는다는 조건(off-the-record)을 전제로 한국이 받아야 할 청구권 금액으로 8억 달러를 제시함. 이에 대해 회담에 배석한 이세키 유지로 국장이 재한일본재산과의 상쇄 등을 고려할 때 지나치게 많은 액수라고 반발함.
주제어	청구권, 어업

문서명	국내기자회견 고사카 대신(国内記者会見 小坂大臣)

문서파일번호	360
작성연월일	1961. 9. 1
구분	제6차 회담 예비회담
세부항목	김유택 방일
작성처	외무성 북동아시아과
매수	3
비밀등급	일반
문서종류	기자회견록
공개구분	공개
내용	고사카 젠타로 외상이 김유택 원장과 회담한 이후 기자회견을 열어 한국은 톱 레벨에서 회담을 진행할 생각이며, 국교정상화 이전에 모든 현안을 해결하겠다는 의사를 표명했다고 밝힘.
주제어	고사카 외상 기자회견

문서명	고사카 대신·김유택 경제기획원 원장 제2회 회담 요지(小坂大臣,金裕沢経済企画院院長第2回会談要旨)

문서파일번호 360
작성연월일 1961. 9. 7
구분 제6차 회담 예비회담
세부항목 김유택 방일, 김유택 · 고사카 제2차 회담
작성처 외무성 북동아시아과
매수 6
비밀등급 극비
문서종류 회의록
공개구분 공개
내용 고사카 젠타로 외상과 김유택 원장 2차 회담 기록. 일본은 청구권과 경제협력 두 축으로 문제를 해결하겠다고 제안하고 한국 5개년 계획의 외자도입에 대해 질의함. 김 원장은 한국은 청구권에 중점을 두고 있고, 일본은 무상원조에 중점을 두고 있어 조정이 곤란하다고 대응하고 5개년 계획은 아직 정리되지 않았다고 답변함. 또한 일본이 명확한 금액을 제시하지 않은 것에 불만을 표시함.
주제어 청구권

문서명	하코네에서의 김유택 원장·이시이 고지로 씨 간담 요록(箱根における金裕沢院長、石井光次郎氏等との懇談要録)

문서파일번호 360
작성연월일 1961. 9. 4
구분 제6차 회담 예비회담
세부항목 김유택 방일, 이시이 · 김유택 간담
작성처 외무성 우야마 심의관
매수 3
비밀등급 극비
문서종류 내부문서
공개구분 공개
내용 1961년 9월 3일 하코네(箱根) 소재 골프장에서 김유택 원장이 이시이 고지로 씨와 만나 청구권 문제 등을 협의하려 했으나 성사되지 않았음. 우야마 아쓰시 심의관은 이시이 씨는 한일회담 관련해서 현안 교섭은 고사카 젠타로 외상이 맡고 있고 한국이 외무성 교섭에 집중해야 한다는 생각을 갖고 있었기 때문에 김 원장을 만나는 것을 고의로 피했다고 기록
주제어 한일회담 재개, 청구권

마에다 북동아시아과장·엄 한국 외교부 아주과장 회담 요지(前田課長、厳韓国外交部亜州課長会談要旨)

문서파일번호	362
문서명	마에다 북동아시아과장·엄 한국 외교부 아주과장 회담 요지(前田課長、厳韓国外交部亜州課長会談要旨)
작성연월일	1961. 9. 4
구분	제6차 회담 예비회담
세부항목	마에다·엄영달 회담
작성처	외무성 북동아시아과
매수	19
비밀등급	극비
문서종류	회의록
공개구분	공개
내용	김유택 경제기획원 원장 방일을 수행한 엄영달 아주과장과 마에다 도시카즈 북동아과장이 개최한 회담 기록. 엄 과장은 일본이 액수를 제시하지 않는 것에 강한 불만감을 나타냄. 속은 기분이 든다는 발언도 남기고 있음. 그만큼 김유택 원장의 방일을 한국이 청구권 액수 합의의 중요한 기회로 인식하고 있었음을 알 수 있는 기록임. 그에 대해 일본은 사전에 조정도 안 되는 상황이라 액수를 제시하지 못함을 거듭 밝혔음. 그리고 엄 과장이 8항목 중의 제1항 금, 은의 반환 등은 사실상 청구 근거가 없다는 발언을 한 점도 주목됨.
주제어	청구권

한국대표부 문 참사관과의 회담
(韓国代表部文参事官との会談)

문서파일번호	364
문서명	한국대표부 문 참사관과의 회담(韓国代表部文参事官との会談)
작성연월일	1961. 10. 11
구분	제6차 회담 예비회담
세부항목	우라베·문철순 협의
작성처	외무성 우라베 참사관
매수	2
비밀등급	극비
문서종류	회의록
공개구분	공개
내용	우라베 도시오 참사관과 문철순 참사관이 회식석상에서 협의한 내용. 경제계 인사가 일본의 회담 수석대표가 되면서 회담 재개가 연기된 점과 관련, 문 참사관은 냉각기가 필요하지만 회담은 재개될 것이라고 언급함.
주제어	한일회담 일본 수석대표, 회담 연기

고사카 대신·배 한국 수석대표 회담
(小坂大臣、裵韓国首席代表会談)

문서파일번호	365
문서명	고사카 대신·배 한국 수석대표 회담(小坂大臣、裵韓国首席代表会談)
작성연월일	1961. 10. 19
구분	제6차 회담
세부항목	고사카·배의환 면담
작성처	우야마 심의관
매수	4
비밀등급	극비
문서종류	회의록
공개구분	공개
내용	고사카 젠타로 외상과 배의환 한국 수석대표 회담 기록. 배 대표는 스기 일본 대표에게 인사차 외무성 방문 후, 고사카 외상도 인사차 만남. 한일회담 타개를 위해 서로 노력해 나가기로 함.
주제어	배의환 부임 인사

배 한국 수석대표·이케다 총리 회담
(裵韓国首席代表·池田総理會談)

문서파일번호	366
작성연월일	1961. 10. 20 - 1961. 12. 20
구분	제6차 회담
세부항목	배의환·이케다 회담
작성처	외무성, 총리실
매수	9
비밀등급	
문서종류	회의록
공개구분	공개
내용	1961년 10월 20일 및 12월 20일 이루어진 배의환 한국 수석대표와 이케다 하야토 총리 회담 기록
주제어	배의환 부임 인사

문서명	배 한국 수석대표의 이케다 총리 예방 건(裵韓国首席代表の池田総理へ表敬の件)

문서파일번호	366
작성연월일	1961. 10. 20
구분	제6차 회담
세부항목	배의환 · 이케다 회담
작성처	우야마 심의관
매수	6
비밀등급	극비
문서종류	회의록
공개구분	공개
내용	배의환 수석대표의 이케다 하야토 총리 예방 시 환담 기록. 이케다 총리는 한일회담을 등산에 비유, 고생 끝에 도달한 정상에서의 기쁨을 언급하면서 한일회담도 교섭이 어렵겠지만 정상에 이를 수 있도록 노력해 나가야 할 것이라고 함.
주제어	배의환 부임인사

문서명	총리·배 한국대표 회담 요지(総理·裵韓国代表会談要旨)

문서파일번호	366
작성연월일	1961. 12. 20
구분	제6차 회담
세부항목	배의환 · 이케다 회담
작성처	총리실 히토미 기록
매수	3
비밀등급	극비
문서종류	회의록
공개구분	공개
내용	배의환 대표와 이케다 하야토 총리 회담 기록. 배 대표는 한국정부 훈령에 따라 이케다 총리에게 기시 노부스케 전 총리의 내년 초 방한을 요청함. 이케다 총리는 방한에 대해 기시나 본인도 찬성하나 국회 일정 등을 고려하여 정하는 것이 좋을 듯하다고 답변함.
주제어	기시 전 총리 방한 초청 건

스기·배 양 수석대표 회식
(杉·裵両首席代表會食)

문서파일번호	367
작성연월일	1961. 11. 22 - 1961. 12. 8
구분	제6차 회담
세부항목	스기·배의환 회담
작성처	외무성
매수	11
비밀등급	
문서종류	회의록
공개구분	공개
내용	1961년 11월 22일 및 12월 8일 진행된 스기 미치스케 일본 수석대표와 배의환 한국 수석대표 회담 기록
주제어	제6차 한일회담 운영

문서명	스기·배 양 수석대표 회식 건(杉·裵両首席代表会食の件)

문서파일번호 367
작성연월일 1961. 11. 22
구분 제6차 회담
세부항목 스기 · 배의환 회담
작성처 외무성 우라베 참사관
매수 4
비밀등급 비(秘)
문서종류 회의록
공개구분 공개
내용 제6차 한일회담 양국 수석대표 회식석상에서 이루어진 협의 내용. 한일회담을 가속화(speed-up)하는 방안에 관하여 의견을 나눔.
주제어 제6차 한일회담 운영

문서명	스기·배 비공식회담 기록(杉·裵非公式会談記録)

문서파일번호 367
작성연월일 1961. 12. 8
구분 제6차 회담
세부항목 스기 · 배의환 회담
작성처 외무성 북동아시아과
매수 7
비밀등급 극비
문서종류 회의록
공개구분 공개
내용 제6차 한일회담 양국 수석대표 오찬 협의 기록. 위원회별 회의 진행 상황을 점검하고 향후 협의 방안을 논의함. 배 대표는 기시 노부스케 전 수상 방한 시 구체적인 안을 갖고 오기를 기대한다고 하고, 한국 쌀의 대일수출 관련해서도 스기 미치스케 대표에게 협조를 요청함.
주제어 청구권, 재일한국인 법적지위, 어업, 회담 운영

엄영달 한국 아주과장의 담화
(厳永達韓国亜州課長の談話)

문서파일번호	369
문서명	엄영달 한국 아주과장의 담화(厳永達韓国亜州課長の談話)
작성연월일	1961. 12. 15
구분	제6차 회담
세부항목	우라베·엄영달 회담
작성처	외무성 북동아시아과
매수	9
비밀등급	극비
문서종류	회의록
공개구분	공개
내용	우라베 도시오 참사관과 엄영달 아주과장 회담 기록. 엄 과장은 청구권 문제와 관련 한국이 대국적 견지에서 종래와 다른 접근방식을 취하고 있음을 강조함. 또한 환율 계산을 1달러:360엔으로 해야 함을 주장함. 어업, 재일한국인 법적 지위, 선박 문제, 문화재 등에 관해서도 논의함.
주제어	한일회담 각 현안

한국 친선사절단의 내방
(韓国親善使節団の来訪)

문서파일번호	713
작성연월일	1961. 6. 28 - 1961. 7. 4
구분	제6차 회담 예비회담
세부항목	한국 친선사절단 방일
작성처	외무성 북동아시아과
매수	34
비밀등급	
문서종류	회의록, 내부자료, 내부문서
공개구분	공개 또는 일부비공개
내용	1961년 7월 4~7일까지 최덕신 주베트남대사를 단장으로 일본을 방문한 친선사절단의 방일 일정, 약력 등이 담긴 문서 모음
주제어	최덕신, 한국 친선사절단 방일

문서명	한국 친선사절단의 내방 건(韓国親善使節団の来訪に関する件)

문서파일번호 713
작성연월일 1961. 6. 28
구분 제6차 회담 예비회담
세부항목 한국 친선사절단 방일
작성처 외무성 북동아시아과
매수 4
비밀등급 일반
문서종류 회의록
공개구분 공개
내용 주일한국대표부 박창준 대표대리가 이세키 유지로 아시아국장을 방문, 최덕신 주베트남대사를 단장으로 하는 한국 친선사절단의 방일과 관련하여 일정 주선 등 협의
주제어 최덕신, 한국 친선사절단 방일

문서명	한국 친선사절단(Korean Goodwill Missions)

문서파일번호 713
작성연월일 1961. 6. 28
구분 제6차 회담 예비회담
세부항목 한국 친선사절단 방일
작성처 외무성 북동아시아과
매수 2
비밀등급 일반
문서종류 내부자료
공개구분 공개
내용 한국 친선사절단의 명단 및 일정(5개 그룹이 각각 미주, 동남아. 중근동, 유럽, 아프리카를 방문)
주제어 한국 친선사절단 방일

문서명	한국 친선사절단의 천황 예방 요청 건(韓国親善使節団の天皇陛下への謁見希望超しの件)

문서파일번호 713
작성연월일 1961. 6. 30
구분 제6차 회담 예비회담
세부항목 한국 친선사절단 방일 일정
작성처 외무성 북동아시아과
매수 5
비밀등급 비(秘)
문서종류 내부문서
공개구분 공개
내용 박창준 대표대리가 이세키 유지로 아시아국장을 방문, 친선사절단 방일 시 천황예방을 요청(오후에 전화로 마에다 도시카즈 북동아시아과장에게 재차 요청), 이에 관해 북동아과가 의전장실과 함께 검토한 결과 불가하다는 결론을 내림.
주제어 한국 친선사절단 방일, 천황 예방

문서명	한국 친선사절단의 일본 체류 중 일정(韓国親善使節団滞日中の日程)

문서파일번호 713
작성연월일 1961. 7. 3
구분 제6차 회담 예비회담
세부항목 한국 친선사절단 방일 일정
작성처 외무성 북동아시아과
매수 3
비밀등급 일반
문서종류 내부문서
공개구분 공개
내용 주일한국대표부 김상규 서기관이 일본에 전달한 친선사절단 방일 일정(안)
주제어 한국 친선사절단 방일

문서명	한국 친선사절단의 일본 체류 일정 건(韓国親善使節団の滞日日程に関する件)

문서파일번호 713
작성연월일 1961. 7. 3
구분 제6차 회담 예비회담
세부항목 한국 친선사절단 방일 일정, 의전
작성처 외무성 북동아시아과
매수 7
비밀등급 일반
문서종류 내부문서
공개구분 공개
내용 친선사절단의 방일 기간 중 회담 일정 및 차량 탑승 등 의전사항을 정리한 문서
주제어 한국 친선사절단 방일

문서명	한국 친선사절단의 일본 체류 일정(韓国親善使節団滞日日程及び略歴)

문서파일번호 713
작성연월일 1961. 7. 4
구분 제6차 회담 예비회담
세부항목 한국 친선사절단 방일 일정
작성처 외무성 북동아시아과
매수 13
비밀등급 비(秘)
문서종류 내부문서
공개구분 일부비공개
내용 한국 친선사절단의 방일 일정(7월 4일 아침, 정오 현재 안) 및 약력
주제어 한국 친선사절단 방일

최덕신 한국 친선사절단장 방일 회담 기록
(崔徳新韓国親善使節団長訪日会談記録)

문서파일번호	714
작성연월일	1961. 7. 5 - 1961. 7. 6
구분	제6차 회담 예비회담
세부항목	한국 친선사절단 방일
작성처	외무성 북동아시아과
매수	94
비밀등급	
문서종류	회의록, 내부자료
공개구분	공개
내용	1961년 7월 4~7일까지 방일한 최덕신 주베트남대사를 단장으로 하는 친선사절단과 다케우치 류지 외무차관, 이케다 하야토(池田勇人) 총리 회담, 자민당 한일문제간담회와 간담 기록 등이 담긴 문서
주제어	한국 친선사절단 방일

문서명	**다케우치 차관·최덕신 한국 친선사절단장 회담 기록**(손으로 쓴 것)(武内次官, 崔徳新韓国親善使節団長会談記録)

문서파일번호 714
작성연월일 1961. 7. 5
구분 제6차 회담 예비회담
세부항목 다케우치 · 최덕신 회담
작성처 외무성 북동아시아과
매수 22
비밀등급 극비
문서종류 회의록
공개구분 공개
내용 최덕신을 단장으로 하는 친선사절단이 다케우치 류지 외무차관과 회담한 기록. 최덕신은 한일 간 국교정상화는 국제 공산당의 침략을 막고 양국의 번영을 도모하는 길임을 주장하고, 양국 간 우호를 위해 재일한국인의 북송 중단과 일본 어민들의 평화선 내 조업 자체를 요청함. 또한 한국은 성의를 갖고 문제해결을 위해 노력할 예정이라고 언급함. 다케우치 차관은 금일 회담을 통해 한국 사정을 잘 알게 되었다고 답변함.
주제어 한국 친선사절단 방일

문서명	**다케우치 차관·최덕신 한국 친선사절단장 회담 기록**(타자 친 것)(武内次官, 崔徳新韓国親善使節団長会談記録)

문서파일번호 714
작성연월일 1961. 7. 5
구분 제6차 회담 예비회담
세부항목 다케우치 · 최덕신 회담
작성처 외무성 북동아시아과
매수 20
비밀등급 극비
문서종류 회의록
공개구분 공개
내용 다케우치 류지 · 최덕신 회담 기록을 타자로 정리한 문서
주제어 한국 친선사절단 방일

문서명	한국 친선사절단의 이케다 총리 예방 건(韓国親善使節団の池田総理礼訪の件)

문서파일번호 714
작성연월일 1961. 7. 5
구분 제6차 회담 예비회담
세부항목 최덕신 · 이케다 예방
작성처 외무성 북동아시아과
매수 7
비밀등급 극비
문서종류 회의록
공개구분 공개
내용 한국 친선사절단이 이케다 하야토 총리를 예방한 기록. 최덕신은 박정희 의장이 이케다 총리에게 보내는 친서를 전달한 후, 한국이 공산당에게 침략당할 경우 그다음 목표는 일본이 될 것이라는 점, 한국 신정부는 한일회담을 통해 여러 문제를 해결, 양국 간 국교정상화가 신속히 이루어지기를 바라고 있다는 점 등을 설명. 이에 이케다는 한일 양국이 세계에서 가장 사이가 좋아야 하는데 아직 국교정상화가 이루어지지 않아 유감이며, 하루라도 빨리 정상화되어야 할 것이라고 답변함.
주제어 한국 친선사절단 방일

문서명	한국 친선사절단·자민당 한일문제간담회 간담 기록(韓国親善使節団·自民党日韓問題懇談会懇談記録)

문서파일번호 714
작성연월일 1961. 7. 6
구분 제6차 회담 예비회담
세부항목 자민당 한일문제간담회 간담
작성처 외무성 북동아시아과
매수 43
비밀등급 극비
문서종류 회의록
공개구분 공개
내용 1965년 7월 5일 자민당 한일문제간담회 의원들과 한국 친선사절단 간담 기록. 최

덕신 단장의 인사말, 국제 공산당은 한일 공동의 적, 한국 신정부의 일본과의 국교 정상화 희망 등에 대한 언급이 있은 후 일본 의원들의 질의와 한국 사절단의 답변이 두 시간 여에 걸쳐 진행됨.

주제어 한국 친선사절단 방일

문서명	1961년 7월 5일 자유민주당 외교조사회 한일문제간담회에 출석한 자민당 의원 명부(昭和36年7月5日の自由民主党外交調査会日韓問題懇談会に出席の自民党議員名簿)

문서파일번호 714
작성연월일 1961. 7. 6
구분 제6차 회담 예비회담
세부항목 자민당 한일문제간담회 · 최덕신 간담 참석의원 명부
작성처 외무성 북동아시아과
매수 2
비밀등급 일반
문서종류 내부자료
공개구분 공개
내용 1965년 7월 5일 한국 친선사절단 간담에 참석한 자민당 한일문제간담회 의원 명부
주제어 한국 친선사절단 방일

박 의장 친서, 최 장관 서한
(朴議長親書, 崔長官礼状)

문서파일번호	715
작성연월일	1961. 7. 4 - 1961. 10. 30
구분	제6차 회담
세부항목	박정희·이케다 친서, 최덕신·고사카 서한
작성처	한국정부
매수	5
비밀등급	일반
문서종류	친서, 서한
공개구분	일부비공개
내용	1965년 7월 5일 한국 친선사절단의 이케다 하야토 총리 예방 시 전달된 박정희 의장의 친서 및 최덕신이 외무장관이 된 후 고사카 젠타로 외상에게 보낸 서한
주제어	한일관계

문서명	제목 없음

문서파일번호 715
작성연월일 1961. 7. 4
구분 제6차 회담
세부항목 박정희의 이케다 앞 친서
작성처 한국정부, 외무성
매수 2
비밀등급 일반
문서종류 외교공한
공개구분 공개
내용 1965년 7월 5일 최덕신 친선사절단의 이케다 하야토 총리 예방 시 이케다 총리에게 전달한 박정희 의장의 친서 일문본
주제어 한국 친선사절단 방일

문서명	제목 없음

문서파일번호 715
작성연월일 1961. 7. 4
구분 제6차 회담
세부항목 박정희의 이케다 앞 친서
작성처 한국정부
매수 1
비밀등급 일반
문서종류 외교공한
공개구분 공개
내용 1965년 7월 5일 최덕신 친선사절단의 이케다 하야토 총리 예방 시 이케다 총리에게 전달한 박정희 의장의 친서 영문본
주제어 한국 친선사절단 방일

문서명	제목 없음

문서파일번호	715
작성연월일	1961. 7. 4
구분	제6차 회담
세부항목	박정희의 이케다 앞 친서
작성처	한국정부
매수	1
비밀등급	일반
문서종류	외교공한
공개구분	공개
내용	1965년 7월 5일 최덕신 친선사절단의 이케다 하야토 총리 예방 시 이케다 총리에게 전달한 박정희 의장의 친서 한글본
주제어	한국 친선사절단 방일

문서명	제목 없음

문서파일번호	715
작성연월일	1961. 10. 30
구분	제6차 회담
세부항목	최덕신이 고사카에게 보낸 서한
작성처	한국 외무부
매수	1
비밀등급	일반
문서종류	외교공한
공개구분	일부비공개
내용	최덕신 외무장관이 고사카 젠타로 외상에게 자신의 일본 방문 중 일본이 베풀어준 호의에 대한 사의표명과 함께 외무장관으로 임명되었음을 알리는 서한
주제어	친선사절단 방일 환대 사의 표명, 외무장관 취임 통보

한국사절단 방문에 관한 재외공관의 보고
(韓国使節団訪問に関する在外公館の報告)

문서파일번호	716
작성연월일	1961. 7. 8 - 1961. 9. 16
구분	제6차 회담 예비회담
세부항목	한국 친선사절단 방문 각국반응
작성처	재외공관장
매수	36
비밀등급	
문서종류	전문(電文), 공문
공개구분	공개
내용	1961년 7~8월 중 이루어진 한국사절단의 세계 각지 방문과 관련하여 현지 대사들이 본성에 보고한 문서
주제어	한국 친선사절단 방문 각국 반응

문서명	한국 사절단에 관한 타스전 보도 건(韓国使節団に関するタス電報道の件)

문서파일번호 716
작성연월일 1961. 7. 8
구분 제6차 회담 예비회담
세부항목 한국 친선사절단 방일에 대한 소련 반응, 소련 언론 보도, 주소련대사 보고
작성처 주소련대사
매수 2
비밀등급 일반
문서종류 전문(電文)
공개구분 공개
내용 주소련일본대사가 현지 구드트크지에 보도된 한국 사절단 일본 방문 기사를 보고. 동 지는 도쿄발 타스 통신을 인용, 한국 독재자의 사절단에게 일본이 관심을 기울인 점은 반공동맹 SEATO 편성의 노력과 직접 관련 있는 것이라고 비판함.
주제어 한국 친선사절단 방일

문서명	한국 친선사절단의 인도 방문 건(韓国親善使節団の訪印に関する件)

문서파일번호 716
작성연월일 1961. 8. 11
구분 제6차 회담 예비회담
세부항목 한국 친선사절단 인도 방문 평가, 언론 보도, 주인도대사 보고
작성처 주인도대사
매수 8
비밀등급 극비
문서종류 공문
공개구분 공개
내용 1961년 7월 31일~8월 5일까지 인도를 방문한 한국 친선사절단(단장: 최덕신)의 동향에 관해 주인도일본대사관 직원이 인도 외무부 담당관으로부터 청취한 내용 및 관련 언론 기사를 보고
주제어 친선사절단 인도 방문

문서명	한국 친선사절단의 인도 방문 건(韓国親善使節団の訪印に関する件)

문서파일번호	716
작성연월일	1961. 8. 11
구분	제6차 회담 예비회담
세부항목	한국 친선사절단 인도 방문 평가, 언론 보도, 주인도대사 보고
작성처	주인도대사
매수	3
비밀등급	극비
문서종류	공문
공개구분	공개
내용	인도를 방문한 한국 친선사절단 동향에 관한 보고를 타이핑한 문서
주제어	친선사절단 인도방문

문서명	한국 사절단의 아일랜드 방문 건(韓国使節団のアイルランド訪問に関する件)

문서파일번호	716
작성연월일	1961. 8. 24
구분	제6차 회담 예비회담
세부항목	한국 친선사절단 아일랜드 방문 평가, 주네덜란드대사 보고
작성처	주네덜란드대사
매수	2
비밀등급	일반
문서종류	공문
공개구분	공개
내용	1961년 8월 19~21일까지 한국 친선사절단의 아일랜드 방문 동향을 아일랜드대사를 겸임하고 있는 주네덜란드대사가 보고
주제어	친선사절단 아일랜드 방문

문서명	한국 친선사절단의 라오스 방문 건(韓国親善使節団の当他来訪に関する件)

문서파일번호 716
작성연월일 1961. 8. 31
구분 제6차 회담 예비회담
세부항목 친선사절단 라오스 방문 평가, 주라오스대사 보고
작성처 주라오스대사
매수 2
비밀등급 일반
문서종류 공문
공개구분 공개
내용 1961년 8월 24~26일까지 한국 친선사절단의 라오스 방문 동향을 주라오스 일본대사가 보고
주제어 친선사절단 라오스 방문

문서명	한국정부 파견의 친선문화사절단의 인도에서의 동정 등에 관한 건(韓国政府派遣の親善文化使節団のインドにおける動静等に関する件)

문서파일번호 716
작성연월일 1962. 9. 12
구분 제6차 회담 예비회담
세부항목 친선문화사절단 인도 방문 평가, 주인도대사 보고
작성처 주인도대사
매수 8
비밀등급 일반
문서종류 공문
공개구분 공개
내용 한국정부 파견 친선문화사절단의 1962년 9월 1~7일까지 인도 방문 동향을 주인도 일본대사가 보고
주제어 친선문화사절단 인도 방문

문서명	한국정부 파견의 친선문화 사절단의 인도에서의 동정 등에 관한 건(韓国政府派遣の親善文化使節団のインドにおける動静等に関する件)

문서파일번호	716
작성연월일	1962. 9. 12
구분	제6차 회담 예비회담
세부항목	친선문화사절단 인도 방문 평가, 주인도대사 보고
작성처	주인도대사
매수	68
비밀등급	일반
문서종류	공문
공개구분	공개
내용	한국 친선문화사절단 인도 방문 동향 보고(타이핑한 문서). 주인도한국총영사관이 작성한 사절단 방문 관련 보도자료(영문) 2매 첨부
주제어	친선문화사절단 인도 방문

문서명	일본을 방문한 한국 친선사절단장의 감사 전달 건(わが国を訪問した韓国親善使節団長の謝意伝達に関する件)

문서파일번호	716
작성연월일	1961. 9. 16
구분	제6차 회담 예비회담
세부항목	최덕신 친선사절단장(주베트남 한국대사)의 주베트남 일본대사 앞 감사 서한
작성처	주베트남대사
매수	3
비밀등급	일반
문서종류	공문
공개구분	공개
내용	친선사절단 단장으로 일본을 방문한 최덕신 주베트남대사가 베트남주재 일본대사에게 감사 서한을 보냈다는 사실을 보고(최덕신 대사 서한 첨부)
주제어	최덕신, 한국 친선사절단 방일

고사카 외상·김유택 원장 회담 결과
(小坂外相、金裕澤院長會談結果)

문서파일번호	1794
문서명	고사카 외상·김유택 원장 회담 결과(小坂外相、金裕澤院長會談結果)
작성연월일	1961. 9. 9
구분	제6차 회담 예비회담
세부항목	김유택 원장 방일 결과
작성처	외무성 북동아시아과
매수	4
비밀등급	극비
문서종류	전문(電文)
공개구분	공개
내용	김유택 원장 방일 시 한일 간 교섭 내용을 주미대사에게 통보하는 전문. 일본은 청구권만으로는 한국이 기대하는 금액 지불이 어려우므로 청구권과 경제협력이라는 두 가지 측면에서 한국과 교섭할 방침임을 전달함.
주제어	김유택 원장 방일 시 협의 결과

김 중앙정보부장 방일
(金中央情報部長訪日)

문서파일번호	1820
작성연월일	1961. 10. 24 - 1961. 10. 27
구분	제6차 회담
세부항목	김종필 방일
작성처	외무성 북동아시아과
매수	20
비밀등급	
문서종류	회의록, 보도자료
공개구분	일부비공개
내용	1961년 10월 24~28일까지 김종필 중앙정보부장의 방일과 관련한 문서 모음
주제어	김종필 방일

문서명	김종필 방일에 관한 주일본미국대사관 직원의 비공식 언급 건(金鍾泌来日に関する在京米大使館員の内話の件)

문서파일번호	1820
작성연월일	1961. 10. 24
구분	제6차 회담
세부항목	김종필 방일에 대한 미국 측 생각
작성처	외무성 북동아시아과
매수	5
비밀등급	극비
문서종류	회의록
공개구분	일부비공개
내용	마에다 도시카즈 북동아과장과 주일미국대사관 ■ 서기관이 김종필 방일에 관해 협의한 기록. 마에다 과장이 김종필의 방일에 이르기까지의 경위를 설명하자, ■ 서기관은 김과 같은 거물의 방일은 다루기가 무척 어려울 것이라면서, 김유택의 방일과 같이 방일 후 비관적인 보고를 하지 않도록 하는 것이 좋을 것이라 말함. 문서가 사선으로 그어져 있음.
주제어	김종필 방일

문서명	이케다 총리·김종필 부장 회담 요지(池田総理、金鍾泌部長会談要旨)

문서파일번호	1820
작성연월일	1961. 10. 25
구분	제6차 회담
세부항목	이케다·김종필 회담
작성처	외무성 북동아시아과
매수	5
비밀등급	극비
문서종류	회의록
공개구분	공개
내용	이케다 하야토 총리와 김종필 부장 회담 기록. 김종필 부장은 자신이 충분한 책임을 지고 이야기할 수 있는 입장이라며 과거 문제를 꺼내지 않고 한일회담을 타결

짓고자 하는 결의가 있다고 말함. 이케다 총리는 자신도 마찬가지라며 이번 기회에 꼭 타결시키고 싶다고 말함. 김 부장은 박정희 의장이 미국 방문길에 11월 10일 일본에 도착해 1박할 예정인데 그때 이케다 총리와 만나 한일회담의 중요한 문제에 관해 협의하기를 원한다면서 일본도 거물급 인사를 한국에 파견해 한일정상 간 회담이 용이하게 진행될 수 있도록 협의할 수 있기를 바란다고 말함. 이케다 총리는 김 부장과 같은 급의 인사는 오히라 마사요시(大平正芳) 관방장관밖에 없다면서 오히라의 의견을 물었으며, 오히라는 검토 후 회답을 주겠다고 했다고 함.

주제어 김종필 방일

문서명	김종필 한국 군부정권 중앙정보부장의 방일 관련 보도관계에 대한 설명 건(10월 25일 오전 11시 반까지 비공표할 것)[金鍾泌韓国軍部政権中央情報部長の来日に関する報道関係への説明振り(10月25日午前11時半まで非公表のこと)]

문서파일번호 1820
작성연월일 불명
구분 제6차 회담
세부항목 김종필 방일 보도자료
작성처 외무성
매수 2
비밀등급 극비
문서종류 보도자료
공개구분 공개
내용 김종필 부장의 방일에 관한 보도자료
주제어 김종필 방일

문서명	고사카·김종필 제2회 회담 요지(小坂·金鍾泌第2回会談要旨)

문서파일번호 1820
작성연월일 1961. 10. 27
구분
세부항목 고사카 · 김종필 제2회 회담
작성처 외무성 북동아시아과
매수 3
비밀등급 극비
문서종류 회의록
공개구분 공개
내용 고사카 젠타로 외상과 김종필 부장 제2회 회담 기록. 고사카 외상은 본인 확인 전이지만 이시이 고지로(石井光次郎) 씨를 11월 1~4일까지 한국에 파견하는 방향으로 검토 중이라고 말함. 김 부장은 좋다고 하면서 한국도 충분한 협의가 가능토록 준비하겠다고 답변함.
주제어 김종필 방일

문서명	김종필 방일 및 러스크 장관 방한 등에 관한 주일본미국대사관 직원 비공식 언급 건(金鍾泌来日およびラスク長官訪韓等に関する在京米大使館員内話の件)

문서파일번호 1820
작성연월일 1961. 10. 27
구분
세부항목 김종필 방일 관련 미국 측 언급내용
작성처 외무성 북동아시아과
매수 5
비밀등급 극비
문서종류 회의록
공개구분 일부비공개
내용 주일미국대사관 ▬ 서기관이 마에다 도시카즈 북동아과장에게 김종필 방일과 관련 언급한 내용. 10월 25일 박정희 의장과 새뮤얼 버거(Samuel D. Berger) 주한미국대사 회담에서 박 의장은 자신이 김종필을 일본에 파견하였다고 언급함. 또한 자신의 방미 길에 일본 방문 가능성에 관해서도 언급함.
주제어 김종필 방일

한일회담 향후 운영방식
(日韓会談今後の運び方)

문서파일번호	1420
문서명	한일회담 향후 운영방식(日韓会談今後の運び方)
작성연월일	1961. 12. 27
구분	제6차 회담
세부항목	한일회담 향후 운영방식
작성처	외무성 아시아 국장
매수	9
비밀등급	극비
문서종류	내부문서
공개구분	공개
내용	이세키 유지로 아시아국장이 이케다 하야토 총리 보고용으로 작성한 한일회담 향후 운영방식에 관한 검토의견서. 현안별 위원회 논의가 진척을 이루지 못하고 있는 상황, 한국은 기시 노부스케 전 총리의 방한을 희망 중, 기시 방한을 통해 청구권 문제의 대강에 합의하고자 하는 의도, 그간 한국에서는 김유택, 박정희, 김종필 등 거물급 인사가 계속 일본을 방문하였으나 일본은 스기 미치스케 대표만 방한, 외무성으로서는 조속한 시일 내에 기시 전 총리가 방한하여 한국과 청구권 문제에 관한 큰 틀에 합의를 이루는 것이 필요하다고 판단됨.
주제어	기시 전 총리 방한 문제

이케다 총리가 박정희 의장에게 보낸 서한
(池田総理より朴正煕議長あて書簡)

문서파일번호	773
작성연월일	1961. 10. 30 - 1961. 12(일자 불명)
구분	제6차 회담
세부항목	이케다·박정희 서한, 김종필·이케다 서한
작성처	외무성, 김종필
매수	3
비밀등급	
문서종류	외교공한, 서한
공개구분	공개 또는 일부비공개
내용	이케다 총리가 박정희 의장에게 보낸 서한(안) 및 김종필 중앙정보부장이 이케다 총리에게 보낸 서한
주제어	양국 정상 서한 교환

문서명	이케다 총리가 박정희 의장에게 보낸 서한(안)[池田総理より朴正熙議長あて書簡(案)]

문서파일번호 773
작성연월일 1961. 12(일자 불명)
구분 제6차 회담
세부항목 이케다가 박정희에게 보낸 서한
작성처 외무성
매수 2
비밀등급 일반
문서종류 외교공한(친서)
공개구분 공개
내용 박정희 의장의 1961년 11월 12일 자 친서에 대한 이케다 총리의 답신(안)
주제어 이케다가 박정희에게 보낸 서한

문서명	제목 없음

문서파일번호 773
작성연월일 1961. 10. 30
구분 제6차 회담
세부항목 김종필이 이케다에게 보낸 서한
작성처 김종필
매수 1
비밀등급 일반
문서종류 서한
공개구분 일부비공개
내용 1961년 10월 24~28일까지 방일 시 이케다 하야토 총리를 만난 김종필 중앙정보부장이 감사의 뜻을 전하기 위하여 이케다 총리에게 보낸 서한
주제어 김종필이 이케다에게 보낸 서한

제21부

제1차 정치회담
(1962. 3. 12~3. 17)

한일정치회담
(日韓政治会談の件)

문서파일번호	717
작성연월일	1962. 3. 5 - 1962. 3. 9
구분	제6차 회담
세부항목	한일정치회담 준비 협의
작성처	외무성 북동아시아과
매수	13
비밀등급	
문서종류	내부문서
공개구분	공개 또는 일부비공개
내용	제6차 회담 한일정치회담 준비와 관련한 문서
주제어	한일정치회담 준비 협의

문서명	한일정치회담 건(日韓政治会談の件)

문서파일번호 717
작성연월일 1962. 3. 5
구분 제6차 회담
세부항목 한일정치회담 준비 협의
작성처 외무성 북동아시아과
매수 2
비밀등급 극비
문서종류 내부문서
공개구분 공개
내용 이세키 유지로 국장과 최영택 참사관이 한일정치회담 일정 및 장소에 관해 협의한 기록
주제어 정치회담 일정, 장소

문서명	한일정치교섭의 준비에 관한 한국의 요청 건(日韓政治折衝の段取りにつき韓国側より申入れの件)

문서파일번호 717
작성연월일 1962. 3. 7
구분 제6차 회담
세부항목 한일정치회담 준비 협의
작성처 외무성 북동아시아과
매수 3
비밀등급 극비
문서종류 내부문서
공개구분 공개
내용 최영택 참사관이 우야마 아쓰시(宇山厚) 참사관을 방문, 한일정치회담을 위해 방일하는 최덕신 외무장관의 일정, 회담 관련 요망사항 등을 전달
주제어 정치회담 일정, 운영

문서명	최 외무부장관 일행의 일정 건(崔外務部長館一行の日程に関する件)

문서파일번호	717
작성연월일	1962. 3. 8
구분	제6차 회담
세부항목	한일정치회담 준비 협의
작성처	외무성 북동아시아과
매수	5
비밀등급	비(秘)
문서종류	내부문서
공개구분	공개
내용	한일정치회담 관련 1962년 3월 8일 오전 중 준비된 사항(일정, 만찬, 참석자 등)을 정리
주제어	정치회담 일정, 참석자

문서명	최 외무부장관 수행원에 관한 대표부의 요청(김 서기관이 마에다 과장에게)[崔外務部長館随行員に関し代表部より申入れの件(金書記官より前田課長へ)]

문서파일번호	717
작성연월일	1962. 3. 9
구분	제6차 회담
세부항목	한일정치회담 준비 협의
작성처	외무성 북동아시아과
매수	3
비밀등급	비(秘)
문서종류	내부문서
공개구분	일부비공개
내용	한일정치회담 관련 변경사항을 일본에 통보
주제어	정치회담 일정, 참석자

한일정치회담에 임하는 일본의 기본방침
(日韓政治折衝に臨む日本側の基本方針)

문서파일번호	718
작성연월일	1962. 3. 7 - 1962. 3. 14
구분	제6차 회담
세부항목	한일정치회담에 대한 일본 방침
작성처	외무성
매수	44
비밀등급	
문서종류	내부문서
공개구분	공개 또는 일부비공개
내용	1962년 3월 12일 시작되는 한일정치회담을 앞두고 일본이 작성한 기본방침 등 문서 모음
주제어	한일정치회담에 대한 일본 방침

문서명	한일정치회담에 임하는 일본의 기본방침(日韓政治折衝に臨む日本側の基本方針)

문서파일번호 718
작성연월일 1962. 3. 7
구분 제6차 회담
세부항목 한일정치회담에 대한 일본 방침
작성처 외무성 북동아시아과
매수 13
비밀등급 극비
문서종류 내부문서
공개구분 일부비공개
내용 한일정치회담을 앞두고 1962년 3월 7일 만든 일본의 기본방침 문서. 어업 문제로 '이승만 라인' 철폐 주장. 청구권 문제는 한국의 청구권을 포기하고 일본이 증여하는 방식으로 진행. 응하지 않을 경우 일정금액을 증여 후 청구권의 최종 해결을 확인하는 방식을 원칙으로 함. 한국의 청구권 사정액이 첨부되었으나 금액은 먹칠로 가려짐.
주제어 어업, 재일한국인 법적지위, 청구권, 문화재 반환, 선박 반환, 경협, 독도

문서명	한국의 지위에 관한 보충 설명('한일 간 청구권 문제에 대하여(총론)(안)') 부속[韓国の地位に関する補足説明(「日韓間の請求権問題について(総論)(案)」付属)]

문서파일번호 718
작성연월일 1962. 3. 8
구분 제6차 회담
세부항목 한일정치회담에 대한 일본 방침
작성처 외무성 조약국 법규과
매수 4
비밀등급 극비
문서종류 내부문서
공개구분 공개
내용 한일정치회담에 앞서 한국의 지위에 관해 일본 입장을 정리한 문서. 유엔총회 결의 제195호(Ⅲ)에 따라 한반도 내 유일한 합법정부가 한국임을 인정하나 관할권은 유엔임시한국위원회가 관찰하고 협의할 수 있는 남쪽 지역으로 한정되며 청구권 범위도 관할권 지역에 한정됨. 1948년 12월 12일 채택된 결의안 표결 현황이 첨부됨.
주제어 한국의 관할권, 청구권

문서명	요강6에 대한 방침안(要綱6に対する方針案)

문서파일번호	718
작성연월일	1962. 3. 8
구분	제6차 회담
세부항목	대일청구요강 제6항목에 대한 일본의 검토의견
작성처	외무성 조약국 법규과
매수	10
비밀등급	극비
문서종류	내부문서
공개구분	공개
내용	한국이 요구한 대일청구요강 제6항목에 대한 일본의 검토의견이 담긴 문서. 재일한국인을 제외한 모든 한국인의 일본정부 및 일본인에 대한 사적청구권은 청구권 해결로 모두 해결됨. 한국이 상호 포기를 요구할 경우, 대일평화조약 제4조 b항에 따라 한국의 전면포기와 거의 같은 효과가 나온다고 설명함. 시효의 진행정지 조치를 취하는 것을 인정하지 않음.
주제어	청구권

문서명	모두발언(안)[冒頭の発言(案)]

문서파일번호	718
작성연월일	1962. 3. 9
구분	제6차 회담
세부항목	한일정치회담 일본의 모두발언안
작성처	외무성 북동아시아과
매수	4
비밀등급	극비
문서종류	내부문서
공개구분	공개
내용	한일정치회담 일본의 모두발언안. 한국이 청구권 문제를 먼저 거론할 경우 이에 대한 일본의 입장을 설명
주제어	한일정치회담 일본의 모두발언안

문서명	회담 진행방식에 관한 발언(会談の進め方に関する発言)

문서파일번호 718
작성연월일 1962. 3. 12
구분 제6차 회담
세부항목 한일정치회담에 대한 일본 방침
작성처 외무성 북동아시아과
매수 3
비밀등급 극비
문서종류 기타
공개구분 공개
내용 한일정치회담 진행방식에 관한 일본 발언내용이 기술된 문서. 한일회담의 3가지 현안, 즉 평화선 철폐 및 어업협정 체결, 재일한국인 법적지위 문제, 청구권 문제에 관해 한국이 요구하는 대로 회의를 진행하겠다는 입장이 담겨 있음.
주제어 회담 진행방식

문서명	어업 문제(일본에서 발언해야 할 점)[漁業問題(日本側より発言すべき点)]

문서파일번호 718
작성연월일 1962. 3(일자 불명)
구분 제6차 회담
세부항목 한일정치회담에 대한 일본 방침
작성처 외무성 북동아시아과
매수 2
비밀등급 극비
문서종류 내부문서
공개구분 공개
내용 한일정치회담에서 일본이 취할 어업 문제에 대한 입장. 평화선은 당연히 폐지해야 함. 3월 하순에는 협정안을 교환하고, 교섭에 임한다는 것을 확인해야 함.
주제어 어업

문서명	재일한국인의 법적지위 문제(在日韓国人の法的地位問題)

문서파일번호 718
작성연월일 1962. 3(일자 불명)
구분 제6차 회담
세부항목 한일정치회담에 대한 일본 방침
작성처 외무성 북동아시아과
매수 5
비밀등급 극비
문서종류 내부문서
공개구분 공개
내용 한일정치회담의 재일한국인 법적지위 문제에 대한 일본 입장. '재일한국인은 한국 국민이다'와 같은 조항을 둘 필요는 없음. 대일평화조약으로 인해 일본 국적을 상실했으므로, 한일 간에 이를 다시 규정할 필요는 없음.
주제어 재일한국인 법적지위

문서명	한일정치회담의 향후 진행방식에 관한 내부협의회의 개요(日韓政治折衝の今後の進め方に関する打合せ会議概要)

문서파일번호 718
작성연월일 1962. 3. 14
구분 제6차 회담
세부항목 한일정치회담 대비 내부협의회
작성처 외무성 북동아시아과
매수 3
비밀등급 극비
문서종류 회의록
공개구분 일부비공개
내용 제2차 한일정치회담 종료 후 고사카 젠타로 외상 이하 일본 참석자들이 모여 이후 회담 진행방식에 관해 협의한 내용. 이세키 유지로 국장은 청구권 문제 논의 시 한국의 불만을 감안하고 미국의 조정 시 좋은 인상을 주기 위해서라도 최대액, 즉 1억 달러의 액수를 제시하는 것이 좋겠다는 의견을 제시, 모두가 이에 찬성함.
주제어 청구권

한일정치회담 제1회 회담 기록
(日韓政治折衝第1回会談記録)

문서파일번호	719
작성연월일	1962. 3. 12
구분	제6차 회담 한일정치회담 제1회 회담
세부항목	
작성처	외무성 북동아시아과
매수	105
비밀등급	
문서종류	회의록, 내부자료
공개구분	공개
내용	한일정치회담 제1회 회의기록
주제어	한일정치회담 제1회 회담

문서명	한일정치회담 제1회 회담 기록(日韓政治折衝第1回会談記録)

문서파일번호 719
작성연월일 1962. 3. 12
구분 제6차 회담 한일정치회담 제1회 회담
세부항목
작성처 외무성 북동아시아과
매수 50
비밀등급 극비
문서종류 회의록
공개구분 공개
내용 1962년 3월 12일 오전 9~12시까지 진행된 고사카 젠타로 외상과 최덕신 외무장관 정치회담 제1회 회의기록. 어업협정 문제와 재일한국인 법적지위 문제, 청구권 문제 등 3가지 의제에 관해 논의함. 일본은 의제에 포함되지 않은 독도에 대해 이 문제는 양국의 논쟁으로 해결되지 않기 때문에 국제사법재판소에서 시비를 가려야 한다고 주장함. 한국은 논의의 여지가 없는 문제라며 반발함.
주제어 한일정치회담, 독도, 청구권, 어업, 기본관계, 기타

문서명	고사카 외상 인사(小坂外務大臣の挨拶)

문서파일번호 719
작성연월일 1962. 3. 12
구분 제6차 회담 한일정치회담 제1회 회담
세부항목
작성처 외무성 북동아시아과
매수 2
비밀등급 비(秘)
문서종류 내부자료
공개구분 공개
내용 한일정치회담 제1회 회의 고사카 젠타로 외상 인사말. 양국 간 현안을 해결하고 국교정상화를 실현하기 위해 노력할 것임. 평화선을 철폐하고 어업협정을 체결하는 것은 매우 중요하며 동시에 청구권 문제도 해결되도록 할 것임.
주제어 한일정치회담 고사카 인사말, 국교정상화, 어업, 청구권 문제

문서명	최 외무부장관 인사(崔外務部長官の挨拶)

문서파일번호 719
작성연월일 1962. 3. 12
구분 제6차 회담 한일정치회담 제1회 회담
세부항목
작성처 외무성 북동아시아과
매수 8
비밀등급 일반
문서종류 내부자료
공개구분 공개
내용 한일정치회담 제1회 회의 최덕신 외무장관 인사말. 한일 양국은 과거 십여 년간 국교 수립을 위해 노력해 왔으나 성과를 내지 못한 것을 유감으로 생각함. 본인은 막중한 책임감을 느끼고 있음. 공산주의의 위협 때문에 한일 양국은 국교정상화에 나설 필요가 더욱 커지고 있음.
주제어 한일정치회담 최덕신 인사말, 국교정상화

문서명	한일정치회담 제1회 회담 기록(日韓政治折衝第一回会談記録)

문서파일번호 719
작성연월일 1962. 3. 12
구분 제6차 회담 한일정치회담 제1회 회담
세부항목
작성처 외무성 북동아시아과
매수 31
비밀등급 극비
문서종류 회의록
공개구분 공개
내용 정치회담 제1회 회의기록을 타이핑한 문서
주제어 한일정치회담, 독도, 청구권, 어업, 기본관계, 기타

문서명	고사카 외상 인사(小坂外務大臣の挨拶)

문서파일번호 719
작성연월일 1962. 3. 12
구분 제6차 회담 한일정치회담 제1회 회담
세부항목
작성처 외무성 북동아시아과
매수 2
비밀등급 비(秘)
문서종류 내부자료
공개구분 공개
내용 정치회담 제1회 회의 고사카 젠타로 외상 인사말을 타이핑한 문서
주제어 한일정치회담 고사카 인사말, 국교정상화, 어업, 청구권

문서명	최 외무부장관 인사(崔外務部長官の挨拶)

문서파일번호 719
작성연월일 1962. 3. 12
구분 제6차 회담 한일정치회담 제1회 회담
세부항목
작성처 외무성 북동아시아과
매수 4
비밀등급 일반
문서종류 내부자료
공개구분 공개
내용 정치회담 제1회 회의 최덕신 장관 인사말을 타이핑한 문서
주제어 한일정치회담 최덕신 인사말, 국교정상화

문서명	한일 간 청구권 문제에 관한 고사카 외상 발언 요지(日韓間の請求権問題に関する小坂外務大臣発言要旨)

문서파일번호	719
작성연월일	1962. 3. 12
구분	제6차 회담 한일정치회담 제1회 회담
세부항목	고사카 발언 요지
작성처	외무성 북동아시아과
매수	8
비밀등급	극비
문서종류	내부자료
공개구분	공개
내용	한일정치회담 제1회 회의에서 청구권 문제에 관해 고사카 젠타로 외상이 발언한 요지. 샌프란시스코 대일평화조약 4조에 대해 미군정청령 제33호와 1957년 미국의 해석을 승인하되 그 실질적인 효력이 미치는 범위는 한반도 남쪽으로 제한된다고 보아야 할 것임. 한국 내 일본재산이 청구권 금액을 상회하는 막대한 금액이며 한국은 강화조약 14조에 의하면 배상 청구권을 가지고 있지 않음.
주제어	한일정치회담, 청구권

한일정치회담 제2회 회담 기록
(日韓政治折衝第2回会談記録)

문서파일번호	720
작성연월일	1962. 3. 14
구분	第6차 회담 한일정치회담 제2회 회담
세부항목	
작성처	외무성 북동아시아과
매수	26
비밀등급	
문서종류	회의록
공개구분	일부비공개
내용	1962년 3월 14일 개최된 한일정치회담 제2회 회의기록
주제어	한일정치회담 제2회 회담

문서명	한일정치회담 제2회 회담 기록(日韓政治折衝第2回会談記録)

문서파일번호 720
작성연월일 1962. 3. 14
구분 제6차 회담 한일정치회담 제2회 회담
세부항목
작성처 외무성 북동아시아과
매수 16
비밀등급 극비
문서종류 회의록
공개구분 일부비공개
내용 1962년 3월 14일 오전 8시 45분~9시 15분까지 개최된 정치회담 제2회 회의기록. 일본은 한국이 한반도 내 존재하는 유일한 합법정부라는 입장이나 북한 지역이 실질적인 지배범위에 미치지 않는 지역임을 지적함. 한일 양국은 청구권 문제에 관해 평행선을 달리는 부분이 많으나 정치회담과 외상회담이 열리고 있고 이 문제를 반복하여 다루고 있는 상황임.
주제어 한일정치회담, 한국의 관할권, 청구권

문서명	한일정치회담 제2회 회담 기록(日韓政治折衝第2回会談記録)

문서파일번호 720
작성연월일 1962. 3. 14
구분 제6차 회담 한일정치회담 제2회 회담
세부항목
작성처 외무성 북동아시아과
매수 10
비밀등급 일반
문서종류 회의록
공개구분 일부비공개
내용 한일정치회담 제2회 회의기록을 타이핑한 문서
주제어 한일정치회담, 한국의 관할권, 청구권

한일정치회담 제3회 회담 기록
(日韓政治折衝第3回会談記録)

문서파일번호	721
작성연월일	1962. 3. 15
구분	제6차 회담 한일정치회담 제3회 회담
세부항목	
작성처	외무성 북동아시아과
매수	9
비밀등급	
문서종류	회의록
공개구분	공개
내용	1962년 3월 15일 개최된 제3회 한일정치회담 기록
주제어	한일정치회담 제3회 회담

문서명	한일정치회담 제3회 회담 기록(日韓政治折衝第3回会談記録)

문서파일번호 721
작성연월일 1962. 3. 15
구분 제6차 회담 한일정치회담 제3회 회담
세부항목
작성처 외무성 북동아시아과
매수 6
비밀등급 극비
문서종류 회의록
공개구분 공개
내용 1962년 3월 15일 약 오전10시부터 약 12시까지 진행된 한일정치회담 제3회 회의 기록. 일본은 한국이 기존의 태도를 반복할 뿐 유연한 태도를 보이지 않는다고 지적함. 그리고 경제협력은 한국에 도움이 되도록 통상적인 경제협력과는 다른 방식이 되어야 한다고 주장함.
주제어 한일정치회담, 청구권

문서명	한일정치회담 제3회 회담 기록(日韓政治折衝第3回会談記録)

문서파일번호 721
작성연월일 1962. 3. 15
구분 제6차 회담 한일정치회담 제3회 회담
세부항목
작성처 외무성 북동아시아과
매수 3
비밀등급 극비
문서종류 회의록
공개구분 공개
내용 한일정치회담 제3회 회의기록을 타이핑한 문서
주제어 한일정치회담, 청구권

한일정치회담 제4회 회담 기록
(日韓政治折衝第4回会談記録)

문서파일번호	722
작성연월일	1962. 3. 16
구분	제6차 회담 한일정치회담 제4회 회담
세부항목	
작성처	외무성 북동아시아과
매수	45
비밀등급	
문서종류	회의록
공개구분	공개
내용	1962년 3월 16일 개최된 제4회 한일정치회담 기록
주제어	한일정치회담 제4회 회담

문서명	한일정치회담 제4회 회담 기록(日韓政治折衝第4回会談記録)

문서파일번호	722
작성연월일	1962. 3. 16
구분	제6차 회담 한일정치회담 제4회 회담
세부항목	
작성처	외무성 북동아시아과
매수	3
비밀등급	극비
문서종류	회의록
공개구분	공개
내용	1962년 3월 16일 오후 5시 반부터 7시 15분까지 진행된 한일정치회담 제4회 회의 기록. 재일한국인 법적지위 문제 등을 논의함. 한국은 4월에 서울에서 회의를 개최하기를 희망한다는 입장을 피력함. 일본은 국회기간에 외상이 한국을 방문하기 곤란하므로 도쿄에서 개최하는 것이 효율적이라는 의견을 제시했으나 결론을 내지 못함.
주제어	한일정치회담, 재일한국인 법적지위

문서명	한일정치회담 제4회 회담 기록(日韓政治折衝第4回会談記録)

문서파일번호	722
작성연월일	1962. 3. 16
구분	제6차 회담 한일정치회담 제4회 회담
세부항목	
작성처	외무성 북동아시아과
매수	2
비밀등급	극비
문서종류	회의록
공개구분	공개
내용	한일정치회담 제4회 회의기록을 타이핑한 문서
주제어	한일정치회담, 재일한국인 법적지위

문서명	한일회담, 한일 외상 회의 의사요지(日韓会談日韓外務大臣会議議事要旨)

문서파일번호 722
작성연월일 1962. 3. 16
구분 제6차 회담 한일정치회담 제4회 회담
세부항목
작성처 법무성 입국관리과장
매수 26
비밀등급 극비
문서종류 회의록
공개구분 공개
내용 한일정치회담 제4회 회의 의사요지(법무성 입국관리과장 기록). 한국은 재일한국인에게 일본 영주권을 부여하는 데 찬성한다고 말함. 또한 협정체결 후 20년간은 이들의 자손들에게도 영주권을 부여하도록 하자고 함. 또한 강제퇴거 문제와 조선 및 한국 국적으로 이분화된 상황에 대해 논의함.
주제어 한일정치회담, 재일한국인 법적지위

문서명	고사카 대신·최 장관 회담 기록(재일한국인의 법적지위 문제에 관한 부분)[小坂大臣·崔長官会談記録(在日韓国人の法的地位の問題に関する部分)]

문서파일번호 722
작성연월일 1962. 3. 16
구분 제6차 회담 한일정치회담 제4회 회담
세부항목
작성처 법무성 입국관리과장
매수 14
비밀등급 극비
문서종류 회의록
공개구분 공개
내용 한일정치회담 제4회 회의 재일한국인 법적지위 부분 논의기록을 타이핑한 문서
주제어 한일정치회담, 재일한국인 법적지위

한일정치회담 최종일(제5회 회담)회담 기록
[日韓政治折衝最終日(第5回会談)会談記録]

문서파일번호	723
작성연월일	1962. 3. 17
구분	제6차 회담 한일정치회담 제5회 회담
세부항목	
작성처	외무성 북동아시아과
매수	54
비밀등급	
문서종류	회의록, 공동성명문안
공개구분	공개
내용	1962년 3월 17일 개최된 제5회 한일정치회담 기록
주제어	한일정치회담 제5회 회담

문서명	한일정치회담 최종일 회담(제5회회담) 기록[日韓政治折衝最終日会談(第5回会談)記録]

문서파일번호 723
작성연월일 1962. 3. 17
구분 제6차 회담 한일정치회담 제5회 회담
세부항목
작성처 외무성 북동아시아과
매수 52
비밀등급 극비
문서종류 회의록
공개구분 공개
내용 1962년 3월 17일 오전 11시 30분부터 오후 1시 20분까지 진행된 한일정치회담 제5회 회의기록. 양측은 어업 문제 논의에 들어감. 한국은 양국 어민의 공동이익이 되도록 해야 한다고 주장함.
주제어 한일정치회담, 어업, 문화재 반환, 선박 반환, 청구권

문서명	한일공동성명(안)[日韓共同声明(案)]

문서파일번호 723
작성연월일 1962. 3. 17
구분 제6차 회담 한일정치회담 제5회 회담
세부항목
작성처 외무성 북동아시아과
매수 2
비밀등급 일반
문서종류 공동성명문안
공개구분 공개
내용 한일정치회담에 관한 양국 공동성명안. 최덕신 대한민국 외무부장관과 고사카 젠타로 일본 외상은 일본 도쿄에서 1962년 3월 12~17일까지 회담을 진행함. 회담은 우호적인 분위기에서 진행되었으며 서로간의 의견을 전달하고 이해를 심화시키는 계기가 됨.
주제어 한일정치회담 공동성명문안

한일 간 청구권 문제(고사카·최 외상 회담용 자료)

[日韓間の請求権問題(小坂·崔外相会談用資料)]

문서파일번호	1756
작성연월일	1962. 3. 10
구분	제6차 회담 고사카·최덕신 외무장관 회담
세부항목	
작성처	외무성
매수	41
비밀등급	
문서종류	내부문서
공개구분	공개
내용	1962년 3월 12~17일 개최되는 고사카 젠타로·최덕신 외무장관 회담을 위해 일본이 준비한 모두발언(안), 청구권 문제에 관한 총론, 각론, 결론이 기술된 문서 모음
주제어	고사카·최덕신 외무장관 회담 모두발언안

문서명	모두발언(안)[冒頭の発言(案)]

문서파일번호 1756
작성연월일 1962. 3. 10
구분 제6차 회담 고사카·최덕신 외무장관 회담
세부항목
작성처 외무성
매수 4
비밀등급 극비
문서종류 내부문서
공개구분 공개
내용 1962년 3월 12~17일 개최되는 고사카 젠타로·최덕신 회담에서 고사카 외상의 모두발언(안). 한일회담 당면 3과제로 평화선과 어업, 재일한국인 법적지위 문제, 청구권 문제를 지적하고, 한국 요구대로 청구권을 먼저 논의한 뒤 어업과 재일한국인 법적지위 문제를 논의하겠음.
주제어 평화선 및 어업, 청구권, 재일한국인 법적지위

문서명	한일 간 청구권 문제에 대하여(총론)(안)[日韓間の請求権問題について(総論)(案)]

문서파일번호 1756
구분 제6차 회담 고사카·최덕신 외무장관 회담
세부항목
작성처 외무성
매수 8
비밀등급 극비
문서종류 내부문서
공개구분 공개
내용 1962년 3월 12~17일 개최되는 고사카 젠타로·최덕신 회담에서 청구권 문제에 대한 일본 입장(총론)이 담긴 문서. 청구권 문제는 남한에 한정되며, 미군정청령 제33호는 일본에 존재하는 재산에는 효력이 미치지 않음, 대일평화조약 제4조 해석에 관한 미국각서에 따라 대일청구는 상호협의, 청구권이므로 법적 근거, 사실관계에 기초해 지불, 그 입증 책임은 한국에 있고 지불액은 당시 액면에 따라 정할 것 등
주제어 청구권

문서명	한일 간 청구권 문제에 대하여(각론)(안)[日韓間の請求権問題について(各論)(案)]

문서파일번호 1756
작성연월일 1962. 3. 10
구분 제6차 회담 고사카·최덕신 외무장관 회담
세부항목
작성처 외무성
매수 13
비밀등급 극비
문서종류 내부문서
공개구분 공개
내용 1962년 3월 12~17일 개최되는 고사카 젠타로·최덕신 외무장관 회담의 청구권 문제에 대한 일본 입장(각론)이 담긴 문서. 한국의 대일 8항목 요구 중 제1항, 제2항, 제4항, 제5항의 각 항목에 관해 그 입장을 밝히고 있음.
주제어 청구권

문서명	한일청구권에 대하여(각론)(이재국 수정안)[日韓請求権について(各論)(理財局修正案)]

문서파일번호 1756
작성연월일 1962. 3. 10
구분 제6차 회담 고사카·최덕신 외무장관 회담
세부항목
작성처 외무성
매수 12
비밀등급 극비
문서종류 내부문서
공개구분 공개
내용 1962년 3월 12~17일 개최되는 고사카 젠타로·최덕신 외무장관 회담의 청구권 문제에 대한 일본 입장(각론)의 대장성 이재국 수정안이 담긴 문서
주제어 청구권

문서명	한일 간 청구권 문제에 대하여(결론)(안)[日韓間の請求権問題について(結論)(案)]

문서파일번호	1756
작성연월일	1962. 3. 10
구분	제6차 회담 고사카·최덕신 외무장관 회담
세부항목	
작성처	외무성
매수	4
비밀등급	극비
문서종류	내부문서
공개구분	공개
내용	1962년 3월 12~17일 개최되는 고사카 젠타로·최덕신 외무장관 회담의 청구권 문제에 대한 일본의 최종적인 방침이 담긴 문서. 한국은 청구권을 포기하고 일본은 우호관계 수립을 위해 무상원조를 제공
주제어	청구권

한일 간 청구권 문제에 관한 발언 요지
(日韓間の請求権問題に関する発言要旨)

문서파일번호	1757
작성연월일	1962. 3. 12
구분	제6차 회담 고사카·최덕신 외무장관 회담
세부항목	
작성처	외무성
매수	20
비밀등급	
문서종류	청구권
공개구분	공개
내용	1962년 3월 12~17일 개최되는 고사카 젠타로·최덕신 외무장관 회담에서 청구권 문제에 대해 고사카 외상이 발언할 내용과 미야카와 신이치로(宮川新一郎)대장성 이재국장(청구권소위원회 일본 수석위원)이 발언할 내용을 정리한 문서
주제어	고사카·최덕신 외무장관 회담

문서명	한일 간 청구권 문제에 관한 고사카 외상 발언 요지(日韓間の請求権問題に関する小坂外務大臣発言要旨)

문서파일번호	1757
작성연월일	1962. 3. 12
구분	제6차 회담 고사카·최덕신 외무장관 회담
세부항목	
작성처	외무성
매수	7
비밀등급	극비
문서종류	내부자료
공개구분	공개
내용	1962년 3월 12~17일 개최되는 고사카 젠타로·최덕신 회담에서 청구권 문제에 대해 고사카 외상이 발언할 내용을 담은 문서. 1962년 3월 10일 작성한 문서 내용(청구권 문제는 남한으로 한정, 미군정청령 제33호는 일본에 존재하는 재산에는 효력이 미치지 않음, 대일평화조약 제4조 해석에 관한 미국 각서에 따라 대일청구는 상호 협의로 결정, 법적 근거, 사실관계에 기초할 것, 그 입증 책임은 한국에 있음, 지불액은 당시의 액면에 따라 결정할 것 등)이 그대로 담김.
주제어	청구권

문서명	한일 간 청구권 문제에 관한 미야카와 대표 발언 요지(日韓間の請求権問題に関する宮川代表発言要旨)

문서파일번호	1757
작성연월일	1962. 3. 12
구분	제6차 회담 고사카·최덕신 외무장관 회담
세부항목	
작성처	외무성
매수	13
비밀등급	극비
문서종류	내부자료
공개구분	공개
내용	1962년 3월 12~17일 개최되는 고사카 젠타로·최덕신 회담에서 미야카와 신이치로 대장성 이재국장(청구권소위원회 수석위원)이 발언할 내용의 요지가 담긴 문서. 1962년 3월 10일 작성한 청구권 8개 요강의 각론에 대한 입장(대장성 수정안)이 담김.
주제어	청구권

한일공동성명
(日韓共同声明)

문서파일번호	724
작성연월일	1962. 3. 17
구분	제6차 회담 한일정치회담 공동성명
세부항목	
작성처	외무성 북동아시아과
매수	10
비밀등급	
문서종류	공동성명문(안)
공개구분	공개
내용	한일정치회담 종료 후 발표된 공동성명
주제어	한일정치회담 공동성명

문서명	한일공동성명(日韓共同声明)

문서파일번호 724
작성연월일 1962. 3. 17
구분 제6차 회담 한일정치회담 공동성명문
세부항목
작성처 외무성 북동아시아과
매수 2
비밀등급 일반
문서종류 공동성명문
공개구분 공개
내용 1962년 3월 17일 한일정치회담 종료 후 오후 6시에 이세키 유지로 국장이 구두로 발표한 양국 공동성명. 최덕신 대한민국 외무부장관과 고사카 젠타로 일본 외상은 일본 도쿄에서 1962년 3월 12일부터 3월 17일까지 회담을 진행함. 회담은 우호적인 분위기에서 진행되었으며 서로 의견을 전달하고 이해를 심화시키는 계기가 됨.
주제어 한일정치회담 공동성명문

문서명	공동성명(JOINT COMMUNIQUE)

문서파일번호 724
작성연월일 1962. 3. 17
구분 제6차 회담 한일정치회담 공동성명문안
세부항목
작성처 외무성 북동아시아과
매수 1
비밀등급 일반
문서종류 공동성명문안
공개구분 공개
내용 공동성명문 영문 초안
주제어 한일정치회담 공동성명문안

문서명	한일공동성명(안) [日韓共同声明(案)]

문서파일번호 724
작성연월일 1962. 3. 17
구분 제6차 회담 한일정치회담 공동성명문안
세부항목
작성처 외무성 북동아시아과
매수 4
비밀등급 일반
문서종류 공동성명문안
공개구분 공개
내용 한일 공동성명문안 수정본
주제어 한일정치회담 공동성명문안

문서명	한일공동성명(안) [日韓共同声明(案)]

문서파일번호 724
작성연월일 1962. 3. 17
구분 제6차 회담 한일정치회담 공동성명문안
세부항목
작성처 외무성 북동아시아과
매수 3
비밀등급 일반
문서종류 공동성명문안
공개구분 공개
내용 한일 공동성명문 일본안
주제어 한일정치회담 공동성명문안

기자회견
(記者会見)

문서파일번호	725
작성연월일	1962. 3. 12 - 1962. 3. 17
구분	제6차 회담 한일정치회담 기자회견
세부항목	
작성처	외무성
매수	28
비밀등급	
문서종류	내부문서
공개구분	공개
내용	한일정치회담 제1회, 4회, 5회 회의 종료 후 일본이 자국 기자단을 대상으로 진행한 기자회견 요지
주제어	한일정치회담 기자회견

문서명	국내 기자회견[国内記者会見(第 - 号)]

문서파일번호 725
작성연월일 1962. 3. 12
구분 제6차 회담 한일정치회담 기자회견
세부항목
작성처 외무성 정보문화국 보도과
매수 5
비밀등급 일반
문서종류 내부문서
공개구분 공개
내용 한일정치회담 제1회 회의 종료 후 개최된 기자회견 요지. 고사카 젠타로 외상, 이세키 유지로 국장, 대변인 참석. 이세키 국장의 모두발언[청구권(일반, 문화재, 선박), 어업, 재일한국인 법적지위 3가지 현안에 대한 전반적 의견교환] 후 질의응답
주제어 한일정치회담 기자회견

문서명	국내 기자회견[国内記者会見(第 - 号)]

문서파일번호 725
작성연월일 1962. 3. 16
구분 제6차 회담 한일정치회담 기자회견
세부항목
작성처 외무성 정보문화국 보도과
매수 3
비밀등급
문서종류 내부문서
공개구분 공개
내용 정치회담 제4회 회의 종료 후 개최된 기자회견 요지. 고사카 젠타로 외상, 이세키 유지로 국장, 다카세 지로(高瀬侍郎) 입국관리국장, 이천상 한국 위원, 대변인 등 참석. 고사카 외상의 금일 회의는 주로 재일한국인 법적지위에 관해 논의했다는 모두발언 후 질의응답
주제어 한일정치회담 기자회견

문서명	고사카 대신 기자회견 요지(小坂大臣記者会見要旨)

문서파일번호 725
작성연월일 1962. 3. 16
구분 제6차 회담 한일정치회담 기자회견
세부항목
작성처 외무성 북동아시아과
매수 6
비밀등급 일반
문서종류 내부문서
공개구분 공개
내용 한일정치회담 제4회 회의 종료 후 이루어진 고사카 젠타로 외상 기자회견을 북동아과에서 정리
주제어 한일정치회담 기자회견

문서명	국내 기자회견 제25호(国内記者会見第25号)

문서파일번호 725
작성연월일 1962. 3. 17
구분 제6차 회담 한일정치회담 기자회견
세부항목
작성처 외무성 정보문화국 보도과
매수 3
비밀등급 일반
문서종류 내부문서
공개구분 공개
내용 정치회담 제5회 회의 종료 후 개최된 기자회견 요지. 고사카 젠타로 외상, 이세키 유지로 국장, 대변인 등 참석. 어업, 문화재, 선박 문제에 관해 논의했다는 이세키 국장의 모두발언 후 질의응답
주제어 한일정치회담 기자회견

문서명	이세키 국장 기자회견 요지(伊関局長記者会見要旨)

문서파일번호 725
작성연월일 1962. 3. 17
구분 제6차 회담 한일정치회담 기자회견
세부항목
작성처 외무성 북동아시아과
매수 5
비밀등급 일반
문서종류 내부문서
공개구분 공개
내용 기자회견에서 이세키 유지로 국장이 발언한 요지를 북동아과에서 별도로 정리
주제어 한일정치회담 기자회견

문서명	제목 없음

문서파일번호 725
작성연월일 1962. 3(일자 불명)
구분 제6차 회담 한일정치회담 기자회견
세부항목
작성처 외무성 북동아시아과
매수 6
비밀등급 일반
문서종류 내부자료
공개구분 공개
내용 기자회견 예상 질의응답 자료
주제어 한일정치회담 기자회견

한일 외상 회담 경위 통보
(日韓外相會談の経緯通報)

문서파일번호	726
문서명	한일 외상 회담 경위 통보(日韓外相會談の経緯通報)
작성연월일	1962. 3. 19
구분	제6차 회담
세부항목	한일정치회담 경위 공관 통보
작성처	외무성 북동아시아과
매수	8
비밀등급	극비
문서종류	전문(電文)
공개구분	공개
내용	외무성이 주미대사관 등 31개 공관에 한일정치회담 결과를 통보(수기로 작성된 문서와 타이핑한 문서가 있음)
주제어	한일정치회담

이케다 하야토·최 회담 요령
(池田·崔会談要領)

문서파일번호	727
문서명	이케다 하야토·최 회담 요령(池田·崔会談要領)
작성연월일	1962. 3. 13
구분	제6차 회담
세부항목	한일정치회담, 이케다 하야토·최덕신 회담
작성처	외무성 북동아시아과
매수	3
비밀등급	극비
문서종류	회의록
공개구분	공개
내용	한일정치회담을 위해 방일한 최덕신 외무장관이 이케다 하야토 총리를 예방, 회담한 기록. 최 장관은 회담의 조속 타결을 희망하는 박정희 의장의 뜻을 전한 후, 제1회 회의에서 일본으로부터 독도, 주한일본대표부 등 실무적인 문제, 법률론, 증거 문제 등이 거론된 데 대해 불만을 제기하고, 제2회 회의에서는 정치 교섭과 함께 청구권의 구체적인 숫자가 제시될 수 있기를 기대한다고 말함. 이케다 총리는 일본으로서는 국민감정과 국회관계 등을 고려할 필요가 있다고 하고, 청구권 금액은 기초적인 생각이 있어야 숫자가 나올 수 있다는 점, 일본은 회담의 성공을 기대하고 있으며, 한국도 관용의 정신으로 회담에 임해 주기를 희망한다고 언급함.
주제어	한일정치회담, 이케다·최덕신 회담

제22부

제2차 정치회담
(1963. 7. 25~7. 31)

오히라 외무대신과 김용식 외무부장관 회담
(大平外務大臣と金溶植外務部長官との会談)

문서파일번호	1717
작성연월일	1963. 3. 26 - 1963. 7. 31
구분	제6차 회담
세부항목	오히라 외상·김용식 외무장관 회담
작성처	외무성
매수	47
비밀등급	
문서종류	회의록, 내부자료, 공동발표문
공개구분	공개
내용	1963년 3월 26일과 7월 26일, 31일 개최된 오히라 외상과 김용식 외무장관 회담 기록 및 관련 자료 모음
주제어	

문서명	김용식 외무부장관·오히라 외상 회담 요지(金溶植外務部長官·大平外相会談要旨)

문서파일번호 1717
작성연월일 1963. 3. 26
구분 제6차 회담
세부항목 오히라 외상 · 김용식 외무장관 회담
작성처 외무성 아시아국장
매수 7
비밀등급 극비
문서종류 회의록
공개구분 공개
내용 오히라 마사요시 · 김용식 외무장관 회담 기록. 오히라 외상은 일본이 한국에 두고 온 막대한 재산을 포기하고 경제협력을 공여하기로 한 만큼 한국이 어업과 독도 문제 등에 충분히 협력해 주지 않으면 일본국민들이 납득하기 어려울 것이라고 말함. 이에 김 장관은 독도 문제를 교섭에서 배제할 것을 시사하였으나 오히라 외상은 여러 현안을 타결한 후 독도 문제를 해결할 것을 요청함.
주제어 청구권 · 경협, 어업, 독도 문제

문서명	김·오히라 회담 요지(38.7.26)[金·大平会談要旨(38.7.26)]

문서파일번호 1717
작성연월일 1963. 7. 27
구분 제6차 회담
세부항목 오히라 외상 · 김용식 외무장관 회담
작성처 외무성 아시아국장
매수 10
비밀등급 극비
문서종류 회의록
공개구분 공개
내용 1963년 7월 26일 개최된 오히라 마사요시 · 김용식 외무장관 회담 제1회 회의기록. 12해리 전관수역 문제, 어업기술협력 문제, 전관어업수역 이외의 수역 문제, 직선기선 문제, 어업차관 문제 등 주로 어업 문제에 관해 논의
주제어 어업

문서명	외상회담에서 일본 발언내용(어업 관계 이외) [外相会談における日本側発言内容(漁業関係以外)]

문서파일번호 1717
작성연월일 1963. 7. 25
구분 제6차 회담
세부항목 오히라 외상 · 김용식 외무장관 회담
작성처 외무성 아시아국
매수 5
비밀등급 극비
문서종류 내부자료
공개구분 공개
내용 한일 외상회담(1963년 7월 26일)에서 일본이 발언할 내용으로, 청구권 미해결 문제, 민간신용공여 문제, 청구권 해결의 명목 및 형식 문제, 선박 문제, 법적지위 문제, 기본관계 문제, 독도 문제를 정리
주제어 청구권, 선박 반환, 재일한국인 법적지위, 기본관계, 독도

문서명	외상회담에서 일본 발언내용(어업 관계) [外相会談における日本側発言内容(漁業関係)]

문서파일번호 1717
작성연월일 1963. 7. 26
구분 제6차 회담
세부항목 오히라 외상 · 김용식 외무장관 회담
작성처 외무성
매수 10
비밀등급 극비
문서종류 내부자료
공개구분 공개
내용 한일 외상회담(1963년 7월 26일)에서 어업 문제에 대해 일본이 발언할 내용을 정리한 문서. 어업전관수역 문제, 기선 문제, 12해리 어업전관수역 외곽의 어업규제 문제, 북한처리 문제, 어업협력 문제 기술
주제어 어업

문서명	김·오히라 회담(제2회) 요지[金·大平会談(第2回)要旨]

문서파일번호 1717
작성연월일 1963. 7. 31
구분 제6차 회담
세부항목 오히라 외상 · 김용식 외무장관 회담
작성처 외무성 아시아국장
매수 11
비밀등급 극비
문서종류 회의록
공개구분 공개
내용 1963년 7월 30일 개최된 한일 외상회담 제2회 회의기록. 오히라 마사요시 외상은 청구권 문제 해결을 위해서도 어업, 독도 문제에 관해 일본 입장에 접근하는 것이 필요하다고 강조했으나, 김 장관은 독도는 의제가 아님을 거듭 밝힘.
주제어 청구권, 어업, 독도

문서명	공동발표문(共同コミュニケ)

문서파일번호 1717
작성연월일 1963. 7. 30
구분 제6차 회담
세부항목 오히라 외상 · 김용식 외무장관 회담
작성처 외무성 아시아국장
매수 1
비밀등급 일반
문서종류 공동발표문
공개구분 공개
내용 한일 외무장관 회담 후 발표한 공동성명. 청구권에 관해 김용식 장관은 차관 상환기간에 대한 일본의 요구 수락, 대일무역 채무 변제기간 역시 무상을 앞당겨 지불한다는 조건으로 일본안을 수락한다고 밝힘. 어업 관련해 일본은 한국에 어업협력을 실시할 용의가 있음을 밝히고 이후 상세 협의를 계속하기로 함. 이후 어업 문제의 조기 타결과 회담 전반의 최종 타결을 촉진해나가기로 함.
주제어 한일 외무장관 회담 공동성명

문서명	김 외무부장관 방일 일정(7월 25일 아침 한국으로부터)[金外務部長官の滞日日程(7月25日朝韓国側より通報越)]

문서파일번호 1717
작성연월일 1963. 7. 25
구분 제6차 회담
세부항목 오히라 외상 · 김용식 외무장관 회담
작성처 외무성
매수 3
비밀등급 비(秘)
문서종류 내부문서
공개구분 공개
내용 한국이 작성한 김용식 장관 방일 일정
주제어 김용식 장관 방일 일정

이케다 총리대신·김용식 한국 외무부장관 회담
(池田総理大臣·金溶植韓国外務部長官会談)

문서파일번호	1718
작성연월일	1963. 3. 26
구분	제6차 회담
세부항목	이케다 총리·김용식 외무장관 회담
작성처	총리실, 외무성
매수	8
비밀등급	
문서종류	회의록, 내부자료
공개구분	공개
내용	인사차 이케다 총리를 예방한 김용식 외무장관과 총리 회담 기록 및 회담용 자료
주제어	

문서명	이케다 총리대신·김용식 한국외무부장관 회담 요지(池田総理、金溶植韓国外務部長官会談要旨)

문서파일번호 1718
작성연월일 1963. 3. 26
구분 제6차 회담
세부항목 이케다 총리 · 김용식 외무장관 회담
작성처 총리실 구로다 비서관
매수 4
비밀등급 극비
문서종류 회의록
공개구분 공개
내용 이케다 하야토 총리와 김용식 외무장관 회담 기록. 5분간 이루어진 회담이라 양측 모두 한일회담과 관련한 구체적인 언급은 없었으며, 이케다 총리가 회담기간 중 일본어선을 나포하지 않았으면 좋겠다고 발언. 김 장관은 이에 답하지 않음.
주제어 어선 나포

문서명	김용식 한국외무부장관 회담용 메모(金溶植韓国外務部長官との会談用メモ)

문서파일번호 1718
작성연월일 1963. 3(일자 불명)
구분 제6차 회담
세부항목 이케다 총리 · 김용식 외무장관 회담
작성처 외무성
매수 4
비밀등급 극비
문서종류 내부자료
공개구분 공개
내용 1963년 3월 26일 이케다 하야토 총리와 김용식 외무장관 회담용 자료로 작성한 메모
주제어 한국정세, 한일관계

제23부

김종필 중앙정보부장 방일·방미
(1962)

김 중앙정보부장 방일
(金中央情報部長訪日)

문서파일번호	1821
작성연월일	1962. 2. 5 - 1962. 2. 24
구분	제6차 회담
세부항목	김종필 방일
작성처	
매수	74
비밀등급	
문서종류	내부문서, 회의록, 내부자료, 보도자료
공개구분	공개
내용	1962년 2월 19~24일까지 방일한 김종필 중앙정보부장 관련 문서 모음
주제어	김종필 방일

문서명	김종필 한국중앙정보부 부장의 이케다 총리 회견 희망 요청 건(金鍾泌韓国中央情報部長より池田総理との会見希望申入れの件)

문서파일번호 1821
작성연월일 1962. 2. 5
구분 제6차 회담 김종필 방일, 이케다 총리와 회담
세부항목
작성처 외무성 북동아시아과
매수 2
비밀등급 극비
문서종류 내부문서
공개구분 공개
내용 한국대표부 김영승 서기관이 김종필 부장이 2월 21일 이케다 하야토 총리 회담을 희망한다고 전화로 연락
주제어 김종필 방일

문서명	이케다 하야토 총리·김종필 부장 회견 예정 건(池田総理、金鍾泌部長会見予定に関する件)

문서파일번호 1821
작성연월일 1962. 2. 7
구분 제6차 회담 김종필 방일, 이케다 하야토 총리와 회담
세부항목
작성처 외무성 북동아시아과
매수 2
비밀등급 극비
문서종류 내부문서
공개구분 공개
내용 히토미 비서관이 이케다 하야토 총리가 2월 21일 10시에 총리공관에서 김종필 부장을 만날 것임을 통보
주제어 김종필 방일

문서명	이세키 국장·최 참사관 회담 요지(伊関局長、崔参事官会談要旨)

문서파일번호 1821
작성연월일 1962. 2. 20
구분 제6차 회담 이케다·김종필 회담
세부항목
작성처 외무성 북동아시아과
매수 2
비밀등급 비(秘)
문서종류 회의록
공개구분 공개
내용 이세키 유지로 국장·최영택 참사관 회담 기록. 최 참사관은 21일 이케다 하야토 총리 회담에서 김종필 부장이 언급코자 하는 사항을 알려 줌. 김 부장의 동남아 여러 나라 방문 결과, 한일정치회담 등을 언급할 것이라고 함.
주제어 김종필 방일

문서명	신문발표(안)[新聞発表(案)]

문서파일번호 1821
작성연월일 1962. 2. 20
구분 제6차 회담 이케다 하야토·김종필 회담
세부항목
작성처 외무성 북동아시아과
매수 1
비밀등급 일반
문서종류 보도자료안
공개구분 공개
내용 이세키 유지로 국장·최영택 참사관이 합의한 이케다 하야토·김종필 회담 결과 보도자료(안).
주제어 김종필 방일

문서명	이케다 총리와 김종필 부장 회담에 관하여(池田総理と金鍾泌部長との会談に関して)

문서파일번호 1821
작성연월일 1962. 2. 20
구분 제6차 회담 이케다·김종필 회담
세부항목
작성처 외무성 북동아시아과
매수 4
비밀등급 극비
문서종류 내부문서
공개구분 공개
내용 1962년 2월 21일로 예정된 이케다 하야토·김종필 회담에서 이케다 총리의 발언 요령에 관해 정리한 문서. 한일정치회담(중의원 예산 심의 종료 직후 개시), 청구권 문제(금번 회담에서 금액은 언급하지 않도록 함) 대응 요령 등
주제어 김종필 방일

문서명	김종필 일행 방일 일정(金鍾泌一行の滞日日程)

문서파일번호 1821
작성연월일 1962. 2(일자 불명)
구분 제6차 회담
세부항목 김종필 방일 일정
작성처 외무성
매수 2
비밀등급 일반
문서종류 내부자료
공개구분 공개
내용 김종필 부장의 방일 일정이 담긴 문서
주제어 김종필 방일

문서명	김종필 일행 방일 일정(개정판)[金鍾泌一行の滞日日程(改訂版)]

문서파일번호 1821
작성연월일 1962. 2. 20
구분 제6차 회담
세부항목 김종필 방일 일정
작성처 외무성
매수 2
비밀등급
문서종류 내부자료
공개구분 공개
내용 1962년 2월 20일 현 시점의 김종필 부장 방일 일정표
주제어 김종필 방일

문서명	이케다 총리와 김종필 한국중앙정보 부장 회담 요시(池田総理、金鍾泌韓国中央情報部長会談要旨)

문서파일번호 1821
작성연월일 1962. 2. 21
구분 제6차 회담
세부항목 이케다·김종필 회담, 한일정치회담 개최 합의
작성처 외무성 아시아국
매수 29
비밀등급 극비
문서종류 회의록
공개구분 공개
내용 이케다 하야토·김종필 회담 기록. 1시간 반의 협의 끝에 양측은 3월 10일 정치회담 시작, 정치회담은 양국 수석대표 이외의 인물로 진행, 정치회담에서는 청구권 틀 및 기타 다른 문제(어업 등) 협의, 장소는 도쿄, 회담은 5월 말 타결을 목표로 합의함. 이 자리에서 김종필은 일본 전국시대의 '울지 않는 두견새' 고사를 인용하면서 사회당 세력은 죽지 않는 한 생각이 바뀌지 않으므로 오다 노부나가 식(울지 않는 새를 죽여 버림)으로 대응할 필요가 있다고 하자 이케다는 도쿠가와 이에야스 방식(새가 울 때까지 기다림)이 좋다고 응수함.
주제어 김종필 방일

문서명	이케다 총리와 김종필 한국중앙정보부장 회담 요지(池田総理、金鍾泌韓国中央情報部長会談要旨)

문서파일번호 1821
작성연월일 1962. 2. 21
구분 제6차 회담
세부항목 이케다 · 김종필 회담, 한일정치회담 개최 합의
작성처 외무성 아시아국
매수 17
비밀등급 극비
문서종류 회의록
공개구분 공개
내용 이케다 하야토 · 김종필 회담 기록을 타이핑한 문서
주제어 김종필 방일

문서명	김종필 중앙정보부장 일본 출발 직전의 이야기 건(金鍾泌中央情報部長離日直前の内話に関する件)

문서파일번호 1821
작성연월일 1962. 2. 24
구분 제6차 회담
세부항목 한일정치회담
작성처 외무성 북동아시아과
매수 7
비밀등급 극비
문서종류 내부문서
공개구분 공개
내용 김종필 부장이 하네다 공항에서 배웅하러 나온 마에다 도시카즈 북동아시아과장에게 이야기한 내용을 기록한 문서. 김 부장은 양국 간 우호 분위기 조성 차원에서 정치회담을 서울에서 개최하기를 희망한다며 고사카 젠타로 외상이 한국에 와주기를 기대한다고 말함.
주제어 김종필 방일

문서명	김종필 중앙정보부장 일본 출발 직전의 이야기 건(金鍾泌中央情報部長離日直前の内話に関する件)

문서파일번호 1821
작성연월일 1962. 2. 24
구분 제6차 회담
세부항목 한일정치회담
작성처 외무성 북동아시아과
매수 4
비밀등급 극비
문서종류 내부문서
공개구분 공개
내용 김종필 부장이 하네다 공항에서 마에다 도시카즈 북동아시아과장에게 이야기한 내용을 타이핑한 문서
주제어 김종필 방일

문서명	(참고자료) 김종필 한국중앙정보부장의 방일[(参考資料) 金鍾泌韓国中央情報部長の来日]

문서파일번호 1821
작성연월일 불명
구분 제6차 회담
세부항목 김종필 방일
작성처 불명
매수 2
비밀등급 극비
문서종류 내부자료
공개구분 공개
내용 김종필 중앙정보부장의 방일 사실과 이케다 하야토 총리 회담 내용을 간략히 정리한 문서(용도 불명)
주제어 김종필 방일

김종필 중앙정보부장 방일
(金鍾泌中央情報部長訪日)

문서파일번호	1822
작성연월일	1962. 10. 11 - 1962. 11. 15
구분	제6차 회담
세부항목	김종필 방일
작성처	한국대표부, 외무성 북동아시아과, 주호놀룰루총영사
매수	52
비밀등급	
문서종류	내부자료, 공문, 전문
공개구분	공개 또는 일부비공개
내용	김종필 중앙정보부장의 1962년 10월 20~22일, 11월 10~13일 일본 방문 일정 및 의전 관련 문서, 11월 12일 오히라 마사요시 외상과의 회담 결과 관련 전문 등 모음
주제어	김종필 방일

문서명	김종필 중앙정보부장 체일 일정(안)[金鍾泌中央情報部長滞日日程(案)]

문서파일번호 1822
작성연월일 1962. 10. 11
구분 제6차 회담
세부항목 김종필 일본 체류 일정
작성처 한국대표부(일본 번역)
매수 2
비밀등급 비(秘)
문서종류 내부자료
공개구분 공개
내용 김종필 중앙정보부장 체일 일정(안)
주제어 김종필 방일

문서명	김종필 중앙정보부장 체일 일정

문서파일번호 1822
작성연월일 1962. 10. 11
구분 제6차 회담
세부항목 김종필 일본 체류 일정
작성처 한국대표부
매수 2
비밀등급 일반
문서종류 내부자료
공개구분 공개
내용 김종필 중앙정보부장 체일 일정(안) 한글본
주제어 김종필 방일

문서명	김종필 한국중앙정보부장 일행 방일 일정 상세(金鍾泌韓国中央情報部長一行の滞日日程詳細)

문서파일번호 1822
작성연월일 1962. 10. 17
구분 제6차 회담
세부항목 김종필 일본 체류 일정
작성처 외무성 북동아시아과
매수 4
비밀등급 비(秘)
문서종류 내부자료
공개구분 일부비공개
내용 김종필 부장 체일 일정 상세
주제어 김종필 방일

문서명	김종필 한국중앙정보부장 일행 체일 일정 상세(金鍾泌韓国中央情報部長一行の滞日日程詳細)

문서파일번호 1822
작성연월일 1962. 10. 17
구분 제6차 회담
세부항목 김종필 일본 체류 일정
작성처 외무성 북동아시아과
매수 5
비밀등급 비(秘)
문서종류 내부자료
공개구분 일부비공개
내용 김종필 부장 체일 일정 상세 타이핑본
주제어 김종필 방일

문서명	김종필 한국중앙정보부장 일행 체일 일정 상세(金鍾泌韓国中央情報部長一行の滞日日程詳細)

문서파일번호 1822
작성연월일 1962. 10. 19
구분 제6차 회담
세부항목 김종필 일본 체류 일정
작성처 외무성 북동아시아과
매수 4
비밀등급 일반
문서종류 내부자료
공개구분 일부비공개
내용 김종필 부장 체일 일정 상세
주제어 김종필 방일

문서명	김종필 한국중앙정보부장 일행 체일 일정(金鍾泌中央情報部長滞日日程)

문서파일번호 1822
작성연월일 1962. 10(일자 불명)
구분 제6차 회담
세부항목 김종필 일본 체류 일정
작성처 외무성 북동아시아과
매수 1
비밀등급 일반
문서종류 내부자료
공개구분 공개
내용 작성일자 불명의 김종필 부장 체일 일정
주제어 김종필 방일

문서명	김종필 한국중앙정보부장 일행 방일 일정(귀로)[金鍾泌中央情報部長一行滞日日程(帰路)]

문서파일번호 1822
작성연월일 1962(월일 불명)
구분 제6차 회담
세부항목 김종필 일본 체류 일정
작성처 외무성 북동아시아과
매수 1
비밀등급 일반
문서종류 내부자료
공개구분 공개
내용 작성일자 불명의 김종필 부장 방미 귀로 시 체일 일정
주제어 김종필 방일

문서명	김종필 한국중앙정보부장 일행의 미국으로부터의 귀로 체일 일정(金鍾泌韓国中央情報部長一行の米国よりの帰路滞日日程)

문서파일번호 1822
작성연월일 1962. 11. 9
구분 제6차 회담
세부항목 김종필 일본 체류 일정
작성처 외무성 북동아시아과
매수 3
비밀등급 비(秘)
문서종류 내부자료
공개구분 공개
내용 1962년 11월 9일 자로 작성된 김종필 부장 방미 귀로 시 체일 일정
주제어 김종필 방일

문서명	김종필 중앙정보부장 일행 명부(金鍾泌中央情報部長一行名簿)

문서파일번호 1822
작성연월일 1962(월일 불명)
구분 제6차 회담
세부항목 김종필 일행 명단
작성처 외무성 북동아시아과
매수 5
비밀등급 일반
문서종류 내부자료
공개구분 공개
내용 방미 귀로 시 일본을 방문하는 김종필 부장 일행 명단 및 간단한 약력이 기재된 문서
주제어 김종필 방일

문서명	김종필 한국중앙정보부장 일행의 방일에 즈음하여 편의공여방식 의뢰 건(金鍾泌韓国中央情報部長一行の訪日に際し便宜供与方依頼の件)

문서파일번호 1822
작성연월일 1962. 10. 16
구분 제6차 회담
세부항목 김종필 방일 편의 제공
작성처 외무성 북동아시아과
매수 3
비밀등급 극비
문서종류 재가 문서
공개구분 공개
내용 김종필 부장 일행의 방일 시 편의 제공을 요청하는 아시아국장 명의 관계 성청 앞 공문 재가 문서
주제어 김종필 방일

문서명	김종필 한국중앙정보부장 일행의 방일에 즈음하여 편의공여방식 의뢰 건(金鍾泌韓国中央情報部長一行の訪日に際し便宜供与方依頼の件)

문서파일번호 1822
작성연월일 1962. 10. 16
구분 제6차 회담
세부항목 김종필 방일 편의 제공
작성처 외무성 북동아시아과
매수 7
비밀등급 극비
문서종류 공문
공개구분 공개
내용 김종필 부장 일행의 방일(1962년 10월 20~22일) 시 편의 제공을 요청하는 아시아국장 명의 관계 성청 앞 공문 시행문. 방문단 일행의 명부 및 약력 첨부
주제어 김종필 방일

문서명	김종필 한국중앙정보부장 일행의 방일에 즈음하여 편의공여방식 의뢰 건(金鍾泌韓国中央情報部長一行の日本立寄りに際し便宜供与方依頼の件)

문서파일번호 1822
작성연월일 1962. 11. 5
구분 제6차 회담
세부항목 김종필 방일 편의 제공
작성처 외무성 북동아시아과
매수 3
비밀등급 비(秘)
문서종류 재가 문서
공개구분 공개
내용 김종필 부장 일행의 미국 방문 귀로 시 방일(1962년 11월 10~13일)과 관련하여 편의 제공을 요청하는 아시아국장 명의 관계 성청 앞 공문 재가문서
주제어 김종필 방일

문서명	김종필 한국중앙정보부장 일행의 방일에 즈음하여 편의공여방식 의뢰 건(金鍾泌韓国中央情報部長一行の日本立寄りに際し便宜供与方依頼の件)

문서파일번호	1822
작성연월일	1962. 11. 6
구분	제6차 회담
세부항목	김종필 방일 편의 제공
작성처	외무성 북동아시아과
매수	2
비밀등급	비(秘)
문서종류	공문
공개구분	공개
내용	김종필 부장 일행의 미국 방문 귀로 시 방일(1962년 11월 10~13일)과 관련하여 편의 제공을 요청하는 아시아국장 명의 관계 성청 앞 공문 시행문
주제어	김종필 방일

문서명	KIM 한국공사의 입국에 관하여 편의 제공 의뢰 건(KIM韓国公使の入国に関し便宜方依頼の件)

문서파일번호	1822
작성연월일	1962. 11. 9
구분	제6차 회담
세부항목	김종필 일행에 대한 비자 발급
작성처	주호놀룰루총영사
매수	2
비밀등급	일반
문서종류	전문(電文)
공개구분	공개
내용	방미 후 귀로에 일본에 들리는 김종필 부장의 일행 중 한 명인 김동환 주미공사에게 단기 15일 비자를 발급하였음을 보고
주제어	김종필 방일

문서명	오히라 대신·김종필 한국중앙정보부장 회담 기록 송부 건(本大臣、金鍾泌韓国中央情報部長会談記録送付の件)

문서파일번호 1822
작성연월일 1962. 10. 22
구분 제6차 회담
세부항목 오히라 · 김종필 회담
작성처 외무성 북동아시아과
매수 1
비밀등급 극비
문서종류 공문
공개구분 공개
내용 1962년 10월 20일 개최된 오히라 마사요시 외상 · 김종필 부장 회담 요지 및 발언 요령을 주미대사에게 송부. 공문만 있고 회담 요지 등 첨부물은 없음.
주제어 김종필 방일

문서명	이케다 하야토 총리·김 한국중앙정보부장 회담 기록 송부 건(池田総理·金韓国中央情報部長会談記録送付の件)

문서파일번호 1822
작성연월일 1962. 10. 25
구분 제6차 회담
세부항목 이케다 하야토 · 김종필 회담
작성처 외무성 북동아시아과
매수 1
비밀등급 극비
문서종류 공문
공개구분 공개
내용 1962년 10월 22일 개최된 이케다 하야토 · 김종필 회담 기록 요지를 주미대사에게 송부. 회담 요지 기록은 첨부되어 있지 않음.
주제어 김종필 방일

문서명	오히라 대신·김 정보부장 회담 개요 통보 건(大平大臣、金情報部長会談概要通報の件)

문서파일번호 1822
작성연월일 1962. 11. 13
구분 제6차 회담
세부항목 오히라 · 김종필 회담
작성처 외무성 북동아시아과
매수 3
비밀등급 특비(特秘)
문서종류 전문(電文)
공개구분 공개
내용 1962년 11월 12일 오히라 마사요시 외상과 김종필 부장의 회담 결과를 영국 방문 중인 이케다 하야토 총리에게 보고(주영대사 경유). 청구권 문제(방식과 금액에 관해 한국안의 제시가 있었으며, 깊은 협의가 이루어짐. 금액은 양국 정상에게 보고하기로 하였으며 총리 귀국 후 보고 예정임), 어업 등 기타 의제(한국이 어업협정안을 조속 제시하기로 하였음. 기본관계, 어업, 법적지위, 선박 등의 문제에 관해 한국의 기본 생각이 표명되었으나 원론 단계로 추후 구체안을 받아 검토할 예정), 독도(김종필은 제3국 조정방안을 희망) 협의 결과가 담김.
주제어 김종필 방일

문서명	오히라 대신·김 정보부장 회담 개요 통보 건(大平大臣、金情報部長会談概要通報の件)

문서파일번호 1822
작성연월일 1962. 11. 15
구분 제6차 회담
세부항목 오히라 · 김종필 회담
작성처 외무성 북동아시아과
매수 3
비밀등급 특비(秘)
문서종류 전문(電文)
공개구분 공개
내용 1962년 11월 12일 오히라 마사요시 외상과 김종필 부장의 회담 결과를 주미대사에게 통보. 내용은 이케다 하야토 총리에게 보고한 것과 대동소이함.
주제어 김종필 방일

오히라 외상과 김 한국중앙정보부장과의 회담 (제1회)[大平外相と金韓国中央情報部長との会談(第1回)]

문서파일번호	1824
작성연월일	1962. 10. 15 - 1962. 11. 1
구분	제6차 회담 제1회 오히라·김종필 회담(1962년 10월 20일)
세부항목	
작성처	외무성
매수	105
비밀등급	
문서종류	내부문서, 회의록
공개구분	공개
내용	1962년 10월 20일 제1회 오히라·김종필 회담과 관련한 문서 모음
주제어	오히라·김종필 회담

문서명	10월 20일 오히라 대신과 김종필 부장의 회담에서 오히라 대신이 발언할 요지(안)[10月20日の大平大臣、金鍾泌部長会談における大平大臣の発言要旨(案)]

문서파일번호 1824
작성연월일 1965. 10. 15
구분 제6차 회담 제1회 오히라·김종필 회담(1962년 10월 20일)
세부항목
작성처 외무성 아시아국
매수 16
비밀등급 극비
문서종류 내부문서
공개구분 공개
내용 1962년 10월 20일 김종필과의 회담에서 오히라 마사요시가 발언할 내용. ① 일반청구권 문제 해결에 관한 일본의 최종안(무상공여 2.5억 달러, 장기저리차관) ② 조인·비준 단계 ③ 선박 문제 ④ 문화재 문제 ⑤ 어업 문제 ⑥ 재일한국인 법적지위 문제 ⑦ 독도 문제 ⑧ 재한일본대표부 설치 문제 ⑨ 고급 정치회담 시기 등이 정리되어 있음.
주제어 청구권, 선박 반환, 문화재 반환, 어업, 재일한국인 법적지위, 독도, 주한일본대표부 설치 문제, 정치회담

문서명	10월 20일 오히라 대신과 김종필 부장의 회담에서 오히라 대신이 발언할 요지(안)[10月20日の大平大臣、金鍾泌部長会談における大平大臣の発言要旨(案)]

문서파일번호 1824
작성연월일 1962. 10. 15
구분 제6차 회담 오히라·김종필 회담(1962년 10월 20일)
세부항목
작성처 외무성 아시아국
매수 15
비밀등급 극비
문서종류 내부문서
공개구분 공개
내용 1962년 10월 20일 김종필 부장과의 회담에서 오히라 마사요시 외상이 발언할 내용의 요지를 타이핑한 문서
주제어 청구권, 선박 반환, 문화재 반환, 어업, 재일한국인 법적지위, 독도, 주한일본대표부 설치 문제, 정치회담

문서명	이케다 하야토 총리·오히라 대신 협의 결과(池田総理、大平大臣話し合い結果)

문서파일번호 1824
작성연월일 1962. 10. 15
구분 제6차 회담 오히라 · 김종필 회담(1962년 10월 20일)
세부항목
작성처 외무성
매수 1
비밀등급 일반
문서종류 내부문서
공개구분 공개
내용 이케다 하야토 총리가 최근 오히라 마사요시 외상과의 협의에서 내정 문제 고려, 대미관계, 대공산권 외교 추진 측면을 고려하여 한일회담 타결을 결심하였다는 내용이 기술된 문서
주제어 이케다 총리의 한일회담에 대한 태도

문서명	오히라 대신·김종필 한국중앙정보부장의 회담 기록 요지(大平大臣·金鍾泌韓国中央情報部長会談記録要旨)

문서파일번호 1824
작성연월일 1962. 10. 20
구분 제6차 회담 오히라 · 김종필 회담(1962년 10월 20일)
세부항목
작성처 외무성 아시아국
매수 15
비밀등급 극비
문서종류 회의록
공개구분 공개
내용 1962년 10월 20일에 개최된 오히라 마사요시 외상과 김종필 부장 회담 기록 요지. 오히라 대신이 청구권을 한국의 독립 축하금 및 경제자립 협력의 의미로 제공할 의사를 밝히고, 미국이 제시한 3억 달러를 비롯해 금액 문제를 논의함. 그 외 어업, 독도, 교섭 전반, 비준 및 국회 승인 등의 문제를 협의함.
주제어 오히라 · 김종필 회담 요지

문서명	오히라 대신·김종필 한국중앙정보부장 회담 기록 요지(大平大臣·金鍾泌韓国中央情報部長会談記録要旨)

문서파일번호 1824
작성연월일 1962. 10. 20
구분 제6차 회담 오히라·김종필 회담(1962년 10월 20일)
세부항목
작성처 외무성 아시아국
매수 12
비밀등급 극비
문서종류 회의록
공개구분 공개
내용 1962년 10월 20일에 개최된 오히라 마사요시 외상과 김종필 부장 회담 기록 요지 타이핑 본
주제어 오히라·김종필 회담 요지

문서명	오히라 대신·김종필 한국중앙정보부장 회담(1962년 10월 20일)에 관한 한일 쌍방의 기록 대조[大平大臣·金鍾泌韓国中央情報部長会談(37年10月20日)に関する日韓双方の記録の対照]

문서파일번호 1824
작성연월일 1962. 11(일자 불명)
구분 제6차 회담 오히라·김종필 회담(1962년 10월 20일)
세부항목
작성처 외무성 아시아국
매수 14
비밀등급 극비
문서종류 내부문서
공개구분 공개
내용 1962년 10월 26일(이세키 유지로·최영택)과 11월 1일(우시로쿠 도라오-최영택) 두 차례에 걸쳐 진행된 오히라 마사요시 외상·김종필 한국중앙정보부장 회담 기록 대조 작업 결과를 기술한 문서. ① 청구권 문제의 형식, 금액, 지불방법, 불량채권 처리, 차관 문제 ② 어업 문제 ③ 기본관계 및 법적지위 문제 ④ 독도 문제 ⑤ 향후 일정으

로 구분하여 정리. 양국 기록이 일치하지 않는 부분은 밑줄 표시가 되어 있는데 청구권 문제 해결, 독도 문제의 국제사법재판소(ICJ) 제소에 관해 양자 간의 기록이 일치하지 않음.

주제어 오히라 · 김종필 회담 기록 대조

문서명	오히라 대신·김종필 한국중앙정보부장 회담(10월 20일)에 관한 한국 기록에 대한 오히라 대신의 코멘트[大平大臣·金部長会談(十月二十日)に関する韓国側記に対する大平大臣のコメント]

문서파일번호 1824

작성연월일 1962. 10. 29

구분 제6차 회담 오히라 · 김종필 회담(1962년 10월 20일)

세부항목

작성처 외무성 북동아시아과

매수 8

비밀등급 극비

문서종류 내부문서

공개구분 공개

내용 오히라 마사요시 외상이 김종필 부장과의 회담 한국 기록을 우시로쿠 도라오 심의관에게 언급한 내용을 정리한 문서. ① 청구권 문제 ② 어업 문제 ③ 정치회담 시기로 구분하여 정리. 오히라 대신은 청구권 형식은 일본이 제안한 독립 축하금 방식으로 해결할 수밖에 없다고 주장하자 김 부장은 별다른 이견을 내지 않았다고 발언함. 그리고 청구권 금액에 대해 자신이 3억 달러 정도를 제안했다는 한국의 기록이 사실과 다르다고 지적함.

주제어 오히라 · 김종필 회담 한국 기록에 대한 오히라 외상의 코멘트

문서명	오히라 대신·김 부장 회담(10월 20일) 내용 확인 작업의 결과에 대하여[大平大臣·金部長会談(10月20日)の内容確認作業の結果について]

문서파일번호	1824
작성연월일	1962. 10. 26
구분	제6차 회담 오히라 · 김종필 회담(1962년 10월 20일)
세부항목	
작성처	외무성 북동아시아과
매수	15
비밀등급	극비
문서종류	내부문서
공개구분	공개
내용	이세키 유지로 국장과 한국대표부 최영택 참사관이 진행한 오히라 마사요시 · 김종필 회담 기록 대조 작업에서 최 참사관이 김 부장으로부터 청취한 회담 요지라며 설명한 내용을 기록한 문서. ① 청구권 문제 ② 어업 문제 ③ 기본관계 및 법적지위 문제 ④ 독도 문제 ⑤ 향후 스케줄로 정리되어 있음. 일본 기록과 일치하지 않는 부분은 (주)형식으로 표시
주제어	오히라 · 김종필 회담 한국 기록

문서명	오히라 대신·김 회담(10월 20일)의 결과에 대한 이세키 국장의 코멘트[大平·金会談(10月20日)の結果に関する伊関局長のコメント]

문서파일번호	1824
작성연월일	1962. 10. 22
구분	제6차 회담 오히라 · 김종필 회담(1962년 10월 20일)
세부항목	
작성처	외무성 북동아시아과
매수	4
비밀등급	극비
문서종류	내부문서
공개구분	공개
내용	오히라 마사요시 · 김종필 회담에 대한 이세키 유지로 국장의 코멘트가 정리된 문서. ① 오히라 · 김 회담 내용의 확인 대조 ② 1963년 4월 비준을 위한 절차 ③ 친선 사절 방한 ④ 김 부장의 '3 플러스 알파' 제안에 대한 평가 및 대처 ⑤ 독도 문제 ⑥ 어업 문제로 구분하여 정리
주제어	오히라 · 김종필 회담에 대한 이세키 코멘트, 청구권, 독도, 어업

문서명	우시로쿠 국장·최 참사관 회담 요지(後宮局長·崔参事官会談要旨)

문서파일번호	1824
작성연월일	1962. 11. 1
구분	제6차 회담 오히라·김종필 회담(1962년 10월 20일)
세부항목	
작성처	외무성 북동아시아과
매수	5
비밀등급	극비
문서종류	회의록
공개구분	공개
내용	우시로쿠 도라오 국장과 최영택 참사관이 오히라 마사요시·김종필 회담 내용의 확인 대조 작업을 하면서 협의한 내용을 기록한 문서. 청구권 형식, 청구권 금액, 정치회담 시기, 향후 회담 진행에 관한 사항들 논의
주제어	오히라·김종필 회담 기록 대조

김 중앙정보부장 방미
(金中央情報部長訪米)

문서파일번호	1823
작성연월일	1962. 10. 17 - 1962. 11. 7
구분	제6차 회담
세부항목	김종필 방미
작성처	외무성, 주미대사
매수	22
문서종류	내부문서, 전문, 공문
공개구분	공개
내용	김종필 중앙정보부장의 1962년 10월 미국 방문과 관련하여 미국이 알려 준 내용들이 기록된 문서 모음
주제어	김종필 방미 결과

문서명	김종필 중앙정보부장의 방일 및 방미에 관한 미국 대사관 직원의 언급에 대하여 (金鍾泌中央情報部長の訪日および訪米に関する米大使館員の内話について)

문서파일번호 1823
작성연월일 1962. 10. 18
구분 제6차 회담
세부항목 김종필 방일·방미에 대한 미국 시각
작성처 외무성 북동아시아과
매수 5
비밀등급 극비
문서종류 내부문서
공개구분 공개
내용 주일미국대사관 화리오 서기관이 김종필 부장의 방일 및 방미에 관해 북동아과에 전달한 내용을 기록한 문서. 미국은 김 부장이 일본을 방문하여 이케다 하야토 총리 및 오히라 마사요시 외상과 회담한 것은 한일관계에 결정적인 사건이 될 것으로 보고 있음. 주한미국대사관 보고에 따르면 김 부장은 미국 방문에서 이케다, 오히라 회담 결과, 한국정세 등을 미국에 설명할 것으로 예상됨.
주제어 김종필 방미

문서명	한국 김 정보부장 방미 건(韓国金情報部長の訪米に関する件)

문서파일번호 1823
작성연월일 1962. 10. 17
구분 제6차 회담
세부항목 김종필 방미
작성처 주미대사
매수 2
비밀등급 극비
문서종류 전문(電文)
공개구분 공개
내용 주미일본대사관·미 국무부 정례회의에서 김 부장의 방미를 보고. 김 부장은 CIA 국장 초청으로 방미한 것이며, 러스크 국무장관 회담도 예정됨. 장면 전 총리가 근간 석방될 것이며, 이는 김 부장 방미와 관련이 있다는 보도가 있으나 장 전 총리는 이미 자유의 몸으로 보도는 사실과 다름.
주제어 김종필 방미

문서명	김 한국정보부장과 러스크 장관 등의 회담 건(金韓国情報部長とラスク長官等との会談模様の件)

문서파일번호 1823
작성연월일 1962. 10. 30
구분 제6차 회담
세부항목 김종필 · 러스크 회담, 김종필 · 하리만 회담 결과
작성처 주미대사
매수 4
비밀등급 극비
문서종류 전문(電文)
공개구분 공개
내용 예거 미 국무부 동아시아국장으로부터 청취한 김종필 부장의 러스크 장관 및 하리만 차관보 회담 결과에 관한 내용을 보고. 러스크 장관과의 회담에서는 주로 김 부장이 일본 방문 결과를 설명함. 하리만 차관보와는 민정 이관, 북한 상황 등에 관한 김 부장의 설명이 있었음.
주제어 김종필 방미

문서명	김 정보부장 방미 건(金情報部長訪米に関する件)

문서파일번호 1823
작성연월일 1962. 10. 31
구분 제6차 회담
세부항목 청구권 금액 확인을 요청하는 주미대사 보고
작성처 주미대사
매수 3
비밀등급 극비
문서종류 공문
공개구분 공개
내용 1962년 10월 30일 예거 미 국무부 동아시아 국장이 주미일본대사관에 청구권 금액 확인을 요청한 것에 대한 주미대사 답변. 예거 국장은 김종필로부터 오히라 마사요시 외상과의 회담에서 일본이 3억 달러면 지출할 것이라는 이야기를 들었다면서, 이에 대한 (주미일본)대사관의 견해를 문의, 대사관은 이에 관해 들은 바 없다고 답함.
주제어 청구권

문서명	러스크 국무장관·김 한국정보부장 회담 내용에 관한 미 측으로부터의 통보 (ラスク国務長官、金韓国中央情報部長会談内容に関する米側よりの通報)

문서파일번호	1823
작성연월일	1962. 11. 7
구분	제6차 회담
세부항목	김종필 · 러스크 회담 결과
작성처	외무성 북동아시아과
매수	8
비밀등급	극비
문서종류	회의록
공개구분	공개
내용	주일미국대사관 화리오(ファリオ) 서기관이 방미한 김종필과 러스크 회담 내용을 북동아과에 전달한 내용을 기록한 문서. 김종필이 오히라 마사요시 외상과의 회담 내용을 러스크에게 설명하였으며, 어업과 관련해서는 일본에 대해 국방상의 이유로 평화선을 남길 필요가 있다는 주장을 했다고 함.
주제어	김종필 · 러스크 회담 결과, 어업

오히라 외상·김종필 부장 회담(제2회)
[太平外相·金金鍾泌部長会談(第2回)]

문서파일번호	1826
작성연월일	1962. 11. 6 - 1962. 11. 29
구분	제6차 회담 오히라·김종필 회담(1962년 11월 12일)
세부항목	
작성처	외무성 아시아국
매수	58
비밀등급	
문서종류	내부문서, 회의록
공개구분	공개
내용	1962년 11월 12일 오히라·김종필 회담의 오히라 마사요시 외상 발언 요지(안)와 회담 결과 기록 등 관련문서 모음
주제어	

문서명	11월 12일의 오히라 외상·김 부장 제2회 회담에서 오히라 외상이 발언할 요지(안)[11月12日の太平大臣·金部長第2回会談における太平大臣の発言要旨(案)]

문서파일번호 1826
작성연월일 1962. 11. 6
구분 제6차 회담 오히라·김종필 회담(1962년 11월 12일)
세부항목
작성처 외무성 아시아국
매수 13
비밀등급 극비
문서종류 내부문서
공개구분 공개
내용 1962년 11월 12일 개최될 김종필 부장과의 회담에서 오히라 마사요시 외상이 발언할 내용의 요지가 기술된 문서. 일반청구권 문제, 어업 문제, 재일한국인 법적지위 문제, 선박 및 문화재 문제, 독도 문제 등으로 정리되어 있음. 청구권 해결방식으로 한국의 대일청구권을 일본인의 역무 및 일본의 생산물 공여로 한국의 민생안정과 경제발전에 기여한다는 내용의 조항을 삽입할 것을 제안
주제어 청구권, 어업, 재일한국인 법적지위, 선박 및 문화재 반환, 독도

문서명	별첨. 영토 문제에 관한 국제사법재판소의 판결에 필요한 기간에 대하여[別紙 領土問題に関する国際司法裁判所(ICJ)の判決に要する期間について]

문서파일번호 1826
작성연월일 1962. 11. 6
구분 제6차 회담 오히라·김종필 회담(1962년 11월 12일)
세부항목
작성처 외무성 아시아국
매수 2
비밀등급 일반
문서종류 내부문서
공개구분 공개
내용 영국과 프랑스, 벨기에와 네덜란드, 온두라스와 니카라과, 캄보디아와 태국 간의 영토분쟁에 관해 국제사법재판소(ICJ)에 회부되어 판결이 나오기까지 주요 일정과 소요 기간을 정리한 문서. 오히라·김종필 회담대비용으로 작성된 것으로 보임.
주제어 영토분쟁에 대한 국제사법재판소(ICJ) 판결 선례

문서명	11월 12일의 오히라 외상·김 부장 제2회 회담에서 오히라 외상이 발언할 요지(안)[11月12日の太平大臣·金部長第2回会談における太平大臣の発言要旨(案)]

문서파일번호 1826
작성연월일 1962. 11. 6
구분 제6차 회담 오히라 · 김종필 회담(1962년 11월 12일)
세부항목
작성처 외무성 아시아국
매수 9
비밀등급 극비
문서종류 내부문서
공개구분 공개
내용 앞서 나온 1962년 11월 6일 자 김종필 부장과의 회담에서 오히라 마사요시 외상이 발언할 내용의 요지(안)가 타이핑된 문서. 대일청구권 해결방식 부분에서 일본국의 생산물이 자본재로 수정되어 있는 등 문구 수정을 한 흔적이 남아 있음.
주제어 청구권, 어업, 재일한국인 법적지위, 선박 및 문화재 반환, 독도

문서명	별지. 영토 문제에 관한 국제사법재판소의 판결에 필요한 기간에 대하여[別紙 領土問題に関する国際司法裁判所(ICJ)判決に要する期間について]

문서파일번호 1826
작성연월일 1962. 11. 6
구분 제6차 회담 오히라 · 김종필 회담(1962년 11월 12일)
세부항목
작성처 외무성 아시아국
매수 2
비밀등급 일반
문서종류 내부문서
공개구분 공개
내용 앞서 나온 영토 문제에 관한 국제사법재판소의 판결 기간 문서와 동일한 내용이 타이핑된 문서
주제어 영토분쟁에 대한 국제사법재판소(ICJ) 판결 선례

문서명	11월 12일의 오히라 외상·김 부장 제2회 회담에서 오히라 외상이 발언할 요지(안)[11月12日の太平大臣·金部長第2回会談における太平大臣の発言要旨(案)]

문서파일번호 1826
작성연월일 1962. 11. 6
구분 제6차 회담 오히라 · 김종필 회담(1962년 11월 12일)
세부항목
작성처 외무성 아시아국
매수 9
비밀등급 극비
문서종류 내부문서
공개구분 공개
내용 김종필 부장과의 회담에서 오히라 마사요시 외상이 발언할 내용의 요지(안)를 타이핑한 문서와 동일한 문서(1962년 11월 6일). 문서 중간 중간에 문구 수정을 한 흔적이 남아 있음.
주제어 청구권, 어업, 재일한국인 법적지위, 선박 및 문화재 반환, 독도

문서명	별지. 영토 문제에 관한 국제사법재판소의 판결에 필요한 기간에 대하여[別紙 領土問題に関する国際司法裁判所(ICJ)判決に要する期間について]

문서파일번호 1826
작성연월일 1962. 11. 6
구분 제6차 회담 오히라 · 김종필 회담(1962년 11월 12일)
세부항목
작성처 외무성 아시아국
매수 2
비밀등급 일반
문서종류 내부문서
공개구분 공개
내용 앞서 나온 영토 문제에 관한 국제사법재판소의 판결 기간 문서와 동일한 문서
주제어 영토분쟁에 대한 국제사법재판소(ICJ) 판결 선례

문서명	청구권의 금액 문제 회담 메모(안)[請求権の金額問題会談メモ(案)]

문서파일번호	1826
작성연월일	1962. 11. 10
구분	제6차 회담 오히라·김종필 회담(1962년 10월 20일)
세부항목	
작성처	외무성 아시아국
매수	5
비밀등급	극비
문서종류	내부문서
공개구분	공개
내용	1962년 10월 20일 오히라 마사요시·김종필 제1차 회담에서 김종필이 제시한 무상공여와 장기저리차관 6억 달러에 대한 지불가능 금액, 무상공여와 차관 비율, 양보 범위, 차관 출처, 수출은행의 신용 공여 등 일본 견해가 기록되어 있음.
주제어	청구권

문서명	오히라 대신·김종필 한국중앙정보부장 제2회 회담 기록(太平大臣·金鍾泌韓国中央情報部長第2回会談記録)

문서파일번호	1826
작성연월일	1962. 11. 12
구분	제6차 회담 오히라·김종필 회담(1962년 11월 12일)
세부항목	
작성처	외무성 아시아국
매수	8
비밀등급	극비
문서종류	회의록
공개구분	공개
내용	오히라 마사요시·김종필 제2차 회담 결과를 기록한 문서. 청구권 문제, 선박 문제, 어업, 기본조약의 형식, 향후 교섭 진행 등으로 정리되어 있음. 청구권 금액에 관해 양자 간의 입장 차이를 확인하고(금액은 기재되어 있지 않음), 독도 문제에 대해서는 김 부장이 제3국에 의한 조정을 제안함(청구권 금액, 지불방식 등이 적힌 오히라·김종필 메모와는 다른 문서임).
주제어	오히라·김종필 제2차 회담 결과, 청구권, 선박 반환, 어업, 기본조약, 독도

문서명	오허라 대신·김종필 한국중앙정보부장 제2회 회담 기록(太平大臣·金鍾泌韓国中央情報部長第2回会談記録)

문서파일번호 1826
작성연월일 1962. 11. 12
구분 제6차 회담 오히라 · 김종필 회담(1962년 11월 12일)
세부항목
작성처 외무성 아시아국
매수 5
비밀등급 극비
문서종류 회의록
공개구분 공개
내용 오히라 마사요시 · 김종필 제2차 회담 결과를 타이핑한 문서
주제어 오히라 · 김종필 제2차 회담 결과, 청구권, 선박 반환, 어업, 기본조약, 독도

문서명	기자회견(제 호)[記者會見(第 号)]

문서파일번호 1826
작성연월일 1962. 11. 29
구분 제6차 회담 오히라 기자회견
세부항목
작성처 외무성 정보문화국 보도과
매수 3
비밀등급 일반
문서종류 내부문서
공개구분 공개
내용 1962년 11월 12일 오히라 마사요시 외상이 김종필 부장과의 회담 후 기자회견에서 회담 결과에 관해 질의응답한 내용을 정리한 문서
주제어 오히라 기자회견

박정희 의장·이케다 총리 친서 교환
(朴正熙議長·池田総理親書交換)

문서파일번호	1827
작성연월일	1962. 10. 19 - 1962. 11. 3
구분	제6차 회담
세부항목	이케다 하야토·박정희 친서 교환
작성처	외무성 북동아시아과, 한국정부
매수	23
비밀등급	
문서종류	내부문서, 외교공한
공개구분	공개
내용	박정희 의장과 이케다 하야토 총리가 교환한 친서 관련 문서 모음
주제어	이케다 하야토·박정희 친서 교환

문서명	박 의장이 이케다 하야토 총리에게 보낸 친서(朴議長より池田総理あて親書)

문서파일번호 1827
작성연월일 1962. 10. 24
구분 제6차 회담
세부항목 박정희의 이케다 앞 친서
작성처 외무성 북동아시아과
매수 1
비밀등급 일반
문서종류 내부문서
공개구분 공개
내용 1962년 10월 21일 김종필 부장과 이케다 하야토 총리 회담 시 박정희 의장의 친서가 전달되었으며, 관방장관의 뜻에 따라 10월 23일 그 내용이 공표됨.
주제어 이케다·박정희 친서교환

문서명	제목 없음

문서파일번호 1827
작성연월일 1962. 10. 19
구분 제6차 회담
세부항목 박정희의 이케다 앞 친서
작성처 한국정부(일본 가역)
매수 4
비밀등급
문서종류 외교공한(친서)
공개구분 공개
내용 박정희 의장의 이케다 하야토 총리 앞 친서 일문 가역본
주제어 이케다·박정희 친서교환

문서명	제목 없음

문서파일번호	1827
작성연월일	1962. 10. 19
구분	제6차 회담
세부항목	박정희의 이케다 앞 친서
작성처	한국정부
매수	1
비밀등급	일반
문서종류	외교공한(친서)
공개구분	공개
내용	박정희 의장의 이케다 하야토 총리 앞 친서 영문본
주제어	이케다·박정희 친서교환

문서명	이케다 총리의 박 한국최고회의의장 앞 답신 친서 건(池田総理より朴韓国最高会議議長あて返書に関する件)

문서파일번호	1827
작성연월일	1962. 10. 31
구분	제6차 회담
세부항목	이케다의 박정희 앞 답신 친서
작성처	외무성 북동아시아과
매수	2
비밀등급	비(秘)
문서종류	내부문서
공개구분	공개
내용	1962년 10월 19일 자 박정희 의장의 친서에 대한 이케다 하야토 총리의 답신을 건의하는 재가 문서
주제어	이케다·박정희 친서교환

문서명	이케다 하야토 총리의 박 한국 국가재건최고회의의장 앞 답변 친서(안)[池田総理より朴韓国国家再建最高会議議長あて返書(案)]

문서파일번호 1827
작성연월일 1962. 11. 3
구분 제6차 회담
세부항목 이케다의 박정희 앞 답신 친서
작성처 외무성 북동아시아과
매수 6
비밀등급 비(秘)
문서종류 외교공한(친서)
공개구분 공개
내용 이케다 하야토 총리의 유럽 방문 출발 전인 1962년 11월 3일자로 작성된 박정희 의장 앞 답신(안)
주제어 이케다·박정희 친서교환

문서명	이케다 하야토 총리의 박 한국 국가재건최고회의의장 앞 답변 친서(안)[池田総理より朴韓国国家再建最高会議議長あて返書(案)]

문서파일번호 1827
작성연월일 1962. 11. 3
구분 제6차 회담
세부항목 이케다의 박정희 앞 답신 친서
작성처 외무성 북동아시아과
매수 6
비밀등급 비(秘)
문서종류 외교공한(친서)
공개구분 공개
내용 이케다 하야토 총리의 유럽 방문 출발 전인 1962년 11월 3일 자로 작성된 박정희 의장 앞 답신(안) 타이핑 본
주제어 이케다·박정희 친서교환

문서명	제목 없음

문서파일번호	1827
작성연월일	1962. 11. 3
구분	제6차 회담
세부항목	이케다의 박정희 앞 답신 친서
작성처	외무성 북동아시아과
매수	3
비밀등급	일반
문서종류	외교공한(친서)
공개구분	공개
내용	이케다 하야토 총리의 유럽 방문 출발 전인 1962년 11월 3일 자로 작성된 박정희 의장 앞 답신 최종본
주제어	이케다·박정희 친서교환

이케다 하야토 총리·김 한국중앙정보부장 회담
(池田総理·金韓国中央情報部長会談)

문서파일번호	1825
작성연월일	1962. 10. 23
구분	제6차 회담
세부항목	이케다 하야토·김종필 회담
작성처	외무성 아시아국
매수	40
비밀등급	
문서종류	회의록
공개구분	공개
내용	이케다 하야토 총리·김종필 부장 회담 기록
주제어	이케다·김종필 회담

문서명	이케다 하야토 총리·김종필 한국중앙정보부장 회담 요지(池田総理·金鍾泌韓国中央情報部長会談要旨)

문서파일번호 1825
작성연월일 1962. 10. 23
구분 제6차 회담
세부항목 이케다 · 김종필 회담
작성처 외무성 아시아국
매수 21
비밀등급 극비
문서종류 회의록
공개구분 공개
내용 이케다 하야토 총리와 김종필 중앙정보부장 간 회담 요지를 기록한 문서. ① 회담 전반에 관한 문제 ② 청구권 문제 ③ 어업 문제 ④ 독도 문제 ⑤ 무역회계상의 채무 결재와 연불수출 ⑥ 오히라 마사요시 외상 및 한일회담 신중파와의 면회 등을 논의함. 김 부장이 독도 문제에 대해 '반농담조'로 문제의 화근을 제거하기 위해 폭파시키자는 발언을 한 것이 기록에 남아 있음.
주제어 청구권, 어업, 독도, 무역채무

문서명	이케다 하야토 총리·김종필 한국중앙정보부장 회담 요지(池田総理、金鍾泌韓国中央情報部長会談要旨)

문서파일번호 1825
작성연월일 1962. 10. 23
구분 제6차 회담
세부항목 이케다 · 김종필 회담
작성처 외무성 아시아국
매수 19
비밀등급 극비
문서종류 회의록
공개구분 공개
내용 이케다 하야토 총리와 김종필 한국중앙정보부장 회담 요지를 기록한 문서의 타이핑 본
주제어 청구권, 어업, 독도, 무역채무

오히라 외상·김 한국중앙정보부장 서한
(大平外相·金韓国中央情報部長書簡)

문서파일번호	1828
작성연월일	1962. 11. 29 - 1965. 11. 1
구분	제6차 회담~한일협정 체결 이후
세부항목	오히라·김종필 서한
작성처	외무성, 주서울사무소장
매수	48
비밀등급	
문서종류	전문(電文), 외교공한, 서한, 내부문서
공개구분	공개
내용	1962년 11월 12일 청구권 문제 해결을 위한 '오히라·김종필 합의' 이후 오히라 마사요시 외상이 김종필에게 보낸 서한과 이와 관련한 본성·주서울사무소 간 전문, 서한 내용 등이 담긴 문서 모음
주제어	오히라·김종필 서한, 청구권

문서명	오히라·김 서한에 대하여(조회)[大平·金書簡について(照会)]

문서파일번호 1828
작성연월일 1965. 10. 28
구분 한일협정 체결 후
세부항목 오히라 · 김종필 서한
작성처 외무성 북동아시아과
매수 2
비밀등급 극비
문서종류 전문(電文)
공개구분 공개
내용 한일협정 체결 이후 국회 답변에 참고한다면서 오히라 마사요시 외상이 1962년 11월 29일 김종필 부장에게 송부한 서한의 존재, 형식, 내용 등에 관해 조사하라고 주서울 마에다 도시카즈 소장에게 지시. 이를 전달하는 본성 아시아국장의 전문
주제어 오히라 · 김종필 서한, 청구권

문서명	오히라·김 서한에 대하여(大平·金書簡について)

문서파일번호 1828
작성연월일 1965. 10. 29
구분 한일협정 체결 후
세부항목 오히라 · 김종필 서한 관련 주서울사무소장 보고
작성처 주서울사무소장
매수 1
비밀등급 극비
문서종류 전문(電文)
공개구분 공개
내용 마에다 도시카즈 주서울사무소장이 오히라 마사요시 외상이 김종필 부장에게 보낸 서한과 관련하여 외무부 최광수 동북아주 과장에게 확인한 결과를 보고. 1965년 10월 30일까지 조사해서 알려 주기로 했다면서, 마에다의 생각으로는 그런 서한 존재를 알고 있는 것으로 보였으나 내용을 어느 정도까지 알려 줄지는 모르겠다고 부연 설명
주제어 오히라 · 김종필 서한, 청구권

문서명	오히라·김 서한에 대하여(大平·金書簡について)

문서파일번호 1828
작성연월일 1965. 10. 30
구분 한일협정 체결 후
세부항목 오히라 · 김종필 서한 관련 주서울사무소장 보고
작성처 주서울사무소장
매수 1
비밀등급 극비
문서종류 전문(電文)
공개구분 공개
내용 외무부 최광수 동북아주 과장. 으로부터 오히라 마사요시 외상이 김종필에게 보낸 서한 사본을 입수하였음을 보고. 서한 사본은 별도 전문으로 보고한다고 되어 있음.
주제어 오히라 · 김종필 서한, 청구권

문서명	오히라·김 서한에 대하여(大平·金書簡について)

문서파일번호 1828
작성연월일 1965. 10. 30
구분 한일협정 체결 후
세부항목 오히라 · 김종필 서한 관련 주서울사무소장 보고
작성처 주서울사무소장
매수 3
비밀등급 극비
문서종류 전문(電文)
공개구분 공개
내용 외무부 최광수 동북아주 과장으로부터 입수한 오히라 마사요시 외상이 1962년 11월 29일 자 김종필 부장에게 보낸 서한을 보고. 서한에는 오히라 외상이 대장대신과 이케다 총리의 협의를 통해 청구권 금액 관련 양해를 얻어냈으나 대한채권(4,573만 달러) 처리와 대한경제협력 방법 등 재정 처리 및 제3국과의 관계 등을 연구한 후 귀하(김종필)와 다시 협의하고 싶다고 함.
주제어 오히라 · 김종필 서한, 청구권

문서명	제목 없음

문서파일번호 1828
작성연월일 1962. 11. 29
구분 제6차 회담
세부항목 오히라·김종필 서한
작성처 외무성
매수 3
비밀등급 일반
문서종류 외교공한(안)
공개구분 공개
내용 오히라 마사요시 외상이 1962년 11월 29일 자 김종필 부장에게 보낸 서한 초안
주제어 오히라·김종필 서한, 청구권

문서명	제목 없음

문서파일번호 1828
작성연월일 1965. 11. 1
구분 한일협정 체결 後
세부항목 오히라·김종필 서한
작성처 야나기야 겐스케(柳谷謙介)
매수 3
비밀등급 일반
문서종류 서한
공개구분 공개
내용 야나기야 겐스케(柳谷謙介) 사무관이 북동아과 구로카와(黒河内) 사무관에게 보내는 오히라 외상의 김종필 부장 앞 1962년 11월 29일 자 서한 작성 경위가 적힌 서신
주제어 오히라·김종필 서한, 청구권

문서명	제목 없음

문서파일번호	1828
작성연월일	1962. 12. 18
구분	제6차 회담
세부항목	오히라 · 김종필 서한
작성처	외무성
매수	5
비밀등급	일반
문서종류	외교공한
공개구분	공개
내용	오히라 마사요시 외상이 김종필 부장에게 보낸 서한. 12월 18일 한일회담 예비교섭 제19회 회의에서 스기 미치스케 대표가 배의환 대표에게 전달함. 오히라 · 김 합의에 대한 일본의 두 번째 수정안이 담김. 무상 3억 달러를 현금이 아닌 '생산물' 또는 '노무'로 하고, 무역채권을 3년간 현금으로 지불토록 했으며, 2억 달러 장기저리차관을 해외경제협력기금 1억 달러, 수출은행 1억 달러로 변경코자 함.
주제어	오히라 · 김종필 서한, 청구권

문서명	제목 없음

문서파일번호	1828
작성연월일	1962. 12. 26
구분	제6차 회담
세부항목	오히라 · 김종필 합의 수정안
작성처	외무성
매수	12
비밀등급	극비
문서종류	내부문서
공개구분	공개
내용	오히라 마사요시 · 김종필 합의에 대한 1962년 12월 26일 자 일본의 수정안이 담긴 문서. 무상 3억 달러를 현금이 아닌 '생산물' 또는 '노무'로 하고, 무역채권을 3년간 현금으로 지불하며, 장기저리차관은 해외경제협력기금 2억 달러로 한다는 내용임.
주제어	오히라 · 김종필 합의 수정안

문서명	제목 없음

문서파일번호	1828
작성연월일	1962. 12. 26
구분	제6차 회담
세부항목	오히라·김종필 합의 수정안
작성처	외무성
매수	3
비밀등급	극비
문서종류	내부문서
공개구분	공개
내용	오히라 마사요시·김종필 합의에 대한 1962년 12월 26일 자 일본의 수정안을 타이핑한 문서
주제어	오히라·김종필 합의 수정안

문서명	제목 없음

문서파일번호	1828
작성연월일	1962. 12. 27
구분	제6차 회담
세부항목	오히라·김종필 합의 수정안
작성처	외무성
매수	6
비밀등급	극비
문서종류	외교공한안
공개구분	공개
내용	오히라 마사요시외상이 김종필 부장에게 보내는 서한 초안
주제어	오히라·김종필 합의 수정안

문서명	제목 없음

문서파일번호 1828
작성연월일 1962. 12. 27
구분 제6차 회담
세부항목 오히라·김종필 합의 수정안
작성처 외무성
매수 3
비밀등급 일반
문서종류 외교공한
공개구분 공개
내용 오히라 외상이 김종필 부장에게 보내는 서한. 청구권에 관한 이케다 총리의 승인이 있었으며, 일본으로서는 모든 현안이 필수적인 부분이므로 한국이 어업을 포함한 모든 현안에 대해 일본 입장에 동의해 줄 것을 요청함.
주제어 오히라·김종필 합의 수정안

문서명	제목 없음

문서파일번호 1828
작성연월일 1963. 1. 23
구분 제6차 회담
세부항목 오히라·김종필 합의 수정안
작성처 김종필(일본 가역)
매수 6
비밀등급 극비
문서종류 외교공한
공개구분 공개
내용 1963년 1월 21일 자 김종필의 오히라 마사요시 외상 앞 답신으로 청구권 관련 일본의 수정 제의에 대한 입장이 담김. 1월 23일 예비교섭에서 배의환 대표가 일본에 전달함. 무역채권 상환기관을 무상공여액 3억 달러 지불 기간과 같게 하여 일본이 공여액에서 삭감, 정부 차관은 7년 거치 후 20년 상환, 수출은행 차관은 가장 유리한 조건으로 1억 달러 이상으로 하는 것을 하한으로 정할 필요가 있음.
주제어 오히라·김종필 합의 수정안

김종필 씨 방문 건
(金鍾泌氏訪問に関する件)

문서파일번호	1829
문서명	김종필 씨 방문 건(金鍾泌氏訪問に関する件)
작성연월일	1963. 2. 28
구분	제6차 회담
세부항목	우시로쿠·김종필 면담
작성처	외무성 아시아국장
매수	5
비밀등급	극비
문서종류	내부문서
공개구분	공개
내용	1963년 2월 27일 김종필 전 중앙정보부장을 방문한 우시로쿠 도라오 아시아국장에게 김 전 부장이 언급한 내용을 기록한 문서. 김 전 부장은 이케다 하야토 총리 및 오히라 마사요시 외무대신의 협력으로 한일회담에 진전을 이루었으나, 한국 국내 상황에 의해 자신이 이렇게 되어 양인에게 폐를 끼치게 된 점 미안하게 생각하며, 이러한 기분을 전달해 주기 바란다는 내용이 담김.
주제어	김종필의 이케다, 오히라에 대한 인사말

오히라 외상·김 한국중앙정보부장 합의 경위와 내용(大平外相·金韓国中央情報部長了解経緯と内容)

문서파일번호	1832
작성연월일	1963. 1. 30 - 1965. 10. 25
구분	제6차 회담~한일협정 체결 이후
세부항목	오히라·김 합의
작성처	외무성
매수	58
비밀등급	
문서종류	내부문서, 내부자료, 전문
공개구분	공개 또는 일부비공개
내용	'오히라·김 합의(양해)' 또는 '오히라·김 메모'의 경위, 내용, 언론 공개 등과 관련한 문서 모음
주제어	

문서명	이른바 오히라·김 합의의 경위(いわゆる 大平·金了解の経緯)

문서파일번호 1832
작성연월일 1963. 1(일자 불명)
구분 제6차 회담
세부항목 오히라·김 합의
작성처 외무성
매수 3
비밀등급 일반
문서종류 내부문서
공개구분 공개
내용 한일회담, 청구권 문제에 관한 마사요시 외상의 서한, 한일회담 중요문제에 관한 양국 간의 기본적 관점 언급, 예비교섭 발언 요지 제출 등 오히라·김 합의의 주요 경위가 일정 별로 기록된 문서
주제어 오히라·김 합의

문서명	한일예비교섭에서 양 수석대표 간에 현재까지 대략 의견일치를 본 청구권 문제의 해결방식(日韓予備交渉において両首席代表間に現在までに大綱につき意見一致をみた請求権問題の解決方式)

문서파일번호 1832
작성연월일 1963. 1. 30
구분 제6차 회담
세부항목 청구권 문제 해결방식
작성처 외무성
매수 1
비밀등급 일반
문서종류 내부자료
공개구분 공개
내용 한일 간에 의견일치를 본 청구권 문제 해결방식의 내용이 정리된 중의원 제출용 자료. 무상경제협력의 금액, 기간, 장기저리 차관의 금액, 기간, 이자율, 상환 기간, 민간에 의한 신용공여 내용이 정리되어 있고, 이러한 결과로 대일평화조약 제4조에 기반 하는 청구권 문제가 해결된다고 기술함.
주제어 청구권 문제 해결방식

문서명	한일회담 '오히라·김 메모' 건(日韓会談「大平·金メモ」に関する件)

문서파일번호 1832
작성연월일 1964. 4. 1
구분 제6차 회담
세부항목 오히라 · 김 메모
작성처 주서울 이케다 사무관
매수 3
비밀등급 극비
문서종류 전문(電文)
공개구분 공개
내용 1964년 3월 31일 한국정부와 학생대표 간의 간담회에서 '오히라 · 김메모' 가 공개되었다는 일부 언론 보도에 대해 한국의 김 동북아주 과장이 해명한 내용을 보고하는 주서울 이케다(池田) 사무관의 전문
주제어 오히라 · 김 메모

문서명	이른바 오히라·김 메모 공개 보도 건(いわゆる大平·金メモ公開報道の件)

문서파일번호 1832
작성연월일 1964. 4. 1
구분 제6차 회담
세부항목 오히라 · 김 메모
작성처 주서울 이케다 사무관
매수 3
비밀등급 극비
문서종류 전문(電文)
공개구분 일부비공개
내용 주서울 이케다 사무관의 '오히라 · 김 메모' 관련 한국 동향 분석 내용 보고 전문. 한국 내 언론 보도와 각종 발언을 근거로 한국정부와 학생대표 간의 간담회에서 '오히라 · 김 메모'가 비공식적으로 학생들에게 공개되었을 것이라고 분석함.
주제어 오히라 · 김 메모

문서명	'오히라·김 메모' 공표 보도에 관한 한국대표부로부터의 설명(「大平·金メモ」公表の報道に関する韓国代表部よりの説明)

문서파일번호 1832
작성연월일 1964. 4. 1
구분 제6차 회담
세부항목 오히라·김 메모
작성처 외무성 북동아시아과
매수 4
비밀등급 극비
문서종류 내부문서
공개구분 공개
내용 한국대표부로부터 청취한 '오히라·김 메모' 공표 보도에 관련 내용을 기록한 문서. 동 메모 공표에 관한 한국 언론의 보도는 잘못된 것이며, 이를 정정하기 위해 한국 정부가 신문발표를 했다는 내용임.
주제어 오히라·김 메모

문서명	'오히라·김 메모' 공개에 대한 각 신문 논평의 건(「大平·金メモ」公開に対する各紙論評の件)

문서파일번호 1832
작성연월일 1964. 4. 2
구분 제6차 회담
세부항목 오히라·김 메모
작성처 주서울 이케다 사무관
매수 2
비밀등급 극비
문서종류 전문(電文)
공개구분 공개
내용 '오히라·김 메모' 관련 한국 언론의 내용과 논평을 보고하는 주서울 이케다 사무관의 전문
주제어 오히라·김 메모

문서명	오히라·김 메모 공개 보도 건(大平·金メモ公開の報道に関する件)

문서파일번호 1832
작성연월일 1964. 4. 3
구분 제6차 회담
세부항목 오히라·김 메모
작성처 주서울 이케다 사무관
매수 2
비밀등급 극비
문서종류 전문(電文)
공개구분 일부비공개
내용 주서울 이케다가 모 인사로부터 '오히라·김 메모' 관련 청취한 내용을 보고한 전문. 동 인사는 어디까지나 추측에 불과하지만 한국이 '오히라·김 메모' 관련 공개가 가져올 외교상의 문제에 대해 고려하지 않고 대처한 것 같다는 의견을 개진함.
주제어 오히라·김 메모

문서명	오히라·김 합의의 경위 및 그 내용(大平·金了解の経緯及びその内容)

문서파일번호 1832
작성연월일 1965. 3. 10
구분 제7차 회담
세부항목 오히라·김 합의
작성처 외무성 북동아시아과
매수 10
비밀등급 일반
문서종류 내부문서
공개구분 공개
내용 '오히라·김 합의' 관련 경위 및 주요내용을 정리한 문서. 제1차 오히라·김 회담의 발언 요지, 이케다 하야토 총리·김종필 부장 회담, 제2차 오히라 마사요시·김종필 회담, 예비교섭, 오노 반보쿠 부총재 방한, 제1회 오히라·김용식 외무장관 회담 등의 항목을 중심으로 제1차 오히라·김 합의에 이르기까지의 경위와 내용이 간략하게 정리되어 있음.
주제어 오히라·김 합의

문서명	오히라·김 합의에 관한 청구권 문제의 문제점(大平·金了解を繞る請求权問題の問題点)

문서파일번호 1832
작성연월일 1965. 3. 12
구분 제7차 회담
세부항목 오히라 · 김 합의
작성처 외무성
매수 7
비밀등급 일반
문서종류 내부문서
공개구분 공개
내용 오히라 · 김 합의의 문제점을 검토한 문서. 동 합의를 법률적으로 뒷받침하는 의사록 및 문서가 없다는 점을 지적하고, 합의에 관한 한일 양자 간의 입장이 표명된 서한, 문서, 설명문 등을 정리하여 이를 기반으로 합의의 내용을 정리함.
주제어 오히라 · 김 합의

문서명	오히라·김 합의에 관한 기본적 문제(大平·金了解に関する基本的問題)

문서파일번호 1832
작성연월일 1965. 3. 13
구분 제7차 회담
세부항목 오히라 · 김 합의
작성처 외무성 북동아시아과
매수 6
비밀등급 극비
문서종류 내부문서
공개구분 공개
내용 오히라 · 김 합의의 기본적 문제점을 검토한 내용을 담은 문서. 동 합의의 내용을 담은 문서가 없다고 지적하고 합의에 관한 한일 양자 간의 입장이 표명된 문서를 바탕으로 합의 내용을 정리함.
주제어 오히라 · 김 합의

문서명	오히라·김 합의에 대하여(大平·金了解について)

문서파일번호 1832
작성연월일 1965. 3. 15
구분 제7차 회담
세부항목 오히라 · 김 메모
작성처 외무성 북동아시아과
매수 3
비밀등급 일반
문서종류 내부문서
공개구분 공개
내용 1962년 11월 12일 제2차 오히라 마사요시 · 김종필 회담 결과를 기록한 오히라 대신의 메모 내용을 정리한 문서. 무상, 유상, 수출은행(민간신용공여) 항목으로 정리하고 문서 마지막 페이지에 오히라 대신의 확인이 필요하다고 덧붙임.
주제어 오히라 · 김 메모

문서명	오히라·김 합의에 관한 오히라 전 외무대신의 이야기(大平·金了解についての大平前外務大臣の談話)

문서파일번호 1832
작성연월일 1965. 3. 15
구분 제7차 회담
세부항목 오히라 · 김 합의
작성처 외무성 북동아시아과
매수 8
비밀등급 극비
문서종류 내부문서
공개구분 공개
내용 오히라 마사요시 외상이 북동아시아과장에게 오히라 · 김 합의에 관해 이야기한 내용을 정리한 문서. 1억 달러 이상의 민간경제협력, 합의 이후 메모 처리, 청구권 소멸 범위, 오픈 계정 잔액 및 2억 달러 반환 기간 등이 기술됨. 오히라는 청구권 소멸 범위를 과거의 원한을 버린다는 전제에서 일본이 유상, 무상 협력을 제안했다고 회고하며 이걸로 독립 이전의 문제는 전부 해결되었다고 주장함.
주제어 오히라 · 김 합의

문서명	오히라·김 서한의 법적 성격(大平·金書簡の法的性格)

문서파일번호 1832
작성연월일 1965(월일 불명)
구분 제7차 회담
세부항목 오히라·김종필 서한의 성격
작성처 외무성
매수 3
비밀등급 비(秘)
문서종류 내부문서
공개구분 공개
내용 오히라 마사요시 외상과 김종필 정보부장 간에 교환된 서한의 법적 성격을 검토한 내용이 담긴 문서. 김 중앙정보부장의 지위, 서한의 성격 및 구속력을 중심으로 검토된 내용이 기술됨.
주제어 오히라·김종필 서한의 성격

문서명	오히라·김 회담 관계 연표(大平·金会談関係クロノロジー)

문서파일번호 1832
작성연월일 1965. 10. 25
구분 한일협정 체결 후
세부항목 오히라·김종필 회담 관계 연표
작성처 외무성 북동아시아과
매수 3
비밀등급 일반
문서종류 내부자료
공개구분 공개
내용 오히라 마사요시 외상·김종필 부장 회담, 서한 발송 및 접수, 관련 자료의 중의원 제출 등 오히라·김 부장 회담을 둘러싼 연표가 사건별로 정리된 문서
주제어 오히라·김종필 회담 관계 연표

제24부

대표단 명부, 언론 동향, 외무성 월보

제4차 회담 대표단 명부
(第4次会談代表團名簿)

문서파일번호	58
작성연월일	1958. 2. 22 - 1960. 4. 13
구분	제4차 회담
세부항목	회담 대표단
작성처	외무성, 한국대표단
매수	74
비밀등급	
문서종류	내부자료, 공문, 내부문서, 재가문서, 외교공한
공개구분	공개 또는 일부비공개
내용	제4차 한일회담 대표단 명부, 일본의 대표단 임명 관련 공문, 한국의 통보 외교공한 등 모음
주제어	제4차 한일회담 대표단

문서명	제4차 한일회담 일본 측 교섭단 구성(안)[第四回日韓全面会談日本側交渉團構成(案)]

문서파일번호 58
작성연월일 1958(월일 불명)
구분 제4차 회담
세부항목 회담 대표단
작성처 외무성 아시아국 제1과
매수 2
비밀등급 비(秘)
문서종류 내부자료
공개구분 공개
내용 제4차 한일회담 본회의 및 각 위원회에 참석하는 일본대표단 및 사무국 요원 명부
주제어 제4차 한일회담 일본대표단

문서명	제4차 한일회담에 출석하는 각 성 관계 관료의 명단 통보방법 의뢰 건(第四次日韓全面会談に出席する各省関係官の氏名通報方依頼の件)

문서파일번호 58
작성연월일 1958. 2. 22
구분 제4차 회담
세부항목 회담 대표단
작성처 외무성 아시아국 제1과
매수 2
비밀등급 비(秘)
문서종류 공문
공개구분 공개
내용 법무성, 대장성, 농림성, 운수성에 대해 제4차 한일회담 참석자 추천을 의뢰하는 공문
주제어 제4차 한일회담 일본대표단 각 성(省) 대표

문서명	제4차 한일회담에 출석하는 각 성 관계 관료의 명단 통보방법 의뢰 건(법무성, 대장성 회답) [第四次日韓全面会談に出席する各省関係官の氏名通報方の件(法務省, 大藏省 回答)]

문서파일번호 58
작성연월일 1958. 3. 1 / 1958. 3. 11
구분 제4차 회담
세부항목 회담 대표단
작성처 법무성, 대장성
매수 1
비밀등급 일반
문서종류 공문
공개구분 공개
내용 1958년 2월 22일 자 외무성 공문에 대한 법무성(1958. 3. 1), 대장성(1958. 3. 11)의 회신(문서 1쪽에 공문 두 장이 수록되어 있음)
주제어 제4차 한일회담 일본대표단 각 성 대표

문서명	제4회 한일회담 당성 출석자의 명단 통보에 관하여(농림성, 운수성 회답) [第四次日韓全面会談における当省出席者の氏名通報について(農林省, 運輸省 回答)]

문서파일번호 58
작성연월일 1958. 2. 26 / 1958. 3. 3
구분 제4차 회담
세부항목 회담 대표단
작성처 농림성, 운수성
매수 1
비밀등급 일반
문서종류 공문
공개구분 공개
내용 1958년 2월 22일 자 외무성 공문에 대한 농림성(1958. 2. 26), 운수성(1958. 3. 3)의 회신(문서 1쪽에 공문 두 장이 수록되어 있음)
주제어 제4차 한일회담 일본대표단 각 성 대표

문서명	제4차 한일회담 한국대표단 명단(第四次韓日會談韓國側代表團名單)

문서파일번호 58
작성연월일 1958. 2. 26
구분 제4차 회담
세부항목 회담 대표단
작성처 한국대표단
매수 3
비밀등급 일반
문서종류 내부자료
공개구분 공개
내용 제4차 한일회담에 참석하는 한국대표 및 대표단원 명단(영문 명단 첨부)
주제어 제4차 한일회담 한국대표단

문서명	한일회담 일본정부 대표 임명에 대해서(日韓全面会談日本政府代表任命について)

문서파일번호 58
작성연월일 1958. 2. 28
구분 제4차 회담
세부항목 회담 대표단
작성처 외무성 아시아국 제1과
매수 2
비밀등급 일반
문서종류 내부문서(인사발령)
공개구분 일부비공개
내용 사와다 렌조(沢田廉三) 외무성 고문 및 이노우에 고지로(井上孝治郎) 대사의 제4차 한일회담 대표 임명 건
주제어 제4차 한일회담 일본 수석대표 임명

문서명	제4차 한일회담에 출석하는 각 성 관계 관료의 명단통보 의뢰(第四次日韓全面会談に出席する各省関係官の氏名通報方依頼の件)

문서파일번호 58
작성연월일 1958. 3. 12
구분 제4차 회담
세부항목 회담 대표단
작성처 외무성 아시아국 제1과
매수 1
비밀등급 일반
문서종류 공문
공개구분 공개
내용 선박 문제 분과위원회 대장성 관계관 참석 의뢰 건
주제어 제4차 한일회담 선박분과위원회 일본 대장성 대표

문서명	한일회담 일본정부 대표 임명에 대해서(日韓全面会談日本政府代表の任命に関する件)

문서파일번호 58
작성연월일 1958. 4. 9
구분 제4차 회담
세부항목 회담 대표단
작성처 외무성 아시아국 제1과
매수 2
비밀등급 일반
문서종류 재가문서
공개구분 공개
내용 이세키 유지로(伊關佑二郎) 법무성 입국관리국장 등 제4차 한일회담 일본대표단 임명 건
주제어 제4차 한일회담 일본대표단

문서명	제4회 한일회담 한국대표단 명부(第四回日韓会談韓国側代表団名簿)

문서파일번호 58
작성연월일 1958. 3. 31
구분 제4차 회담
세부항목 회담 대표단
작성처 외무성 아시아국 제1과
매수 1
비밀등급 일반
문서종류 내부자료
공개구분 공개
내용 제4차 한일회담 한국대표 및 대표단원 명부
주제어 제4차 한일회담 한국대표단

문서명	한일회담 일본정부 대표 임명에 대해서(日韓全面会談日本政府代表団任命について)

문서파일번호 58
작성연월일 1958. 4. 12
구분 제4차 회담
세부항목 회담 대표단
작성처 외무성 아시아국 제1과
매수 2
비밀등급 일반
문서종류 내부문서(인사발령)
공개구분 공개
내용 이세키 유지로 법무성 입국관리국장 등 제4차 한일회담 일본대표단 임명 건
주제어 제4차 한일회담 일본대표 임명

문서명	한일회담 일본대표단 명부(日韓全面会談日本側代表団名簿)

문서파일번호	58
작성연월일	1958. 4. 15
구분	제4차 회담
세부항목	회담 대표단
작성처	외무성 아시아국 제1과
매수	2
비밀등급	일반
문서종류	내부자료
공개구분	공개
내용	제4차 회담 일본 수석대표, 대표, 대표단원 명부(영문 명부 첨부)
주제어	제4차 한일회담 일본대표단

문서명	한일회담 한국대표단 명부(日韓会談韓国側代表団名簿)

문서파일번호	58
작성연월일	1958. 4. 15
구분	제4차 회담
세부항목	회담 대표단
작성처	외무성 아시아국 제1과
매수	1
비밀등급	일반
문서종류	내부자료
공개구분	공개
내용	제4차 회담 한국대표 및 대표단원 명부(영문명부 첨부)
주제어	제4차 한일회담 한국대표단

문서명	한일회담 일본정부 대표 임명에 관한 건(日韓全面会談日本政府代表の任命に関する件)

문서파일번호	58
작성연월일	1958. 5. 8
구분	제4차 회담
세부항목	회담 대표단
작성처	외무성 아시아국 제1과
매수	1
비밀등급	일반
문서종류	재가문서
공개구분	공개
내용	이세키 유지로 법무성 입국관리국장이 외무성 이주국장으로 임명될 예정이라면서 동인을 제4차 한일회담 일본대표단에 임명하고자 한다는 내용의 재가문서
주제어	제4차 한일회담 일본대표단 임명

문서명	한일회담 일본정부 대표 임명에 대해서(日韓全面会談日本政府代表団任命について)

문서파일번호	58
작성연월일	1958. 5. 10
구분	제4차 회담
세부항목	회담 대표단
작성처	외무성 아시아국 제1과
매수	1
비밀등급	일반
문서종류	내부문서(인사발령)
공개구분	공개
내용	신임 법무성 가쓰노 야스스케(勝野康助) 입국관리국장의 한일회담 대표단 임명 건
주제어	제4차 한일회담 일본 법무성 신임 대표 임명

문서명	한일회담 분과위원회 일본 명부(日韓全面会談分科委員会日本側名簿)

문서파일번호 58
작성연월일 1958. 5. 12
구분 제4차 회담
세부항목 회담 대표단
작성처 외무성 북동아시아과
매수 2
비밀등급 일반
문서종류 내부자료
공개구분 공개
내용 각 분과위원회별 일본대표단 명부
주제어 제4차 한일회담 각 분과위원회 일본대표단

문서명	제4차 한일회담 위원회별 대표단 명부(List of Members of Committees at the Fourth Korea-Japan Overall Talks)

문서파일번호 58
작성연월일 1958. 5. 12
구분 제4차 회담
세부항목 회담 대표단
작성처 한국대표단
매수 2
비밀등급 일반
문서종류 내부자료
공개구분 공개
내용 제4차 한일회담 각 분과위원회별 한국대표단 명부(영문)
주제어 제4차 한일회담 각 분과위원회 한국대표단

문서명	제4차 한일회담 위원회별 대표단 명부(List of Members of Committees at the Fourth Korea-Japan Overall Talks)

문서파일번호 58
작성연월일 1958. 5. 27
구분 제4차 회담
세부항목 회담 대표단
작성처 한국대표단
매수 3
비밀등급 일반
문서종류 내부자료
공개구분 공개
내용 제4차 한일회담 각 분과위원회별 한국대표단 명부(한국으로부터 수령한 영문이름에 일본 측이 한자 성명 추가). 3, 4번째 쪽은 5월 12일 수령한 명부가 함께 편철된 것으로 보임.
주제어 제4차 한일회담 각 분과위원회 한국대표단

문서명	위원회 대표단 수정 명단(Revised List of Japanese Members of Sub-committees)

문서파일번호 58
작성연월일 1958. 5. 29
구분 제4차 회담
세부항목 회담 대표단
작성처 외무성 북동아시아과
매수 1
비밀등급 일반
문서종류 내부자료
공개구분 공개
내용 수정된 일본 제4차 한일회담 대표단 명부(영문)
주제어 제4차 한일회담 일본대표단(수정본)

문서명	청구권위원회 대표단 명단(List of Members of Committee on Korean Claims)

문서파일번호	58
작성연월일	1958. 5. 29
구분	제4차 회담
세부항목	회담 대표단
작성처	한국대표단
매수	1
비밀등급	일반
문서종류	내부자료
공개구분	공개
내용	제4차 한일회담 청구권위원회 및 선박위원회 한국대표단 명부(영문)
주제어	제4차 한일회담 청구권 및 선박위원회 한국대표단

문서명	제목 없음

문서파일번호	58
작성연월일	1958. 5. 29
구분	제4차 회담
세부항목	회담 대표단
작성처	외무성 북동아시아과
매수	1
비밀등급	일반
문서종류	외교공한
공개구분	공개
내용	일본측 사와다 수석대표가 이타가키 오사무(板垣修) 외무성 아시아국장이 제4차 한일회담 청구권위원회 일본대표단에 추가되었음을 한국 측 수석대표에게 통보하는 내용의 공한(영문)
주제어	제4차 한일회담 청구권위원회 일본 신임 수석위원

문서명	제목 없음

문서파일번호	58
작성연월일	1958. 5. 30
구분	제4차 회담
세부항목	회담 대표단
작성처	외무성 북동아시아과
매수	1
비밀등급	비(秘)
문서종류	내부문서(보고서)
공개구분	공개
내용	임병직 한국 수석대표로부터 1958년 5월 29일 자 사와다 대표의 공한을 접수하였다는 답신 공한이 도착하였음을 보고하는 내용의 문서
주제어	제4차 한일회담 청구권위원회 일본 신임 수석위원

문서명	제목 없음

문서파일번호	58
작성연월일	1958. 5. 29
구분	제4차 회담
세부항목	회담 대표단
작성처	한국대표단
매수	1
비밀등급	일반
문서종류	외교공한
공개구분	일부비공개
내용	1958년 5월 29일 자 사와다 대표의 공한에 대한 임병직 대표의 답신 공한(영문)
주제어	제4차 한일회담 청구권위원회 일본 신임 수석위원

문서명	한국 예술품 문제에 관한 협의에 참가하는 한국 청구권분과위원회 대표단 명단(List of Korean Members of the Sub-committee on Claims Who Will Participate in the Discussion on Matters Concerning Korean Art Objects)

문서파일번호 58
작성연월일 1958. 6. 4
구분 제4차 회담
세부항목 회담 대표단
작성처 한국대표단
매수 1
비밀등급
문서종류 내부자료
공개구분 공개
내용 제4차 한일회담 청구권분과위원회 위원 중 한국예술품 관련 토의에 참석할 한국 위원 명부(영문)
주제어 제4차 한일회담 청구권소위원회 한국예술품 협의 참석 한국 위원

문서명	제목 없음

문서파일번호 58
작성연월일 1958. 9. 22
구분 제4차 회담
세부항목 회담 대표단
작성처 한국대표단
매수 1
비밀등급 일반
문서종류 외교공한
공개구분 일부비공개
내용 임병직 대표가 사와다 대표에게 보내는 공한(영문). 장경근 위원이 제4차 한일회담 어업·평화선분과위원회의 수석위원이 되었다고 통보함.
주제어 제4차 한일회담 어업·평화선위원회 한국 수석위원 교체 통보

문서명	제목 없음

문서파일번호 58
작성연월일 1958. 9. 24
구분 제4차 회담
세부항목 회담 대표단
작성처 외무성 북동아시아과
매수 1
비밀등급 일반
문서종류 외교공한
공개구분 공개
내용 1958년 9월 22일 자 임병직 대표의 공한에 대한 사와다 대표의 9월 24일 자 답신 공한(영문)
주제어 제4차 한일회담 어업 · 평화선위원회 한국 수석위원 교체 통보

문서명	어업·평화선위원회 대표단 명부(List of Members of the Committee on Fisheries and Peace Line)

문서파일번호 58
작성연월일 1958. 10. 2
구분 제4차 회담
세부항목 회담 대표단
작성처 한국대표단
매수 2
비밀등급 일반
문서종류 내부자료
공개구분 공개
내용 제4차 한일회담 어업 및 평화선위원회 한국대표단 명부(영문)
주제어 제4차 한일회담 어업 · 평화선위원회 한국대표단

문서명	제목 없음

문서파일번호 58
작성연월일 1958. 10. 3
구분 제4차 회담
세부항목 회담 대표단
작성처 한국대표단
매수 1
비밀등급 일반
문서종류 외교공한
공개구분 일부비공개
내용 1958년 10월 2일 자로 제4차 한일회담(본회의, 각 위원회)에 참석하는 한국대표단 명단이 수정되었음을 통보하는 임병직 대표의 사와다 대표 앞 공한(영문)
주제어 제4차 한일회담 한국대표단 교체 통보

문서명	제4차 한일회담 한국대표단 수정 명부(Revised List of Korean Delegation to the Fourth Korea-Japan Conference)

문서파일번호 58
작성연월일 1958. 10. 2
구분 제4차 회담
세부항목 회담 대표단
작성처 한국대표단
매수 7
비밀등급 일반
문서종류 내부자료
공개구분 공개
내용 제4차 한국회담 한국대표단의 수정된 명부(영문)
주제어 제4차 한일회담 한국대표단 수정본

문서명	제목 없음

문서파일번호 58
작성연월일 1958. 10. 15
구분 제4차 회담
세부항목 회담 대표단
작성처 한국대표단
매수 1
비밀등급 일반
문서종류 외교공한
공개구분 일부비공개
내용 제4차 한일회담 '기타 청구권분과위원회' 한국 이호 위원이 대표단에서 제외되었음을 통보하는 1958년 10월 15일 자 임병직 대표의 사와다 대표 앞 공한(영문)
주제어 제4차 한일회담 기타 청구권분과위원회 한국위원 제외 통보

문서명	제목 없음

문서파일번호 58
작성연월일 1958. 10. 30
구분 제4차 회담
세부항목 회담 대표단
작성처 외무성 북동아시아과
매수 1
비밀등급 일반
문서종류 외교공한
공개구분 공개
내용 1958년 10월 15일 자 임병직 대표 공한에 대한 사와다 대표의 10월 30일 자 답신 공한(영문)
주제어 제4차 한일회담 기타 청구권분과위원회 한국위원 제외 통보

문서명	제목 없음

문서파일번호 58
작성연월일 1958. 11. 11
구분 제4차 회담
세부항목 회담 대표단
작성처 한국대표단
매수 1
비밀등급 일반
문서종류 외교공한
공개구분 일부비공개
내용 이호 위원이 제4차 한일회담 기타 청구권분과위 수석위원으로 회의를 이끌 것이라는 내용의 임병직 대표의 사와다 대표 앞 1958년 11월 11일 자 공한(영문)
주제어 제4차 한일회담 기타청구권소위원회 한국수석위원 통보

문서명	제목 없음

문서파일번호 58
작성연월일 1958. 11. 13
구분 제4차 회담
세부항목 회담 대표단
작성처 외무성 북동아시아과
매수 1
비밀등급 일반
문서종류 외교공한
공개구분 공개
내용 1958년 11월 11일 자 임병직 대표의 공한에 대한 11월 13일 자 사와다 대표 답신 공한(영문)
주제어 제4차 한일회담 기타 청구권분과위원회 한국 수석위원

문서명	제목 없음

문서파일번호 58
작성연월일 1958. 12. 6
구분 제4차 회담
세부항목 회담 대표단
작성처 외무성 북동아시아과
매수 1
비밀등급 일반
문서종류 외교공한
공개구분 공개
내용 사와다 대표가 임병직 대표에게 보내는 공한. 일본 측 어업·평화선위원회에 수산청 사카무라 요시마사(坂村吉正) 생산부장이 추가되었음을 통보함.
주제어 제4차 한일회담 어업·평화선위원회 일본위원 추가 통보

문서명	제목 없음

문서파일번호 58
작성연월일 1958. 12. 6
구분 제4차 회담
세부항목 회담 대표단
작성처 외무성 북동아시아과
매수 1
비밀등급 일반
문서종류 외교공한
공개구분 공개
내용 사와다 대표가 임병직 대표에게 보내는 공한(영문). 일본 아시아국 참사관이 요시카와 시게조(吉川重藏)로 교체되어 관련 위원회 위원을 대체한다는 내용.
주제어 제4차 한일회담 위원회 일본위원 교체 통보

문서명	제목 없음

문서파일번호 58
작성연월일 1958. 12. 6
구분 제4차 회담
세부항목 회담 대표단
작성처 외무성 북동아시아과
매수 1
비밀등급
문서종류 외교공한
공개구분 공개
내용 사와다 대표가 임병직 대표에게 보내는 공한(영문). 운수성 아사다 시즈오(朝田靜夫) 해운국장이 새로 임명되어 관련 위원회 위원을 대체한다는 내용을 통보함.
주제어 제4차 한일회담 위원회 일본위원 교체 통보

문서명	한일회담 일본정부 대표 임면에 대해서(日韓全面会談日本政府代表命免について)

문서파일번호 58
작성연월일 1958. 12. 9
구분 제4차 회담
세부항목 회담 대표단
작성처 외무성 북동아시아과
매수 1
비밀등급 일반
문서종류 내부문서(인사발령)
공개구분 공개
내용 외무성 신임 아시아국 요시카와 시게조(吉川重藏) 참사관 등의 한일회담 대표 임명에 관한 문서
주제어 제4차 한일회담 일본대표 임명

문서명	제목 없음

문서파일번호	58
작성연월일	1958. 12. 11
구분	제4차 회담
세부항목	회담 대표단
작성처	한국대표단
매수	1
비밀등급	일반
문서종류	외교공한
공개구분	일부비공개
내용	임병직 대표가 사와다 대표에게 보내는 공한(영문). 김제원 국립박물관장이 한국대표단에 추가되었음을 통보함.
주제어	제4차 한일회담 한국대표단 추가 통보

문서명	제목 없음

문서파일번호	58
작성연월일	1958. 12. 12
구분	제4차 회담
세부항목	회담 대표단
작성처	외무성 북동아시아과
매수	1
비밀등급	일반
문서종류	외교공한
공개구분	공개
내용	1958년 12월 11일 자 임병직 대표의 서한에 대한 사와다 대표의 답신 공한(영문)
주제어	제4차 한일회담 한국대표단 추가 통보

문서명	한일회담 일본정부 대표 임면에 대해서(日韓全面会談日本政府代表命免について)

문서파일번호	58
작성연월일	1959. 8. 11
구분	제4차 회담
세부항목	회담 대표단
작성처	외무성 북동아시아과
매수	2
비밀등급	일반
문서종류	내부문서(인사발령)
공개구분	공개
내용	이세키 유지로 외무성 아시아국장 등 한일회담 일본정부 대표 교체 관련 인사발령 문서
주제어	제4차 한일회담 일본대표 교체

문서명	일본 위원회별 위원 명부(List of Japanese Members of Committees)

문서파일번호	58
작성연월일	1959. 8. 11
구분	제4차 회담
세부항목	회담 대표단
작성처	외무성 북동아시아과
매수	2
비밀등급	일반
문서종류	내부자료
공개구분	공개
내용	한일회담 각 분과위원회별 일본 위원 명부(영문)
주제어	제4차 한일회담 분과위원회 일본대표

문서명	일본대표단 명부(List of Japanese Delegation)

문서파일번호 58
작성연월일 1959. 8. 11
구분 제4차 회담
세부항목 회담 대표단
작성처 외무성 북동아시아과
매수 1
비밀등급 일반
문서종류 내부자료
공개구분 공개
내용 제4차 한일회담 일본 측 정부대표 명부(영문)
주제어 제4차 한일회담 일본 대표

문서명	한일회담 분과위원회 일본 명부(日韓全面會談分科委員會日本側委員名簿)

문서파일번호 58
작성연월일 1959. 8. 12
구분 제4차 회담
세부항목 회담 대표단
작성처 외무성 북동아시아과
매수 2
비밀등급 일반
문서종류 내부자료
공개구분 공개
내용 1959년 8월 12일 자 제4차 한일회담 일본 분과위원회 위원 명부
주제어 제4차 한일회담 분과위원회 일본 위원 명부

문서명	한일회담 일본정부 대표 임명에 대해서(日韓全面会談日本政府代表任命について)

문서파일번호	58
작성연월일	1959. 9. 8
구분	제4차 회담
세부항목	회담 대표단
작성처	외무성 북동아시아과
매수	1
비밀등급	일반
문서종류	내부문서(인사발령)
공개구분	공개
내용	다카하시 야스히코(高橋泰彦) 수산청 차장의 일본정부 대표 임명에 관한 건
주제어	제4차 한일회담 일본 수산청대표 교체

문서명	제목 없음

문서파일번호	58
작성연월일	1959. 9. 8
구분	제4차 회담
세부항목	회담 대표단
작성처	외무성 북동아시아과
매수	1
비밀등급	
문서종류	외교공한
공개구분	공개
내용	사와다 대표가 허정 대표에게 보내는 공한(영문). 수산청 차장 교체로 신임 다카하시 야스히코(高橋泰彦) 차장이 제4차 한일회담 일본정부 대표 및 어업·평화선 소위 수석위원이 됨을 통보함.
주제어	제4차 한일회담 어업·평화선위원회 일본대표 통보

문서명	수산청 관계 대표 교체에 관해 한국에 정식 통지하는 건(水産省関係代表交替に関し韓国側に正式通知の件)

문서파일번호 58
작성연월일 1959. 9. 8
구분 제4차 회담
세부항목 회담 대표단
작성처 외무성 북동아시아과
매수 1
비밀등급
문서종류 내부문서(건의서)
공개구분 공개
내용 수산청 차장 교체와 관련 한국에 대한 통지를 건의하는 내용의 내부 건의서
주제어 제4차 한일회담 어업·평화선위원회 일본대표 통보

문서명	한국대표부 주요인사(Key Personnel of Korean Mission)

문서파일번호 58
작성연월일 1959. 11. 27
구분 제4차 회담
세부항목 회담 대표단
작성처 외무성 북동아시아과
매수 1
비밀등급 일반
문서종류 내부자료
공개구분 공개
내용 주일한국대표부 주요인사 명부(영문)
주제어 주일한국대표부 주요인사

문서명	한일회담 일본정부 대표 임명에 대해서(日韓全面会談日本政府代表任命について)

문서파일번호 58
작성연월일 1960. 1. 9
구분 제4차 회담
세부항목 회담 대표단
작성처 외무성 북동아시아과
매수 1
비밀등급
문서종류 내부문서(인사발령)
공개구분 공개
내용 법무성 신임 다카세 지로(高瀨侍郎) 입국관리국장의 정부대표 임명에 관한 건
주제어 제4차 한일회담 일본 신임 법무성 대표 임명

문서명	제4차 한일회담 한국대표단 명부[第四次日韓全面会談代表団名簿(韓国側)]

문서파일번호 58
작성연월일 1960. 1. 30
구분 제4차 회담
세부항목 회담 대표단
작성처 외무성 북동아시아과
매수 2
비밀등급 일반
문서종류 내부자료
공개구분 공개
내용 1960년 1월 30일 자 제4차 한일회담 한국대표단 명부. 1부는 수기, 1부는 타이핑된 자료
주제어 제4차 한일회담 한국대표단

문서명	제목 없음

문서파일번호 58
작성연월일 1960. 1. 29
구분 제4차 회담
세부항목 회담 대표단
작성처 한국대표단
매수 1
비밀등급 일반
문서종류 외교공한
공개구분 일부비공개
내용 유태하 교체 수석이 사와다 대표에게 보내는 공한(영문). 이재항 등 6인이 제4차 한일회담 한국대표 단원에서 교체 대표로 지위가 변경되었음을 통보함.
주제어 제4차 한일회담 한국대표단 교체 통보

문서명	제4차 한일회담 일본대표단 명부[第四次日韓全面会談代表団名簿(日本側)]

문서파일번호 58
작성연월일 1960. 1. 30
구분 제4차 회담
세부항목 회담 대표단
작성처 외무성 북동아시아과
매수 1
비밀등급 일반
문서종류 내부자료
공개구분 공개
내용 1960년 1월 30일 자 제4차 한일회담 일본대표단 명부
주세어 제4자 한일회담 일본대표단

문서명	한일회담 일본정부 대표 임면에 대해서(日韓全面会談日本政府代表任命について)

문서파일번호 58
작성연월일 1960. 4. 12
구분 제4차 회담
세부항목 회담 대표단
작성처 외무성 북동아시아과
매수 1
비밀등급 일반
문서종류 내부문서(인사발령)
공개구분 공개
내용 일본 외무성 아시아국 우야마 아쓰시(宇山厚) 참사관을 새로이 정부대표로 임명하는 문서
주제어 제4차 한일회담 일본 대표 신규 임명

문서명	제목 없음

문서파일번호 58
작성연월일 1960. 4. 13
구분 제4차 회담
세부항목 회담 대표단
작성처 한국대표단
매수 1
비밀등급 일반
문서종류 외교공한
공개구분 공개
내용 유태하 교체 수석이 사와다 대표에게 보내는 공한(영문). 제4차 한일회담 한국 교체 대표인 진필식이 이원경 참사관으로 교체되었음을 통보함.
주제어 제4차 한일회담 한국대표 교체 통보

제5차 회담 대표단 명부
(第5次会談代表團名簿)

문서파일번호	59
작성연월일	1960. 10. 3 - 1961. 6. 9
구분	제5차 회담
세부항목	회담 대표단
작성처	외무성
매수	40
비밀등급	
문서종류	내부문서, 내부자료
공개구분	공개 또는 일부비공개
내용	제5차 한일회담 대표단 명부
주제어	제5차 한일회담 대표단

문서명	한일회담 일본정부 대표 임명에 대하여(日韓全面会談日本政府代表任命について)

문서파일번호 59
작성연월일 1960. 10. 18
구분 제5차 회담
세부항목 제5차 회담 일본대표 임명
작성처 외무성 북동아시아과
매수 2
비밀등급 일반
문서종류 내부문서(인사발령)
공개구분 공개
내용 외무성 조약국장 등의 제5차 한일회담 대표 임명에 관한 내용
주제어 제5차 한일회담 일본 대표

문서명	제5차 한일회담 대표단 명부(일본)[第5次日韓全面会談代表團名簿(日本側)]

문서파일번호 59
작성연월일 1960. 10. 3
구분 제5차 회담
세부항목 회담 대표단
작성처 외무성 아시아국
매수 1
비밀등급 일반
문서종류 내부자료
공개구분 공개
내용 제5차 한일회담 일본대표단 명부
주제어 제5차 한일회담 일본대표단

문서명	한일회담 분과위원회 일본 위원 명부(日韓会談分科委員会日本側委員名簿)

문서파일번호 59
작성연월일 1960. 10. 3
구분 제5차 회담
세부항목 회담 대표단
작성처 외무성 아시아국
매수 6
비밀등급 일반
문서종류 내부자료
공개구분 공개
내용 제5차 한일회담 위원회별 일본대표단 명부
주제어 제5차 회담 각 위원회 일본대표단

문서명	한일회담 분과위원회 일본 위원 명부(日韓会談分科委員会日本側委員名簿)

문서파일번호 59
작성연월일 1960. 10(일자 불명)
구분 제5차 회담
세부항목 회담 대표단
작성처 외무성 아시아국
매수 6
비밀등급 일반
문서종류 내부자료
공개구분 공개
내용 1960년 10월 3일 자 명단과 동일하나 ③ 위원회의 명칭이 어업위원회로 되어 있는 것만 다름.
주제어 제5차 한일회담 각 위원회 일본대표단

문서명	한국대표단 명부(韓国側代表名簿)

문서파일번호 59
작성연월일 1960. 10(일자 불명)
구분 제5차 회담
세부항목 회담 대표단
작성처 외무성 아시아국
매수 2
비밀등급 일반
문서종류 내부자료
공개구분 공개
내용 제5차 회담 한국대표단 명부
주제어 제5차 한일회담 한국대표단

문서명	한일회담 예비회담 한국 대표 및 자문위원 명부(日韓全面会談予備会談韓国側代表および諮問委員名簿)

문서파일번호 59
작성연월일 1960. 10. 21
구분 제5차 회담
세부항목 회담 대표단
작성처 외무성 북동아시아과
매수 1
비밀등급
문서종류 내부자료
공개구분 공개
내용 제5차 한일회담 예비회담 한국대표단 및 자문위원 명부(영문 이름 병기)
주제어 제5차 한일회담 예비회담 한국대표단

문서명	기사 자료: 한일회담 예비회담의 양국 대표단에 대하여(記事資料 : 日韓全面会談予備会談の両国代表団について)

문서파일번호 59
작성연월일 1960. 10. 21
구분 제5차 회담
세부항목 회담 대표단
작성처 외무성 정보문화국
매수 4
비밀등급 일반
문서종류 보도자료
공개구분 공개
내용 제5차 회담 한일 양국 대표단 명부에 관한 보도자료
주제어 제5차 한일회담 한일 대표단

문서명	각 위원회 위원 명단(各委員會委員名単)

문서파일번호 59
작성연월일 1960. 10. 26
구분 제5차 회담
세부항목 회담 대표단
작성처 한국대표단
매수 2
비밀등급 일반
문서종류 내부자료
공개구분 공개
내용 수기로 작성한 제5차 한일회담 위원회별 한국대표단 명단
주제어 제5차 한일회담 각 위원회 한국대표단

문서명	각 위원회 위원 명단(各委員會委員名單)

문서파일번호	59
작성연월일	1960. 10. 26
구분	제5차 회담
세부항목	회담 대표단
작성처	한국대표단
매수	2
비밀등급	일반
문서종류	내부자료
공개구분	공개
내용	바로 앞 명단과 동일한 문서. 한국으로부터 10월 26일 비공식으로 전달받았다고 기록되어 있음.
주제어	제5차 한일회담 각 위원회 한국대표단

문서명	한일회담 분과위원회 한국 위원 명부(日韓会談分科委員会韓国側委員名簿)

문서파일번호	59
작성연월일	1960. 10. 26
구분	제5차 회담
세부항목	회담 대표단
작성처	외무성 아시아국
매수	2
비밀등급	일반
문서종류	내부자료
공개구분	공개
내용	일본이 정리한 제5차 한일회담 각 위원회 한국대표단 명부
주제어	제5차 한일회담 각 위원회 한국대표단

문서명	제5차 한일회담 대표단 명부(한국)[第5次日韓全面会談代表団名簿(韓国側)]

문서파일번호 59
작성연월일 1960. 10. 26
구분 제5차 회담
세부항목 회담 대표단
작성처 외무성 아시아국
매수 1
비밀등급 일반
문서종류 내부자료
공개구분 공개
내용 제5차 한일회담 한국대표단 명부
주제어 제5차 한일회담 각 위원회 한국대표단

문서명	한일회담 분과위원회 일본 위원 명부(日韓会談分科委員会日本側委員名簿)

문서파일번호 59
작성연월일 1960(월일 불명)
구분 제5차 회담
세부항목 회담 대표단
작성처 외무성 아시아국
매수 6
비밀등급 일반
문서종류 내부자료
공개구분 공개
내용 1960년 10월 초에 작성한 일본 분과위원회 위원 명부와 동일한 내용이 담겨 있음.
주제어 제5차 한일회담 각 위원회 일본대표단

문서명	한일회담 분과위원회 한국 위원 명부(日韓会談分科委員会韓国側委員名簿)

문서파일번호 59
작성연월일 1960. 11. 2
구분 제5차 회담
세부항목 회담 대표단
작성처 외무성 정보문화국
매수 3
비밀등급 일반
문서종류 보도자료
공개구분 공개
내용 제5차 한일회담 각 분과위원회 한국대표단 명부
주제어 제5차 한일회담 각 위원회 한국대표단

문서명	한일회담 분과위원회 일본 위원 추가 명부(日韓会談分科委員会日本側委員追加名簿)

문서파일번호 59
작성연월일 1960. 11. 25
구분 제5차 회담
세부항목 회담 대표단
작성처 외무성 아시아국
매수 1
비밀등급 일반
문서종류 내부자료
공개구분 공개
내용 제5차 한일회담 일본 분과위원회 위원 추가 명부
주제어 제5차 한일회담 분과위원회 일본대표 추가

문서명	사임서(辞任書)

문서파일번호	59
작성연월일	1961. 6. 9
구분	제5차 회담
세부항목	회담 대표단
작성처	외무성 아시아국
매수	1
비밀등급	일반
문서종류	내부문서(사임서)
공개구분	일부비공개
내용	한일회담 대표 사임을 원한다는 내용(누구인지는 이름이 먹칠되어 있어 불명)
주제어	제5차 한일회담 일본 대표 사임서

제6차 회담 대표단 명부
(第6次会談代表團名簿)

문서파일번호	60
작성연월일	1961. 10. 3 - 1964. 10. 5
구분	제6차 회담
세부항목	회담 대표단
작성처	외무성
매수	46
비밀등급	
문서종류	내부자료, 재가문서, 내부문서
공개구분	공개 또는 일부비공개
내용	제6차 한일회담 대표단 명부
주제어	제6차 한일회담 대표단

문서명	한일회담 일본정부 대표 임명에 대하여(日韓全面会談日本政府代表任命について)

문서파일번호 60
작성연월일 1961. 10. 3
구분 제6차 회담
세부항목 회담 대표단
작성처 외무성
매수 2
비밀등급 일반
문서종류 내부문서(인사발령)
공개구분 공개
내용 대장성 이재국장 등을 한일회담 대표에 임명하는 내용의 인사발령 문서
주제어 제6차 한일회담 일본 대장성 대표 임명

문서명	제6차 한일회담 대표단 명부(일본)[第6次日韓全面会談代表団名簿(日本側)]

문서파일번호 60
작성연월일 1961. 10. 16
구분 제6차 회담
세부항목 회담 대표단
작성처 외무성 아시아국
매수 1
비밀등급 일반
문서종류 내부자료
공개구분 공개
내용 제6차 한일회담 일본대표단 명부
주제어 제6차 한일회담 일본대표단

문서명	한일회담 분과위원회 일본 위원 명부(日韓会談分科委員会日本側委員名簿)

문서파일번호 60
작성연월일 1961. 10. 16
구분 제6차 회담
세부항목 회담 대표단
작성처 외무성 아시아국
매수 18
비밀등급 일반
문서종류 내부자료
공개구분 공개
내용 제6차 회담 분과위원회 일본 위원 명부. 동일한 명단이 2부 있음.
주제어 제6차 한일회담 분과위 일본대표단

문서명	제6차 한일회담 일본대표단 명부(第6次日韓全面会談日本側代表団名簿)

문서파일번호 60
작성연월일 1961(월일 불명)
구분 제6차 회담
세부항목 회담 대표단
작성처 외무성 아시아국
매수 1
비밀등급 일반
문서종류 내부자료
공개구분 공개
내용 제6차 한일회담 일본대표단 명부, 앞에 나온 제6차 한일전면회담 대표단 명부(일본)와 동일함
주제어 제6차 한일회담 일본대표단

문서명	제6차 한일회담 대표단 명부(한국)[第6次日韓全面会談代表団名簿(韓国側)]

문서파일번호 60
작성연월일 1961. 10. 19
구분 제6차 회담
세부항목 회담 대표단
작성처 외무성 아시아국
매수 3
비밀등급 일반
문서종류 내부자료
공개구분 공개
내용 제6차 회담 한국대표단 명부(영문 이름 병기)
주제어 제6차 한일회담 한국대표단

문서명	제6차 한일회담 한국대표단 명부(第6次日韓全面会談韓国側代表団名簿)

문서파일번호 60
작성연월일 1961(월일 불명)
구분 제6차 회담
세부항목 회담 대표단
작성처 외무성 아시아국
매수 2
비밀등급 일반
문서종류 내부자료
공개구분 공개
내용 제6차 회담 한국대표단 명부(전문위원을 제외한 명부)
주제어 제6차 한일회담 한국대표단

문서명	각 위원회 한국 위원 명부(各委員会韓国側委員名簿)

문서파일번호	60
작성연월일	1961(월일 불명)
구분	제6차 회담
세부항목	회담 대표단
작성처	외무성 아시아국
매수	5
비밀등급	일반
문서종류	내부자료
공개구분	공개
내용	제6차 회담 위원회별 한국대표단 명부
주제어	제6차 한일회담 각 위원회 한국대표단

문서명	제6차 한일회담 어업위원회 한국 수석위원의 변경에 대하여(第6次日韓会談漁業委員会韓国側首席委員の変更について)

문서파일번호	60
작성연월일	1961. 11. 22
구분	제6차 회담
세부항목	회담 대표단
작성처	외무성 북동아시아과
매수	1
비밀등급	일반
문서종류	내부자료
공개구분	공개
내용	한국대표부로부터 어업분과위 한국 수석위원을 김윤근에서 지철근으로 변경한다는 통보가 있었음을 보고
주제어	제6차 한일회담 어업위원회 한국 수석위원 교체 통보

문서명	제6차 한일회담 일본대표단 명부(1962. 9. 21 현재)[第6次日韓全面会談日本側代表団名簿(37.9.21現在)]

문서파일번호 60
작성연월일 1962. 9. 21
구분 제6차 회담
세부항목 회담 대표단
작성처 외무성 북동아시아과
매수 4
비밀등급 일반
문서종류 내부자료
공개구분 공개
내용 제6차 회담 본회의 및 각 위원회 별 일본대표단 명부
주제어 제6차 한일회담 본회의 및 각 위원회 일본대표단

문서명	요코다 외무심의관에 의한 한일회담 관계 성내 사무 통괄 건(黄田外務審議官による日韓会談関係省内事務統轄の件)

문서파일번호 60
작성연월일 1963. 2. 20
구분 제6차 회담
세부항목 회담 대표단
작성처 외무성 북동아시아과
매수 2
비밀등급 일반
문서종류 재가문서
공개구분 공개
내용 외무성 내 한일회담 관계 업무를 요코다 다키오(黄田多喜夫) 외무심의관이 통괄하도록 함.
주제어 제6차 한일회담 일본대표 업무분장

문서명	한일회담 일본정부 대표 임명에 대하여(日韓全面会談日本政府代表命免について)

문서파일번호 60
작성연월일 1963. 5. 7
구분 제6차 회담
세부항목 회담 대표단
작성처 외무성
매수 2
비밀등급 일반
문서종류 내부문서
공개구분 공개
내용 신임 수산청 어정부장을 한일회담 대표로 임명하는 인사발령 문서
주제어 제6차 한일회담 수산청 신임대표 임명

문서명	한일회담 일본정부 대표 임명에 대하여 (日韓全面会談日本政府代表任命について)

문서파일번호 60
작성연월일 1963. 6. 18
구분 제6차 회담
세부항목 회담 대표단
작성처 외무성
매수 2
비밀등급 일반
문서종류 내부문서
공개구분 공개
내용 신임 대장성 이재국장을 한일회담 대표로 임명하는 인사발령 문서
주제어 제6차 한일회담 대장성 신임대표 임명

문서명	한일어업 각료회담 출석자 명부(日韓漁業閣僚会談出席者名簿)

문서파일번호 60
작성연월일 1963(월일 불명)
구분 제6차 회담
세부항목 회담 대표단
작성처 외무성
매수 2
비밀등급 일반
문서종류 내부자료
공개구분 공개
내용 한일 양국의 어업각료회담 참석자 명부
주제어 제6차 한일회담 어업각료회담 한일 참석자

문서명	외무성 증명제43호(外務省 證明第43号)

문서파일번호 60
작성연월일 1964. 10. 5
구분 제6차 회담
세부항목 회담 대표단
작성처 외무성 아시아국
매수 1
비밀등급 일반
문서종류 내부문서
공개구분 일부비공개
내용 스기 미치스케 제6차 회담 일본 수석대표의 외무성 출입에 필요한 증명서
주제어 제6차 한일회담 일본 수석대표 외무성 출입증명서

청구권위원회 한국대표단
(請求權小委員会韓國代表團)

문서파일번호	87
작성연월일	1961. 3. 8
구분	제5차 회담 예비회담 일반청구권소위원회 제5회 회의
세부항목	
작성처	외무성 북동아시아과
매수	14
비밀등급	
문서종류	회의록, 내부자료
공개구분	공개
내용	제5차 한일회담 예비회담 일반청구권소위원회 제5회 회의기록
주제어	청구권

문서명	제5차 한일회담 예비회담 일반청구권소위원회 제5회 회의(第5次日韓全面会談予備会談の一般請求権小委員会第5回会合)

문서파일번호 87
작성연월일 1961. 3. 8
구분 제5차 회담 예비회담 일반청구권소위원회 제5회 회의
세부항목
작성처 외무성 북동아시아과
매수 12
비밀등급 극비
문서종류 회의록
공개구분 공개
내용 1961년 3월 8일 제5차 한일회담 예비회담 일반청구권소위원회 제5회 회의기록. 대일평화조약 제4조 해석에 관한 미국 견해와 한일 합의의사록(본회담 재개 등에 관한 합의)을 3월 9일 공표하기로 합의함. 기타 이후 회의 진행 방식에 관해 논의함.
주제어 대일평화조약 제4조 해석에 관한 미국 견해, 청구권

문서명	3월 8일 제5회 청구권소위원회 논의순서(안) [3月8日の第5回請求権小委員会議事次第(案)]

문서파일번호 87
작성연월일 1961. 3. 8
구분 제5차 회담 예비회담 일반청구권소위원회 제5회 회의
세부항목
작성처 외무성 북동아시아과
매수 2
비밀등급 일반
문서종류 내부자료
공개구분 공개
내용 제5차 한일회담 예비회담 일반청구권소위원회 제5회 회의 논의순서. '대일평화조약 제4조의 해석에 관한 미국정부 견해' 및 이와 관련한 한일 합의의사록의 공표 문제, 한국의 '대일청구 8항목'에 관한 질의순서 등 총 5개의 항목으로 정리되어 있음.
주제어 대일평화조약 제4조 해석에 관한 미국 견해, 청구권

제5차 한일회담에 관한 언론 보도
(第5次韓日會談に関する言論報道)

문서파일번호	15
작성연월일	1960. 10. 20 - 1961. 3. 15
구분	제5차 회담
세부항목	언론 보도
작성처	외무성 북동아시아과
매수	233
비밀등급	
문서종류	내부자료
공개구분	공개
내용	제5차 한일회담 관련 언론 보도(신문기사, 사설, 통신기사, 기자회견 등) 및 논조 분석 자료집
주제어	제5차 한일회담 관련 한국 언론 보도

문서명	한일예비회담의 준비는 충분한가?(日韓予備会談の準備は充分か)

문서파일번호	15
작성연월일	1960. 10. 20
구분	제5차 회담
세부항목	언론 보도
작성처	외무성 북동아시아과
매수	4
비밀등급	일반
문서종류	내부자료
공개구분	공개
내용	1960년 10월 15일 자 한국일보 사설
주제어	한일회담 재개

문서명	북송 문제에 대한 한국 논조(北鮮歸還問題に対する韓國側 論調)

문서파일번호	15
작성연월일	1960. 10. 18
구분	제5차 회담
세부항목	언론 보도
작성처	외무성 북동아시아과
매수	8
비밀등급	일반
문서종류	내부자료
공개구분	공개
내용	1960년 9월 16일~10월 15일까지 북송과 관련하여 한국 언론에 보도된 기사의 논조 분석
주제어	북송 문제

문서명	평화선과 수산업, 부산업계의 목소리(平和線と水産業、釜山業界の声)

문서파일번호 15
작성연월일 1960. 10. 24
구분 제5차 회담
세부항목 언론 보도
작성처 외무성 북동아시아과
매수 4
비밀등급 일반
문서종류 내부자료
공개구분 공개
내용 1960년 9월 6일 한국일보 기사
주제어 어업, 평화선

문서명	한일회담에 관한 유진오 대표의 기자회견담(日韓会談に関する兪鎮午代表の記者会見談)

문서파일번호 15
작성연월일 1960. 10. 24
구분 제5차 회담
세부항목 언론 보도
작성처 외무성 북동아시아과
매수 4
비밀등급
문서종류 내부자료
공개구분 공개
내용 일본인 기자를 상대로 한 유진오 대표의 10월 23일 기자회견 관련 보도 분석
주제어 유진오, 회담 전망

문서명	어업 문제는 평화선을 경계로 해결(漁業問題は平和線を境に解決)

문서파일번호 15
작성연월일 1960. 10. 25
구분 제5차 회담
세부항목 언론 보도
작성처 외무성 북동아시아과
매수 3
비밀등급 일반
문서종류 내부자료
공개구분 공개
내용 1960년 10월 7일 서울발 KP(Korea Press) 기사
주제어 한일회담 전망

문서명	사와다 수석대표의 한국 기자단 회견 요지(沢田首席代表の韓国側記者団との会見要旨)

문서파일번호 15
작성연월일 1960. 10. 25
구분 제5차 회담
세부항목 언론 보도
작성처 외무성 북동아시아과
매수 4
비밀등급 일반
문서종류 내부자료
공개구분 공개
내용 사와다 렌조 일본 수석대표의 한국기자들을 상대로 한 기자회견담
주제어 사와다, 회담 전망

문서명	한일회담에 관한 한국 논조(日韓会談に関する韓国側論調)

문서파일번호 15
작성연월일 1960. 10. 27
구분 제5차 회담
세부항목 언론 보도
작성처 외무성 북동아시아과
매수 23
비밀등급 일반
문서종류 내부자료
공개구분 공개
내용 서울신문 1960년 10월 11, 12, 13 및 14일 자 기사 분석
주제어 한일회담 전망

문서명	한일회담에 대한 한국 신문 논조(日韓会談に対する韓国紙論調)

문서파일번호 15
작성연월일 1960. 11. 7
구분 제5차 회담
세부항목 언론 보도
작성처 외무성 북동아시아과
매수 8
비밀등급 일반
문서종류 내부자료
공개구분 공개
내용 한국일보 1960년 10월 29일 자 사설, 10월 30일 서울문리대 이상백 교수 기고
주제어 북송 문제

문서명	1. 대일정책의 핵심을 보다 정확히(1. 対日政策の核心をより正確に) 2. 한일 예비회담에 부친다(2. 日韓予備会談におくる)

문서파일번호 15
작성연월일 1960. 11. 8
구분 제5차 회담
세부항목 언론 보도
작성처 외무성 북동아시아과
매수 3
비밀등급 일반
문서종류 내부자료
공개구분 공개
내용 1. 민국일보 1960년 10월 21일 사설
2. 동아일보 1960년 10월 26일 사설
주제어 일본 비판

문서명	한일 예비회담과 평화선 문제(韓日予備会談と平和線問題)

문서파일번호 15
작성연월일 1960. 11. 9
구분 제5차 회담
세부항목 언론 보도
작성처 외무성 북동아시아과
매수 5
비밀등급 일반
문서종류 내부자료
공개구분 공개
내용 1960년 11월 7일 서울발, 신아통신 기사
주제어 어업, 평화선

문서명	1. 일본의 북송협정 연장은 한국 우호에 배치하는 행위이다(1. 日本の北送協定延長は対韓友好配置する行為である) 2. 대일외교를 철저하게 재검토해라(2. 対日外交に徹底奈再検討を加えよ)

문서파일번호 15
작성연월일 1960. 11. 11
구분 제5차 회담
세부항목 언론 보도
작성처 외무성 북동아시아과
매수 3
비밀등급 일반
문서종류 내부자료
공개구분 공개
내용 ① 서울일일신문 1960년 10월 29일 사설
② 서울일일신문 1960년 11월 1일 사설
주제어 북송 문제

문서명	착잡한 일본의 한국관(錯雑した日本の韓国観)

문서파일번호 15
작성연월일 1960. 11. 14
구분 제5차 회담
세부항목 언론 보도
작성처 외무성 북동아시아과
매수 5
비밀등급 일반
문서종류 내부자료
공개구분 공개
내용 서울신문 1960년 11월 3일 기사
주제어 북송 문제

문서명	한일 국교 문제와 적화방지(日韓国交問題と赤化防止)

문서파일번호 15
작성연월일 1960. 11. 18
구분 제5차 회담
세부항목 언론 보도
작성처 외무성 북동아시아과
매수 9
비밀등급 일반
문서종류 내부자료
공개구분 공개
내용 한국일보 1960년 11월 11, 12일 변영태 기고문
주제어 회담 제언, 한일 대공(對共) 공조

문서명	일본 붐(日本ブーム)

문서파일번호 15
작성연월일 1960. 11. 21
구분 제5차 회담
세부항목 언론 보도
작성처 외무성 북동아시아과
매수 3
비밀등급 일반
문서종류 내부자료
공개구분 공개
내용 민국일보 1960년 10월 29일 자 '혁명반년'이라는 제목 붙여진 〈울타리〉 란 컬럼
주제어 한국정세

문서명	1. 한일국교의 필수적 기조(1. 日韓国交の必須的基調) 2. 평화선 문제의 해결은 합리적인 어업협정의 체결로(2. 平和線問題の解決は合理的な漁業協定の締結で) 3. 일본의 총선거 결과와 한일관계(3. 日本の総選挙の結果と日韓関係)

문서파일번호 15
작성연월일 1960. 11. 28
구분 제5차 회담
세부항목 언론 보도
작성처 외무성 북동아시아과
매수 4
비밀등급 일반
문서종류 내부자료
공개구분 공개
내용 ① 동아일보 1960년 11월 15일 사설
② 서울신문 1960년 11월 19일 사설
③ 조선일보 1960년 11월 21일 사설
주제어 회담 제언

문서명	유진오 대표 귀국 중의 여러 가지 언명 – (兪鎮午代表の帰国中の諸言明 –)

문서파일번호 15
작성연월일 1960. 12. 5
구분 제5차 회담
세부항목 언론 보도
작성처 외무성 북동아시아과
매수 9
비밀등급 일반
문서종류 내부자료
공개구분 공개
내용 유진오 대표의 1960년 11월 28일 기자회견 및 11월 29일 민의원 외무위원회 한일회담 경과보고에 관한 기사
주제어 유진오, 회담 경과

문서명	한일회담의 오늘과 내일(日韓会談の今日と明日)

문서파일번호 15
작성연월일 1960. 12. 8
구분 제5차 회담
세부항목 언론 보도
작성처 외무성 북동아시아과
매수 10
비밀등급 일반
문서종류 내부자료
공개구분 공개
내용 동아일보 1960년 11월 27일 자 기사
주제어 한일회담 평가, 전망

문서명	한일회담과 평화선 문제(日韓会談と平和線問題)

문서파일번호 15
작성연월일 1960. 12. 18
구분 제5차 회담
세부항목 언론 보도
작성처 외무성 북동아시아과
매수 6
비밀등급 일반
문서종류 내부자료
공개구분 공개
내용 김규환(동양통신 편집부국장, 사회학박사)의 민국일보 1960년 11월 26일 자 컬럼
주제어 평화선

문서명	대일 불신여론 고조 일본의 재침략 경계론도(対日不信輿論高まる日本再侵略警戒論も)

문서파일번호 15
작성연월일 1960. 12. 19
구분 제5차 회담
세부항목 언론 보도
작성처 외무성 북동아시아과
매수 7
비밀등급 일반
문서종류 내부자료
공개구분 공개
내용 1960년 12월 19일 서울발 KP 기사
주제어 일본 비판

문서명	일본국민은 한국민의 입장에 서보라(日本国民は韓国民の立場に立ってみよ)

문서파일번호 15
작성연월일 1960. 12. 23
구분 제5차 회담
세부항목 언론 보도
작성처 외무성 북동아시아과
매수 6
비밀등급 일반
문서종류 내부자료
공개구분 공개
내용 동아일보 1960년 12월 13일 자 사설
주제어 일본 비판

문서명	한일 간 어업타결의 한계점(日韓間の漁業妥協の限界点)

문서파일번호 15
작성연월일 1961. 1. 9
구분 제5차 회담
세부항목 언론 보도
작성처 외무성 북동아시아과
매수 5
비밀등급 일반
문서종류 내부자료
공개구분 공개
내용 서울경제신문 1960년 12월 23일 자 기사
주제어 어업

문서명	서독 및 일본의 경제 제휴의 가부(西独および日本との経済提携の可否)

문서파일번호 15
작성연월일 1961. 1. 10
구분 제5차 회담
세부항목 언론 보도
작성처 외무성 북동아시아과
매수 8
비밀등급 일반
문서종류 내부자료
공개구분 공개
내용 서울신문 1960년 12월 23일, 한국일보 12월 24일 자 기사
주제어 경제원조

문서명	5월경에 한일국교정상화 - 장면 정부의 대일방침(5月頃に日韓国交正常化 - 張勉政府の対日方針)

문서파일번호 15
작성연월일 1961. 1. 12
구분 제5차 회담
세부항목 언론 보도
작성처 외무성 북동아시아과
매수 3
비밀등급 일반
문서종류 내부자료
공개구분 공개
내용 한국일보 1961년 1월 6일 자 기사
주제어 장면, 회담 전망

문서명	한일회담에서 긴급히 고려해야만 하는 문제점(日韓会談で緊急に考慮されなければならない問題点)

문서파일번호 15
작성연월일 1961. 1. 14
구분 제5차 회담
세부항목 언론 보도
작성처 외무성 북동아시아과
매수 3
비밀등급 일반
문서종류 내부자료
공개구분 공개
내용 한국일보 1961년 1월 5일 자 기사
주제어 회담 제언

문서명	한일회담 관련 장면 총리의 국회 답변 요지(日韓会談についての張勉総理の国会答弁要旨)

문서파일번호 15
작성연월일 1961. 1. 17
구분 제5차 회담
세부항목 언론 보도
작성처 외무성 북동아시아과
매수 10
비밀등급 일반
문서종류 내부자료
공개구분 공개
내용 한일회담 관련 장면 총리의 1961년 1월 14일 국회 답변 요지에 관한 한일 양국의 언론 보도 분석
주제어 장면, 회담 평가, 전망

문서명	평화선에 이상 있음(한국 제 861경비정에 동승한 동아일보 특파원의 현지보고)[平和線に異常あり(韓国第861警備艇に同乗した東亜日報特派員の現地報告)]

문서파일번호 15
작성연월일 1961. 1. 18
구분 제5차 회담
세부항목 언론 보도
작성처 외무성 북동아시아과
매수 11
비밀등급 일반
문서종류 내부자료
공개구분 공개
내용 동아일보 1961년 1월 23일 자 도쿄특파원의 현지보고 기사
수제어 평화선, 어업

문서명	한일회담과 우리들의 태도 - 유진오 기고(日韓関係とわれわれの態度 - 兪鎮午寄稿)

문서파일번호 15
작성연월일 1961. 1. 18
구분 제5차 회담
세부항목 언론 보도
작성처 외무성 북동아시아과
매수 12
비밀등급 일반
문서종류 내부자료
공개구분 공개
내용 동아일보 1961년 1월 21일 자 유진오 대표의 기고문
주제어 유진오, 회담 평가

문서명	한국 민의원에서의 장면 총리의 대일외교 방침에 관한 발언(韓国民議院における張勉総理の対日外交方針に関する発言)

문서파일번호 15
작성연월일 1961. 1. 27
구분 제5차 회담
세부항목 언론 보도
작성처 외무성 북동아시아과
매수 10
비밀등급 일반
문서종류 내부자료
공개구분 공개
내용 1961년 1월 14일 한국 민의원에서 장면 총리가 언급한 대일외교 방침과 관련한 한국 각지의 기사 분석
주제어 장면, 한국정부 방침

문서명	정부는 대일외교의 방향을 명확하게(政府は対日外交の方向を明確に)

문서파일번호 15
작성연월일 1961. 1. 23
구분 제5차 회담
세부항목 언론 보도
작성처 외무성 북동아시아과
매수 6
비밀등급 일반
문서종류 내부자료
공개구분 공개
내용 한국일보 1961년 1월 14일 자 사설
주제어 회담 제언

문서명	일본자본 도입 논의 정리를(日本資本導入論議の整理を)

문서파일번호 15
작성연월일 1961. 1. 31
구분 제5차 회담
세부항목 언론 보도
작성처 외무성 북동아시아과
매수 4
비밀등급 일반
문서종류 내부자료
공개구분 공개
내용 동아일보 1961년 1월 24일 자 사설
주제어 청구권 · 경협

문서명	한일회담은 왜 잘 진행되지 않는가(日韓会談はなぜうまくいかないか)

문서파일번호 15
작성연월일 1961. 3. 6
구분 제5차 회담
세부항목 언론 보도
작성처 외무성 북동아시아과
매수 14
비밀등급 일반
문서종류 내부자료
공개구분 공개
내용 1961년 2월 23~25일에 걸쳐 한국일보에 게재된 기획 기사
주제어 회담 평가

문서명	한일회담의 전망(日韓会談の展望)

문서파일번호 15
작성연월일 1961. 3. 15
구분 제5차 회담
세부항목 언론 보도
작성처 외무성 북동아시아과
매수 5
비밀등급 일반
문서종류 내부자료
공개구분 공개
내용 한국일보 1961년 3월 3일 도쿄 특파원 발 기사
주제어 한일회담 전망

제6차 한일회담에 관한 언론 보도(1)
[第6次韓日會談に関する言論報道(1)]

문서파일번호	16
작성연월일	1961. 10. 10 - 1961. 12. 7
구분	제6차 회담
세부항목	언론 보도
작성처	외무성 북동아시아과
매수	47
비밀등급	
문서종류	
공개구분	공개
내용	제6차 한일회담 관련 미국, 한국 언론 보도(신문기사, 사설, 통신기사, 기자회견 등) 및 논조 분석 자료집
주제어	제6차 한일회담 언론 보도

문서명	한국의 진보를 위협하는 파벌항쟁(韓国の進歩を脅かす派閥抗争)

문서파일번호 16
작성연월일 1961. 10. 10
구분 제6차 회담
세부항목 미국 언론 보도
작성처 외무성 북동아시아과
매수 6
비밀등급 일반
문서종류 내부자료
공개구분 공개
내용 1961년 10월 10일 뉴욕타임스(New York Times)지의 한국정세 관련 기사 번역문
주제어 한국정세

문서명	재산청구권 관련 일본 언론계의 기괴한 태도(財産請求権に関する日本言論界の奇怪な態度)

문서파일번호 16
작성연월일 1961. 11. 15
구분 제6차 회담
세부항목 한국 언론 보도
작성처 외무성 북동아시아과
매수 4
비밀등급 일반
문서종류 내부자료
공개구분 공개
내용 서울일일신문 1961년 11월 15일 자 사설 번역문
주제어 청구권 · 경협

문서명	청구권 관련 '이세키 발언'의 해명을 요구한다(請求権に関する「伊関発言」の解明を要求する)

문서파일번호 16
작성연월일 1961. 11. 15
구분 제6차 회담
세부항목 한국 언론 보도
작성처 외무성 북동아시아과
매수 6
비밀등급 일반
문서종류 내부자료
공개구분 공개
내용 한국일보 1961년 11월 15일 자 사설 번역문
주제어 청구권 · 경협

문서명	한일회담을 회고하며 - 유진오(日韓会談を回顧して - 兪鎮午)

문서파일번호 16
작성연월일 1961. 11(일자 불명)
구분 제6차 회담
세부항목 한국 언론 보도
작성처 외무성 북동아시아과
매수 19
비밀등급 일반
문서종류 내부자료
공개구분 공개
내용 유진오 대표의『시사』1961년 11월호 기고문 번역문
주제어 유진오, 회담 평가

문서명	박 의장 기자회견(12월 7일 한국일보 소재)[朴議長記者会見(12月7日韓国日報所載)]

문서파일번호 16
작성연월일 1961. 12. 7
구분 제6차 회담
세부항목 한국 언론 보도
작성처 외무성 북동아시아과
매수 8
비밀등급 일반
문서종류 내부자료
공개구분 공개
내용 한국일보에 게재된 박정희 의장의 기자회견 관련 기사 번역문
주제어 박정희, 한일회담 평가, 전망

문서명	이케다·박 회담에 관한 한국 외무부의 발표(池田·朴会談に関する韓国外務部の発表)

문서파일번호 16
작성연월일 1961. 12. 7
구분 제6차 회담
세부항목 한국 언론 보도
작성처 외무성 북동아시아과
매수 4
비밀등급 일반
문서종류 내부자료
공개구분 공개
내용 한국일보 기사 번역문
주제어 박정희, 한일정상회담 결과

보도자료 등 정보문화국 작성 문서
(報道資料等 情報文化局作成文書)

문서파일번호	771
작성연월일	1958. 4. 11 - 1960. 12. 16
구분	제4~5차 회담
세부항목	정보문화국 문서
작성처	외무성 정보문화국
매수	19
비밀등급	
문서종류	보도자료, 공동성명문, 내부자료
공개구분	공개
내용	1958년 4월 11일~1960년 12월 16일까지 외무성 정보문화국이 작성한 보도자료 등 문서 모음
주제어	한일회담 재개, 제4차 한일회담 결과, 고사카 외상 방한

문서명	한일회담 재개에 대해서(日韓全面会談再開について)

문서파일번호 771
작성연월일 1958. 4. 11
구분 제4차 회담
세부항목 한일회담 재개
작성처 외무성 정보문화국
매수 1
비밀등급 일반
문서종류 보도자료
공개구분 공개
내용 1958년 4월 15일부터 한일회담을 재개하기로 하였다는 4월 11일 자 보도자료
주제어 한일회담 재개

문서명	공동성명(일본어역)[共同声明(和訳)]

문서파일번호 771
작성연월일 1958. 4. 11
구분 제4차 회담
세부항목 한일회담 재개
작성처 외무성 정보문화국
매수 1
비밀등급 일반
문서종류 공동성명문
공개구분 공개
내용 한일회담 재개에 관한 한일 공동성명문
주제어 한일회담 재개

문서명	제4차 한일회담 본회의 제9회 회의에 대해서(第四次日韓全面会談の本会議第九回会合について)

문서파일번호 771
작성연월일 1958. 5. 14
구분 제4차 회담 제4차 한일회담 제9회 본회의
세부항목
작성처 외무성 정보문화국
매수 1
비밀등급 일반
문서종류 보도자료
공개구분 공개
내용 제4차 한일회담 본회의 제9회 회의 결과에 관한 보도자료
주제어 제4차 한일회담 제9회 본회의

문서명	한일회담 재개에 대해서(日韓全面会談再開について)

문서파일번호 771
작성연월일 1959. 8. 1
구분 제4차 회담
세부항목 후지야마 · 유태하 회담
작성처 외무성 정보문화국
매수 1
비밀등급 일반
문서종류 보도자료
공개구분 공개
내용 후지야마 외상과 유태하 대사 간 회담 결과 한일회담을 재개하기로 하였다는 내용의 보도자료
주제어 후지야마 · 유태하 회담

문서명	제4차 한일회담 본회의 제13회 회의에 대해서(第四次日韓全面会談の本会議第十三回会合について)

문서파일번호 771
작성연월일 1959. 8. 26
구분 제4차 회담 제4차 한일회담 제13회 본회의
세부항목
작성처 외무성 정보문화국
매수 1
비밀등급 일반
문서종류 보도자료
공개구분 공개
내용 제4차 한일회담 본회의 제13회 회의 결과에 관한 보도자료
주제어 제4차 한일회담 제13회 본회의

문서명	고사카 외무대신의 방한에 관한 미국 신문의 논평에 대해서(小阪外相の訪韓に関する米紙の論評について)

문서파일번호 771
작성연월일 1960. 9. 10
구분 제4차 회담
세부항목 고사카 방한
작성처 외무성 정보문화국
매수 3
비밀등급 일반
문서종류 내부자료
공개구분 공개
내용 고사카(小坂善太郎) 외상의 방한에 관한 미국 언론의 논평을 정리한 문서
주제어 고사카 방한 미국언론 논평

문서명	외무대신의 방한에 관한 한국 신문의 논평에 대해서(小阪外相の訪韓に関する韓国紙の論評について小坂)

문서파일번호 771
작성연월일 1960. 9. 10
구분 제4차 회담
세부항목 고사카 방한
작성처 외무성 정보문화국
매수 10
비밀등급 일반
문서종류 내부자료
공개구분 공개
내용 고사카 외상의 방한에 관한 한국 언론의 논평을 정리한 문서
주제어 고사카 방한 한국 언론 논평

문서명	한국에 관한 UPI 보도에 대해서(韓国に関するUPI報道について)

문서파일번호 771
작성연월일 1960. 12. 16
구분 제5차 회담
세부항목 한국관계 기사
작성처 외무성 정보문화국
매수 1
비밀등급 일반
문서종류 보도자료
공개구분 공개
내용 1960년 12월 15일 자 도쿄 발 UPI 통신 기사에 따르면 일본 외무성 고관이 장경근 전 한국 내무부장관의 일본 정치망명을 인정하는 것은 거의 확실하다 운운 보도되었으나, 이는 전혀 사실무근이라는 내용의 보도자료
주제어 장경근 관련 한국관계 기사에 대한 보도자료

아시아국 중요 현안 처리 월보(1960년 9월분)
[アジア局重要懸案処理月報(35年9月分)]

문서파일번호	513
문서명	아시아국 중요 현안 처리 월보(1960년 9월분)[アジア局重要懸案処理月報(35年9月分)]
작성연월일	1960. 9
구분	제4~5차 회담 사이
세부항목	외무성 아시아국 현안 월보
작성처	외무성 북동아시아과
매수	13
비밀등급	극비
문서종류	내부자료
공개구분	공개
내용	외무성 아시아국의 중요 현안 처리 월보 1960년 9월호 중 북동아과 관계 사안. 고사카 젠타로(小坂善太郎) 외상의 방한과 관련한 내용 등
주제어	고사카 외상 방한

의원단 방한과 그에 관한 신문 보도 건(議員団訪韓に関する新聞報道の件)

문서파일번호	1425
작성연월일	1961. 4. 12 - 1961. 6. 13
구분	제5차 회담
세부항목	자민당 의원단 방한, 한일 문제
작성처	외무성 북동아시아과
매수	12
비밀등급	
문서종류	내부문서
공개구분	일부비공개
내용	자민당 의원단 방한 신문 보도 건, 한일 문제 등에 관해 모 인사로부터 청취한 내용을 정리한 문서 모음
주제어	자민당 의원단 방한

문서명	의원단 방한에 관한 신문 보도 건(議員団訪韓に関する新聞報道の件)

문서파일번호 1425
작성연월일 1961. 4. 12
구분 제5차 회담
세부항목 일본의원단 방한 추진, 언론 보도
작성처 외무성 북동아시아과
매수 4
비밀등급 비(秘)
문서종류 내부문서
공개구분 일부비공개
내용 북동아시아과가 모 인사로부터 전화로 연락받은 내용을 정리한 문서. 일본 자민당 의원단 방한 추진계획이 언론 보도(요미우리신문 1961년 4월 1일 자, 첨부)로 인해 더 이상 추진하기 어렵게 되었다고 한 유진오 한국 수석대표의 발언 내용을 전달함.
주제어 일본의원단 방한 추진, 언론 보도

문서명	당면한 한일 문제에 관한 ▬의 이야기 건(当面の日韓問題に関する▬の内話に関する件)

문서파일번호 1425
작성연월일 1961. 4. 21
구분 제5차 회담
세부항목 야스오카 마사히로(安岡正篤) 사우회 회장 동향
작성처 외무성 북동아시아과
매수 6
비밀등급 극비
문서종류 내부문서
공개구분 일부비공개
내용 모 인사가 마에다 도시카즈 북동아과장을 방문, 한일 문제 관련 사우회(師友會)* 의 움직임 등에 관해 발언한 내용을 정리한 문서. 장면내각 발족 이후 야스오카 마사히로 씨가 회장을 맡고 있는 사우회가 이면에서 알선하여 한국인들이 무연탄, 차

* 사우회(師友會): 요시다, 이케다 총리 등 많은 정치지도자들이 스승으로 모신 양명학자 야스오카 마사히로(安岡正篤) 가 회장으로 활동한 단체

량 수입 등을 하고 있으며 그 가운데 장면 총리가 동성상업고교 교장 시절 제자였던 모 인사와 야스오카 씨가 연락하여 장면 총리와 야스오카 씨 간에 서신 교환 등이 이루어지고 있음. 야스오카 씨가 오히라 마사요시(大平正芳) 관방장관을 만나 일본경제계 지도자의 방한 문제를 이야기했을 때 오히라 장관은 한일회담이 곧 타결될 것이라고 발언한 바 있음.

주제어 야스오카 마사히로

문서명	▬의 이야기 건(▬の内話の件)

문서파일번호 1425

작성연월일 1961. 6. 13

구분 제5차 회담

세부항목 유진오, 한국 신정부의 대일정책 기조

작성처 외무성 북동아시아과

매수 2

비밀등급 극비

문서종류 내부문서

공개구분 일부비공개

내용 1961년 6월 12일 모 인사가 유진오 씨에게 6월 6일 받은 서한과 관련하여 북동아과에 전달한 내용을 기록한 문서. 유진오 씨에 의하면 한국 신정부의 대일정책은 기본적으로 전 정부와 큰 차이가 없으며, 일본이 '이 라인' 수역에의 출현을 더욱 자숙하는 것이 바람직할 것임. 유진오 씨는 신정권의 대일관계 정책 입안에 상당한 발언권을 갖고 있는 것으로 보임.

주제어 유진오, 한국 신정부의 대일정책 기조

아시아국 중요현안처리 월보(1961년)
[アジア局重要懸案処理月報(36年)]

문서파일번호	1426
작성연월일	1961. 2. 10 - 1962. 1. 10
구분	제5~6차 회담
세부항목	아시아국 중요 현안처리 월보
작성처	외무성 아시아국
매수	206
비밀등급	
문서종류	내부자료
공개구분	공개
내용	외무성 아시아국이 발간한 중요현안처리 월보 1961년 1~12월분 한국 관계 발췌 부분 모음
주제어	아시아국 중요 현안처리 월보

문서명	아시아국 중요현안처리 월보 제32호(1961년 1월분)[アジア局重要懸案処理月報 第32号(昭和36年1月分)]

문서파일번호 1426
작성연월일 1961. 2. 10
구분 제5차 회담
세부항목 아시아국 중요현안처리 월보
작성처 외무성 아시아국
매수 13
비밀등급 극비
문서종류 내부자료
공개구분 공개
내용 외무성 아시아국 중요현안처리 월보 1961년 1월분. 1960년 12월까지의 제5차 한일회담 예비회담 각 의제 관련 위원회의 진행 상황 및 논의내용.
주제어 재일한국인 법적지위, 어업, 일반청구권

문서명	아시아국 중요현안처리 월보(2월분)[アジア局重要懸案処理月報(2月分)]

문서파일번호 1426
작성연월일 1961. 3. 10
구분 제5차 회담
세부항목 아시아국 중요현안처리 월보
작성처 외무성 아시아국
매수 23
비밀등급 극비
문서종류 내부자료
공개구분 공개
내용 외무성 아시아국 중요현안처리 월보 1961년 2월분. 1961년 1월 말까지 제5차 한일회담 각 의제 관련 위원회의 진행 상황 및 논의내용
주제어 어업 및 평화선, 재일한국인 법적지위, 일반청구권, 선박 반환, 문화재 반환

문서명	아시아국 중요현안처리 월보(3월분)[アジア局重要懸案処理月報(3月分)]

문서파일번호 1426
작성연월일 1961. 4. 10
구분 제5차 회담
세부항목 아시아국 중요현안처리 월보
작성처 외무성 아시아국
매수 29
비밀등급 극비
문서종류 내부자료
공개구분 공개
내용 외무성 아시아국 중요현안처리 월보 1961년 3월분. 1961년 2월 말까지의 제5차 한일회담 각 의제 관련 위원회의 진행 상황 및 논의내용
주제어 어업 및 평화선, 재일한국인 법적지위, 일반청구권, 선박 반환, 문화재 반환

문서명	아시아국 중요현안처리 월보 第36호(1961년 4~5월분)[アジア局重要懸案処理月報 第36号(昭和36年4~5月分)]

문서파일번호 1426
작성연월일 1961. 6. 10
구분 제6차 회담 예비회담
세부항목 아시아국 중요현안처리 월보
작성처 외무성 아시아국
매수 56
비밀등급 극비
문서종류 내부자료
공개구분 공개
내용 외무성 아시아국 중요현안처리 월보 1961년 4~5월분. 1961년 4월 말까지 제5차 한일회담 각 의제 관련 위원회의 진행 상황 및 논의내용
주제어 어업 및 평화선, 재일한국인 법적지위, 일반청구권, 선박 반환, 문화재 반환

문서명	아시아국 중요현안처리 월보(6월분)[アジア局重要懸案処理月報(6月分)]

문서파일번호 1426
작성연월일 1961. 7. 10
구분 제6차 회담 예비회담
세부항목 아시아국 중요현안처리 월보
작성처 외무성 아시아국
매수 9
비밀등급 극비
문서종류 내부자료
공개구분 공개
내용 외무성 아시아국 중요현안처리 월보 1961년 6월분. 한국의 군사정변 발생 이후 정세, 일본의 대한국 정책
주제어 한국 군사정변, 일본의 대한정책

문서명	1961년 7월(36年 7月)

문서파일번호 1426
작성연월일 1961. 8. 10
구분 제6차 회담 예비회담
세부항목 아시아국 중요현안처리 월보
작성처 외무성 아시아국
매수 5
비밀등급 극비
문서종류 내부자료
공개구분 공개
내용 외무성 아시아국 중요현안처리 월보 1961년 7월분. 5·16군사정변 이후의 한국정세와 한일회담 재개를 위한 사전 조율에 대해 기술함.
주제어 한국 군사정변, 일본의 대한정책

문서명	아시아국 중요현안처리 월보(1961년 8월분)[アジア局重要懸案処理月報(36年8月分)]

문서파일번호	1426
작성연월일	1961. 9. 10
구분	제6차 회담 예비회담
세부항목	아시아국 중요현안처리 월보
작성처	외무성 아시아국
매수	6
비밀등급	극비
문서종류	내부자료
공개구분	공개
내용	외무성 아시아국 중요현안처리 월보 1961년 8월분. 한일회담 재개 문제, 재일한인 북송 문제, '이 라인' 문제 등
주제어	한일회담 재개, 재일한인 북송 문제, '이 라인' 문제

문서명	1961년 9월(36年 9月)

문서파일번호	1426
작성연월일	1961. 10. 10
구분	제6차 회담 예비회담
세부항목	아시아국 중요현안처리 월보
작성처	외무성 아시아국
매수	9
비밀등급	극비
문서종류	내부자료
공개구분	공개
내용	외무성 아시아국 중요현안처리 월보 1961년 9월분. 김유택 한국경제기획원 원장 방일 시의 교섭 내용에 대해 기술함.
주제어	김유택 방일

문서명	중요안건처리 월보(1961년 10월분)[重要案件処理月報(36年10月分)]

문서파일번호 1426
작성연월일 1961. 11. 10
구분 제6차 회담
세부항목 아시아국 중요현안처리 월보
작성처 외무성 아시아국
매수 8
비밀등급 극비
문서종류 내부자료
공개구분 공개
내용 외무성 아시아국 중요현안처리 월보 1961년 10월분. 제6차 한일회담 재개, 김종필 중앙정보부장 방일, 박정희 · 이케다 하야토(池田勇人) 정상회담
주제어 제6차 한일회담, 김종필 방일, 박정희 · 이케다 정상회담

문서명	1961년 11월(36年 11月)

문서파일번호 1426
작성연월일 1961. 12. 10
구분 제6차 회담
세부항목 아시아국 중요현안처리 월보
작성처 외무성 아시아국
매수 23
비밀등급 극비
문서종류 내부자료
공개구분 공개
내용 외무성 아시아국 중요현안처리 월보 1961년 11월분. 김종필 정보부장 방일, 스기 미치스케 일본 수석대표의 방한, 제6차 한일회담 각 의제 관련 위원회의 진행 상황 및 논의내용에 대해 게재
주제어 김종필 방일, 스기 대표 방한, 박정희 · 이케다 정상회담

문서명	중요현안처리월보(1961년 12월분)[重要懸案処理月報 36年12月分]

문서파일번호 1426

작성연월일 1962. 1. 10

구분 제6차 회담

세부항목 아시아국 중요현안처리 월보

작성처 외무성 아시아국

매수 25

비밀등급 극비

문서종류 내부자료

공개구분 공개

내용 외무성 아시아국 중요현안처리 월보 1961년 12월분. 1961년 11월 말까지 제6차 한일회담 각 의제 관련 위원회의 진행 상황 및 논의내용에 대해 기술함.

주제어 어업 및 평화선, 재일한인 법적지위, 일반청구권, 선박 반환, 문화재 반환

제목 없음
(일본의 '이 라인' 경비 강화에 관한 신문기사 모음)

문서파일번호	1141
작성연월일	1960. 11. 10 - 1960. 11. 11
구분	제4차 회담
세부항목	대한국 강경조치 검토, 언론 보도
작성처	일본 언론사
매수	3(23매)
비밀등급	
문서종류	내부자료
공개구분	공개 또는 일부비공개
내용	어선 나포 대응조치에 관한 일본 언론 보도(문서 앞부분 20쪽 비공개)
주제어	일본의 대한국 강경조치 언론 보도

문서명	불법 공격에는 발포도(不法攻撃には發砲も)

문서파일번호 1141
작성연월일 1960. 11. 10
구분 제4차 회담
세부항목 대한국 강경조치 검토, 언론 보도
작성처 도쿄신문
매수 1
비밀등급 일반
문서종류 내부자료
공개구분 공개
내용 도쿄신문 기사. '이 라인' 수역에서 일본 순시선이 총격을 받은 것과 관련, 해상보안청이 순시선의 발포 등 사용규정 개정을 검토
주제어 어업

문서명	해상보안청 모지 지역본부 무장 추구(Moji MSA Office Seeks Armanents)

문서파일번호 1141
작성연월일 1960. 11. 10
구분 제4차 회담
세부항목 대한국 강경조치 검토, 언론 보도
작성처 재팬 타임즈(Japan Times)
매수 1
비밀등급 일반
문서종류 내부자료
공개구분 공개
내용 재팬 타임즈 기사. '이 라인' 수역에서 일본 순시선이 총격을 받은 것과 관련, 해상보안청이 순시선의 발포 등 사용규정 개정을 검토
주제어 어업

문서명	자위발포는 중대 – 한국당국 일본에 경고(自衛發砲は重大 – 韓國當局 日本に警告)

문서파일번호 1141
작성연월일 1960. 11. 11
구분 제4차 회담
세부항목 대한국 강경조치 검토, 언론 보도
작성처 마이니치신문(毎日新聞)
매수 1
비밀등급 일반
문서종류 내부자료
공개구분 공개
내용 마이니치신문 기사. 일본의 발포 검토에 한국 당국이 경고
주제어 어업

한일어업 문제에 관한 한국의 해결안을 보도한 마이니치신문 기사의 뉴스 출처 건(日韓漁業問題に関する韓国側解決案を報じた毎日新聞記事のニュースソースに関する件)

문서파일번호	807
문서명	한일어업 문제에 관한 한국의 해결안을 보도한 마이니치신문 기사의 뉴스 출처 건(日韓漁業問題に関する韓国側解決案を報じた毎日新聞記事のニュースソースに関する件)
작성연월일	1961. 7. 14
구분	제6차 회담 예비회담
세부항목	영해 거리 관련 언론 보도 출처
작성처	외무성 북동아시아과
매수	5
비밀등급	비(秘)
문서종류	내부문서
공개구분	공개
내용	제2차 유엔해양법회의를 통해 영해 6해리, 어업전관수역 12해리의 구상이 대두되고 있는 가운데, 1960년 11월 15일 마이니치신문 서울특파원이 보도한 기사("한국은 주변에 12마일의 어업전관수역, 그 외측은 평균 18마일의 공동어업수역으로 하는 구상을 하고 있다")의 출처에 관해 북동아과가 확인한 내용(동 특파원은 한국정부 혹은 한국대표단과 가까운 한국 언론인으로부터 청취했다 함.)
주제어	어업

한일회담에 관한 한국 신문의 관측 및 축전 등
(日韓会談に関する韓国紙の観測及び祝電等)

문서파일번호	1424
작성연월일	1953. 7. 31 - 1961. 4. 8
구분	제1차 회담 종료 후~제5차 회담
세부항목	한일회담 관련 한국 언론 보도 등
작성처	외무성, 한국정부 등
매수	85
비밀등급	
문서종류	내부자료, 내부문서, 외교공한, 재가문서, 전문, 보도자료, 서한
공개구분	공개 또는 일부비공개
내용	1953년 4월 10일~1961년 4월 8일간 한일회담에 관한 한국(한국계) 언론 보도 요지를 정리한 문서. 이승만 대통령에 대한 축하 메시지 및 답신, 한국정세와 한일회담에 대한 한국 태도 등에 관해 정리한 문서 모음
주제어	한일회담 관련 한국 언론 보도, 이승만 대통령 축하 메시지, 한국정세 등

문서명	한일회의에 관한 한국 신문의 관측(日韓会議に関する韓国紙の観測)

문서파일번호 1424
작성연월일 1953. 7. 31
구분 제2~3차 회담 사이
세부항목 한일회담 휴회 관련 언론 보도
작성처 외무성 아시아국 제2과
매수 10
비밀등급 일반
문서종류 내부자료
공개구분 공개
내용 1953년 7월 27일 자 국제신보 및 7월 25일 자 상공일보의 한일회담 휴회에 관한 기사 요지를 정리한 문서
주제어 한일회담 휴회 관련 언론 보도

문서명	신세계신문(도쿄 유일의 한국계 한국어신문) 7월 25일 자[新世界新聞(東京における唯一の韓国系韓語紙)七月二十五日付]

문서파일번호 1424
작성연월일 1953. 7. 25
구분 제2~3차 회담 사이
세부항목 한일회담 휴회 관련 언론 보도
작성처 외무성 아시아국 제2과
매수 4
비밀등급 일반
문서종류 내부자료
공개구분 공개
내용 도쿄 소재 한국어신문인 신세계신문의 한일회담 휴회 관련 기사 요지
주제어 한일회담 휴회 관련 언론 보도

문서명	한국신문이 보도한 김 공사와 장기영의 동정(韓国紙の報じた金公使と張基栄の動静)

문서파일번호 1424
작성연월일 1953(월일 불명)
구분 제2~3차 회담 사이
세부항목 김용식, 장기영 동정 언론 보도
작성처 외무성 아시아국 제2과
매수 3
비밀등급 일반
문서종류 내부자료
공개구분 공개
내용 민주신보(중립계)의 일시 귀국 중인 김용식 주일대표부 공사와 장기영 한일회담 대표 동정에 관한 1953년 7월 13일 자 기사 요지
주제어 김용식, 장기영 동정

문서명	신아통신 동경10일 한일회담의 성공을 기대, 김 공사와 회견(新亜通信 東京十日 日·韓会談の成功を期待 金公使と会見)

문서파일번호 1424
작성연월일 1953. 4. 10
구분 제1~2차 회담 사이
세부항목 김용식 회견 기사
작성처 외무성 아시아국 제2과
매수 3
비밀등급 일반
문서종류 내부자료
공개구분 공개
내용 신아통신의 김용식 공사 회견 기사 요지. 김 공사가 제2차 회담 한국 수석대표가 되어 회담을 진행해 나갈 것이라는 내용이 담김.
주제어 김용식 회견 기사

문서명	이승만 한국 대통령의 생일에 대한 하토야마 총리의 메시지 답례의 건(李承晩韓国大統領の誕生日に対する鳩山総理のメッセージに答礼越しの件)

문서파일번호 1424
작성연월일 1955. 3. 29
구분 제1~2차 회담 사이
세부항목 이승만 대통령에 대한 하토야마 총리의 생일축하 메시지
작성처 외무성 아시아국 제5과
매수 4
비밀등급 일반
문서종류 내부문서
공개구분 공개
내용 이승만 대통령의 80회 생일에 대해 하토야마(鳩山一郎) 총리가 1955년 3월 17일 자 축하 메시지를 보냈으며(영문, 주일대표부를 통해 전달), 이 대통령이 이에 대해 3월 29일 자로 답례 서한을 보냈음[영문, 대표부 최규하 총영사가 쓰루미(鶴見清彦) 과장에게 전달]을 기록한 문서
주제어 이승만 대통령에 대한 하토야마 총리의 생일축하 메시지

문서명	제목 없음

문서파일번호 1424
작성연월일 1955. 3. 17
구분 제1~2차 회담 사이
세부항목 이승만 대통령에 대한 하토야마 총리의 생일축하 메시지
작성처 외무성 아시아국 제5과
매수 1
비밀등급 일반
문서종류 외교공한
공개구분 공개
내용 하토야마 총리의 이승만 대통령 앞 생일 축하 메시지(영문)
주제어 이승만 대통령에 대한 하토야마 총리의 생일축하 메시지

문서명	제목 없음

문서파일번호 1424
작성연월일 1955. 3. 28
구분 제1~2차 회담 사이
세부항목 이승만 대통령의 하토야마 총리 앞 답신
작성처 한국정부
매수 1
비밀등급 일반
문서종류 외교공한
공개구분 공개
내용 이승만 대통령의 하토야마 총리 앞 답례 서한
주제어 이승만 대통령의 하토야마 총리 앞 답신

문서명	이 대통령의 제3기 취임식에 즈음한 축전 건(李大統領の第三期就任式に当り祝電の件)

문서파일번호 1424
작성연월일 1956. 8. 14
구분 제3~4차 회담 사이
세부항목 이승만 대통령 제3기 취임 축전
작성처 외무성 아시아국 제1과
매수 2
비밀등급 일반
문서종류 재가문서
공개구분 공개
내용 이승만 대통령의 제3기 취임식에 대한 하토야마 총리의 축하 전문안 재가문서(영문 축전안 첨부)
주제어 이승만 대통령 제3기 취임 축전

문서명	이 대통령의 제3기 취임식에 즈음한 축전의 건(李大統領の第三期就任式に当り祝電の件)

문서파일번호 1424
작성연월일 1956. 8. 16
구분 제3~4차 회담 사이
세부항목 이승만 대통령 제3기 취임 축전
작성처 외무성 아시아국 제1과
매수 2
비밀등급 일반
문서종류 전문(電文)
공개구분 공개
내용 이승만 대통령의 제3기 취임식에 대한 하토야마 총리의 축하 전문
주제어 이승만 대통령 제3기 취임 축전

문서명	이승만 한국 대통령의 제3기 취임식에 즈음한 하토야마 총리의 축전 신문 발표의 건(李承晩韓国大統領の第三期就任式に当り鳩山総理の祝電に関し新聞発表の件)

문서파일번호 1424
작성연월일 1956. 8. 14
구분 제3~4차 회담 사이
세부항목 이승만 대통령 제3기 취임 축전
작성처 외무성 아시아국 제1과
매수 3
비밀등급 일반
문서종류 보도자료
공개구분 공개
내용 이승만 대통령의 제3기 취임식에 대해 하토야마 총리가 축하 전문을 보냈다는 내용의 언론 보도자료(축전 내용 첨부)
주제어 이승만 대통령 제3기 취임 축전

문서명	하토야마 총리가 이 대통령에게 3기 취임 축전을 보냄(Prime Minister Hatoyama Sent a Congratulatory Message to President Rhee on His' Assumption for Third Term on the Presidency)

문서파일번호	1424
작성연월일	1956. 8. 14
구분	제3~4차 회담 사이
세부항목	이승만 대통령 제3기 취임 축전
작성처	외무성 정보문화국
매수	1
비밀등급	일반
문서종류	보도자료
공개구분	공개
내용	이승만 대통령의 제3기 취임식에 대해 하토야마 총리가 보낸 축하 전문 영문 보도자료
주제어	이승만 대통령 제3기 취임 축전

문서명	제목 없음

문서파일번호	1424
작성연월일	1956. 9. 1
구분	제3~4차 회담 사이
세부항목	축전에 대한 답신
작성처	한국대표부
매수	1
비밀등급	일반
문서종류	외교공한
공개구분	일부비공개
내용	주일한국대표부 김용식 공사가 외무성 다카사키(高碕達之助) 대신대리*에게 이승만 대통령의 서한을 총리에게 전달해 달라고 요청하는 서한(영문)
주제어	축전에 대한 답신

* 당시 경제기획청 장관으로 외무대신대리를 잠시 맡았었다.

문서명	제목 없음

문서파일번호 1424
작성연월일 1956. 9. 4
구분 제3~4차 회담 사이
세부항목 축전에 대한 답신
작성처 외무성 아시아국 제1과
매수 2
비밀등급 일반
문서종류 외교공한
공개구분 공개
내용 시게미쓰(重光葵) 외무대신이 김용식 공사에게 이승만 대통령이 하토야마 총리에게 보낸 서한을 잘 전달했다고 알리는 공한(영문 및 일문)
주제어 축전에 대한 답신

문서명	하토야마 총리의 축전에 대한 이 대통령의 답신 전달 통보 건(鳩山総理の祝電に対する李大統領の礼状伝達の通報の件)

문서파일번호 1424
작성연월일 1956. 9. 3
구분 제3~4차 회담 사이
세부항목 축전에 대한 답신
작성처 외무성 아시아국 제1과
매수 2
비밀등급 일반
문서종류 재가문서
공개구분 공개
내용 시게미쓰(重光葵) 대신이 김용식 공사에게 이승만 대통령이 하토야마 총리에게 보낸 서한을 잘 전달했다고 알리는 서한 내부 재가문서
주제어 축전에 대한 답신

문서명	이승만 한국 대통령의 생일에 대한 기시 총리의 축전 타전 건(李承晩韓國大統領の誕生日に対する岸総理の祝電打電方の件)

문서파일번호 1424
작성연월일 1957. 3. 20
구분 제3~4차 회담 사이
세부항목 이승만 대통령 앞 기시 총리의 생일 축전
작성처 외무성 아시아국 제1과
매수 3
비밀등급 일반
문서종류 재가문서
공개구분 공개
내용 이승만 대통령의 82회 생일에 대한 기시(岸信介) 총리의 축전 송부에 관한 내부 재가문서(영문 축전안 첨부)
주제어 이승만 대통령 앞 기시 총리의 생일 축전

문서명	이 대통령의 제82회 생일 축전 건(李大統領の第八二回誕生日祝電の件)

문서파일번호 1424
작성연월일 1957. 3. 25
구분 제3~4차 회담 사이
세부항목 이승만 대통령 앞 기시 총리의 생일 축전
작성처 외무성 아시아국 제1과
매수 1
비밀등급 일반
문서종류 전문(電文)
공개구분 공개
내용 이승만 대통령의 82회 생일에 대한 기시(岸信介) 총리의 축전(영문)
주제어 이승만 대통령 앞 기시 총리의 생일 축전

문서명	제목 없음

문서파일번호 1424
작성연월일 1957. 3. 28
구분 제3~4차 회담 사이
세부항목 이승만 대통령 답신
작성처 한국정부
매수 1
비밀등급 일반
문서종류 전문(電文)
공개구분 공개
내용 기시(岸信介) 총리의 생일축하 전문에 대한 이승만 대통령의 답례 전문(1957년 3월 30일 김용식 공사가 전달)
주제어 이승만 대통령 답신

문서명	제목 없음

문서파일번호 1424
작성연월일 1955. 2. 28
구분 제3~4차 회담 사이
세부항목 신흥우, 한일관계
작성처 신흥우
매수 1
비밀등급 일반
문서종류 서한
공개구분 일부비공개
내용 주일한국대표부 대표(공사)를 역임(1950년 1월~5월)한 신흥우가 시게미쓰(重光葵) 외무대신에게 한일관계에 관해 보낸 서한. 서한에는 발신인 이름이 먹칠로 가려져 있으나 서한 뒤에 신흥우의 약력이 기재된 문서가 있어 발신인이 신흥우임을 알 수 있음.
주제어 신흥우가 시게미쓰 외무대신에게 보낸 서한, 한일관계

문서명	한일관계(The Korean-Japanese Relations)

문서파일번호 1424
작성연월일 1955. 2. 28
구분 제3~4차 회담 사이
세부항목 신흥우, 한일관계
작성처 신흥우
매수 3
비밀등급 일반
문서종류 내부자료
공개구분 공개
내용 전 주일한국대표부 신흥우 대표(공사)가 시게미쓰 대신에게 보낸 서한 첨부물. 한일 간에는 독도 등으로 다툴 시간이 없으며 서로 협력해야 한다는 내용이 기술되어 있음.
주제어 신흥우가 시게미쓰 외무대신에게 보낸 서한, 한일관계

문서명	제목 없음

문서파일번호 1424
작성연월일 1955(월일 불명)
구분 제3~4차 회담 사이
세부항목 신흥우 약력
작성처 외무성
매수 1
비밀등급 일반
문서종류 내부자료
공개구분 공개
내용 시게미쓰 외무대신에게 서한을 보낸 신흥우의 간략한 약력이 기재된 문서
주제어 신흥우 약력

문서명	한국 사정 ▬ 씨의 이야기 건(▬氏韓国事情の話しに話に関する件)

문서파일번호 1424
작성연월일 1957. 2. 22
구분 제3~4차 회담 사이
세부항목 한국정세
작성처 외무성 하리가이 과장
매수 8
비밀등급 극비(極秘)
문서종류 내부문서
공개구분 일부비공개
내용 한국의 모 인사가 1957년 2월 21일 하리가이 아시아국 제5과장을 방문, 한국 사정에 관해 언급한 내용을 정리한 문서. 미국이 이승만 대통령을 실각시키려 생각한다는 관측이 있으며, 이 대통령의 반공, 반일 태도는 변하지 않아 한일관계 조정이 계속 곤란한 상태라는 내용, 2월 17일 선우종원*과 나눈 이야기 등이 기술되어 있음.
주제어 한국정세

문서명	한국 동정 건(韓国側動静の件)

문서파일번호 1424
작성연월일 1960. 10. 20
구분 제4~5차 회담 사이
세부항목 한국 동향
작성처 외무성 북동아시아과
매수 3
비밀등급 극비(極秘)
문서종류 내부문서
공개구분 일부비공개
내용 모 인사로 부터 청취한 한창우(韓昌愚, 경향신문 사주) 씨의 일본 방문 동정과 유진오(제5차 한일회담 한국 수석대표) 씨가 언급한 김용식 차관의 한일회담에 대한 생각, 주일한국대표부의 차기 한일회담 한국대표단 구성에 관한 이야기를 정리한 문서
주제어 한국 동향

* 1952년 장면 총리 비서실장으로 반 이승만 음모에 가담한 혐의로 한국에서 쫓겨나 일본에 망명, 1960년 9월 장면 정권 수립 후 조폐공사 총재에 취임하였으며, 박정희 정권에서 국회 사무총장 등을 역임하였다.

문서명	니가타회담 타결의 한일회담에의 영향에 대한 ▬ 언급내용(新潟会談妥結の日韓会談への影響につき▬談話)

문서파일번호 1424
작성연월일 1960. 10. 28
구분 제5차 회담
세부항목 한일회담에 대한 한국의 태도
작성처 외무성 북동아시아과
매수 2
비밀등급 일반
문서종류 내부문서
공개구분 일부비공개
내용 모 인사로부터 청취한 한일회담 관련 한국 태도 관련 내용을 정리한 문서. 재일한국인 북송 관련 니가타회담 타결과 관련하여 한국이 과거와 같이 회담을 결렬시키지는 못할 것이라는 내용이 기술되어 있음.
주제어 한일회담에 대한 한국의 태도

문서명	한국대표단 동정 건(韓国代表団動静の件)

문서파일번호 1424
작성연월일 1960. 11. 8
구분 제5차 회담
세부항목 한일회담에 대한 한국의 태도
작성처 외무성 북동아시아과
매수 4
비밀등급 일반
문서종류 내부문서
공개구분 일부비공개
내용 1960년 11월 7일 경성방송의 보도(장면 총리가 일본이 성의를 갖고 회담에 임하지 않으면 대표단 전원을 철수시킬 수밖에 없다고 발언한 내용)와 관련하여, 모 인사(기자)로부터 청취한 한국대표단 입장을 기술한 문서. 유진오 대표는 본국에서 강한 훈령이 와 있으나, 이러한 내용을 일일이 밝힐 수는 없으며, 금주부터 위원회가 개최되므로 위원회에서 일본이 어느 정도 성의를 보일까를 살펴볼 것이라고 말함.
주제어 한일회담에 대한 한국의 태도

문서명	제목 없음(아사히 신문 기사 스크랩)

문서파일번호 1424
작성연월일 1960. 11. 8
구분 제5차 회담
세부항목 한일회담에 대한 한국의 태도
작성처 아사히신문
매수 1
비밀등급 일반
문서종류 내부문서
공개구분 공개
내용 아사히신문(朝日新聞) 기사 스크랩. 장면 총리가 일본이 성의를 보이지 않으면 한국 대표단을 철수시키겠다고 하였다는 내용
주제어 한일회담에 대한 한국의 태도

문서명	한국 대표 동정 건(韓国側代表動静の件)

문서파일번호 1424
작성연월일 1960. 12. 12
구분 제5차 회담
세부항목 한국대표단 동정, 한일회담 한국 입장
작성처 외무성 북동아시아과
매수 5
비밀등급 비(秘)
문서종류 내부문서
공개구분 일부비공개
내용 모 기자로부터 청취한 한국대표단 동정 관련 이야기를 정리한 문서. 유진오 대표의 12월 9일 맥아더 주일미국대사 면담 뒤, 미 대사는 한국 입장(일본으로부터 받을 것은 받아야 '이 라인' 문제 등과 관련하여 국민을 납득시킬 수 있을 것)을 양해, 곧 고사카(小坂善太郎) 외상에 이러한 한국 사정을 전달하겠다고 함. 한국으로서는 법적 지위, 선박 및 문화재 문제를 정리한 후 서울에 대표부를 설치하겠다는 일본 입장을 받아들일 수 없을 것임. 일본은 청구권협정을, 한국은 어업협정을 각각 체결하기로 약속하는 안이라면 유 대표도 고려의 여지가 있다고 생각함.
주제어 한국대표단 동정, 한일회담 한국 입장

문서명	선우종원의 이야기 건(鮮于宗源の内話に関する件)

문서파일번호	1424
작성연월일	1961. 2. 7
구분	제5차 회담
세부항목	한국정세, 유진오의 한일회담에 대한 태도
작성처	외무성 북동아시아과
매수	9
비밀등급	극비(極秘)
문서종류	내부문서
공개구분	공개
내용	한국조폐공사 총재 선우종원 씨가 한국 사정에 관해 언급한 내용을 정리한 문서. 선우 씨를 비호해 온 우에무라 겐타로(上村健太郎) 도로공단 부총재 주최 식사에 마에다(前田利一) 북동아과장도 초대받아 참석, 선우 씨 이야기를 청취함. 장면 내각의 당면과제는 경제재건임. 5월경 대규모 개각을 통해 강력한 정부를 구성, 경제재건 정책을 추진해 나갈 것임. 일본은 긴 안목으로 한일관계, 북한과의 관계를 봐 주길 희망함. 유진오 대표는 민족의식, 국민감정을 과도하게 중시하고 있는 점에서 장면파와 생각이 많이 다름.
주제어	한국정세, 유진오의 한일회담에 대한 태도

문서명	한국 동정 건(韓国側動静の件)

문서파일번호 1424

작성연월일 1961. 4. 8

구분 제5차 회담

세부항목 한국대표단, 한국대표부 동정

작성처 외무성 북동아시아과

매수 5

비밀등급 비(秘)

문서종류 내부문서

공개구분 일부비공개

내용 모 기자로부터 청취한 한국대표단, 대표부의 동정에 관한 이야기를 정리한 문서. 한국대표단은 본회담 개시를 6월 말, 7월 초로 예정된 장면 총리의 미국 방문 후로 생각 중임. 대표부 내부사정과 관련, 엄요섭 공사가 본국 소환이 결정되어 기자 접촉도 피하고 있으며, 정일형 외무장관 경질의 소문도 있음. 박창준 대사대리는 경제담당으로 대표부를 총괄하는 정치적 능력이 부족하며, 정무담당 문철순 참사관은 사람은 좋으나 소극적임.

주제어 한국대표단, 한국대표부 동정

아시아국 중요현안처리 월보(1962년 한국관계 발췌)
[アジア局重要懸案処理月報(37年韓国関係抜粋)]

문서파일번호	1427
작성연월일	1962. 2(일자 불명) - 1962. 10. 10
구분	제6차 회담
세부항목	아시아국 중요현안처리 월보
작성처	외무성 아시아국
매수	128
비밀등급	
문서종류	내부자료
공개구분	공개
내용	외무성 아시아국이 발간한 중요 현안처리 월보 1962년 1월~9월분 한국관계 발췌 부분 모음
주제어	아시아국 중요현안처리 월보

문서명	중요현안처리 월보(1962년 1월분)[重要懸案処理月報(37年1月分)]

문서파일번호 1427
작성연월일 1962. 2. 10
구분 제6차 회담
세부항목 아시아국 중요현안처리 월보
작성처 외무성 아시아국
매수 6
비밀등급 극비
문서종류 내부자료
공개구분 공개
내용 외무성 아시아국 중요현안처리 월보 1962년 1월분. 제6차 한일회담 각 위원회 회의 일정, 정치회담 일정, 라이샤워 주일미국대사와 이케다 하야토 총리 회담
주제어 제6차 한일회담, 라이샤워-이케다 회담

문서명	중요현안처리 월보(1962년 2월분)[重要懸案処理月報(37年2月分)]

문서파일번호 1427
작성연월일 1962. 3. 10
구분 제6차 회담
세부항목 아시아국 중요현안처리 월보
작성처 외무성 아시아국
매수 18
비밀등급 극비
문서종류 내부자료
공개구분 공개
내용 외무성 아시아국 중요현안처리 월보 1962년 2월분. 1962년 1월말까지의 제6차 한일회담 각 의제 관련 위원회 개최 현황 및 논의사항
주제어 어업 및 평화선, 재일한국인 법적지위, 일반청구권, 선박 반환, 문화재 반환

문서명	중요현안처리 월보(1962년 3월분)[重要懸案処理月報(37年3月分)]

문서파일번호 1427
작성연월일 1962. 4. 10
구분 제6차 회담
세부항목 아시아국 중요현안처리 월보
작성처 외무성 아시아국
매수 49
비밀등급 극비
문서종류 내부자료
공개구분 공개
내용 외무성 아시아국 중요현안처리 월보 1962년 3월분. 1962년 2월 말까지의 제6차 한일회담 각 의제 관련 위원회 개최 현황 및 논의사항, 이케다 하야토·김종필 회담, 고사카 젠타로·최덕신 제1차 정치회담, 한국정세(윤보선 대통령 사임 등)
주제어 어업 및 평화선, 재일한국인 법적지위, 일반청구권, 선박 반환, 이케다·김종필 회담, 고사카·최덕신 정치회담, 독도, 한국정세

문서명	중요현안처리 월보(1962년 4월분)[重要懸案処理月報(37年4月分)]

문서파일번호 1427
작성연월일 1962. 5. 10
구분 제6차 회담
세부항목 아시아국 중요현안처리 월보
작성처 외무성 아시아국
매수 4
비밀등급 극비
문서종류 내부자료
공개구분 공개
내용 외무성 아시아국 중요현안처리 월보 1962년 4월분. 한일정치회담에 관한 한국 입장, 고사카 젠타로 외상·라이샤워 주일미국대사 회담
주제어 한일정치회담, 고사카·라이샤워 회담

문서명	중요현안처리 월보(1962년 5월분) [重要懸案処理月報(37年5月分)]

문서파일번호 1427
작성연월일 1962. 6. 10
구분 제6차 회담
세부항목 아시아국 중요현안처리 월보
작성처 외무성 아시아국
매수 3
비밀등급 극비
문서종류 내부자료
공개구분 공개
내용 외무성 아시아국 중요현안처리 월보 1962년 5월분. 스기 미치스케 · 배의환 비공식 회담, 한국 경비정의 일본어선 나포사건
주제어 스기 · 배의환 비공식회담, 일본어선 나포

문서명	중요현안처리 월보(1962년 6월분) [重要懸案処理月報(37年6月分)]

문서파일번호 1427
작성연월일 1962. 7. 10
구분 제6차 회담
세부항목 아시아국 중요현안처리 월보
작성처 외무성 아시아국
매수 2
비밀등급 극비
문서종류 내부자료
공개구분 공개
내용 외무성 아시아국 중요현안처리 월보 1962년 6월분. 스기 미치스케 · 배의환 비공식 회담, 한국정세
주제어 스기 · 배의환 비공식회담, 한국정세

문서명	중요현안처리 월보(1962년 7월분) [重要懸案処理月報(37年7月分)]

문서파일번호 1427
작성연월일 1962. 8. 10
구분 제6차 회담
세부항목 아시아국 중요현안처리 월보
작성처 외무성 아시아국
매수 2
비밀등급 극비
문서종류 내부자료
공개구분 공개
내용 외무성 아시아국 중요현안처리 월보 1962년 7월분. 일본 정국, 스기 미치스케·배의환 비공식회담
주제어 일본정국, 스기·배의환 비공식회담

문서명	제목 없음

문서파일번호 1427
작성연월일 1962. 10. 10
구분 제6차 회담
세부항목 아시아국 중요현안처리 월보
작성처 외무성 아시아국
매수 44
비밀등급 극비
문서종류 내부자료
공개구분 공개
내용 외무성 아시아국 중요현안처리 월보 1962년 8~9월분. 스기 미치스케·배의환, 이세키 유지로·최영택 비공식회담(청구권 방식 및 금액에 관한 논의)
주제어 스기·배의환, 이세키·최영택 비공식회담

한일회담 자료총서 13

한일회담 일본외교문서 상세목록집 Ⅲ
– 제4차 회담, 제5차 회담, 정치회담

초판 1쇄 인쇄 2021년 11월 10일
초판 1쇄 발행 2021년 11월 30일

엮은이 | 동북아역사재단
펴낸이 | 이영호
펴낸곳 | 동북아역사재단

등록 | 제312-2004-050호(2004년 10월 18일)
주소 | 서울시 서대문구 통일로 81 NH농협생명빌딩
전화 | 02-2012-6065
팩스 | 02-2012-6189
홈페이지 | www.nahf.or.kr
제작·인쇄 | 청아출판사

ISBN 978-89-6187-663-6 94910
978-89-6187-660-5 (세트)